ISBN 978-88-8398-072-5

Florence, Italy

www.e-p-a-p.com
www.europeanpress.eu

LES PROCÉDURES BUDGÉTAIRES DE L'UNION EUROPÉENNE DE 2009 À 2011

Du traité de Nice au traité de Lisbonne

Ilkka Saarilahti

À MARJA ET MIKAEL

PRÉFACE

Les procédures budgétaires de l'Union européenne font trop rarement l'objet de l'attention des chercheurs alors qu'elles devraient pourtant mériter une telle attention. L'étude de ces procédures est souvent délaissée au profit de questions portant avant tout sur l'analyse du fonctionnement des institutions de l'Union ou des politiques qu'elles promeuvent. Le lecteur averti sait néanmoins pertinemment que les objectifs d'ordre politique sont souvent atteints par le biais des arcanes des procédures budgétaires. Toutefois, un mentor lui est nécessaire afin de pouvoir être guidé et retrouver son chemin dans le labyrinthe budgétaire. C'est un tel mentorat qu'offre ce livre à tous ceux qui veulent se lancer dans une telle quête.

Le traité de Lisbonne, qui est entré en vigueur le 1er décembre 2009, a changé de façon importante le cadre législatif de l'activité et des politiques de l'Union. Le nouveau traité a également fondamentalement modifié – on ne le répétera jamais assez – et, ce, pour la première fois depuis quarante ans, les règles applicables aux procédures budgétaires de l'Union européenne.

Ilkka SAARILAHTI a déjà écrit un premier ouvrage, sur les procédures budgétaires de l'Union européenne de 2004 à 2008, qui fut fort bien accueilli tant par les chercheurs et les étudiants que par les praticiens. Le présent ouvrage a le grand mérite de présenter d'une façon claire et accessible au public, universitaire ou non, les nombreux changements introduits par le nouveau traité, aussi bien du point de vue du droit que du déroulement effectif des procédures budgétaires annuelles.

À cet effet, l'approche chronologique suivie dans le livre, complétée par une analyse pertinente destinée à faire ressortir les différents "points saillants" de ces changements, mérite d'être soulignée. Le livre conclut néanmoins avec justesse qu'il faudra attendre le résultat des prochaines procédures budgétaires et la finalisation du travail (toujours en cours) de mise en place du nouveau cadre législatif dans le domaine de la législation budgétaire et financière, avant de pouvoir faire un bilan sur les conséquences des changements apportés par le nouveau traité.

Le livre consacre également une place importante à l'examen du fonctionnement de l'accord interinstitutionnel du 17 mai 2006 sur la discipline budgétaire et la bonne gestion financière et du cadre financier pour 2007-2013, ainsi que des avancées dans la législation financière et budgétaire de l'Union européenne. Ceci est très utile afin de placer dans leur contexte les négociations sur le nouveau cadre financier pluriannuel pour 2014-2020 ; ces négociations viennent en effet de débuter et sont capitales pour le futur de l'Union.

Par ailleurs, le livre analyse d'une manière approfondie les conséquences sur les procédures budgétaires annuelles et les budgets de l'Union européenne des graves crises économique, financière et de l'euro auxquelles ont été confrontés les États membres de l'Union européenne depuis 2008.

Monsieur SAARILAHTI est un très grand spécialiste des finances de l'Union européenne, ayant écrit de nombreux ouvrages de référence sur les questions de réformes budgétaires et financières de l'Union. Il est notamment contributeur permanent de la Revue du Marché commun et de l'Union européenne pour ces questions. Il est depuis 2007 *Fellow* du Centre Robert Schuman de l'Institut universitaire européen de Florence, dans le cadre du programme de *Fellowship* des Institutions de l'Union européenne. Son doctorat traite de la flexibilité des finances publiques et des budgets de l'Union, un sujet également important dans le contexte des négociations sur le nouveau cadre financier pluriannuel pour 2014-2020 de l'Union européenne.

Ce livre, dernier en date, est un excellent exemple de l'aperçu que l'on peut obtenir des experts et des praticiens talentueux quand ils ont l'opportunité intellectuelle de mettre en perspective leur propre domaine d'activité.

Prof. Stefano BARTOLINI
Directeur du Centre Robert Schuman
for Advanced Studies de l'IUE

INTRODUCTION

Cet ouvrage poursuit[1] l'examen des procédures budgétaires annuelles de l'Union européenne, se concentrant sur les années 2008 à 2011.

Les procédures budgétaires pour 2009-2011 ont été importantes dans l'histoire financière de l'Union européenne à plus d'un titre. En effet, elles ont été marquées non seulement par les graves crises économique, financière et de l'euro auxquelles ont été confrontés les États membres de l'Union européenne depuis 2008 (et qui ont notamment conduit en 2009 à deux révisions du cadre financier pour 2007-2013, afin de financer en 2009 et 2010 le plan européen pour la relance économique), mais également par l'entrée en vigueur du traité de Lisbonne le 1er décembre 2009, après une longue période d'incertitudes.

Le traité de Lisbonne change – pour la première fois depuis les années 1970 – de manière substantielle les règles de la procédure budgétaire annuelle de l'Union européenne. À ce titre, cet ouvrage consacre une partie importante à l'analyse des changements apportés par le nouveau traité non seulement à la législation financière et budgétaire de l'Union, mais également aux pratiques budgétaires.

L'ouvrage attache également une grande importance à l'examen du fonctionnement effectif de l'accord interinstitutionnel du 17 mai 2006 sur la discipline budgétaire et la bonne gestion financière (ci-après : l'"AII de 2006") et du cadre financier pour 2007-2013[2] (ci-après : le "CF").

Par ailleurs, il présente, sous formes de graphiques et de tableaux, le contenu des budgets de l'Union européenne pour 2009-2011. Tous les graphiques et les tableaux présentés sont en euros et à prix courants, sauf indication contraire.

En outre, cet ouvrage traite de la mise en œuvre des budgets, notamment en ce qui concerne les budgets rectificatifs et la mobilisation de certains instruments spécifiques (et notamment l'instrument de flexibilité, la réserve pour aides d'urgences, le Fonds de solidarité de l'Union européenne et le Fonds européen d'ajustement à la mondialisation[3]).

Enfin, une attention particulière est portée aux expériences tirées de l'établissement du budget par activités, ainsi qu'au développement de la nomenclature du budget de l'Union européenne.

Les deux premières parties traitant des procédures budgétaires pour 2009 et pour 2010 sont basées sur deux articles sur les innovations des procédures budgétaires communautaires, publiés (le premier ensemble avec Mme Piera GHIGNONE et le second avec M. Boštjan KRAŠOVEC) dans la Revue du Marché commun et de l'Union européenne[4].

S'agissant des termes utilisés dans cet ouvrage :

- les termes employés sont ceux qui apparaissent dans les bases légales publiées au *Journal officiel de l'Union européenne* (le "JO"). Ainsi, par exemple, a-t-on retenu l'appellation "*réserve pour aides*

---

[1] Il fait suite au livre sur les procédures budgétaires communautaires de 2004 à 2008, publié il y a maintenant trois ans par le Centre Robert Schuman *for Advanced Studies* (RSCAS) de l'Institut universitaire européen (IUE), et intitulé "*Les procédures budgétaires de l'Union européenne de 2004 à 2008. Du règlement financier de 2002 et de l'élargissement de 2004 à l'élargissement de 2007 et au nouveau cadre financier pour 2007-2013*" (European Press Academic Publishing, Florence, 2008).

[2] JO C 139 du 14.6.2006, pp. 1/17 et modification au JO C 326 du 20.12.2008, p. 3.

[3] Il s'agit d'instruments spéciaux créés dans le cadre des négociations sur les nouveaux accords interinstitutionnels dans le domaine budgétaire et qui ont une grande importance pendant l'adoption (avant tout pour l'instrument de flexibilité) et la mise en œuvre du budget de l'Union européenne.

[4] Ces articles ont été publiés dans le n° 533 de décembre 2009, pp. 670/691 et le n° 540 de juillet-août 2010, pp. 451/471 de la Revue.

Les manuscrits des différentes parties, qui reflètent la situation au moment de leur rédaction, ont été ache-

d'urgence" utilisé dans le règlement financier du 25 juin 2002 et dans l'AII de 2006, bien que les documents budgétaires fassent référence à la "réserve d'aide d'urgence". En même temps la rubrique *4* du CF est intitulée "*L'UE acteur mondial*"[5], et ceci en dépit du terme préféré par la Commission européenne dans ses documents budgétaires ("*L'UE en tant que partenaire mondial*") ;

- le terme "*institution*" est utilisé au sens du règlement financier de l'Union européenne, c'est-à-dire qu'il couvre, suite à l'entrée en vigueur du traité de Lisbonne, le *Parlement européen*, le *Conseil européen*, le *Conseil de l'Union européenne*, la *Commission européenne*, la *Cour de justice de l'Union européenne*, la *Cour des comptes européenne*, le *Comité économique et social européen*, le *Comité des régions*, le *Médiateur européen*, le *Contrôleur européen de la protection des données* et le *Service européen pour l'action extérieure*[6] ;

- les termes "*autorité budgétaire*" ou "*les deux branches de l'autorité budgétaire* " sont utilisés pour des raisons historiques et pratiques pour désigner le Parlement européen et le Conseil quand ceux-ci délibèrent dans le domaine budgétaire, même si ces termes ne sont pas employés par le traité et bien que la procédure budgétaire soit devenue, suite à l'entrée en vigueur du traité de Lisbonne, une procédure *législative* spéciale ;

- l'acronyme "*ABB*" (pour "*Activity-based budgeting*") est préféré à l'acronyme "*EBA*" (pour "*établissement du budget par activités*"), car c'est le terme qui s'est imposé dans l'usage quotidien, et

- les termes "*crédits pour engagements*" et "*crédits pour paiements*" sont utilisés lorsque l'on se place manifestement au niveau du montant global du CF ou du total du budget de l'Union européenne[7]. Dans les autres cas, on préfèrera les termes "*crédits d'engagement*" et "*crédits de paiement*"[8].

Par ailleurs, l'ouvrage utilise systématiquement le terme "*budget de* l'Union européenne", bien que cette appellation ne soit devenue juridiquement correcte qu'avec l'entrée en vigueur du traité de Lisbonne[9].

L'auteur remercie le Professeur Stefano BARTOLINI, Directeur du Centre Robert Schuman *for Advanced Studies* de l'Institut universitaire européen pour la préface et l'inclusion de ce livre dans la série de l'IUE, ainsi que l'Union européenne pour le financement de sa publication.

---

vés comme suit : première partie (pages 15-88) : mai 2009 ; deuxième partie (pages 89-164) : mars 2010, troisième partie (pages 165-274) : mars 2011 et quatrième partie (pages 275-298) : avril 2011.

[5] Pour "*EU as a global player*" (JO C 139 du 14.6.2006, p. 10, L 6 du 10.1.2008, p. 8, L 132 du 29.5.2009, p. 9 et L 347 du 24.12.2009, p. 27).

[6] Article 1er, paragraphe 2 du règlement financier (JO L 311 du 26.11.2010, p. 10).

[7] Sur le sens exact des notions de "*crédits pour engagements*" et de "*crédits pour paiements*", voir par exemple le Rapport annuel de la Cour des comptes sur l'exécution du budget relatif à l'exercice 2009, Annexe I (point 6 ; JO C 303 du 9.11.2010, pp. 220/221).

[8] Voir, à ce sujet, l'article de Félix VAN CRAEYENEST et Ilkka SAARILAHTI : "Le nouveau règlement financier applicable au budget général de l'Union européenne : un maillon essentiel dans la réforme de la Commission", Revue du Marché commun et de l'Union européenne, nº 474, janvier 2004, point 29 (p. 34, note en bas de page 37).

Il convient de noter dans ce contexte que l'AII de 2006, à la différence de l'accord interinstitutionnel du 6 mai 1999 sur la discipline budgétaire et l'amélioration de la procédure budgétaire (l'"AII de 1999" ; JO C 172 du 18.6.1999, pp. 1/22 et rectificatif au JO C 303 du 20.10.1999, p. 6), ne fait plus de distinction entre ces termes, et les utilise de façon synonyme (voir, par exemple, le point 11 vs l'Annexe I de l'AII de 2006 ; JO C 139 du 14.6.2006, pp. 2 et 10).

[9] Le terme juridiquement correct sous le traité de Nice étant : "budget (général) des *Communautés européennes*".

De grands remerciements sont adressés à Messieurs François VAN HÖVELL, Jean-Paul GROSSIR et Boštjan KRAŠOVEC et à Madame Piera GHIGNONE pour leurs précieux commentaires, ainsi qu'à Messieurs Carsten PILLATH, Jean-Claude PIRIS et Luis ROMERO REQUENA pour leur soutien lors de la rédaction de cet ouvrage et de sa publication.

L'auteur souhaite également chaleureusement remercier les personnes suivantes pour l'aide apportée à différents stades de la préparation de cet ouvrage : Frédéric ANTON, Auke BAAS, Martin BAUER, Thérèse BLANCHET, Merrick BRYAN-KINNS, Julio ESCUDERO BUSTAMANTE, Jan GERRITSEN, Yvette GUFFENS, Laurent LABOURÉ, Philip LANDON, Philippe LONNÉ, Johan MICHIELS, Tobias PABSCH, Éric PARADIS, Marc POELS, Silvano PRESA, Isabelle QUERTAINMONT, Carmen RAGIONE, Johan UREEL, Henri VANHEUSDEN, Félix VAN CRAEYENEST et Michail VITSENTZATOS.

Il convient également de mentionner l'étude du Parlement européen (rédigée par François JAVELLE) "*The Interinstitutional Agreement of 17 May 2006 and 2005-2009 budgetary procedures*"[10] et le livre de Stéphane SAUREL "*Le budget de l'Union européenne*"[11], qui ont été très utiles lors de la rédaction de cet ouvrage.

Il va sans dire que les opinions exprimées dans cet ouvrage reflètent les vues personnelles de l'auteur et n'engagent donc ni les différentes personnes mentionnées ci-dessus, ni les institutions de l'Union européenne.

Finalement, un grand merci à Fàbio RODRIGUES pour la mise en page.

Convento di San Domenico, avril 2011

[10] Study, European Parliament, Directorate-General for Internal Policies, Policy Department D – Budgetary Affairs, Brussels, 30 July 2009.

[11] La documentation Française, Paris, 2010.

ABRÉVIATIONS

ABB	*Activity-based budgeting* (EBA)
ABM	*Activity-based management* (GPA)
ACP	Afrique, Caraïbes, Pacifique
AD	Administrateur
AECER	Agence exécutive du Conseil européen de la recherche
AER	Agence exécutive pour la recherche
AII de 1988	Accord interinstitutionnel du 29 juin 1988 sur la discipline budgétaire et l'amélioration de la procédure budgétaire[1]
AII de 1993	Accord interinstitutionnel du 29 octobre 1993 sur la discipline budgétaire et l'amélioration de la procédure budgétaire[2]
AII de 1999	Accord interinstitutionnel du 6 mai 1999 sur la discipline budgétaire et l'amélioration de la procédure budgétaire[3]
AII de 2006	Accord interinstitutionnel du 17 mai 2006 sur la discipline budgétaire et la bonne gestion financière[4]
AM	Amendement
APB	Avant-projet de budget
APBR	Avant-projet de budget rectificatif
AST	Assistant
BCE	Banque centrale européenne
BEI	Banque européenne d'investissement
BR	Budget rectificatif
CCR	Centre commun de recherche
CCRP	Comité consultatif des ressources propres
CdR	Comité des régions
CE	Communauté européenne
CEPD	Contrôleur européen de la protection des données
CESE	Comité économique et social européen
CF	Cadre financier 2007-2013
CNS	Conseil de l'Union européenne
Cobu	Commission des budgets du PE
Cocobu	Commission du contrôle budgétaire du PE
COM	Commission européenne
Coreper	Comité des représentants permanents
c/e	Crédits d'engagement (crédits pour engagements)
c/p	Crédits de paiement (crédits pour paiements)
DAS	Déclaration d'assurance
DG	Direction générale
DNO	Dépenses non obligatoires
DO	Dépenses obligatoires
EBA	Établissement du budget par activité(s)
ECDC	*European Centre for Disease Prevention and Control* (Centre européen pour la prévention et le contrôle des maladies)
EEA	École européenne d'administration
Egnos	*European Geostationary Navigation Overlay Service* (Système européen de navigation par recouvrement géostationnaire)
EMEA	*European Medicines Agency* (Agence européenne des médicaments)
EMSA	*European Maritime Safety Agency* (Agence européenne pour la sécurité maritime)
EPSO	Office de sélection du personnel des Communautés européennes/ Office européen de sélection du personnel
ERA	*European Railway Agency* (Agence ferroviaire européenne)
Eurojust	Unité de coopération judiciaire de l'Union européenne
Europol	Office européen de police
F4E	*Fusion for Energy* (Développement de l'énergie de fusion)
FEADER	Fonds européen agricole pour le développement régional
FEAGA	Fonds européen agricole de garantie
FED	Fonds européen de développement
FEDER	Fonds européen de développement régional
FEI	Fonds européen d'investissement
FEM	Fonds européen d'ajustement à la mondialisation
FEOGA	Fonds européen d'orientation et de garantie agricole
FEP	Fonds européen pour la pêche

---

[1] JO L 185 du 15.7.1988, pp. 33/37.
[2] JO C 331 du 7.12.1993, pp. 1/10.
[3] JO C 172 du 18.6.1999, pp. 1/22 et rectificatif au JO C 303 du 20.10.1999, p. 6.
[4] JO C 139 du 14.6.2006, pp. 1/17 et modification au JO C 326 du 20.12.2008, p. 3.

FSE	Fonds social européen
GMES	*Global Monitoring for Environment and Security* (Surveillance mondiale de l'environnement et de la sécurité)
GNSS	*Global Navigation Satellite System* (Système mondial de (radio)navigation par satellite)
GPA	Gestion par activité(s)
HFR	*High Flux Reactor* (Réacteur à haut flux)
IAP	Instrument d'aide de préadhésion
ICD	Instrument de financement de la coopération au développement
ICSN	Instrument de coopération en matière de sûreté nucléaire
IdS	Instrument de stabilité
IEDDH	Instrument européen pour la démocratie et les droits de l'homme
IEEHF	Institut européen pour l'égalité entre les hommes et les femmes
IET	Institut européen d'innovation et de technologie
IEVP	Instrument européen de voisinage et de partenariat
IFOP	Instrument financier d'orientation de la pêche
IMI	Initiative en matière de médicaments innovants
IPI	Instrument financier de coopération avec les pays industrialisés
ISPA	Instrument structurel de préadhésion
ITC	Initiative technologique conjointe
ITER	*International Thermonuclear Experimental Reactor* (Réacteur thermonucléaire expérimental international)
Jasmine	*Joint Action to Support Micro-Finance Institutions in Europe* (Action conjointe à l'appui des institutions de microfinance en Europe)
Jaspers	*Joint Assistance to Support Projects in European Regions* (Assistance conjointe à la préparation de projets dans les régions européennes)
Jeremie	*Joint European Resources for Micro to Medium Enterprises* (Ressources européennes conjointes pour les PME et les microentreprises)
JO	*Journal officiel de l'Union européenne* (jusqu'au 31 janvier 2003 : *Journal officiel des Communautés européennes*)
LR	Lettre rectificative
MAB	Mesures d'accompagnement dans le secteur de la banane
MCI	Mission civile internationale
ME	Règlement (CE, Euratom) n° 2342/2002 de la Commission, du 23 décembre 2002, établissant les modalités d'exécution du règlement (CE, Euratom) n° 1605/2002 du Conseil portant règlement financier applicable au budget général des Communautés européennes[5]
MIT	Mécanisme international temporaire
n.d.	Non disponible
OCM	Organisation commune de marché
OIB	Office pour les infrastructures et la logistique à Bruxelles
OIL	Office pour les infrastructures et la logistique à Luxembourg
OLAF	Office européen de lutte antifraude
OP	Office des publications de l'Union européenne
OPOCE	Office des publications officielles des Communautés européennes
ORECE	Organe des régulateurs européens des communications électroniques
PAC	Politique agricole commune
PAR	*Potentially abnormal RAL* (RAL potentiellement anormal)
PB	Projet de budget
PBR	Projet de budget rectificatif
PCH	Piles à combustible et Hydrogène
PCP	Politique commune de la pêche
PCR	Programme-cadre de recherche, de développement technologique et de démonstration
PdM	Proposition de modification
PE	Parlement européen
PEGASE	Mécanisme palestino-européen de gestion de l'aide socio-économique
PESC	Politique étrangère et de sécurité commune
PESD	Politique européenne de sécurité et de défense
PF	Perspectives financières 2000-2006
PIC	Programme-cadre pour l'innovation et la compétitivité
PMO	*Paymaster's Office* (Office de gestion et de liquidation des droits individuels)

---

[5] JO L 357 du 31.12.2002, pp. 1/71 et rectificatif au JO L 345 du 28.12.2005, pp. 35/36. Modifié par :
- le règlement (CE, Euratom) n° 1261/2005 de la Commission du 20 juillet 2005 (JO L 201 du 2.8.2005, pp. 3/22) ;
- le règlement (CE, Euratom) n° 1248/2006 de la Commission du 7 août 2006 (JO L 227 du 19.8.2006, pp. 3/21), et
- le règlement (CE, Euratom) n° 478/2007 de la Commission du 23 avril 2007 (JO L 111 du 28.4.2007, pp. 13/45).

POSEI	Programmes d'options spécifiques à l'éloignement et l'insularité
PSP	Planification stratégique et de programmation
RAA	Régime applicable aux autres agents des Communautés européennes/ de l'Union européenne
RAL	Reste(s) à liquider
RF	Règlement (CE, Euratom) nº 1605/2002 du Conseil, du 25 juin 2002, portant règlement financier applicable au budget général des Communautés européennes[6]
RNB	Revenu national brut
RP	Ressources propres
RPT	Ressources propres traditionnelles
RSUE	Représentant spécial de l'Union européenne
RTE	Réseaux transeuropéens
S.	Section
Sapard	Programme spécial d'adhésion pour l'agriculture et le développement rural
SEAE	Service européen pour l'action extérieure
SESAR	*Single European Sky Air Traffic Management (ATM) Research* (Recherche sur la gestion du trafic aérien dans le ciel unique européen)
SIFIM	Services d'intermédiation financière indirectement mesurés
SIS	Système d'information Schengen
SPA	Stratégie politique annuelle
TFUE	Traité sur le fonctionnement de l'Union européenne
TMA	Taux maximal d'augmentation (des DNO)
TUE	Traité sur l'Union européenne
TVA	Taxe sur la valeur ajoutée
UE	Union européenne
UNRWA	*United Nations Relief and Works Agency for Palestine Refugees in the Near East* (Office de secours et de travaux des Nations unies pour les réfugiés de Palestine dans le Proche-Orient)
VIS	*Visa Information System* (Système d'information sur les visas)

[6] JO L 248 du 16.9.2002, pp. 1/48 et rectificatif au JO L 25 du 30.1.2003, p. 43. Modifié par :
- le règlement (CE, Euratom) nº 1995/2006 du Conseil du 13 décembre 2006 (JO L 390 du 30.12.2006, pp. 1/26 et rectificatif au JO L 48 du 22.2.2008, p. 88) ;
- le règlement (CE) nº 1525/2007 du Conseil du 17 décembre 2007 (JO L 343 du 27.12.2007, pp. 9/10), et
- le règlement (UE, Euratom) nº 1081/2010 du Parlement européen et du Conseil du 24 novembre 2010 (JO L 311 du 26.11.2010, pp. 9/14).

SOMMAIRE

Deuxième partie. Le budget général pour 2010 – une année de relance économique au niveau européen

Troisième partie. Le budget de l'Union européenne pour 2011 – la première procédure selon les nouvelles dispositions budgétaires du traité de Lisbonne

Quatrième partie. La nouvelle procédure budgétaire de l'Union européenne suite à l'entrée en vigueur du traité de Lisbonne

TABLEAUX

ANNEXES

Annexes concernant les procédures budgétaires de l'Union européenne de 2009 à 2011 :

Annexes concernant l'article 272 du traité CE (traité de Nice) :

Annexes concernant l'article 314 du traité sur le fonctionnement de l'UE (traité de Lisbonne) :

Annexes concernant les procédures budgétaires, les budgets et leur mise en œuvre :

PREMIÈRE PARTIE

LE BUDGET GÉNÉRAL POUR 2009 – UNE ANNÉE DE MODIFICATION DE L'ACCORD INTERINSTITUTIONNEL DU 17 MAI 2006

La procédure budgétaire de l'UE pour 2009 s'est déroulée sur fond de flambée des prix des denrées alimentaires et de crise financière et économique. La première a conduit à la création en décembre 2008 d'une facilité de réponse rapide à la flambée des prix alimentaires dans les pays en développement[1] *(ci-après : la "facilité alimentaire") et la seconde a incité la Commission à présenter en novembre 2008 un plan européen pour la relance économique*[2] *(ci-après : le "plan européen de relance").*

Afin de pouvoir assurer le financement de la facilité alimentaire en 2008 sous la rubrique 4 (L'UE acteur mondial) du cadre financier pour la période 2007-2013 (ci-après : le "CF"), le Parlement européen, le Conseil et la Commission ont modifié – de manière "exceptionnelle" et il est vrai très limitée – l'accord interinstitutionnel du 17 mai 2006 sur la discipline budgétaire et la bonne gestion financière[3] *(ci-après : l'"AII de 2006"), fait suffisamment rare pour être souligné.*

En ce qui concerne 2009, la facilité alimentaire sera financée notamment à l'aide de la mobilisation de l'instrument de flexibilité, pour un montant de 420 millions d'euros.

Les autres points clefs de cette procédure budgétaire ont été les questions liées à d'autres aspects de la rubrique 4 du CF, et plus particulièrement celles liées au financement de l'Afghanistan, de la Géorgie, du Kosovo et de la Palestine, ainsi que la question du niveau des crédits pour paiements à retenir dans le budget général pour 2009.

Le "budget PESC"[4] *par contre n'a pas fait l'objet des tractations traditionnelles lors de la procédure budgétaire pour 2009.*

Enfin, il convient de relever que suite au résultat du référendum en Irlande sur le traité de Lisbonne, organisé le 12 juin 2008, le budget général pour 2009 ne contient aucun montant directement lié à la mise en œuvre dudit traité.

I. – Introduction

Le budget général de l'Union européenne pour l'exercice 2009, arrêté le 18 décembre 2008, s'élève à 133 846 millions d'euros en crédits pour engagements (+2,5 % par rapport au budget général pour 2008[5]) et à 116 096 millions d'euros en crédits pour paiements (+0,3 %)[6]. Ceci représente 1,03 % et 0,89 % respectivement du revenu national brut (RNB) d'une Union européenne à 27 États membres. Les marges laissées sous les plafonds du CF sont de 3 607 millions d'euros en crédits pour engagements[7] et de 8 084 millions d'euros en crédits pour paiements[8].

---

[1] JO L 354 du 31.12.2008, pp. 62/69.

[2] Doc. *SEC(2008) 800 final.*

[3] JO C 139 du 14.6.2006, pp. 1/17 et modification au JO C 326 du 20.12.2008, p. 3.

[4] Il s'agit du chapitre *19 03* du budget général (voir chapitre III).

[5] Budgets rectificatifs nº 1-10/2008 compris (voir chapitre II).

[6] Le budget général pour 2009 est présenté par rubriques du cadre financier (en crédits d'engagement et de paiement) pages 70-71. Les différentes étapes chiffrées de la procédure budgétaire pour 2009 sont présentées pages 72-74.

[7] La marge est calculée en tenant compte de la mobilisation de l'instrument de flexibilité afin de financer, pour un montant de 420 millions d'euros, la facilité alimentaire en 2009 (voir chapitre III).

[8] Le budget général de l'Union européenne pour l'exercice 2009 a été publié au JO L 69 du 13.3.2009 en deux tomes. Le Tome I (pp. I-1/524) contient l'état général des recettes, les tableaux des effectifs, le patrimoine immobilier de l'Union et les états des recettes et des dépenses des autres institutions que la Commission (sections I, II et IV-IX). Le Tome II (pp. II-1/1195) contient l'état des recettes et des dépenses de la Commission (section III et annexes). Le tableau des effectifs du Comité économique et social européen a fait l'objet d'un rectificatif publié au JO L 157 du 19.6.2009, p. 67.

La procédure budgétaire pour 2009 est :

- la sixième procédure budgétaire après l'élargissement de 2004[9] et l'entrée en vigueur du règlement financier du 25 juin 2002[10] (ci-après : le "RF") ;

- la troisième procédure budgétaire suivant l'élargissement de 2007 et l'adoption de l'AII de 2006 et du cadre financier pour 2007-2013[11], et

- la deuxième procédure après la première modification du RF le 13 décembre 2006[12].

Avant d'aborder différents aspects de la procédure budgétaire pour 2009 (chapitre III), il convient de présenter brièvement l'environnement budgétaire en 2008 (chapitre II).

II. – L'environnement budgétaire en 2008

1. Dix budgets rectificatifs

Les budgets rectificatifs[13] (BR) adoptés en 2008 sont présentés, avec leur montant, dans le tableau 1 page suivante[14].

Le *BR n° 1/2008* traite notamment :

- de l'intervention du Fonds de solidarité de l'Union européenne, pour un montant de 162,4 millions d'euros en crédits d'engagement et de paiement, suite aux graves inondations survenues au Royaume-Uni en juin et juillet 2007 (voir page 20) ;

- de la création du poste *08 01 04 30* pour la nouvelle agence exécutive du Conseil européen de la recherche (AECER) et du poste *08 01 04 31* pour la nouvelle agence exécutive la recherche (AER)[15]. Ces postes sont dotés par voie de virements de 20 millions d'euros et de 14,6 millions d'euros en crédits d'engagement et de paiement respectivement ;

- de la création de structures d'accueil[16] pour les dépenses pour la gestion administrative du programme "Galileo"[17], d'une part, et pour les dépenses de crise exceptionnelles[18], d'autre part, et

- de la modification du tableau des effectifs de l'Agence européenne pour la gestion de la coopération opérationnelle aux frontières extérieures des États membres de l'UE (Agence "Frontex"),

---

[9] Voir le livre intitulé : Les procédures budgétaires de l'Union européenne de 2004 à 2008. Du règlement financier de 2002 et de l'élargissement de 2004 à l'élargissement de 2007 et au nouveau cadre financier pour 2007-2013, Centre Robert Schuman *for Advanced Studies* de l'Institut universitaire européen, European Press Academic Publishing, Florence, 2008 (ci-après : le "Tome I"), pp. 13/26.

[10] Règlement (CE, Euratom) n° 1605/2002 portant règlement financier applicable au budget général des Communautés européennes (JO L 248 du 16.9.2002, pp. 1/48 et rectificatif au JO L 25 du 30.1.2003, p. 43). Sur le RF, voir par exemple l'article de Félix Van CRAEYENEST et Ilkka SAARILAHTI : "*Le nouveau règlement financier applicable au budget général de l'Union européenne : un maillon essentiel dans la réforme de la Commission*", Revue du Marché commun et de l'Union européenne, n° 474, janvier 2004, pp. 30/51.

[11] Voir Tome I, pp. 103/154.

[12] Règlement (CE, Euratom) n° 1995/2006 du Conseil modifiant le règlement (CE, Euratom) n° 1605/2002 portant règlement financier applicable au budget général des Communautés européennes (JO L 390 du 30.12.2006, pp. 1/26 et rectificatif au JO L 48 du 22.2.2008, p. 88). Le RF a été modifié une deuxième fois le 17 décembre 2007 (règlement (CE) n° 1525/2007 du Conseil modifiant le règlement (CE, Euratom) n° 1605/2002 portant règlement financier applicable au budget général des Communautés européennes ; JO L 343 du 27.12.2007, pp. 9/10).

[13] Les budgets rectificatifs sont prévus par les articles 37 et 38 du RF.

[14] Un tiret dans la colonne "dépenses" du tableau 1 indique que le budget rectificatif ne concerne que la partie "recettes" du budget général.

[15] L'AECER a été instituée par la décision de la Commission 2008/37/CE du 14 décembre 2007 (JO L 9 du 12.1.2008, pp. 15/17) et l'AER par la décision de la Commission 2008/46/CE du 14 décembre 2007 (JO L 11 du 15.1.2008, pp. 9/11). Ces agences exécutives ont été établies pour la période 1.1.2008-31.12.2017.
Les agences exécutives existantes sont présentées page 88.

[16] C'est-à-dire la création de lignes budgétaires dotées d'un "p.m." ("*pro memoria*" ; "pour mémoire").

[17] Poste *06 01 04 12*. Le programme "Galileo" est la "deuxième étape" de la mise en œuvre de la politique européenne de (radio)navigation par satellite ("GNSS 2"), la première étape (ou "GNSS 1") étant le programme "Egnos" (voir Tome I, p. 59).
La création d'une ligne budgétaire spécifique pour la gestion administrative du programme "Galileo" était prévue dans la proposition modifiée de la Commission (doc. *COM(2007) 535* du 19.9.2007). La Commission proposait dans son avant-projet de budget rectificatif d'inscrire au poste *06 01 04 12* deux millions d'euros en

Tableau 1. Les budgets rectificatifs adoptés en 2008

Section III – Commission – sauf indication contraire, en millions d'euros

APBR		PBR				Budget rectificatif			Dépenses		Remarques
N:o	*Date*	*N:o*	*Conseil*	*PE*	*Conseil*	*N:o*	*Date*	*JO L*	*c/e*	*c/p*	
1/08	18.1.	*1/08*	4.3.	11.3. *(1)*	7.4. *(2)*	**1/08**	9.4.	175 du 4.7.2008, pp. 1/52	162,4	162,4	Fonds de solidarité (Royaume-Uni), nomenclature budgétaire, tableau des effectifs de l'Agence "Frontex"
2/08	14.3.	*2/08*	14.5.	22.5.		**2/08**	22.5.	184 du 11.7.2008, pp. 1/25	771,6	0	Crédits d'engagement pour le FEDER, FEADER et FEP, tableau des effectifs de l'EMEA et de l'EMSA
3/08	14.4.	*3/08*	26.5.	5.6.		**3/08**	5.6.	208 du 5.8.2008, pp. 1/150	219,8	153,7	Fonds de solidarité (Grèce et Slovénie), Affaire "Microsoft", traitements et pensions, Fonds d'urgence vétérinaire, ITC, tableau des effectifs de l'IEEHF ; *Section VI* : tableau des effectifs
4/08	15.4.	*4/08*	26.5.	5.6.		**4/08**	5.6.	208 du 5.8.2008, pp. 151/169	-	-	Inscription du solde définitif (article 15, paragraphe 3 du RF)
5/08	18.6.	*5/08*	22.7.	2.9.		**5/08**	2.9.	305 du 14.11.2008, pp. 1/32	-	-	Actualisation des montants des ressources propres etc.
6/08	1.7.	*6/08*	15.9.	23.9.		**6/08**	23.9.	305 du 14.11.2008, pp. 33/65	6,1	0	Programme-cadre pour l'innovation et la compétitivité, Eurojust, agences exécutives, entreprise commune PCH
7/08	15.9.	*7/08*	20.10.	21.10.		**7/08**	21.10.	315 du 25.11.2008, pp. 1/9	12,8	0	Fonds de solidarité (France)
9/08	6.10.	*8/08*	18.11.	20.11.		**8/08**	20.11.	12 du 16.1.2009, pp. 12/39	-0,3	-0,3	Traitements et pensions (*Section VI – CESE*)
8/08 *10/08*	16.9. 31.10.*	*9/08*	27.11.	18.12.		**9/08**	18.12.	27 du 30.1.2009, pp. 1/90	240,0	-4 891,3	Réductions de crédits de paiement (rubriques *1a*, *1b*, *2*, *3b* et *4* du CF), structure d'accueil pour la facilité alimentaire, augmentation du montant de la réserve pour aides d'urgence
11/08	7.11.	*10/08*	27.11.	18.12.		**10/08**	18.12.	27 du 30.1.2009, pp. 91/100	7,6	0	Fonds de solidarité (Chypre)

** Actualisation par lettre du 12 novembre 2008*
(1) Un amendement du Parlement européen (2) Le Conseil a accepté l'amendement

avec la création de 25 postes supplémentaires par rapport à ce qui était prévu dans le budget général pour 2008.

Le *BR nº 2/2008* traite :

- de l'inclusion, dans le budget général pour 2008, des crédits d'engagement non-utilisés destinés au Fonds européen de développement régional (FEDER), au Fonds européen agricole pour le développement rural (FEADER) et au Fonds européen pour la pêche (FEP), en raison de retards dans l'exécution des crédits lors de la première année de la période de programmation 2007-2013. Ceci conduit à augmenter les crédits d'engagement de la sous-rubrique *1b* (*Cohésion pour la croissance et l'emploi*) du CF de 378 millions d'euros et de la rubrique *2* (*Conservation et gestion des ressources naturelles*) du CF de 393,6 millions d'euros[19], et

- de la modification du tableau des effectifs de l'Agence européenne des médicaments (EMEA), avec l'ajout de six postes temporaires supplémentaires, et de l'Agence européenne pour la sécurité maritime (EMSA), avec l'ajout de seize postes temporaires supplémentaires.

Le *BR nº 3/2008* traite :

- de la budgétisation de recettes provenant de l'affaire "Microsoft"[20] ;

- de la budgétisation d'une partie des économies résultant de la hausse plus faible que prévue des traitements et pensions, ce qui entraîne une réduction de 2,3 millions d'euros en crédits d'engagement et de paiement sous la rubrique *5* (*Administration*) du CF ;

- du renforcement du Fonds d'urgence vétérinaire (poste *17 04 03 01*) en raison de la crise de la fièvre catarrhale du mouton, à hauteur de 130 millions d'euros en crédits d'engagement et de 63,95 millions d'euros en crédits de paiement ;

- de la création de la structure budgétaire et de l'inscription de crédits pour quatre initiatives technologiques conjointes[21] (ITC) issues du 7ème program-

---

crédits d'engagement et de paiement, mais suite à un amendement du Parlement européen, accepté par le Conseil, le poste n'est doté que d'un "p.m.".

Le règlement (CE) nº 683/2008 du Parlement européen et du Conseil relatif à la poursuite de la mise en œuvre des programmes européens de radionavigation par satellite ("Egnos" et "Galileo") a finalement été adopté le 9 juillet 2008 (JO L 196 du 24.7.2008, pp. 1/11).

[18] Article *27 01 11*. Cette ligne est destinée à permettre le financement de dépenses exceptionnelles liées à une crise déclarée.

[19] Cette augmentation des crédits d'engagement est liée à l'adaptation du cadre financier pour 2007-2013, adoptée par le Parlement européen et le Conseil le 29 avril 2008 (voir chapitre III).

[20] Il s'agit de montants dus par Microsoft suite à l'arrêt du Tribunal de première instance du 10 novembre 2007 dans l'affaire *T-201/04* et à l'ordonnance de radiation du 6 décembre 2007 dans l'affaire *T-271/06*. En 2008, la Commission avait déjà reçu de Microsoft au titre d'amende infligée et d'astreintes journalières un montant total de 849,2 millions d'euros.

[21] Il s'agit des ITC (voir JO L 30 du 4.2.2008, pp. 1/68) et des lignes budgétaires suivantes : IMI (initiative en matière de médicaments innovants : articles *08 02 02* et *08 02 03*), Clean Sky (mise au point de technologies de transport aérien propres : articles *08 07 02* et *08 07 03*), Artemis (initiative technologique conjointe sur les systèmes informatiques embarqués : postes *09 04 01 02* et *09 04 01 03*) et ENIAC (plate-forme technologique européenne sur la nanoélectronique : postes *09 04 01 04* et *09 04 01 05*).

Les entreprises communes existantes sont présentées page 88.

me-cadre de recherche, de développement technologique et de démonstration (2007-2013)[22] (PCR) ;

- de la modification du tableau des effectifs de l'Institut européen pour l'égalité entre les hommes et les femmes (IEEHF), et

- de la modification du tableau des effectifs du Comité économique et social européen (section VI du budget général).

Par ailleurs, le BR n° 3/2008 traite de l'intervention du Fonds de solidarité de l'UE, suite aux incendies de forêt d'août 2007 en Grèce et aux inondations de septembre 2007 en Slovénie, pour un montant de 98 millions d'euros en crédits d'engagement et de paiement[23] (voir page 21).

L'effet de ces différentes modifications conduit à une augmentation nette des dépenses de 219,8 millions d'euros en crédits d'engagement et de 153,7 millions d'euros en crédits de paiement.

Le *BR n° 4/2008* traite, conformément à l'article 15, paragraphe 3 du RF, de la budgétisation du solde définitif de l'année antérieure. L'excédent pour 2007 s'élève à 1,5 milliard d'euros[24].

Le *BR n° 5/2008* traite de la révision des prévisions relatives aux ressources propres traditionnelles[25] (RPT) et aux assiettes TVA (taxe sur la valeur ajoutée) et RNB (revenu national brut), telle qu'adoptée lors de la réunion du comité consultatif des ressources propres (CCRP) du 7 mai 2008, ainsi que de la budgétisation du premier ajustement de la correction britannique de 2007 et du montant définitif de la correction britannique de 2004, ainsi que de leur financement.

Le *BR n° 6/2008* traite :

- du renforcement du programme "Innovation et esprit d'entreprise" du programme-cadre pour l'innovation et la compétitivité (PIC ; article *01 04 04*) pour un montant de 3,9 millions d'euros en crédits d'engagement par anticipation des crédits d'engagement programmés pour les années 2010 et 2011, afin de faire face aux demandes de financement à partir du Fonds européen d'investissement (FEI) qui ont été plus élevées et précoces que prévues ;

- de l'augmentation de 2,2 millions d'euros en crédits d'engagement des crédits pour Eurojust (postes *18 06 04 01* et *18 06 04 02*), afin de couvrir partiellement les frais afférant à la location d'un nouveau bâtiment ;

- des adaptations budgétaires et des adaptations des tableaux des effectifs liés à l'extension du mandat de trois agences exécutives[26], et

- de la création de la structure budgétaire et de l'inscription de 30 millions d'euros en crédits d'engagement et de 1,9 million d'euros en crédits de paiement[27]

---

[22] JO L 412 du 30.12.2006, pp. 1/43.

[23] Le fait que l'avant-projet de budget rectificatif n° 3/2008 proposé par la Commission ait contenu plusieurs éléments non liés à la mobilisation du Fonds de solidarité de l'UE et qui ont retardé son approbation et des expériences similaires les années précédentes ont conduit l'autorité budgétaire à adopter, lors de la réunion de concertation du 17 juillet 2008, une déclaration conjointe (à laquelle la Commission s'est également jointe) qui appelle l'établissement de budgets rectificatifs destinés *uniquement* à la mobilisation du Fonds de solidarité, dans le but d'en accélérer l'adoption (voir *infra* et chapitre III).

[24] L'excédent pour 2007 se compose comme suit : enregistrement plus important que budgétisé de recettes (+73 millions d'euros), sous-exécution des crédits de paiement (+1 579 millions d'euros) et solde négatif des échanges monétaires (-124 millions d'euros). Il convient de noter qu'il s'agit d'un excédent historiquement bas. En effet, suite aux excédents pour 2000 (11,6 milliards d'euros) et pour 2001 (15,0 milliards d'euros), les excédents n'ont cessé de diminuer, passant d'un excédent pour 2002 de 7,4 milliards d'euros à un excédent pour 2006 de 1,9 milliard d'euros (voir page 336).

[25] C'est-à-dire les droits de douane, les droits agricoles et les cotisations "sucre".

[26] Il s'agit des agences exécutives suivantes : Agence exécutive "Éducation, audiovisuel et culture", Agence exécutive pour la santé et les consommateurs et Agence exécutive du réseau transeuropéen de transport (voir JO L 205 du 1.8.2008, pp. 47/48, L 173 du 3.7.2008, pp. 27/29 et L 190 du 18.7.2008, pp. 35/36).

Les agences exécutives sont régies par le règlement (CE) n° 58/2003 du Conseil, du 19 décembre 2002, portant statut des agences exécutives chargées de certaines tâches relatives à la gestion de programmes communautaires (JO L 11 du 16.1.2003, pp. 1/8).

[27] Nouveau poste *08 01 04 41* et nouvel article *08 05 02*. Ces crédits proviennent du 7ème PCR.

pour la nouvelle entreprise commune "Piles à combustible et Hydrogène" (PCH)[28], ainsi que de l'inscription de 9 postes (6 AD et 3 AST[29]) à son tableau des effectifs.

Le *BR nº 7/2008* est lié à la mobilisation du Fonds de solidarité de l'Union européenne, pour un montant de 12,8 millions d'euros en crédits d'engagement, suite aux dégâts causés par l'ouragan "Dean" en Guadeloupe et en Martinique en août 2007 (voir page 21). Il s'agit du premier budget rectificatif destiné uniquement à la mobilisation du Fonds de solidarité, suite à la déclaration commune adoptée lors de la réunion de concertation du 17 juillet 2008[30] (voir page 32).

Le *BR nº 8/2008*[31] réduit le montant des dépenses pour les traitements et pensions du Comité économique et social européen (section VI du budget général) de 0,3 million d'euros, suite à des économies résultant de leur hausse plus faible que prévue.

Le *BR nº 9/2008*[32] réduit[33] les crédits de paiement inscrit au budget général pour 2008 de 4 891,3 millions d'euros[34] afin de les "*aligner plus étroitement sur les dernières estimations des besoins*"[35], et augmente les recettes de 2 044,9 millions d'euros[36].

Par ailleurs, conformément aux conclusions de la réunion de concertation du 21 novembre 2008, le BR contient une structure d'accueil pour recevoir le financement de la facilité alimentaire en 2008 (nouvel article *21 02 03*, doté d'un "p.m." en crédits d'engagement et de paiement) et l'augmentation du montant de la réserve pour aides d'urgence en 2008 (240 millions d'euros supplémentaires en

---

[28] L'entreprise commune "Piles à combustible et Hydrogène" a été créée par le règlement (CE) nº 521/2008 du Conseil du 30 mai 2008 (JO L 153 du 12.6.2008, pp. 1/20).

[29] AD pour "administrateur" et AST pour "assistant", conformément au statut des fonctionnaires des Communautés européennes (JO L 124 du 27.4.2004, pp. 1/118).

[30] Il convient également de prendre note de l'extrême rapidité avec laquelle ce budget rectificatif a été adopté.

[31] Le projet de budget rectificatif nº 8/2008 a été établi sur la base de l'avant-projet de budget rectificatif nº 9/2008. Une réduction similaire des dépenses pour les traitements et pensions avait été opérée en ce qui concerne la Commission par le BR nº 3/2008 (voir page 17).

[32] Le budget rectificatif nº 9/2008 inclut les avant-projets de budgets rectificatifs nº 8 et 10/2008 proposés par la Commission (voir tableau 1, page 17).

Il n'inclut pas la structure d'accueil pour la coopération consulaire (nouvel article *19 06 06*) proposée par la Commission dans son APBR nº 8/2008.

[33] À la manière des BR nº 6/2003 pour le budget général pour 2003, nº 8/2005 pour le budget général pour 2005, nº 6/2006 pour le budget général pour 2006 et nº 7/2007 pour le budget général pour 2007 (voir Tome I, pp. 38/39, 70, 104/106 et 168/170).

[34] Dont : a) -50 millions d'euros pour la sous-rubrique *1a* (*Compétitivité pour la croissance et l'emploi* ; article *01 04 05 – Achèvement du programme pour les entreprises : amélioration de l'environnement financier des petites et moyennes entreprises (PME)* ;

b) -4 514,7 millions d'euros pour la sous-rubrique *1b* (*Cohésion pour la croissance et l'emploi*), dont -1 614,7 millions d'euros au titre du *Fonds social européen*, -1 485 millions d'euros au titre du *Fonds européen de développement régional* et -1 415 millions d'euros au titre du *Fonds de cohésion*. La plus grande partie de ces réductions résulte d'une transmission plus lente que prévue des rapports sur les systèmes de gestion et de contrôle par les États membres ;

c) -20,7 millions d'euros pour la rubrique *2* (*Conservation et gestion des ressources naturelles* ; poste *40 02 41 02 – Réserve pour les accords internationaux de pêche*) ;

d) -40,3 millions d'euros pour la sous-rubrique *3b* (*Citoyenneté*), dont -13,6 millions d'euros au titre du poste *17 03 01 01* (*Achèvement du programme de santé publique (2003 à 2008)*) et -26,7 millions d'euros au titre l'article *22 03 01* (*Facilité transitoire en faveur des nouveaux États membres*), et

e) -265,6 millions d'euros pour la rubrique *4* (*L'UE acteur mondial*), dont -217,6 millions d'euros au titre des différents *instruments de préadhésion* et -48 millions d'euros au titre poste *19 10 01 01* (*Coopération avec les pays en développement d'Asie*).

[35] Doc. *COM(2008) 693 final* du 31.10.2008, p. 5.

[36] Dont +2 505,4 millions d'euros pour tenir compte de l'actualisation des données sur les soldes TVA et RNB et +1 139,5 millions d'euros au titre des "autres recettes" (313 millions d'euros sont dus aux corrections financières dans le cadre des Fonds structurels et 793,5 millions d'euros sont dus aux intérêts de retard et amendes). En même temps, les recettes au titre des ressources propres traditionnelles diminuent de 1 600 millions d'euros.

Au total, ces différents éléments entraînent une baisse des contributions des États membres au budget général pour 2008 de plus de 6,9 milliards d'euros.

crédits d'engagement pour l'article *40 02 42* et modifications des commentaires ; voir chapitre III).

Enfin, le *BR n° 10/2008* est lié à la mobilisation du Fonds de solidarité de l'Union européenne, pour un montant de 7,6 millions d'euros en crédits d'engagement, en faveur de Chypre, suite à la sécheresse qu'a subit l'île en avril 2008 (voir page 21).

2. Augmentation du montant de la réserve pour aides d'urgence en 2008

La réserve pour aides d'urgence[37] a été mobilisée cinq fois en 2008, pour un montant total de 478,5 millions d'euros en crédits d'engagement et de 68 millions d'euros en crédits de paiement.

A. Les trois premières mobilisations[38] étaient destinées à permettre à la Communauté européenne de répondre aux besoins les plus urgents découlant de la hausse importante des prix de certains produits alimentaires de base constatée depuis le début de l'année 2008, dans le cadre d'une aide humanitaire et alimentaire d'urgence (voir également chapitre III).

La quatrième mobilisation, pour un montant de 39,5 millions d'euros en crédits d'engagement, a été effectuée en novembre 2008 dans le cadre d'une aide financière rapide à la Géorgie[39].

B. Suite à l'accord politique obtenu lors de la réunion de concertation du 21 novembre 2008 (voir pages 44-47), le Parlement européen et le Conseil ont augmenté, en décembre 2008, par le biais du BR n° 9/2008, le montant de la réserve pour aides d'urgence pour 2008 de 240 millions d'euros en crédits d'engagement[40] (voir pages 19-20).

Conformément aux conclusions de la réunion de concertation du 21 novembre 2008, l'autorité budgétaire a autorisé le 18 décembre 2008 un virement de 262 millions d'euros en crédits d'engagement de la réserve pour financer la facilité alimentaire en 2008[41].

3. Quatre appels au Fonds de solidarité de l'Union européenne

Le Fonds de solidarité de l'Union européenne[42] a été mobilisé quatre fois en 2008, pour un montant total de 280,8 millions d'euros en crédits d'engagement et de paiement.

Il a fait l'objet d'une première mobilisation le 11 mars 2008, suite aux catastrophes provoquées par des inondations en juin et juillet 2007 au Royaume-Uni[43]. Cette mobilisation, qui s'élève à 162,4 millions d'euros en crédits d'engagement et de paiement, a été effectuée par le biais du budget rectificatif n° 1/2008[44] (voir page 16).

---

[37] La réserve pour aides d'urgence, son montant, ses conditions d'utilisation et son financement sont régis par le règlement financier (article 45), par l'AII de 2006 (point 25 de la Partie I) et par le règlement du Conseil portant application de la décision relative au système des ressources propres (article 10 ; JO L 130 du 31.5.2000, p. 5 et L 352 du 27.11.2004, p. 3).

[38] En mai 2008 pour un montant de 57 millions d'euros en crédits d'engagement, en juillet 2008 pour un montant de 80 millions d'euros en crédits d'engagement et de 48 millions d'euros en crédits de paiement et en octobre 2008 pour un montant de 40 millions d'euros en crédits d'engagement et de 20 millions d'euros en crédits de paiement. Ces montants ont été virés aux articles *23 02 01* (*Aide humanitaire*) et *23 02 02* (*Aide alimentaire*).

La mobilisation de juillet 2008 a fait l'objet d'une discussion lors du trilogue du 10 juillet 2008 à Strasbourg (voir chapitre III).

[39] Poste *19 08 01 03* (*Politique européenne de voisinage et de partenariat – Coopération financière avec l'Europe de l'Est*).

[40] Il convient de rappeler que le montant initialement inscrit – sur base du point 25, premier paragraphe de la Partie I de l'AII de 2006 – dans le budget général pour 2008 au titre de la réserve pour aides d'urgence (article *40 02 42*) s'élevait à 239,218 millions d'euros en crédits d'engagement et de paiement. Il s'agit de la plus importante mobilisation (en termes de crédits) de la réserve pour aides d'urgence depuis sa création (voir page 343).

[41] Nouvel article *21 02 03*, créé par le BR n° 9/2008 (voir page 19).

[42] Le Fonds de solidarité a été institué par le règlement (CE) n° 2012/2002 du Conseil du 11 novembre 2002 (JO L 311 du 14.11.2002, pp. 3/8). Il fait l'objet de dispositions spécifiques au point 26 de la Partie I de l'AII de 2006.

[43] JO L 85 du 27.3.2008, p. 7.

[44] Le BR n° 1/2008 inscrit les 162,4 millions d'euros en crédits d'engagement et de paiement à l'article *13 06 01* (*Fonds de solidarité de l'Union européenne – États membres*), doté jusque là d'un "p.m.".

Le Fonds de solidarité a été mobilisé une deuxième fois le 5 juin 2008, suite aux dégâts causés par les feux de forêt en Grèce en août 2007 et par les inondations en Slovénie en septembre 2007[45]. La mobilisation, qui s'élève à 98 millions d'euros en crédits d'engagement et de paiement, dont 89,8 millions d'euros en faveur de la Grèce et 8,2 millions d'euros en faveur de la Slovénie, a été effectuée par le biais du budget rectificatif n° 3/2008[46].

Le Fonds a été mobilisé une troisième fois le 22 octobre 2008 pour un montant de 12,8 millions d'euros en crédits d'engagement et de paiement, suite aux dégâts causés par l'ouragan "Dean" en Guadeloupe et en Martinique en août 2007[47]. Cette mobilisation a été effectuée par le biais du budget rectificatif n° 7/2008[48].

Finalement, le Fonds de solidarité de l'Union européenne a été mobilisé une dernière fois le 18 décembre 2008 pour un montant de 7,6 millions d'euros en crédits d'engagement et de paiement en faveur de Chypre, suite à la grave sécheresse qu'a subit l'île en avril 2008[49]. Cette mobilisation a été effectuée par le biais du budget rectificatif n° 10/2008[50].

Les mobilisations du 5 juin et du 18 décembre 2008 ont préalablement été discutées lors des trilogues du 16 avril et du 13 novembre 2008 (voir chapitre III). Les deux autres mobilisations ont fait l'objet d'un "trilogue simplifié", conformément au point 26, cinquième paragraphe de la Partie I de l'AII de 2006.

Il convient de noter que la Cour des comptes a adopté, le 13 mars 2008, un rapport spécial n° 3/2008 qui traite des interventions du Fonds de solidarité de l'Union européenne depuis sa création en 2002[51].

4. Trois appels au Fonds européen d'ajustement à la mondialisation

Le Fonds européen d'ajustement à la mondialisation[52] (FEM) a été mobilisé trois fois en 2008, pour un montant total de 49 millions d'euros en crédits d'engagement et de paiement.

Le FEM a fait l'objet d'une première mobilisation le 10 avril 2008[53]. Elle s'élève à 3,1 millions d'euros en crédits d'engagement et de paiement[54], dont 2,4 millions d'euros pour le Portugal, après que 1 549 personnes aient perdu leur emploi dans le secteur automobile, et 681 207 euros pour Malte, après 675 licenciements dans deux entreprises du secteur textile.

Le Fonds européen d'ajustement à la mondialisation a fait l'objet d'une deuxième mobilisation le 22 octobre 2008[55]. Cette mobilisation s'élève à 10,8 millions d'euros en crédits d'engagement et de paiement[56], dont 10,5 millions d'euros pour l'Espagne, suite à une délocalisation dans le sec-

---

[45] JO L 162 du 21.6.2008, p. 30.

[46] Les crédits d'engagement et de paiement sont inscrits à l'article *13 06 01*.

[47] JO L 314 du 25.11.2008, p. 13.

[48] Les crédits de paiement proviennent de l'article *13 04 02* (*Fonds de cohésion*), c'est-à-dire sans nouvel appel de ressources propres aux États membres.

[49] JO L 26 du 30.1.2009, p. 3.

[50] Les crédits de paiement proviennent de l'article *13 04 02* (*Fonds de cohésion*), c'est-à-dire de nouveau sans appel à de nouvelles ressources propres.

[51] JO C 153 du 18.6.2008, pp. 1/16.

[52] Le Fonds européen d'ajustement à la mondialisation a été créé par le règlement (CE) n° 1927/2006 du Parlement européen et du Conseil du 20 décembre 2006 (JO L 406 du 30.12.2006, pp. 1/6 et rectificatif au JO L 48 du 22.2.2008, pp. 82/88). Il fait l'objet de dispositions spécifiques au point 28 de la Partie I de l'AII de 2006.

[53] JO L 128 du 16.5.2008, pp. 6/7.

[54] Les crédits d'engagement pour le FEM proviennent de l'article *40 02 43* (*Réserve pour le Fonds européen d'ajustement à la mondialisation*). Pour sa première mobilisation en 2008, les crédits de paiement proviennent de l'article *04 02 06* (*Achèvement du Fonds social européen (FSE) – Objectif n° 3 (2000 à 2006)*).

[55] JO L 285 du 29.10.2008, pp. 13/14.

[56] Les crédits de paiement proviennent de l'article *04 02 01* (*Achèvement du Fonds social européen (FSE) – Objectif n° 1 (2000 à 2006)*).

teur automobile, et 0,3 millions d'euros pour la Lituanie, suite à la fermeture d'une usine dans le secteur du textile.

Le FEM a fait l'objet d'une troisième mobilisation le 19 novembre 2008[57] pour apporter un soutien à des travailleurs licenciés dans le secteur du textile en Italie en Lombardie, Sardaigne et Toscane et au Piémont. La mobilisation s'élève à 35,2 millions d'euros en crédits d'engagement et de paiement[58].

Les mobilisations du Fonds européen d'ajustement à la mondialisation ont fait l'objet de "trilogues simplifiés", conformément au point 28, cinquième paragraphe de la Partie I de l'AII de 2006.

5. Modifications de règlements financiers spécifiques

La Commission a modifié le 9 juillet 2008 le règlement portant règlement financier-type des agences exécutives[59], afin d'en aligner le contenu sur les modifications apportées au règlement financier du 25 juin 2002 lors de sa première révision le 13 décembre 2006[60] (voir chapitre I). La modification apporte, en outre, certains changements découlant de l'expérience acquise lors de la mise en œuvre du règlement financier-type.

Le règlement financier-cadre des organismes visés à l'article 185 du RF a été modifié le même jour pour ces mêmes raisons[61].

6. Le "réexamen" du cadre financier pour 2007-2013

Suite aux conclusions du Conseil européen des 15 et 16 décembre 2005[62] et à la déclaration n° 3 annexée à l'AII de 2006[63], la Commission a publié le 12 septembre 2007 un premier document de consultation (sous forme de communication de la Commission) sur le réexamen du budget général en

---

[57] JO L 330 du 9.12.2008, pp. 16/17.

[58] Les crédits de paiement proviennent de l'article *04 02 01*.

[59] Règlement (CE) n° 651/2008 de la Commission modifiant le règlement (CE) n° 1653/2004 portant règlement financier type des agences exécutives en application du règlement (CE) n° 58/2003 du Conseil portant statut des agences exécutives chargées de certaines tâches relatives à la gestion de programmes communautaires (JO L 181 du 10.7.2008, pp. 15/22).

[60] Voir Tome I, pp. 107/108.

[61] Règlement (CE, Euratom) n° 652/2008 de la Commission modifiant le règlement (CE, Euratom) n° 2343/2002 portant règlement financier-cadre des organismes visés à l'article 185 du règlement (CE, Euratom) n° 1605/2002 du Conseil portant règlement financier applicable au budget général des Communautés européennes (JO L 181 du 10.7.2008, pp. 23/34).

[62] La troisième partie (intitulée "*Réexamen*") de l'accord du Conseil européen des 15 et 16 décembre 2005 sur le cadre financier pour 2007-2013 prévoit une clause de réexamen du CF dans les termes suivants: "*Les Européens vivent une époque marquée par des changements et des bouleversements se succédant à un rythme de plus en plus soutenu. L'accélération de la mondialisation et les changements technologiques rapides ne cessent d'offrir de nouvelles possibilités et de lancer de nouveaux défis. Dans ce contexte, le Conseil européen convient que l'UE devrait réévaluer l'ensemble du cadre financier, pour ce qui concerne tant les recettes que les dépenses, afin de poursuivre et de renforcer la modernisation de manière continue.*

C'est pourquoi le Conseil européen invite la Commission à entreprendre un réexamen complet et global, couvrant tous les aspects des dépenses de l'UE, y compris la PAC, ainsi que des ressources, y compris la compensation en faveur du Royaume-Uni, et à faire rapport en 2008-2009. Se fondant sur ce réexamen, le Conseil européen pourra prendre des décisions sur toutes les questions qui y sont traitées. Ce réexamen sera également pris en considération dans le cadre des travaux préparatoires sur les prochaines perspectives financières" (doc. *Conseil 15915/05 CADREFIN 268* du 19 décembre 2005, points 79 et 80).

[63] Selon la déclaration n° 3 annexée à l'AII de 2006 : "*1. Dans les conclusions du Conseil européen, la Commission a été invitée à entreprendre un réexamen complet et global, couvrant tous les aspects des dépenses de l'UE, y compris la politique agricole commune, ainsi que des ressources, y compris la compensation en faveur du Royaume-Uni, et à faire rapport en 2008-2009. Ce réexamen devrait s'accompagner d'une évaluation du fonctionnement de l'accord interinstitutionnel. Le Parlement européen sera associé au réexamen à tous les stades de la procédure de réexamen sur la base des dispositions suivantes :*

- au cours de la phase d'examen suivant la présentation du réexamen par la Commission, on veillera à ce que des discussions appropriées soient menées avec le Parlement européen sur la base du dialogue politique normal entre institutions et à ce que les positions du Parlement européen soient dûment prises en compte ;

- conformément à ses conclusions de décembre 2005 concernant ce réexamen, le Conseil européen "pourra prendre des décisions sur toutes les questions qui y sont traitées". Le Parlement européen sera associé à toutes les mesures formelles de suivi conformément aux procédures pertinentes et dans le plein respect des droits dont il jouit.

Tableau 2. La procédure budgétaire pour 2009

En millions d'euros	Budget 2008*		CF 2009**	APB***		PB		1ère lecture du PE		2ème lect. du CNS** **		2ème lect. du PE** **	
	c/e	*c/p*	*c/e*	*c/e*	*c/p*	*c/e*	*c/p*	*c/e*	*c/p*	*c/e*	*c/p*	*c/e*	*c/p*
1. Croissance durable	58.338	45.732	59.700	60.104	45.199	60.026	44.478	60.192	50.390	60.026	44.478	60.196	46.000
1a Compétitivité pour la croissance et l'emploi	*11.082*	*9.715*	*11.272*	*11.690*	*10.285*	*11.612*	*9.814*	*11.769*	*11.384*	*11.612*	*9.814*	*11.769*	*11.024*
dont : FEM[a]	*500*	*p.m.*	-	*500*	*p.m.*	*500*	*p.m.*	*500*	*p.m.*	*500*	*p.m.*	*500*	*p.m.*
1b Cohésion pour la croissance et l'emploi	*47.256*	*36.017*	*48.428*	*48.414*	*34.914*	*48.414*	*34.664*	*48.423*	*39.006*	*48.414*	*34.664*	*48.427*	*34.975*
2. Conservation et gestion des ressources naturelles	55.560	53.217	59.639	57.526	54.835	57.144	54.338	58.728	56.669	55.789	53.101	56.121	52.566
dont dépenses de marché et paiements directs	*41.006*	*40.890*	*46.679*[b]	*42.860*	*42.814*	*42.480*	*42.434*	*43.737*	*43.689*	*41.125*	*41.082*	*41.131*	*41.084*
3. Citoyenneté, liberté, sécurité et justice	1.635	1.489	1.523	1.468	1.266	1.447	1.208	1.515	1.363	1.447	1.208	1.515	1.296
3a Liberté, sécurité et justice	*732*	*534*	*872*	*839*	*597*	*833*	*573*	*864*	*664*	*833*	*573*	*864*	*617*
3b Citoyenneté	*903*	*955*	*651*	*629*	*669*	*615*	*635*	*651*	*699*	*615*	*635*	*651*	*679*
4. L'UE acteur mondial	7.551	7.847	7.440	7.440	7.580	7.554	7.187	7.684	8.157	7.993	7.817	8.104	8.324
dont : Réserve pour aides d'urgence[a]	*479*	*239*	-	*244*	*244*	*244*	*p.m.*	*244*	*244*	*244*	*p.m.*	*244*	*244*
5. Administration	7.279	7.279	7.777[c]	7.655	7.655	7.553	7.553	7.701	7.701	7.552	7.552	7.701	7.701
Commission	*4.605*	*4.605*		*4.845*	*4.845*	*4.765*	*4.765*	*4.853*	*4.853*	*4.764*	*4.764*	*4.853*	*4.853*
Autres institutions	*2.674*	*2.674*		*2.810*	*2.810*	*2.788*	*2.788*	*2.848*	*2.848*	*2.788*	*2.788*	*2.848*	*2.848*
6. Compensations	207	207	210	209	209	209	209	209	209	209	209	209	209
Total	**130.570**	**115.771**	**136.289**	**134.402**	**116.744**	**133.933**	**114.972**	**136.029**	**124.488**	**133.016**	**114.364**	**133.846**	**116.096**
DO** ** *	42.509	42.431		44.534	44.516	44.154	44.136	45.406	45.387	42.800	42.784	42.800	42.784
*DNO*** ** *	*88.060*	*73.341*		89.868	*72.228*	*89.779*	*70.836*	90.623	79.101	*90.216*	*71.580*	*91.046*	*73.312*
c/e et c/p (% du RNB)	1,04%	0,92%		1,04%	0,90%	1,03%	0,89%	1,05%	0,96%	1,02%	0,88%	1,03%	0,89%

** Budgets rectificatifs n° 1-10/2008 compris ** Adaptation du CF comprise *** APB rectifié ** ** Lettres rectificatives n° 1-3/2009 comprises ** ** * Selon la classification de la Commission*
[a] En dehors du cadre financier [b] "Modulation agricole" non comprise [c] En tenant compte des contributions aux pensions (78 millions d'euros)

2008/2009, afin de lancer la phase de "consultation publique"[64].

Cette phase s'est achevée par une conférence organisée le 12 novembre 2008 à Bruxelles[65]. En préparation de cette conférence, la Commission a rendu public un résumé des différentes contributions reçues[66].

III. – La procédure budgétaire pour 2009

Le budget général pour 2009 est présenté par rubriques du cadre financier (en crédits d'engagement et de paiement) pages 70-71. Les différentes étapes chiffrées de la procédure budgétaire pour 2009 sont présentées pages 72-74. Ces différentes étapes sont résumées dans le tableau 2 ci-dessus.

1. Le calendrier des travaux

Le calendrier des travaux qui ont conduit à l'adoption du budget général pour 2009 est résumé dans le tableau 3 ci-dessous.

Le Parlement européen, le Conseil et la Commission ont organisé en 2008 *trois* trilogues formels dans le domaine budgétaire (voir tableau 3).

Tableau 3. Calendrier de la procédure budgétaire pour 2009 et des réunions interinstitutionnelles en 2008

13 février 2008	Décision de stratégie politique annuelle (SPA) de la Commission
4 mars 2008	Adoption des orientations budgétaires du Conseil (Bruxelles)
10 avril 2008	Adoption des orientations budgétaires du Parlement européen (autres sections) (Bruxelles)
16 avril 2008	*Trilogue – priorités budgétaires, adaptation du CF et mobilisation du Fonds de solidarité (Bruxelles)*
24 avril 2008	Adoption des orientations budgétaires du Parlement européen (section III) (Strasbourg)
6 mai 2008	**Adoption de l'avant-projet de budget (Commission)**
14 mai 2008	Présentation de l'avant-projet de budget au Conseil (Bruxelles)
10 juillet 2008	*Trilogue – 1ère lecture du Conseil (Strasbourg)*
17 juillet 2008	*Réunion de concertation (Bruxelles)*
17 juillet 2008	**1ère lecture du Conseil (établissement du projet de budget) (Bruxelles)**
2 septembre 2008	Présentation du projet de budget au Parlement européen (Strasbourg)
10 septembre 2008	***Lettre rectificative n° 1/2009 à l'APB****
23 octobre 2008	**1ère lecture du Parlement européen (Strasbourg)**
28 octobre 2008	***Lettre rectificative n° 2/2009 à l'APB****
13 novembre 2008	*Trilogue – 2ème lecture du Conseil (Bruxelles)*
17 novembre 2008	***Lettre rectificative n° 3/2009 à l'APB****
21 novembre 2008	*Réunion de concertation (Bruxelles)*
21 novembre 2008**	**2ème lecture du Conseil (Bruxelles)**
18 décembre 2008	**2ème lecture du Parlement européen et constatation de l'arrêt définitif du budget (Strasbourg)**

** Adoption par la Commission*
*** Adoption formelle en tant que "point A" le 27 novembre 2008*

---

2. *Dans le cadre du processus de consultation et de réflexion conduisant à l'élaboration du réexamen, la Commission s'engage à tenir compte de l'échange de vues approfondi qu'elle mènera avec le Parlement européen lors de l'analyse de la situation. La Commission prend également acte de l'intention du Parlement européen de convoquer une conférence pour dresser le bilan du système des ressources propres, à laquelle participeront les parlements nationaux. Les résultats de cette conférence seront considérés comme une contribution dans le cadre dudit processus de consultation. Il est entendu que les propositions de la Commission seront présentées sous l'entière responsabilité de celle-ci*" (JO C 139 du 14.6.2006, p. 15).

64 Réformer le budget, changer l'Europe, Document de consultation publique en vue du réexamen du budget 2008/2009 (doc. *SEC(2007) 1188 final*).

65 Les documents présentés dans le cadre de cette conférence sont disponibles sur internet à l'adresse suivante : *http://ec.europa.eu/budget/reform/conference/documents_fr.htm*.

66 Réformer le budget, changer l'Europe, Résumé succinct des contributions reçues, Rapport de consultation, Document de travail préparé par le Secrétariat général et la DG Budget (doc. *SEC(2008) 2739* du 3 novembre 2008).

A. Lors du trilogue du 16 avril 2008, les deux branches de l'autorité budgétaire et la Commission ont discuté, outre des priorités budgétaires pour l'année à venir, de la seconde mobilisation du Fonds de solidarité de l'Union européenne en 2008 en faveur de la Grèce et de la Slovénie et des avant-projets de budgets rectificatifs nº 2/2008, 3/2008 et 4/2008 (voir pages 17-18 et 21).

Le Parlement européen et le Conseil ont également trouvé un accord politique sur l'adaptation du cadre financier pour 2007-2013, tel que proposé par la Commission (voir page 26).

Par ailleurs, l'autorité budgétaire a adopté deux déclarations, la première, en préparation de l'entrée éventuelle en vigueur du traité de Lisbonne, sur le *calendrier de la procédure budgétaire pour 2010*[67] et la seconde, sur base du point 47 de la Partie III de l'AII de 2006[68], sur l'*entreprise commune "Piles à combustible et Hydrogène"*[69].

B. Les deux autres trilogues organisés pour préparer les réunions de concertation précédant les lectures du Conseil[70] sont traités pages 31-33 et 44. Il convient de relever que pour la première fois depuis l'entrée en vigueur de l'AII de 2006, il n'a pas été organisé de trilogue avant la première lecture du Parlement européen[71].

2. Les travaux préparatoires (janvier–avril 2008)

A. La circulaire budgétaire pour 2009 a été envoyée par la DG Budget aux directions générales de la Commission (et pour information aux autres institutions) le 14 janvier 2008. Cette circulaire marque traditionnellement le début des travaux dans le domaine budgétaire.

---

[67] Selon la déclaration concernant le calendrier de la procédure budgétaire pour 2010 : "*Le Parlement européen et le Conseil invitent la Commission à engager avec eux des discussions afin qu'un calendrier de travail concret pour la procédure budgétaire pour 2010 puisse être arrêté en temps voulu. Ce calendrier devrait permettre au comité de conciliation d'achever ses travaux pour la fin de la 46ème semaine de 2009.*

Des discussions devraient également être engagées en ce qui concerne les questions liées à la procédure budgétaire prévue dans le traité de Lisbonne, y compris les modalités visant à remplacer le calendrier pragmatique existant, en vue de parvenir à un accord politique sur ces éléments lors de la réunion de concertation qui doit avoir lieu en novembre 2008 au plus tard".

Il convient de noter que cette déclaration a été adoptée avant le référendum en Irlande sur le traité de Lisbonne, organisé le 12 juin 2008. Suite au "non" irlandais, l'autorité budgétaire a mis les discussions sur le traité de Lisbonne entre parenthèses et n'a retenu dans le budget général pour 2009 aucun crédit directement lié à la mise en œuvre du nouveau traité.

[68] Selon le point 47 de l'AII de 2006 (intitulé "*Agences et Écoles européennes*") : "*Lors de l'élaboration de sa proposition visant à créer une nouvelle agence, la Commission évaluera les implications budgétaires sur la rubrique de dépenses correspondante.*

Sur la base de ces informations et sans préjudice des procédures législatives régissant la création de cette agence, les deux branches de l'autorité budgétaire s'engagent, dans le cadre de la coopération budgétaire, à dégager en temps opportun un accord sur le financement de l'agence.

Une procédure similaire doit être appliquée lorsque la création d'une nouvelle École européenne est envisagée".

Au cours de la procédure budgétaire pour 2008, les deux branches de l'autorité budgétaire avaient déjà convenu d'appliquer ce point à l'entreprise commune pour ITER (*International Thermonuclear Experimental Reactor* ou Réacteur thermonucléaire expérimental international), ainsi qu'aux entreprises communes IMI, Clean Sky, Artemis et ENIAC (voir page 17, note 21, et Tome I, pp. 175/176 et 204).

[69] Selon la déclaration sur l'entreprise commune PCH (voir chapitre II) : "*Le Parlement européen et le Conseil prennent acte de la contribution de la Communauté à l'entreprise commune "Piles à combustible et Hydrogène", issue du septième programme-cadre (470 millions d'euros au maximum pour la période 2008-2013), telle que proposée par la Commission avec le montant correspondant pour le cadre financier pluriannuel actuel prévu dans la programmation financière.*

Le Parlement européen et le Conseil notent toutefois que tout financement ultérieur de l'entreprise commune "Piles à combustible et Hydrogène" fera partie de l'examen du prochain cadre financier et qu'aucun engagement financier ne peut être pris au-delà de 2013".

[70] Voir page 315.

[71] Depuis l'entrée en vigueur de l'AII de 2006, le trilogue avant la première lecture du Parlement européen est "facultatif". Il peut "*être convoquée (...), sur proposition écrite de la Commission ou sur demande écrite du président de la commission des budgets du Parlement européen ou du président du Conseil "Budget". La décision d'organiser ce trilogue fera l'objet d'un accord entre les institutions, intervenant après l'adoption par le Conseil du projet de budget et avant le vote de la commission des budgets du Parlement européen, en première lecture, sur les amendements*" (annexe II, point C, paragraphe 4 de l'AII de 2006).

La Commission a présenté le 31 janvier 2008 une programmation financière actualisée, conformément au point 46 de la Partie III de l'AII de 2006[72].

Elle a adopté sa décision de stratégie politique annuelle[73] (SPA), qui contient la "ligne directrice" du programme législatif de la Commission et son projet d'allocation des ressources disponibles, le 13 février 2008.

Il convient de noter que cette stratégie a été établie en tenant compte de changements institutionnels liés à l'entrée en vigueur du traité de Lisbonne, encore prévue pour début 2009 au moment de la décision de SPA.

La décision de SPA est basée sur les objectifs politiques définis par la Commission au début de son mandat, c'est-à-dire promouvoir la prospérité, la solidarité, la liberté et la sécurité, ainsi qu'une Union européenne plus forte au niveau mondial. Plus précisément, les priorités mentionnées dans la décision de SPA pour 2009 sont :

- la *croissance* et l'*emploi* : pour la Commission, la poursuite des réformes économiques et sociales entamées dans le cadre de la "stratégie de Lisbonne" reste un des objectifs majeurs en 2009. Elle rappelle dans ce contexte les travaux de réexamen du budget général, qui "*constituent un des temps forts de la stratégie*", et dont la "*consultation publique représente le premier acte*" (voir chapitre II) ;

- le *développement durable* et le *changement climatique* : la Commission entend proposer des mesures supplémentaires pour faire face au changement climatique et pour mieux répondre aux besoins énergétiques de l'Union européenne ;

- la *politique de l'immigration* : le développement d'une politique commune d'immigration reste une des priorités essentielles pour la Commission, afin de pouvoir "*relever les défis et saisir les opportunités offertes par l'immigration dans un contexte de mondialisation*" ;

- le *citoyen d'abord* : la Commission entend proposer de nouvelles mesures pour "*simplifier la vie des citoyens lorsqu'ils exercent leur droit à la libre circulation à l'intérieur ou en dehors de l'UE*" et pour poursuivre la création d'un espace commun de justice et afin de garantir la sécurité des citoyens, et

- l'*Union européenne en tant que partenaire mondial* : la Commission entend tout mettre en œuvre pour une utilisation optimale des nouveaux instruments de politique étrangère créés par le traité de Lisbonne. Outre la sécurité énergétique, le changement climatique et les migrations qui demeureront selon la Commission les piliers de la politique extérieure de l'Union en 2009, la Commission souligne notamment l'importance des liens économiques et politiques toujours plus étroits avec les pays partenaires à travers le monde, de la poursuite des négociations avec les pays candidats à l'adhésion et de nouveaux partenariats avec les pays africains dans le contexte de la stratégie commune UE/Afrique.

S'agissant enfin des *dépenses administratives*, la Commission demande l'octroi des 250 postes restants prévus dans le cadre de l'élargissement de l'Union européenne à la Bulgarie et à la Roumanie en 2007.

B. Le Conseil et le Parlement européen ont adopté leurs "orientations budgétaires" le 4 mars[74] et le 10 avril et 24 avril 2008[75] respectivement. Ces orientations, tout comme la décision de SPA, ont fait l'objet d'une présentation et d'un échange de vues (conformément au point A de l'annexe II de l'AII de 2006[76]) lors du trilogue du 16 avril 2008 à Bruxelles (voir page 24).

---

[72] Sur le point 46 de l'AII de 2006, voir Tome I, p. 113. En lien avec son avant-projet de budget (voir pages 27-30), la Commission a présenté une programmation financière pour 2008-2013 actualisée pour une seconde fois en mai 2008 (doc. *SEC(2008) 514*).
[73] Doc. *COM(2008) 72 final*. Sur la décision de SPA et ses origines, voir par exemple : Les finances publiques de l'Union européenne (troisième édition), Commission européenne, Direction générale du budget, Office des publications officielles des Communautés européennes, Luxembourg, 2002, pp. 175/178.
[74] Doc. *Conseil 6704/08 FIN 67*.
[75] Doc. *PE A6-0082/2008* et *A6-0084/2008*.
[76] L'annexe II de l'AII de 2006 traite de la collaboration interinstitutionnelle en matière budgétaire.

C. Le taux maximal d'augmentation des dépenses non obligatoires (TMA) pour 2009 a été fixé, conformément à l'article 272, paragraphe 9 du traité CE, à 5,0 %[77].

3. L'adaptation du cadre financier pour 2007-2013 (29 avril 2008)

Conformément au point 16 de la Partie I de l'AII de 2006[78], la Commission a présenté, le 14 mars 2008, l'ajustement technique du cadre financier à l'évolution du RNB et des prix[79].

À la suite de retards dans l'adoption de la nouvelle réglementation et de plusieurs programmes relevant des Fonds structurels, du Fonds de cohésion, du développement rural et du Fonds européen pour la pêche pour la période 2007-2013 et conformément au point 48 de la Partie III de l'AII de 2006[80], la Commission a présenté par la même occasion une proposition d'adaptation du cadre financier pour 2007-2013[81].

L'objectif était de transférer – en augmentation des plafonds correspondants des dépenses en 2008-2013 – un montant de 2 034 millions d'euros en crédits d'engagement (1 918 millions d'euros à prix 2004) qui n'ont pas pu être engagés en 2007 ni être reportés à 2008 à la suite de retards dans l'adoption de 45 programmes opérationnels relevant de la sous-rubrique *1b* (*Cohésion pour la croissance et l'emploi*) et de la rubrique *2* (*Conservation et gestion des ressources naturelles*) du CF (voir page 341).

La proposition de la Commission ne prévoyait pas de relever le plafond des crédits pour paiements.

Le Parlement européen et le Conseil sont parvenus à un accord politique pour accepter la proposition de la Commission lors du trilogue du 16 avril 2008 (voir page 24).

Les deux branches de l'autorité budgétaire ont formellement signé la décision modifiant l'annexe I de l'AII de 2006, dans le respect du deuxième paragraphe du point 48 de l'AII de 2006, le 29 avril 2008 à Bruxelles[82].

Le cadre financier pour 2007-2013 tel qu'il ressort de la décision de l'autorité budgétaire est présenté dans le tableau 4 page suivante.

---

[77] Doc. *SEC(2008) 534* du 29.4.2008.

[78] Selon le point 16 de l'AII de 2006 : "*Chaque année, la Commission, en amont de la procédure budgétaire de l'exercice n+1, procèdera à l'ajustement technique suivant du cadre financier :*

a) réévaluation aux prix de l'exercice n+1 des plafonds et des montants globaux des crédits pour engagements et des crédits pour paiements ;

b) calcul de la marge restant disponible sous le plafond des ressources propres.

La Commission procèdera à cet ajustement technique sur la base d'un déflateur fixe de 2 % par an.

Les résultats de cet ajustement technique ainsi que les prévisions économiques de base seront communiquées aux deux branches de l'autorité budgétaire.

Il ne sera pas procédé ultérieurement à d'autres ajustements techniques pour l'année considérée, ni en cours d'exercice, ni à titre de correction a posteriori au cours des années suivantes".

[79] Doc. *COM(2008) 152 final.*

[80] Selon le point 48 de l'AII de 2006 (intitulé "*Adaptation des Fonds structurels, du Fonds de cohésion, du développement rural et du Fonds européen pour la pêche aux conditions de leur exécution*") : "*Dans le cas de l'adoption après le 1er janvier 2007 d'une nouvelle réglementation et de nouveaux programmes régissant les Fonds structurels, le Fonds de cohésion, le développement rural et le Fonds européen pour la pêche, les deux branches de l'autorité budgétaire s'engagent à autoriser, sur proposition de la Commission, le transfert aux années ultérieures, au-delà des plafonds correspondants de dépenses, des dotations non utilisées au cours de l'exercice 2007.*

Le Parlement européen et le Conseil statueront avant le 1er mai 2008 sur les propositions de la Commission concernant le transfert des dotations non utilisées de l'exercice 2007, conformément au point 3 [de l'AII de 2006, c'est-à-dire le Parlement européen à la majorité des membres qui le composent et des trois cinquièmes des suffrages exprimés et le Conseil à la majorité qualifiée dite "budgétaire" ; voir pages 311-314]".

[81] Doc. *COM(2008) 152 final.* La Commission a présenté un document révisé le 16 avril 2008 (doc. *COM(2008) 152 final/2*).

[82] JO L 128 du 16.5.2008, pp. 8/9. Le Parlement européen et la Commission ont adopté dans ce contexte la déclaration conjointe suivante : "*Le Parlement européen et la Commission se félicitent de l'adoption de la décision d'adaptation du cadre financier afin de prendre en compte l'exécution, conformément au point 48 de l'AII du 17 mai 2006.*

Ils prennent acte du fait qu'à ce stade, le plafond des crédits pour paiements autorisé par le cadre finan-

Tableau 4. Le cadre financier pour 2007-2013 adapté en 2008

En millions d'euros, prix de 2004
(Source : JO L 128 du 16.5.2008, p. 9)

Crédits pour engagements	2007	2008	2009	2010	2011	2012	2013	Total 2007-2013
1. Croissance durable	**50 865**	**53 262**	**54 071**	**54 860**	**55 400**	**56 866**	**58 256**	**383 580**
1a Compétitivité pour la croissance et l'emploi	8 404	9 595	10 209	11 000	11 306	12 122	12 914	75 550
1b Cohésion pour la croissance et l'emploi	42 461	43 667	43 862	43 860	44 094	44 744	45 342	308 030
2. Conservation et gestion des ressources naturelles	**51 962**	**54 685**	**54 017**	**53 379**	**52 528**	**51 901**	**51 284**	**369 756**
dont : dépenses de marché et paiements directs	43 120	42 697	42 279	41 864	41 453	41 047	40 645	293 105
3. Citoyenneté, liberté, sécurité et justice	**1 199**	**1 258**	**1 380**	**1 503**	**1 645**	**1 797**	**1 988**	**10 770**
3a Liberté, sécurité et justice	600	690	790	910	1 050	1 200	1 390	6 630
3b Citoyenneté	599	568	590	593	595	597	598	4 140
4. L'UE acteur mondial	**6 199**	**6 469**	**6 739**	**7 009**	**7 339**	**7 679**	**8 029**	**49 463**
5. Administration[1]	**6 633**	**6 818**	**6 973**	**7 111**	**7 255**	**7 400**	**7 610**	**49 800**
6. Compensations	**419**	**191**	**190**					**800**
Total des crédits pour engagements	**117 277**	**122 683**	**123 370**	**123 862**	**124 167**	**125 643**	**127 167**	**864 169**
en % du RNB	1,08%	1,09%	1,07%	1,05%	1,03%	1,02%	1,01%	1,048%
Total des crédits pour paiements	**115 142**	**119 805**	**112 182**	**118 549**	**116 178**	**119 659**	**119 161**	**820 676**
en % du RNB	1,06%	1,06%	0,97%	1,00%	0,97%	0,97%	0,95%	1,00%
Marge disponible	0,18%	0,18%	0,27%	0,24%	0,27%	0,27%	0,29%	0,24%
Plafond des ressources propres en pourcentage du RNB	1,24%	1,24%	1,24%	1,24%	1,24%	1,24%	1,24%	1,24%

[1] S'agissant des dépenses de pension, les montants pris en compte sous le plafond de cette rubrique sont calculés nets des contributions du personnel au régime correspondant, dans la limite de 500 millions d'euros aux prix de 2004 pour la période 2007-2013

Le tableau 5 ci-dessous récapitule le cadre financier pour l'exercice 2009[83].

Tableau 5. Le cadre financier pour l'exercice 2009

UE-27, crédits pour engagements, en millions d'euros

Rubrique	Montant
1. Croissance durable	59.700
1a Compétitivité pour la croissance et l'emploi	*11.272*
1b Cohésion pour la croissance et l'emploi	*48.428*
2. Conservation et gestion des ressources naturelles	59.639
*dont : dépenses de marché et paiements directs**	*46.679*
3. Citoyenneté, liberté, sécurité et justice	1.523
3a Liberté, sécurité et justice	*872*
3b Citoyenneté	*651*
4. L'UE acteur mondial	7.440
5. Administration**	7.777
6. Compensations	210
Total des crédits pour engagements**	136.289
Crédits pour engagements (en % du RNB***)	1,05
Total des crédits pour paiements	123.858
Crédits pour paiements (en % du RNB***)	0,95
Marge disponible (%)	0,29
Plafond des ressources propres (en % du RNB)	1,24

* *"Modulation agricole" non comprise*
** *En tenant compte des contributions aux pensions (78 millions d'euros)*
*** *Avec un RNB pour 2009 estimé à 12 984 373 millions d'euros*

4. L'avant-projet de budget pour 2009 (6 mai 2008)

A. L'avant-projet de budget (APB) pour 2009 adopté par la Commission[84] s'élève à 134 402 millions d'euros en crédits pour engagements (+3,2 % par rapport au budget général pour 2008[85]) et à 116 744 millions d'euros en crédits pour paiements (-3,7 %). Ceci représente 1,04 % et 0,90 % respectivement du RNB de l'UE. Les marges laissées sous les plafonds du CF sont de 2 631 millions d'euros en crédits pour engagements et de 7 436 millions d'euros en crédits pour paiements.

B. La Commission a préparé l'APB en tenant compte de sa décision de SPA (voir page 25) et en plaçant le développement économique à long terme et l'emploi au cœur des dépenses du budget

---

cier pluriannuel devrait s'avérer suffisant pour couvrir toutes les dépenses qui ont été avancées par cette décision, tout en reconnaissant la difficulté d'un tel exercice de prévision.

Si au cours d'une année ultérieure il s'avérait que les besoins en crédits de paiement dépassaient le plafond, ils invitent la Commission à proposer les mesures appropriées, dans le respect de l'AII, en tenant compte de la reprogrammation des crédits d'engagement adoptée dans le cadre de la décision susmentionnée".

[83] Le RNB prévisionnel de l'UE-27 pour 2009 utilisé dans le tableau 5 (12 984 milliards d'euros) a dû être revu à la baisse lors de la réunion du CCRP du 12 mai 2009 (voir page 91). Le RNB prévisionnel de l'UE-27 pour 2009 a été établi à 11 593 milliards d'euros, ce qui conduit le total des crédits pour engagements à s'élever à 1,18 % les crédits pour paiements à 1,07 %. Ceci laisse une marge disponible de 0,17 % du RNB.

Ceci est une bonne illustration de la sévérité de la crise économique qu'ont connu les États membres de l'Union européenne en 2009.

[84] Il convient de noter que tous les chiffres présentés sous ce point concernent l'avant-projet de budget pour 2009 "rectifié", c'est-à-dire tenant compte des états prévisionnels *définitifs* de toutes les institutions. L'APB "non rectifié" adopté par la Commission le 6 mai 2008 s'élevait à 134 395 millions d'euros en crédits pour engagements et à 116 736 millions d'euros en crédits pour paiements.

[85] Budgets rectificatifs nº 1-4/2008 compris (voir chapitre II).

général[86], sans toutefois compromettre le financement des autres domaines prioritaires pour l'Union européenne, dont le rôle de l'UE dans le monde notamment en ce qui concerne la paix et la stabilité.

La Commission propose également d'allouer davantage de ressources à la recherche et à l'innovation, ainsi qu'à la protection de l'environnement et au développement d'énergies durables. En outre, l'intégration dans les politiques communautaires des 12 nouveaux États membres de l'Union reste selon la Commission un des enjeux majeurs du budget général pour 2009.

Les principes clefs qui ont guidé la Commission lors de l'établissement de l'avant-projet de budget pour 2009 ont été[87] :

- la *pertinence* : les nouveaux objectifs doivent découler des réalités nouvelles ;

- la *consistence* : les dépenses du budget général doivent être modernisées, afin de les sécuriser et de les renforcer ;

- la *prioritisation* : les investissements dans le développement économique doivent constituer la majeure partie des dépenses du budget général ;

- la *certitude* : le financement des différents domaines politiques doit être assuré, tout en garantissant la stabilité du financement de toutes les politiques ;

- la *solidarité* : les nouveaux États membres doivent pouvoir participer pleinement à toutes les politiques communes, et

- la *cohérence* : les changements dans la structure des dépenses doivent refléter des idées retenues notamment dans le cadre de la consultation sur la réforme du budget général (voir chapitre II).

C. L'avant-projet de budget pour 2009 se présente par rubriques et sous-rubriques du cadre financier pour 2007-2013 comme suit :

- la Commission propose de doter la sous-rubrique *1a* (*Compétitivité pour la croissance et l'emploi*) de 11 690 millions d'euros en crédits d'engagement (y inclus le Fonds européen d'ajustement à la mondialisation ; +5,5 % par rapport à 2008[88]) et de 10 285 millions d'euros en crédits de paiement (+5,3 %). La marge restante sous le plafond de cette sous-rubrique s'établit ainsi à 82 millions d'euros[89].

Les crédits destinés au 7ème PCR augmentent de 10 % afin notamment d'encourager la coopération en matière de recherche en Europe, ceux pour le programme-cadre pour l'innovation et la compétitivité de 17 % et ceux pour le programme "Éducation et formation tout au long de la vie" de 7 %.

La Commission propose 830 millions d'euros en crédits d'engagement et 362 millions d'euros en crédits de paiement[90] aux programmes européens de radionavigation par satellite "Egnos" et "Galileo"[91].

Par ailleurs, elle propose 5,8 millions d'euros en crédits d'engagement et de paiement pour l'Institut européen d'innovation et de technologie (IET). Ces montants relèvent, comme dans le budget géné-

---

[86] Ces dépenses représentent selon la Commission quelque 45 % des dépenses du budget général, à comparer au 43 % des dépenses relevant de la rubrique *2* (*Conservation et gestion des ressources naturelles*) du CF.

[87] Présentation de l'avant-projet de budget pour 2009 au Parlement européen, Commission européenne, Bruxelles, 6 mai 2008 (document non publié).

[88] Budgets rectificatifs n° 1-4/2008 compris.

[89] Il convient de noter que les 500 millions d'euros en crédits d'engagement destinés au Fonds européen d'ajustement à la mondialisation (article *40 02 43*) ne sont pas pris en compte dans le calcul de la marge de la sous-rubrique *1a* du CF.

[90] Article *06 02 10* et poste *06 01 04 12*. Ce dernier rassemble les crédits pour la gestion administrative des programmes de GNSS (2 millions d'euros en crédits d'engagement et de paiement dans l'APB). Il convient de noter que le poste *06 01 04 12* a été ajouté également dans le budget général pour 2008 par le biais du BR n° 1/2008 (voir chapitre II).

Les montants prévus pour les programmes "Egnos" et "Galileo" s'établissent à 838,3 millions d'euros en crédits d'engagement et à 370,3 millions d'euros en crédits de paiement si l'on inclut les crédits destinés à l'Autorité européenne de surveillance GNSS (article *06 02 09*).

[91] Voir Tome I, pp. 167/193.

ral pour 2008, du domaine politique *15* (*Éducation et culture*)[92].

Pour la nouvelle Agence de coopération des régulateurs de l'énergie[93] la Commission propose une structure d'accueil (nouvel article *06 04 10* doté d'un "p.m.") ;

- les crédits proposés pour la sous-rubrique *1b* (*Cohésion pour la croissance et l'emploi*) s'élèvent à 48 414 millions d'euros en crédits d'engagement (+2,4 %). Ceci laisse une marge sous le plafond de la sous-rubrique de 14 millions d'euros[94]. Les crédits de paiement proposés par la Commission s'élèvent à 34 914 millions d'euros (-13,9 %).

Les dépenses relatives aux Fonds structurels et de cohésion pour les douze nouveaux États membres[95] augmentent de nouveau et atteignent le niveau de 50 % des montants budgétisés (c'est-à-dire le double de ce qu'ils recevaient en 2006), contre 47 % en 2008. En ce qui concerne le Fonds de cohésion, l'augmentation par rapport à 2008 est de 14 % en crédits d'engagement et de 8,2 % en crédits de paiement ;

- les crédits proposés pour la rubrique *2* (*Conservation et gestion des ressources naturelles*) sont de 57 526 millions d'euros en crédits d'engagement (+3,5 %), dont 42 860 millions d'euros pour les dépenses relatives au marché et paiements directs (+4,5 %), et de 54 835 millions d'euros en crédits de paiement (+3,0 %), dont 42 814 millions d'euros pour les dépenses de marché et paiements directs (+4,7 %). La marge restante sous le plafond de la rubrique est de 2 113 millions d'euros. La marge pour les dépenses relatives au marché et paiements directs est de 2 027 millions d'euros, "modulation agricole" comprise[96].

Les crédits destinés au programme "Life+" augmentent de 8 % pour s'établir à 288 millions d'euros en crédits d'engagement. Les crédits pour le Fond européen pour la pêche augmentent de 3 %.

Les investissements pour l'environnement sont en forte augmentation et en 2009, les financements en faveur d'objectifs environnementaux pourraient présenter environ 14 milliards d'euros en crédits d'engagement, soit environ un dixième du budget général ;

- les crédits proposés pour la sous-rubrique *3a* (*Liberté, sécurité et justice*) s'élèvent à 839 millions d'euros en crédits d'engagement (+15,0 %) et à 597 millions d'euros en crédits de paiement (+11,7 %). La marge restante sous le plafond de la sous-rubrique s'établit ainsi à 33 millions d'euros.

Les crédits destinés à la sécurité et à la protection des libertés augmentent de 32 %, tandis que les fonds alloués à la solidarité et à la gestion des flux migratoires progressent de 17 % ;

- les crédits proposés pour la sous-rubrique *3b* (*Citoyenneté*) sont de 629 millions d'euros en

---

[92] Article *15 02 11*. Comparé à 2008, la Commission propose néanmoins de scinder cet article en deux postes, dont le poste *15 02 11 01* pour les crédits de la "*structure de direction*" de l'Institut et le poste *15 02 11 02* pour les crédits liés aux "*communautés de la connaissance et de l'innovation (CCI)*". Ce dernier est doté d'un "p.m.".

[93] La Commission a proposé la création de l'Agence de coopération des régulateurs de l'énergie le 19 septembre 2007 (doc. *COM(2007) 530 final*).

[94] Selon le point 13, deuxième paragraphe de la Partie I de l'AII de 2006 : "*Sauf dans le cas de la sous-rubrique 1b "Cohésion pour la croissance et l'emploi" du cadre financier, les institutions, par souci d'une bonne gestion financière, veilleront à laisser, dans la mesure du possible, lors de la procédure budgétaire et de l'adoption du budget, des marges suffisantes disponibles sous les plafonds des différentes rubriques*". Les crédits d'engagement repris dans le CF au titre de la sous-rubrique *1b* sont inscrits "automatiquement" dans le budget général, car ils sont basés sur des enveloppes inscrites dans les actes de base et sur des engagements "préprogrammés". La petite marge qui subsiste sous le plafond de la sous-rubrique est due à l'assistance technique, une partie de l'enveloppe qui lui est destinée n'étant pas budgétisée.

[95] C'est-à-dire les pays ayant adhéré à l'Union européenne le 1er mai 2004 ou le 1er janvier 2007.

[96] Il convient de relever que selon l'article 11 (intitulé "*Discipline budgétaire*") du règlement (CE) nº 1782/2003 du Conseil, du 29 septembre 2003, établissant des règles communes pour les régimes de soutien direct dans le cadre de la politique agricole commune et établissant certains régimes de soutien en faveur des agriculteurs (JO L 270 du 21.10.2003, p. 10) et selon l'article 19 (intitulé "*Procédure de discipline budgétaire*"), paragraphe 2 du règlement (CE) nº 1290/2005 du Conseil, du 21 juin 2005, relatif au financement de la politique agricole commune (JO L 209 du 11.8.2005, p. 11), il convient de laisser lors de l'établissement du budget général une marge d'au moins 300 millions d'euros sous le plafond de la rubrique, afin d'éviter le déclanchement des mesures de discipline budgétaire.

crédits d'engagement (+1,0 %) et de 669 millions d'euros en crédits de paiement (+0,7 %[97]). La marge laissée sous le plafond de cette sous-rubrique est ainsi de 22 millions d'euros.

Les montants destinés à la promotion de la culture européenne augmentent de 11 %, ceux destinés aux programmes de santé publique et de protection des consommateurs de 5 % et ceux destinés aux programmes pour l'audiovisuel et les médias de 4 % ;

- les crédits proposés pour la rubrique *4* (*L'UE acteur mondial*) s'élèvent à 7 440 millions d'euros en crédits d'engagement (+1,8 %) et à 7 580 millions d'euros en crédits de paiement (-6,6 %). La marge restante sous le plafond de cette rubrique s'établit ainsi à 244 millions d'euros[98].

Les dépenses d'appui administratif imputées sur les enveloppes financières des programmes ont été réduites de 9,5 % par rapport à ce que prévoyait la programmation financière pour 2009.

Les crédits destinés à l'instrument de stabilité (IdS), qui vise à mieux gérer les crises dans les pays tiers, augmentent de 43 %, atteignant 258 millions d'euros en crédits d'engagement, ceux destinés à l'instrument d'aide de préadhésion (IAP) de 3 %, ceux destinés à l'instrument européen pour la démocratie et les droits de l'homme (IEDDH) et à l'instrument de financement de la coopération au développement (ICD) de 5 % et ceux pour l'aide humanitaire de 3 %.

La Commission propose de doter la politique étrangère et de sécurité commune (PESC) de 242,9 millions d'euros en crédits d'engagement (-14,8 %[99]) et de 234,15 millions d'euros en crédits de paiement[100] (+30,3 %).

Pour la réserve pour aides d'urgence, la Commission a inclus dans son avant-projet de budget 244 millions d'euros en crédits d'engagement et de paiement ;

- les crédits proposés pour la rubrique *5* (*Administration*) s'élèvent à 7 655 millions d'euros en crédits d'engagement et de paiement[101] (+5,2 %). La marge restante sous le plafond de cette rubrique s'établit ainsi à 122 millions d'euros[102].

La Commission propose 4 845 millions d'euros pour ses propres dépenses administratives (section III, y compris les crédits pour les pensions et pour les Écoles européennes[103]).

Le principal facteur de l'évolution des crédits de cette rubrique est lié aux nouveaux besoins en postes (dont 250 postes pour la Commission, voir page 25[104]) suite à l'élargissement de l'Union européenne, et notamment à son élargissement en 2007 à la Bulgarie et à la Roumanie, et

- les crédits proposés pour la rubrique *6* (*Compensations*) sont de 209 millions d'euros en crédits d'engagement et de paiement (+1,2 %), ce qui laisse une marge de 887 000 euros sous le plafond de la rubrique.

5. Le projet de budget établi par le Conseil (17 juillet 2008)

A. Le projet de budget (PB) pour 2009 établi par le Conseil s'élève à 133 933 millions d'euros en

---

[97] Ces pourcentages ne tiennent pas compte de l'augmentation du montant de l'article *13 06 01* suite à la mobilisation du Fonds de solidarité de l'Union européenne en 2008 (voir chapitre II).

[98] Il convient de tenir compte du fait que la marge de la rubrique *4* n'inclut pas les crédits de la réserve pour aides d'urgence (article *40 02 42*).

[99] Cette diminution s'explique par le recours à l'instrument de flexibilité en 2008, pour un montant de 70 millions d'euros, pour financer l'opération de l'UE au Kosovo (voir Tome I, pp. 185/188). Si l'on exclut ce montant, les crédits d'engagement alloués à la PESC en 2009 augmentent de 12,8 % par rapport à 2008.

[100] Chapitre *19 03* et poste *19 01 04 04*, ce dernier regroupant les crédits destinés aux "*dépenses pour la gestion administrative*" de la PESC.

[101] APB "non rectifié" : 7 648 millions d'euros en crédits d'engagement et de paiement.

[102] Le calcul de la marge sous le plafond de la rubrique *5* prend en considération un montant de 78 millions d'euros au titre des contributions du personnel au régime de pensions, conformément à la note en bas de page n° 1 du tableau du cadre financier pour 2007-2013 (JO C 139 du 14.6.2006, p. 10).

[103] Respectivement 1 135 et 149 millions d'euros.

[104] Les nouveaux postes demandés par les autres institutions sont repris au tableau 9, page 53.

crédits pour engagements et à 114 972 millions d'euros en crédits pour paiements, ce qui correspond à une augmentation de 2,8 % et à une diminution de 4,7 % respectivement par rapport au budget général pour 2008[105]. Les crédits pour engagements correspondent à 1,03 % et les crédits pour paiements à 0,89 % du RNB. Les marges laissées sous les plafonds du CF sont de 3 100 millions d'euros en crédits pour engagements et de 8 964 millions d'euros en crédits pour paiements.

B. Lors du trilogue du 10 juillet 2008 qui, conformément au point C, paragraphe 3 de l'annexe II de l'AII de 2006, a préparé la réunion de concertation précédant la première lecture du Conseil (voir pages 31-39), le Parlement européen, le Conseil et la Commission ont avant tout abordé la question du contenu du projet de budget pour 2009 que le Conseil se préparait à adopter.

Le Parlement européen a notamment critiqué les réductions de crédits que le Conseil se proposait de faire, surtout dans un contexte où l'APB pour 2009 se situe déjà (en crédits pour paiements) en retrait par rapport à l'APB et au budget général pour 2008. En outre, le PE a estimé que le niveau des crédits que le Conseil s'apprêtait à retenir notamment dans les sous-rubriques *1a* (*Compétitivité pour la croissance et l'emploi*), *3a* (*Liberté, sécurité et justice*) et *3b* (*Citoyenneté*) et dans la rubrique *4* (*L'UE acteur mondial*) du CF serait insuffisant pour faire face aux priorités politiques de l'Union européenne en 2009. Le Parlement a néanmoins salué l'initiative du Conseil de prévoir des crédits additionnels pour répondre aux besoins au Kosovo et en Palestine, tout en soulignant la nécessité d'une programmation durable dans ce contexte. Enfin, en ce qui concerne les agences décentralisées de l'UE, le PE a avant tout considéré qu'elles devaient disposer d'une dotation adéquate pour pouvoir effectuer leurs missions.

La Commission s'est, quant à elle, montrée avant tout critique à l'égard des réductions de crédits que le Conseil s'apprêtait à faire sous la rubrique *5* (*Administration*) du CF, en considérant que ceci pourrait avoir pour conséquence de diminuer la capacité de recrutement de la Commission en 2009. Elle a également regretté les réductions projetées des dépenses administratives liées à la gestion des programmes opérationnels.

Les trois institutions ont également discuté des projets pilotes et des actions préparatoires, conformément à l'annexe II, point D de l'AII de 2006[106], et de l'Office européen de police (Europol), sur la base du point 47 de la Partie III de l'AII de 2006[107].

Par ailleurs, le Parlement européen, le Conseil et la Commission ont fait le point sur la mise en œuvre du budget général pour 2008 et ont évoqué la mobilisation de la réserve pour aides d'urgence pour faire face à la crise alimentaire dans les pays en développement, ainsi que le projet de budget rectificatif n° 4/2008 et les avant-projets de budgets rectificatifs n° 5/2008 et 6/2008 (voir chapitre II).

C. Lors de la réunion de concertation du 17 juillet 2008 qui conformément au point C, paragraphe 3 de l'annexe II de l'AII de 2006 a précédé la première lecture du Conseil, les deux branches de l'autorité budgétaire se sont mises d'accord sur *six* déclarations portant sur :

- *les programmes prévus par les Fonds structurels, le Fonds de cohésion et les programmes financés dans le cadre du développement rural pour la période 2007-2013*[108] ;

---

[105] Budgets rectificatifs n° 1-4/2008 compris (voir chapitre II).
Le taux d'augmentation des dépenses non obligatoires retenu par le Conseil en première lecture est de +2,3 % pour les crédits pour engagements et de -9,4 % pour les crédits pour paiements.

[106] Le Conseil a indiqué qu'il ne proposerait pas de nouveaux projets pilotes ou de nouvelles actions préparatoires, ces projets et actions relevant traditionnellement des prérogatives du PE (la procédure budgétaire pour 2007 étant une exception ; voir Tome I, pp. 126 et 154).

[107] Voir page 24, note 68. Sur la base de la proposition de la Commission (doc. *COM(2006) 817 final* du 20.12.2006), le Conseil est parvenu le 18 avril 2008 à un accord politique sur une décision qui transformera Europol (financé d'une manière intergouvernementale) en agence décentralisée "classique", financée par le budget général à partir de 2010. Le budget général pour 2009 adopté le 18 décembre 2008 ne contient pas encore de subvention pour Europol, ni même de structure d'accueil.

[108] Selon la déclaration commune sur les programmes prévus par les Fonds structurels et le Fonds de cohé-

- les recrutements liés aux élargissements de 2004 et de 2007[109] ;

- le Fonds de solidarité de l'Union européenne[110] ;

- le Fonds européen d'ajustement à la mondialisation et réserve pour aides d'urgence[111] ;

- la mise en œuvre du budget général en 2009[112], et

- la mise à jour de la programmation financière au titre de la rubrique 5 (Administration) du CF[113].

La Commission s'est jointe à certaines de ces déclarations.

---

sion et par les programmes financés dans le cadre du développement rural pour la période 2007-2013 : "*Le Parlement européen et le Conseil attachent la plus grande importance à ce que les programmes opérationnels et les projets présentés par les États membres au titre des nouveaux programmes prévus par les fonds structurels et de cohésion et des programmes financés dans le cadre du développement rural pour la période 2007-2013 soient mis en œuvre de façon harmonieuse et correcte.*

Pour éviter que ne se répètent les expériences de la phase initiale de la période de programmation 2000-2006, le Parlement européen et le Conseil, constatant que la plupart de ces programmes opérationnels et de ces projets ont été approuvés, estiment qu'il est désormais très important de veiller à ce que les systèmes de gestion et de contrôle correspondants soient mis en œuvre de façon harmonieuse et efficace au plus tôt, dans les délais prévus par les règlements.

Le Parlement européen et le Conseil suivront dès lors de façon rigoureuse et régulière l'état des travaux en ce qui concerne l'approbation de ces systèmes de gestion et de contrôle dans les États membres, ainsi que des projets majeurs.

À cette fin, la Commission est invitée à continuer à fournir à intervalles réguliers des instruments spécifiques de suivi tout au long de la procédure budgétaire.

La Commission est également invitée à présenter, le cas échéant, une mise à jour de ses prévisions de paiements pour 2009 au plus tard à la fin du mois d'octobre 2008".

À ce titre, la Commission a fait la déclaration unilatérale suivante : "*La Commission a été invitée à présenter avant la fin du mois d'octobre 2008 une mise à jour des prévisions de paiements pour 2009. Compte tenu du degré d'incertitude concernant les conditions de mise en œuvre dans les États membres, la Commission devra, pour procéder à une telle mise à jour, se fonder également sur les mises à jour des prévisions de paiements que les États membres communiqueront*".

[109] Selon la déclaration commune sur les recrutements liés aux élargissements de 2004 et de 2007 : "*Le Parlement européen et le Conseil soulignent une nouvelle fois qu'il est important de pourvoir intégralement les postes vacants liés aux élargissements de 2004 et de 2007 et demandent instamment aux institutions et à l'Office européen de sélection du personnel (EPSO), en particulier, de tout mettre en œuvre pour que les mesures nécessaires soient prises afin d'accélérer l'ensemble du processus d'occupation de ces postes. Les critères devraient être conformes à ceux qui sont fixés à l'article 27 du statut, l'objectif étant de parvenir dans les meilleurs délais à une représentation géographique proportionnelle aussi large que possible.*

Le Parlement européen et le Conseil entendent continuer à suivre de près le processus de recrutement en cours. À cet effet, ils demandent à chaque institution et à l'EPSO de transmettre deux fois par an, en mars et en octobre, des informations sur l'état de la situation concernant les recrutements liés aux élargissements de 2004 et de 2007".

[110] Selon la déclaration commune sur le Fonds de solidarité de l'UE (voir chapitre II) : "*Le Parlement européen, le Conseil et la Commission confirment qu'il est important de veiller à ce que le processus d'adoption des décisions concernant la mobilisation du Fonds de solidarité de l'UE se passe sans heurts. Partant, le Parlement européen et le Conseil se félicitent que la Commission s'engage à ce que, à l'avenir, tout avant-projet de budget rectificatif requis par la mobilisation du Fonds de solidarité serve uniquement à cette fin*".

[111] Selon la déclaration commune sur le Fonds européen d'ajustement à la mondialisation et la réserve pour aides d'urgence : "*Le Parlement européen, le Conseil et la Commission confirment qu'il est important de garantir une procédure rapide, en respectant comme il convient l'accord interinstitutionnel, pour l'adoption des décisions relatives à la mobilisation du Fonds européen d'ajustement à la mondialisation et à l'utilisation de la réserve pour aides d'urgence*".

[112] Selon la déclaration commune sur la mise en œuvre du budget général en 2009 : "*Afin de garantir le bon déroulement de la mise en œuvre du budget en 2009 et pour atténuer toute difficulté découlant de la fin du mandat du Parlement européen et de la période de vacances en vue des élections européennes, le Parlement européen, le Conseil et la Commission marquent leur accord sur les points suivants :*

<u>Virements</u> : La Commission veillera à présenter toutes les demandes de virements en temps utile pour la dernière réunion ordinaire de la commission des budgets du Parlement européen, prévue le 27 avril 2009.

Si cette date ne peut être respectée, toutes les demandes présentées après celle-ci seront traitées par la commission des budgets, après avoir été dûment communiquées dans le cadre d'une procédure extraordinaire.

<u>Budgets rectificatifs</u> : Le Conseil et la Commission notent que des décisions urgentes et imprévues pourraient être prises pendant la période électorale ; une délégation de compétences de la plénière à la commission des budgets pourrait permettre d'éviter des retards inutiles".

[113] Selon la déclaration commune sur la mise à jour de la programmation financière de la rubrique *5* du

Par ailleurs, le Parlement européen et le Conseil ont acté au procès-verbal de la réunion[114] un certain nombre de déclarations unilatérales, le premier sur *les crédits de paiement*[115], sur *l'évaluation des agences décentralisées de l'Union européenne*[116] et sur *la suite à donner au point 32 des conclusions du Conseil européen des 19 et 20 juin 2008*[117] (voir page 39), et le second sur *les crédits de paiement* et *l'évaluation des agences décentralisées de l'Union européenne* (voir pages 38-39).

Il convient de relever que les deux branches de l'autorité budgétaire ont adopté deux déclarations fort similaires sur l'évaluation des agences, principalement car elles n'ont pas pu se mettre d'accord sur le groupe de travail interinstitutionnel proposé par la Commission. Un accord sur ce point sera trouvé lors de la réunion de concertation du 21 novembre 2008, ce qui conduira à l'adoption d'une déclaration commune (voir pages 45 et 79).

Par ailleurs, il convient également d'indiquer que le Parlement européen s'est joint le 21 novembre 2008 à la déclaration sur les crédits de paiement telle que proposée par le Conseil, moyennant un ajout faisant référence à des besoins nouveaux éventuels découlant d'une accélération de la mise en œuvre des actions structurelles (voir pages 45 et 79-80).

D. Le Conseil a établi le projet de budget pour 2009 lors de sa session du 17 juillet 2008 en mettant en particulier l'accent sur les aspects suivants[118] :

- respect de l'AII de 2006 et des orientations budgétaires telles qu'adoptées par le Conseil le 4 mars 2008 (voir page 25) ;

- établissement d'un PB "*réaliste et équilibré dans toutes ses composantes*", dans le respect de la discipline budgétaire et de la bonne gestion financière ;

- non-inscription de dépenses liées à la mise en œuvre du traité de Lisbonne ;

- inscription de "*dotations adéquates*" aux diverses priorités de l'Union européenne, en déterminant les

---

CF : "*Le Parlement européen, le Conseil et la Commission invitent les secrétaires généraux de toutes les institutions à présenter, d'ici la fin du mois d'octobre, un rapport actualisé concernant la programmation financière des dépenses administratives au titre de la rubrique 5*".

[114] Doc. *Conseil 11950/08 BUDGET 23* du 29 juillet 2008, pp. 6/16.

[115] Selon la déclaration unilatérale du PE sur les crédits de paiement : "*Le Parlement européen entend évaluer, durant la procédure, les besoins en matière de paiements dans toutes les rubriques et pour l'ensemble de l'année, sur la base des prévisions disponibles aux différentes étapes de la procédure*".

[116] Selon la déclaration unilatérale du PE sur l'évaluation des agences décentralisées : "*Le Parlement européen salue l'intention de la Commission de procéder à une évaluation approfondie des agences décentralisées comme elle l'a annoncé dans sa communication intitulée "Agences européennes – Orientations pour l'avenir" du 11 mars 2008* [doc. *COM(2008) 135 final*].

Il considère qu'un groupe de travail interinstitutionnel serait une structure appropriée pour mener le débat constructif, orienté vers les résultats, qui est nécessaire à cette fin et souligne que tous les principaux acteurs au niveau législatif et institutionnel ainsi que des représentants de l'autorité budgétaire doivent faire partie de ce groupe de travail afin de garantir des résultats satisfaisants.

Le Parlement européen se félicite en particulier du lancement d'une évaluation approfondie des agences décentralisées comme exposé dans la communication. Cette évaluation devrait permettre de déterminer dans quelle mesure les agences décentralisées sont un instrument pertinent pour la mise en œuvre des politiques européennes actuelles et à venir, dans le cadre de la bonne gouvernance et d'une bonne gestion financière. À cette fin, l'évaluation devrait permettre de comparer les résultats de manière horizontale, si possible sur la base d'indicateurs communs.

Les prérogatives de l'autorité budgétaire, telles qu'elles sont énoncées, pour ce qui concerne la création de nouvelles agences décentralisées, au point 47 de l'accord interinstitutionnel du 17 mai 2006, doivent être pleinement respectées dans le cadre de l'évaluation et du processus de contrôle d'agences déjà existantes".

[117] Selon la déclaration unilatérale du PE sur la suite à donner au point 32 des conclusions du Conseil européen des 19 et 20 juin 2008 : "*Le Parlement européen rappelle que le financement de nouvelles mesures doit se faire dans le respect des principes énoncés dans le règlement financier (notamment pour la spécialité) et dans l'accord interinstitutionnel du 17 mai 2006 (en particulier pour les plafonds des différentes rubriques).*

Il invite la Commission à présenter les propositions nécessaires pour leur financement dans le cadre des procédures budgétaires 2008-2009".

[118] Doc. *Conseil 11950/08 BUDGET 23*, pp. 18/19.

crédits sur la base des taux d'exécution du budget général en 2007, de la "note d'alerte budgétaire du printemps" concernant les prévisions budgétaires pour 2008 fournie par la Commission[119] et des "*capacités réalistes*" d'absorption – une approche similaire a été suivie pour les dotations concernant les dépenses administratives liées aux programmes opérationnels et les dépenses des agences exécutives chargées de la gestion de ces programmes ;

- fixation à un "*niveau approprié*" du budget "administratif" de chaque institution, en tenant compte de leurs spécificités et de leurs besoins réels et justifiés et en privilégiant des ajustements ciblés ;

- détermination du "*niveau approprié*" des crédits de paiement par rapport à l'exercice 2008, en ajustant les montants sur la base du taux d'exécution en 2007 et des notes d'alerte pour les prévisions budgétaires en 2008 ;

- maîtrise du volume des crédits destinés aux agences décentralisées de l'Union européenne en prenant en compte les recettes affectées, la contribution communautaire devant s'entendre comme la somme de la subvention attribuée dans le budget et des recettes affectées disponibles, et en appliquant des critères uniformes différents selon la phase de développement où elles se trouvent[120] ;

- dégagement de marges suffisantes sous les plafonds des différentes rubriques et sous-rubriques du cadre financier, sauf en ce qui concerne la sous-rubrique *1b* (*Cohésion pour la croissance et l'emploi*), en vue de pouvoir faire face aux situations imprévues ;

- attachement d'une attention particulière aux recettes affectées[121], et

- acceptation de la nomenclature budgétaire proposée dans l'APB.

E. Les résultats de la première lecture du Conseil s'établissent par rubriques et sous-rubriques du cadre financier comme suit :

- les crédits de la sous-rubrique *1a* (*Compétitivité pour la croissance et l'emploi*) s'élèvent à 11 612 millions d'euros en crédits d'engagement (y inclus le Fonds européen d'ajustement à la mondialisation) et à 9 814 millions d'euros en crédits de paiement (respectivement +5,0 % et +0,5 % par rapport à 2008[122]). La marge sous le plafond de la sous-rubrique laissée par le Conseil s'élève à 160 millions d'euros.

Le Conseil a voulu limiter l'augmentation des crédits d'engagement demandés dans l'APB, pour un montant total de 78,3 millions d'euros, en diminuant les crédits proposés par la Commission pour 58 lignes budgétaires. Le Conseil a basé ses réductions de crédits demandés sur l'exécution budgétaire passée et en cours, ainsi que sur des capacités escomptées de mise en œuvre des programmes.

Dans ce contexte, il a décidé de limiter l'évolution des subventions (-8,5 millions d'euros par rapport

---

[119] Cette note (communiquée par la Commission le 18 juin 2008) est basée sur le système d'alerte budgétaire, instauré par la Commission en 2006 (voir Tome I, p. 124). Une deuxième note d'alerte est présentée par la Commission à l'automne.

[120] Dans la pratique, le Conseil a divisé les agences décentralisées en quatre groupes :
- "*agences en vitesse de croisière*" : augmentation de la contribution communautaire par rapport au budget général pour 2008 limitée à 2 % et rejet de tous les nouveaux postes demandés ;
- "*agences en phase d'extension*" : augmentation de la contribution communautaire par rapport au budget 2008 limitée à 5 % et acceptation de la moitié des nouveaux postes demandés ;
- "*agences en phase de démarrage*" : augmentation de la contribution communautaire par rapport au budget 2008 limitée à 12 % et acceptation des trois quarts des nouveaux postes demandés, et
- "*agence relevant d'un secteur prioritaire dans les orientations budgétaires du Conseil pour 2009*" : acceptation des montants et des postes proposés dans l'APB.
Il convient de relever que pour la deuxième année de suite, le Conseil n'a pas retenu la totalité des postes demandés par les agences décentralisées. Par ailleurs, en l'absence de base légale adoptée, le Conseil a maintenu un "p.m." pour la nouvelle Agence de coopération des régulateurs de l'énergie (article *06 04 10*) et ne lui a naturellement octroyé aucun poste.

[121] Le Conseil a dûment tenu compte des recettes affectées par exemple en fixant la contribution communautaire au budget des agences décentralisées de l'UE "*dans le cadre du renforcement de la transparence et de la saine gestion financière dans ce domaine*" (doc. *Conseil 11950/08 BUDGET 23*, p. 30).

[122] Budgets rectificatifs n° 1-4/2008 compris.

à l'APB) de six agences décentralisées relevant de cette sous-rubrique[123].

S'agissant des crédits de paiement, le Conseil a opéré une réduction d'un montant de 471,3 millions d'euros dans les crédits demandés dans l'APB sur 140 lignes budgétaires, sur la base d'une analyse de l'exécution budgétaire en 2007 et des notes d'alerte pour les prévisions budgétaires en 2008.

S'agissant plus spécialement des programmes "Egnos" et "Galileo" (article *06 02 10*), le Conseil a réduit les crédits de paiement de 18 millions d'euros. Il a également réduit les crédits pour la gestion administrative de ces programmes (poste *06 01 04 12*) de 0,4 millions d'euros en crédits d'engagement et de paiement.

En ce qui concerne enfin l'Institut européen d'innovation et de technologie, le Conseil a accepté les 5,8 millions d'euros en crédits d'engagement et de paiement proposés par la Commission sous le titre *15* (*Éducation et culture*) ;

- les crédits de la sous-rubrique *1b* (*Cohésion pour la croissance et l'emploi*) s'élèvent à 48 414 millions d'euros en crédits d'engagement (+2,5 %) et à 34 664 millions d'euros en crédits de paiement (-14,5 %). La marge restante sous le plafond de cette sous-rubrique est ainsi de 14 millions d'euros.

Le Conseil a accepté les crédits d'engagement proposés par la Commission dans l'APB.

En ce qui concerne les crédits de paiement, il a opéré à une réduction d'un montant de 250 millions d'euros par rapport à l'APB. Ce montant correspond :

- d'une part à une réduction de 300 millions d'euros concernant l'objectif "compétitivité régionale et emploi" (-170 millions d'euros au titre du Fonds social européen et -130 millions d'euros au titre du Fonds européen de développement régional). Cette réduction a été effectuée "*en tenant compte des informations disponibles et des perspectives réalistes de mise en œuvre des programmes de la période 2007-2013*"[124], et

- d'autre part à une augmentation de 50 millions d'euros de l'objectif de "convergence" au titre du FEDER, "*compte tenu de l'importance politique qui s'attache au développement des États et régions couverts par cet objectif*"[125] ;

- les crédits de la rubrique *2* (*Conservation et gestion des ressources naturelles*) s'élèvent à 57 144 millions d'euros en crédits d'engagement (+2,9 %), dont 42 480 millions d'euros pour les dépenses relatives au marché et paiements directs (+3,6 %), et à 54 338 millions d'euros en crédits de paiement (+2,1 %), dont 42 434 millions d'euros pour les dépenses de marché et paiements directs (+3,8 %). La marge laissée par le Conseil sous le plafond de cette rubrique est ainsi de 2 495 millions d'euros. La marge pour les dépenses relatives au marché et paiements directs est de 2 407 millions d'euros.

Le Conseil a retenu une réduction des crédits demandés dans l'APB, pour un montant total de 150 millions d'euros, en opérant une réduction linéaire portant sur toutes les lignes budgétaires du chapitre *05 02* (*Interventions sur les marchés agricoles*), à l'exception des lignes budgétaires relatives aux programmes alimentaires, à la distribution gratuite de fruits et légumes, aux actions de promotion, aux autres produits végétaux et autres mesures, ainsi qu'au lait destiné aux écoliers[126].

Par ailleurs, il a augmenté le montant négatif de la ligne budgétaire relative à l'apurement comptable de 230 millions d'euros.[127].

---

[123] Il s'agit de l'Agence européenne de la sécurité aérienne, de l'Agence européenne des médicaments, de l'Agence européenne des produits chimiques, de l'Agence européenne pour la sécurité maritime, de l'Agence ferroviaire européenne et du Centre européen pour le développement de la formation professionnelle.

[124] Doc. *Conseil 11950/08 BUDGET 23*, p. 24.

[125] *Ibidem*.

[126] Au total neuf différents postes.

[127] Poste *05 07 01 06*, intitulé "*Apurement comptable pour les exercices antérieurs en ce qui concerne les*

Le Conseil a fixé le niveau des crédits de paiement dans le domaine du développement rural en opérant une réduction d'un montant de 115 millions d'euros dans les crédits demandés dans l'APB, sur la base de l'exécution passée et des informations disponibles[128].

Il a également limité l'évolution des subventions aux deux agences décentralisées de l'UE relevant de cette rubrique (-2,1 millions d'euros en crédits d'engagement et de paiement par rapport à l'APB) ;

- les crédits de la sous-rubrique *3a* (*Liberté, sécurité et justice*) s'élèvent à 833 millions d'euros en crédits d'engagement (+14,1 %) et à 573 millions d'euros en crédits de paiement (+7,3 %). La marge restante sous le plafond de cette sous-rubrique est ainsi de 39 millions d'euros.

Pour cette sous-rubrique également, le Conseil a limité l'augmentation des crédits d'engagement demandés dans l'APB, pour un montant de 4,25 millions d'euros. Il a de nouveau basé son approche "*sur l'exécution budgétaire passée et en cours ainsi que sur des capacités réalistes de mise en œuvre des programmes*"[129].

Pour les crédits de paiement, il a décidé d'opérer une réduction d'un montant de 21,6 millions d'euros "*de façon ciblée sur une série de lignes budgétaires, sur la base d'une analyse sur l'exécution budgétaire en 2007 et des notes d'alerte pour les prévisions budgétaires en 2008*"[130].

S'agissant plus particulièrement des subventions des quatre agences décentralisées relevant de cette sous-rubrique, le Conseil a décidé de les réduire de 2,2 millions d'euros en crédits d'engagement et de paiement par rapport à l'APB. Les crédits (et les postes) demandés pour l'Agence européenne pour la gestion de la coopération opérationnelle aux frontières extérieures (agence "Frontex") ont néanmoins été acceptés tels que proposés dans l'APB ;

- les crédits de la sous-rubrique *3b* (*Citoyenneté*) s'élèvent à 615 millions d'euros en crédits d'engagement (-1,2 %) et à 635 millions d'euros en crédits de paiement (-5,8 %[131]). La marge restante sous le plafond de cette sous-rubrique est de 36 millions d'euros.

Comme pour la sous-rubrique *3a*, le Conseil a souhaité limiter l'augmentation des crédits d'engagement demandés dans l'APB, cette fois pour un montant de 6,2 millions d'euros.

S'agissant des crédits de paiement, il a opéré à une réduction de 26,5 millions d'euros par rapport à l'APB sur 29 lignes budgétaires différentes.

Le Conseil a également voulu limiter l'évolution des subventions aux deux agences décentralisées relevant de cette sous-rubrique (-7,79 millions d'euros en crédits d'engagement et de paiement par rapport à l'APB).

Enfin, il n'a pas retenu l'action préparatoire dans le domaine du sport, liée à la mise en œuvre du traité de Lisbonne[132] ;

- les crédits de la rubrique *4* (*L'UE acteur mondial*) s'élèvent à 7 554 millions d'euros en crédits d'engagement (+3,3 %) et à 7 187 millions d'euros en crédits de paiement (-11,4 %). La marge restante

---

dépenses en gestion partagée dans le cadre du FEOGA, section Garantie (mesures antérieures), et dans le cadre du FEAGA". La Commission proposait -80 millions d'euros dans l'APB.

[128] Le Conseil souligne que cette réduction s'inscrit "*dans l'approche globale visant à assurer une maîtrise des crédits de paiement dans le cadre de laquelle il est proposé que les dépenses obligatoires (rubrique 2) comme les dépenses non obligatoires (sous-rubriques 1a et 1b) soient concernées*". Par ailleurs, le Conseil rappelle que tous les montants relevant de la rubrique *2* sont susceptibles de faire l'objet d'un réexamen à la lumière de la lettre rectificative agricole d'automne prévue par l'AII de 2006 (doc. *Conseil 11950/08 BUDGET 23*, p. 25 ; voir pages 55-57).

[129] Doc. *Conseil 11950/08 BUDGET 23*, p. 26.

[130] *Ibidem*.

[131] Ces pourcentages ne tiennent pas compte de l'augmentation du montant de l'article *13 06 01* suite à la mobilisation du Fonds de solidarité de l'Union européenne en 2008 (voir chapitre II).

[132] Article *15 05 11*. La Commission avait proposé dans son APB 1,5 million d'euros en crédits d'engagement et 1 million d'euros en crédits de paiement.

sous le plafond de cette rubrique est de 130 millions d'euros[133].

Le Conseil a limité l'augmentation des crédits d'engagement demandés dans l'APB pour un montant total de 44,7 millions d'euros, en se basant de nouveau sur l'exécution budgétaire passée et en cours ainsi que sur des capacités réalistes de mise en œuvre des programmes.

Il a néanmoins retenu une augmentation des crédits d'engagement au-delà de ce qui était proposé dans l'APB pour un montant total de 160 millions d'euros en ce qui concerne la Palestine (+100 millions d'euros) et le Kosovo (+60 millions d'euros), "*compte tenu de l'importance politique que revêt l'action de l'Union européenne dans ces zones géographiques*"[134]. Ces montants ont été inscrits en réserve, dans l'attente notamment de la lettre rectificative nº 1/2009 annoncée par la Commission (voir pages 54-55).

Le Conseil a fixé le niveau des crédits de paiement en opérant une réduction dans les crédits demandés dans l'APB d'un montant de 147,12 millions d'euros de façon ciblée sur 25 lignes budgétaires différentes, comme pour les autres rubriques "*sur la base d'une analyse de l'exécution budgétaire en 2007 et des notes d'alerte pour les prévisions budgétaires en 2008*"[135].

Il a également réduit la subvention à Fondation européenne pour la formation d'un montant de 1,5 millions d'euros en crédits d'engagement et de paiement par rapport à l'APB.

En ce qui concerne la réserve pour aides d'urgence, le Conseil a retenu, conformément au point 25, premier paragraphe de la Partie I de l'AII de 2006, les 244 millions d'euros en crédits d'engagement proposés par la Commission mais a inscrit, comme depuis la procédure budgétaire pour 2007[136], seulement un "p.m." en crédits de paiement.

S'agissant enfin du "budget PESC" (chapitre *19 03*), le Conseil a accepté les montants proposés dans l'avant-projet de budget (soit 242,9 millions d'euros en crédits d'engagement et 234,15 millions d'euros en crédits de paiement), ces montants étant compatibles avec le montant prévu au point 42, cinquième paragraphe de la Partie II de l'AII de 2006 ;

- les crédits de la rubrique *5* (*Administration*) s'élèvent à 7 553 millions d'euros en crédits d'engagement et de paiement (+3,8 %). La marge restante sous le plafond de cette rubrique est ainsi de 224 millions d'euros.

Le Conseil a appliqué aux dépenses administratives des institutions[137] les principes suivants :

- ne pas retenir de dépenses et de postes liés à la mise en œuvre du traité de Lisbonne ;

- procéder à des réductions sur des lignes budgétaires précises pour toutes les institutions, en tenant compte de l'exécution budgétaire en 2007 et des "*besoins réels*" ;

- augmenter l'"abattement forfaitaire standard"[138] sur les salaires pour la plupart des institutions, en tenant compte du taux de vacance actuel ;

---

[133] Il convient de noter que suite à l'établissement par le Conseil de la lettre rectificative nº 1/2009 le 2 octobre 2008 (voir pages 54-55), avec l'ajout de 39 millions d'euros pour la Palestine et la diminution de 20 millions d'euros pour le Kosovo par rapport à l'APB (c'est-à-dire +139 millions d'euros et +40 millions d'euros respectivement par rapport à l'APB), la marge de la rubrique *4* du CF s'établit à 111 millions d'euros.

[134] Doc. *Conseil 11950/08 BUDGET 23*, p. 28.

[135] *Ibid*., p. 29.

[136] Voir Tome I, pp. 149 et 184.

[137] Parlement européen exclu. En effet, conformément au "*Gentlemen's agreement*", le Conseil ne modifie pas le projet de budget du PE (crédits et effectifs).

Le "*Gentlemen's agreement*" tire son origine d'une déclaration du Conseil inscrite au procès-verbal de sa réunion du 22 avril 1970 (voir le Recueil des Traités instituant les Communautés européennes, édition 1978, Office des publications officielles des Communautés européennes, Luxembourg, p. 885), et que le Parlement européen en contrepartie s'est mis à respecter de son côté. Ainsi, selon l'accord, les deux branches de l'autorité budgétaire n'interviennent pas dans leurs prévisions budgétaires respectives (sections I et II du budget général).

[138] C'est-à-dire l'application d'une réduction forfaitaire du montant des traitements de base afin de tenir compte des postes qui resteront vacants notamment pour cause de "*turnover*".

- appliquer à certaines institutions une réduction additionnelle de 1,3 % sur les dépenses courantes demandées pour 2009, pour tenir compte des gains d'efficacité et de l'incidence de la coopération interinstitutionnelle ;

- accepter tous les nouveaux postes demandés en relation avec l'élargissement de 2007. À ce sujet, le Conseil réaffirme qu'il entend suivre de près les processus de recrutement en cours ;

- n'accepter qu'une partie des nouveaux postes demandés par les institutions pour des tâches nouvelles, sur la base de besoins dûment justifiés, et

- accepter toutes les conversions, transformations et revalorisations des postes proposées.

Les nouveaux postes accordés par le Conseil en première lecture sont récapitulés dans le tableau 9, page 53.

Par ailleurs, le Conseil a également axé ses travaux sur les dépenses administratives de fonctionnement liées aux programmes opérationnels et sur les dépenses administratives des agences exécutives. Dans ce contexte, il a procédé à des réductions ciblées, notamment sur la base de l'exécution budgétaire en 2007 ;

- les crédits de rubrique *6* (*Compensations*) s'élèvent, comme proposés dans l'APB, à 209 millions d'euros en crédits d'engagement et de paiement.

Enfin, le Conseil a adopté deux déclarations, la première sur l'*évaluation des agences décentralisées de l'UE*[139] (voir page 33) et la deuxième[140] sur les *crédits de paiement*[141] de la sous-rubrique *1a*

---

[139] Selon la déclaration du Conseil sur l'évaluation des agences décentralisées de l'UE : "*Le Conseil salue l'intention de la Commission de procéder à une évaluation approfondie des agences de régulation comme elle l'a annoncé dans sa communication intitulée "Agences européennes – Orientations pour l'avenir" du 11 mars 2008. Il se félicite également que la Commission se soit engagée à ne pas proposer de nouvelles agences de régulation jusqu'à l'achèvement de l'évaluation, avec les exceptions visées dans la communication de la Commission susmentionné.*

Le Conseil considère que cette évaluation devrait lui permettre de déterminer dans quelle mesure les agences de régulation sont un instrument pertinent pour la mise en œuvre des politiques européennes actuelles et à venir, dans le cadre de la bonne gouvernance et d'une bonne gestion financière. À cette fin, l'évaluation devrait permettre de comparer les résultats de manière horizontale, si possible sur la base d'indicateurs communs.

De plus, l'évaluation devrait particulièrement porter sur les points suivants :

- la raison d'être, la pertinence et l'objectif assigné aux agences, conformément à la bonne gouvernance ;

- l'incidence, l'efficacité et l'efficience de l'action des agences et leur bonne organisation, notamment au regard des facteurs déterminants tels que les mécanismes de programmation, de rapport et de suivi ;

- la procédure budgétaire et l'obligation pour les agences de rendre compte de leur gestion.

L'objectif devrait être aussi d'évaluer :

- la cohérence entre les objectifs et les activités des agences et les priorités et les objectifs des politiques de l'UE ;

- la transparence de l'action des agences ;

- la relation entre les agences et la Commission, et, lorsque cela est approprié, le lien entre les agences de régulation et les agences nationales ;

- la gestion des ressources budgétaires des agences.

Cette évaluation devrait fournir à l'autorité budgétaire les instruments et les moyens adéquats pour évaluer, dans le cadre de l'attribution de la contribution communautaire au cours de la procédure budgétaire annuelle, la comparabilité des objectifs de performance, les dépenses administratives et opérationnelles, l'évolution du personnel (types et pourcentage de postes vacants) et l'incidence de la taille des agences.

La Commission est invitée de tenir compte de la position du Conseil lorsqu'elle définira la portée et le mandat à établir pour cette évaluation afin que les aspects qui présentent le plus d'intérêt pour le Conseil soient pris en compte, notamment dans le domaine budgétaire. Une expertise extérieure indépendante est requise pour assurer des résultats fiables, solides et complets".

[140] Il s'agit d'une déclaration "traditionnelle" du Conseil, qui a pour but de faciliter un accord en son sein en ce qui concerne le montant des réductions à apporter aux crédits de paiement tels que proposés par la Commission dans son avant-projet de budget.

[141] Selon la déclaration du Conseil sur les crédits de paiement : "*Le Conseil demande à la Commission de présenter un budget rectificatif si les crédits inclus dans le budget 2009 s'avéraient insuffisants pour couvrir les dépenses relevant de la sous-rubrique 1a (Compétitivité pour la croissance et l'emploi), de la sous-rubri-*

(*Compétitivité pour la croissance et l'emploi*), de la sous-rubrique *1b* (*Cohésion pour la croissance et l'emploi*), de la rubrique *2* (*Conservation et gestion des ressources naturelles*) et de la rubrique *4* (*L'UE acteur mondial* ; voir page 33).

6. La facilité de réponse rapide à la flambée des prix alimentaires dans les pays en développement

Suite à la très forte hausse des prix alimentaires observée dans le monde en 2007 et 2008[142] et à l'appel du Conseil européen de Bruxelles des 19 et 20 juin 2008[143], la Commission a présenté le 18 juillet 2008 une proposition de règlement du Parlement européen et du Conseil visant à créer une facilité de réponse rapide à la flambée des prix alimentaires dans les pays en développement[144].

La Commission proposait de mobiliser en 2008 et 2009 un montant d'un milliard d'euros en crédits d'engagement (dont 750 millions d'euros en 2008 et 250 millions d'euros en 2009) pour aider les pays pauvres à contrecarrer les effets négatifs de la hausse des prix des produits alimentaires en finançant des mesures destinés à améliorer l'accès aux "intrants" et services agricoles, y compris les engrais et les semences[145], ainsi que des mesures de type "filet de sécurité", visant à préserver ou à améliorer la capacité de production agricole et à satisfaire les besoins en aliments de base des populations les plus vulnérables. Selon la proposition de la Commission, ce montant proviendrait des marges non utilisées (c'est-à-dire des "possibilités de financement non budgétisées") de la rubrique *2* (*Conservation et gestion des ressources naturelles*) du CF[146].

Le Parlement européen et le Conseil soutenaient l'objectif de la proposition, mais avaient de grandes réserves sur le mode de financement de la facilité alimentaire proposé par la Commission. Les trois institutions ont continué tout l'automne 2008 leurs négociations sur les aspects budgétaires et financiers de la facilité. Elles sont finalement arrivées à un accord lors de la réunion de concertation du 21 novembre 2008, dans le cadre d'un accord global sur le budget général pour 2009 (voir pages 44-47).

7. Le projet de budget amendé et assorti de propositions de modifications par le Parlement européen (23 octobre 2008)

A. Le projet de budget amendé et assorti de propositions de modifications par le Parlement européen s'élève à 136 028 millions d'euros en crédits pour

---

que 1b (Cohésion pour la croissance et l'emploi), de la rubrique 2 (Conservation et gestion des ressources naturelles) et de la rubrique 4 (L'UE acteur mondial)".

[142] Voir, par exemple, la communication de la Commission intitulée "*Faire face à la hausse des prix des denrées alimentaires – Orientations pour l'action de l'UE*" (doc. *COM(2008) 321 final* du 20.5.2008).

[143] Selon le point 32 des conclusions du Conseil européen des 19 et 20 juin 2008 : "*Les prix élevés des denrées alimentaires mettent particulièrement à rude épreuve les pays en développement. Ils ont de graves répercussions sur la situation des populations les plus pauvres du monde et compromettent la réalisation de tous les objectifs du Millénaire pour le développement (OMD). L'Union européenne doit donc prendre des mesures s'inspirant de préoccupations de développement et d'aide humanitaire. Le Conseil européen se félicite de la volonté de la Commission de présenter une proposition visant à instaurer un nouveau fonds de soutien à l'agriculture dans les pays en développement, dans le respect des perspectives financières actuelles. L'Union œuvrera en liaison étroite avec les Nations unies et d'autres organisations internationales, ainsi que dans le cadre des politiques et stratégies des pays partenaires*" (doc. *Conseil 11018/1/08 REV 1 CONCL 2* du 17 juillet 2008).

[144] Doc. *COM(2008) 450 final*.

[145] C'est-à-dire en donnant la priorité à des mesures relatives à l'"offre agricole".

[146] Selon l'exposé des motifs de la proposition de la Commission, "*la hausse des prix agricoles a contribué à une réduction des dépenses relatives au marché dans le budget 2008, ainsi qu'à une révision à la baisse des estimations relatives au budget 2009 à la rubrique 2 du cadre financier. Selon les estimations actuelles, une marge importante sera disponible sous cette rubrique en 2008 et, dans une moindre mesure, en 2009*" (doc. *COM(2008) 450 final*, p. 6).

Afin de garantir que la Communauté puisse honorer ses engagements concernant les dépenses de marché et les paiements directs, la proposition de la Commission prévoyait en outre de garantir, au titre de la rubrique *2* du CF, une marge annuelle d'au moins 600 millions d'euros chaque année. "*Au cas où la marge prévue serait inférieure au niveau garanti pour une année, le montant maximum à engager en faveur de la facilité devra être réduit dans des proportions correspondantes pour l'année en cause*" (*Ibid.*, p. 6).

engagements et à 124 488 millions d'euros en crédits pour paiements[147], en augmentation de 4,4 % et de 3,2 % respectivement par rapport au budget général pour 2008[148]. Les crédits pour engagements correspondent à 1,05 % et les crédits pour paiements à 0,96 % du RNB de l'Union européenne. Le Parlement a laissé une marge[149] de 1 005 millions d'euros en crédits pour engagements sous les plafonds du cadre financier pour 2007-2013. Il a dépassé à ce stade le plafond du CF de 308 millions d'euros[150] en crédits pour paiements.

Il convient de relever qu'il n'a pas été organisé de trilogue avant la première lecture du PE (voir page 24).

B. La première lecture du Parlement européen du projet de budget pour 2009 a notamment été marquée par les priorités suivantes :

- croissance et emploi ;

- lutte contre le changement climatique ;

- renforcement de la sécurité des citoyens et de la dimension sociale de l'Union européenne, et

- soutien à la cohésion entre les régions.

Le PE a avant tout renforcé les crédits des lignes budgétaires contribuant à ces priorités.

Plus spécialement en ce qui concerne les crédits d'engagement, le Parlement a épuisé pratiquement l'intégralité des marges sous les plafonds des différentes rubriques et sous-rubriques du cadre financier.

Pour ce qui est des crédits de paiement, le Parlement européen a estimé que l'écart entre les crédits d'engagement et les crédits de paiement aussi bien dans le projet de budget établi par le Conseil que dans l'avant-projet de budget proposé par la Commission est trop important et contraire au principe d'équilibre. En conséquence, il a non seulement restauré les montants proposés par la Commission dans le cas de réductions de crédits opérées par le Conseil en première lecture, mais a également augmenté le niveau des crédits pour paiements jusqu'au plafond du cadre financier et – selon les chiffres de la Commission – même au delà (voir page 43).

Il a également décidé d'augmenter les crédits de paiement d'un certain nombre de lignes budgétaires de 20 % au-delà des montants proposés dans l'APB présentant selon le PE un risque élevé de RAL[151].

Le Parlement a également lancé une série de nouvelles initiatives notamment par le biais des projets pilotes, des actions préparatoires et des études[152].

C. La première lecture du Parlement européen s'établit par rubriques et sous-rubriques du cadre financier pour 2007-2013 comme suit :

- le montant total de la sous-rubrique *1a* (*Compétitivité pour la croissance et l'emploi*) s'élève (y inclus les 500 millions d'euros destinés au Fonds européen d'ajustement à la mondialisation) à 11 769 millions d'euros en crédits d'engagement (+6,2 % par rapport à 2008[153]) et à 11 384 millions d'euros en crédits de paiement (+16,6 %), ce qui laisse une marge de 3 millions d'euros sous

---

147 Ces montants s'établissent à 136 418 millions d'euros en crédits pour engagements et à 124 858 millions d'euros en crédits pour paiements en tenant compte de l'"amendement astérisque" qui conduit au dépassement du plafond de la rubrique *4* (*L'UE acteur mondial*) du cadre financier (voir page 42).

148 Budgets rectificatifs n° 1-6/2008 compris (voir chapitre II).

149 Hors "amendement astérisque".

150 Hors "amendement astérisque". Il convient de relever que le calcul de la marge concernant les crédits pour paiements ne tient pas compte des crédits pour la réserve pour aides d'urgence (244 millions d'euros en 2009) ou pour les pensions (78 millions d'euros en 2009).

151 Voir page 60, note 254.

152 Il convient de relever que le Parlement européen a continué à utiliser (notamment pour les crédits de paiements, les crédits "administratifs" des sections IV à IX du budget général, les projets pilotes et les études), lors de ses travaux préparatoires, la technique des "blocs" d'amendements "horizontaux", c'est-à-dire à utiliser des amendements qui concernent plusieurs lignes budgétaires à la foi (voir Tome I, pp. 20/21, 130, 148, 152 et 184).

153 Budgets rectificatifs n° 1-6/2008 compris.

le plafond de cette sous-rubrique. Le Parlement européen a avant tout renforcé les crédits des programmes et actions liés à la stratégie de Lisbonne.

Il convient de noter en particulier une augmentation de 444,6 millions d'euros en crédits de paiement pour les programmes "Egnos" et "Galileo", au-delà des 360 millions d'euros demandés par la Commission.

Le Parlement a également souligné que l'utilisation des crédits de la ligne budgétaire destinée au réseau transeuropéen d'énergie (RTE-E ; article *06 03 04*) doit être conditionnée à la réalisation du projet du gazoduc "Nabucco".

S'agissant enfin du financement de l'Institut européen d'innovation et de technologie, le Parlement européen a créé deux nouveaux articles relevant du titre (et domaine politique) *08* (*Recherche*). Le premier de ces articles[154] (et qui est doté seulement d'un "p.m.") relève de la sous-rubrique *1a* ;

- le montant de la sous-rubrique *1b* (*Cohésion pour la croissance et l'emploi*) s'élève à 48 423 millions d'euros en crédits d'engagement (+2,5 %) et à 39 006 millions d'euros en crédits de paiement (-3,8 %), ce qui laisse une marge sous le plafond de la sous-rubrique de 5 millions d'euros. Le Parlement européen a surtout augmenté les crédits de paiement pour les lignes budgétaires liées à la cohésion, conformément aux priorités qu'il s'était fixées ;

- le montant de la rubrique *2* (*Conservation et gestion des ressources naturelles*) s'élève à 58 728 millions d'euros en crédits d'engagement (+5,7 %) et à 56 669 millions d'euros en crédits de paiement (+6,4 %), ce qui laisse une marge de 911 millions d'euros sous le plafond de la rubrique. La marge pour les dépenses de marché et paiements directs est de 1 149 millions d'euros.

Le Parlement européen a notamment rétabli les montants proposés par la Commission dans son APB et réduits par le Conseil en première lecture. Il a également augmenté les crédits pour un certain nombre de lignes budgétaires au-delà de l'APB, notamment pour les programmes de développement rural (+250 millions d'euros en crédits d'engagement et +898 millions d'euros en crédits de paiement) et "Life+" (+29,3 millions d'euros en crédits d'engagement et +131 millions d'euros en crédits de paiement).

Il a en outre retenu une augmentation de 35 millions d'euros en crédits d'engagement et de paiement au titre de l'aide aux plus démunis (poste *05 02 04 01*), portant la dotation pour 2009 à 350 millions d'euros. Le PE a également créé une ligne budgétaire (poste *05 02 08 12*) pour la distribution de fruits et légumes dans les écoles, dotée de 181,3 millions d'euros en crédits d'engagement et de paiement, inscrits en réserve[155].

En outre, le Parlement européen s'est prononcé en faveur de la création d'un Fonds pour la restructuration dans le secteur laitier et pour la préparation et l'accompagnement de la suppression des quotas laitiers, doté de 600 millions d'euros en crédits d'engagement et de paiement (nouveau poste *05 02 12 09*). Il a également créé une ligne budgétaire, dotée d'un "p.m.", pour appuyer la création d'un instrument financier *ad hoc* pour l'adaptation de la flotte de pêche aux conséquences de la hausse du prix du carburant (nouvel article *11 06 14*).

Enfin, le Parlement a rétabli le montant de la ligne pour l'apurement comptable au niveau proposé par la Commission dans son APB ;

- le montant de la sous-rubrique *3a* (*Liberté, sécurité et justice*) s'élève à 864 millions d'euros en crédits d'engagement (+18,1 %) et à 664 millions d'euros en crédits de paiement (+24,3 %), ce qui laisse une marge sous le plafond de la sous-rubri-

[154] Il s'agit de l'article *08 24 02* intitulé "*Institut européen d'innovation et de technologie – communautés de la connaissance et de l'innovation (CCI)* ".

[155] Il convient de relever que la Commission proposera de créer cette ligne budgétaire dans la LR n° 2/2009 (voir pages 55-57).

que de 8 millions d'euros. Le Parlement européen a notamment augmenté le montant des crédits destinés à l'agence "Frontex" (+10 millions d'euros en crédits d'engagement et de paiement, dont la moitié a été placée en réserve). Le Fonds européen pour les réfugiés a été doté de 10 millions d'euros supplémentaires en crédits d'engagement et de 11,4 millions d'euros supplémentaires en crédits de paiement par rapport à l'APB ;

- le montant de la sous-rubrique *3b* (*Citoyenneté*) s'élève à 651 millions d'euros en crédits d'engagement (+4,6 %) et à 699 millions d'euros en crédits de paiement (+3,7 %[156]), ce qui laisse une marge sous le plafond de la sous-rubrique de 37 000 euros seulement. Le Parlement européen a augmenté les crédits concernant un certain nombre de lignes budgétaires liées à ses priorités traditionnelles (et notamment politique d'information, "Jeunesse en action" et culture) ;

- le montant de la rubrique *4* (*L'UE acteur mondial*) s'élève à 7 684 millions d'euros en crédits d'engagement (+5,1 %) et à 8 157 millions d'euros en crédits de paiement (+0,5 %), ce qui laisse une marge sous le plafond de la rubrique de 69 640 euros seulement.

Le Parlement a restauré les montants proposés dans l'APB pour toutes les lignes budgétaires, à l'exception des lignes pour la gestion administratives des programmes qui sont maintenues au niveau proposé par le Conseil, tout en augmentant un certain nombre de lignes au-delà de l'APB, en respectant toutefois le plafond de la rubrique.

Le Parlement a également inclus dans sa lecture le financement de nouveaux besoins au Kosovo et en Palestine, comme proposé par la Commission de la lettre rectificative n° 1/2009 (+179 millions en crédits d'engagement et +180 millions en crédits de paiement ; voir pages 54-55).

Il a également créé une structure d'accueil pour l'aide à la réhabilitation et à la reconstruction de la Géorgie (nouveau poste *19 08 01 07*).

Par ailleurs, le Parlement européen a adopté un "amendement astérisque", qui conduit à un dépassement du plafond de la rubrique *4*[157] de 390 millions d'euros. Le contenu de cet "amendement astérisque", adopté par le PE[158] en vue d'un éventuel accord avec le Conseil au titre des dispositions sur la flexibilité de l'AII de 2006, est récapitulé dans le tableau 6 ci-dessous.

Tableau 6. Le contenu de l'"amendement astérisque" adopté par le Parlement européen en première lecture

Rubrique 4 (L'UE acteur mondial) du CF, en euros

Destination	Ligne budgétaire	Intitulé	Montant	
			c/e	*c/p*
Facilité alimentaire	*21 02 03**	*Facilité alimentaire – ligne opérationnelle*	+245.000.000	+245.000.000
	*21 01 04 40**	*Facilité alimentaire – dépenses administratives*	+5.000.000	+5.000.000
		- montant dépassant le plafond de la rubrique :	*250.000.000*	*250.000.000*
Palestine	*19 08 01 02*	*Politique européenne de voisinage et de partenariat – Aide financière à la Palestine, au processus de paix et à l'UNRWA***	+380.000.000	+360.000.000
		- dont montant dépassant le plafond de la rubrique :	*80.000.000*	*80.000.000*
Afghanistan	*19 10 01 02*	*Aide à la réhabilitation et à la reconstruction de l'Afghanistan*	+180.000.000	+170.000.000
		- dont montant dépassant le plafond de la rubrique :	*20.000.000*	*20.000.000*
Kosovo	*22 02 02*	*Aide à la transition et au renforcement des institutions en faveur des pays candidats potentiels*	+509.332.953	+245.214.550
		- dont montant dépassant le plafond de la rubrique :	*40.000.000*	*19.725.550*
Total			**+1.319.332.953**	**+1.025.214.550**
- dont montant dépassant le plafond de la rubrique :			***390.000.000***	***369.725.550***

** Nouvelle ligne budgétaire ** Office de secours et de travaux des Nations unies pour les réfugiés de Palestine dans le Proche-Orient*

[156] Ces pourcentages ne tiennent pas compte de l'augmentation du montant de l'article *13 06 01* suite à la mobilisation du Fonds de solidarité de l'Union européenne en 2008 (voir chapitre II).

[157] C'est-à-dire à une "marge *négative*", comme on l'appelle souvent dans le langage budgétaire communautaire.

[158] L'"amendement astérisque" traite notamment du financement de la facilité alimentaire, encore en discussions (voir pages 39 et 43-47).

Pour la réserve pour aides d'urgence, le PE a rétabli les 244 millions d'euros en crédits de paiement proposés dans l'APB mais ne les a pas comptabilisés dans la marge concernant les crédits pour paiements (voir page 40).

Enfin, le Parlement européen n'a pas déposé d'amendement concernant le montant du "budget PESC" tel que proposé par la Commission dans son APB et retenu par le Conseil en première lecture[159] ;

- le montant de la rubrique *5* (*Administration*) s'élève à 7 701 millions d'euros en crédits d'engagement et de paiement (+5,8 %), ce qui laisse une marge sous le plafond de la rubrique de 76 millions d'euros.

Le Parlement européen a rétabli les montants proposés dans l'APB pour la Commission, un montant de 35,5 millions d'euros étant inscrit en réserve et soumis à différentes conditions[160].

Un montant de 5,8 millions d'euros en crédits d'engagement et de paiement est destiné à financer l'Institut européen d'innovation et de technologie sous la rubrique *5*[161]. Le PE a ainsi créé une entorse[162] au principe selon lequel par exemple toutes les agences de l'UE sont financées à partir de lignes budgétaires relevant d'*une seule* rubrique ou sous-rubrique du cadre financier par agence.

Pour ce qui est enfin des autres institutions que la Commission[163], le PE a rétabli une partie des réductions effectuées par le Conseil en première lecture que ce soit en termes de crédits ou de nouveaux postes, et

- la rubrique *6* (*Compensations*) n'a pas fait l'objet de propositions de modification du Parlement européen. Son montant reste ainsi comme proposé par la Commission dans son APB et retenu par le Conseil dans le projet de budget, soit 209 millions d'euros.

8. La deuxième lecture du projet de budget par le Conseil (27 novembre 2008[164])

A. La deuxième lecture du projet de budget par le Conseil, y compris les lettres rectificatives n° 1-3/2009 (voir pages 54-57), prévoit un montant de 133 016 millions d'euros en crédits pour engagements et de 114 364 millions d'euros en crédits pour paiements, ce qui correspond à une augmentation de 2,1 % et à une diminution de 5,2 % respectivement par rapport au budget général pour 2008[165]. Les crédits pour engagements correspondent à 1,02 % et les crédits pour paiements à 0,88 % du RNB. Les marges laissées sous les plafonds du CF sont de 4 017 millions d'euros en crédits pour engagements et de 9 572 millions d'euros en crédits pour paiements.

---

[159] C'est-à-dire 242,9 millions d'euros en crédits d'engagement et 234,15 millions d'euros en crédits de paiement.

[160] Les montants inscrits en réserve seront débloqués comme suit :
- 25 % quand la Commission aura présenté une image complète des modifications apportées à la programmation financière pour chaque domaine politique de la sous-rubrique *1a*, ainsi que pour toutes les grandes catégories de dépenses ;
- 25 % après la présentation d'un rapport de suivi sur le "*screening*" du personnel de la Commission commencé en 2007 ;
- 25 % lorsque la Commission aura présenté une analyse détaillée des possibilités de redéploiement des fonctions administratives et de coordination, et
- 25 % sur présentation d'un plan contenant les lignes directrices pour l'amélioration de la communication et pour garantir la cohérence de toutes les mesures et activités de la Commission dans ce domaine.

[161] Il s'agit de l'article *08 24 01* intitulé "*Institut européen d'innovation et de technologie – structure de direction*".

[162] Mais il est vrai que l'IET n'est pas une agence décentralisée "classique" (voir Tome I, pp. 167/203).

[163] S'agissant du Conseil (section II), le Parlement européen a continué à respecter le "*Gentlemen's agreement*" (voir page 37, note 137).

[164] En raison de l'absence de quorum lors de la session du Conseil "Budget" du 21 novembre 2008, le Conseil n'a établi formellement sa deuxième lecture du projet de budget pour 2009 (en tant que "point A") que lors de sa session du 27 novembre 2008.

[165] Budgets rectificatifs n° 1-8/2008 compris (voir chapitre II).

B. Le trilogue organisé le 13 novembre 2008 à Bruxelles[166] a permis la tenue de travaux préparatoires en vue d'un accord lors de la réunion de concertation du 21 novembre 2008 (voir pages 44-47). Les discussions se sont surtout concentrées sur le financement de la rubrique *4* (*L'UE acteur mondial*) du cadre financier en général et de la facilité alimentaire en particulier, sur les problèmes rencontrés dans la mise en œuvre des actions structurelles en 2008 et sur le montant des crédits de paiement à retenir dans le budget général pour 2009. La Commission a également présenté le contenu de sa "lettre d'exécutabilité"[167].

Le Parlement européen, le Conseil et la Commission ont également tenté de rapprocher leurs positions sur la lettre rectificative agricole n° 2/2009 (voir pages 55-57) et sur l'avant-projet de BR n° 10/2008 (voir chapitre II).

Les trois institutions ont, en outre, évoqué la lettre rectificative n° 3/2009 liée au financement du groupe de réflexion "horizon 2020-2030"[168] (voir page 57), la question de l'évaluation des agences décentralisés de l'Union européenne, suite aux déclarations du 18 avril 2007[169], du 13 juillet 2007[170] et du 17 juillet 2008[171] (voir page 33), et le calendrier de la modification du règlement instituant l'Office européen de lutte antifraude (OLAF), suite au point 44 de la résolution du PE du 23 octobre 2008[172].

Le Parlement a également interrogé la Commission sur les impacts budgétaires éventuels de la communication de la Commission intitulée "*De la crise financière à la reprise : un cadre d'action européen*"[173] et de ses suites (voir pages 48-50).

Enfin, le Parlement européen et le Conseil se sont mis d'accord sur la mobilisation du Fonds de solidarité de l'UE en faveur de Chypre et sur l'avant-projet de budget rectificatif n° 11/2008, comme proposés par la Commission (voir chapitre II).

C. Lors de la réunion de concertation du 21 novembre 2008 qui, conformément à l'annexe II, point C, paragraphe 5 de l'AII de 2006, a précédé la deuxième lecture du Conseil du projet de budget pour 2009, le Parlement européen, le Conseil et la Commission sont parvenus à un accord politique sur le budget général pour 2009[174].

Cet accord global comporte plusieurs volets, et notamment un accord sur :

- le financement de la *facilité alimentaire en 2008-2010*. Dans ce contexte, les trois institutions se sont mises d'accord non seulement sur une *mobilisation de l'instrument de flexibilité en 2009* (pour un montant de 420 millions d'euros en crédits d'engagement) mais également sur une *modification de l'AII de 2006*[175] concernant le

---

[166] Le trilogue a été organisé conformément à l'annexe II, point C, paragraphe 5 de l'AII de 2006.

[167] Cette lettre, rédigée par la Commission pour la première fois dans le cadre de la procédure budgétaire pour 2003, a pour objet d'attirer l'attention des deux branches de l'autorité budgétaire sur le caractère "exécutable" des amendements adoptés par le PE au projet de budget lors de sa première lecture. La lettre d'exécutabilité est mentionnée au point 33, troisième et quatrième paragraphe de la Partie II de l'AII de 2006.

[168] Le Parlement européen confirmant que cette lettre rectificative relève bien du "*Gentlemen's agreement*" (voir page 37, note 137).

[169] Voir Tome I, p. 176.

[170] *Ibid.*, pp. 180/181.

[171] La Commission a notamment présenté le contenu de la "méta-évaluation" sur les agences décentralisées de l'UE de septembre 2008 (Meta-study on decentralised agencies: cross-cutting analysis of evaluation findings, Final report, Euréval, 2008).

[172] Le point 44 de la résolution du PE du 23 octobre 2008 accompagnant sa première lecture du projet de budget pour 2009 se lit comme suit : "*(Le Parlement européen) demande au Conseil de présenter un calendrier en vue d'engager des négociations avec le Parlement au sujet des propositions de la Commission relatives au règlement (CE) n° 1073/1999 (OLAF) visant à améliorer l'efficacité de l'Office européen de lutte antifraude et à clarifier le cadre juridique de ses missions*" (doc. *PE P6_TA(2008) 0515*, p. 5).

[173] Doc. *COM(2008) 706 final* du 29 octobre 2008.

[174] Doc. *Conseil 16257/08 BUDGET 45* du 27 novembre 2008, pp. 2/8. Le Conseil a confirmé l'accord (en tant que "point A") lors de sa session du 27 novembre 2008 et le PE lors de sa deuxième lecture du projet de budget, le 18 décembre 2008.

[175] La modification de l'AII de 2006 a été publiée au JO C 326 du 20.12.2008, p. 3.

montant de la *réserve pour aides d'urgence pour 2008*[176] ;

- le *montant total des crédits de paiement* pour le budget général pour 2009 (*116 096 millions d'euros en chiffres absolus*), y compris les crédits de paiement affectés au financement de la facilité alimentaire (voir pages 45-47 et 75-78) ;

- l'*avant-projet de budget rectificatif nº 10/2008* tel que modifié par la Commission[177]. Les trois institutions ont également décidé d'y inclure les aspects budgétaires concernant le *financement de la facilité alimentaire en 2008*, tels qu'ils ressortent de l'accord sur le financement de la facilité (voir pages 45-47 et 76-78) ;

- l'*avant-projet de budget rectificatif nº 11/2008* comme proposé par la Commission[178] ;

- la *lettre rectificative nº 2/2009* comme proposée par la Commission, *à l'exclusion* de la création du nouveau poste relatif au *programme en faveur de la consommation de fruits à l'école*, et pour y inclure les aspects budgétaires concernant le *financement de la facilité alimentaire en 2009*, tels qu'ils ressortent de l'accord sur le financement de la facilité (voir pages 45-47 et 76-78), et

- la *lettre rectificative nº 3/2009*, comme l'a proposée la Commission (voir page 57).

Les trois institutions se sont également mises d'accord sur *six déclarations* portant sur :

- *le financement de la facilité alimentaire* ;

- *la coordination de l'aide communautaire (Facilité alimentaire et Fonds européen de développement - FED)* ;

- *l'amélioration de la visibilité de l'aide communautaire* ;

- *la mise en œuvre de la politique de cohésion* ;

- *les agences décentralisées de l'Union européenne*[179], et

- *les crédits de paiement.*

Par ailleurs, le Parlement européen a acté au procès-verbal de la réunion de concertation une déclaration sur *l'évaluation de la rubrique 4* et sur *les crédits de paiement et la mise en œuvre de la politique de cohésion*, et la Commission une déclaration sur *l'évaluation de la rubrique 4.*

Le contenu de ces déclarations est repris pages 78-80.

L'important accord politique obtenu lors de la réunion de concertation du 21 octobre 2008 sur le financement de la facilité alimentaire en 2008-2010 est détaillé dans la déclaration commune sur le financement de la facilité.

Selon l'accord, l'autorité budgétaire accepte le montant d'*un milliard d'euros* proposé par la Commission, mais étend la mise en œuvre de la facilité alimentaire[180] sur *trois ans* (2008-2010).

À la différence de la Commission (qui proposait la rubrique *2 – Conservation et gestion des ressources naturelles* – du CF ; voir page 39), l'autorité budgétaire est avant tout convenue que le financement de la facilité alimentaire relève de la rubrique *4* (*L'UE acteur mondial*) du cadre financier pour 2007-2013, cette rubrique regroupant traditionnellement le financement des actions en dehors de l'Union européenne.

---

[176] Le contenu de l'accord sur les modalités de financement de la facilité alimentaire en 2008-2010 est traité plus en détail pages 45-47 et 57-59.

[177] La Commission a actualisé par lettre du 12 novembre 2008 les montants des prévisions de recettes par rapport à ce qui était présenté dans l'avant-projet de budget rectificatif. Cet avant-projet de budget rectificatif nº 10/2008 deviendra le *budget rectificatif nº 9/2008* (voir chapitre II).

[178] Cet avant-projet de budget rectificatif nº 11/2008 deviendra le *budget rectificatif nº 10/2008* (voir chapitre II).

[179] Le manque d'accord sur le groupe interinstitutionnel avait empêché les deux branches de l'autorité budgétaire de se mettre d'accord sur une déclaration commune sur l'évaluation des agences lors de la réunion de concertation du 17 juillet 2008, le Parlement européen et le Conseil adoptant chacun de son côté deux déclarations unilatérales relativement similaires (voir pages 33 et 38).

[180] En termes de crédits d'engagement.

Tableau 7. Financement de la facilité alimentaire en 2008-2010

En millions d'euros

	2008	2009	2010	*2011-*	Total
Crédits d'engagement :					
Redéploiements* (rubrique *4* du CF)		70	170		**240**
Réserve pour aides d'urgence	22+240 **	78			**340**
Instrument de flexibilité		420			**420**
Total	**262**	**568**	**170**		**1 000**
Crédits de paiement :***		***450***	***350***	***200***	***1 000***

** À partir de l'instrument de stabilité (poste 19 06 01 01 – Préparation et réaction aux crises)*
*** Montant restant dans la réserve et augmentation de sa dotation (modification du point 25 de l'AII de 2006)*
**** Sous réserve de l'autorisation de l'autorité budgétaire lors de chaque procédure budgétaire annuelle*

Les sources de financement et les montants alloués pour la facilité alimentaire tels qu'ils sont détaillés dans la déclaration commune sur le financement de la facilité alimentaire sont repris dans le tableau 7 ci-dessus.

Il convient avant tout de relever que l'accord sur le financement de la facilité alimentaire comporte (en crédits d'engagement) :

- des *redéploiements* sous la rubrique *4* du CF d'un montant de 240 millions d'euros (70 millions d'euros en 2009 et 170 millions d'euros en 2010[181]) ;

- une *modification "exceptionnelle"* et *"limitée" du point 25 de la Partie I de l'AII de 2006*[182], afin d'augmenter le montant de la *réserve pour aides d'urgence* dans le budget général pour 2008 de 240 millions d'euros[183] ;

- l'utilisation de crédits prévus pour la *réserve pour aides d'urgence* pour un montant total de 340 millions d'euros (262 millions d'euros en 2008[184] et 78 millions d'euros en 2009), et

- un recours à *l'instrument de flexibilité* en 2009 pour un montant de 420 millions d'euros (voir pages 53-54).

Afin de mettre en œuvre le point de la déclaration commune sur le financement de la facilité alimentaire selon lequel *"l'accord contenu dans la présente déclaration commune se traduira dans le règlement du Parlement européen et du Conseil concernant la facilité alimentaire par une modification des parties pertinentes où il est fait mention des implications budgétaires, en vue de finaliser le texte en première lecture. La Commission apportera l'aide technique appropriée"* (voir page 58), le Parlement européen, le Conseil et la Commission ont organisé un trilogue le 24 novembre 2008. L'accord obtenu au cours de cette réunion a permis au Parlement européen et au Conseil d'adopter le règlement (CE) n° 1337/2008 portant établisse-

[181] Ces montants pour financer la facilité alimentaire proviennent de l'instrument de stabilité, et plus spécifiquement de la ligne budgétaire *19 06 01 01* (*Préparation et réaction aux crises*). La déclaration commune sur le financement de la facilité alimentaire justifie ce redéploiement comme suit : *"La crise des prix des denrées alimentaires est une nouvelle circonstance objective, aux termes du point 37 de l'accord interinstitutionnel, qui justifie le redéploiement à partir d'un instrument de crise non programmé"*. La Commission est invitée à *"présenter une programmation financière révisée afin d'assurer une évolution ordonnée des montants prévus pour la période 2010-2013 tout en laissant inchangé le niveau annuel de la marge"* (voir page 76).

[182] Selon la déclaration commune sur le financement de la facilité alimentaire adoptée lors de la réunion de concertation du 21 novembre 2008, *"Le Parlement européen, le Conseil et la Commission conviennent de modifier, dans ce cas exceptionnel et seulement pour l'exercice 2008, le point 25 de l'accord interinstitutionnel du 17 mai 2006 afin de porter le montant de la réserve pour aides d'urgence à 479,218 millions d'euros pour 2008. Ils affirment que cette modification ponctuelle du point 25 de l'accord interinstitutionnel ne créera en aucune manière un précédent"*.

[183] Il convient de relever que ce montant est égal au montant des redéploiements sous la rubrique *4* du CF en 2009 et 2010, le Parlement européen liant d'emblée ces deux montants ("argent frais" versus "argent existant" ; voir pages 57-59).

[184] Soit les 22 millions d'euros restant dans la réserve pour aides d'urgence en 2008 (voir chapitre II) et 240 millions d'euros résultant de l'augmentation de son montant en 2008, suite à une modification du point 25 de l'AII de 2006.

ment d'une facilité de réponse rapide à la flambée des prix alimentaires dans les pays en développement le 16 décembre 2008[185].

Il convient de relever que ni l'autorité budgétaire, ni l'autorité législative n'a retenu le principe de rétroactivité de la facilité alimentaire proposée par la Commission, en conformité avec l'article 112, deuxième paragraphe du RF.

D. Lors de sa deuxième lecture, le Conseil a notamment pris en compte les principes suivants :

- un financement approprié des politiques de l'Union européenne en 2009 dans le strict respect des plafonds annuels fixés par le cadre financier pour 2007-2013 et en laissant des marges pour faire face aux imprévus ;

- une croissance du volume des crédits de paiement tenant compte de la capacité réelle de mise en œuvre des politiques de l'UE, ainsi que des contraintes qui pèsent sur les budgets nationaux, et

- le respect des dispositions pertinentes par exemple en matière de mise en réserve des crédits, de classification des dépenses, de bases juridiques, d'actions préparatoires et de projets pilotes.

E. Pour ce qui est des différentes rubriques et sous-rubriques du cadre financier, le Conseil a :

- maintenu son projet de budget (voir pages 33-39) en ce qui concerne les sous-rubriques *1a* (*Compétitivité pour la croissance et l'emploi*), *1b* (*Cohésion pour la croissance et l'emploi*), *3a* (*Liberté, sécurité et justice*) et *3b* (*Citoyenneté*), tel que modifié par la lettre rectificative nº 1/2009 (voir pages 54-55) ;

- maintenu son projet de budget en ce qui concerne la rubrique *2* (*Conservation et gestion des ressources naturelles*), tel que modifié par la lettre rectificative "agricole" nº 2/2009[186] (voir pages 55-57). Le Conseil n'a pas rétabli les montants proposés par la Commission dans l'avant-projet de budget pour les lignes budgétaires liées à la politique agricole commune qui n'ont pas été affectées par cette lettre rectificative, tout en augmentant le montant négatif de la ligne budgétaire relative à l'apurement comptable de 180 millions d'euros par rapport à sa première lecture ;

- maintenu son projet de budget en ce qui concerne la rubrique *4* (*L'UE acteur mondial*), tel que modifié par la lettre rectificative nº 1/2009 (voir pages 54-55). Le Conseil a également inscrit dans le projet de budget, conformément aux conclusions de la réunion de concertation du 21 novembre 2008 (voir pages 45-46), 490 millions d'euros en crédits d'engagement[187] et 450 millions d'euros en crédits de paiement pour financer la facilité alimentaire en 2009[188]. S'agissant de l'instrument de stabilité, le Conseil a inscrit, de nouveau conformément aux conclusions de la réunion de concertation, 134,8 millions d'euros en crédits d'engagement sur la ligne relative à la "*préparation et réaction aux crises*"[189], et

- maintenu son projet de budget en ce qui concerne la rubrique *5* (*Administration*), tel que modifié

[185] JO L 354 du 31.12.2008, pp. 62/69.

[186] Il convient de relever que par rapport à la proposition de la Commission, la LR nº 2/2009 retenue par le Conseil exclue, conformément aux conclusions de la réunion de concertation du 21 novembre 2008 (voir page 45), la création du nouveau poste relatif au programme en faveur de la consommation de fruits à l'école.

Le Conseil a également adopté une déclaration unilatérale sur la lettre rectificative nº 2/2009 (voir pages 55-57).

[187] Au total 420 millions d'euros proviennent du recours à l'instrument de flexibilité (voir pages 53-54) et 70 millions de l'instrument de stabilité (poste *19 06 01 01*, "*Préparation et réaction aux crises*").

L'article *21 02 03* est destiné à être augmenté en 2009 de 78 millions d'euros en crédits d'engagement par virement à partir de la réserve pour aides d'urgence, conformément aux conclusions de la réunion de concertation du 21 novembre 2008 (voir page 44).

[188] Article *21 02 03* et poste *21 01 04 05* (ce dernier est destiné aux crédits pour la gestion administrative de la facilité). Ces montants sont inclus dans le projet de budget par le biais de la lettre rectificative nº 2/2009 (voir pages 55-57).

[189] Poste *19 06 01 01*. Cette opération est effectuée par le biais de la lettre rectificative nº 2/2009 (voir pages 55-57).

par les lettres rectificatives n° 1 et 3/2009 (voir pages 54-57). Le Conseil a toutefois retenu les amendements et propositions de modifications du Parlement européen concernant sa section du budget général (section I), dans le respect du "*Gentlemen's agreement*"[190].

La rubrique *6* (*Compensations*) ne faisait pas l'objet de propositions de modification du Parlement européen (voir page 43).

9. Le plan européen pour la relance économique

La Commission a présenté le 26 novembre 2008 (soit cinq jours après la réunion de concertation du 21 novembre 2008 ; voir pages 44-47) une communication au Conseil européen intitulée "*Un plan européen pour la relance économique*"[191]. Ce plan européen de relance comporte plusieurs aspects budgétaires et financiers, et notamment (en crédits d'engagement) :

- une accélération proposée des *avances pour les actions structurelles* en 2009[192], à hauteur de 6,3 milliards d'euros[193] ;

- un montant supplémentaire de 5 milliards d'euros afin de financer en 2009 et 2010 *des projets transeuropéens d'interconnexions énergétiques* et *d'infrastructures à large bande*. À ce titre, la Commission a proposé une *révision* du cadre financier pour 2007-2013[194] ;

- un soutien à *l'innovation* et *l'industrie manufacturière*, en particulier dans les secteurs de la *construction* et de *l'automobile*, avec le lancement de trois grands partenariats entre les secteurs public et privé. L'enveloppe proposée est de 2,1 milliards d'euros, mobilisés grâce à des réallocations de crédits ;

- une amélioration proposée de la progression des projets prévus concernant *les réseaux transeuropéens de transport* pour 2009 qui s'élèverait à 0,5 milliard d'euros. Selon la Commission cela n'entraînerait pas de coûts supplémentaires pour le budget général en 2009, car il s'agirait de procéder par réallocation de crédits, c'est-à-dire en réorientant les fonds vers des projets susceptibles d'avancer de manière satisfaisante, et

- un *soutien accru à certains dispositifs et programmes* tels "Jasmine" ou "Jaspers" ou au programme-cadre pour l'innovation et la compétitivité (PIC), ce qui nécessiterait une enveloppe supplémentaire de l'ordre de 0,5 milliard d'euros, prélevée sur les fonds existants dans le budget général.

La Commission proposait également de renforcer les *interventions de la Banque européenne d'investissement* (BEI) jusqu'à hauteur de 15 milliards d'euros pour 2009 et 2010.

Au total, la Commission proposait de mobiliser 30 milliards d'euros, dont 15,6 milliards d'euros

---

190 Voir page 37, note 137, et page 65.

191 Doc. *SEC(2008) 800 final*.

192 Voir également la déclaration commune sur la mise en œuvre de la politique de cohésion adoptée lors de la réunion de concertation du 21 novembre 2008, dans laquelle le Parlement européen, le Conseil et la Commission reconnaissent que, "*eu égard aux défis posés par la récession économique actuelle, une accélération de la mise en œuvre des fonds structurels et de cohésion, dans la limite des plafonds fixés dans le cadre financier pluriannuel arrêté pour la période 2007-2013, pourrait avoir un effet bénéfique sur l'économie*", et font des propositions à cet égard (voir page 79).

193 Dont 4,5 milliards d'euros au titre de l'augmentation du préfinancement concernant les programmes relevant du Fonds européen de développement régional et 1,8 milliard d'euros concernant les programmes relevant du Fonds social européen.

La Commission a présenté la base légale dès le 26 novembre 2008 (proposition de règlement du Conseil modifiant le règlement (CE) n° 1083/2006 sur le Fonds européen de développement régional, le Fonds social européen et le Fonds de cohésion, en ce qui concerne certaines dispositions relatives à la gestion financière ; doc. *COM(2008) 803 final*).

194 Doc. *COM(2008) 859 final* du 10 novembre 2008. La Commission proposait de relever le plafond de la sous-rubrique *1a* (*Compétitivité pour la croissance et l'emploi*) de 5 milliards d'euros (+3 milliards d'euros en 2009 et +2 milliards d'euros en 2010) et de réduire d'un montant correspondant le plafond de la rubrique *2* (*Conservation et gestion des ressources naturelles*) du CF (-3,5 milliards d'euros en 2008 et -1,5 milliard d'euros en 2009).

proviendraient de la BEI et 14,4 milliards d'euros du budget général[195].

Par ailleurs, la Commission proposait entre autres d'élargir les conditions d'applicabilité du *Fonds européen d'ajustement à la mondialisation*[196], tout en indiquant "*vouloir réexaminer les moyens budgétaires disponibles pour le Fonds à la lumière de la mise en œuvre des conditions révisées*", sans pourtant envisager de proposer de modifier "*pour l'instant*" le point 28 de la Partie I de l'AII de 2006 traitant du FEM[197].

Le tableau 8 ci-dessous récapitule les principaux aspects budgétaires et financiers du plan européen pour la relance économique tel que proposé par la Commission.

Tableau 8. Aspects budgétaires et financiers du plan européen pour la relance économique proposé par la Commission

En crédits d'engagement et en milliards d'euros
(Source : Parlement européen)

Source	Montant	Destination
Nouveaux fonds* :		
(en 2009 et 2010)	5,0	Projets transeuropéens d'interconnexions énergétiques Infrastructures à large bande
Fonds existants :		
Avances des Fonds structurels *(en 2009)*	6,3	4,5 pour le Fonds européen de développement régional 1,8 pour le Fonds social européen
Recherche (redéploiements) *(en 2009)*	2,1	Voitures "vertes" (et 4 milliards d'euros de prêts de la BEI), efficacité énergétique des bâtiments, usines du futur, Internet etc.
Réseaux transeuropéens de transport *(en 2009)*	0,5	"Réorientations" en faveur de projets susceptibles d'avancer le mieux
Autres programmes *(en 2009 et 2010)*	0,5	"Jasmine"**, "Jaspers"***, programme-cadre pour l'innovation et la compétitivité (PIC) etc.
Prêts :		
(en 2009 et 2010)		
Banque européenne d'investissement Fonds européen d'investissement etc.	15,0 0,6	Petites et moyennes entreprises, projets dans le domaine de l'énergie etc.
Total (2009 et 2010)	**30,0**	***dont 15,6 proviennent de la BEI et 14,4 du budget général***

* *Révision du cadre financier pour 2007-2013*
** *Joint Action to Support Micro-Finance Institutions in Europe*
*** *Joint Assistance to Support Projects in European Regions*

---

195 Avec les mesures prises par les États membres, les mesures proposées dans le plan de la Commission représentent quelque 200 milliards d'euros, soit environ 1,5 % du PIB de l'Union européenne.

196 La Commission a présenté le 16 décembre 2008 une proposition de modification du règlement (CE) nº 1927/2006 du PE et du Conseil établissant le Fonds européen d'ajustement à la mondialisation (doc. *COM(2008) 867 final*).

197 Le point 28 de l'AII de 2006 se lit comme suit : "*Le Fonds d'ajustement à la mondialisation est destiné à fournir un appui complémentaire aux travailleurs affectés par les conséquences de changements structurels majeurs de la configuration du commerce mondial, afin de les aider à réintégrer le marché du travail.*

Le montant annuel maximum alloué au Fonds ne peut pas excéder 500 millions d'euros (prix courants), ce montant pouvant provenir de la marge existant sous le plafond global de dépenses de l'année précédente et/ou de crédits d'engagement annulés lors des deux exercices précédents, à l'exception de ceux liés à la sous-rubrique 1b du cadre financier.

Les crédits seront inscrits au budget général de l'Union européenne à titre de provision par le biais de la procédure budgétaire normale, dès que la Commission aura déterminé les marges et/ou engagements annulés suffisants, conformément au deuxième alinéa.

Lorsque les conditions de mobilisation des ressources du Fonds, telles que définies dans l'acte de base pertinent, sont réunies, la Commission présentera une proposition à cet effet. La décision de mobiliser le Fonds sera prise conjointement par les deux branches de l'autorité budgétaire, conformément au point 3 [de l'AII de 2006].

En même temps qu'elle présentera sa proposition de décision de mobilisation du Fonds, la Commission engagera une procédure de trilogue, éventuellement sous forme simplifiée, afin d'obtenir l'accord des deux branches de l'autorité budgétaire sur la nécessité du recours au Fonds et sur le montant requis, et soumettra à celles-ci une proposition de virement aux lignes budgétaires concernées.

Le Conseil européen des 11 et 12 décembre 2008 a notamment appuyé[198] :

- l'augmentation des *interventions par la Banque européenne d'investissement* à hauteur de 30 milliards d'euros en 2009 et 2010 ;

- la *simplification des procédures et l'accélération de la mise en œuvre*[199] des programmes financés par les *Fonds structurels*, le *Fonds de cohésion* et le *Fonds européen agricole pour le développement rural* en vue du renforcement des *investissements d'infrastructures* et en matière d'*efficacité énergétique*[200] ;

- le *renforcement des investissements* dans le cadre du budget général dans ces secteurs, "*sur la base d'une liste de projets concrets que présentera la Commission*[201] *en tenant compte d'un équilibre géographique adéquat*"[202] ;

- le développement, par le biais d'incitations réglementaires, d'*Internet à haut débit*, y compris dans les zones mal desservies ;

- le lancement d'*actions supplémentaires en soutien à l'emploi* par le *Fonds social européen*, et

- la mobilisation en faveur de l'emploi notamment du *Fonds européen d'ajustement à la mondialisation*, y compris grâce à l'amélioration et l'accélération de ses procédures.

Il a invité le Parlement européen, le Conseil et la Commission à adopter les décisions nécessaires, y compris, le cas échéant, en ce qui concerne le cadre réglementaire, "*dans le plein respect des perspectives financières actuelles et des procédures de l'accord interinstitutionnel selon un calendrier aussi accéléré que possible*"[203].

L'autorité législative et l'autorité budgétaire ont entamé leurs travaux sans qu'aucune décision ne puisse encore intervenir sur les propositions de la Commission avant la fin de l'année 2008. Par ailleurs, le Conseil a rejeté le principe d'une révision du cadre financier pour 2007-2013 telle que proposée par la Commission.

10. La deuxième lecture du projet de budget par le Parlement européen (18 décembre 2008)

A. Le budget général pour 2009 voté par le Parlement européen le 18 décembre 2008 s'élève comme déjà mentionné dans l'introduction (chapitre I) à 133 846 millions d'euros en crédits pour engagements et à 116 096 millions d'euros en crédits pour paiements (voir pages 44-45 et 70-74).

B. En termes de *recettes*, le budget général est destiné à être financé pour 16,5 % par des ressources fondées sur les ressources propres traditionnelles[204], pour 16,9 % par des ressources fondées sur la TVA et pour 65,4 % par des ressources fondées sur la ressource RNB. Les recettes diverses et les

---

Les virements afférents au Fonds seront effectués conformément à l'article 24, paragraphe 4, du règlement financier.

Les crédits d'engagement correspondants seront inscrits au budget dans les rubriques appropriées, si nécessaire au-delà des plafonds indiqués à l'annexe I [c'est-à-dire dans le cadre financier pour 2007-2013]".

[198] Doc. *Conseil 17271/1/08 CONCL 5 REV 1* du 13 février 2008, point 11.

[199] Les premières de ces mesures d'accélération et de simplification ont été présentées par la Commission le 26 novembre 2008 (voir, en plus de la proposition de règlement du Conseil modifiant le règlement (CE) n° 1083/2006 en ce qui concerne certaines dispositions relatives à la gestion financière (et mentionnée dans la note 193 (page 48), la proposition de règlement du Parlement européen et du Conseil modifiant le règlement (CE) n° 1081/2006 relatif au Fonds social européen en vue d'ajouter de nouveaux types de coûts éligibles à une contribution du FSE ; doc. *COM(2008) 813 final*).

[200] Voir, par exemple, la proposition de modification du règlement (CE) n° 1080/2006 sur le Fonds européen de développement régional et portant sur l'éligibilité des investissements en efficacité énergétique et énergies renouvelables liées au logement (doc. *COM(2008) 838 final* du 3 décembre 2008).

[201] La Commission a présenté en décembre 2008 une liste préliminaire et indicative de projets dans le domaine de l'énergie dans un document intitulé : European Economic Recovery Plan, Commission proposals for new Energy projects, Indicative list of projects for discussion, European Commission, Brussels, *s.d.* (document non publié).

[202] Doc. *Conseil 17271/1/08 CONCL 5 REV 1*, point 11, troisième tiret.

[203] *Ibid.*, point 11, dernier paragraphe.

[204] Dont 15,2 % pour les droits de douane.

excédents des exercices précédents représentent un peu plus de 1 % du financement prévisionnel.

C. Le budget général pour 2009 s'établit par rubriques et sous-rubriques du cadre financier pour 2007-2013 comme suit :

- les dépenses de la sous-rubrique *1a* (*Compétitivité pour la croissance et l'emploi*) du CF s'élèvent à 11 769 millions d'euros en crédits d'engagement (soit +6,2 % par rapport au budget général pour 2008[205]) et à 11 024 millions d'euros en crédits de paiement (+13,5 %). Les crédits destinés à financer la recherche augmentent de 11 %. Le 7ème PCR se verra doté de 6,8 milliards d'euros[206]. Un montant de 508 millions d'euros est réservé au programme-cadre pour l'innovation et la compétitivité (+22 %). Plus de 1,1 milliard d'euros est destiné à des programmes visant à améliorer les qualifications en Europe, notamment par le biais des programmes pour l'éducation et la formation tout au long de la vie, "Comenius" (écoles), "Erasmus" (enseignement supérieur), "Leonardo da Vinci" (éducation et formation professionnelle) et "Grundtvig" (éducation des adultes) (+6,5 %).

Un montant de 828 millions d'euros en crédits d'engagement et de 759 millions d'euros en crédits de paiement[207] est prévu pour les programmes européens de GNSS "Egnos" et "Galileo".

La marge sous la sous-rubrique *1a* s'établit à 3 millions d'euros en crédits d'engagement ;

- les crédits de la sous-rubrique *1b* (*Cohésion pour la croissance et l'emploi*) du CF s'élèvent à 48 427 millions d'euros en crédits d'engagement (+2,5 %) et à 34 975 millions d'euros en crédits de paiement (-2,9 %)[208].

Près de 29,7 milliards d'euros (61 %) sont destinés aux régions et aux États membres les moins développés. Le Fonds de cohésion fournira un montant de 9,3 milliards d'euros, notamment destiné à fournir une infrastructure "essentielle" dans le domaine de l'accessibilité (routes et voies ferrées) et de la gestion des eaux usées.

Un montant de 8,1 milliards d'euros est destiné à être consacré à la réduction des déséquilibres régionaux, à l'aide au développement et à l'ajustement structurel des économies régionales. Le financement devrait contribuer à augmenter la productivité et les capacités d'innovation des entreprises, notamment des petites et moyennes entreprises (PME).

La marge laissée sous le plafond de la sous-rubrique *1b* s'élève à 1 million d'euros ;

- les crédits de la rubrique *2* (*Conservation et gestion des ressources naturelles*) du CF s'élèvent à 56 121 millions d'euros en crédits d'engagement (+1,0 %) et à 52 566 millions d'euros en crédits de paiement (-1,2 %). Les dépenses de marché et paiements directs agricoles budgétisés s'élèvent à 41 131 millions d'euros en crédits d'engagement, soit +0,3 % par rapport à 2008, et à 41 084 millions d'euros en crédits de paiement (-1,2 %).

Une réorientation opérée en faveur du développement des zones rurales se traduit notamment par un accroissement des dépenses en faveur de l'environnement et de la lutte contre le changement climatique. Plus de 40 % des financements destinés au développement rural (13,6 milliards d'euros dans le budget général pour 2009) serviront également à financer des objectifs environnementaux. La dotation du programme "Life+" augmente de 19 % pour atteindre 317 millions d'euros.

Au total 73,3 % des dépenses agricoles, soit 41,1 milliards d'euros, sont destinés aux agriculteurs au titre de l'aide au revenu.

---

[205] Budgets rectificatifs n° 1-10/2008 compris (voir chapitre II).

[206] Les montants cités sous ce point sont en crédits d'engagement, sauf indication contraire.

[207] 833,5 millions d'euros en crédits d'engagement et 764,5 millions d'euros en crédits de paiement si l'on inclut les crédits destinés à l'Autorité européenne de surveillance GNSS.

[208] Il convient de relever que la moitié des crédits des Fonds structurels et de cohésion inscrits dans le budget général pour 2009 est destiné aux pays ayant adhéré à l'Union européenne le 1er mai 2004 ou le 1er janvier 2007 ("UE-12").

Un montant de 500 millions d'euros est disponible pour assurer la fourniture de denrées alimentaires aux plus démunis et un montant de 69 millions d'euros est destiné à permettre de distribuer du lait aux enfants dans les écoles.

Le Fonds européen pour la pêche se voit doter de 632 millions d'euros afin d'aider l'industrie de la pêche européenne à s'adapter aux nouveaux défis.

La marge laissée sous le plafond de la rubrique est de 3 518 millions d'euros. La marge pour les dépenses de marché et paiment directs est de 3 755 millions d'euros ;

- les crédits de la sous-rubrique *3a* (*Liberté, sécurité et justice*) du CF s'établissent à 864 millions d'euros en crédits d'engagement (+18,1 %) et à 617 millions d'euros en crédits de paiement (+15,6 %).

Au total 98 millions d'euros sont destinés au Fonds pour l'intégration de ressortissants de pays tiers, 98 millions d'euros au Fonds européen pour les réfugiés, 67 millions d'euros au Fond européen pour le retour, 39 millions d'euros au système d'information Schengen de deuxième génération (SIS II) et 36 millions d'euros au système d'information en matière de visas (VIS). Le programme "Sécurité et protection des libertés" est doté de 92 millions d'euros.

La marge restante sous le plafond de cette sous-rubrique est de 8 millions d'euros ;

- les crédits de la sous-rubrique *3b* (*Citoyenneté*) du CF s'établissent à 651 millions d'euros en crédits d'engagement (+4,6 %[209]) et à 679 millions d'euros en crédits de paiement (+0,7 %). Ceci laisse une marge sous le plafond de la sous-rubrique de 37 000 euros seulement.

Au total 125 millions d'euros sont inscrits au titre du programme "Jeunesse en action", 77 millions d'euros au titre du programme de protection de la santé publique et des consommateurs, 54 millions d'euros au titre du programme "Culture" et 31 millions d'euros au titre du programme "L'UE pour les citoyens" ;

- les crédits de la rubrique *4* (*L'UE acteur mondial*) du CF s'établissent à 8 104 millions d'euros en crédits d'engagement (+7,3 %) et à 8 324 millions d'euros en crédits de paiement (+6,1 %). Le soutien au processus de paix au Moyen-Orient et en Afghanistan, ainsi que le maintien de la stabilité au Kosovo seront certains des domaines clés de l'intervention de l'Union européenne en 2009 (voir pages 59-60). La ligne budgétaire destinée à l'aide à la réhabilitation et à la reconstruction de la Géorgie (poste *19 08 01 07*) contient un "p.m.".

La lutte contre le terrorisme, la criminalité et l'immigration illégale font l'objet de fortes augmentations de dépenses, pour atteindre 864 millions d'euros dans le budget général pour 2009 (+18 %).

Environ 2,4 milliards d'euros sont prévus au titre de l'instrument de coopération au développement. L'instrument de stabilité aura à sa disposition 188 millions d'euros afin d'apporter des réponses rapides et souples aux crises politiques et catastrophes naturelles dans les pays tiers.

Un montant total de 490 millions d'euros en crédits d'engagement[210] et de 450 millions d'euros en crédits de paiement est inscrit à l'article *21 02 03* et au poste *21 01 04 05* pour la nouvelle facilité alimentaire.

La réserve pour aides d'urgence est dotée de 244 millions d'euros en crédits d'engagement et de paiement.

Le "budget PESC" (chapitre *19 03*) diminue en crédits d'engagement de 42,4 millions d'euros par rapport à 2008, pour s'établir à 242,9 millions d'euros (-14,8 %[211]). Les crédits de paiement retenus sont de 234,15 millions d'euros (+30,3 %). Au total 118 millions d'euros sont prévus pour l'opération de l'UE au Kosovo visant à assister les autorités et les services de police et de justice.

---

[209] Ces pourcentages sont hors montants pour le Fonds de solidarité de l'Union européenne.

[210] Ce montant est destiné à être augmenté en 2009 à 568 millions d'euros par le biais d'un virement de 78 millions d'euros de la réserve pour aides d'urgence, conformément à l'accord obtenu lors de la réunion de concertation du 21 novembre 2008 (voir pages 44-46).

[211] Voir page 30, note 99.

Hors financement de la facilité alimentaire, la marge de la rubrique *4* est de 69 640 euros. La facilité alimentaire est, quant à elle, financée en 2009, pour un montant de 420 millions d'euros, à l'aide de l'instrument de flexibilité (voir *infra*, point 11) ;

- les dépenses de la rubrique *5* (*Administration*) du CF s'élèvent à 7 701 millions d'euros en crédits d'engagement et de paiement (+5,8 %). Ceci laisse une marge sous le plafond de la rubrique de 76 millions d'euros. Les dépenses administratives de la Commission (4,9 milliards d'euros[212]) augmentent de 4,6 %, et celles des autres institutions (2,8 milliards d'euros) de 6,5 %, afin de permettre notamment de recruter 423 nouveaux fonctionnaires et agents.

La section I – Parlement européen – prend en compte l'entrée en vigueur du nouveau statut des membres du Parlement européen[213] après les élections de juin 2009 et le nouveau statut des assistants parlementaires[214].

Les nouveaux postes octroyés dans le cadre de la procédure budgétaire pour 2009 sont récapitulés dans le tableau 9 ci-dessous.

Tableau 9. Nouveaux postes octroyés dans le cadre de la procédure budgétaire pour 2009

Postes permanents et temporaires

Institution	Nouveaux postes demandés			Nouveaux postes accordés par le Conseil			**Nouveaux postes octroyés**		
Groupe de fonctions	AD	AST	Total	AD	AST	Total	AD	AST	**Total**
Parlement européen	30	45	75	30	45	75	30	45	**75**
Conseil	10	5	15	10	5	15	10	5	**15**
Commission (hors offices)	242	0	242	242	0	242	242	0	**242**
OPOCE	*0*	*0*	*0*	*0*	*0*	*0*	*0*	*0*	***0***
OLAF	*2*	*0*	*2*	*2*	*0*	*2*	*2*	*0*	***2***
EPSO et EEA	*0*	*0*	*0*	*0*	*0*	*0*	*0*	*0*	***0***
PMO	*0*	*0*	*0*	*0*	*0*	*0*	*0*	*0*	***0***
OIB	*2*	*3*	*5*	*2*	*3*	*5*	*2*	*3*	***5***
OIL	*1*	*0*	*1*	*1*	*0*	*1*	*1*	*0*	***1***
Commission (total)	247	3	250	247	3	250	247	3	**250**
Cour de justice	28	18	46	24	15	39	24	15	**39**
Cour des comptes	23	8	31	20	0	20	20	0	**20**
CESE	2	4	6	2	0	2	2	2	**4**
Comité des régions	17	13	30	0	7	7	3	7	**10**
Médiateur européen	3	3	6	3	0	3	3	3	**6**
CEPD	3	2	5	3	1	4	3	1	**4**
Total général	**363**	**101**	**464**	**339**	**76**	**415**	**342**	**81**	**423**

Le tableau 10 page suivante récapitule pour sa part les effectifs autorisés pour 2009 aussi bien dans les différentes institutions que dans différents organismes de l'Union européenne[215].

Il convient de relever que le PE a maintenu les 5,8 millions d'euros en crédits d'engagement et de paiement destinés à financer l'Institut européen d'innovation et de technologie en 2009 sous la rubrique *5* du CF[216], et

- la rubrique *6* (*Compensations*) du CF s'élève à 209 millions d'euros en crédits d'engagement et de paiement. Ceci laisse une marge de 887 000 euros. Il s'agit de la dernière année pour la rubrique *6*, ces crédits spécifiques prévus en faveur de la Bulgarie et de la Roumanie dans leurs actes d'adhésion respectifs à titre de compensation disparaissant à la fin de 2009.

11. Mobilisation de l'instrument de flexibilité

Suite aux conclusions de la réunion de concertation du 21 novembre 2009, la Commission a présenté le 2 décembre 2008[217], en vertu du point 27 de la Partie I de l'AII de 2006, une proposition de recours à l'instrument de flexibilité à hauteur de 420 millions d'euros en crédits d'engagement. Ce montant est destiné à financer en 2009 la nouvelle facilité alimentaire (rubrique *4* du CF, article *21 02 03* ; voir page 44).

Le montant mobilisé dépasse le montant annuel de 200 millions d'euros prévu au point 27, premier paragraphe de l'AII de 2006. Ce dépassement est rendu possible par la règle "*n+2*"[218]. Il convient de relever qu'il s'agit du montant le plus élevé mobilisé pour un besoin donné depuis la création de l'instrument de flexibilité (voir page 342).

Les deux branches de l'autorité budgétaire ont signé la décision de mobilisation de l'instrument de flexibilité le 18 décembre 2008 à Strasbourg[219].

---

[212] 3,6 milliards d'euros hors dépenses de pensions et Écoles européennes.
[213] JO L 262 du 7.10.2005, pp. 1/10.
[214] JO L 55 du 27.2.2009, pp. 1/8.
[215] Les tableaux 9 et 10 ne sont pas directement comparables, car le premier présente les nouveaux postes octroyés "brut" (c'est-à-dire ne tenant pas compte par exemple d'éventuelles diminutions de postes en 2008 ou 2009), alors que le second prend en compte les différents changements dans le nombre de postes, y inclus ceux opérés en 2008.
[216] Article *08 24 01* (voir page 43).
[217] Doc. *SEC(2008) 833 final*.
[218] Prévue par le point 27, deuxième paragraphe de l'AII de 2006.
[219] JO L 19 du 23.1.2009, p. 49.

Tableau 10. Les effectifs autorisés pour 2009

(Source : JO L 69 du 13.3.2009, p. 1/105 et rectificatif au JO L 157 du 19.6.2009, p. 67)

Institution	2009		2008		*Différence 2009-2008*	
	Permanents	Temporaires	Permanents	Temporaires	Permanents	Temporaires
Parlement européen	5.093	988	5.004	936	89	52
Conseil	3.476	36	3.461	36	15	0
Commission (fonctionnement)	20.018	366	19.796	366	222	0
Commission (recherche)	3.827	-	3.828	-	-1	-
OPOCE	*654*	-	*655*	-	*-1*	-
OLAF	*270*	*116*	*261*	*116*	*9*	*0*
EPSO/ EEA	*127*	*1*	*124*	*1*	*3*	*0*
PMO	*224*	-	*244*	-	*-20*	-
OIB	*438*	-	*448*	-	*-10*	-
OIL	*170*	-	*181*	-	*-11*	-
Commission (total)	25.728	481	25.537	483	191	-2
Cour de justice	1.493	438	1.455	438	38	0
Cour des comptes	741	139	718	140	23	-1
CESE	673	31	670	30	3	1
Comité des régions	465	37	454	37	11	0
Médiateur européen	16	47	15	42	1	5
CEPD	37	-	33	-	4	-
Total	**37.722**	**2.197**	**37.347**	**2.142**	**375**	**55**

Organisme	2009		2008		*Différence 2009-2008*	
	Permanents	Temporaires	Permanents	Temporaires	Permanents	Temporaires
Agences décentralisées de l'UE	633	3.536	617	3.356,5	16	179,5
Entreprises communes	55	217	60	130	-5	87
Institut européen de technologie	-	7	-	-	-	7
Agences exécutives	-	368	-	323	-	45
Total	**688**	**4.128**	**677**	**3.809,5**	**11**	**318,5**

Le tableau 11 ci-dessous récapitule les recours à l'instrument de flexibilité depuis la première année du cadre financier pour 2007-2013.

Tableau 11. Recours à l'instrument de flexibilité de 2007 à 2009

En crédits d'engagement et en millions d'euros

Année	Montant	Destination	Rubrique	Ligne budgétaire
2007	0	-	-	-
2008	200	"Egnos" et "Galileo'	*1a*	*06 02 10*
	70	"Budget PESC"	*4*	*19 03*
2009	420	Facilité alimentaire	*4*	*21 02 03*
Total	**690**			

12. Les lettres rectificatives établies dans le cadre de la procédure budgétaire pour 2009

La Commission a présenté au cours de la procédure budgétaire pour 2009 au total *trois* lettres rectificatives[220] (LR) à l'APB (voir tableau 3, page 23), dont la dernière à la demande du Conseil.

A. La *LR n° 1/2009*, adoptée par la Commission le 10 septembre 2008[221], portait sur :

- la mobilisation de crédits supplémentaires par rapport à l'APB, pour un montant de 139 millions d'euros en crédits d'engagement et de 180 millions d'euros en crédits de paiement[222], destinés à soutenir l'Autorité palestinienne ;

- la mobilisation de nouveaux crédits par rapport à l'APB, pour un montant de 40 millions d'euros en crédits d'engagement[223], visant à soutenir la stabilité et le développement du Kosovo[224] ;

---

[220] Les lettres rectificatives sont prévues par l'article 34 du RF et par le point B de l'annexe II de l'AII de 2006.

[221] Doc. *SEC(2008) 2435 final*.

[222] Poste *19 08 01 02* (*Politique européenne de voisinage et de partenariat – Aide financière à la Palestine, au processus de paix et à l'UNRWA*).

[223] Article *22 02 02* (*Aide à la transition et au renforcement des institutions en faveur des pays candidats potentiels*).

[224] L'APB proposait 161 millions d'euros en crédits d'engagement et 100 millions d'euros en crédits de paiement pour la Palestine et 63 millions d'euros en crédits d'engagement pour le Kosovo. Le Conseil, lors de sa première lecture, avait inscrit (en crédits d'engagement) 261 millions d'euros (dont 100 millions

- la création d'une structure d'accueil pour la coopération consulaire[225] (nouvel article *19 06 06*) ;

- les adaptations budgétaires résultant de l'extension du mandat de l'Agence exécutive "Éducation, audiovisuel et culture" notamment aux programmes Tempus III et IV[226] (voir pages 18 et 88), et

- l'inscription sur les lignes opérationnelles de crédits inscrits en réserve dans l'avant-projet de budget pour 2009, à la suite de l'approbation de l'extension des mandats de l'Agence exécutive pour la santé et les consommateurs[227] et de l'Agence exécutive du réseau transeuropéen de transport[228] (voir pages 18 et 88).

Le Conseil a accepté la lettre rectificative nº 1/2009 telle que proposée par la Commission le 2 octobre 2008. Le Parlement européen l'a, pour sa part, prise en compte lors de sa deuxième lecture.

B. La *LR nº 2/2009*, adoptée par la Commission le 28 octobre 2008[229], est la traditionnelle lettre rectificative "*ad hoc*" qui, conformément au point B, troisième paragraphe de l'annexe II de l'AII de 2006, a notamment pour but d'actualiser les données concernant les dépenses agricoles (y compris les dépenses vétérinaires et celles pour la pêche financées au titre du Fonds européen agricole de garantie) et les accords internationaux de pêche par rapport aux chiffres présentés dans l'avant-projet de budget.

Les nouvelles estimations réalisées par la Commission tiennent compte de la situation des différents marchés agricoles, ainsi que des décisions législatives adoptées dans le secteur agricole depuis l'établissement de l'APB. Ces nouvelles estimations conduisent à une *réduction* des dépenses agricoles et de la pêche d'un montant de 1 280,4 millions d'euros en crédits d'engagement et de 1 277,9 millions d'euros en crédits de paiement par rapport aux prévisions de l'APB pour 2009. Ces montants résultent :

- d'une actualisation des estimations pour un montant total de 361 millions d'euros. Ce montant se décompose comme suit : augmentation des besoins dans certains secteurs des interventions sur les marchés agricoles[230] (+421 millions d'euros), certaines économies dans le secteur des aides directes[231] (-87 millions d'euros) et quelques ajustements sur plusieurs lignes budgétaires (+26,3 millions d'euros), et

- d'une augmentation des recettes affectées pour un montant de 1 641 millions d'euros, résultant de l'actualisation de l'estimation des recettes affectées pour 2009 (+307 millions d'euros) et du report de recettes affectées non dépensées en 2008 (+1 334 millions d'euros).

---

d'euros en réserve) pour la Palestine et 123 millions d'euros (dont 60 millions d'euros en réserve) pour le Kosovo (voir page 37), ce qui veut dire que l'augmentation ou la diminution nette par rapport à la première lecture du Conseil est de 39 et -20 millions d'euros en crédits d'engagement respectivement (et de 180 millions d'euros en crédits de paiement pour la Palestine).

[225] La ligne budgétaire est destinée à permettre, dans le cadre d'un renforcement de la coopération consulaire entre les consulats des États membres et les délégations de la Commission, de financer des dépenses opérationnelles des délégations découlant notamment de la mise à disposition du personnel, des bureaux ou du matériel, de la participation à la location de moyens de transport, de matériel ou de locaux ou de l'organisation d'un appui logistique.

La Commission avait proposé de créer cette structure d'accueil également dans le budget général pour 2008 par le biais de l'avant-projet de budget rectificatif nº 8/2008. L'autorité budgétaire n'a cependant pas retenu cette proposition (voir chapitre II).

[226] JO L 269 du 10.10.2008, pp. 11/13. Il s'agit de la troisième extension du mandat de l'agence exécutive.

[227] JO L 173 du 3.7.2008, pp. 27/29.

[228] JO L 190 du 18.7.2008, pp. 35/36.

[229] Doc. *SEC(2008) 2707 final*.

[230] En ce qui concerne les interventions sur les marchés agricoles, les principaux secteurs qui font l'objet d'une actualisation couvrent *les fruits et légumes*, *les produits du secteur vitivinicole*, *les restitutions pour les produits hors annexe 1*, *les viandes porcines* et *le sucre*.

[231] En ce qui concerne les aides directes, le *régime de paiement unique* (RPU) fait l'objet d'une diminution des crédits résultant de recettes affectées supérieures aux prévisions de l'APB, tandis que le *régime de paiement unique à la surface* (RPUS) subit une légère diminution des crédits reflétant la sous-exécution constatée pour l'exercice 2008.

En outre, la lettre rectificative n° 2/2009 accroît les crédits d'engagement et de paiement pour les *programmes de distribution de denrées alimentaires en faveur des personnes les plus démunies* de 185 millions d'euros[232], suite à une actualisation des plans annuels de distribution pour 2009 communiqués par les États membres[233].

Par ailleurs, la lettre rectificative n° 2/2009 diminue de 115 millions d'euros les crédits de paiement dans le domaine du développement rural et augmente de 1,3 millions d'euros les "nouvelles actions" du programme "pêche" en faveur des régions ultrapériphériques (poste *11 02 03 01*).

La LR n° 2/2009 modifie également les commentaires d'un certain nombre de lignes budgétaires.

Contrairement à ce que proposait la Commission, le Conseil n'a pas souhaité retenir dans la lettre rectificative la création d'une nouvelle structure d'accueil (nouveau poste *05 02 08 12*) proposée par la Commission pour le *programme en faveur de la consommation de fruits à l'école*[234].

La lettre rectificative n° 2/2009 contient également un certain nombre d'éléments qui seront retenus dans les conclusions de la réunion de concertation du 21 novembre 2008 (voir pages 44-47 et 75-80), et notamment les montants suivants pour le financement de la facilité alimentaire en 2009[235] :

- 480 millions d'euros en crédits d'engagement et 440 millions d'euros en crédits de paiement à l'article *21 02 03* (*Réponse rapide à la hausse des prix alimentaires dans les pays en développement*), et

- 10 millions d'euros en crédits d'engagement et de paiement au poste *21 01 04 05* (*Réponse rapide à la hausse des prix alimentaires dans les pays en développement – Dépenses pour la gestion administrative*).

Enfin, elle inscrit 134,77 millions d'euros en crédits d'engagement et 140 millions d'euros en crédits de paiement au poste *19 06 01 01* (*Préparation et réaction aux crises (instrument de stabilité)*) et modifie les commentaires de l'article *40 02 42* (*Réserve pour aides d'urgence*).

---

[232] Poste *05 02 04 01*. La Commission avait proposé de doter les programmes pour les personnes les plus démunies de 315 millions d'euros en crédits d'engagement et de paiement dans son APB pour 2009. Le Conseil avait retenu ce montant en première lecture.

[233] Le Conseil a accompagné son acceptation des montants proposés par la Commission de la déclaration unilatérale suivante : "*Le Conseil déclare que son accord sur la proposition de la Commission relative aux programmes en faveur des personnes les plus démunies figurant dans la lettre rectificative n° 2/2009 ne préjuge pas du résultat de l'examen de la base légale actuellement en discussion*".

Il convient de noter que l'Allemagne a introduit, fin 2008, un recours devant le Tribunal de première instance pour dénoncer le règlement (CE) n° 983/2008 de la Commission, du 3 octobre 2008, relatif à l'adoption d'un plan portant attribution aux États membres de ressources imputables à l'exercice 2009 pour la fourniture de denrées alimentaires provenant des stocks d'intervention au bénéfice des personnes les plus démunies de la Communauté (JO L 268 du 9.10.2008, pp. 3/7 et rectificatifs au JO L 344 du 20.12.2008, p. 27 et L 3 du 7.1.2009, p. 6). L'Allemagne (qui ne participe plus à ce programme) a, en effet, estimé que l'aide alimentaire aux plus démunis sort du cadre de la PAC depuis la disparition des stocks d'intervention et que ces actions relèvent du domaine social, et donc de la compétence des services sociaux des États membres (voir JO C 55 du 7.3.2009, pp. 43/44).

Lors de l'établissement de la LR n° 2/2009 l'Allemagne, ensemble avec cinq autres États membres, s'était déjà opposée à la proposition de la Commission d'augmenter les montants prévus pour ces programmes.

[234] Le Conseil a accompagné son refus de la déclaration unilatérale suivante : "*La suppression de la ligne concernant le programme en faveur de la consommation de fruits à l'école est conforme à la position traditionnelle du Conseil de ne pas créer une nouvelle ligne budgétaire avant d'avoir adopté la base légale y afférente. Ceci ne préjuge pas du résultat de l'examen de la base légale actuellement en discussion*".

Le règlement (CE) n° 13/2009 modifiant les règlements (CE) n° 1290/2005 relatif au financement de la politique agricole commune et (CE) n° 234/2007 portant organisation commune des marchés dans le secteur agricole et dispositions spécifiques en ce qui concerne certains produits de ce secteur (règlement OCM unique) en vue de la mise en place d'un programme en faveur de la consommation de fruits à l'école a été adopté par le Conseil le 18 décembre 2008 (JO L 5 du 9.1.2009, pp. 1/4). Il n'implique pas de financement communautaire en 2009.

[235] En ligne avec sa proposition (voir page 39), la Commission avait proposé dans son projet de LR n° 2/2009 de financer la facilité alimentaire, pour un montant de 250 millions d'euros de crédits d'engagement et de 900 millions d'euros de crédits de paiement (article *21 02 03* et poste *21 01 04 40*), sous la rubrique *2* (*Conservation et gestion des ressources naturelles*) du CF. L'autorité budgétaire n'a pas retenu cette proposition (voir pages 44-47).

Le Conseil a établi la LR nº 2/2009 le 27 novembre 2008 et l'a incluse dans sa deuxième lecture du projet de budget pour 2009, conformément aux conclusions de la réunion de concertation du 21 novembre 2008 (voir pages 44-47 et 75-78).

C. La *LR nº 3/2009*, adoptée par la Commission le 17 novembre 2008[236] suite à une demande du Conseil, visait à couvrir en 2009 les dépenses liées aux travaux du groupe de réflexion "horizon 2020-2030", dont la nomination a été décidée par le Conseil européen du 14 décembre 2007[237].

L'approbation de la proposition du président du groupe de réflexion et de ses deux vice-présidents concernant la composition du groupe n'a eu lieu qu'au Conseil européen des 15 et 16 octobre 2008. Lors de cette réunion, le Conseil européen a également décidé que le groupe entamerait ses travaux dès que possible et que le Secrétariat général du Conseil apporterait au groupe un soutien matériel et logistique[238].

Les dépenses du groupe (1 060 000 euros en 2009[239]) sont inscrites dans un nouveau titre *4* (intitulé "*Groupe de réflexion*") de la section II – Conseil – du budget général pour 2009.

Le Conseil a inclus cette lettre rectificative dans sa deuxième lecture du projet de budget pour 2009, conformément aux conclusions de la réunion de concertation du 21 novembre 2008 (voir pages 44-47 et 75).

13. Analyse

A. L'accord sur le *financement de la facilité alimentaire* a incontestablement été l'élément clef de la procédure budgétaire pour 2009.

Tenant compte des marges très limitées qui existent sous le plafond de la rubrique *4* (*L'UE acteur mondial*) du cadre financier pour 2007-2013[240], le Conseil souhaitait financer la facilité alimentaire, dans un esprit de discipline budgétaire, par *réallocations* à l'intérieur de la rubrique[241].

---

[236] Doc. *SEC(2008) 2840 final.*

[237] Selon les points 8 à 13 des conclusions du Conseil européen de Bruxelles du 14 décembre 2007: "*Afin d'aider l'Union à anticiper et à faire face plus efficacement aux difficultés à long terme (c'est-à-dire à l'horizon 2020-2030), le Conseil européen crée un groupe de réflexion indépendant. En prenant comme point de départ les défis énoncés dans la déclaration de Berlin du 25 mars 2007, ce groupe est invité à répertorier les questions et les évolutions fondamentales auxquelles l'Union est susceptible d'être confrontée et à étudier les solutions à y apporter. On citera notamment le renforcement et la modernisation du modèle européen, qui concilie réussite économique et solidarité sociale, l'accroissement de la compétitivité de l'UE, l'État de droit, le développement durable en tant qu'objectif fondamental de l'Union européenne, la stabilité mondiale, les migrations, l'énergie et la protection du climat ainsi que la lutte contre l'insécurité mondiale, la criminalité internationale et le terrorisme. Il conviendrait d'accorder une attention particulière aux moyens de mieux s'adresser aux citoyens et de répondre à leurs attentes et à leurs besoins.*

Le groupe mènera sa réflexion dans le cadre établi par le traité de Lisbonne. C'est pourquoi il ne débattra pas des questions institutionnelles. Compte tenu de la perspective à long terme dans laquelle il s'inscrit, l'analyse à laquelle il procédera ne devra pas non plus constituer un réexamen des politiques actuelles ni porter sur le prochain cadre financier de l'Union.

Dans le cadre de ses travaux, le groupe de réflexion devra tenir compte des évolutions susceptibles d'intervenir en Europe mais aussi au-delà et notamment déterminer la meilleure manière d'œuvrer à long terme pour la stabilité et la prospérité aussi bien de l'Union que de la région qui l'entoure.

Le groupe sera présidé par M. Felipe González Márquez, assisté de deux vice-présidents, Mme Vaira Vīķe-Freiberga et M. Jorma Ollila, et comptera au maximum neuf membres choisis à travers l'Union en fonction de leurs mérites. Le président et les vice-présidents sont invités à présenter une liste de noms, qui sera examinée par le Conseil européen au cours de la présidence française.

Le groupe mènera les consultations qu'il jugera nécessaires et sera responsable de l'organisation de ses propres travaux.

Le groupe présentera son rapport lors de la réunion du Conseil européen de juin 2010" (doc. *Conseil 16616/1/07 REV 1 CONCL 3* du 14 février 2008).

[238] Doc. *Conseil 14368/08 CONCL 4* du 16 octobre 2008, point 23.

[239] Ce montant est prélevé sur la réserve pour imprévus (de 2,5 millions d'euros) inscrite dans la section II – Conseil – du projet de budget pour 2009.

[240] Voir Tome I, p. 193.

[241] Cette attitude est conforme à la position traditionnelle du Conseil, qui considère que le financement de tout nouveau besoin doit avant tout être couvert par des réallocations ("réaffectations"), c'est-à-dire par des

Le Parlement européen, pour sa part, était contre des réallocations de crédits d'une telle ampleur, non seulement parce qu'elles risqueraient de mettre en péril ses "priorités traditionnelles" en matière d'actions extérieures de l'Union européenne, mais également par principe, le Parlement considérant que de nouvelles actions nécessitent également de nouveaux moyens budgétaires. Le Parlement européen a finalement posé comme condition pour tout accord qu'un montant *équivalent* au montant des redéploiements soit mis à disposition du financement de la facilité alimentaire en tant que *moyens budgétaires supplémentaires*.

Le Conseil européen ayant exclu dans ses conclusions des 19 et 20 juin 2008 toute *révision* du cadre financier (voir page 39), le Parlement européen, le Conseil et la Commission ont dû se tourner vers une source de financement qui soit en *dehors* du cadre financier. Après avoir évoqué différentes options, les trois institutions ont retenu l'utilisation de la *réserve pour aides d'urgence*, en augmentant son montant pour 2008 du même montant que celui des redéploiements en 2009 et 2010[242] (240 millions d'euros). Il convient de se rappeler que la réserve pour aides d'urgence a été placée en dehors du nouveau cadre financier pour faciliter un accord entre le PE et le Conseil sur le nouvel AII de 2006 et le cadre financier pour 2007-2013[243].

L'augmentation du montant de la réserve pour aides d'urgence en 2008 a nécessité une *modification* de l'AII de 2006, et plus particulièrement l'ajout d'une phrase à la fin du premier paragraphe de son point 25, qui traite de la "*dotation annuelle*" de la réserve[244] (voir pages 46 et 77).

Une modification d'un accord interinstitutionnel requiert l'*unanimité* au sein du Conseil, ce qui n'était pas acquis d'avance[245]. Dans le cadre d'un accord global sur le budget général pour 2009, comprenant notamment un accord sur le montant global des crédits de paiement (voir pages 44-47), les États membres de l'Union européenne ont tous fait preuve de la volonté politique nécessaire. Ceci doit toutefois être vu dans le cadre de l'"obligation de résultat" du Conseil, suite aux conclusions du Conseil européen (voir page 39), ainsi que de la haute "importance politique" de ce dossier et de sa grande "visibilité" au niveau mondial. Il convient également de souligner que l'autorité budgétaire a finalement retenu le montant d'un milliard d'euros proposé par la Commission, malgré les réticences de certains États membres, qui auraient préféré un montant moins important.

Même si suite à l'insistance du Conseil les trois institutions ont indiqué dans la déclaration commune sur le financement de la facilité alimentaire adoptée lors de la réunion de concertation du 21 novembre 2008[246] qu'il s'agit d'un cas "*ponctuel*", limité "*seulement (à) l'exercice 2008*" et qui "*ne créera en aucune manière un précédent*", il n'en demeure pas moins qu'une telle modification d'un AII demeure exceptionnelle.

Le financement de la facilité alimentaire a également conduit à la mobilisation de l'instrument de flexibilité en 2009 pour un montant de 420 millions d'euros. En effet, l'autorité budgétaire n'a pas souhaité pré-allouer la totalité du montant de la réserve pour aides d'urgence en 2009 à la facilité alimentaire afin de disposer dans le budget général de moyens pour faire face à d'éventuelles nouvelles situations d'urgence en 2009[247].

---

reprioritisations, des redéploiements et des reprogrammations.

Un moyen supplémentaire pour faciliter la couverture du financement de la facilité alimentaire sous la rubrique *4* du CF a été d'allonger la mise en œuvre de la facilité d'un an par rapport à ce qui avait été proposé par la Commission (voir page 44-47).

[242] Il aurait naturellement été matériellement très difficile d'effectuer des redéploiements au sein de la rubrique *4* du CF dès 2008 compte tenu de l'accord sur le financement de la facilité alimentaire qui n'est intervenue que fin novembre 2008. Ceci explique également l'augmentation du montant de la réserve pour aides d'urgence en 2008, la réserve s'avérant être la source de financement la plus à même d'être mobilisée dès 2008.

[243] Voir Tome I, p. 110. La réserve pour aides d'urgence relevait de 1993 à 2006 de la rubrique *6* (*Réserves*) des perspectives financières pour 1993-1999 ("paquet Delors II") et pour 2000-2006 ("Agenda 2000").

[244] JO C 326 du 20.12.2008, p. 3.

[245] Il convient de se rappeler que conformément à l'article 272 du traité CE, le Conseil se prononce lors de la procédure budgétaire annuelle à la majorité qualifiée budgétaire (voir pages 311-314).

[246] Voir pages 76-78.

[247] La partie de la réserve pour aides d'urgence réservée en 2009 pour financer la facilité alimentaire (en-

La mobilisation de l'instrument de flexibilité pour un montant supérieur au montant annuel de 200 millions d'euros est possible suite à la règle "*n+2*" (voir page 53). En même temps, le montant retenu dans le cadre de l'accord global sur le budget général pour 2009 confirme le principe selon lequel les montants inscrits au titre de l'instrument de flexibilité dans un accord interinstitutionnel sont "reportables" d'un accord interinstitutionnel à l'autre en cas de maintien du dispositif, malgré des doutes émis par certains États membres[248]. Ceci est explicité dans le tableau 12 ci-dessous.

S'agissant enfin des redéploiements au sein de la rubrique *4* du CF[249], ils se feront, conformément aux conclusions de la réunion de concertation du 21 novembre 2008, à partir de l'instrument de stabilité, et plus spécifiquement du poste *19 06 01 01* (*Préparation et réaction aux crises*). Ceci est compréhensible car cette ligne budgétaire contient des montants non programmés[250]. La Commission est invitée dans la déclaration commune sur le financement de la facilité alimentaire adoptée lors de la réunion de concertation du 21 novembre 2008 à "*présenter une programmation financière révisée afin d'assurer une évolution ordonnée des montants prévus pour la période 2010-2013 tout en laissant inchangé le niveau annuel de la marge*" (voir page 76).

B. Un deuxième élément important a été la question du financement d'autres aspects de la rubrique *4* du CF, et plus particulièrement les aspects liés au *financement de l'Afghanistan, de la Géorgie, du*

Tableau 12. Montants disponibles pour l'instrument de flexibilité de 2007 à 2010

En crédits d'engagement et en millions d'euros

Année	***2005****	***2006****	**2007**	**2008**	**2009**	**2010**
Montant reportable *n-2***	*93*	*93*	18	200	130	0
Montant reportable *n-1***	*200*	*200*	200	200	200	110
*Plafond annuel****	*200*	*200*	*200*	*200*	*200*	*200*
Montants maxima disponibles** **	*493*	*493*	418	600	530	310
Montant mobilisé ****	***200***	***275***	**0**	**270**	**420**	***195***

* *Voir Tome I, p. 90*

** *Point 27, deuxième paragraphe de l'AII de 2006*

*** *Point 27, premier paragraphe de l'AII de 2006*

** ** *La mobilisation nécessite un commun accord des deux branches de l'autorité budgétaire (point 27, sixième paragraphe de l'AII de 2006)*

viron un tiers du montant inscrit dans le budget général, soit 78 millions d'euros) correspond à la part non utilisée annuellement (en crédits d'engagement) de la réserve pour aides d'urgence observée en moyenne au cours de ces dernières années (voir page 343).

[248] En d'autres termes, le montant annuel de l'instrument de flexibilité de 200 millions d'euros n'est pas reparti "à zéro" le 1er janvier 2007 (date de l'entrée en vigueur de l'AII de 2006, conformément à son point 8), mais la règle "*n+2*" s'applique bien également aux montants de 2005 et 2006, régis par l'AII de 1999.

[249] En tenant notamment compte des contraintes liées au système de "programmation financière" existant dans l'Union européenne, il est également compréhensible qu'une plus grande partie des redéploiements se fasse en 2010 et non en 2009 (voir tableau 7, page 46).

[250] Le Parlement européen, le Conseil et la Commission font également référence dans ce contexte, dans la déclaration commune sur le financement de la facilité alimentaire adoptée lors de la réunion de concertation du 21 novembre 2008, au point 37 de la Partie II de l'AII de 2006 (voir pages 44-47 et 76-78). Ce point se lit comme suit : "*Tout acte législatif concernant un programme pluriannuel adopté selon la procédure de codécision comprendra une disposition dans laquelle le législateur établit l'enveloppe financière du programme.*

Ce montant constituera, pour l'autorité budgétaire, la référence privilégiée au cours de la procédure budgétaire annuelle.

L'autorité budgétaire et la Commission, lorsqu'elle présente l'avant-projet de budget, s'engagent à ne pas s'écarter de plus de 5 % de ce montant pour la durée totale du programme concerné, sauf nouvelles circonstances objectives et durables faisant l'objet d'une justification explicite et précise, en tenant compte des résultats atteints dans la mise en œuvre du programme, notamment sur la base des évaluations. Toute augmentation résultant d'une telle variation doit demeurer dans les limites du plafond existant pour la rubrique concernée, sans préjudice de l'utilisation des instruments mentionnés dans le présent accord.

Le présent point ne s'applique pas aux crédits de cohésion, arrêtés selon la procédure de codécision et préalloués par État membre, qui contiennent une enveloppe financière pour toute la durée du programme".

Kosovo et de la Palestine. Les montants qui ont été estimés nécessaires en 2009 découlent de différentes crises qui ont touché ces pays en 2008, mais également des décisions de financement prises lors des différentes conférences de donateurs organisées en 2008[251].

Les montants prévus pour le financement de l'Afghanistan, de la Géorgie, du Kosovo et de la Palestine dans le budget général pour 2009 sont récapitulés dans le tableau 13 ci-dessous.

Tenant compte du peu de marge disponible sous le plafond de la rubrique *4*[252], cette difficulté de trouver des financements supplémentaires n'est pas inattendue. En même temps, ces problèmes pour faire face à des situations imprévues sont destinés à se poursuivre dans les années à venir.

Il convient par contre de relever qu'à la différence des années précédentes[253], le "budget PESC" (chapitre *19 03*) n'a pas fait l'objet de négociations difficiles, l'autorité budgétaire acceptant d'emblée la proposition de la Commission telle que présentée dans son APB (soit 242,9 millions d'euros en crédits d'engagement et 234,15 millions d'euros en crédits de paiement).

C. Un troisième élément clef a été la question du *montant des crédits de paiement* à retenir dans le budget général pour 2009. Selon sa position traditionnelle en matière de crédits pour paiements, le Conseil, en se basant avant tout sur la sous-exécution constatée dans différents domaines politiques et sur les capacités d'absorption prévisibles, souhaitait inscrire un montant moins élevé que celui proposé par la Commission.

Le Parlement européen, par contre, tout en insistant sur la nécessité d'apporter une réponse aux problèmes des "restes à liquider" (RAL[254]) et du faible taux d'exécution des programmes des actions struc-

Tableau 13. Le financement prévisionnel pour la Palestine, l'Afghanistan, le Kosovo et la Géorgie dans le budget général pour 2009

*En millions d'euros et en crédits d'engagement, crédits inscrits en réserve inclus, hors assistance macroéconomique**
(Source : Commission)

Destination	Montant	Sources de financement** et missions principales
Palestine	422,7	IEVP, aide humanitaire, facilité alimentaire, IdS, "budget PESC", IEDDH
- dont "budget PESC" :	*14,0*	*Missions "EUBAM" et "EUPOL COPPS" ; RSUE pour le processus de paix au Moyen-Orient*
Afghanistan	253,8	ICD, "budget PESC", aide humanitaire, facilité alimentaire
- dont "budget PESC" :	*36,8*	*Mission "EUPOL" ; RSUE pour l'Afghanistan*
Kosovo	224,7	IAP, "budget PESC", IdS, actions pilotes, IEDDH
- dont "budget PESC" :	*104,6*	*Mission "EULEX" ; RSUE au Kosovo ; MCI*
Géorgie	64,9	IEVP, IdS, "budget PESC", aide humanitaire, ICD, IEDDH
- dont "budget PESC" :	*10,0*	*Mission "EUMM" ; RSUE pour la crise en Géorgie*

** Article 01 03 02   ** Par ordre d'importance*

251 Les questions portant sur le financement de la Géorgie ont également mobilisé beaucoup d'attention en 2008 (voir chapitre II). Il convient par ailleurs de mentionner que l'autorité budgétaire a critiqué les différents "montages financiers" dont le financement de la Palestine a fait l'objet en 2008. Le Parlement européen a ainsi demandé à la Commission de présenter désormais une programmation financière stable et cohérente (voir la résolution du PE du 18 décembre 2008, où le Parlement "*réitère sa demande que soient présentées des propositions réalistes et judicieuses pendant les procédures budgétaires, de façon à éviter autant que possible les virements massifs d'un chapitre à un autre*" ; doc. *PE A6_0486/2008*, point 28).

252 Voir Tome I, p. 193.

253 *Ibid.*, pp. 19, 62, 95/96, 153 et 193.

254 Fin 2008, le RAL s'élève à 155 milliards d'euros (+11,8 % par rapport à fin 2007), dont la majeure partie (103,2 milliards d'euros) relève de la sous-rubrique *1b* (*Cohésion pour la croissance et l'emploi*).

Il convient de distinguer du RAL "*normal*" le RAL "*potentiellement anormal*" (RPA ou "*Potentially Abnormal RAL*" – PAR) qui, selon la définition agréée par les deux branches de l'autorité budgétaire lors de la réunion de concertation du 21 novembre 2001, se compose : 1) des "*engagements dormants*" pour lesquels aucun paiement n'a été effectué au cours des deux derniers exercices et 2) des "*engagements anciens*" inscrits au budget général pendant au moins cinq exercices. Fin 2008, le PAR s'élève selon les calculs de la Commission à environ 4,8 milliards d'euros.

La Commission distingue en outre le RAL "*non justifié*", qui s'élèverait à quelque 259 millions d'euros. Il s'agit de montants enregistrés dans les comptes, mais qui selon les services de la Commission "*sont dépourvus de toute justification légale et/ou factuelle*" (doc. *COM(2009) 300* de mai 2009, pp. 88/99).

turelles[255], souhaitait retenir un montant nettement plus élevé que celui proposé par la Commission. Le montant finalement retenu suite à l'accord politique obtenu lors de la réunion de concertation du 21 novembre 2008 (116 096 millions d'euros) est égal à celui proposé par la Commission dans son avant-projet de budget, tel que modifié par les lettres rectificatives n° 1 et 2/2009[256] telles qu'établies par l'autorité budgétaire (c'est-à-dire la LR n° 2/2009 contenant un montant supplémentaire de 450 millions d'euros pour le financement de la facilité alimentaire en 2009 par rapport à l'APB[257]).

D. Si la *crise alimentaire* et la *flambée mondiale des prix des denrées alimentaires* survenue en 2008 ont incontestablement eu des répercussions non négligeables sur le budget général pour 2009, la *crise économique et financière* qui a touché aussi bien l'Europe que le reste du monde en 2008 n'a, par contre, que peu affecté la procédure budgétaire pour 2009. Ceci tient avant tout à la présentation par la Commission du plan européen pour la relance économique, intervenue seulement *après* la réunion de concertation de novembre 2008, au cours de laquelle les importantes décisions politiques et budgétaires entre les deux branches de l'autorité budgétaire concernant le budget général pour 2009 ont été prises (voir pages 44-47). En d'autres termes, l'autorité budgétaire a été saisie trop tard du point de vue de la procédure budgétaire pour que des décisions aient pu encore être incorporées dans le budget général pour 2009 avant son arrêt définitif en décembre 2008. Ceci ne préjuge naturellement en rien du recours à des budgets rectificatifs en 2009 dans ce contexte.

E. Un dernier mot sur les *agences décentralisées de l'Union européenne*[258] qui, comme lors des procédures budgétaires précédentes[259], ont de nouveau beaucoup occupé l'autorité budgétaire, non seulement dans le cadre de la fixation de leurs subventions et tableaux des effectifs pour 2009, mais également dans le cadre de leurs évaluations, ouvrant la voie à des discussions sur leur futur à partir de 2009.

Le financement des agences décentralisées retenu pour 2009 est récapitulé dans le tableau 14 page suivante.

F. S'agissant de la section III – Commission – du budget général, le tableau 15 page 63 retrace les évolutions des montants (en crédits de paiement) par domaine politique[260] lors des différentes étapes de la procédure budgétaire. Il convient de relever que le tableau inclut les lignes "*XX*" mais ne diffé-

---

[255] Il convient de rappeler dans ce contexte les problèmes rencontrés dans la mise en œuvre des programmes des Fonds structurels et de cohésion, suite notamment aux retards pris dans la présentation des programmes, mais également dans l'approbation par la Commission des systèmes de gestion et de contrôle (voir chapitre II).

[256] La lettre rectificative n° 3/2009 étant "neutre" du point de vue des crédits pour paiements (voir page 57).

[257] Il convient de relever qu'il ne s'agit que de la deuxième fois dans l'histoire financière des Communautés européennes que le montant (en crédits pour paiements) du budget général adopté est *inférieur* à celui de l'année précédente (la première fois étant le budget général pour 1983 par rapport à celui pour 1982 ; voir page 331). Mais il est vrai que la Commission a présenté un APB en diminution en crédits pour paiements par rapport à celui de 2008 (voir Tome I, p.184 et page 27).

Il convient également de rappeler dans ce contexte la déclaration unilatérale du PE sur les crédits de paiement et la mise en œuvre de la politique de cohésion, inscrite au procès-verbal de la réunion de concertation du 21 novembre 2008, et selon laquelle "*Le Parlement européen exprime sa très grande préoccupation face au niveau extrêmement bas des paiements, bien en dessous de ce que prévoit le cadre financier pluriannuel, qui ne correspond pas aux véritables défis que doit relever l'Union européenne en situation de crise économique.*

Plus particulièrement, il fait part de sa vive préoccupation quant au niveau tout à fait insuffisant d'exécution des crédits alloués à la politique de cohésion, qui constitue pourtant l'une des politiques fondamentales de l'Union européenne.

Il appelle la Commission, ainsi que les États membres qui sont chargés d'exécuter ces crédits, d'adopter toutes les mesures possibles pour assurer leur exécution adéquate" (voir page 45).

[258] Sur les agences décentralisées de l'UE, voir en plus de la communication de la Commission au Parlement européen et au Conseil intitulée "*Agences européennes – Orientations pour l'avenir*" (doc. *COM(2008) 135 final* du 11.3.2008) notamment le rapport spécial n° 5/2008 de la Cour des comptes intitulé "*Agences de l'Union : obtenir des résultats*" (non publié au JO).

[259] Voir Tome I, pp. 113/154 et 167/193.

[260] Les domaines politiques de la section III dans le budget général pour 2009 sont récapitulés dans le tableau 17, page 65.

Tableau 14. Les agences décentralisées de l'Union européenne dans le budget général pour 2009

En euros, crédits inscrits en réserve inclus

	Article	Montant c/e	Montant c/p
Sous-rubrique *1a* (*Compétitivité pour la croissance et l'emploi*)			
Agence européenne des médicaments (Londres)	02 03 02	41.890.000 [a]	36.990.000 [a]
Agence européenne des produits chimiques (Helsinki)	02 03 03	64.529.000	62.970.000
Institut européen pour l'égalité entre les hommes et les femmes (Vilnius)	04 04 02	6.860.000	6.860.000
Fondation européenne pour l'amélioration des conditions de vie et de travail (Dublin)	04 04 03	19.450.000	19.450.000
Agence européenne pour la sécurité et la santé au travail (Bilbao)	04 04 04	13.800.000	13.800.000
Agence européenne de la sécurité aérienne (Cologne)	06 02 01	31.540.000	29.180.000
Agence européenne pour la sécurité maritime (Lisbonne)	06 02 02	43.335.000 [b]	48.300.000 [b]
Agence ferroviaire européenne (Lille-Valenciennes)	06 02 08	16.060.000	16.060.000
Autorité européenne de surveillance GNSS [Bruxelles]	06 02 09	5.800.000	5.800.000
*Agence de coopération des régulateurs de l'énergie (Ljubljana)**	06 04 10	p.m.	p.m.
*Institut européen d'innovation et de technologie (Budapest)***	08 24 02	p.m.	p.m.
Agence européenne chargée de la sécurité des réseaux et de l'information (Heraklion)	09 02 03	7.800.000	7.800.000
*Office de l'harmonisation dans le marché intérieur (Alicante)****	12 03 01	p.m.	p.m.
Centre européen pour le développement de la formation professionnelle (Thessalonique)	15 02 25	15.910.000	15.910.000
Total		**266.974.000**	**263.120.000**
Rubrique *2* (*Conservation et gestion des ressources naturelles*)			
Agence européenne pour l'environnement (Copenhague)	07 03 09	34.560.000	34.560.000
Agence communautaire de contrôle des pêches (Vigo)	11 08 05	5.704.000	5.704.000
*Office communautaire des variétés végétales (Angers)****	17 04 05	-	-
Total		**40.264.000**	**40.264.000**
Sous-rubrique *3a* (*Liberté, sécurité et justice*)			
Ag. eur. pour la gestion de la coopération opérationnelle aux frontières extérieures (Varsovie)	18 02 03	78.000.000	78.000.000
Agence des droits fondamentaux de l'Union européenne (Vienne)	18 04 05	17.000.000	17.000.000
Collège européen de police (Bramshill)	18 05 05	7.800.000	7.800.000
Eurojust (La Haye)	18 06 04	22.500.000	22.500.000
Observatoire européen des drogues et des toxicomanies (Lisbonne)	18 07 01	14.150.000	14.150.000
Total		**139.450.000**	**139.450.000**
Sous-rubrique *3b* (*Citoyenneté*)			
Centre européen de prévention et de contrôle des maladies (Stockholm)	17 03 03	48.100.000	50.700.000
Autorité européenne de sécurité des aliments (Parme)	17 03 07	70.700.000	70.700.000
Total		**118.800.000**	**121.400.000**
Rubrique *4* (*L'UE acteur mondial*)			
Fondation européenne pour la formation (Turin)	15 02 27	14.772.000	14.772.000
Total		**14.772.000**	**14.772.000**
Rubrique *5* (*Administration*)			
*Institut européen d'innovation et de technologie (Budapest)***	08 24 01	5.800.000	5.800.000
*Centre de traduction des organes de l'Union européenne (Luxembourg)****	31 01 09	p.m.	p.m.
Total		**5.800.000**	**5.800.000**
Total général		**586.060.000**	**584.806.000**

** Nouvelle agence en voie de création   ** Cas spécial   *** Autofinancé*

[a] *Avec la contribution spéciale en faveur des médicaments orphelins (poste 02 03 02 03 ; 5,5 millions d'euros en crédits d'engagement et de paiement)*

[b] *Avec les mesures antipollution (poste 06 02 02 03 ; 18,9 millions d'euros en crédits d'engagement et 22,1 millions d'euros en crédits de paiement)*

rencie pas les crédits inscrits sur les lignes budgétaires opérationnelles ou en réserve[261].

Le tableau 16 page 64 résume, pour sa part, la procédure budgétaire pour 2009 du point de vue des changements apportés aux domaines politiques au cours des différentes phases aussi bien en crédits d'engagement qu'en crédits de paiement. À la différence du tableau 15, le tableau 16 ne prend pas en compte les lignes "*XX*"[262].

Il convient de relever que :

- le Conseil, lors de sa première lecture, a accepté tels que proposés par la Commission les montants pour *sept* domaines politiques[263] (sur 31[264]) ;

- le Parlement européen, lors de sa première lecture, a amendé ou proposé de modifier les montants relevant de *23* domaines politiques[265] ;

[261] De ce fait le titre *40* (*Réserves*) n'inclut dans le tableau 15 que les crédits de paiement destinés à la réserve pour aides d'urgence (voir chapitre II).

[262] En outre, le tableau 16 ne tient pas compte des amendements ou propositions de modifications qui ne concernent que les commentaires. Les tableaux 15 et 16 prennent, par contre, en compte les lettres rectificatives établies dans le cadre de la procédure budgétaire pour 2009 (voir pages 54-57).

[263] Il s'agit des domaines politiques *03* (*Concurrence*), *23* (*Aide humanitaire*), *25* (*Coordination des politiques de la Commission et conseil juridique*), *27* (*Budget*), *28* (*Audit*), *30* (*Pensions et dépenses connexes*) et *31* (*Services linguistiques*).

[264] Hors titre *40* (*Réserves*).

[265] Les amendements portant sur les titres *23* (*Aide humanitaire*) et *31* (*Services linguistiques*) ne concernent que les commentaires.

Tableau 15. Évolution des montants par domaine politique au cours de la procédure budgétaire pour 2009

Section III – Commission, en crédits de paiement et en euros

Domaine politique* :	*01*	*02*	*03*	*04*	*05* [2]	*06* [1]	*07*	*08*	*09*	*10*	*11* [2]
% de l'APB	*0,42%*	*0,48%*	*0,08%*	*9,82%*	*47,26%*	*1,70%*	*0,31%*	*4,21%*	*1,20%*	*0,33%*	*0,80%*
APB	478.765.810	549.545.378	90.429.058	11.187.304.770	53.846.477.045	1.935.835.749	353.902.146	4.795.957.826	1.362.254.141	379.100.000	915.321.520
APB**	478.765.810	549.545.378	90.429.058	11.187.304.770	52.566.277.045	1.935.835.749	353.902.146	4.795.957.826	1.362.254.141	379.100.000	917.821.520
Conseil 1ère lecture	472.171.044	501.162.323	87.954.571	10.973.777.590	53.348.197.062	1.844.644.406	344.174.513	4.574.385.293	1.341.264.796	365.720.000	908.598.814
PE 1ère lecture	495.615.810	610.831.328	90.429.058	12.398.255.270	55.561.842.510	2.650.594.299	512.179.296	5.116.956.676	1.359.044.141	365.720.000	927.121.520
Conseil 2ème lecture*	472.171.044	501.162.323	87.954.571	10.973.777.590	52.108.461.387	1.844.644.406	344.174.513	4.574.385.293	1.341.264.796	365.720.000	911.098.814
PE 2ème lecture**	486.933.310	601.304.978	90.429.058	11.202.623.145	51.478.337.575	2.480.570.987	495.754.296	4.960.366.177	1.355.644.141	365.720.000	926.921.520
Domaine politique* :	*12*	*13*	*14*	*15*	*16*	*17* [1]	*18*	*19* [1,2]	*20*	*21* [2]	*22* [1]
% de l'APB	*0,06%*	*21,51%*	*0,10%*	*1,18%*	*0,18%*	*0,50%*	*0,58%*	*2,97%*	*0,07%*	*1,05%*	*1,45%*
APB	65.263.786	24.509.476.974	110.998.297	1.349.007.311	205.885.004	574.079.318	656.886.044	3.387.824.242	80.699.531	1.198.941.446	1.655.429.207
APB**	65.263.786	24.509.476.974	110.998.297	1.349.007.311	205.885.004	574.079.318	656.886.044	3.567.824.242	80.699.531	2.098.941.446	1.655.429.207
Conseil 1ère lecture	62.485.561	24.427.537.336	93.831.289	1.317.440.206	195.541.240	560.324.162	631.499.941	3.339.806.644	74.757.536	1.171.101.939	1.604.474.225
PE 1ère lecture	66.047.786	27.437.972.967	106.468.297	1.379.997.311	211.185.004	587.119.318	724.358.044	3.832.872.102	78.679.531	1.229.980.696	1.668.781.715
Conseil 2ème lecture*	62.485.561	24.427.537.336	93.831.289	1.317.440.206	195.541.240	560.324.162	631.499.941	3.519.806.644	74.757.536	1.621.101.939	1.604.474.225
PE 2ème lecture**	66.009.986	24.570.476.974	106.468.297	1.363.497.311	211.185.004	581.539.318	677.656.044	3.579.174.401	78.679.531	1.679.980.696	1.660.736.936
Domaine politique* :	*23*	*24*	*25*	*26*	*27*	*28*	*29*	*30*	*31*	*40****	**Total**
% de l'APB	*0,70%*	*0,06%*	*0,17%*	*0,87%*	*0,24%*	*0,01%*	*0,10%*	*1,02%*	*0,34%*	*0,21%*	***100%***
APB	796.948.000	73.151.000	188.162.101	991.220.101	278.252.647	10.683.372	112.776.692	1.159.931.000	388.773.637	244.000.000	**113.933.283.153**
APB**	796.948.000	73.151.000	188.162.101	991.220.101	278.252.647	10.683.372	112.776.692	1.159.931.000	388.773.637	244.000.000	**113.735.583.153**
Conseil 1ère lecture	796.409.927	67.365.342	183.586.875	970.956.771	276.873.637	10.399.837	99.111.397	1.159.931.000	378.421.385	p.m.	**112.183.906.662**
PE 1ère lecture	796.948.000	74.151.000	188.162.101	985.820.101	278.252.648	10.683.372	101.176.692	1.159.931.000	388.773.637	244.000.000	**121.639.951.230**
Conseil 2ème lecture*	796.409.927	67.365.342	183.586.875	970.956.771	276.873.637	10.399.837	99.111.397	1.159.931.000	378.421.385	p.m.	**111.576.670.987**
PE 2ème lecture**	796.948.000	74.151.000	188.162.100	985.820.101	278.252.647	10.683.371	101.176.692	1.159.931.000	388.773.640	244.000.000	**113.247.908.236**

APB modifié par [1] *: LR n° 1/2009* [2] *: LR n° 2/2009*

** Lignes "XX" et crédits inscrits en réserve inclus* *** LR n ° 1 et 2/2009 incluses* **** Réserve pour aides d'urgence uniquement*

Tableau 16. Évolution de la procédure budgétaire pour 2009 par domaine politique

Section III – Commission, lignes "XX" exclus

Domaine politique :	*01*	*02*	*03*	*04*	*05* [2]	*06* [1]	*07*	*08*	*09*	*10*	*11* [2]	*12*	*13*	*14*	*15*	*16*
Conseil 1ère lecture	X	X	O	X	X	X	X	X	X	X	X	X	X	X	X	X
PE 1ère lecture	X	X	O	X	X	X	X	X	X	O	X	X	X	X	X	X
Conseil 2ème lecture	–	–	O	–	–	–	–	–	–	O	–	–	–	–	–	–
PE 2ème lecture	X	X	O	X	X	X	X	X	X	O	X	X	X	X	X	X
	≠	≠	=	≠	≠	≠	≠	≠	≠	≠	≠	(=)	≠	≠	≠	≠
Domaine politique :		*17* [1]	*18*	*19* [1 2]	*20*	*21* [2]	*22* [1]	*23*	*24*	*25*	*26*	*27*	*28*	*29*	*30*	*31*
Conseil 1ère lecture		X	X	X	X	X	X	O	X	O	X	O	O	X	O	O
PE 1ère lecture		X	X	X	X	X	X	O	X	X	X	O	O	O	O	O
Conseil 2ème lecture		–	–	–	–	–	–	O	–	–	–	O	O	O	O	O
PE 2ème lecture		X	X	X	X	X	X	O	X	O	X	O	O	O	O	O
		≠	≠	≠	≠	≠	≠	=	(=)	=	≠	=	=	≠	=	=

APB modifié par [1] *: LR n° 1/2009* [2] *: LR n° 2/2009*
X : modifications ou amendements O : pas de modifications ou d'amendements
(X) : propositions de modifications ou amendements acceptés en totalité ou en partie – : amendements ou propositions de modification rejetés
= : domaine politique accepté tel que proposé par la Commission (=) : domaine politique modifié marginalement par rapport à l'APB
≠ : domaine politique modifié sensiblement par rapport à l'APB

- le Conseil, lors de sa deuxième lecture, n'a repris en tant que tel *aucun* des amendements ou des propositions de modifications du PE[266] ;

- le PE, lors de sa deuxième lecture, a confirmé des amendements[267] dans *tous* domaines politiques amendés en première lecture, *à l'exception* du titre *25* (*Coordination des politiques de la Commission et conseil juridique*).

L'autorité budgétaire n'a ainsi accepté sans modifications ni amendements les propositions chiffrées de la Commission présentées dans l'APB (lettres rectificatives n° 1-3/2009 comprises) que pour *sept* domaines politiques sur les 31 domaines politiques (et titres[268]) contenus dans la section III du budget général. En outre, *deux* domaines politiques[269] ont été adoptés avec des changements de montants que l'on peut qualifier de mineurs (voir tableaux 15, page 63, et 16 ci-dessus).

G. S'agissant enfin des autres sections du budget général que de la section III, le Parlement européen a adopté en première lecture en tout 52 amendements, dont 32 concernant sa propre section (section I). Par ailleurs, il a adopté deux propositions de modifications concernant sa section du budget général, liées aux "*indemnités transitoires*" (article *1 0 2* ; +80 000 euros). Dans le respect du "*Gentlemen's agreement*"[270], le PE n'a pas adopté d'amendements concernant la section du Conseil (section II) du budget général.

Comme dans le cas de la section III (voir *supra*, point F), le Conseil a rejeté lors de sa deuxième lecture tous les amendements du Parlement européen portant sur les sections IV à IX du budget général. Les 32 amendements et deux propositions de modifications concernant la section I – Parlement européen – ont par contre tous été acceptés, dans le respect du "*Gentlemen's agreement*".

Le Parlement européen a adopté concernant la section III, en première lecture, en tout 419 amendements et 53 propositions de modifications. Une partie importante de ces amendements ou propositions concerne le rétablissement de l'APB pour les lignes budgétaires modifiées par le Conseil en première lecture ou les "blocs" d'"amendements horizontaux". Un amendement ou une proposition de modification peut concerner plusieurs lignes budgétaires.

266 Il convient néanmoins de signaler que le Conseil a utilisé des propositions de modifications du PE pour établir ses réductions dans les dépenses agricoles en deuxième lecture et pour inclure dans sa deuxième lecture certains des éléments du compromis de la réunion de concertation du 21 novembre 2008.

267 En deuxième lecture, concernant la section III, le PE a retenu – amendements "de compromis" inclus – au total 305 amendements.

268 Hors titre *40* (*Réserves*).

269 Il s'agit des domaines politiques *12* (*Marché intérieur*) et *24* (*Lutte contre la fraude*).

270 Voir page 37, note 137.

En deuxième lecture, le Parlement européen a confirmé ses vingt amendements concernant les sections IV à IX du budget général.

IV. – L'établissement du budget par activités

1. Développement de la nomenclature budgétaire

A. Les *32 titres* de la section III – Commission – du budget général pour 2009 sont présentés dans le tableau 17 ci-dessous. Ces titres, qui représentent chacun (à l'exception notamment du titre *40* destiné aux crédits de la section III inscrits en réserve) un *domaine politique*, restent les mêmes qu'en 2008[271].

Selon la Commission, ces domaines politiques sont subdivisés en environ *230 activités*[272].

B. Le tableau 18 page suivante récapitule le développement de la nomenclature du budget général de 2003 à 2009.

Il convient avant tout de relever les grands changements introduits dans la nomenclature de la section III – Commission – du budget général pour 2004 suite à l'introduction de l'ABB[273], et l'"allégement" considérable de la nomenclature des "autres institutions" depuis celui pour 2006[274].

La nomenclature budgétaire est, par contre, restée relativement stable entre 2008 et 2009, à l'exception notable de la création dans le budget général pour 2009 d'un nouveau titre *4* sous la section II – Conseil – destiné aux dépenses du groupe de réflexion "horizon 2020-2030" (voir chapitre III). Par ailleurs, le nombre des articles de la section III a sensiblement augmenté dans le budget général pour 2009 par rapport à celui pour 2008.

2. Examen des fiches d'activité

L'autorité budgétaire a poursuivi[275], au cours de la procédure budgétaire pour 2009 l'analyse de

Tableau 17. Les domaines politiques dans la section III – Commission – du budget général pour 2009

Titre		*Titre*	
01	*Affaires économiques et financières*	***17***	*Santé et protection des consommateurs*
02	*Entreprises*	***18***	*Espace de liberté, de sécurité et de justice*
03	*Concurrence*	***19***	*Relations extérieures*
04	*Emploi et affaires sociales*	***20***	*Commerce*
05	*Agriculture et développement rural*	***21***	*Développement et relations avec les États ACP*
06	*Énergie et transports*	***22***	*Élargissement*
07	*Environnement*	***23***	*Aide humanitaire*
08	*Recherche*	***24***	*Lutte contre la fraude*
09	*Société de l'information et médias*	***25***	*Coordination des politiques de la Commission et conseil juridique*
10	*Recherche directe*	***26***	*Administration de la Commission*
11	*Affaires maritimes et pêche*	***27***	*Budget*
12	*Marché intérieur*	***28***	*Audit*
13	*Politique régionale*	***29***	*Statistiques*
14	*Fiscalité et union douanière*	***30***	*Pensions et dépenses connexes*
15	*Éducation et culture*	***31***	*Services linguistiques*
16	*Communication*	***40***	*Réserves*
XX	*Dépenses administratives par domaine politique*		

[271] Il convient néanmoins de relever l'ajout d'une référence aux "*dépenses connexes*" dans l'intitulé du titre *30*.

[272] Avant-projet de budget général de la Commission européenne pour l'exercice 2009, Analyse des dépenses par domaine politique, doc. *SEC(2008) 514*, Commission européenne, mai 2008, p. 72. La section III – Commission – du budget général pour 2009 contient 163 chapitres (voir tableau 18, page 66), ce qui veut dire que toutes les activités ne sont pas représentées en tant que tel dans la nomenclature budgétaire.

[273] Voir Tome I, pp. 23/26. S'agissant du contenu de la section III, un grand changement est intervenu dans le budget général pour 2007 suite à l'AII de 2006 et au cadre financier pour 2007-2013 (*Ibid*., pp. 148/150).

[274] *Ibid*., p. 95. Il convient également de noter l'important allégement de la nomenclature des annexes de la section III depuis le budget général pour 2004.

[275] Voir Tome I, pp. 61/62, 94/95, 150/151 et 190/191.

Tableau 18. Développement de la nomenclature du budget général de 2003 à 2009

Section III : en 2003, nomenclature "traditionnelle". A partir de 2004, nomenclature "ABB"

Année*	2003	2004	2007	2008	2009	*Différence*	2003	2004	2007	2008	2009	*Différence*
Section I – Parlement européen :						*2009-2003*	**Section VI – Comité économique et social européen :**					*2009-2003*
Titres	4	4	5	5	5	*1*	3	3	3	3	3	*0*
Chapitres	25	25	17	18	19	*-6*	21	21	12	12	12	*-9*
Articles	76	72	47	44	43	*-33*	61	59	28	25	25	*-36*
Postes	98	97	62	63	65	*-33*	81	81	45	45	45	*-36*
Imputations**	135	134	94	97	99	*-36*	116	116	60	60	60	*-56*
Section II – Conseil :							**Section VII – Comité des régions :**					
Titres	4	4	4	4	5	*1*	3	3	3	3	3	*0*
Chapitres	25	26	12	12	14	*-11*	21	21	12	12	12	*-9*
Articles	78	76	30	28	33	*-45*	60	58	29	26	26	*-34*
Postes	91	96	92	92	103	*12*	81	82	44	44	44	*-37*
Imputations**	138	143	100	100	111	*-27*	115	116	60	60	60	*-55*
Section III – Commission* :**							**Section VIII A** ** */ VIII** ** ** – Médiateur :**					
Titres	58	31	32	32	32	*-26*	4	4	4	4	4	*0*
Chapitres	173	175	191	166	163	*-10*	19	19	13	13	13	*-6*
Articles	583	593	*n.d.*	623	646	*63*	39	38	28	26	26	*-13*
Postes	479	690	*n.d.*	631	628	*149*	6	6	25	25	25	*19*
Imputations**	927	1.091	1.033	1.061	1.082	*155*	43	44	41	41	41	*-2*
Annexes de la section III ** :**							**Section VIII B** ** */ IX** ** ** – CEPD :**					
Titres	19	6	6	6	6	*-13*	3	3	3	3	3	*0*
Chapitres	87	13	17	17	17	*-70*	18	18	18	5	5	*-13*
Articles	258	22	72	72	72	*-186*	38	36	40	7	7	*-31*
Postes	242	61	24	24	24	*-218*	6	6	10	27	29	*23*
Imputations**	423	67	82	82	82	*-341*	42	42	46	30	32	*-10*
Section IV – Cour de justice :							***Total hors section III :***					
Titres	4	4	4	4	4	*0*	*28*	*28*	*29*	*29*	*30*	*2*
Chapitres	20	20	12	12	12	*-8*	*168*	*169*	*107*	*95*	*98*	*-70*
Articles	65	65	35	34	34	*-31*	*479*	*466*	*273*	*223*	*227*	*-252*
Postes	96	98	35	36	36	*-60*	*542*	*550*	*353*	*366*	*381*	*-161*
Imputations**	131	134	59	60	60	*-71*	*839*	*849*	*522*	*506*	*521*	*-318*
Section V – Cour des comptes :							**Total général :**					
Titres	3	3	3	3	3	*0*	**105**	**65**	**67**	**67**	**68**	*-37*
Chapitres	19	19	11	11	11	*-8*	**428**	**357**	**315**	**278**	**278**	*-150*
Articles	62	62	36	33	33	*-29*	**1.320**	**1.081**	*n.d.*	**918**	**945**	*-375*
Postes	83	84	40	34	34	*-49*	**1.263**	**1.301**	*n.d.*	**1.021**	**1.033**	*-230*
Imputations**	119	120	62	58	58	*-61*	**2.189**	**2.007**	**1.637**	**1.649**	**1.685**	*-504*

** 2003 : UE-15 ; 2004 : UE-25 ; 2007-2009 : UE-27 ** Articles ou postes *** Les chiffres n'incluent pas le titre "XX"*
*** ** OPOCE, OLAF, EPSO, PMO, OIB et OIL. En 2007-2009 : EPSO avec l'EEA ** ** * Jusqu'en 2007 ** ** ** En 2008 et 2009*

la qualité des fiches d'activité[276] presentées par la Commission[277].

Dans ce contexte, le comité budgétaire du Conseil a analysé en 2008, comme en 2007, une série de 21 fiches d'activité couvrant une large gamme de politiques opérationnelles. Cet exercice *"a été conduit en privilégiant l'émergence d'une approche comparative dans le cadre de familles politiques"*[278]. Le comité a conclu son analyse notamment comme suit :

- en général, les fiches d'activité sont bien structurées, donnant un aperçu clair des motivations de l'activité en question et de sa valeur ajoutée, et utiles pour faciliter la prise des décisions au cours de la procédure budgétaire ;

- le contenu des fiches d'activité s'est encore amélioré par rapport aux années précédentes, en particulier l'information fournie relative aux taux d'exécution et aux ressources humaines attribuées aux activités, mais également pour d'autres indicateurs spécifiques demandés par l'autorité budgétaire lors des analyses antérieures ;

- toutefois, la justification du bénéfice des activités pourrait encore être mise plus en évidence, et certains objectifs et indicateurs ne sont pas encore suffisamment spécifiques, précis et mesurables pour permettre à l'autorité budgétaire une évaluation bien fondée des résultats et de l'efficacité des mesures, et

- certains indicateurs choisis par la Commission sont souvent trop généraux, pas directement associés avec la politique sectorielle, et ne reflétant pas toujours tous les aspects et tous les objectifs de l'activité.

Le comité budgétaire du Conseil recommande *"d'uniformiser la méthodologie d'évaluation et d'assurer une approche stable d'année en année afin d'atteindre pleinement une comparabilité des fiches d'activité"*. Il invite également la Commission à *"expliquer plus clairement les liens entre les objectifs et les ressources affectées aux activités d'une part et la variation des niveaux des crédits dans la programmation financière d'autre part, pour permettre une meilleure estimation de l'adéquation des ressources financières demandées"*[279].

3. Études sur les résultats des réformes administrative et financière de l'Union européenne

En complément de ses études sur les résultats de la réforme de la Commission notamment en ce qui concerne l'établissement du budget par activités (ABB) et la gestion par activité (*Activity-based management* ou "ABM") lancées en 2007[280], le Parlement européen a complété en juillet 2008 une étude sur les résultats de la "décentralisation"[281].

---

[276] Selon le point d) de l'article 33, paragraphe 2 du RF, tel que modifié le 13 décembre 2006, les fiches d'activité doivent contenir :

"*- des informations sur la réalisation de tous les objectifs spécifiques, mesurables, réalisables, pertinents et datés, fixés antérieurement pour les différentes activités ainsi que les nouveaux objectifs mesurés par des indicateurs,*

- une justification complète et une approche coût-bénéfice des modifications proposées concernant le niveau des crédits,

- une motivation claire de l'intervention au niveau de l'UE conformément, entre autres, au principe de subsidiarité,

- des informations sur les taux d'exécution de l'activité de l'exercice précédent et les taux d'exécution pour l'exercice en cours.

Les résultats des évaluations sont examinés et utilisés pour démontrer les avantages que les modifications budgétaires proposées sont susceptibles d'apporter".

[277] Doc. *PE A6-0084/2008* du 24 avril 2008, point 8 et doc. *Conseil 13894/08 FIN 361* du 7 octobre 2008, pp. 1/4.

[278] Doc. *Conseil 11950/08 BUDGET 23*, p. 21.

[279] *Ibid.*, p. 12.

[280] Voir Tome I, pp. 191/192.

[281] Decentralisation following the Reform of the European Commission: Evaluation and Perception, Study,

V. – Conclusion

La procédure budgétaire pour 2009 a été marquée par la flambée des prix alimentaires dans les pays en développement et par la crise financière qu'a connue le monde en 2008, crise qui s'est développée en crise économique générale.

La recherche d'une solution acceptable pour le financement de la facilité de réponse rapide à la flambée des prix alimentaires dans les pays en développement a été l'élément clef des négociations budgétaires en 2008. L'adoption du règlement instituant la facilité alimentaire en décembre 2008 est une décision importante pour la visibilité et la crédibilité de l'Union européenne dans le monde, et l'accord de l'autorité budgétaire sur son financement une nouvelle preuve de la bonne coopération interinstitutionnelle qui existe dans le domaine des finances publiques communautaires.

Par contre, les discussions sur le plan européen pour la relance économique proposé par la Commission en novembre 2008 sont destinées à se poursuivre en 2009.

L'autorité budgétaire a également dû attacher beaucoup d'attention aux problèmes rencontrés dans la mise en œuvre des programmes des actions structurelles, notamment suite aux retards observés dans l'adoption des programmes et dans la validation des systèmes de gestion et de contrôle.

Les agences décentralisées de l'Union européenne, les agences exécutives et les entreprises communes ont également fait de nouveau l'objet de beaucoup d'attention au cours de la procédure budgétaire.

Il convient de prendre note de la poursuite de la "montée en puissance" des crédits en faveur des nouveaux États membres dans le budget général pour 2009. Ainsi par exemple les dépenses relatives aux Fonds structurels et au Fonds de cohésion pour les douze nouveaux États membres[282] atteignent le niveau de 50 % des montants budgétisés, c'est-à-dire le double de ce qu'ils recevaient en 2006 et contre 47 % en 2008.

Le budget général pour 2009 est en même temps le dernier budget qui comportera des crédits relevant de la rubrique *6* (*Compensations*) du cadre financier pour 2007-2013, ces crédits spécifiques prévus en faveur de la Bulgarie et de la Roumanie dans leurs actes d'adhésion respectifs à titre de compensation disparaissant à la fin de 2009.

Il convient également de relever que suite au résultat du référendum en Irlande sur le traité de Lisbonne, organisé le 12 juin 2008, l'autorité budgétaire n'a retenu dans le budget général pour 2009 aucun montant directement lié à la mise en œuvre du traité de Lisbonne.

Les crises alimentaire, financière et économique ont également eu des répercussions sur la mise en œuvre du budget général en 2008. Ainsi, la réserve pour aides d'urgence et le Fonds européen d'ajustement à la mondialisation ont été sollicités plus fréquemment que jamais auparavant au cours d'une année (voir pages 343-345).

Il convient également de relever que le nombre de budgets rectificatifs adoptés en 2008 (*dix* BRs au total) égale le record de 2004 (voir page 337). Ce nombre historiquement élevé de budgets rectificatifs s'explique en partie par la multiplication de BRs "spécifiques", tels ceux dédiés à l'inscription du solde définitif, conformément à l'article 15, paragraphe 3 du RF (depuis le BR n° 2/2003[283]), ou ceux dédiés uniquement à la mobilisation du Fonds de solidarité de l'Union européenne, depuis la déclaration commune du 17 juillet 2008 (voir chapitres II et III).

Policy Department on Budgetary Affairs, Directorate General Internal Policies of the Union, European Parliament, Brussels, 25 July 2008.

[282] C'est-à-dire les pays ayant adhéré à l'Union européenne le 1er mai 2004 ou le 1er janvier 2007 ("UE-12").

[283] Voir Tome I, p. 38.

ANNEXES CONCERNANT LA PROCÉDURE BUDGÉTAIRE POUR 2009

LE BUDGET GÉNÉRAL POUR 2009

Le budget général pour 2009 par rubriques du CF (en c/e)

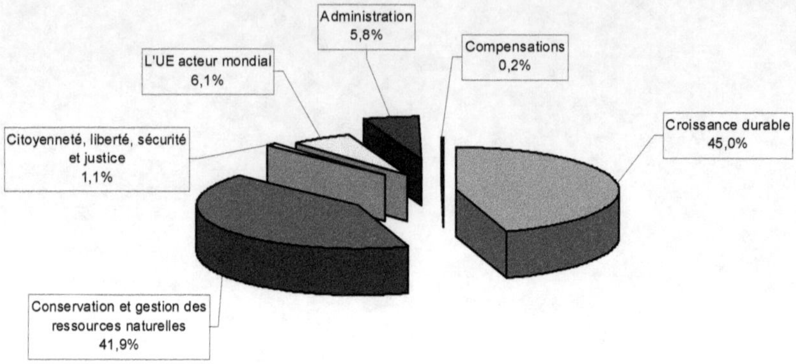

Ventilation de la rubrique 1 *(Croissance durable)* **(en c/e)**

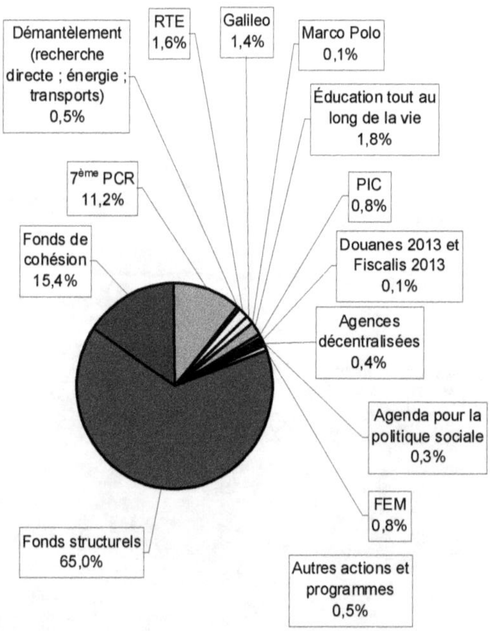

Ventilation de la rubrique 3 *(Citoyenneté, liberté, sécurité et justice)* **(en c/e)**

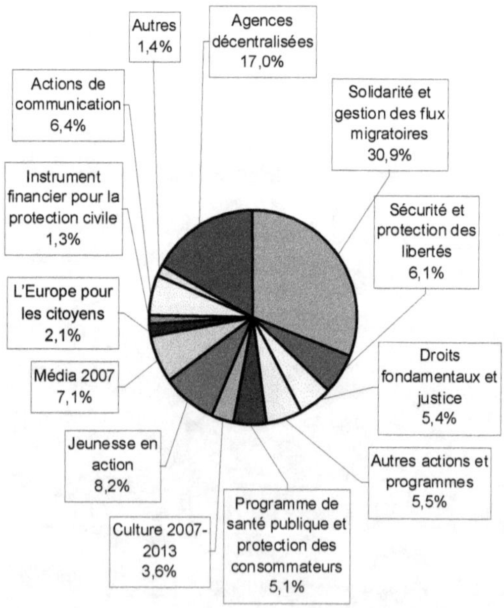

LE BUDGET GÉNÉRAL POUR 2009

Le budget général pour 2009 par rubriques du CF (en c/p)

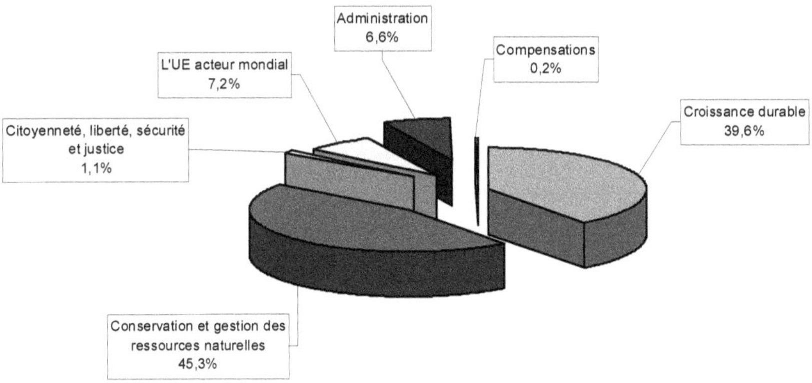

Ventilation de la rubrique 1 *(Croissance durable)* **(en c/p)**

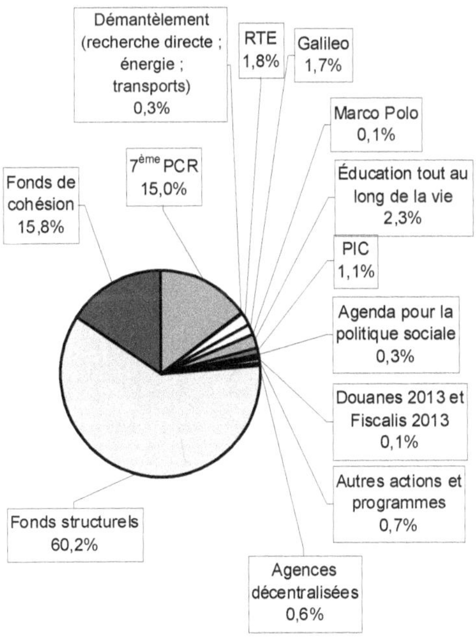

Ventilation de la rubrique 3 *(Citoyenneté, liberté, sécurité et justice)* **(en c/p)**

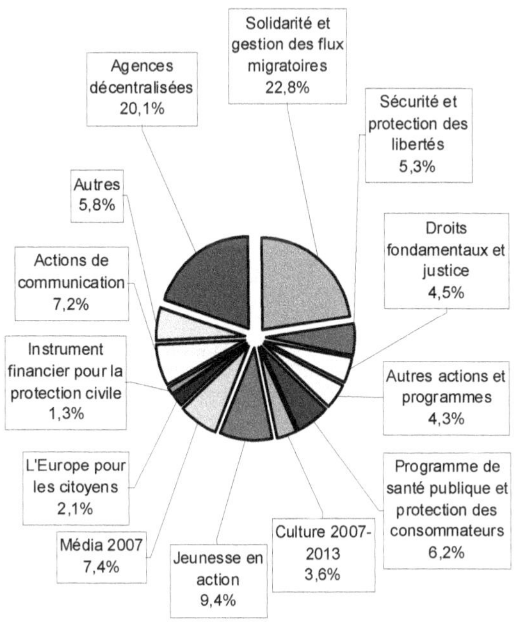

PROCÉDURE BUDGÉTAIRE POUR 2009	1		2		3		4		5		6		6/1	
Description	Budget 2008 (BR 1 à 10 inclus)		Avant-projet de budget 2009		Conseil 1ère lecture		Parlement européen 1ère lecture		Conseil 2ème lecture		Budget général pour 2009		Variation % Budget	
	Engagements	*Paiements*	*Engagements*	*Paiements*	*Engagements*	*Paiements*	*Engagements*	*Paiements*	*Engagements*	*Paiements*	*Engagements*	*Paiements*	*Engagements*	*Paiements*
1. CROISSANCE DURABLE														
- 1a Compétitivité pour la croissance et l'emploi	10.582.000.000	9.715.239.600	11.189.966.000	10.285.190.500	11.111.656.000	9.813.880.500	11.268.997.000	11.383.773.350	11.111.656.000	9.813.880.500	11.268.997.000	11.024.385.513	6,49%	13,48%
Marge			*82.034.000*		*160.344.000*		*3.003.000*		*160.344.000*		*3.003.000*			
- 7ème programme-cadre de recherche (y compris achèvement du 6ème PCR)	6.090.262.000	6.188.283.000	6.721.403.000	6.706.505.000	6.683.263.000	6.423.845.000	6.751.882.600	7.082.627.600	6.683.263.000	6.423.845.000	6.751.882.600	6.919.747.263	10,86%	11,82%
02 - Entreprises	*220.709.000*	*160.931.000*	*255.580.000*	*212.869.000*	*254.130.000*	*187.219.000*	*266.033.600*	*222.157.000*	*254.130.000*	*187.219.000*	*266.033.600*	*221.792.500*	*20,54%*	*37,82%*
06 - Énergie et transports	*283.582.000*	*358.032.000*	*264.230.000*	*270.080.000*	*262.680.000*	*259.430.000*	*280.875.000*	*337.965.750*	*262.680.000*	*259.430.000*	*280.875.000*	*332.040.413*	*-0,95%*	*-7,26%*
08 - Recherche	*4.037.873.000*	*4.050.194.000*	*4.638.612.000*	*4.763.472.000*	*4.613.082.000*	*4.542.212.000*	*4.648.153.000*	*5.078.670.850*	*4.613.082.000*	*4.542.212.000*	*4.648.153.000*	*4.922.080.350*	*15,11%*	*21,53%*
09 - Société de l'information et médias	*1.214.176.000*	*1.275.601.000*	*1.217.546.000*	*1.104.949.000*	*1.214.396.000*	*1.093.129.000*	*1.217.546.000*	*1.096.279.000*	*1.214.396.000*	*1.093.129.000*	*1.217.546.000*	*1.096.279.000*	*0,28%*	*-14,06%*
10 - Recherche directe	*332.722.000*	*335.325.000*	*344.400.000*	*347.100.000*	*338.240.000*	*339.520.000*	*338.240.000*	*339.520.000*	*338.240.000*	*339.520.000*	*338.240.000*	*339.520.000*	*1,66%*	*1,25%*
11 - Affaires maritimes et pêche	*1.200.000*	*8.200.000*	*1.035.000*	*8.035.000*	*735.000*	*2.335.000*	*1.035.000*	*8.035.000*	*735.000*	*2.335.000*	*1.035.000*	*8.035.000*	*-13,75%*	*-2,01%*
- Démantèlement (10 - Recherche directe)	28.700.000	37.092.000	32.600.000	32.000.000	32.600.000	26.200.000	32.600.000	26.200.000	32.600.000	26.200.000	32.600.000	26.200.000	13,59%	-29,36%
- RTE (06 - Énergie et transports)	992.925.200	709.712.600	951.000.000	842.814.000	949.920.000	791.374.000	954.920.000	966.534.000	949.920.000	791.374.000	961.420.000	844.484.000	-3,17%	18,99%
- Egnos et Galileo (06 - Énergie et transports)	890.000.000	300.000.000	830.000.000	362.000.000	829.600.000	343.600.000	829.600.000	788.200.000	829.600.000	343.600.000	829.600.000	760.299.785	-6,79%	153,43%
- Marco Polo (06 - Énergie et transports)	59.000.000	30.278.000	62.000.000	24.650.000	61.980.000	24.330.000	61.980.000	64.962.500	61.980.000	24.330.000	61.980.000	61.812.875	5,05%	104,15%
- Éducation et formation tout au long de la vie et Erasmus mundus (15 - Éducation et culture)	997.278.000	1.005.830.000	1.057.018.000	1.025.015.000	1.055.658.000	1.003.655.000	1.061.658.000	1.039.445.000	1.055.658.000	1.003.655.000	1.061.658.000	1.039.445.000	6,46%	3,34%
- Programme-cadre pour l'innovation et la compétitivité (PIC)	415.745.800	405.369.000	482.700.000	390.961.000	479.330.000	373.491.000	508.176.400	498.217.250	479.330.000	373.491.000	508.176.400	483.996.615	22,23%	19,40%
- PIC - Innovation et esprit d'entreprise	287.200.000	270.385.000	289.500.000	278.635.000	286.500.000	264.935.000	300.279.000	329.220.950	286.500.000	264.935.000	300.279.000	322.538.450	4,55%	19,29%
01 - Affaires économiques et financières	*146.900.000*	*149.185.000*	*143.000.000*	*175.000.000*	*143.000.000*	*171.600.000*	*150.150.000*	*189.850.000*	*143.000.000*	*171.600.000*	*150.150.000*	*183.167.500*	*2,21%*	*22,78%*
02 - Entreprises	*140.300.000*	*121.200.000*	*146.500.000*	*103.635.000*	*143.500.000*	*93.335.000*	*150.129.000*	*139.370.950*	*143.500.000*	*93.335.000*	*150.129.000*	*139.370.950*	*7,01%*	*14,99%*
- PIC - Appui stratégique en matière de TIC (09 - Société de l'information et média)	52.000.000	58.500.000	104.900.000	54.700.000	104.710.000	51.910.000	111.710.000	57.910.000	104.710.000	51.910.000	111.710.000	54.510.000	114,83%	-6,82%
- PIC - "Énergie intelligente" (06 - Énergie et transports)	76.545.800	76.484.000	88.300.000	57.626.000	88.120.000	56.646.000	96.187.400	111.086.300	88.120.000	56.646.000	96.187.400	106.948.165	25,66%	39,83%
- Agenda pour la politique sociale	168.220.000	149.300.000	178.060.000	139.330.000	176.390.000	125.110.000	177.416.000	160.585.500	176.390.000	125.110.000	177.416.000	149.458.125	5,47%	0,11%
04 - Emploi et affaires sociales	*165.720.000*	*146.800.000*	*178.060.000*	*138.530.000*	*176.390.000*	*124.310.000*	*176.416.000*	*159.085.500*	*176.390.000*	*124.310.000*	*176.416.000*	*147.958.125*	*6,45%*	*0,79%*
05 - Agriculture et développement rural	*1.500.000*	*1.500.000*	*p.m.*	*p.m.*	*p.m.*	*p.m.*	*p.m.*	*p.m.*	*p.m.*	*p.m.*	*p.m.*	*p.m.*		
17 - Santé et protection des consommateurs	*1.000.000*	*1.000.000*	*p.m.*	*800.000*	*p.m.*	*800.000*	*1.000.000*	*1.500.000*	*p.m.*	*800.000*	*1.000.000*	*1.500.000*	*0,00%*	*50,00%*
- Douane 2013 et Fiscalis 2013 (14 - Fiscalité et union douanière)	69.100.000	53.132.000	71.600.000	51.132.000	71.600.000	37.202.000	71.600.000	46.702.000	71.600.000	37.202.000	71.600.000	46.702.000	3,62%	-12,10%
- Démantèlement nucléaire (06 - Énergie et transports)	248.000.000	150.000.000	253.000.000	110.000.000	253.000.000	110.000.000	255.000.000	112.000.000	253.000.000	110.000.000	255.000.000	110.000.000	2,82%	-26,67%
- Autres actions et programmes	353.240.000	414.124.000	289.930.000	335.163.500	266.140.000	297.933.500	294.690.000	323.860.500	266.140.000	297.933.500	290.690.000	319.119.850	-17,71%	-22,94%
01 - Affaires économiques et financières	*35.200.000*	*35.000.000*	*31.000.000*	*31.000.000*	*29.500.000*	*29.500.000*	*35.000.000*	*33.000.000*	*29.500.000*	*29.500.000*	*31.000.000*	*31.000.000*	*-11,93%*	*-11,43%*
02 - Entreprises	*48.100.000*	*61.500.000*	*43.600.000*	*46.733.000*	*36.510.000*	*39.963.000*	*54.310.000*	*56.536.000*	*36.510.000*	*39.963.000*	*54.310.000*	*53.833.150*	*12,91%*	*-12,47%*
03 - Concurrence	-	*400.000*	-	*p.m.*	-	*p.m.*	-	*p.m.*	-	*p.m.*	-	*p.m.*		
04 - Emploi et affaires sociales							*3.000.000*	*3.000.000*			*3.000.000*	*3.000.000*		
06 - Énergie et transports	*56.050.000*	*80.065.000*	*50.650.000*	*56.780.500*	*45.660.000*	*55.370.500*	*50.410.000*	*55.600.500*	*45.660.000*	*55.370.500*	*50.410.000*	*55.600.500*	*-10,06%*	*-30,56%*
08 - Recherche	*p.m.*	*55.221.000*	*p.m.*	*15.725.000*	*p.m.*	*21.525.000*	*p.m.*	*21.525.000*	*p.m.*	*21.525.000*	*p.m.*	*21.525.000*		*-61,02%*
09 - Société de l'information et médias	*67.074.000*	*56.764.000*	*14.050.000*	*49.900.000*	*13.920.000*	*47.530.000*	*13.920.000*	*48.110.000*	*13.920.000*	*47.530.000*	*13.920.000*	*48.110.000*	*-79,25%*	*-15,25%*
10 - Recherche directe	-	*p.m.*	-	*p.m.*	-	*p.m.*	-	*p.m.*	-	*p.m.*	-	*p.m.*		
11 - Affaires maritimes et pêche	*p.m.*	*1.500.000*	*p.m.*	*p.m.*	*p.m.*	*p.m.*	*p.m.*	*p.m.*	*p.m.*	*p.m.*	*p.m.*	*p.m.*		
12 - Marché intérieur	*8.300.000*	*8.000.000*	*8.500.000*	*8.400.000*	*6.900.000*	*7.120.000*	*9.200.000*	*9.184.000*	*6.900.000*	*7.120.000*	*9.200.000*	*9.146.200*	*10,84%*	*14,33%*
13 - Politique régionale	*15.000.000*	*15.000.000*	*15.000.000*	*15.000.000*	*15.000.000*	*15.000.000*	*15.000.000*	*15.000.000*	*15.000.000*	*15.000.000*	*15.000.000*	*15.000.000*	*0,00%*	*0,00%*
14 - Fiscalité et union douanière	*3.200.000*	*2.100.000*	*3.175.000*	*2.875.000*	*2.075.000*	*1.075.000*	*3.075.000*	*2.775.000*	*2.075.000*	*1.075.000*	*3.075.000*	*2.775.000*	*-3,91%*	*32,14%*
15 - Éducation et culture	*2.900.000*	*2.900.000*	*5.800.000*	*5.800.000*	*5.800.000*	*5.800.000*			*5.800.000*	*5.800.000*			*-100,00%*	*-100,00%*
20 - Commerce	*p.m.*	*100.000*	*p.m.*	*50.000*	*p.m.*	*30.000*	*p.m.*	*30.000*	*p.m.*	*30.000*	*p.m.*	*30.000*		*-70,00%*
24 - Lutte contre la fraude	*21.300.000*	*16.250.000*	*20.500.000*	*16.300.000*	*20.500.000*	*12.220.000*	*20.500.000*	*16.300.000*	*20.500.000*	*12.220.000*	*20.500.000*	*16.300.000*	*-3,76%*	*0,31%*
26 - Administration de la Commission	*42.300.000*	*44.800.000*	*38.800.000*	*43.800.000*	*32.700.000*	*37.400.000*	*32.700.000*	*37.400.000*	*32.700.000*	*37.400.000*	*32.700.000*	*37.400.000*	*-22,70%*	*-16,52%*
27 - Budget	*p.m.*	*p.m.*	*p.m.*	*p.m.*	*p.m.*	*p.m.*	*p.m.*	*p.m.*	*p.m.*	*p.m.*	*p.m.*	*p.m.*		
29 - Statistiques	*53.816.000*	*34.524.000*	*58.855.000*	*37.000.000*	*57.575.000*	*25.400.000*	*57.575.000*	*25.400.000*	*57.575.000*	*25.400.000*	*57.575.000*	*25.400.000*	*6,98%*	*-26,43%*
- Agences décentralisées	269.529.000	272.119.000	260.655.000	265.620.000	252.175.000	257.140.000	269.474.000	274.439.000	252.175.000	257.140.000	266.974.000	263.120.000	-0,95%	-3,31%
02 - Entreprises	*100.619.000*	*100.619.000*	*99.960.000*	*99.960.000*	*96.620.000*	*96.620.000*	*106.419.000*	*106.419.000*	*96.620.000*	*96.620.000*	*106.419.000*	*99.960.000*	*5,76%*	*-0,65%*
04 - Emploi et affaires sociales	*40.830.000*	*40.830.000*	*40.110.000*	*40.110.000*	*40.110.000*	*40.110.000*	*40.110.000*	*40.110.000*	*40.110.000*	*40.110.000*	*40.110.000*	*40.110.000*	*-1,76%*	*-1,76%*
06 - Énergie et transports	*102.860.000*	*105.450.000*	*96.875.000*	*101.840.000*	*91.835.000*	*96.800.000*	*99.235.000*	*104.200.000*	*91.835.000*	*96.800.000*	*96.735.000*	*99.340.000*	*-5,95%*	*-5,79%*
09 - Société de l'information et médias	*8.160.000*	*8.160.000*	*7.800.000*	*7.800.000*	*7.800.000*	*7.800.000*	*7.800.000*	*7.800.000*	*7.800.000*	*7.800.000*	*7.800.000*	*7.800.000*	*-4,41%*	*-4,41%*
15 - Éducation et culture	*17.060.000*	*17.060.000*	*15.910.000*	*15.910.000*	*15.810.000*	*15.810.000*	*15.910.000*	*15.910.000*	*15.810.000*	*15.810.000*	*15.910.000*	*15.910.000*	*-6,74%*	*-6,74%*
- 1b Cohésion pour la croissance et l'emploi	47.255.948.720	36.016.477.059	48.413.884.669	34.914.134.166	48.413.884.669	34.664.134.166	48.422.884.669	39.005.885.182	48.413.884.669	34.664.134.166	48.426.884.669	34.975.134.166	2,48%	-2,89%
Marge			*14.115.331*		*14.115.331*		*5.115.331*		*14.115.331*		*1.115.331*			
- Fonds structurels	39.100.896.742	30.723.530.500	39.117.250.470	27.631.730.888	39.117.250.470	27.381.730.888	39.117.250.470	31.037.481.904	39.117.250.470	27.381.730.888	39.117.250.470	27.681.730.888	0,04%	-9,90%
- Objectif "convergence"	29.208.316.245	22.377.614.019	29.723.163.608	19.304.375.119	29.723.163.608	19.354.375.119	29.723.163.608	21.209.185.584	29.723.163.608	19.354.375.119	29.723.163.608	19.354.375.119	1,76%	-13,51%
04 - Emploi et affaires sociales	*7.614.779.048*	*5.924.974.996*	*7.305.903.755*	*6.826.100.000*	*7.305.903.755*	*6.826.100.000*	*7.305.903.755*	*7.808.520.000*	*7.305.903.755*	*6.826.100.000*	*7.305.903.755*	*6.826.100.000*	*-4,06%*	*15,21%*
13 - Politique régionale	*21.593.537.197*	*16.452.639.023*	*22.417.259.853*	*12.478.275.119*	*22.417.259.853*	*12.528.275.119*	*22.417.259.853*	*13.400.665.584*	*22.417.259.853*	*12.528.275.119*	*22.417.259.853*	*12.528.275.119*	*3,81%*	*-23,85%*
- Objectif "compétitivité régionale et emploi"	8.592.457.050	6.947.389.189	8.110.786.401	7.421.346.922	8.110.786.401	7.121.346.922	8.110.786.401	7.957.466.922	8.110.786.401	7.121.346.922	8.110.786.401	7.421.346.922	-5,61%	6,82%
04 - Emploi et affaires sociales	*3.483.764.883*	*3.220.879.246*	*3.477.243.743*	*3.995.000.000*	*3.477.243.743*	*3.825.000.000*	*3.477.243.743*	*4.194.720.000*	*3.477.243.743*	*3.825.000.000*	*3.477.243.743*	*3.995.000.000*	*-0,19%*	*24,03%*
13 - Politique régionale	*5.108.692.167*	*3.726.509.943*	*4.633.542.658*	*3.426.346.922*	*4.633.542.658*	*3.296.346.922*	*4.633.542.658*	*3.762.746.922*	*4.633.542.658*	*3.296.346.922*	*4.633.542.658*	*3.426.346.922*	*-9,30%*	*-8,05%*
- Objectif "coopération territoriale européenne"	1.213.969.228	1.286.107.419	1.198.700.461	791.108.847	1.198.700.461	791.108.847	1.198.700.461	1.738.179.398	1.198.700.461	791.108.847	1.198.700.461	791.108.847	-1,26%	-38,49%
04 - Emploi et affaires sociales	*p.m.*	*p.m.*	*p.m.*	*p.m.*	*p.m.*	*p.m.*	*p.m.*	*p.m.*	*p.m.*	*p.m.*	*p.m.*	*p.m.*		
13 - Politique régionale	*1.132.679.866*	*1.241.107.419*	*1.109.845.122*	*746.108.847*	*1.109.845.122*	*746.108.847*	*1.109.845.122*	*1.693.179.398*	*1.109.845.122*	*746.108.847*	*1.109.845.122*	*746.108.847*	*-2,02%*	*-39,88%*
19 - Relations extérieures	*81.289.362*	*45.000.000*	*88.855.339*	*45.000.000*	*88.855.339*	*45.000.000*	*88.855.339*	*45.000.000*	*88.855.339*	*45.000.000*	*88.855.339*	*45.000.000*	*9,31%*	*0,00%*
- Assistance technique	86.154.219	112.419.873	84.600.000	114.900.000	84.600.000	114.900.000	84.600.000	132.650.000	84.600.000	114.900.000	84.600.000	114.900.000	-1,80%	2,21%

04 - Emploi et affaires sociales	*28.054.219*	*44.228.411*	*26.500.000*	*41.800.000*	*26.500.000*	*41.800.000*	*26.500.000*	*41.800.000*	*26.500.000*	*41.800.000*	*26.500.000*	*41.800.000*	*-5,54%*	*-5,49%*
13 - Politique régionale	*58.100.000*	*68.191.462*	*58.100.000*	*73.100.000*	*58.100.000*	*73.100.000*	*58.100.000*	*90.850.000*	*58.100.000*	*73.100.000*	*58.100.000*	*73.100.000*	*0,00%*	*7,20%*
- Fonds de cohésion (13 - Politique régionale)	8.155.051.978	5.292.946.559	9.296.634.199	7.282.403.278	9.296.634.199	7.282.403.278	9.296.634.199	7.959.403.278	9.296.634.199	7.282.403.278	9.296.634.199	7.282.403.278	14,00%	37,59%
- Autres actions et programmes (13 - Politique régionale)							9.000.000	9.000.000			13.000.000	11.000.000		
Total 1	57.837.948.720	45.731.716.659	59.603.850.669	45.199.324.666	59.525.540.669	44.478.014.666	59.691.881.669	50.389.658.532	59.525.540.669	44.478.014.666	59.695.881.669	45.999.519.679	3,21%	0,59%
Marge			*96.149.331*		*174.459.331*		*8.118.331*		*174.459.331*		*4.118.331*			
- FEM (04 - Emploi et affaires sociales)	500.000.000	p.m.	500.000.000	p.m.	500.000.000	p.m.	500.000.000	p.m.	500.000.000	p.m.	500.000.000	p.m.		
Grand Total 1	58.337.948.720	45.731.716.659	60.103.850.669	45.199.324.666	60.025.540.669	44.478.014.666	60.191.881.669	50.389.658.532	60.025.540.669	44.478.014.666	60.195.881.669	45.999.519.679	3,18%	0,59%
2. CONSERVATION ET GESTION DES RESSOURCES NATURELLES														
- Dépenses de marché et aides directes, dont :	41.006.490.000	40.889.550.500	42.860.252.000	42.814.219.000	42.480.252.000	42.434.219.000	43.737.502.000	43.688.869.000	41.125.356.325	41.081.823.325	41.131.356.325	41.083.823.325	0,30%	0,48%
- Marchés agricoles (05 - Agriculture et développement rural)	*40.562.340.000*	*40.568.450.500*	*42.516.077.000*	*42.515.644.000*	*42.136.077.000*	*42.135.644.000*	*43.384.827.000*	*43.384.394.000*	*40.781.181.325*	*40.780.748.325*	*40.781.181.325*	*40.780.748.325*	*0,54%*	*0,52%*
- Marchés de la pêche (11 - Affaires maritimes et pêche)	*32.500.000*	*31.500.000*	*29.500.000*	*29.500.000*	*29.500.000*	*29.500.000*	*29.500.000*	*29.500.000*	*29.500.000*	*32.000.000*	*29.500.000*	*32.000.000*	*-9,23%*	*1,59%*
- Santé des animaux et domaine phytosanitaire (17 - Santé et ...)	*411.650.000*	*289.600.000*	*314.675.000*	*269.075.000*	*314.675.000*	*269.075.000*	*323.175.000*	*274.975.000*	*314.675.000*	*269.075.000*	*320.675.000*	*271.075.000*	*-22,10%*	*-6,40%*
- Développement rural (05 - Agriculture et développement rural	13.303.108.653	11.382.880.000	13.401.618.209	10.926.100.000	13.401.618.209	10.811.100.000	13.651.618.209	11.709.290.465	13.401.778.209	10.926.260.000	13.651.618.209	10.229.431.205	2,62%	-10,13%
- Fonds européen pour la pêche (11 - Affaires maritimes et pêche)	612.477.885	450.822.736	631.701.477	561.102.000	631.701.477	561.102.000	631.701.477	561.102.000	631.701.477	561.102.000	631.701.477	561.102.000	3,14%	24,46%
- Gouvernance et accords internationaux en matière de pêche (11 - Affaires maritimes et pêche)	317.573.000	282.841.000	298.047.000	269.597.000	298.047.000	269.597.000	300.747.000	277.297.000	298.047.000	269.597.000	300.747.000	274.597.000	-5,30%	-2,91%
- Life+ (07 - Environnement)	266.944.000	155.650.000	287.847.000	216.850.000	287.847.000	216.850.000	317.150.000	348.012.150	287.847.000	216.850.000	317.150.000	348.012.150	18,81%	123,59%
- Autres actions et programmes	14.150.000	15.631.817	6.000.000	6.800.000	6.000.000	6.800.000	48.600.000	43.900.000	6.000.000	6.800.000	48.600.000	28.900.000	243,46%	84,88%
05 - Agriculture et développement rural	*150.000*	*431.817*	*p.m.*	*p.m.*	p.m.	*p.m.*	*1.500.000*	*1.500.000*	*p.m.*	*p.m.*	*1.500.000*	*1.500.000*	*900,00%*	*247,37%*
07 - Environnement	*2.000.000*	*3.200.000*	*p.m.*	*800.000*	p.m.	*800.000*	*33.000.000*	*28.300.000*	*p.m.*	*800.000*	*33.000.000*	*13.300.000*	*1550,00%*	*315,63%*
11 - Affaires maritimes et pêche	*10.500.000*	*10.500.000*	*6.000.000*	*6.000.000*	*6.000.000*	*6.000.000*	*10.100.000*	*10.100.000*	*6.000.000*	*6.000.000*	*10.100.000*	*10.100.000*	*-3,81%*	*-3,81%*
15 - Éducation et culture	*1.500.000*	*1.500.000*	*p.m.*	*p.m.*	p.m.	*p.m.*	*p.m.*	*p.m.*	*p.m.*	*p.m.*	*p.m.*	*p.m.*		
17 - Santé et protection des consommateurs							*4.000.000*	*4.000.000*			*4.000.000*	*4.000.000*		
- Agences décentralisées	38.972.000	39.712.000	40.264.000	40.264.000	38.154.000	38.154.000	40.264.000	40.264.000	38.154.000	38.154.000	40.264.000	40.264.000	3,32%	1,39%
07 - Environnement	*31.672.000*	*32.412.000*	*34.560.000*	*34.560.000*	*32.490.000*	*32.490.000*	*34.560.000*	*34.560.000*	*32.490.000*	*32.490.000*	*34.560.000*	*34.560.000*	*9,12%*	*6,63%*
11 - Affaires maritimes et pêche	*7.300.000*	*7.300.000*	*5.704.000*	*5.704.000*	*5.664.000*	*5.664.000*	*5.704.000*	*5.704.000*	*5.664.000*	*5.664.000*	*5.704.000*	*5.704.000*	*-21,86%*	*-21,86%*
Total 2	55.559.715.538	53.217.088.053	57.525.729.686	54.834.932.000	57.143.619.686	54.337.822.000	58.727.582.686	56.668.734.615	55.788.884.011	53.100.586.325	56.121.437.011	52.566.129.680	1,01%	-1,22%
Marge			*2.113.270.314*		*2.495.380.314*		*911.417.314*		*3.850.115.989*		*3.517.562.989*			
dont : Dépenses de marché et aides directes			*2.026.548.000*		*2.406.548.000*		*1.149.298.000*		*3.761.443.675*		*3.755.443.675*			
3. CITOYENNETÉ, LIBERTÉ, SÉCURITÉ ET JUSTICE														
- 3a Liberté, sécurité et justice	731.774.000	534.196.000	839.125.000	596.670.000	832.725.000	572.940.000	863.925.000	664.142.000	832.725.000	572.940.000	863.925.000	617.440.000	18,06%	15,58%
Marge			*32.875.000*		*39.275.000*		*8.075.000*		*39.275.000*		*8.075.000*			
- Solidarité et gestion des flux migratoires (18 - Espace de liberté, de sécurité et de justice)	392.500.000	247.590.000	457.800.000	284.700.000	457.590.000	282.050.000	467.590.000	338.442.000	457.590.000	282.050.000	467.590.000	295.890.000	19,13%	19,51%
- Sécurité et protection des libertés (18)	68.330.000	51.550.000	90.150.000	68.350.000	90.150.000	63.200.000	91.920.000	69.550.000	90.150.000	63.200.000	91.920.000	68.350.000	34,52%	32,59%
- Droits fondamentaux et justice (18)	78.670.000	63.196.000	78.850.000	58.870.000	78.560.000	52.580.000	82.090.000	61.400.000	78.560.000	52.580.000	82.090.000	58.450.000	4,35%	-7,51%
- Autres actions et programmes (18)	64.934.000	44.520.000	82.875.000	55.300.000	79.125.000	47.810.000	82.875.000	55.300.000	79.125.000	47.810.000	82.875.000	55.300.000	27,63%	24,21%
- Agences décentralisées (18)	127.340.000	127.340.000	129.450.000	129.450.000	127.300.000	127.300.000	139.450.000	139.450.000	127.300.000	127.300.000	139.450.000	139.450.000	9,51%	9,51%
- 3b Citoyenneté	903.139.642	954.749.648	628.733.000	669.010.000	614.723.000	634.770.000	650.963.000	698.565.000	614.723.000	634.770.000	650.963.000	678.960.000	-27,92%	-28,89%
Marge			*22.267.000*		*36.277.000*		*37.000*		*36.277.000*		*37.000*			
- Programme dans le domaine de la santé publique et de la protection des consommateurs (17 - Santé et protection des consommateurs)	71.800.000	60.900.000	75.310.000	79.810.000	74.870.000	76.570.000	76.870.000	82.250.000	74.870.000	76.570.000	76.870.000	80.570.000	7,06%	32,30%
- Culture 2007-2013 (15 - Éducation et culture)	46.809.000	54.870.000	51.962.000	45.236.000	51.872.000	45.146.000	53.872.000	47.146.000	51.872.000	45.146.000	53.872.000	46.646.000	15,09%	-14,99%
- Jeunesse en action (15 - Éducation et culture)	121.763.000	119.581.000	121.906.000	121.800.000	121.886.000	120.630.000	124.886.000	133.280.000	121.886.000	120.630.000	124.886.000	121.780.000	2,56%	1,84%
- Media 2007 (09 - Société de l'information et médias)	104.180.000	102.386.000	108.100.000	95.770.000	107.880.000	93.130.000	107.940.000	95.610.000	107.880.000	93.130.000	107.940.000	95.610.000	3,61%	-6,62%
- L'Europe des citoyens	31.454.000	28.754.335	28.474.000	26.954.000	28.414.000	23.664.000	31.414.000	29.894.000	28.414.000	23.664.000	31.414.000	26.894.000	-0,13%	-6,47%
04 - Emploi et affaires sociales	*680.000*	*680.000*	*680.000*	*680.000*	*680.000*	*680.000*	*680.000*	*680.000*	*680.000*	*680.000*	*680.000*	*680.000*	*0,00%*	*0,00%*
15 - Éducation et culture	*30.774.000*	*28.074.335*	*27.794.000*	*26.274.000*	*27.734.000*	*22.984.000*	*30.734.000*	*29.214.000*	*27.734.000*	*22.984.000*	*30.734.000*	*26.214.000*	*-0,13%*	*-6,63%*
- Instrument financier pour la protection civile (07 - Environnement)	20.700.000	20.100.000	19.200.000	17.500.000	17.830.000	11.840.000	19.090.000	18.815.000	17.830.000	11.840.000	19.090.000	17.390.000	-7,78%	-13,48%
- Actions de communication (16 - Communication)	94.130.000	84.750.000	90.570.000	89.990.000	88.370.000	81.370.000	96.500.000	93.790.000	88.370.000	81.370.000	96.500.000	93.790.000	2,52%	10,67%
- Fonds de solidarité de l'UE (13 - Politique régionale)	280.796.642	280.796.642	p.m.	p.m.	p.m.	p.m.	p.m.	p.m.	p.m.	p.m.	p.m.	p.m.		
- Autres actions et programmes	28.907.000	100.011.671	14.411.000	70.550.000	12.591.000	68.810.000	21.591.000	76.380.000	12.591.000	68.810.000	21.591.000	74.880.000	-25,31%	-25,13%
07 - Environnement	*7.500.000*	*6.000.000*	*p.m.*	*2.500.000*	*p.m.*	*2.500.000*	*p.m.*	*800.000*	*p.m.*	*2.500.000*	*p.m.*	*800.000*		*-86,67%*
09 - Société de l'information et médias	-	*p.m.*	-	*p.m.*	-	*p.m.*	-	*p.m.*	-	*p.m.*	-	*p.m.*		
15 - Éducation et culture	*21.407.000*	*20.675.857*	*14.411.000*	*17.301.000*	*12.591.000*	*15.831.000*	*20.091.000*	*23.331.000*	*12.591.000*	*15.831.000*	*20.091.000*	*21.831.000*	*-6,15%*	*5,59%*
16 - Communication	*p.m.*						*1.500.000*	*1.500.000*			*1.500.000*	*1.500.000*		
17 - Santé et protection des consommateurs	*p.m.*	*546.814*	*p.m.*	*547.000*	p.m.	*277.000*	*p.m.*	*547.000*	p.m.	*277.000*	*p.m.*	*547.000*		*0,03%*
22 - Élargissement	*p.m.*	*72.789.000*	-	*50.202.000*	-	*50.202.000*	-	*50.202.000*	-	*50.202.000*	-	*50.202.000*		*-31,03%*
- Agences décentralisées (17 - Santé et ...)	102.600.000	102.600.000	118.800.000	121.400.000	111.010.000	113.610.000	118.800.000	121.400.000	111.010.000	113.610.000	118.800.000	121.400.000	15,79%	18,32%

4. L'UE ACTEUR MONDIAL														
- Instrument de préadhésion (IPA)	1.440.233.000	2.716.813.400	1.480.000.000	2.234.640.000	1.518.103.000	2.175.888.850	1.521.103.000	2.332.057.485	1.498.103.000	2.175.888.850	1.521.103.000	2.304.762.979	5,62%	-15,17%
04 - Emploi et affaires sociales	*74.100.000*	*18.900.000*	*78.800.000*	*65.900.000*	*74.800.000*	*38.700.000*	*78.800.000*	*71.155.000*	*74.800.000*	*38.700.000*	*78.800.000*	*68.790.250*	*6,34%*	*263,97%*
05 - Agriculture et développement rural	*85.800.000*	*315.500.000*	*121.700.000*	*279.100.000*	*121.700.000*	*279.100.000*	*121.700.000*	*341.025.000*	*121.700.000*	*279.100.000*	*121.700.000*	*341.025.000*	*41,84%*	*8,09%*
06 - Énergie et transports			*2.940.000*	*2.940.000*	*2.940.000*	*2.940.000*	*2.940.000*	*2.940.000*	*2.940.000*	*2.940.000*	*2.940.000*	*2.940.000*		
13 - Politique régionale	*237.550.000*	*773.850.000*	*291.610.765*	*421.795.000*	*284.610.765*	*421.795.000*	*291.610.765*	*440.679.977*	*284.610.765*	*421.795.000*	*291.610.765*	*421.795.000*	*22,76%*	*-45,49%*
22 - Élargissement	*1.042.783.000*	*1.608.563.400*	*984.949.235*	*1.464.905.000*	*1.034.052.235*	*1.433.353.850*	*1.026.052.235*	*1.476.257.508*	*1.014.052.235*	*1.433.353.850*	*1.026.052.235*	*1.470.212.729*	*-1,60%*	*-8,60%*
- Instrument européen de voisinage et de partenariat (IEVP) (19 - Relations extérieures)	1.562.619.000	1.197.513.000	1.480.977.000	1.172.795.000	1.580.977.000	1.172.795.000	1.621.450.000	1.543.067.900	1.617.950.000	1.350.768.000	1.621.450.000	1.352.768.000	3,76%	12,96%
- Instrument de coopération au développement (ICD)	2.253.190.000	1.988.372.000	2.365.023.000	2.008.632.000	2.355.439.160	1.961.808.160	2.377.086.160	2.093.762.010	2.354.606.160	1.960.975.160	2.377.086.160	2.030.364.210	5,50%	2,11%
06 - Énergie et transports	*-*	*2.800.000*	*-*	*2.300.000*	*-*	*2.300.000*	*-*	*2.300.000*	*-*	*2.300.000*	*-*	*2.300.000*		*-17,86%*
07 - Environnement	*250.000*	*3.450.000*	*p.m.*	*2.500.000*	*p.m.*	*2.500.000*	*p.m.*	*2.500.000*	*p.m.*	*2.500.000*	*p.m.*	*2.500.000*		*-27,54%*
19 - Relations extérieures	*1.269.963.000*	*1.134.206.000*	*1.300.215.000*	*1.161.684.000*	*1.297.185.960*	*1.137.434.960*	*1.298.352.960*	*1.223.019.760*	*1.296.352.960*	*1.136.601.960*	*1.298.352.960*	*1.159.621.960*	*2,24%*	*2,24%*
21 - Développement et relations avec les États d'Afrique, des Caraïbes et du Pacifique (ACP)	*982.977.000*	*847.916.000*	*1.064.808.000*	*842.148.000*	*1.058.253.200*	*819.573.200*	*1.078.733.200*	*865.949.250*	*1.058.253.200*	*819.573.200*	*1.078.733.200*	*865.942.250*	*9,74%*	*2,13%*
- Instrument de stabilité (19 - Relations extérieures)	180.596.000	115.025.000	258.083.000	186.150.269	258.083.000	176.150.269	258.083.000	186.150.269	188.083.000	176.150.269	188.083.000	186.150.269	4,15%	61,83%
- Aide humanitaire (23 - Aide humanitaire)	751.271.000	754.271.000	777.051.000	777.051.000	777.051.000	777.051.000	777.051.000	777.051.000	777.051.000	777.051.000	777.051.000	777.051.000	3,43%	3,02%
- Assistance macroéconomique (01 - Affaires économiques et financières)	152.000.000	112.000.000	99.000.000	110.000.000	99.000.000	110.000.000	99.000.000	110.000.000	99.000.000	110.000.000	99.000.000	110.000.000	-34,87%	-1,79%
- Politique étrangère et de sécurité commune (PESC) (19 - Relations extérieures)	285.250.000	179.720.000	242.900.000	234.150.000	242.900.000	234.150.000	242.900.000	234.150.000	242.900.000	234.150.000	242.900.000	234.150.000	-14,85%	30,29%
- Provisionnement du Fonds de garantie (01 - Affaires économiques et financières)	p.m.	p.m.	92.460.000	92.460.000	92.460.000	92.460.000	92.460.000	92.460.000	92.460.000	92.460.000	92.460.000	92.460.000		
- Instrument pour les pays industrialisés (19 - Relations extérieures)	25.170.000	20.300.000	25.490.000	19.080.000	23.490.000	15.280.000	25.287.000	18.877.000	23.287.000	15.077.000	25.287.000	18.877.000	0,46%	-7,01%
- Instrument pour la démocratie et les droits de l'homme (IEDDH) (19 - Relations extérieures)	147.211.000	172.789.000	152.362.000	148.887.000	151.361.200	147.886.200	157.361.200	147.886.200	151.361.200	147.886.200	157.361.200	147.886.200	6,90%	-14,41%
- Instrument de coopération dans le domaine de la sécurité nucléaire (INSC) (19 - Relations extérieures)	72.523.000	78.268.000	73.973.000	66.290.000	73.973.000	66.290.000	73.973.000	66.290.000	73.973.000	66.290.000	73.973.000	66.290.000	2,00%	-15,30%
- Autres actions et programmes	183.953.000	234.855.000	134.341.000	270.549.500	124.091.000	243.800.900	179.404.000	296.637.500	617.154.000	696.863.900	669.404.000	744.637.500	263,90%	217,06%
01 - Affaires économiques et financières	*p.m.*	*2.025.000*	*p.m.*	*1.012.500*	*p.m.*	*1.012.500*	*p.m.*	*1.012.500*	*p.m.*	*1.012.500*	*p.m.*	*1.012.500*		*-50,00%*
05 - Agriculture et développement rural	*6.230.000*	*6.230.000*	*6.260.000*	*6.260.000*	*6.260.000*	*6.260.000*	*6.260.000*	*6.260.000*	*6.260.000*	*6.260.000*	*6.260.000*	*6.260.000*	*0,48%*	*0,48%*
07 - Environnement	*4.412.000*	*7.800.000*	*3.250.000*	*4.250.000*	*3.250.000*	*4.250.000*	*4.250.000*	*4.250.000*	*3.250.000*	*4.250.000*	*4.250.000*	*4.250.000*	*-3,67%*	*-45,51%*
09 - Société de l'information et médias	*2.000.000*	*2.000.000*	*p.m.*	*800.000*	*p.m.*	*800.000*	*5.000.000*	*5.000.000*	*p.m.*	*800.000*	*5.000.000*	*5.000.000*	*150,00%*	*150,00%*
13 - Politique régionale	*p.m.*	*p.m.*	*p.m.*	*p.m.*	*p.m.*	*p.m.*	*p.m.*	*p.m.*	*p.m.*	*p.m.*	*p.m.*	*p.m.*		
14 - Fiscalité et union douanière	*1.200.000*	*1.900.000*	*1.700.000*	*2.000.000*	*1.700.000*	*2.000.000*	*1.700.000*	*2.000.000*	*1.700.000*	*2.000.000*	*1.700.000*	*2.000.000*	*41,67%*	*5,26%*
15 - Éducation et culture	*7.423.000*	*6.270.000*	*8.797.000*	*6.955.000*	*7.797.000*	*6.025.000*	*8.797.000*	*6.955.000*	*7.797.000*	*6.025.000*	*8.797.000*	*6.955.000*	*18,51%*	*10,93%*
17 - Santé et protection des consommateurs	*600.000*	*600.000*	*276.000*	*276.000*	*276.000*	*276.000*	*276.000*	*276.000*	*276.000*	*276.000*	*276.000*	*276.000*	*-54,00%*	*-54,00%*
19 - Relations extérieures	*52.085.000*	*49.185.000*	*40.231.000*	*42.580.000*	*36.231.000*	*39.780.000*	*64.294.000*	*57.223.000*	*39.294.000*	*42.843.000*	*64.294.000*	*57.223.000*	*23,44%*	*16,34%*
20 - Commerce	*16.144.000*	*14.900.000*	*15.437.000*	*14.900.000*	*12.187.000*	*10.650.000*	*14.437.000*	*12.900.000*	*12.187.000*	*10.650.000*	*14.437.000*	*12.900.000*	*-10,57%*	*-13,42%*
21 - Développement et relations avec les États ACP	*88.859.000*	*85.445.000*	*53.390.000*	*98.890.000*	*51.390.000*	*98.435.000*	*67.390.000*	*106.135.000*	*541.390.000*	*548.435.000*	*557.390.000*	*556.135.000*	*527,27%*	*550,87%*
22 - Élargissement	*5.000.000*	*58.500.000*	*5.000.000*	*92.626.000*	*5.000.000*	*74.312.400*	*7.000.000*	*94.626.000*	*5.000.000*	*74.312.400*	*7.000.000*	*92.626.000*	*40,00%*	*58,34%*
- Agences décentralisées	17.984.000	37.984.000	14.772.000	14.772.000	13.242.000	13.242.000	14.772.000	14.772.000	13.242.000	13.242.000	14.772.000	14.772.000	-17,86%	-61,11%
15 - Éducation et culture	*17.984.000*	*17.984.000*	*14.772.000*	*14.772.000*	*13.242.000*	*13.242.000*	*14.772.000*	*14.772.000*	*13.242.000*	*13.242.000*	*14.772.000*	*14.772.000*	*-17,86%*	*-17,86%*
22 - Élargissement	*p.m.*	*20.000.000*					*p.m.*	*-*	*-*	*-*	*-*	*-*		
Total 4	7.072.000.000	7.607.910.400	7.196.432.000	7.335.456.769	7.310.170.360	7.186.802.379	7.439.930.360	7.913.161.364	7.749.170.360	7.816.802.379	7.859.930.360	8.080.169.158	11,14%	6,21%
Marge			*243.568.000*		*129.829.640*		*69.640*		*-309.170.360*		*-419.930.360*			
							[Hors amendement astérisque]		*[+110 829 640 et 420 millions]*		*[+69 640 et 420 millions par le biais de l'instrument de flexibilité]*			
- Réserve pour aides d'urgence (40 - Réserves)	479.218.000	239.218.000	244.000.000	244.000.000	244.000.000	p.m.	244.000.000	244.000.000	244.000.000	p.m.	244.000.000	244.000.000	-49,08%	2,00%
Grand Total 4	7.551.218.000	7.847.128.400	7.440.432.000	7.579.456.769	7.554.170.360	7.186.802.379	7.683.930.360	8.157.161.364	7.993.170.360	7.816.802.379	8.103.930.360	8.324.169.158	7,32%	6,08%
5. ADMINISTRATION														
- Commission (hors pensions)	3.410.705.220	3.411.265.220	3.561.145.000	3.561.145.000	3.480.812.898	3.480.812.898	3.568.945.000	3.568.945.000	3.480.812.898	3.480.812.898	3.568.945.000	3.568.945.000	4,64%	4,62%
- Pensions (toutes institutions)	1.050.769.000	1.050.769.000	1.135.090.000	1.135.090.000	1.135.090.000	1.135.090.000	1.135.090.000	1.135.090.000	1.135.090.000	1.135.090.000	1.135.090.000	1.135.090.000	8,02%	8,02%
- Écoles européennes	144.209.836	144.209.836	148.541.807	148.541.807	148.541.807	148.541.807	148.541.807	148.541.807	148.541.807	148.541.807	148.541.807	148.541.807	3,00%	3,00%
Total Commission (y compris pensions) (S III)	4.605.684.056	4.606.244.056	4.844.776.807	4.844.776.807	4.764.444.705	4.764.444.705	4.852.576.807	4.852.576.807	4.764.444.705	4.764.444.705	4.852.576.807	4.852.576.807	5,36%	5,35%
- Parlement européen (Section I)	1.452.517.167	1.452.517.167	1.530.840.023	1.530.840.023	1.530.840.023	1.530.840.023	1.529.970.929	1.529.970.929	1.529.970.929	1.529.970.929	1.529.970.929	1.529.970.929	5,33%	5,33%
- Conseil (Section II)	594.715.268	594.715.268	612.822.000	612.822.000	602.852.000	602.852.000	602.852.000	602.852.000	602.852.000	602.852.000	602.852.000	602.852.000	1,37%	1,37%
- Cour de justice (Section IV)	294.077.591	294.077.591	317.701.000	317.701.000	312.784.433	312.784.433	314.954.433	314.954.433	312.784.433	312.784.433	314.954.433	314.954.433	7,10%	7,10%
- Cour des comptes (Section V)	132.769.183	132.769.183	134.094.000	134.094.000	132.309.000	132.309.000	187.644.296	187.644.296	132.309.000	132.309.000	187.644.296	187.644.296	41,33%	41,33%
- Comité économique et social (Section VI)	114.425.914	114.425.914	121.419.200	121.419.200	118.443.957	118.443.957	120.710.809	120.710.809	118.443.957	118.443.957	120.710.809	120.710.809	5,49%	5,49%
- Comité des régions (Section VII)	71.204.491	71.204.491	77.744.965	77.744.965	75.771.721	75.771.721	76.451.720	76.451.720	75.771.721	75.771.721	76.451.720	76.451.720	7,37%	7,37%
- Médiateur européen (Section VIII)	8.505.770	8.505.770	9.012.000	9.012.000	8.828.747	8.828.747	8.906.880	8.906.880	8.828.747	8.828.747	8.906.880	8.906.880	4,72%	4,72%
(Section IX)	5.307.753	5.307.753	6.845.987	6.845.987	6.591.700	6.591.700	6.663.026	6.663.026	6.591.700	6.591.700	6.663.026	6.663.026	25,53%	25,53%
Total autres institutions	2.673.523.137	2.673.523.137	2.810.479.175	2.810.479.175	2.788.421.581	2.788.421.581	2.848.154.093	2.848.154.093	2.787.552.487	2.787.552.487	2.848.154.093	2.848.154.093	6,53%	6,53%
Total 5	7.279.207.193	7.279.767.193	7.655.255.982	7.655.255.982	7.552.866.286	7.552.866.286	7.700.730.900	7.700.730.900	7.551.997.192	7.551.997.192	7.700.730.900	7.700.730.900	5,79%	5,78%
Marge			*121.744.018*		*224.133.714*		*76.269.100*		*225.002.808*		*76.269.100*			
6. COMPENSATIONS														
- Compensations	206.636.292	206.636.292	209.112.912	209.112.912	209.112.912	209.112.912	209.112.912	209.112.912	209.112.912	209.112.912	209.112.912	209.112.912	1,20%	1,20%
Total 6	206.636.292	206.636.292	209.112.912	209.112.912	209.112.912	209.112.912	209.112.912	209.112.912	209.112.912	209.112.912	209.112.912	209.112.912	1,20%	1,20%
Marge			*887.088*		*887.088*		*887.088*		*887.088*		*887.088*			
Total général	130.569.639.385	115.771.282.245	134.402.239.249	116.743.762.329	133.932.757.913	114.972.328.243	136.028.126.527	124.488.105.323	133.016.153.144	114.364.223.474	133.845.980.852	116.096.062.329	2,51%	0,28%
Marge			*2.630.760.751*	*7.436.237.671*	*3.100.242.087*	*8.963.671.757*	*1.004.873.473*	*-308.105.323*	*4.016.846.856*	*9.571.776.526*	*3.607.019.148*	*8.083.937.671*		
							[Hors amendement astérisque etc.]							
dont dépenses obligatoires	42.509.175.666	42.430.668.666	44.533.914.612	44.515.927.112	44.153.914.612	44.135.927.112	45.405.844.612	45.387.257.112	42.799.698.937	42.784.211.437	42.799.698.937	42.784.211.437	0,68%	0,83%
dont dépenses non obligatoires	88.060.463.719	73.340.613.579	89.868.324.637	72.227.835.217	89.778.843.301	70.836.401.131	90.622.281.915	79.100.848.211	90.216.454.207	71.580.012.037	91.046.281.915	73.311.850.892	3,39%	-0,04%
Crédits pour engagements et paiements en % du RNB	1,04%	0,92%	1,04%	0,90%	1,03%	0,89%	1,05%	0,96%	1,02%	0,88%	1,03%	0,89%		

RELEVÉ DES CONCLUSIONS DE LA RÉUNION DE CONCERTATION DU 21 NOVEMBRE 2008[1]

Le Parlement européen, le Conseil et la Commission sont d'accord pour :

- accepter l'avant-projet de budget rectificatif n° 10/2008 tel que modifié par la Commission, et y inclure les aspects budgétaires concernant le financement de la facilité alimentaire en 2008, tels qu'ils ressortent de la déclaration commune sur le financement de la facilité alimentaire ;

- accepter l'avant-projet de budget rectificatif n° 11/2008 comme l'a proposé la Commission ;

- accepter la lettre rectificative n° 2/2009, comme l'a proposée la Commission, à l'exclusion de la création du nouveau poste relatif au programme en faveur de la consommation de fruits à l'école, et d'y inclure les aspects budgétaires concernant le financement de la facilité alimentaire en 2009, tels qu'ils ressortent de la déclaration commune sur le financement de la facilité alimentaire ;

- accepter la lettre rectificative n° 3/2009, comme l'a proposée la Commission ;

- fixer le montant total des crédits de paiement (en chiffres absolus) pour le budget 2009 à 116 096 millions d'euros, y compris les crédits de paiement affectés au financement de la facilité alimentaire ;

- adopter une déclaration commune sur le *financement de la facilité alimentaire* (voir *infra*) ;

- adopter une déclaration commune sur la *coordination de l'aide communautaire (facilité alimentaire et Fonds européen de développement)* (voir *infra*) ;

- adopter une déclaration commune sur *l'amélioration de la visibilité de l'aide communautaire* (voir *infra*) ;

- adopter une déclaration sur la *mise en œuvre de la politique de cohésion* (voir *infra*) ;

- adopter une déclaration commune sur la *création d'un groupe de travail interinstitutionnel sur les agences* (voir *infra*) ;

- adopter une déclaration commune sur les *crédits de paiement* (voir *infra*) ;

- inscrire au procès-verbal de la réunion de concertation les déclarations du Parlement européen sur l'*évaluation de la rubrique 4* et sur *les paiements et la mise en œuvre de la politique de cohésion* (voir *infra*), et

- inscrire au procès-verbal de la réunion de concertation la déclaration unilatérale de la Commission sur l'*évaluation de la rubrique 4* (voir *infra*).

---

[1] Doc. *Conseil 16257/08 BUDGET 45* du 27 novembre 2008, pp. 2/8.

Déclaration commune sur le financement d'une facilité de réponse rapide à la flambée des prix alimentaires dans les pays en développement

"Le Parlement européen et le Conseil :

- ont pris note de la proposition de la Commission[2] portant établissement d'une facilité de *réponse rapide à la flambée des prix alimentaires dans les pays en développement* (ci-après dénommée "facilité alimentaire") ;

- ont pris note de la demande de 1 milliard d'euros en faveur de la facilité alimentaire faite par la Commission, et

- sont convenus de financer la facilité alimentaire sur une période de trois ans au titre de la rubrique *4* du cadre financier pluriannuel.

Le Parlement européen, le Conseil et la Commission conviennent de financer la facilité alimentaire de la manière suivante :

- le montant total de 1 milliard d'euros disponible en engagements pour la facilité alimentaire sera ventilé comme suit : 262 millions d'euros en 2008, 568 millions d'euros en 2009 et 170 millions d'euros en 2010.

*

* *

- 240 millions d'euros en crédits d'engagement seront redéployés au sein de la rubrique *4* à partir de l'instrument de stabilité (article *19 06 01 01*), dont 70 millions d'euros en 2009. En ce qui concerne les redéploiements en 2010, la Commission est invitée à présenter une programmation financière révisée afin d'assurer une évolution ordonnée des montants prévus pour la période 2010-2013 tout en laissant inchangé le niveau annuel de la marge.

La crise des prix des denrées alimentaires est une nouvelle circonstance objective, aux termes du point 37 de l'accord interinstitutionnel, qui justifie le redéploiement à partir d'un instrument de crise non programmé.

- 420 millions d'euros en crédits d'engagement seront rendus disponibles par la mobilisation de l'instrument de flexibilité pour le budget 2009.

- 340 millions d'euros en crédits d'engagement seront rendus disponibles au moyen de la réserve pour aides d'urgence de la manière suivante :

- 22 millions d'euros des crédits encore disponibles dans le budget 2008 ;
- 78 millions d'euros des crédits inscrits au budget de l'exercice 2009, et
- 240 millions d'euros par une augmentation ponctuelle du montant de la réserve pour aides d'urgence à inscrire au budget en 2008.

*

* *

[2] Doc. *COM(2008) 450* du 18 juillet 2008.

- La Commission proposera une modification de l'accord interinstitutionnel sur la discipline budgétaire et la bonne gestion financière du 17 mai 2006 en ce qui concerne le point 25 afin de prévoir le financement supplémentaire nécessaire pour la facilité alimentaire proposée.

L'augmentation ponctuelle des crédits d'engagement pour la réserve pour aides d'urgence pour l'exercice 2008 sera officialisée par une décision commune des trois institutions portant modification de l'accord interinstitutionnel du 17 mai 2006.

- L'autorité budgétaire intégrera les modifications nécessaires dans les budgets 2008 et 2009. Pour 2008, un montant supplémentaire de 240 millions d'euros en engagements sera inscrit au budget pour la réserve pour aides d'urgence et la ligne budgétaire de la facilité alimentaire sera insérée. Pour 2009, un montant de 490 millions d'euros en engagements et de 450 millions d'euros en paiements sera inscrit au budget pour la facilité alimentaire. La ligne budgétaire de l'instrument de stabilité (ligne *19 06 01 01*) sera réduite de 70 millions d'euros en engagements pour l'exercice 2009 et passera ainsi à 134,769 millions d'euros.

- La Commission présentera les demandes correspondantes de virements de la réserve pour aides d'urgence en 2008 et en 2009.

- Les redéploiements convenus pour 2010 à l'intérieur de la rubrique *4* seront intégrés par la Commission dans la programmation financière 2010-2013, qui doit être présentée en janvier 2009 conformément au point 46 de l'accord interinstitutionnel du 17 mai 2006.

- L'échéancier des paiements pour la facilité alimentaire devrait être de 450 millions d'euros en 2009, 350 millions d'euros en 2010 et 200 millions d'euros en 2011 et les années suivantes, sous réserve de l'autorisation de l'autorité budgétaire lors de chaque procédure budgétaire annuelle.

*
* *

Le Parlement européen, le Conseil et la Commission conviennent de modifier, dans ce cas exceptionnel et seulement pour l'exercice 2008, le point 25 de l'accord interinstitutionnel du 17 mai 2006 afin de porter le montant de la réserve pour aides d'urgence à 479,218 millions d'euros pour 2008. Ils affirment que cette modification ponctuelle du point 25 de l'accord interinstitutionnel ne créera en aucune manière un précédent.

*
* *

Les trois institutions conviennent que la modification de l'accord interinstitutionnel du 17 mai 2006 en ce qui concerne la réserve pour aides d'urgence prendra la forme de l'ajout de la phrase ci-après à la fin du premier alinéa du point 25 dudit accord :

"Ce montant est exceptionnellement porté à 479,218 millions d'euros pour l'année 2008 en prix courants."

*
* *

L'accord contenu dans la présente déclaration commune se traduira dans le règlement du Parlement européen et du Conseil concernant la facilité alimentaire par une modification des parties pertinentes où il est fait mention des implications budgétaires, en vue de finaliser le texte en première lecture. La Commission apportera l'aide technique appropriée."

Déclarations

1. Coordination de l'aide communautaire (Facilité alimentaire et FED)

"Le Parlement européen, le Conseil et la Commission réaffirment l'importance que revêt la cohérence dans le domaine de l'aide au développement, en particulier en ce qui concerne l'utilisation des fonds.

Compte tenu du fait que les pays ACP pourraient bénéficier de l'aide de l'UE provenant tant du budget général de l'Union européenne que du Fonds européen de développement, les trois institutions déclarent que, lors de la mise en œuvre de la facilité de réponse rapide à la flambée des prix alimentaires dans les pays en développement (ci-après dénommée "facilité alimentaire"), il convient d'accorder une attention particulière à la coordination de l'aide provenant de ces diverses sources afin d'obtenir la meilleure synergie et les meilleurs résultats.

Dans ce contexte, les pays partenaires ACP concernés devraient également être encouragés à adapter, si nécessaire, les objectifs et priorités de leur programmation concernant la future coopération dans le cadre du Fonds européen de développement, en veillant à la cohérence et à la complémentarité avec les objectifs prévus par la facilité alimentaire.

La Commission est invitée à présenter une liste de programmes financés par le FED, où pourraient figurer des éléments ayant trait à la sécurité alimentaire."

2. Améliorer la visibilité de l'aide communautaire

"Le Parlement européen et le Conseil insistent sur le fait que la visibilité de l'aide communautaire dans les pays tiers constitue une préoccupation légitime pour l'Union européenne et devrait être pleinement prise en compte en ce qui concerne les enveloppes financières accordées dans un cadre pluriannuel. L'objectif étant que l'action extérieure de l'UE continue de bénéficier du soutien de la population et du monde politique, ils invitent la Commission à présenter, en même temps que l'avant-projet de budget pour 2010, un rapport comprenant une liste des initiatives prises afin d'améliorer la visibilité de l'aide extérieure de l'UE sans en compromettre l'efficacité, notamment lorsqu'elle est mise en œuvre par l'intermédiaire d'organisations internationales."

3. Mise en œuvre de la politique de cohésion

"Sans préjuger des propositions que doit présenter prochainement la Commission dans le contexte de la récession économique, le Parlement européen, le Conseil et la Commission :

- considèrent que, eu égard aux défis posés par la récession économique actuelle, une accélération de la mise en œuvre des fonds structurels et de cohésion, dans la limite des plafonds fixés dans le cadre financier pluriannuel arrêté pour la période 2007-2013, pourrait avoir un effet bénéfique sur l'économie ;

- considèrent que, aux termes du cadre de contrôle établi, les paiements intermédiaires ne peuvent être effectués tant que les systèmes de gestion et de contrôle des États membres n'ont pas été jugés conformes aux exigences et, pour ce qui est des grands projets, tant que ces derniers n'ont pas été adoptés par la Commission, et

- encouragent les États membres à présenter la description de leurs systèmes de gestion et de contrôle et les évaluations de conformité dans les plus brefs délais afin que la Commission puisse entamer rapidement son analyse.

Dans ce cadre, le Parlement européen et le Conseil :

- invitent la Commission à prendre les mesures nécessaires, dans le cadre juridique existant, pour évaluer rapidement les aspects les plus importants des systèmes de gestion et de contrôle afin que les paiements intermédiaires puissent commencer ;

- invitent la Commission à accélérer l'examen des demandes concernant les grands projets, de façon à faciliter leur mise en route et les paiements intermédiaires associés ;

- invitent la Commission à coopérer étroitement avec les États membres afin de parvenir rapidement à un accord sur tous les aspects de la conformité des systèmes de gestion et de contrôle ;

- se félicitent des informations que la Commission fournit régulièrement à l'autorité budgétaire sous la forme des tableaux récapitulatifs actualisés sur les systèmes de gestion et de contrôle et les grands projets ;

- invitent la Commission à soumettre à l'autorité budgétaire un rapport mensuel relatif à l'approbation des systèmes de gestion et de contrôle et des grands projets, ainsi qu'au niveau d'exécution des paiements intermédiaires pour chaque État membre ;

- invitent la Commission à présenter, en même temps que l'avant-projet de budget, un rapport d'exécution aux fins de la procédure budgétaire et de la procédure de décharge, et

- invitent la Cour des comptes et l'autorité de décharge à tenir compte de cette question, ainsi que du caractère pluriannuel de l'activité de contrôle de la Commission, lors de leur évaluation de la gestion des fonds de l'UE.

Le Parlement européen est conscient que des améliorations structurelles et des mesures de simplification sont nécessaires pour éviter une sous-exécution récurrente et pour faire en sorte que les crédits de paiement évoluent de manière ordonnée par rapport aux crédits d'engagement, comme cela a été rappelé dans les rapports de la Cour des comptes."

4. Agences

"Le Parlement européen et le Conseil ont approuvé la proposition de la Commission visant à la création d'un groupe de travail interinstitutionnel sur les agences et demandent que la première réunion de ce groupe ait lieu le plus rapidement possible."

5. Crédits de paiement

"Le Parlement européen et le Conseil demandent à la Commission de présenter un budget rectificatif si les crédits inscrits au budget 2009 s'avéraient insuffisants pour couvrir les dépenses relevant de la sous-rubrique

1a (*Compétitivité pour la croissance et l'emploi*), de la sous-rubrique *1b* (*Cohésion pour la croissance et l'emploi*), étant donné que cela pourrait être justifié dans le cadre juridique actuel à la lumière d'une possible accélération de la mise en œuvre de mesures structurelles, de la rubrique *2* (*Conservation et gestion des ressources naturelles*) et de la rubrique *4* (*L'UE acteur mondial*).

À cet égard, le Parlement européen et le Conseil examineront le financement approprié de toute nouvelle initiative que la Commission pourrait proposer, en particulier en ce qui concerne la crise économique."

A. Déclarations du Parlement européen

1. Évaluation de la rubrique *4*

"Le Parlement européen demande à la Commission de présenter, dans le cadre de l'examen du budget, une évaluation de la situation de la rubrique *4*, afin d'examiner et de réviser le rôle de l'UE en tant que partenaire mondial dans un cadre pluriannuel."

2. Paiements et mise en œuvre de la politique de cohésion

"Le Parlement européen exprime sa très grande préoccupation face au niveau extrêmement bas des paiements, bien en dessous de ce que prévoit le cadre financier pluriannuel, qui ne correspond pas aux véritables défis que doit relever l'Union européenne en situation de crise économique.

Plus particulièrement, il fait part de sa vive préoccupation quant au niveau tout à fait insuffisant d'exécution des crédits alloués à la politique de cohésion, qui constitue pourtant l'une des politiques fondamentales de l'Union européenne.

Il appelle la Commission, ainsi que les États membres qui sont chargés d'exécuter ces crédits, d'adopter toutes les mesures possibles pour assurer leur exécution adéquate."

B. Déclaration de la Commission

Évaluation de la rubrique *4*

"Eu égard à l'absence de marge sous le plafond de la rubrique *4* en 2009, la Commission est consciente que les moyens de répondre à des crises imprévues sont très limités et elle s'engage en conséquence à présenter à l'autorité budgétaire, dans le courant de l'année 2009, une évaluation de la situation concernant la rubrique *4*, accompagnée si nécessaire de propositions pertinentes, tenant compte de l'évolution politique et de l'exécution budgétaire."

LES AGENCES DÉCENTRALISÉES, LES AGENCES EXÉCUTIVES ET LES ENTREPRISES COMMUNES DANS LE BUDGET GÉNÉRAL POUR 2009

A. Agences décentralisées

Traité CE :

Centre européen pour le développement de la formation professionnelle (Thessalonique[1]) [1975[2], 1977[3]]
JO L 39 du 13.2.1975, p. 1 et dernière modification au JO L 355 du 1.12.2004, p. 1

Fondation européenne pour l'amélioration des conditions de vie et de travail (Dublin) [1975, 1975]
JO L 139 du 30.5.1975, p. 1 et dernière modification au JO L 184 du 15.7.2005, p. 1

Fondation européenne pour la formation (Turin) [1990, 1994]
JO L 354 du 31.12.2008, p. 82 (refonte)

Agence européenne pour l'environnement (Copenhague) [1990, 1994]
JO L 126 du 21.5.2009, p. 13 (version codifiée)

Agence européenne des médicaments (Londres) [1993, 1994]
JO L 214 du 24.8.1993, p. 1 et dernière modification au JO L 324 du 10.12.2007, p. 121

Observatoire européen des drogues et des toxicomanies (Lisbonne) [1993, 1995]
JO L 376 du 27.12.2006, p. 1 (refonte)

Office de l'harmonisation dans le marché intérieur (Alicante) [1993, 1995]
JO L 78 du 24.3.2009, p. 1 (version codifiée)

Agence européenne pour la sécurité et la santé au travail (Bilbao) [1994, 1996]
JO L 216 du 20.8.1994, p. 1 et dernière modification au JO L 184, 15.7.2005, p. 5

Centre de traduction des organes de l'Union européenne (Luxembourg) [1994, 1995]
JO L 314 du 7.12.1994, p. 1 et dernière modification au JO L 245 du 29.9.2003, p. 13

Office communautaire des variétés végétales (Angers) [1995]
JO L 227 du 1.9.1994, p. 1 et dernière modification au JO L 8 du 11.1.2008, p. 2

Agence des droits fondamentaux de l'Union européenne[4] (Vienne) [1997, 1998 ; 2007]
JO L 53 du 22.2.2007, p. 1

Autorité européenne de sécurité des aliments (Parme) [2002, 2003]
JO L 31 du 1.2.2002, p. 1 et dernière modification au JO L 188 du 18.7.2009, p. 63

Agence européenne de la sécurité aérienne (Cologne) [2002, 2003]
JO L 79 du 19.3.2008, p. 1 et dernière modification au JO L 309 du 24.11.2009, p. 51

---

[1] Siège.
[2] Année de création.
[3] Première année d'autonomie financière.
[4] Jusqu'au 1er mars 2007 : *Observatoire européen des phénomènes racistes et xénophobes.*

Agence européenne pour la sécurité maritime (Lisbonne) [2002, 2003]
JO L 208 du 5.8.2002, p. 1 et dernière modification au JO L 394 du 30.12.2006, p. 1 et rectificatif au JO L 30 du 3.2.2007, p. 11

Agence ferroviaire européenne (Lille-Valenciennes) [2004, 2005]
JO L 164 du 30.4.2004, p. 1 (avec un rectificatif au JO L 220 du 21.6.2004, p. 3) et dernière modification au JO L 354 du 31.12.2008, p. 51

Agence européenne chargée de la sécurité des réseaux et de l'information (Heraklion) [2004, 2005]
JO L 77 du 13.3.2004, p. 1 et modification au JO L 293 du 31.10.2008, p. 1

Agence européenne pour la gestion de la coopération opérationnelle aux frontières extérieures (Varsovie) [2005, 2006]
JO L 349 du 25.11.2004, p. 1 et dernière modification au JO L 199 du 31.7.2007, p. 30

Autorité européenne de surveillance GNSS[5] [Bruxelles[6]] [2005, 2006]
JO L 246 du 20.7.2004, p. 1 et dernière modification au JO L 367 du 22.12.2006, p. 18

Centre européen de prévention et de contrôle des maladies (Stockholm) [2005]
JO L 142 du 30.4.2004, p. 1

Agence communautaire de contrôle des pêches (Vigo) [2005]
JO L 128 du 21.5.2005, p. 1 et dernière modification au JO L 343 du 22.12.2009, p. 1

Agence européenne des produits chimiques (Helsinki) [2007]
JO L 396 du 30.12.2006, p. 1 et dernière modification au JO L 46 du 17.2.2009, p. 3

Institut européen pour l'égalité entre les hommes et les femmes (Vilnius) [2007]
JO L 403 du 30.12.2006, p. 9

- Nouvelle agence en voie d'établissement :

Agence de coopération des régulateurs de l'énergie (Ljubljana)
JO L 211 du 14.8.2009, p. 1

- Cas particulier[7] :

Institut européen d'innovation et de technologie (Budapest) [2008]
JO L 97 du 9.4.2008, p. 1

Traité sur l'Union européenne[8] :

Eurojust (La Haye) [2002]
JO L 63 du 6.3.2002, p. 1 et dernière modification au JO L 138, 4.6.2009, p. 14

---

[5] *Global Navigation Satellite System.*
[6] Implantation provisoire.
[7] Voir Tome I, pp. 187/193.
[8] Ces agences ont été établies sur la base du troisième pilier du traité sur l'Union européenne.

Collège européen de police (Bramshill) [2005]
JO L 256 du 1.10.2005, p. 63

- Cas particulier[9] :

Office européen de police (La Haye) [1985 ; 2009]
JO L 121 du 15.5.2009, p. 37

Lignes budgétaires concernant les subventions pour les agences décentralisées dans le budget général pour 2009

Agence	Domaine politique	Article ou poste	(A)	(B)
Agence européenne des médicaments	*02 (Entreprises)*	*02 03 02*[10]	3	*1a*
Agence européenne des produits chimiques	*02 (Entreprises)*	*02 03 03*	2	*1a*
Institut européen pour l'égalité entre les hommes et les femmes	*04 (Emploi et ...)*	*04 04 02*	2	*1a*
Fondation européenne	*04 (Emploi et ...)*	*04 04 03*	2	*1a*
Agence européenne pour la sécurité et la santé au travail	*04 (Emploi et ...)*	*04 04 04*	2	*1a*
Agence européenne de la sécurité aérienne	*06 (Énergie et transports)*	*06 02 01*	2	*1a*
Agence européenne pour la sécurité maritime	*06 (Énergie et transports)*	*06 02 02*	3	*1a*
Agence ferroviaire européenne	*06 (Énergie et transports)*	*06 02 08*	2	*1a*
Autorité européenne de surveillance GNSS	*06 (Énergie et transports)*	*06 02 09*	2	*1a*
Agence de coopération des régulateurs de l'énergie	*06 (Énergie et transports)*	*06 04 10*[11]	2	*1a*
Agence européenne pour l'environnement	*07 (Environnement)*	*07 03 09*	2	*2*
Institut européen d'innovation et de technologie	*08 (Recherche)*	*08 24 01* *08 24 02*	0 0	*5* *1a*
Agence européenne chargée de	*09 (Société de l'information ...)*	*09 02 03*	2	*1a*

[9] Europol ne sera financé par le budget général qu'à partir de 2010. Le budget général pour 2009 ne contient que des coûts de transition (voir pages 31 et 91).
[10] Financé en partie par des contributions versées par les entreprises (l'Agence européenne des médicaments à partir de 2010).
[11] "P.m." (nouvelle agence en voie d'établissement).

la sécurité des réseaux				
Agence communautaire de contrôle des pêches	*11 (Pêche et affaires ...)*	*11 08 05*	2	*2*
Office de l'harmonisation dans le marché intérieur	*12 (Marché intérieur)*	*12 03 01*[12]	2	*1a*
Centre européen pour le développement de la formation	*15 (Éducation et culture)*	*15 02 25*	2	*1a*
Fondation européenne pour la formation	*15 (Éducation et culture)*	*15 02 27*	2	*4*
Centre européen de prévention et de contrôle des maladies	*17 (Santé et protection ...)*	*17 03 03*	2	*3b*
Autorité européenne de sécurité des aliments	*17 (Santé et protection ...)*	*17 03 07*	2	*3b*
Office communautaire des variétés végétales	*17 (Santé et protection ...)*	*17 04 05*[13]	2	*2*
Agence européenne pour la gestion de la coopération aux frontières	*18 (Espace de liberté ...)*	*18 02 03*	2	*3a*
Agence des droits fondamentaux de l'Union européenne	*18 (Espace de liberté ...)*	*18 04 05*	2	*3a*
Office européen de police	*18 (Espace de liberté ...)*	*18 05 02 03*[14]	-	*3a*
Collège européen de police	*18 (Espace de liberté ...)*	*18 05 05*	2	*3a*
Eurojust	*18 (Espace de liberté ...)*	*18 06 04*	2	*3a*
Observatoire européen des drogues et des toxicomanies	*18 (Espace de liberté ...)*	*18 07 01*	2	*3a*
Centre de traduction des organes de l'Union européenne	*31 (Services linguistiques)*	*31 01 09*[12]	2	*5*

(A) Nombre d'articles
(B) Rubrique ou sous-rubrique du cadre financier

B. Agences exécutives[15]

Agence exécutive pour la compétitivité et l'innovation (Bruxelles[16]) [1.1.2004-31.12.2015[17]]
JO L 140, 1.6.2007, p. 52

[12] "P.m." (agence "autofinancée").
[13] Tiret (agence "autofinancée").
[14] Coûts de transition uniquement. Le poste *18 05 02 03* a été créé par le BR n° 8/2009 (voir page 91). Dans le budget général pour 2010, la subvention pour Europol est inscrite à l'article *18 05 02* (voir page 134).
[15] Les agences exécutives sont traitées plus en détail page 88.
[16] Implantation.
[17] Période.

Agence exécutive du Conseil européen de la recherche (Bruxelles) [1.1.2008-31.12.2017]
JO L 9, 12.1.2008, p. 15

Agence exécutive pour la recherche (Bruxelles) [1.1.2008-31.12.2017]
JO L 11, 15.1.2008, p. 9

Agence exécutive pour la santé et les consommateurs (Luxembourg) [1.1.2005-31.12.2015]
JO L 173, 3.7.2008, p. 27

Agence exécutive du réseau transeuropéen de transport (Bruxelles) [1.11.2006-31.12.2015]
JO L 190, 18.7.2008, p. 35

Agence exécutive "Éducation, audiovisuel et culture" (Bruxelles) [1.1.2005-31.12.2015]
JO L 269, 10.10.2008, p. 11

Lignes budgétaires concernant les agences exécutives dans le budget général pour 2009

Agence	**Domaine politique**	**Poste**	**(A)**	**(B)**
Agence exécutive pour la compétitivité et l'innovation	*02 (Entreprises)*	*02 01 04 30*		*la*
	06 (Énergie et transports)	*06 01 04 30*		*la*
	06 (Énergie et transports)	*06 01 04 32*	3	*la*
Agence exécutive du réseau transeuropéen de transport	*06 (Énergie et transports)*	*06 01 04 31*	1	*la*
Agence exécutive du Conseil européen de la recherche	*08 (Recherche)*	*08 01 04 30*	1	*la*
Agence exécutive pour la recherche	*08 (Recherche)*	*08 01 04 31*	1	*la*
Agence exécutive "Éducation, audiovisuel et culture"	*09 (Société de l'information ...)*	*09 01 04 30*		*3b*
	15 (Éducation et culture)	*15 01 04 30*		*la*
	15 (Éducation et culture)	*15 01 04 31*		*3b*
	15 (Éducation et culture)	*15 01 04 32*		*4*
	19 (Relations extérieures)	*19 01 04 30*		*4*
	22 (Élargissement)	*22 01 04 30*	6	*4*
Agence exécutive pour la santé et les consommateurs	*17 (Santé et protection ...)*	*17 01 04 30*		*3b*
	17 (Santé et protection ...)	*17 01 04 31*	2	*2*

(A) Nombre de postes
(B) Rubrique ou sous-rubrique du cadre financier

C. Entreprises communes[18]

Traité CE :

Entreprise commune Clean Sky (Bruxelles[19]) [jusqu'au 31.12.2017[20]]
JO L 30 du 4.2.2008, p. 1

Entreprise commune ENIAC (Bruxelles) [jusqu'au 31.12.2017]
JO L 30 du 4.2.2008, p. 21 et rectificatif au JO L 219, 14.8.2008, p. 73

Entreprise commune IMI (Bruxelles) [jusqu'au 31.12.2017]
JO L 30 du 4.2.2008, p. 38

Entreprise commune Artemis (Bruxelles) [jusqu'au 31.12.2017]
JO L 30 du 4.2.2008, p. 52 et rectificatif au JO L 219, 14.8.2008, p. 74

Entreprise commune "Piles à combustible et Hydrogène" (Bruxelles) [jusqu'au 31.12.2017]
JO L 153 du 12.6.2008, p. 1

Entreprise commune SESAR (Bruxelles) [jusqu'au 31.12.2016]
JO L 352 du 31.12.2008, p. 12

Traité Euratom :

Entreprise commune pour ITER et le développement de l'énergie de fusion *(Fusion for Energy - F4E)* (Barcelone) (jusqu'au 19.4.2042)
JO L 90 du 30.3.2007, p. 58

Lignes budgétaires concernant les entreprises communes dans le budget général pour 2009

Entreprise commune	**Domaine politique**	**Ligne budgétaire**	**(A)**	**(B)**
Entreprise commune SESAR	*06 (Énergie et transports)*	*06 03 05*		*1a*
		06 06 02 03	2	*1a*
Entreprise commune pour ITER	*08 (Recherche)*	*08 01 04 40*		*1a*
		08 20 02	2	*1a*
Entreprise commune PCH	*08 (Recherche)*	*06 06 01 01*		*1a*
		06 06 01 02		*1a*
		08 01 04 41		*1a*
		08 04 02		*1a*
		08 05 02		*1a*
		08 06 02		*1a*
		08 07 04	7	*1a*

[18] Les entreprises communes sont traitées plus en détail page 88.
[19] Implantation.
[20] Période.

Entreprise commune IMI	*08 (Recherche)*	*08 02 02*		*1a*
		08 02 03	2	*1a*
Entreprise commune Clean Sky	*08 (Recherche)*	*08 07 02*		*1a*
		08 07 03	2	*1a*
Entreprise commune Artemis	*09 (Société de l'information...)*	*09 04 01 02*		*1a*
		09 04 01 03	2	*1a*
Entreprise commune ENIAC	*09 (Société de l'information...)*	*09 04 01 04*		*1a*
		09 04 01 05	2	*1a*

(A) Nombre de lignes budgétaires (articles ou postes)
(B) Sous-rubrique du cadre financier

AGENCES NON FINANCÉES PAR LE BUDGET GÉNÉRAL[21]

Agences établies sur la base du deuxième pilier du traité sur l'Union européenne :

Centre satellitaire de l'Union européenne (Torrejón) [2001]
JO L 200 du 25.7.2001, p. 5

Institut d'études de sécurité de l'Union européenne (Paris) [2001]
JO L 200 du 25.7.2001, p. 1

Agence européenne de défense (Bruxelles) [2004]
JO L 245 du 17.7.2004, p. 17

---

[21] Ces agences sont financées de manière intergouvernementale.

LES AGENCES EXÉCUTIVES EN 2009

Nom	Période	Totalement opérationnel à partir de	Décision de la Commission	Date	Implantation	JO L
Ag. exécutive pour la compétitivité et l'innovation	1.1.2004-31.12.2015	janvier 2006	2007/372/CE*	31.5.2007	Bruxelles	140 du 1.6.2007, pp. 52/54
Ag. exécutive du Conseil européen de la recherche	1.1.2008-31.12.2017	fin 2009	2008/37/CE	14.12.2007	Bruxelles	9 du 12.1.2008, pp. 15/17
Ag. exécutive pour la recherche	1.1.2008-31.12.2017	juin 2009	2008/46/CE	14.12.2007	Bruxelles	11 du 15.1.2008, pp. 9/11
Ag. exécutive pour la santé et les consommateurs	1.1.2005-31.12.2015	janvier 2007	2008/544/CE**	20.6.2008	Luxembourg	173 du 3.7.2008, pp. 27/29
Ag. exécutive du réseau transeuropéen de transport	1.11.2006-31.12.2015	avril 2008	2008/593/CE***	11.7.2008	Bruxelles	190 du 18.7.2008, pp. 35/36
Ag. exécutive "Éducation, audiovisuel et culture"	1.1.2005-31.12.2015	juillet 2006	2009/336/CE** **	20.4.2009	Bruxelles	101 du 21.4.2009, pp. 26/30

** Modification de la décision de la Commission 2004/20/CE du 23.12.2003 instituant l'Agence exécutive pour l'énergie intelligente (JO L 5 du 9.1.2004, pp. 85/86)*

*** Modification de la décision de la Commission 2004/858/CE du 15.12.2004 instituant l'Agence exécutive pour le programme de santé publique (JO L 369 du 16.12.2004, pp. 73/75)*

**** Modification de la décision de la Commission 2007/60/CE du 26.10.2006 instituant l'Agence exécutive (JO L 32 du 6.2.2007, pp. 88/90)*

*** ** Modification de la décision de la Commission 2005/56/CE du 14.1.2005 instituant l'Agence exécutive (JO L 24 du 27.1.2005, pp. 35/38) et de ses modifications 2007/114/CE du 8.2.2007 (JO L 49 du 17.2.2007, pp. 21/24), 2008/629/CE du 12.6.2008 (JO L 205 du 1.8.2008, pp. 47/48) et 2008/785/CE du 9.10.2008 (JO L 269 du 10.10.2008, pp. 11/13)*

LES ENTREPRISES COMMUNES EN 2009

Nom	Période	Acte de base	Date	Implantation	JO L
Traité CE :					
Entreprise commune Clean Sky*	Jusqu'au 31.12.2017	Règlement (CE) n° 71/2008 du Conseil	20.12.2007	Bruxelles	30 du 4.2.2008, pp. 1/20
Entreprise commune ENIAC**	Jusqu'au 31.12.2017	Règlement (CE) n° 72/2008 du Conseil	20.12.2007	Bruxelles	30 du 4.2.2008, pp. 21/37 219 du 14.8.2008, p. 73
Entreprise commune IMI***	Jusqu'au 31.12.2017	Règlement (CE) n° 73/2008 du Conseil	20.12.2007	Bruxelles	30 du 4.2.2008, pp. 38/51
Entreprise commune Artemis** **	Jusqu'au 31.12.2017	Règlement (CE) n° 74/2008 du Conseil	20.12.2007	Bruxelles	30 du 4.2.2008, pp. 52/68 219 du 14.8.2008, p. 74
Entreprise commune "Piles à combustible et Hydrogène" (PCH)	Jusqu'au 31.12.2017	Règlement (CE) n° 521/2008 du Conseil	30.5.2008	Bruxelles	153 du 12.6.2008, pp. 1/20
Entreprise commune SESAR** ** *	8 ans après plan directeur ou jusqu'au 31.12.2016	Règl. (CE) n° 1361/2008 du Conseil *(1)*	16.12.2008	Bruxelles	352 du 31.12.2008, pp. 12/17
Traité Euratom :					
Entreprise commune pour ITER** ** ** et le développement de l'énergie de fusion *(Fusion for Energy - F4E)*	Jusqu'au 19.4.2042	Décision du Conseil 2007/198/Euratom	27.3.2007	Barcelone	90 du 30.3.2007, pp. 58/72

** Mise au point de technologies de transport aérien propres*

*** Plate-forme technologique européenne sur la nanoélectronique*

**** Initiative technologique conjointe en matière de médicaments innovants*

*** ** Initiative technologique conjointe sur les systèmes informatiques embarqués*

*** ** * Système européen de nouvelle génération pour la gestion du trafic aérien*

*** ** ** Réacteur thermonucléaire expérimental international*

(1) Modification du règlement (CE) n° 219/2007 du Conseil du 27 février 2007 (JO L 64 du 2.3.2007, pp. 1/11)

DEUXIÈME PARTIE

LE BUDGET GÉNÉRAL POUR 2010 – UNE ANNÉE DE RELANCE ÉCONOMIQUE AU NIVEAU EUROPÉEN

La procédure budgétaire pour 2010 est à "mi-parcours" du cadre financier pour la période 2007-2013, annexé à l'accord interinstitutionnel du 17 mai 2006 sur la discipline budgétaire et la bonne gestion financière. Elle a été surtout marquée par la crise économique à laquelle ont été confrontés les États membres de l'Union européenne depuis 2008[1].

Cette crise a notamment conduit l'Union européenne à adopter un plan européen pour la relance économique[2] *(ci-après : le "plan européen de relance"). Afin de financer ce plan s'élevant à cinq milliards d'euros, l'autorité budgétaire a révisé deux fois en 2009 le cadre financier pour 2007-2013, le 6 mai 2009, pour le financement de la "première partie" du plan européen de relance en 2009*[3]*, et le 17 décembre 2009, pour le financement intégral de sa "deuxième partie" en 2010*[4]*. Une telle double révision d'un cadre financier pluriannuel au cours d'une même année est très rare.*

Il convient également de souligner que la procédure budgétaire pour 2010 s'est déroulée dans le contexte de l'élection d'un nouveau Parlement européen, dont la première session s'est tenue du 14 au 16 juillet 2009.

Enfin, la procédure budgétaire pour 2010 est la dernière procédure qui se soit déroulée – jusqu'à la deuxième lecture du Conseil en novembre 2009 – selon les dispositions budgétaires du traité de Nice, la procédure budgétaire pour 2011 relevant dans son entièreté des nouvelles règles du traité de Lisbonne, qui est entré en vigueur le 1er décembre 2009.

I. – Introduction

Le budget général de l'Union européenne pour l'exercice 2010, arrêté le 17 décembre 2009, s'élève à 141 453 millions d'euros en crédits pour engagements (+3,6 % par rapport au budget général pour 2009[5]) et à 122 937 millions d'euros en crédits pour paiements (+8,8 %)[6]. Ceci représente 1,20 % et 1,04 % respectivement du revenu national brut estimé de l'Union européenne. Les marges laissées sous les plafonds du CF sont de 549 millions d'euros en crédits pour engagements[7] et de 11 681 millions d'euros en crédits pour paiements[8].

Il convient de relever que le Parlement européen a effectué sa "deuxième lecture" du projet de budget et que le président du Parlement a constaté l'arrêt définitif du budget général pour 2010 selon les règles du traité de Lisbonne, le nouveau traité étant entré en vigueur le 1er décembre 2009 (voir chapitre III). À ce titre, le président du Parlement européen a rappelé, lors de la session plénière du PE le 17 décembre 2009, la déclaration commune sur la continuité

---

[1] Le Conseil européen des 18 et 19 juin 2009 a considéré que les États membres ont été confrontés en 2008 et 2009 à la "*récession la plus profonde qu'ait connue le monde depuis la deuxième guerre mondiale*" (doc. *Conseil 11225/2/09 REV 2 CONCL 2* du 10 juillet 2009, p. 1).
[2] Doc. *SEC(2008) 800 final*.
[3] JO L 132 du 29.5.2009, pp. 8/9.
[4] JO L 347 du 24.12.2009, pp. 26/27.
[5] Budgets rectificatifs n° 1-10/2009 compris (voir chapitre II).
[6] Le budget général pour 2010 est présenté par rubriques du cadre financier (en crédits d'engagement et de paiement) dans l'Annexe I (pages 150-151). Les différentes étapes chiffrées de la procédure budgétaire pour 2010 sont présentées dans l'Annexe II (pages 152-154).
[7] La marge est calculée en tenant compte de la mobilisation de l'instrument de flexibilité afin de financer en 2010, pour un montant total de 195 millions d'euros, le plan européen de relance et le démantèlement de la centrale nucléaire de Kozloduy en Bulgarie (voir chapitre III).
[8] Le budget général de l'Union européenne pour l'exercice 2010 a été publié au JO L 64 du 12.3.2010, pp. 1/1718, avec deux rectificatifs publiés aux JO L 78 du 24.3.2010, p. 289 (concernant la section I – Parlement européen) et L 206 du 6.8.2010, p.21 (section III – Commission).

Tableau 19. Les budgets rectificatifs adoptés en 2009

Section III – Commission – sauf indication contraire, en millions d'euros

APBR		PBR		Budget rectificatif			Dépenses		Remarques
N:o	*Date*	*N:o*	*Date*	*N:o*	*Date*	*JO L*	*c/e*	*c/p*	
1/09	23.1.	*1/09*	26.2.	**1/09**	11.3.	99 du 17.4.2009, pp. 1/13	11,8	0	Fonds de solidarité (Roumanie)
2/09	2.2.	*2/09*	26.2.	**2/09**	22.4.	157 du 19.6.2009, pp. 1/19	0	0	Tableau des effectifs de l'entreprise commune SESAR, de l'ECDC et de l'ERA
3/09	6.3.	*3/09*	30.3.	**3/09**	22.4.	157 du 19.6.2009, pp. 21/66	-	-	Entrée en vigueur de la nouvelle décision "ressources propres"
4/09	8.4.	*4/09*	27.4.	**4/09**	6.5.	174 du 3.7.2009, pp. 1/41	2 600	76,2	Financement de la "première partie" du plan européen de relance
5/09	15.4.	*5/09*	27.4.	**5/09**	6.5.	174 du 3.7.2009, pp. 43/64	-	-	Inscription du solde définitif (article 15, paragraphe 3 du RF)
6/09	18.6.	*6/09*	13.7.	**6/09**	15.9.	293 du 10.11.2009, pp. 1/34	-	-	Actualisation des montants des ressources propres etc.
7/09	22.6.	*7/09*	7.9.	**7/09**	15.9.	293 du 10.11.2009, pp. 35/60	109,4	109,4	Fonds de solidarité (France)
8/09	3.7.	*8/09*	7.9.	**8/09**	15.9.	293 du 10.11.2009, pp. 61/83	51,6	0	Fièvre catarrhale, Eurojust, Europol, réacteur à haut flux, tableau des effectifs d'OLAF
9/09	28.8.	*9/09*	9.10.	**9/09**	20.10.	326 du 11.12.2009, pp. 1/42	493,8	0	Fonds de solidarité (Italie)
10/09	27.10.*	*10/09*	20.11.	**10/09**	16.12.	78 du 24.3.2010, pp. 1/288	-536,5	-3 246,2	Réductions de crédits de paiement et financement de la "deuxième partie" du plan européen de relance *(Sections II, III, VI et VII)*

** Actualisation par lettre du 11 novembre 2009*

de la procédure budgétaire pour 2010, agréée par le Parlement européen, le Conseil et la Commission le 18 novembre 2009[9] (voir chapitre III).

Avant d'aborder différents aspects de la procédure budgétaire pour 2010 (chapitre III), il convient de présenter brièvement l'environnement budgétaire en 2009 (chapitre II).

II. – L'environnement budgétaire en 2009

1. Dix budgets rectificatifs

Les budgets rectificatifs adoptés en 2009 sont présentés, avec leur montant, dans le tableau 19 cidessus[10].

Le *BR n° 1/2009* traite de l'intervention du Fonds de solidarité de l'Union européenne[11], pour un montant de 11,8 millions d'euros en crédits d'engagement et de paiement, suite aux graves inondations survenues en Roumanie en 2008 (voir page 93).

Le *BR n° 2/2009* traite :

- de l'inclusion dans le budget général pour 2009 du tableau des effectifs de l'entreprise commune SESAR[12], suite à une modification de sa base légale[13] ;

- des modifications des tableaux des effectifs du Centre européen pour la prévention et le contrôle des maladies (ECDC) et de l'Agence ferroviaire européenne (ERA), et

- des modifications apportées à certains commentaires budgétaires.

Le *BR n° 3/2009* est lié à l'inscription dans le budget général pour 2009 des effets de la nouvelle dé-

---

[9] Selon la déclaration commune sur la continuité de la procédure budgétaire pour 2010 agréée lors de la réunion de concertation du 18 novembre 2009 : "*Le Parlement européen, le Conseil et la Commission constatent que, jusqu'à la date du 30 novembre 2009, la procédure budgétaire relative au budget 2010 s'est déroulée sous le traité de Nice.*

Avec l'entrée en vigueur du traité de Lisbonne, le 1er décembre 2009, cette procédure s'achèvera conformément à l'article 314, paragraphe 9 résultant de ce traité par la constatation du président du Parlement européen que le budget est définitivement adopté.

Les trois institutions considèrent la procédure budgétaire comme un continuum *sous les deux traités susmentionnés ; elles conviennent dès lors que les étapes de procédure achevées sous le traité de Nice constituent des étapes de procédure achevées au sens de l'article 314 résultant du traité de Lisbonne.*

Dans l'esprit d'une telle transition, les trois institutions considèrent que l'accord auquel le Parlement européen et le Conseil sont parvenus, déjà lors de la réunion de concertation du 18 novembre 2009, suivi de la deuxième lecture du Conseil, sur les budgets 2009 et 2010, ainsi que le résultat de la deuxième lecture du Parlement européen, peuvent être considérés comme étant, en substance, un accord portant sur un "projet commun de budget" au sens de l'article 314 du traité sur le fonctionnement de l'Union européenne (TFUE), en pleine conformité avec le cadre financier pluriannuel".

[10] Un tiret dans la colonne "dépenses" du tableau 19 indique que le budget rectificatif ne concerne que la partie "recettes" du budget général.

[11] Il convient de rappeler à ce titre le contenu de la déclaration commune sur le Fonds de solidarité de l'UE, adoptée lors de la réunion de concertation du 17 juillet 2008 (voir pages 19 et 32).

[12] *Single European Sky Air Traffic Management (ATM) Research*, c'est-à-dire l'entreprise commune s'occupant du projet de recherche sur la gestion du trafic aérien dans le ciel unique européen. Le Conseil a approuvé le plan directeur de SESAR le 30 mars 2009 (JO L 95 du 9.4.2009, p. 41).

[13] JO L 352 du 31.12.2008, pp. 12/17 (voir page 86).

cision "ressources propres" du 7 juin 2007, qui est entrée en vigueur le 1er mars 2009 (voir page 95).

Le *BR n° 4/2009* traite, conformément aux conclusions du trilogue du 2 avril 2009 (voir chapitre III), du financement en 2009, dans le contexte du plan européen de relance, de projets énergétiques et de mesures liées à l'Internet à haut débit ainsi qu'au bilan de santé de la politique agricole commune (PAC).

Le *BR n° 5/2009* traite, conformément à l'article 15, paragraphe 3 du règlement financier, de la budgétisation du solde définitif de l'année antérieure. L'excédent pour 2008 s'élève à 1,8 milliard d'euros[14].

Le *BR n° 6/2009* traite de la révision des prévisions relatives aux ressources propres traditionnelles (RPT) et aux assiettes TVA (taxe sur la valeur ajoutée) et RNB (revenu national brut), telle qu'adoptée lors de la réunion du comité consultatif des ressources propres (CCRP) du 12 mai 2009, de la révision du financement des réductions brutes appliquées aux versements RNB de la Suède et des Pays-Bas en 2009, ainsi que de la budgétisation du premier ajustement de la correction britannique de 2008 et du montant définitif de la correction de 2005 et de leur financement.

Le *BR n° 7/2009* est lié à l'intervention du Fonds de solidarité de l'UE, pour un montant de 109,4 millions d'euros en crédits d'engagement et de paiement, suite aux dégâts causés par la tempête "Klaus" en France en 2008 (voir page 93).

Le *BR n° 8/2009* traite :

- de l'inscription de 49,34 millions d'euros supplémentaires en crédits d'engagement en faveur des programmes d'éradication de la fièvre catarrhale du mouton (poste *17 04 01 01*) ;

- de l'inscription de 3,9 millions d'euros en crédits d'engagement et de paiement[15] supplémentaires pour Eurojust (article *18 06 04*), afin de renforcer les capacités administratives et opérationnelles de l'agence ;

- de l'inscription de 1,25 million d'euros en crédits d'engagement et de paiement[16] pour l'Office européen de police (Europol) au nouveau poste *18 05 02 03*, afin de couvrir les coûts de transition suite à la décision 2009/371/JAI du Conseil du 6 avril 2009 portant création de l'Europol[17] ;

- de la création d'une structure d'accueil pour le financement, en 2009, du réacteur à haut flux (*High Flux Reactor* HFR) du centre commun de recherche (CCR) de Petten, aux Pays-Bas[18] (nouveau poste *10 04 04 02*, doté d'un "p.m."), et

- de la modification du tableau des effectifs de l'Office européen de lutte antifraude (OLAF).

---

[14] L'excédent pour 2008 se compose comme suit : enregistrement plus important que budgétisé de recettes (+5 614 millions d'euros), exécution des crédits de paiement (-3 320 millions d'euros) et solde négatif des échanges monétaires (-498 millions d'euros). L'excédent pour 2007 s'élevait à 1,5 milliard d'euros (voir pages 18 et 336).

[15] Ces montants proviennent des recettes affectées (1,6 millions d'euros) et de l'article *18 06 07* (*Justice civile*).

[16] Ces montants proviennent de l'article *18 05 09* (*Prévenir et combattre la criminalité*).

[17] JO L 121 du 15.5.2009, pp. 37/66. La décision 2009/371/JAI du Conseil transforme Europol d'agence financée de manière intergouvernementale en agence décentralisée "classique" de l'Union européenne, financée par le budget général à partir du 1er janvier 2010 (voir chapitre III).

Les coûts transitoires sont couverts par l'article 60, paragraphe 5 de la décision comme suit : "*Une partie des coûts de transition supportés par Europol pour se préparer au nouveau cadre financier pendant l'année qui précède le premier exercice budgétaire suivant la date d'application de la présente décision est financée par le budget général de l'Union européenne. Ces coûts peuvent être financés sous la forme d'une subvention communautaire*".

Les coûts transitoires d'Europol en 2009 ont été discutés lors d'un trilogue organisé le 1er septembre 2009 (voir chapitre III).

[18] Suite à la décision du Conseil 2009/410/Euratom, 25 mai 2009, concernant l'adoption d'un programme complémentaire de recherche à mettre en œuvre par le Centre commun de recherche pour le compte de la Communauté européenne de l'énergie atomique du (JO L 132 du 29.5.2009, pp. 13/15).

Le *BR nº 9/2009* est lié à l'intervention du Fonds de solidarité de l'Union européenne, pour un montant de 493,8 millions d'euros en crédits d'engagement et de paiement, suite au tremblement de terre en avril 2009 dans les Abruzzes en Italie (voir page 93).

Le *BR nº 10/2009*[19], adopté conformément aux conclusions de la réunion de concertation du 18 novembre 2009 (voir chapitre III et page 126), est lié à :

- la mise à jour des données sur les ressources propres, conformément aux dernières informations disponibles[20] ;

- une réduction des crédits d'engagement dans le budget général pour 2009, pour un montant total de 536,5 millions d'euros[21], contribuant au financement de la "deuxième partie" du plan européen de relance (voir chapitre III), et

- une réduction des crédits de paiement dans le budget général pour 2009, pour un montant total de 3 246,2 millions d'euros[22], contribuant notamment à diminuer l'excédent pour 2009[23].

Il convient de relever que tous les budgets rectificatifs ont été adoptés en 2009 en "une seule lecture", c'est-à-dire que le Conseil et Parlement européen ont pu accepter les avant-projets de budgets rectificatifs tels que proposés par la Commission, le BR nº 10/2009 étant néanmoins une exception, car il a été établi conformément à l'accord politique obtenu lors de la réunion de concertation du 18 novembre 2009 (voir chapitre III).

2. Trois appels à la réserve pour aides d'urgence

La réserve pour aides d'urgence a été mobilisée trois fois en 2009, pour un montant total de 188 millions d'euros en crédits d'engagement et de 15 millions d'euros en crédits de paiement.

La première mobilisation, intervenue en avril 2009 pour un montant de 78 millions d'euros en crédits d'engagement, était destinée à financer la facilité de réponse rapide à la flambée des prix alimentaires dans les pays en développement[24] (la "facilité alimentaire" ; article *21 02 03*), conformément aux conclusions de la réunion de concertation du 21 novembre 2008[25].

La deuxième mobilisation, pour un montant de 65 millions d'euros en crédits d'engagement, a été effectuée en juillet 2009 dans le cadre d'une aide humanitaire et alimentaire au Pakistan et à la Somalie[26]. Cette mobilisation a été présentée par la Commission lors du trilogue du 7 juillet 2009 (voir chapitre III).

---

[19] La Commission a adopté son avant-projet de BR le 27 octobre 2009. Par lettre du 11 novembre 2009, elle a présenté une réduction supplémentaire de 135 millions d'euros des crédits du FEAGA (rubrique *2 – Conservation et gestion des ressources naturelles* – du CF, six lignes budgétaires au total), afin de contribuer au financement intégral de la "deuxième partie" du plan européen de relance en 2010 (voir chapitre III). La lettre propose également de diminuer les crédits de paiement pour le développement rural de 300 millions d'euros par rapport à l'APBR suite aux nouvelles données concernant la mise en œuvre.

[20] Ce qui conduit à une hausse des prévisions de recettes de 241,6 millions d'euros.

[21] Dont -438,9 millions d'euros pour la rubrique *2* (*Conservation et gestion des ressources naturelles*) et -97,5 millions d'euros pour la rubrique *5* (*Administration*) du CF.

Les réductions de la rubrique *2* concernent des lignes budgétaires relevant du développement rural (-249,8 millions d'euros), du changement climatique (-20 millions d'euros), des affaires maritimes et de la pêche (-34,1 millions d'euros) et du FEAGA (-135 millions d'euros).

Les réductions de la rubrique *5* concernent les sections II – Conseil (-40 millions d'euros), III – Commission (-55 millions d'euros), VI – Comité économique et social européen (-2 millions d'euros) et VII – Comité des régions (-0,5 million d'euros).

[22] Ces crédit relèvent de la sous-rubrique *1a* (*Compétitivité pour la croissance et l'emploi* ; -505,4 millions d'euros) et des rubriques *2* (*Conservation et gestion des ressources naturelles* ; -2 399,5 millions d'euros), *4* (*L'UE acteur mondial* ; -243,8 millions d'euros) et *5* (*Administration* ; -97,5 millions d'euros) du CF.

[23] En conséquence, les contributions des États membres au titre du budget général pour 2009 diminuent de 3 487,8 millions d'euros.

[24] JO L 354 du 31.12.2008, pp. 62/69.

[25] Voir pages 75-78.

[26] 45 millions d'euros au Pakistan (dont 25 millions d'euros d'aide humanitaire et 20 millions d'euros d'aide alimentaire) et 20 millions d'euros d'aide humanitaire à la Somalie.

La troisième mobilisation, pour un montant de 45 millions d'euros en crédits d'engagement et de 15 millions d'euros en crédits de paiement, a été effectuée en novembre 2009, afin de faire face à la crise humanitaire résultant de catastrophes naturelles en Asie du Sud-Est[27] et à la crise alimentaire dans la corne de l'Afrique[28]. Cette mobilisation a été présentée par la Commission lors du trilogue du 15 octobre 2009 (voir chapitre III).

3. Trois appels au Fonds de solidarité de l'Union européenne

Le Fonds de solidarité de l'Union européenne a été mobilisé trois fois en 2009, pour un montant total de 614,9 millions d'euros en crédits d'engagement et de paiement.

La première mobilisation a eu lieu le 11 mars 2009, suite aux catastrophes provoquées par des inondations en juillet 2008 en Roumanie[29]. Elle s'élève à 11,8 millions d'euros en crédits d'engagement et de paiement et a été effectuée par le biais du budget rectificatif n° 1/2009[30] (voir page 90).

La seconde mobilisation a eu lieu le 16 septembre 2009, suite aux dégâts provoqués par la tempête "Klaus" dans le sud-ouest de la France en janvier 2009[31]. Elle s'élève à 109,4 millions d'euros en crédits d'engagement et de paiement et a été effectuée par le biais du budget rectificatif n° 7/2009[32] (voir page 91). Cette mobilisation a été discutée brièvement lors du trilogue du 7 juillet 2009 (voir chapitre III).

La troisième mobilisation a eu lieu le 21 octobre 2009, suite aux dégâts provoqués par le tremblement de terre survenu en avril 2009 dans les Abruzzes en Italie[33]. Elle s'élève à 493,8 millions d'euros en crédits d'engagement et de paiement[34] et a été effectuée par le biais du budget rectificatif n° 9/2009[35] (voir page 92).

Il convient de relever que la Commission a présenté le 23 avril 2009, ensemble avec le rapport annuel pour 2008, un rapport sur l'expérience acquise au cours des six années d'application du Fonds de solidarité de l'Union européenne[36].

4. Cinq appels au Fonds européen d'ajustement à la mondialisation

Le Fonds européen d'ajustement à la mondialisation (FEM) a été mobilisé cinq fois en 2009, pour un montant total de 53 millions d'euros en crédits d'engagement et de paiement.

Le FEM a fait l'objet d'une première mobilisation le 6 mai 2009 suite aux licenciements intervenus dans douze entreprises dans le secteur de l'industrie automobile dans les communautés autonomes d'Aragon et de Castille-León en Espagne[37]. Cette mobilisation s'élève à 2,7 millions d'euros en crédits d'engagement et de paiement. En outre

---

[27] Renforcement de l'article *23 02 01* consacré à l'aide humanitaire à hauteur de 15 millions d'euros en crédits d'engagement et de 5 millions d'euros en crédits de paiement.

[28] Renforcement de l'article *23 02 02* consacré à l'aide alimentaire à hauteur de 30 millions d'euros en crédits d'engagement et de 10 millions d'euros en crédits de paiement.

[29] JO L 98 du 17.4.2009, p. 38.

[30] Le BR n° 1/2009 inscrit les 11,8 millions d'euros en crédits d'engagement à l'article *13 06 01* (*Fonds de solidarité de l'Union européenne – États membres*). Les crédits de paiement proviennent de l'article *13 03 16* (*Fonds européen de développement régional (FEDER) – Convergence*).

[31] JO L 273 du 17.10.2009, p. 14.

[32] Les crédits de paiement proviennent d'un appel à de nouvelles ressources propres de la part des États membres.

[33] JO L 304 du 19.11.2009, p. 5.

[34] Il s'agit de la plus importante mobilisation (en termes de crédits) du Fonds de solidarité de l'UE pour un pays depuis sa création (voir page 344).

[35] Les crédits de paiement proviennent de redéploiements à partir de différents articles à l'intérieur des titres *05* (*Agriculture et développement rural*), *06* (*Énergie et transports*), *07* (*Environnement*), *08* (*Recherche*) et *11* (*Affaires maritimes et pêche*) de la section III – Commission – du budget général, c'est-à-dire sans appel à de nouvelles ressources propres.

[36] Doc. *COM(2009) 193 final*.

[37] JO L 132 du 29.5.2009, p. 10.

0,7 million d'euros sont mobilisés pour la Commission au titre de l'assistance technique, conformément à l'article 8 du règlement établissant le FEM (voir page 21, note 52).

Il a fait l'objet d'une deuxième mobilisation le 16 septembre 2009 suite à des licenciements intervenus dans le secteur du textile en Espagne (dans la communauté autonome de Catalogne) et au Portugal (dans deux régions contiguës du Norte et du Centro)[38]. Cette mobilisation s'élève à 4,1 millions d'euros en crédits d'engagement et de paiement, dont 3,3 millions d'euros pour l'Espagne et 0,8 million d'euros pour le Portugal.

Le Fonds européen d'ajustement a fait l'objet d'une troisième mobilisation le 21 octobre 2009 pour répondre à des pertes d'emplois dans le secteur de la téléphonie mobile suite à la fermeture de l'usine de Nokia à Bochum, en Allemagne[39]. Cette mobilisation s'élève à 5,6 millions d'euros en crédits d'engagement et de paiement.

Le Parlement européen et le Conseil ont modifié le 18 juin 2009, dans le cadre du plan européen de relance[40], le règlement instituant le Fonds européen d'ajustement à la mondialisation[41]. Les nouvelles dispositions[42] s'appliquent aux demandes d'aide du FEM reçues par la Commission à partir du 1er mai 2009.

La première mobilisation conformément aux nouvelles règles a été effectuée le 25 novembre 2009 au profit de la Belgique, suite à des licenciements dans le secteur du textile en Flandre (provinces de Flandre-Occidentale, Flandre-Orientale et Limbourg), et de l'Irlande, suite à la fermeture d'une usine de Dell à Limerick (province de Munster)[43]. Cette mobilisation s'élève à 24 millions d'euros en crédits d'engagement et de paiement, dont 9,2 millions d'euros pour la Belgique et 14,8 millions d'euros pour l'Irlande.

La cinquième mobilisation, pour un montant de 15,9 millions d'euros en crédits d'engagement et de paiement, est intervenue le 17 décembre 2009[44]. Au total 5,7 millions d'euros sont destinés à l'Autriche et 9,8 millions d'euros à la Suède, suite à des licenciements dans le secteur automobile, et 0,4 millions d'euros aux Pays-Bas, suite à des licenciements dans le secteur de la construction.

Il convient de relever que les crédits d'engagement proviennent lors de toutes les mobilisations du FEM en 2009 de l'article *40 02 43* (*Réserve pour le Fonds européen d'ajustement à la mondialisation*) et les crédits de paiement de l'article *04 02 17* (*Fonds social européen (FSE) – Convergence*). Tous les trilogues prévus au point 28, cinquième paragraphe de la Partie II de l'AII de 2006 ont été organisés en 2009 sous "forme simplifiée".

5. Le "réexamen" du cadre financier pour 2007-2013

Bien que prévu dans les conclusions du Conseil européen des 15 et 16 décembre 2005 et la déclaration nº 3 annexée à l'AII de 2006[45], la Commission

---

[38] JO L 274 du 20.10.2009, pp. 28/29.
[39] JO L 304 du 19.11.2009, p. 4.
[40] Voir pages 100-104.
[41] Règlement (CE) nº 546/2009 du Parlement européen et du Conseil modifiant le règlement (CE) nº 1927/2006 portant création du Fonds européen d'ajustement à la mondialisation (JO L 167 du 29.6.2009, pp. 26/29).
[42] Les nouvelles règles permettent notamment :
- d'apporter également une aide aux travailleurs qui perdent leur emploi directement en raison de la crise financière et économique, les États membres devant néanmoins établir un lien direct et démontrable entre les licenciements et la crise ;
- d'élever temporairement (de 50 à 65 %) le taux de cofinancement par le budget général, afin de fournir une aide supplémentaire du FEM dans le contexte de la crise financière et économique actuelle. Cette hausse du cofinancement s'appliquera à toutes les demandes soumises avant le 31 décembre 2011, et
- d'allonger, de 12 à 24 mois, la période durant laquelle les actions éligibles à une aide du FEM doivent être exécutées.
[43] JO L 325 du 11.12.2009, pp. 1/2.
[44] JO L 347 du 24.12.2009, p. 28.
[45] Voir pages 23-23.

n'a pas présenté de communication sur le réexamen du CF avant la fin de 2009[46]. Ceci est surtout dû au retard pris dans la nomination de la nouvelle Commission européenne, suite à l'entrée tardive en vigueur du traité de Lisbonne[47].

Pour ces mêmes raisons, la Commission a repoussé à 2010 la présentation de son rapport sur le fonctionnement de l'accord interinstitutionnel du 17 mai 2006, mentionné au point 7 de l'AII de 2006[48] et dans la déclaration n° 1 l'accompagnant[49].

6. Entrée en vigueur de la sixième décision "ressources propres"

Dans le contexte du nouveau cadre financier pour 2007-2013[50], le Conseil a adopté une nouvelle décision "ressources propres" le 7 juin 2007[51].

Conformément à l'article 269, deuxième paragraphe du traité CE, les États membres de l'Union européenne ont achevé les procédures de ratification de la décision le 9 février 2009, le dernier pays ayant déposé son instrument de ratification ayant été la Belgique. Cette nouvelle décision "ressources propres" est donc entrée en vigueur le 1er mars 2009, avec effet rétroactif au 1er janvier 2007.

L'autorité budgétaire a adopté le 22 avril 2009 le budget rectificatif n° 3/2009, qui budgétise pour 2009 les effets de cette nouvelle décision (voir pages 90-91).

7. Modification du règlement portant application de la décision "ressources propres"

Suite à une proposition de la Commission[52] et à la nouvelle décision "ressources propres" (voir *supra*, point 6), le Conseil a modifié, le 26 janvier 2009[53], le règlement (CE, Euratom) n° 1150/2000 portant application de la décision 2000/597/CE, Euratom relative au système des ressources propres des Communautés européennes[54].

Les modifications concernent notamment :

- la suppression de la distinction entre les "prélèvements (droits) agricoles" et les "droits de douane"[55] ;

---

[46] Il convient de relever que le Parlement européen relevant de la législature 2004-2009 a approuvé trois résolutions abordant directement ou indirectement la question du réexamen du cadre financier pour 2007-2013 et du cadre financier *post* 2013. Il s'agit des résolutions suite aux rapports "Böge" (*Résolution du PE, du 25 mars 2009, sur le réexamen à mi-parcours du cadre financier 2007-2013* ; doc. *PE P6_TA(2009) 0174* ; voir chapitre III), "Dehaene" (*Résolution du PE, du 7 mai 2009, sur l'impact du traité de Lisbonne sur le développement de l'équilibre institutionnel de l'Union européenne* ; doc. *PE P6_TA(2009) 0387*) et "Guy-Quint" (*Résolution du PE, du 7 mai 2009, sur les aspects financiers du traité de Lisbonne* ; doc. *PE P6_TA(2009) 0374*).
Le PE a également fait une déclaration unilatérale sur le réexamen du CF lors du trilogue du 2 avril 2009 (voir chapitre III).

[47] La nouvelle Commission aurait dû prendre ses fonctions le 1er novembre 2009 (JO L 344 du 20.11.2004, p. 33). La nomination de la Commission pour la période du 10 février 2010 au 31 octobre 2014 est finalement intervenue le 9 février 2010 (JO L 38 du 11.2.2010, pp. 7/8).

[48] Selon le point 7 de l'AII de 2006 : "*La Commission présentera, chaque fois qu'elle l'estimera nécessaire et en tout cas simultanément à toute proposition pour un nouveau cadre financier pluriannuel présentée en application du point 30, un rapport sur la mise en œuvre du présent accord, accompagné, le cas échéant, de propositions de modifications*".

[49] Selon la déclaration de la Commission sur l'évaluation du fonctionnement de l'accord interinstitutionnel, "*Conformément au point 7 de l'accord interinstitutionnel, la Commission établira d'ici la fin de 2009 un rapport sur le fonctionnement de l'accord interinstitutionnel, accompagné, le cas échéant, des propositions qui conviennent*".

[50] Voir Tome I, pp. 108/118.

[51] Décision du Conseil (2007/436/CE, Euratom) relative au système des ressources propres des Communautés européennes (JO L 163 du 23.6.2007, pp. 17/21).

[52] Doc. *COM(2008) 223 final* du 29.4.2008.

[53] Règlement (CE, Euratom) n° 105/2009 du Conseil modifiant le règlement (CE, Euratom) n° 1150/2000 portant application de la décision 2000/597/CE, Euratom relative au système des ressources propres des Communautés (JO L 36 du 5.2.2009, pp. 1/5).

[54] JO L 130 du 31.5.2000, pp. 1/12. La décision a été modifiée une première fois le 16 novembre 2004 (JO L 352 du 27.11.2004, pp. 1/7 et rectificatif au JO L 105 du 13.4.2006, p. 64).

[55] Suite à la transposition dans le droit de l'UE des accords issus des négociations commerciales multilatérales du cycle de l'Uruguay.

- l'inclusion des réductions brutes accordées aux Pays-Bas et à la Suède quant à leurs contributions annuelles calculées en fonction du RNB pour la période 2007-2013[56] ;

- la suppression de toute référence à la réserve monétaire, à la réserve pour garanties de prêts et à la réserve pour aides d'urgence[57], et

- des changements dans les dispositions spécifiques s'appliquant à la transmission des données par les États membres et aux périodes de compte rendu "*aux fins d'une gestion efficace de la comptabilité des ressources propres par la Commission*"[58].

Le nouveau règlement d'application de la décision "ressources propres" remplace également les anciennes références au produit national brut (PNB) par des références au RNB.

8. Préparation à l'entrée en vigueur du traité de Lisbonne

Le Parlement européen, le Conseil et la Commission ont examiné au cours des trilogues du 7 juillet et du 15 octobre 2009 (voir chapitre III) les conséquences de l'entrée en vigueur du traité de Lisbonne encore en 2009.

Une fois que la date de l'entrée en vigueur du traité a été confirmée en novembre 2009[59] au 1er décembre 2009, les trois institutions ont adopté, lors de la réunion de concertation du 18 novembre 2009[60], une déclaration commune sur la *continuité de la procédure budgétaire pour 2010* (voir chapitre I).

Conformément aux conclusions de la réunion de concertation du 18 novembre 2009, une deuxième déclaration commune sur les *mesures transitoires applicables à la procédure budgétaire suite à l'entrée en vigueur du traité de Lisbonne* a été adoptée le 30 novembre 2009[61] (voir pages 127 et 293-296).

III. – La procédure budgétaire pour 2010

Le budget général pour 2010 est présenté par rubriques du cadre financier (en crédits d'engagement et de paiement) dans l'Annexe I (pages 150-151). Les différentes étapes chiffrées de la procédure budgétaire pour 2010 sont présentées dans l'Annexe II (pages 152-154). Ces différentes étapes sont résumées dans le tableau 20 ci-dessous.

Tableau 20. La procédure budgétaire pour 2010

En millions d'euros	Budget 2009*		CF 2010**	APB***		PB		1ère lecture du PE		2ème lect. du CNS** **		2ème lect. du PE** **	
	c/e	*c/p*	*c/e*	*c/e*	*c/p*	*c/e*	*c/p*	*c/e*	*c/p*	*c/e*	*c/p*	*c/e*	*c/p*
1. Croissance durable	62.202	45.332	63.555	62.152	47.365	62.052	46.663	64.255	51.418	64.127	47.061	64.249	47.727
1a Compétitivité pour la croissance et l'emploi	*13.775*	*10.368*	*14.167*	*12.769*	*10.982*	*12.670*	*10.574*	*14.867*	*12.568*	*14.745*	*10.972*	*14.862*	*11.342*
dont : FEM[a]	*500*	*p.m.*	-	*500*	*p.m.*	*500*	*p.m.*	*500*	*p.m.*	*500*	*p.m.*	*500*	*p.m.*
1b Cohésion pour la croissance et l'emploi	*48.427*	*34.963*	*49.388*	*49.382*	*36.382*	*49.382*	*36.089*	*49.388*	*38.850*	*49.382*	*36.089*	*49.388*	*36.385*
2. Conservation et gestion des ressources naturelles	56.332	49.906	59.955	59.004	58.075	58.640	57.583	59.808	58.959	59.450	58.068	59.499	58.136
dont dépenses de marché et paiements directs	*41.042*	*40.945*	*47.146[b]*	*43.745*	*43.626*	*43.390*	*43.271*	*44.090*	*43.971*	*43.819*	*43.698*	*43.820*	*43.701*
3. Citoyenneté, liberté, sécurité et justice	2.132	1.911	1.693	1.629	1.360	1.608	1.306	1.674	1.462	1.608	1.306	1.674	1.398
3a Liberté, sécurité et justice	*866*	*617*	*1.025*	*980*	*720*	*974*	*692*	*1.006*	*794*	*974*	*692*	*1.006*	*739*
3b Citoyenneté	*1.266*	*1.294*	*668*	*649*	*640*	*634*	*614*	*668*	*668*	*634*	*614*	*668*	*659*
4. L'UE acteur mondial	8.104	8.080	7.893	7.921		7.832	7.156	8.141	7.823	7.934	7.223	8.141	7.788
dont : Réserve pour aides d'urgence[a]	*244*	*244*	-	*249*	*249*	*249*	*p.m.*	*249*	*249*	*249*	*p.m.*	*249*	*249*
5. Administration	7.597	7.597	7.962[c]	7.851	7.852	7.812	7.812	7.866	7.865	7.853	7.853	7.889	7.889
Commission	*4.792*	*4.792*		*4.942*	*4.942*	*4.927*	*4.927*	*4.952*	*4.951*	*4.927*	*4.927*	*4.952*	*4.951*
Autres institutions	*2.806*	*2.806*		*2.910*	*2.910*	*2.885*	*2.885*	*2.914*	*2.914*	*2.926*	*2.926*	*2.937*	*2.937*
6. Compensations	209	209	-	-	-	-	-	-	-	-	-	-	-
Total	**136.576**	**113.035**	**141.058**	**138.557**	**122.316**	**137.944**	**120.521**	**141.745**	**127.526**	**140.972**	**121.512**	**141.453**	**122.937**
DO** ** *	42.686	42.625		45.248	45.152	44.893	44.799	45.594	45.498	45.315	45.220	(45.315)	(45.220)
*DNO** ** **	*93.890*	*70.411*		*93.310*	*77.164*	*93.051*	*75.721*	*96.151*	*82.028*	*95.656*	*76.292*	*(96.137)*	*(77.717)*
c/e et c/p (% du RNB)	1,18%	0,98%		1,17%	1,03%	1,17%	1,02%	1,20%	1,08%	1,19%	1,03%	1,20%	1,04%

** Budgets rectificatifs n° 1-10/2009 compris*   ** *Cadre financier révisé (JO L 347 du 24.12.2009, pp. 26/27)*   **** APB rectifié*   *** ** Lettres rectificatives n° 1-3/2010 comprises*

*** ** * Selon la classification de la Commission*   [a] *En dehors du cadre financier*   [b] *"Modulation agricole" non comprise*   [c] *En tenant compte des contributions aux pensions (80 millions d'euros)*

---

[56] Conformément au point 78 de l'accord obtenu au sein du Conseil européen de Bruxelles des 15 et 16 décembre 2005 (doc. *Conseil 15915/05 CADREFIN 268*, p. 29) et à l'article 2, paragraphe 5 de la décision 2007/436/CE, Euratom du Conseil (JO L 163 du 23.6.2007, p. 19).

[57] La réserve monétaire a cessé d'exister fin 2002 et la réserve pour garanties de prêts fin 2007. Les règles régissant l'utilisation de la réserve pour aides d'urgence sont codifiées dans l'AII de 2006 (point 25 de la Partie I), dans le règlement financier du 25 juin 2002 (article 26, paragraphe 2) et dans les modalités d'exécution du RF (article 20).

[58] JO L 36 du 5.2.2009, p. 1.

[59] Le président de la République tchèque signant l'acte de ratification du traité de Lisbonne le 3 novembre 2009 et le pays déposant son instrument de ratification le 13 novembre 2009 à Rome.

[60] Cette réunion a été préparée par le trilogue du 12 novembre 2009 (voir chapitre III).

[61] Le Conseil a confirmé son accord sur cette déclaration commune (en tant que "point A") lors de sa session du 7 décembre 2009 et le PE en plénière le 17 décembre 2009.

Tableau 21. Calendrier de la procédure budgétaire pour 2010 et des réunions interinstitutionnelles en 2009

18 février 2009	Décision de stratégie politique annuelle (SPA) de la Commission
10 mars 2009	Adoption des orientations budgétaires du Parlement européen (Strasbourg) et du Conseil (Bruxelles)
2 avril 2009	*Trilogue – plan européen pour la relance économique et priorités budgétaires (Bruxelles)*
29 avril 2009	**Adoption de l'avant-projet de budget (Commission)**
5 mai 2009	Présentation de l'avant-projet de budget au Conseil (Bruxelles)
7 juillet 2009	*Trilogue – 1ère lecture du Conseil (Bruxelles)*
10 juillet 2009	*Réunion de concertation (Bruxelles)*
10 juillet 2009*	**1ère lecture du Conseil (établissement du projet de budget) (Bruxelles)**
1er septembre 2009	*Trilogue – Office européen de police** (Bruxelles)*
2 septembre 2009	***Lettre rectificative n° 1/2010 à l'APB****
15 septembre 2009	Présentation du projet de budget au Parlement européen (Strasbourg)
15 octobre 2009	*Trilogue – 1ère lecture du Parlement européen (Bruxelles)*
22 octobre 2009	**1ère lecture du Parlement européen (Strasbourg)**
27 octobre 2009	***Lettre rectificative n° 2/2010 à l'APB****
12 novembre 2009	*Trilogue – 2ème lecture du Conseil (Bruxelles)*
18 novembre 2009	*Réunion de concertation (Bruxelles)*
18 novembre 2009 ****	**2ème lecture du Conseil (Bruxelles)**
26 novembre 2009	***Lettre rectificative n° 3/2010 à l'APB****
1er décembre 2009	**Entrée en vigueur du traité de Lisbonne**
17 décembre 2009	**"2ème lecture" du Parlement européen et constatation de l'arrêt définitif du budget (Strasbourg)**

* *Adoption formelle en tant que "point A" le 13 juillet 2009*
** *Point 47 de la Partie III de l'AII de 2006*
*** *Adoption par la Commission*
** ** *Adoption formelle en tant que "point A" le 20 novembre 2009*

1. Le calendrier des travaux

Le calendrier des travaux qui ont conduit à l'adoption du budget général pour 2010 est résumé dans le tableau 21 ci-dessus.

Le Parlement européen, le Conseil et la Commission ont organisé en 2009 *cinq* trilogues formels dans le domaine budgétaire (voir tableau 21).

A. Lors du trilogue du 2 avril 2009, les deux branches de l'autorité budgétaire et la Commission ont discuté, outre des priorités budgétaires pour l'année à venir (voir page 100), du financement des 5 milliards d'euros liés au plan européen de relance (voir pages 100-102).

Les trois institutions ont également abordé, sur la base du point 47 de la Partie III de l'AII de 2006[62], la question du financement de l'Agence de coopération des régulateurs de l'énergie[63], de l'Office de l'Organe des régulateurs européens des communications électroniques[64] et du Bureau européen d'appui en matière d'asile[65].

---

[62] Voir page 24, note 68.

[63] La Commission a proposé la création de l'Agence de coopération des régulateurs de l'énergie le 19 septembre 2007 (doc. *COM(2007) 530 final* ; voir page 29). Elle propose d'allouer à l'Agence, par voie de redéploiements à partir de crédits prévus pour le transport et l'énergie sous la sous-rubrique *1a* (*Compétitivité pour la croissance et l'emploi*) du CF, 19,2 millions d'euros pendant la période 2010-2013.

Le Parlement européen et le Conseil sont arrivés à un compromis sur la création de l'Agence lors d'un trilogue "législatif" organisé le 23 mars 2009.

Ils ont formellement adopté le règlement (CE) n° 713/2009 instituant l'Agence de coopération des régulateurs de l'énergie le 13 juillet 2009 (JO L 211 du 14.8.2009, pp. 1/14).

[64] La Commission a proposé la création d'une Autorité européenne du marché des communications électroniques le 13 novembre 2007 (doc. *COM(2007) 699 final*). Le 5 novembre 2008, elle a présenté une proposition modifiée (doc. *COM(2008) 720 final*). La Commission propose de doter l'Autorité de 19,9 millions d'euros en 2010-2013 sous la sous-rubrique *1a* (*Compétitivité pour la croissance et l'emploi*) du CF.

Le Parlement européen et le Conseil ont décidé, lors du trilogue "législatif" du 24 mars 2009, de créer, à la place d'une "autorité européenne", un "organe" des régulateurs européens des communications électroniques, appuyé par "office", qui est une agence décentralisée de l'Union européenne.

Le Parlement européen et le Conseil ont adopté le règlement (CE) n° 1211/2009 instituant l'Organe des régulateurs européens des communications électroniques (ORECE) ainsi que l'Office le 25 novembre 2009 (JO L 337 du 18.12.2009, pp. 1/10).

[65] La Commission a proposé la création du Bureau européen d'appui en matière d'asile le 18 février 2009

Le Parlement européen et le Conseil ont donné leur "feu vert"[66] au financement des deux premières agences, vu qu'il était déjà pris en compte dans la programmation financière présentée par la Commission en janvier 2009 (voir page 100) et qu'il pouvait se faire en respectant le plafond de la sous-rubrique *1a* (*Compétitivité pour la croissance et l'emploi*) du CF.

S'agissant du Bureau européen d'appui en matière d'asile, les trois institutions ont décidé de revenir sur la question de son financement lors du trilogue du 7 juillet 2009 (voir page 112).

Par ailleurs, le Parlement européen, le Conseil et la Commission ont adopté une déclaration commune sur la *mise en œuvre de la politique de cohésion*[67]. Enfin, le Parlement a acté une déclaration unilatérale sur le *réexamen à mi-parcours du cadre financier pour 2007-2013*[68] (voir chapitre II).

(doc. *COM(2009) 66 final*). Elle propose de lui allouer en 2010-2013 un total de 40,3 millions d'euros sous la sous-rubrique *3a* (*Liberté, sécurité et justice*) du CF, à partir du Fonds européen pour les réfugiés (article *18 03 03*), du Réseau européen des migrations (article *18 03 05*) et de la marge sous la sous-rubrique *3a*.

[66] Ce "feu vert" a été confirmé lors du trilogue du 15 octobre 2009 (voir page 119).

[67] Selon la déclaration commune sur la mise en œuvre de la politique de cohésion adoptée lors du trilogue du 2 avril 2009 : "*Dans le contexte de la récession économique, le Parlement européen, le Conseil et la Commission :*

- considèrent que, eu égard aux défis posés par la récession économique actuelle, une accélération de la mise en œuvre des Fonds structurels et de cohésion, dans la limite des plafonds fixés dans le cadre financier pluriannuel arrêté pour la période 2007-2013, pourrait avoir un effet bénéfique sur l'économie ;

- considèrent que, aux termes du cadre de contrôle établi, les paiements intermédiaires ne peuvent être effectués tant que les systèmes de gestion et de contrôle des États membres n'ont pas été jugés conformes aux exigences ;

- encouragent les États membres à présenter la description de leurs systèmes de gestion et de contrôle et les évaluations de conformité dans les plus brefs délais afin que la Commission puisse entamer rapidement leur analyse, et

- notent que les modifications réglementaires en cours d'adoption par l'autorité législative viendront simplifier la mise en œuvre des actions structurelles et permettront d'effectuer des paiements intermédiaires pour les grands projets avant leur adoption formelle par la Commission.

Dans ce cadre, le Parlement européen et le Conseil :

- invitent la Commission à prendre les mesures nécessaires, dans le cadre juridique existant, pour évaluer rapidement les aspects les plus importants des systèmes de gestion et de contrôle afin que les paiements intermédiaires puissent commencer avant la première lecture du budget 2010 par le Parlement européen ;

- invitent les États membres à soumettre rapidement leurs grands projets prioritaires et invitent la Commission à accélérer l'examen de ceux-ci afin de disposer d'un cadre stable et agréé pour leur mise en œuvre ;

- invitent la Commission à faire rapport sur la présentation des grands projets prioritaires des États membres avant la première lecture du budget 2010 par le Parlement européen ;

- invitent la Commission à coopérer étroitement avec les États membres afin de parvenir rapidement à un accord sur tous les aspects de la conformité des systèmes de gestion et de contrôle ;

- invitent les États membres à faire en sorte que toutes les actions financées par le budget de l'UE soient pleinement opérationnelles en 2009 afin d'accélérer la reprise économique et de générer un flux régulier de paiements intermédiaires ;

- invitent la Commission à présenter, en septembre 2009 au plus tard, un rapport sur la mise en œuvre aux fins de la procédure budgétaire, et

- invitent la Cour des comptes et l'autorité de décharge à tenir compte de cette question, ainsi que du caractère pluriannuel de l'activité de contrôle de la Commission, lors de leur évaluation de la gestion des fonds de l'UE".

Il convient de relever qu'il s'agit en substance d'une déclaration très proche de celle adoptée lors de la réunion de concertation du 21 novembre 2008 (voir pages 78-79).

[68] Selon la déclaration unilatérale du PE acté lors du trilogue du 2 avril 2009, "*Le Parlement européen invite la Commission, dans le contexte de la préparation des prochaines étapes du réexamen à mi-parcours du cadre financier 2007-2013, à reprendre les principes énoncés dans sa résolution du 25 mars 2009, notamment ses points 4 et 7*".

Dans le point 4 de sa résolution du 25 mars 2009 sur le réexamen à mi-parcours du cadre financier 2007-2013 (rapport "Böge" ; voir chapitre II), le Parlement européen "*rappelle qu'il est conscient qu'un certain nombre de déficits sont restés sans solution dans l'accord final* [sur le cadre financier pour 2007-2013], *notamment l'introduction de déclarations de gestion régionales et nationales ; souligne que des besoins de financement complémentaires se sont fait jour pour des priorités politiques de l'Union, notamment Galileo, l'Institut européen de technologie et la facilité alimentaire, et qu'une solution a été trouvée en ayant recours*

B. Le Parlement européen, le Conseil et la Commission ont organisé le 1er septembre 2009 à Bruxelles un trilogue spécifique pour discuter, conformément au point 47 de la Partie III de l'AII de 2006[69], du financement à partir de 2010 de l'Office européen de police. Les discussions ont également porté sur les coûts transitoires d'Europol en 2009 liés à sa transformation d'agence financée de manière intergouvernementale en agence décentralisée "classique" de l'Union européenne[70] (voir chapitre II). Les deux branches de l'autorité budgétaire sont parvenues à un accord politique[71] pour :

- accepter les coûts transitoires pour Europol tels que proposés par la Commission dans son avant-projet de budget rectificatif n° 8/2009 (soit 1,25 million d'euros en crédits d'engagement et de paiement en 2009 ; voir chapitre II), et

- donner leur feu vert au financement d'Europol du budget général à partir de 2010, étant entendu qu'il peut se faire dans le respect des plafonds de la sous-rubrique *3a* (*Liberté, sécurité et justice*) du CF[72]. Les montants alloués à l'Office seront naturellement déterminés lors des procédures budgétaires annuelles, dans le respect de l'article 272 du traité CE[73].

Par ailleurs, le Parlement européen et le Conseil ont demandé à la Commission de présenter aussi rapidement que possible un projet de lignes directrices communes en vue de mettre en œuvre le point 47 de l'AII de 2006. Cette demande a conduit à l'adoption d'une déclaration commune lors du trilogue du 12 novembre 2009 (voir pages 125-126).

C. Les autres trilogues sont traités pages 112-126. Il convient de relever qu'à la différence de la procédure budgétaire pour 2009, un trilogue a de nouveau été organisé avant la première lecture du Parlement européen[74] (voir pages 119-120).

2. Les travaux préparatoires (janvier–avril 2009)

A. La circulaire budgétaire pour 2010 a été envoyée par la DG Budget aux directions générales de la Commission (et pour information aux autres institutions) le 12 janvier 2009 débutant ainsi les travaux dans le domaine budgétaire.

---

aux instruments existants de l'accord interinstitutionnel du 17 mai 2006 ; observe que le Conseil lui-même a été incapable d'appliquer l'accord du Conseil européen visant à consacrer 5 milliards d'euros du budget de l'Union au plan de relance et de soutien de la conjoncture ; estime que de nouvelles adaptations seront nécessaires au sein du cadre financier pluriannuel et de l'accord interinstitutionnel actuels sur la base d'un réexamen suffisant et ambitieux". Dans le point 7, le PE "*estime (...) qu'un réexamen réaliste à mi-parcours devrait se dérouler en trois phases :*

a) i) résoudre les déficits et les reliquats dans le contexte des procédures budgétaires annuelles, si possible grâce à plus de souplesse et, si nécessaire, en utilisant une partie de la marge laissée en-dessous du plafond des ressources propres,

ii) examiner l'évaluation à mi-parcours ;

b) i) préparer une éventuelle adaptation et prolongation du cadre financier pluriannuel actuel jusqu'en 2015/2016 afin de permettre une transition sans heurts vers un système de cadre financier pluriannuel d'une durée de cinq ans, qui confère à chaque Parlement et à chaque Commission, au cours de leur mandat respectif, la responsabilité politique de chaque cadre financier pluriannuel,

ii) procéder à des adaptations et à une prolongation éventuelles des programmes actuels comme prévu par la législation (2010-2011), parallèlement à la prolongation éventuelle du cadre financier pluriannuel et conformément à la demande formulée à plusieurs reprises par le Parlement ;

c) préparer le prochain cadre financier pluriannuel à compter de 2016/2017 ; cette phase relèvera de la responsabilité du Parlement élu en 2014".

[69] Voir page 24, note 68.

[70] Sur le changement du statut d'Europol et sur ses conséquences, voir par exemple l'article de Roland GENSON et Erwin BUYSSENS : "*La transformation d'Europol en agence de l'Union – Regards sur un nouveau cadre juridique*", Revue du Marché commun et de l'Union européenne, n° 525, février 2009, pp. 83/87.

[71] Le Conseil a confirmé l'accord (en tant que "point A") lors de sa session du 14 septembre 2009 et le PE en plénière, dans le cadre de son examen du BR n° 8/2009, le 15 septembre 2009 (voir chapitre II).

[72] La programmation financière de la Commission (qui est indicative) prévoit un total de 331,7 millions d'euros pour Europol pendant la période 2010-2013.

[73] Article 314 du traité sur le fonctionnement de l'UE à partir du 1er décembre 2009.

[74] Depuis l'entrée en vigueur de l'AII de 2006, il s'agit d'un trilogue "facultatif" (voir page 24).

La Commission a présenté le 30 janvier 2009 une programmation financière actualisée, conformément au point 46 de la Partie III de l'AII de 2006[75].

Elle a adopté sa décision de stratégie politique annuelle (SPA) le 18 février 2009[76]. Les priorités de la Commission pour 2010 sont :

- *le redressement économique et social* ;

- *le changement climatique et le développement durable en Europe* ;

- *le citoyen* ;

- *l'Union européenne en tant que partenaire mondial*, et

- *une meilleure légifération et une amélioration de la transparence*.

B. Le Parlement européen et le Conseil ont adopté leurs "orientations budgétaires" le 10 mars 2009[77]. Ces orientations ont fait l'objet, tout comme la décision de SPA de la Commission, d'une présentation et d'un échange de vues[78] lors du trilogue du 2 avril 2009 à Bruxelles (voir page 97).

C. Le taux maximal d'augmentation des dépenses non obligatoires (TMA) pour 2010 a été fixé à 4,6 %[79].

3. Le cadre financier pour l'exercice 2010

Conformément au point 16 de la Partie I de l'AII de 2006, la Commission a présenté, le 1er avril 2009[80], l'ajustement technique du cadre financier à l'évolution du RNB et des prix[81].

Le cadre financier pour l'exercice 2010 tel qu'il ressort de cet ajustement technique est présenté dans le tableau 22 ci-dessous.

Tableau 22. Le cadre financier pour l'exercice 2010

UE-27, crédits pour engagements, en millions d'euros

Rubrique	Montant
1. Croissance durable	61.782
1a Compétitivité pour la croissance et l'emploi	*12.388*
1b Cohésion pour la croissance et l'emploi	*49.394*
2. Conservation et gestion des ressources naturelles	60.113
*dont : dépenses de marché et paiements directs**	*47.146*
3. Citoyenneté, liberté, sécurité et justice	1.693
3a Liberté, sécurité et justice	*1.025*
3b Citoyenneté	*668*
4. L'UE acteur mondial	7.893
5. Administration**	8.088
Total des crédits pour engagements**	139.569
Crédits pour engagements (en % du RNB***)	1,18
Total des crédits pour paiements** **	134.155
Crédits pour paiements (en % du RNB***)	1,13
Marge disponible (%)	0,11
Plafond des ressources propres (en % du RNB)	1,24

* *"Modulation agricole" non comprise*

** *En tenant compte des contributions aux pensions (80 millions d'euros)*

*** *Avec un RNB pour 2010 estimé à 11 825 563 millions d'euros*

** ** *En tenant compte de la révision du 6 mai 2009 du CF (+650 millions d'euros)*

Il convient de relever que le tableau 22 ne tient pas compte de la révision du cadre financier pour 2007-2013 effectuée le 17 décembre 2009 dans le cadre du financement en 2010 de la "deuxième partie" du plan européen de relance (voir pages 127-128 et 123-124). Par contre, le tableau inclut l'effet de la révision du CF du 6 mai 2009 sur le plafond des crédits pour paiements en 2010 (voir pages 104-105).

4. Le plan européen pour la relance économique

Suite à sa communication du 26 novembre 2008 au Conseil européen portant sur "*Un plan européen pour la relance économique*"[82], la Commission a

[75] Voir Tome I, p.113. La Commission a présenté une programmation financière pour 2009-2013 actualisée pour une seconde fois en mai 2009 (doc. *SEC(2009) 610*).
[76] Doc. *COM(2009) 73 final*. Il convient de relever que le Parlement européen, dans sa résolution du 25 mars 2009 sur la méthode "Établissement du budget par activité/ Gestion par activité", a adopté une attitude relativement critique sur les décisions de SPA et le système de planification stratégique et de programmation (PSP) de la Commission (doc. *PE 2008/2053(INI)*, point 13 ; voir chapitre IV et pages 159-163).
[77] Doc. *PE P6_TA(2009)0095* (section III), *P6_TA(2009)0096* (autres sections) et *Conseil 6767/1/09 REV 1 FIN 60*.
[78] Conformément au point A de l'annexe II de l'AII de 2006.
[79] Doc. *SEC(2009) 583 final* du 30 avril 2009.
[80] Doc. *COM(2009) 148 final*.
[81] Il est rappelé qu'un déflateur fixe de 2 % est dorénavant appliqué à toutes les rubriques et sous-rubriques du CF (voir page 26, note 78).
[82] Doc. *SEC(2008) 800 final* (voir pages 48-49).

présenté le 28 janvier 2009 une communication intitulée "*Investir aujourd'hui pour l'Europe de demain*"[83]. Cette communication était accompagnée de trois propositions législatives, dont les conséquences budgétaires s'élevaient à 5 milliards d'euros au total.

La première proposition[84] visait à financer des projets dans le domaine de l'énergie pour un montant total de 3,5 milliards d'euros en crédits d'engagement en 2009 et 2010, dont :

- 1,75 milliard d'euros pour des projets d'interconnexion pour le gaz et l'électricité ;

- 1,25 milliard d'euros pour des projets de piégeage et de stockage du carbone (PSC ou *Carbon Capture and Storage* CSS), et

- 0,5 milliard d'euros pour des projets d'éoliennes en mer.

Pour financer ces 3,5 milliards d'euros en crédits d'engagement, la Commission proposait de réviser le cadre financier pour 2007-2013, en transférant des montants non budgétisés[85] sous le plafond de la rubrique *2* (*Conservation et gestion des ressources naturelles*) en 2008 à la sous-rubrique *1a* (*Compétitivité pour la croissance et l'emploi*) du CF, dont :

- 1,5 milliard d'euros en 2009, et

- 2,0 milliards d'euros en 2010.

Afin de maintenir une évolution ordonnée entre les crédits d'engagement et de paiement, la Commission proposait en outre de modifier le montant annuel total des crédits pour paiements, et de reporter 275 millions d'euros après 2013.

Deux autres propositions législatives[86] visait à financer par le Fonds européen agricole pour le développement rural (FEADER) le développement de l'infrastructure Internet à large bande en zones rurales et de mesures liées à la mise en œuvre du "bilan de santé"[87] de la politique agricole commune[88], pour un montant total de 1,5 milliard d'euros en 2009, dont :

- 1,0 milliard d'euros pour Internet à large bande, et

- 0,5 milliard d'euros pour les priorités définies dans le "bilan de santé"[89].

Afin financer ce 1,5 milliard d'euros en crédits d'engagement, la Commission proposait d'utiliser la marge disponible en 2009 sous le plafond de la rubrique *2* du CF.

---

[83] Doc. *COM(2009) 36 final*.

[84] Proposition de règlement du Parlement européen et du Conseil établissant un programme d'aide à la relance économique par l'octroi d'une assistance financière communautaire à des projets dans le domaine de l'énergie (doc. *COM(2009) 35 final* du 28 janvier 2009).

[85] C'est-à-dire une partie de la marge non utilisée en 2008.

[86] Proposition de règlement du Conseil portant modification du règlement (CE) n° 1698/2005 concernant le soutien au développement rural par le Fonds européen agricole pour le développement rural (FEADER) et proposition de décision du Conseil portant modification de la décision 2006/493/CE déterminant le montant du soutien communautaire en faveur du développement rural pour la période allant du 1er janvier 2007 au 31 décembre 2013, sa ventilation annuelle, ainsi que le montant minimal à affecter aux régions pouvant bénéficier de l'objectif "convergence" (doc. *COM(2009) 38 final* du 28 janvier 2009).

[87] C'est-à-dire de mesures définies dans le cadre de l'évaluation à mi-parcours de la mise en œuvre de la réforme de la PAC de 2003, qui s'est achevée en novembre 2008.

Sur le bilan de santé de la PAC, voir par exemple les articles de Tomas GARCÍA AZCÁRATE intitulés "*Le bilan de santé de la politique agricole commune*" dans le n° 515 de février 2008 (pp. 73/79) et "*La PAC après son "bilan de santé"*" dans le n° 528 de mai 2009 (pp. 301/311) ou celui de Gabrielle ROCHDI, intitulé "*Le bilan de santé de la PAC : fin ou renouveau de la PAC ?*", dans le n° 533 de décembre 2009 (pp. 663/669) de la Revue du Marché commun et de l'Union européenne.

[88] Il s'agit des "*deux domaines prioritaires de la politique de développement rural de l'Union européenne*" (*COM(2009) 38 final*, p. 2).

[89] C'est-à-dire liées au changement climatique, aux énergies renouvelables, à la gestion de l'eau et à la biodiversité, ainsi qu'à l'innovation dans ces quatre domaines, et aux mesures d'accompagnement de la restructuration du secteur du lait.

Tableau 23. Le financement des cinq milliards d'euros proposés par la Commission dans le cadre du plan européen pour la relance économique selon l'accord obtenu au sein du Conseil européen des 19 et 20 mars 2009

En crédits d'engagement et en millions d'euros

Année	2009	2010	Total
Projets dans le domaine de l'énergie* (sous-rubrique *1a*)	2 000 **	1 980 ** **	**3 980**
Projets dans le domaine de l'Internet à large bande et du "bilan de santé" (rubrique *2*)	600 ***	420 ***	**1 020**
Total	**2 600 ****	**2 400 ** ****	**5 000**

** Projets d'interconnexion pour le gaz et l'électricité : 2 365 millions d'euros*
Projets de piégeage et de stockage du carbone : 1 050 millions d'euros
Projets d'éoliennes en mer : 565 millions d'euros
*** Révision du CF (augmentation du plafond de la sous-rubrique 1a de 2 milliards d'euros, compensée par un abaissement du plafond de la rubrique 2 d'un montant équivalent)*
**** Utilisation de la marge de la rubrique 2*
*** ** Financé par le biais d'un "mécanisme de compensation", décidé dans le cadre de la procédure de concertation de la procédure budgétaire pour 2010 et – le cas échéant – de la procédure budgétaire pour 2011*

Sans préjudice du contenu des projets proposés par la Commission et de la répartition des montants entre les projets dans le secteur de l'énergie et le développement rural (ainsi qu'entre les mesures de développement rural), le Conseil a contesté, pour des raisons juridiques et dans un esprit de discipline budgétaire, la possibilité de décider en 2009 d'utiliser des marges liées à 2008, l'exercice budgétaire pour 2008 étant déjà clos au moment de la proposition de la Commission.

Le 18 février 2009, la Commission a modifié sa proposition en suggérant d'allouer 3,75 milliards d'euros aux projets énergétiques (+250 millions d'euros par rapport à sa proposition initiale) et 1,25 milliard d'euros dans le domaine du développement rural (-250 millions d'euros). Elle proposait de financer ces 3,75 milliards d'euros en augmentant le plafond de la sous-rubrique *1a* du CF en 2009 et 2010[90], et :

- soit de compenser la totalité de ces 3,75 milliards d'euros en utilisant une partie de la marge de la rubrique *2* du CF existante en 2008 et 2009[91],

- soit de n'en compenser qu'une partie (soit 1,25 milliard d'euros) en ayant recours à la marge existante en 2009 sous la rubrique *2* du CF[92]. Cette deuxième option visait à répondre aux critiques du Conseil quant à l'utilisation en 2009 des marges de 2008 (voir *supra*).

Le Conseil européen est parvenu à un accord[93] sur le soutien aux projets dans le domaine de l'énergie et des mesures liées à l'Internet à haut débit ainsi qu'au bilan de santé de la PAC lors de sa réunion des 19 et 20 mars 2009 à Bruxelles. Les aspects budgétaires de cet accord sont résumés dans le tableau 23 ci-dessus[94].

---

[90] 1,75 milliard d'euros en 2009 et 2 milliards d'euros en 2010.

[91] 3,5 milliards d'euros en 2008 et 250 millions d'euros en 2009.

[92] Ce qui équivaut à augmenter les crédits pour engagements inscrits dans le cadre financier pour 2007-2013 de 2,5 milliards d'euros (500 millions d'euros en 2009 et 2 milliards d'euros en 2010).

[93] Le Conseil européen a basé son accord sur les huit prémisses suivantes :
- le montant de 5 milliards d'euros proposé par la Commission reste le montant de référence ;
- la sécurité du financement doit être pleinement assurée ;
- l'utilisation de la marge de 2008 est exclue ;
- il convient de laisser une marge suffisante sous le plafond de la rubrique *2* du CF ;
- des estimations plus précises du montant de la marge disponible au titre de la rubrique *2* en 2010 ne seront connues que lorsque la procédure budgétaire pour 2010 arrivera à son terme (à savoir, à l'automne à 2009) ;
- toutes les possibilités budgétaires de financement doivent être étudiées au maximum ;
- toute solution de financement doit être acceptable pour le Parlement européen, et
- le plafond global du cadre financier pour 2007-2013 ne doit pas être dépassé.

Le contenu de l'accord trouvé au sein du Conseil européen est repris dans le doc. *Conseil 7848/1/09 REV 1* du 20 mars 2009. Le document contient en annexe 1 une liste des projets éligibles et leurs montants.

[94] Le Conseil européen envisageait dans ses conclusions le "mécanisme de compensation" utilisé pour financer les 2,4 milliards d'euros pour les projets énergétiques et pour les mesures liées à l'Internet à haut débit et au bilan de santé de la PAC en 2010 et 2011 (voir tableau 23) de la manière suivante :

"*i. le Parlement européen, le Conseil et la Commission examineront toutes les sources disponibles qui*

Suite aux conclusions du Conseil européen, le Parlement européen, le Conseil et la Commission sont parvenus à un accord politique sur le financement des 5 milliards d'euros lors du trilogue du 2 avril 2009 à Bruxelles[95]. Cet accord est formalisé dans une déclaration commune sur le *financement de projets dans le domaine de l'énergie et de l'Internet à haut débit ainsi que de mesures liées au bilan de santé de la PAC dans le cadre du plan européen pour la relance économique*[96]. Cette déclaration, primordiale du point de vue de la procédure budgétaire pour 2010, se lit comme suit :

"Le Parlement européen, le Conseil et la Commission se sont mis d'accord sur le financement, dans le cadre du plan européen pour la relance économique visant la modernisation des infrastructures et la solidarité énergétique, de projets dans le domaine de l'énergie et de l'Internet à haut débit, ainsi que de mesures liées au bilan de santé de la PAC. Les projets et mesures remplissant les conditions requises pour bénéficier d'une aide communautaire sont recensés dans les actes législatifs pertinents.

Ce dispositif, qui a pour objectif de donner une impulsion supplémentaire à l'économie et d'améliorer la sécurité énergétique, représente un montant total de 5 000 millions d'euros à prix courants :

- Un montant de 3 980 millions d'euros sera mis à disposition pour le financement de projets dans le domaine de l'énergie au titre de la sous-rubrique 1a du cadre financier : 2 000 millions d'euros en 2009 et 1 980 millions d'euros en 2010.

- En outre, 1 020 millions d'euros seront mis à disposition, au titre de la rubrique 2, pour le développement de l'Internet à haut débit dans les zones rurales et le renforcement d'actions liées aux "nouveaux défis" définis dans le contexte du bilan de santé.

Le financement du montant total de 5 000 millions d'euros sera assuré dans les meilleurs délais :

- Le plafond de la sous-rubrique 1a pour l'exercice 2009 sera relevé d'un montant de 2 000 millions d'euros ; cette augmentation sera compensée par une diminution du même montant du plafond de la rubrique 2 pour le même exercice, conformément aux points 21 à 23 de l'accord interinstitutionnel du 17 mai 2006. En outre, un montant de 600 millions d'euros destiné au développement rural sera ajouté au budget 2009 pour financer le développement de l'Internet à haut débit et le renforcement d'actions liées aux "nouveaux défis". Le cadre financier pluriannuel sera révisé et, parallèlement, le budget 2009 sera modifié en conséquence, sur la base d'une proposition modifiée de la Commission et d'un avant-projet de budget rectificatif n° 4 au budget 2009[97].

---

pourraient permettre la compensation des fonds ;

ii. avant qu'il soit envisagé d'utiliser le montant disponible au titre de la rubrique 2, 420 millions d'euros pour les mesures liées à l'Internet à haut débit et au bilan de santé de la PAC en 2010 seront engagés ;

iii. afin de compenser le montant de 1 980 millions d'euros, il serait fait usage des marges inutilisées dans le cadre des plafonds de 2009 et des marges disponibles en 2010 et en 2011 (dans le respect du point 13 de l'accord interinstitutionnel) et, si nécessaire, de toutes les autres disponibilités financières" (doc. *Conseil 7848/1/09 REV 1*, point 7).

Le point 13 de l'AII de 2006 se lit : "*Par la conclusion du présent accord, les deux branches de l'autorité budgétaire conviennent d'accepter les taux d'augmentation des dépenses non obligatoires qui procéderont des budgets établis dans la limite des plafonds fixés par le cadre financier pour toute la durée de ce cadre.*

Sauf dans le cas de la sous-rubrique 1b "Cohésion pour la croissance et l'emploi" du cadre financier, les institutions, par souci d'une bonne gestion financière, veilleront à laisser, dans la mesure du possible, lors de la procédure budgétaire et de l'adoption du budget, des marges suffisantes disponibles sous les plafonds des différentes rubriques".

[95] Le Conseil a confirmé cet accord (en tant que "point A") le 27 avril 2009 et le Parlement européen en plénière le 6 mai 2009. Le PE a néanmoins regretté que "*l'accord avec le Conseil n'ait été conclu que deux mois avant la fin de la législature, laissant moins de temps pour les négociations*", en déplorant que "*la pression ait ainsi été mise sur les institutions, même si celles-ci ont coopéré loyalement comme de coutume*" (doc. *PE P6_TA(2009)0354*, point 7).

[96] Cette déclaration commune, annexée à l'AII de 2006, a été publiée au JO C 108 du 12.5.2009, p. 1, avec un rectificatif au JO C 132 du 11.6.2009, p. 22.

[97] La Commission a présenté la proposition amendée de révision du cadre financier pour 2007-2013 et l'avant-projet de budget rectificatif n° 4/2009 le 8 avril 2009 (doc. *COM(2009) 171 final* et *SEC(2009) 496 final*).

- *Le financement du montant restant (2 400 millions d'euros) sera assuré par un mécanisme de compensation dans le cadre de la procédure de concertation budgétaire pour l'exercice 2010, en utilisant tous les moyens budgétaires prévus dans son cadre juridique, à compléter, le cas échéant, au plus tard lors de la procédure de concertation budgétaire pour l'exercice 2011 :*

- *le Parlement européen, le Conseil et la Commission examineront toutes les sources disponibles qui pourraient permettre la compensation des fonds ;*

- *avant qu'il soit envisagé d'utiliser le montant disponible au titre de la rubrique 2, 420 millions d'euros seront engagés pour financer le développement de l'Internet à haut débit et le renforcement d'actions liées aux "nouveaux défis" définis dans le contexte du bilan de santé en 2010 ;*

- *afin de compenser le montant de 1 980 millions d'euros, il sera fait usage des marges inutilisées dans le cadre des plafonds de 2009 et des marges disponibles en 2010 (dans le respect du point 13 de l'accord interinstitutionnel[98]) et, si nécessaire, de toutes les autres disponibilités financières, y compris les marges disponibles en 2011. Le mécanisme de compensation sera sans préjudice des enveloppes financières des programmes décidés en commun et de la procédure budgétaire annuelle.*

Le plafond global du cadre financier 2007-2013 ne sera pas dépassé".

Le Parlement européen et le Conseil ont formellement adopté le règlement (CE) n° 663/2009 établissant un programme d'aide à la relance économique par l'octroi d'une assistance financière communautaire à des projets dans le domaine de l'énergie le 13 juillet 2009[99].

Le Conseil, pour sa part, a adopté lors de sa session du 25 mai 2009 :

- le règlement (CE) n° 473/2009 modifiant les règlements (CE) n° 1698/2005 concernant le soutien au développement rural par le Fonds européen agricole pour le développement rural (FEADER) et (CE) n° 1290/2005 relatif au financement de la politique agricole commune[100], et

- la décision modifiant la décision 2006/493/CE déterminant le montant du soutien communautaire en faveur du développement rural pour la période allant du 1er janvier 2007 au 31 décembre 2013, sa ventilation annuelle, ainsi que le montant minimal à affecter aux régions qui peuvent bénéficier de l'objectif "convergence"[101].

5. La première révision en 2009 du cadre financier pour 2007-2013

Suite aux conclusions du trilogue du 2 avril 2009 (voir page 103), la Commission a soumis à l'autorité budgétaire le 8 avril 2009, sur la base des points 21 à 23 de la Partie I de l'AII de 2006, une proposition de révision du cadre financier pour 2007-2013[102].

Cette proposition visait à transférer dans le cadre financier concernant l'année 2009[103] un montant de 2 milliards d'euros de la rubrique *2* (*Conservation et gestion des ressources naturelles*) à la sous-rubrique *1a* (*Compétitivité pour la croissance et l'emploi*) afin de financer, dans le cadre du plan européen de relance, des projets énergétiques.

Afin de maintenir, conformément au point 23, quatrième alinéa de la Partie I de l'AII de 2006, une relation ordonnée entre engagements et paiements, la Commission proposait en outre d'adapter le plafond des crédit pour paiements.

[98] Voir page 29, note 94.
[99] JO L 200 du 31.7.2009, pp. 31/45.
[100] JO L 144 du 9.6.2009, pp. 3/8.
[101] *Ibid.*, pp. 25/26.
[102] Doc. *COM(2009) 171 final*.
[103] C'est-à-dire relever le plafond pour 2009 de la sous-rubrique *1a* et diminuer celui de la rubrique *2* pour 2009 du même montant.

Tableau 24. Le cadre financier pour 2007-2013 révisé en mai 2009 pour le plan européen pour la relance économique

En millions d'euros et en prix de 2004
(Source : JO L 132 du 29.5.2009, p. 9)

Crédits pour engagements	2007	2008	2009	2010	2011	2012	2013	Total 2007-2013
1. Croissance durable	**50 865**	**53 262**	**55 883**	**54 860**	**55 400**	**56 866**	**58 256**	**385 392**
1a Compétitivité pour la croissance et l'emploi	8 404	9 595	12 021	11 000	11 306	12 122	12 914	77 362
1b Cohésion pour la croissance et l'emploi	42 461	43 667	43 862	43 860	44 094	44 744	45 342	308 030
2. Conservation et gestion des ressources naturelles	**51 962**	**54 685**	**52 205**	**53 379**	**52 528**	**51 901**	**51 284**	**367 944**
dont : dépenses de marché et paiements directs	43 120	42 697	42 279	41 864	41 453	41 047	40 645	293 105
3. Citoyenneté, liberté, sécurité et justice	**1 199**	**1 258**	**1 380**	**1 503**	**1 645**	**1 797**	**1 988**	**10 770**
3a Liberté, sécurité et justice	600	690	790	910	1 050	1 200	1 390	6 630
3b Citoyenneté	599	568	590	593	595	597	598	4 140
4. L'UE acteur mondial	**6 199**	**6 469**	**6 739**	**7 009**	**7 339**	**7 679**	**8 029**	**49 463**
5. Administration[1]	**6 633**	**6 818**	**6 973**	**7 111**	**7 255**	**7 400**	**7 610**	**49 800**
6. Compensations	**419**	**191**	**190**					**800**
Total des crédits pour engagements	**117 277**	**122 683**	**123 370**	**123 862**	**124 167**	**125 643**	**127 167**	**864 169**
en % du RNB	1,08%	1,09%	1,07%	1,05%	1,03%	1,02%	1,01%	1,048%
Total des crédits pour paiements	**115 142**	**119 805**	**110 439**	**119 126**	**116 552**	**120 145**	**119 391**	**820 600**
en % du RNB	1,06%	1,06%	0,96%	1,01%	0,97%	0,98%	0,95%	1,00%
Marge disponible	0,18%	0,18%	0,28%	0,23%	0,27%	0,26%	0,29%	0,24%
Plafond des ressources propres en pourcentage du RNB	1,24%	1,24%	1,24%	1,24%	1,24%	1,24%	1,24%	1,24%

[1] S'agissant des dépenses de pension, les montants pris en compte sous le plafond de cette rubrique sont calculés nets des contributions du personnel au régime correspondant, dans la limite de 500 millions d'euros aux prix de 2004 pour la période 2007-2013

Cette adaptation – qui est neutre en ce qui concerne le total des crédits pour paiements pour la période 2009-2013 – conduit à une augmentation du plafond des crédits pour paiements en 2010 de 650 millions d'euros (voir page 100).

Les deux branches de l'autorité budgétaire ont formellement signé cette révision du cadre financier pour 2007-2013 le 6 mai 2009[104]. Le CF qui en résulte est présenté dans le tableau 24 ci-dessus.

6. L'avant-projet de budget pour 2010 (29 avril 2009)

A. L'avant-projet de budget pour 2010 présenté par la Commission s'élève à 138 557 millions d'euros en crédits pour engagements[105] (+1,5 % par rapport au budget général pour 2009[106]) et à 122 316 millions d'euros en crédits pour paiements (+5,3 %). Ceci représente 1,17 % et 1,03 % respectivement du RNB de l'UE. Les marges laissées sous les plafonds du CF sont de 1 761 millions d'euros en crédits pour engagements et de 12 168 millions d'euros en crédits pour paiements.

B. La Commission a souhaité placer la *reprise économique* au centre des dépenses du budget général pour 2010[107], et de consacrer *grosso modo* 45 % des dépenses opérationnelles à des mesures liées à *la croissance* et à *l'emploi*. Dans ce contexte, elle propose notamment d'augmenter les crédits octroyés aux programmes de recherche et ceux destinés aux

---

[104] JO L 132 du 29.5.2009, pp. 8/9. Il s'agit de la deuxième révision du cadre financier pour 2007-2013, la première révision étant intervenue le 18 décembre 2007, pour financer les programmes européen de GNSS "Egnos" et "Galileo" (voir Tome I, pp. 85/86).

[105] Il convient de noter que tous les chiffres présentés sous ce point concernent l'avant-projet de budget pour 2010 "rectifié", c'est-à-dire tenant compte des états prévisionnels *définitifs* de toutes les institutions. L'APB "non rectifié" adopté par la Commission le 29 avril 2009 s'élevait à 138 564 millions d'euros en crédits pour engagements et à 122 322 millions d'euros en crédits pour paiements.

[106] Budgets rectificatifs n° 1-5/2009 compris (voir chapitre II).

[107] Les mesures proposées par la Commission dans son APB pour relancer l'activité économique de l'Union européenne en 2010 sont présentées plus en détail dans le "mémorandum budgétaire" pour 2010 (Budget Memorandum PDB 2010: Re-launching EU's Economic Activity, Working Document Part I – Activity Statements of operational expenditure ; doc. *COM(2009) 300* de mai 2009, pp. 11/32).

Ce "mémorandum budgétaire", présenté pour la première fois en 2009, a pour objectif de procurer "*une vue d'ensemble des principales réalisations qui ont été ou qui seront obtenues grâce au budget de l'UE. Tout comme le plan européen pour la relance économique, il s'articule autour des quatre axes prioritaires de la stratégie de Lisbonne : personnes, entreprises, infrastructures et énergie, et recherche et innovation*". Le "mémorandum budgétaire" repose sur des informations tirées des fiches d'activité (voir chapitre IV) et "*établit une corrélation entre la proposition budgétaire et des objectifs et les résultats obtenus*" (doc. *SEC(2009) 610* de mai 2009, p. 9).

dépenses dans le domaine de l'énergie de plus de 12 % par rapport à 2009. Les crédits alloués à la politique de cohésion augmentent également, 52 % des crédits des Fonds structurels et de cohésion étant désormais destinés aux pays "UE-12"[108].

Il convient de noter que l'APB ne contient pas les 2,4 milliards d'euros destinés à financer en 2010, sous la sous-rubrique *1a* (*Compétitivité pour la croissance et l'emploi*) et la rubrique *2* (*Conservation et gestion des ressources naturelles*) du CF, les projets retenus dans le cadre du plan européen de relance[109] (voir pages 100-104).

C. L'avant-projet de budget pour 2010 se présente par rubriques et sous-rubriques du cadre financier pour 2007-2013 comme suit :

- la Commission propose de doter la sous-rubrique *1a* (*Compétitivité pour la croissance et l'emploi*) de 12 769 millions d'euros en crédits d'engagement (y inclus le Fonds européen d'ajustement à la mondialisation) et de 10 982 millions d'euros en crédits de paiement (+8,4 et -0,4 % respectivement par rapport à 2009[110]). La marge restante sous le plafond de cette sous-rubrique s'établit ainsi à 119 millions d'euros[111].

La Commission propose de mobiliser un montant de crédits destinés à la recherche et au développement technologique plus important qu'initialement prévu pour financer des mesures destinées à stimuler la croissance et les emplois et pour améliorer la compétitivité de l'Union européenne. Par ailleurs, les crédits proposés pour les réseaux transeuropéens dans les domaines du transport et de l'énergie (RTE-T et RTE-E) augmentent de 12,7 % (pour atteindre 1,08 milliard d'euros) et les crédits pour le programme-cadre pour l'innovation et la compétitivité (PIC) de 3,3 % (pour atteindre 0,5 milliard d'euros).

Au total 895,4 millions d'euros en crédits d'engagement et 454,5 millions d'euros en crédits de paiement sont destinés aux programmes européens de radionavigation par satellite (GNSS) "Egnos" et "Galileo"[112] (+7,9 et -40,2 % par rapport à 2009 respectivement) et 5,1 millions d'euros en crédits d'engagement et de paiement à l'Autorité européenne de surveillance GNSS[113] (-11,5 %).

En outre, la Commission propose :

- 30,2 millions d'euros en crédits d'engagement et 25,9 millions d'euros en crédits de paiement pour l'Institut européen d'innovation et de technologie (IET). Ces montants sont inscrits dans l'APB sous le domaine politique *15* (*Éducation et culture*)[114] ;

- 2 millions d'euros en crédits d'engagement et de paiement pour la nouvelle Agence de coopération des régulateurs de l'énergie (article *06 04 10*[115]; voir page 29), et

- 3,47 millions d'euros en crédits d'engagement et de paiement pour le nouvel Office de l'Organe des régulateurs européens des communications électroniques (nouvel article *09 02 04* ; voir page 164).

---

[108] C'est-à-dire aux pays ayant adhéré à l'Union européenne le 1er mai 2004 ou le 1er janvier 2007.

[109] Ces montants seront inscrits dans l'APB par le biais de la lettre rectificative nº 2/2010 (voir pages 126 et 136).

[110] Budgets rectificatifs nº 1-3 et 5/2009 compris.

Si les montants liés au financement (par le biais du BR nº 4/2009 ; voir chapitre II) du plan européen de relance en 2009 sont inclus, ces pourcentages s'établissent à -7,3 et à -1,1 %.

[111] Il convient de rappeler que les 500 millions d'euros en crédits d'engagement destinés au Fonds européen d'ajustement à la mondialisation (article *40 02 43*) ne sont pas pris en compte dans le calcul de la marge de la sous-rubrique *1a* du CF.

[112] Nouvel article *06 08 01* (qui remplace l'article *06 02 10* du budget général pour 2009) et poste *06 01 04 12* (crédits pour la gestion administrative des programmes de GNSS).

[113] Nouvel article *06 08 02* remplaçant l'article *06 02 09*.

[114] Poste *15 02 11 01* pour les crédits de la "*structure de direction*" et poste *15 02 11 02* pour les crédits liés aux "*communautés de la connaissance et de l'innovation (CCI)*". La Commission a de nouveau inscrit tous ces crédits sous la sous-rubrique *1a* (*Compétitivité pour la croissance et l'emploi*) du CF (voir première partie, pages 28-29).

[115] Les crédits proposés pour les nouvelles agences sont bien entendu inscrits en réserve, dans l'attente de l'adoption des règlements les instituant.

Tableau 25. Proposition de la Commission concernant la sous-rubrique *1a* (*Compétitivité pour la croissance et l'emploi*) du cadre financier dans l'APB pour 2010

En crédits d'engagement, montants gérés par les agences exécutives et les entreprises communes inclus

	Millions d'euros	%
7ème PCR (CE)	6 949	*54,4*
7ème PCR (Euratom)	617	*4,8*
Total	*7 566*	*59,2*
Réseaux transeuropéens de transport et d'énergie (RTE-T et RTE-E)	1 084	*8,5*
Programme "Éducation et formation tout au long de la vie"	1 005	*7,9*
Programmes de GNSS "Egnos" et "Galileo"	895	*7,0*
Programme-cadre pour l'innovation et la compétitivité (PIC)	525	*4,1*
Programme "Progress"	110	*0,9*
Autres programmes et actions décidés par le Conseil	610	*4,8*
Total	*4 229*	*33,2*
Fonds européen d'ajustement à la mondialisation*	500	*3,9*
Autres programmes, actions et divers**	475	*3,7*
Total	*975*	*7,6*
Total général	**12 769**	***100,0***

* *Réserve*

** *Y inclus les subventions aux treize agences décentralisées relevant de cette sous-rubrique et le financement de l'IET* *(voir tableau 37, page 134)*

S'agissant des sept entreprises communes[116] relevant toutes de cette sous-rubrique, la Commission propose de les doter au total de 922 millions d'euros en crédits d'engagement[117].

Par ailleurs, dans le cadre de l'année européenne de la lutte contre la pauvreté et l'exclusion sociale, la Commission propose dans son APB de doter les actions dans ces domaines de près de 20 millions d'euros en crédits d'engagement.

Pour les "*projets énergétiques en vue d'aider la relance économique*" (article *06 04 14*), la Commission propose 650 millions d'euros en crédits de paiement pour faire face aux engagements inscrits dans le budget général pour 2009 par le biais du BR nº 4/2009 (voir chapitre II). Ce montant est mis en réserve, dans l'attente de l'adoption par le PE et le Conseil du règlement établissant un programme d'aide à la relance économique[118].

Les propositions de la Commission concernant la sous-rubrique *1a* sont reprises dans le tableau 25 ci-dessus ;

- les crédits proposés pour la sous-rubrique *1b* (*Cohésion pour la croissance et l'emploi*) s'élèvent à 49 382 millions d'euros en crédits d'engagement (+2,0 %) et à 36 382 millions d'euros en crédits de paiement (+4,1 %). Ceci laisse une marge sous le plafond de la sous-rubrique de 12 millions d'euros.

Les crédits proposés pour les Fonds structurels atteignent 39,2 milliards d'euros en crédits d'engagement (+0,2 %) et les crédits proposés pour le Fonds de cohésion 10,2 milliards d'euros (+9,6 %) ;

- les crédits proposés pour la rubrique *2* (*Conservation et gestion des ressources naturelles*) sont de 59 004 millions d'euros en crédits d'engagement (+4,0 %), dont 43 745 millions d'euros pour les dépenses de marché et paiements directs (+6,4 %), et de 58 075 millions d'euros en crédits de paiement

[116] Il s'agit d'Artemis, de Clean Sky, d'ENIAC, d'IMI, d'ITER, de PCH et de SESAR (voir pages 86-88).

[117] Y compris les 50 millions d'euros de crédits destinés aux réseaux transeuropéens de transport gérés par l'entreprise commune SESAR.

S'agissant des tableaux des effectifs des entreprises communes, la Commission propose au total 351 postes permanents et temporaires, dont 41 nouveaux postes pour 2010.

234 postes sont pour SESAR (+35 postes par rapport à 2009), la seule entreprise commune financée, en plus du 7ème PCR, par des crédits destinés aux réseaux transeuropéens.

[118] Le Parlement européen et le Conseil ont adopté le règlement le 13 juillet 2009 (JO L 200 du 31.7.2009, pp. 31/45).

(+10,5 %), dont 43 626 millions d'euros pour les dépenses relatives au marché et paiements directs (+6,2 %).

La marge restante sous le plafond de la rubrique est de 1 109 millions d'euros. La marge pour les dépenses de marché et paiements directs est de 1 001 millions d'euros, "modulation agricole" comprise.

Les États de l'"UE-12" devraient recevoir près de 19 % des aides agricoles totales en 2010[119], soit 11 milliards d'euros.

Pour le programme en faveur de la consommation de fruits à l'école, la Commission propose 60 millions d'euros (nouveau poste *05 02 08 12*) et pour les programmes de distribution de denrées alimentaires en faveur des personnes les plus démunies 500 millions d'euros (poste *05 02 04 01*)[120].

Par ailleurs, la Commission propose d'augmenter les dépenses consacrées au développement rural de 2,4 %, pour atteindre près de 14 milliards d'euros en crédits d'engagement en 2010 ;

- les crédits proposés pour la sous-rubrique *3a* (*Liberté, sécurité et justice*) s'élèvent à 980 millions d'euros en crédits d'engagement (+13,5 %) et à 720 millions d'euros en crédits de paiement (+16,6 %). La marge restante sous le plafond de la sous-rubrique s'établit ainsi à 45 millions d'euros.

Les crédits destinés à la protection et à la sauvegarde des libertés augmentent de 15,5 % et ceux destinés à gérer les flux migratoires de 6,3 %.

La Commission propose en outre de renforcer le financement de projets visant notamment à lutter contre la criminalité et le terrorisme.

Pour Europol[121] (nouvel article *18 05 02*), la Commission propose 79,7 millions d'euros et pour le nouveau Bureau européen d'appui en matière d'asile (nouvel article *18 03 14* ; voir page 164) 5,3 millions d'euros en crédits d'engagement et de paiement inscrits en réserve ;

- les crédits proposés pour la sous-rubrique *3b* (*Citoyenneté*) sont de 649 millions d'euros en crédits d'engagement (-0,4 %) et de 640 millions d'euros en crédits de paiement (-5,8 %[122]). La marge laissée sous le plafond de cette sous-rubrique est ainsi de 19 millions d'euros.

La Commission propose notamment d'augmenter les crédits destinés à l'audiovisuel et aux médias de 3,8 % et ceux destinés à la culture de 3,4 %.

Les propositions de la Commission concernant la rubrique *3* sont reprises dans les tableaux 26 (sous-rubrique *3a*) et 27 (sous-rubrique *3b*) page suivante ;

- les crédits proposés pour la rubrique *4* (*L'UE acteur mondial*) s'élèvent à 7 921 millions d'euros en crédits d'engagement (-2,3 %[123]) et à 7 665 millions d'euros en crédits de paiement (-7,9 %). La marge restante sous le plafond de cette rubrique s'établit ainsi à 221 millions d'euros[124].

La Commission indique surtout "*vouloir poursuivre ses efforts d'aide aux pays moins favorisés et continuer à défendre une position forte à cet égard sur la scène mondiale, afin de relever des défis de taille comme le changement climatique, la sécurité alimentaire et la mondialisation*"[125].

Dans ce contexte, elle propose d'augmenter les crédits destinés à l'instrument de stabilité (IdS) de 16,7 % (pour atteindre 220 millions d'euros en cré-

---

[119] Contre 16 % en 2008 et 18 % en 2009.

[120] Voir page 56.

[121] Suite à l'adoption de la décision du Conseil 2009/371/JAI le 6 avril 2009 (JO L 121 du 15.5.2009, pp. 37/66 ; voir page 91, note 17).

[122] Ces pourcentages ne tiennent pas compte de l'augmentation du montant de l'article *13 06 01* en 2009 suite à la mobilisation du Fonds de solidarité de l'Union européenne (voir chapitre II).

[123] Il convient de tenir compte en comparant les chiffres pour 2009 et pour 2010 du recours à l'instrument de flexibilité en 2009, pour un montant de 420 millions d'euros, afin de financer la facilité alimentaire (voir pages 53-54).

[124] Il convient de tenir compte du fait que la marge de la rubrique *4* n'inclut pas les 248,9 millions d'euros inscrits dans le budget général pour 2010 au titre de la réserve pour aides d'urgence (article *40 02 42*).

[125] État prévisionnel de la Commission européenne pour l'exercice 2010 (préparation de l'avant-projet de

Tableau 26. Proposition de la Commission concernant la sous-rubrique *3a* (*Liberté, sécurité et justice*) du cadre financier dans l'APB pour 2010

En crédits d'engagement

	Millions d'euros	%
Fonds pour les frontières extérieures	208	*21,2*
Fonds européen pour l'intégration des ressortissants de pays tiers	106	*10,8*
Fonds européen pour les réfugiés**	93	*9,5*
Fonds européen pour le retour	83	*8,5*
*Total "solidarité et gestion des flux migratoires"**	*490*	*50,0*
Justice pénale	27	*2,7*
Lutte contre la violence (programme "Daphné")	18	*1,8*
Justice civile	16	*1,6*
Droits fondamentaux et citoyenneté	14	*1,4*
Prévention de la consommation de la drogue et information du public	3	*0,3*
*Total "droits fondamentaux et justice"**	*77*	*7,8*
Prévenir et combattre la criminalité	86	*8,8*
Prévention, préparation et gestion des conséquences en matière de terrorisme	21	*2,1*
*Total "sécurité et préservation des libertés"**	*107*	*10,9*
Système d'information Schengen (SIS II)	35	*3,6*
Système d'information sur les visas (VIS)	21	*2,1*
Eurodac	2	*0,2*
Total "gestion des systèmes d'information"	*58*	*5,9*
Réseau européen des migrations	8	*0,8*
Stratégie politique et coordination***	6	*0,6*
Total des actions non couvertes par les programmes généraux d'action	*14*	*1,4*
*Total des subventions aux agences décentralisées** ***	*235*	*24,0*
Total général	**980**	***100,0***

** Programmes généraux (regroupant les onze programmes spécifiques ou Fonds présentés dans le tableau)*
*** Y inclus les mesures d'urgence*
**** Y inclus "Prince – Espace de liberté, de sécurité et de justice" (article 18 08 01)*
*** ** Sept agences (voir tableau 37, page 134)*

Tableau 27. Proposition de la Commission concernant la sous-rubrique *3b* (*Citoyenneté*) du cadre financier dans l'APB pour 2010

En crédits d'engagement, montants gérés par les agences exécutives inclus

	Millions d'euros	%
Programme "Jeunesse en action"	128	*19,7*
Programme "Média 2007"	111	*17,1*
Politique de communication et d'information	93	*14,4*
Programme "Culture 2007-2013"	58	*8,9*
Programme "Santé publique"	51	*7,9*
Programme "L'Europe pour les citoyens"	34	*5,2*
Programme "Protection des consommateurs"	22	*3,4*
Instrument financier pour la protection civile	19	*2,9*
Total des programmes et actions principaux	*517*	*79,6*
*Total des subventions aux agences décentralisées**	*125*	*19,3*
Total pour les autres actions	*7*	*1,1*
Total général	**649**	***100,0***

** Deux agences*

---

budget 2010), Analyse des dépenses par rubrique du cadre financier pluriannuel, doc. *SEC(2009) 610*, mai 2009, p. i.

dits d'engagement en 2010), les crédits destinés à l'instrument d'aide de préadhésion (IAP) de 4,9 % (pour atteindre 1,6 milliard d'euros) et les crédits destinés à l'instrument de financement de la coopération au développement (ICD) de 1,7 % (pour atteindre 2,4 milliards d'euros).

Pour la facilité alimentaire la Commission a inclus dans son APB, conformément à l'accord obtenu lors de la réunion de concertation du 21 novembre 2008[126], 170 millions d'euros en crédits d'engagement et 350 millions d'euros en crédits de paiement[127].

Pour la stratégie européenne pour la région de la mer Baltique[128] (poste *19 08 02 03*), ainsi que pour l'aide à la réhabilitation et à la reconstruction de la Géorgie (poste *19 08 01 07*)[129], la Commission ne propose – comme dans le budget général pour 2009 – qu'une structure d'accueil[130].

Par contre, pour le Partenariat oriental (PO) avec six pays voisins de l'UE[131], la Commission propose 24,3 millions d'euros supplémentaires dans le cadre de l'instrument européen de voisinage et de partenariat[132].

Pour la réserve pour aides d'urgence, la Commission a inscrit dans l'APB 248,9 millions d'euros en crédits d'engagement et de paiement.

Enfin, la Commission propose de doter la politique étrangère et de sécurité commune (PESC) de 281,5 millions d'euros en crédits d'engagement (+15,9 %) et de 225,7 millions d'euros en crédits de paiement[133] (-3,6 %).

Les propositions de la Commission concernant la rubrique *4* sont reprises dans le tableau 28 ci-contre;

- les crédits proposés pour la rubrique *5* (*Administration*) s'élèvent à 7 851 millions d'euros en crédits d'engagement[134] (+2,0 %) et à 7 852 millions d'euros en crédits de paiement[135]. La marge restante s'établit ainsi à 237 millions d'euros[136].

La Commission propose 4 942 millions d'euros pour ses propres dépenses administratives[137] (sec-

---

[126] Voir pages 76-77.

[127] Article *21 02 03* et poste *21 01 04 05* (voir page 47).

[128] Conformément à la demande du Conseil européen du 14 décembre 2007 (doc. *Conseil 16616/1/07 REV 1 CONCL 3* du 14 février 2008, point 59), la Commission a présenté sa communication sur la stratégie de l'Union européenne pour la région de la mer Baltique le 10 juin 2009 (doc. *COM(2009) 248/3*).

[129] Voir pages 59-60.

[130] Le Parlement européen a vivement critiqué ces approches notamment dans les termes suivants : le PE est "*très surpris que l'APB pour 2010 ne contienne qu'un p.m. à la ligne dédiée à la stratégie de l'UE pour la Baltique ; il rappelle à la Commission l'importance stratégique de cette question et a l'intention de doter cette ligne des moyens financiers nécessaires au cours de la procédure budgétaire pour 2010*".

Par ailleurs, le PE "*est extrêmement étonné et inquiet du manque de volonté de la Commission de doter la ligne d'aide à la réhabilitation et à la reconstruction de la Géorgie d'un montant en dépit du message fort et univoque du Parlement européen lors de la procédure budgétaire pour 2009 ; rappelle que le Parlement a exprimé à maintes reprises sa volonté pour une identification claire et complète de toute l'assistance financière et budgétaire de l'UE à ce pays*" (doc. *PE 426.963* tel que modifié le 23 juin 2009, points 33 et 34).

[131] C'est-à-dire l'Arménie, l'Azerbaïdjan, la Biélorussie (Bélarus), la Géorgie, la République de Moldavie et l'Ukraine. Le Conseil européen a donné son "feu vert politique" au lancement du Partenariat oriental lors de sa réunion des 19 et 20 mars 2009 (doc. *Conseil 7880/1/09 REV 1 CONCL 1* du 29 avril 2009, points 29-31 et Annexe 2).

[132] Poste *19 08 01 03* (*Politique européenne de voisinage et de partenariat – Coopération financière avec l'Europe de l'Est*).

[133] Chapitre *19 03* et poste *19 01 04 04* (voir page 30).

[134] APB "non rectifié" : 7 858 millions d'euros en crédits d'engagement et de paiement.

[135] Cette différence entre crédits d'engagement et de paiement s'explique par les articles *16 02 04* (*Exploitation des studios de radiodiffusion et de télévision et équipements audiovisuels*) et *26 03 02* (*Administration publique et Erasmus*), qui comportent des crédits dissociés (au total un montant de crédits de paiement demandés supérieur de 495 000 euros par rapport aux crédits d'engagement).

[136] Le calcul de la marge sous le plafond de la rubrique *5* prend en considération un montant de 80 millions d'euros au titre des contributions du personnel au régime de pensions, conformément à la note en bas de page n° 1 du tableau du cadre financier pour 2007-2013 (JO C 139 du 14.6.2006, p. 10).

[137] Y compris les crédits pour les pensions (1 193 millions d'euros) et pour les Écoles européennes (154 millions d'euros).

Tableau 28. Proposition de la Commission concernant la rubrique *4* (*L'UE acteur mondial*) du cadre financier dans l'APB pour 2010

En crédits d'engagement, montants gérés par les agences exécutives inclus

	Millions d'euros	%
Instrument de financement de la coopération au développement (ICD)*	2 415	*30,5*
Instrument d'aide de préadhésion (IAP)*	1 593	*20,1*
Instrument européen de voisinage et de partenariat (IEVP)*	1 551	*19,6*
Instrument européen pour la démocratie et les droits de l'homme (IEDDH)*	156	*2,0*
Instrument financier de coopération avec les pays industrialisés (IPI et IPI+)*	58	*0,7*
Total	*5 772*	*72,9*
Aide humanitaire	801	*10,1*
Politique étrangère et de sécurité commune (PESC)	282	*3,6*
Réserve pour aides d'urgence (RAU)	249	*3,1*
Instrument de stabilité (IdS)	220	*2,8*
Facilité alimentaire	170	*2,1*
Assistance macroéconomique	107	*1,4*
Coopération dans le domaine de la sécurité nucléaire (ICSN)	70	*0,9*
Autres actions et programmes**	251	*3,2*
Total	*2 149*	*27,1*
Total général	**7 921**	***100,0***

** Ces cinq instruments de coopération représentent près de 73 % du total des crédits de la rubrique*
Les 27 % restant des crédits sont destinés à des besoins spécifiques, et notamment à des situations de crise
*** Y compris la subvention à la Fondation européenne pour la formation (18,3 millions d'euros)*

tion III du budget général ; +0,9 %). Tout comme le PE, le Conseil[138], la Cour de justice ou le Médiateur européen, elle ne demande aucun nouveau poste pour 2010.

Les nouveaux postes demandés par les institutions sont récapitulés dans le tableau 35, page 133. Il convient de relever leur petit nombre par rapport aux années précédentes. Ceci est dû notamment à la situation économique et au fait que les postes liés aux élargissements de 2004 et de 2007 ont désormais été octroyés en totalité par l'autorité budgétaire. Par ailleurs, les institutions se sont retenues de présenter dans leurs états prévisionnels de dépenses des demandes de nouveaux postes liées aux nouvelles tâches découlant du traité de Lisbonne en raison de l'incertitude quant à la date d'entrée en vigueur du nouveau traité, au moment de l'établissement des états prévisionnels.

Enfin, pris dans leur ensemble, la Commission propose au titre des subventions aux agences décentralisées de l'UE relevant des différentes rubriques et sous-rubriques du CF[139] (hors Europol) 581 millions d'euros[140]. Quant aux six agences exécutives (voir page 88), la Commission propose de les doter de 143 millions d'euros[141].

7. Le projet de budget établi par le Conseil (13 juillet 2009[142])

A. Le projet de budget pour 2009 établi par le Conseil le 13 juillet 2009 s'élève à 137 944 millions d'euros en crédits pour engagements et à 120 521

[138] Le Conseil ne demandera de nouveaux postes que par le biais de la lettre rectificative n° 3/2010, qui traite surtout des nouveaux postes pour le Conseil européen en 2010 (voir page 137).
[139] Voir tableau 37, page 134.
[140] S'agissant des tableaux des effectifs des agences décentralisées (hors Institut européen d'innovation et de technologie), la Commission propose dans son APB au total 5 027 postes permanents et temporaires, dont 359 nouveaux postes pour 2010. Par ailleurs, elle propose 453 postes au tableau des effectifs d'Europol, dont 17 nouveaux postes pour 2010.
[141] La Commission propose au total 390 postes aux tableaux des effectifs des agences exécutives, dont 22 nouveaux postes pour 2010.
[142] En raison de l'absence de quorum lors de la session du Conseil "Budget" du 10 juillet 2009, le Conseil a établi formellement le projet de budget (en tant que "point A") lors de sa session du 13 juillet 2009.

millions d'euros en crédits pour paiements, ce qui correspond à une augmentation de 1,1 % et de 3,7 % respectivement par rapport au budget général pour 2009[143]. Les crédits pour engagements correspondent à 1,17 % et les crédits pour paiements à 1,02 % du RNB. Les marges laissées sous les plafonds du CF sont de 2 374 millions d'euros en crédits pour engagements et de 13 714 millions d'euros en crédits pour paiements.

B. Lors du trilogue du 7 juillet 2009 qui, conformément au point C, paragraphe 3 de l'annexe II de l'AII de 2006, a préparé la réunion de concertation précédant la première lecture du Conseil (voir *infra*, point C), le Parlement européen[144], le Conseil et la Commission ont surtout abordé la question du contenu du projet de budget pour 2010 que le Conseil se préparait à adopter. Le Parlement et la Commission ont, comme de coutume, avant tout critiqué les réductions de crédits que le Conseil se proposait de faire.

Les trois institutions ont également discuté des avant-projets de budgets rectificatifs n° 6/2009, 7/2009 et 8/2009 (voir chapitre II), ainsi que des informations fournies par le système d'alerte budgétaire (voir page 34), la Commission présentant sa "note d'information du printemps" (la "note d'alerte budgétaire du printemps")[145].

Conformément aux conclusions du trilogue du 2 avril 2009 (voir pages 97-98), ils ont également évoqué brièvement la question de l'état d'avancement des négociations sur l'établissement du nouveau Bureau européen d'appui en matière d'asile. La Commission a également fourni des informations préalables sur sa future proposition de mobiliser la réserve pour aides d'urgence pour le Pakistan et la Somalie (voir chapitre II).

Enfin, sous "Divers", le Parlement européen, le Conseil et la Commission ont évoqué de manière succincte la question des conséquences, du point de vue de la procédure budgétaire pour 2010 et de la mise en œuvre du budget général en 2009, de l'entrée en vigueur du traité de Lisbonne en 2009[146]. Cet échange de vues a abouti à une déclaration commune sur la continuité de la procédure budgétaire pour 2010 lors de la réunion de concertation du 18 novembre 2009 (voir chapitre II et pages 155-156).

C. Lors de la réunion de concertation du 10 juillet 2009 qui conformément au point C, paragraphe 3 de l'annexe II de l'AII de 2006 a précédé la première lecture du Conseil, les deux branches de l'autorité budgétaire se sont mises d'accord sur une *déclaration commune sur les recrutements liés aux élargissements de 2004 et de 2007*[147].

---

[143] Budgets rectificatifs n° 1-5/2009 compris (voir chapitre II).

Le taux d'augmentation des dépenses non obligatoires retenu par le Conseil en première lecture est de -0,65 % pour les crédits pour engagements et de +3,18 % pour les crédits pour paiements.

[144] Il convient de relever que les membres du PE présents au trilogue du 7 juin 2009 (et à la réunion de concertation du 10 juillet 2009) relevaient du Parlement de la législature 2004-2009, le mandat des membres issus des élections de juin 2009 ne débutant que le 14 juillet 2009.

[145] La Commission a adopté cette note le 24 juin 2009. Elle concerne la situation de la mise en œuvre du budget général fin mai 2009. Une "note d'information d'automne" (la "note d'alerte budgétaire d'automne"), traitant de la situation de la mise en œuvre du budget général fin septembre, est adoptée par la Commission depuis 2006 fin octobre de l'année en cours.

La note d'information de la Commission a conduit le Parlement européen à inscrire au procès-verbal de la réunion de concertation du 10 juillet 2009 une déclaration unilatérale sur la mise en œuvre du budget général pour 2009 (voir page 113).

[146] Voir le mandat du Parlement européen pour la réunion de concertation du 10 juillet 2009, où le PE "*considère que les institutions devraient clarifier sous quelles règles la procédure budgétaire pour 2010, commencée sous le traité* [de Nice] *actuel, devrait se poursuivre, si le traité de Lisbonne entrait en vigueur le 1er novembre 2009*" (doc. *PE 426.963* tel que modifié le 23 juin 2009).

Il convient de noter qu'exceptionnellement le mandat du PE pour la réunion de concertation de juillet 2009 n'a pas été approuvé en plénière, dû aux élections du nouveau Parlement.

[147] Selon la déclaration commune sur les recrutements liés aux élargissements de 2004 et de 2007 : "*Le Parlement européen et le Conseil soulignent une nouvelle fois qu'il est important de pourvoir tous les postes vacants liés aux élargissements de 2004 et de 2007, en particulier aux niveaux d'encadrement moyen et supérieur, et demandent instamment aux institutions et à l'Office européen de sélection du personnel (EPSO), en particulier, de tout mettre en œuvre pour que les mesures nécessaires soient prises afin d'accélérer l'ensemble du processus de recrutement de fonctionnaires sur les postes accordés par l'autorité budgétaire. Les*

Par ailleurs, le Parlement européen a acté au procès-verbal de la réunion[148] trois déclarations unilatérales, la première sur la *mise en œuvre du budget général pour 2009 (système d'alerte budgétaire)*[149], la deuxième sur la *simplification et l'utilisation plus ciblée des Fonds structurels dans le contexte de la crise économique*[150] et la troisième sur la *rubrique 4 (L'UE acteur mondial) du cadre financier pour 2007-2013*[151].

D. Le projet de budget pour 2010 établi par le Conseil tient compte des orientations budgétaires du Conseil pour 2010 (voir page 100), en mettant notamment l'accent sur les aspects suivants :

---

critères devraient être conformes à ceux qui sont fixés à l'article 27 du statut, l'objectif étant de parvenir dans les meilleurs délais à une représentation géographique proportionnelle aussi large que possible.

Le Parlement européen et le Conseil entendent continuer à suivre de près le processus de recrutement en cours. À cet effet, ils demandent à chaque institution et à l'EPSO de transmettre deux fois par an, en mars et en octobre, à l'autorité budgétaire des informations sur l'état de la situation concernant les recrutements liés aux élargissements de 2004 et de 2007".

148 Doc. *Conseil 11902/09 BUDGET 39* du 20 juillet 2009, pp. 6/13.

149 Selon la déclaration unilatérale du PE sur la mise en œuvre du budget général pour 2009 : "*Le Parlement européen est préoccupé par la situation de l'exécution du budget 2009 telle qu'elle ressort de la dernière note d'alerte pour les prévisions budgétaires, en particulier en ce qui concerne les engagements relevant des sous-rubriques 3a et 3b et les paiements relevant des rubriques et des sous-rubriques 1a, 3a, 3b et 5. Il souligne qu'il importe de respecter le calendrier d'exécution prévu dans l'avant-projet de budget.*

Le Parlement européen demande à la Commission de présenter d'ici le 31 août 2009 un rapport exposant plus en détail les raisons (structurelles, organisationnelles, ou tenant à la gestion ou aux procédures) des retards constatés dans la mise en œuvre de chaque programme ou domaine d'action concerné.

Le Parlement européen demande également à la Commission de fournir des justifications, pour chaque programme ou domaine d'action, lorsque l'exécution s'écarte des décisions prises par l'autorité budgétaire dans le budget".

Le Parlement européen n'a pas souhaité se joindre ni à la déclaration du Conseil sur les crédits de paiement (voir page 114), celui-ci s'opposant à son élargissement à toutes les rubriques et sous-rubriques du cadre financier, et notamment à la rubrique *5 (Administration)*, ni à sa déclaration sur la rubrique *4 (L'UE acteur mondial)*, le Parlement ne voulant aucune référence à une quelconque marge (mais préférant se concentrer sur une "*évaluation pluriannuelle des besoins dans ce domaine*" ; voir note 151). Par ailleurs, la déclaration du Conseil sur la politique immobilière des institutions et organes de l'UE a fait l'objet d'une déclaration commune lors de la réunion de concertation du 18 novembre 2009 (voir pages 127 et 155-157).

150 Selon la déclaration unilatérale du PE sur la simplification et l'utilisation plus ciblée des Fonds structurels dans le contexte de la crise économique : "*Le Parlement européen rappelle les déclarations communes des trois institutions, de novembre 2008 et d'avril 2009* [voir pages 78-79 et 98], *sur la mise en œuvre de la politique de cohésion et insiste sur la nécessité de poursuivre les efforts visant à accélérer la mise en œuvre des Fonds structurels et du Fonds de cohésion. Il considère que les progrès accomplis dans la simplification des procédures d'évaluation, d'approbation et de gestion sont insuffisants, ce que vient corroborer le faible taux d'approbation des systèmes de gestion et de contrôle (SGC) et des grands projets (GP). Il demande instamment à la Commission de poursuivre, en étroite coopération avec les États membres, ses efforts pour simplifier les procédures de mise en œuvre et, en particulier, pour rendre plus rapide l'approbation des SGC et des GP, et accélérer ainsi les paiements, dans le respect de la règle n+2.*

Le Parlement européen considère que l'on pourrait mobiliser toutes les possibilités qu'offre l'utilisation des Fonds structurels, y compris l'adaptation ou la révision des programmes opérationnels, en faveur d'actions plus ciblées qui contribuent à surmonter les effets de la crise économique, et notamment des actions favorisant la croissance et la compétitivité et limitant les pertes d'emplois, et invite les États membres à utiliser cette faculté. Il demande à la Commission d'encourager le recours à l'ensemble des mesures prévues par la réglementation relative aux Fonds structurels visant à soutenir la croissance et l'emploi et de mettre en place à cet effet des procédures efficaces et rapides. En outre, le Parlement européen rappelle qu'il importe d'utiliser intégralement et efficacement les crédits disponibles". Cette déclaration a conduit à l'adoption d'une déclaration commune lors de la réunion de concertation du 18 novembre 2009 (voir pages 127 et 155-158).

151 Selon la déclaration unilatérale du PE sur la rubrique *4* du CF : "*Le Parlement européen a rappelé que lors de la procédure de concertation sur le budget du 21 novembre 2008, la Commission s'est engagée à présenter une évaluation de la situation concernant la rubrique 4, accompagnée si nécessaire de propositions pertinentes. Le Parlement européen a indiqué qu'il s'attendait à ce que la Commission joigne à la lettre rectificative une évaluation pluriannuelle des besoins dans ce domaine*". Cette déclaration est liée non seulement aux déclarations du 21 novembre 2008 du Parlement européen et de la Commission (voir page 80), mais également à la déclaration du Conseil sur la rubrique *4* (voir page 114, note 153).

La Commission a présente l'évaluation de la situation de la rubrique *4* le 2 septembre 2009, ensemble avec la lettre rectificative n° 1/2010 touchant à la même rubrique (doc. *SEC(2009) 1133 final*, Volume 2 ; voir page 135).

- respect de l'AII de 2006, de la discipline budgétaire et de la bonne gestion financière ;

- dégagement de marges supplémentaires par rapport à l'APB sous les plafonds des différentes rubriques et sous-rubriques du cadre financier, à l'exception de la sous-rubrique *1b* (*Cohésion pour la croissance et l'emploi*)[152], afin de pouvoir faire face à des situations imprévues. Dans ce contexte, le Conseil a adopté une déclaration concernant le cas spécifique de la rubrique *4* (*L'UE acteur mondial*)[153], et

- détermination des crédits d'engagement et de paiement[154] sur la base du taux d'exécution en 2008, de la "note d'alerte budgétaire du printemps" (voir première partie, page 34 et page 112) et des capacités d'absorption escomptées[155].

Il convient de relever que tout comme l'avant-projet de budget, le projet de budget établit par le Conseil n'inclue pas les 2,4 milliards d'euros destinés à financer la "deuxième partie" du plan européen de relance (voir pages 123-124 et 127-128).

S'agissant des dépenses administratives des institutions (rubrique *5* du cadre financier), le Conseil a notamment appliqué les principes suivants :

- établir l'augmentation globale des dépenses administratives de l'UE à un niveau proche du taux d'inflation ;

- fixer au "*niveau approprié*" le budget administratif de chaque institution (hors Parlement européen, voir pages 118-119), en tenant compte de leurs spécificités et de leurs "*besoins réels et justifiés*" ;

- procéder à des réductions ciblées sur des lignes budgétaires précises pour toutes les institutions (hors PE), en tenant compte de l'exécution budgétaire pour 2008 et des besoins réels ;

- augmenter l'abattement forfaitaire standard sur les salaires[156] pour la plupart des institutions, en tenant compte du taux de vacance existant ;

- insister sur la nécessité de pourvoir à tous les postes vacants. Ceci a conduit à l'adoption d'une déclaration commune avec le Parlement européen lors de la réunion de concertation du 10 juillet 2009 (voir pages 127 et 155-158) ;

- n'accepter aucun nouveau poste demandé par les institutions (hors PE), et

- accepter toutes les conversions, transformations et revalorisations demandées.

Le Conseil a également procédé à un examen de la politique immobilière des institutions et organes de l'Union européenne. Il a conduit à l'adoption d'une déclaration à ce sujet[157].

S'agissant enfin des agences décentralisées de

---

[152] Voir page 29, note 94.

[153] Selon la déclaration du Conseil sur la rubrique *4* (*L'UE acteur mondial*) du CF : "*Le Conseil, prenant acte de l'intention de la Commission de présenter une lettre rectificative modifiant l'APB 2010 couvrant à un stade ultérieur les besoins supplémentaires dans le domaine des actions extérieures, en particulier les priorités couvertes par les précédentes lettres rectificatives et les priorités énoncées dans les conclusions du Conseil européen de juin 2009, a établi son projet de budget 2010 avec une marge appropriée à la rubrique 4 de façon à ce qu'il puisse en être tenu compte*".

[154] S'agissant des crédits de paiement, le Conseil a accompagné ses réductions de sa déclaration "traditionnelle" suivante (voir pages 38-39) : "*Le Conseil demande à la Commission de présenter un budget rectificatif si les crédits inclus dans le budget 2009 s'avéraient insuffisants pour couvrir les dépenses relevant de la sous-rubrique 1a (Compétitivité pour la croissance et l'emploi), de la sous-rubrique 1b (Cohésion pour la croissance et l'emploi), de la rubrique 2 (Conservation et gestion des ressources naturelles) et de la rubrique 4 (L'UE acteur mondial)*".

[155] Cette approche a été suivie non seulement pour les dépenses opérationnelles, mais également pour les dépenses administratives liées aux programmes opérationnels et pour les dépenses des agences exécutives chargées de la gestion de certains programmes.

[156] Voir page 37, note 138.

[157] Selon la déclaration du Conseil sur la politique immobilière des institutions et organes de l'UE : "*Le Conseil rappelle ses conclusions sur le rapport spécial n° 2/2007 de la Cour des comptes relatif aux dépenses immobilières des institutions* [JO C 148 du 2.7.2007, pp. 1/26 et rectificatif au JO C 178 du 31.7.2007, p. 4] *et, conscient que les coûts immobiliers représentent une part significative des dépenses administratives*

l'Union européenne, le Conseil a accepté les montants des subventions proposées par la Commission (hors montants prévus pour les rénumérations pour les nouveaux postes demandés), mais n'a retenu aucun des nouveaux postes demandés[158]. Une exception a néanmoins été faite pour les nouvelles agences prévues en 2010[159], ainsi que – pour des raisons politiques (voir *supra*) – pour l'agence "Frontex"[160].

Il convient de relever qu'à la différence des années précédentes, le Conseil a remplacé ses réductions "horizontales" traditionnelles par des réductions plus ciblées[161], basées autant que possible sur les données de la mise en œuvre en 2008, sur les informations fournies par le système d'alerte budgétaire pour 2009 et sur les capacités d'absorption escomptées en 2010, ainsi que – dans certains cas – sur le contenu des fiches d'activité (voir chapitre IV). Pour des raisons politiques, le Conseil a néanmoins écarté de ces réductions[162] certains domaines sensibles (ou il a effectué des diminutions moins importantes pour certains secteurs), tels que le sec-

---

globales des institutions de l'UE, estime qu'il est essentiel que les dépenses immobilières fassent l'objet d'une bonne gestion financière.

Le Conseil réaffirme l'importance d'une étroite coopération interinstitutionnelle dans ce domaine. Il souligne que les institutions doivent coopérer dans toute la mesure du possible et unir leurs forces, tant pour l'achat ou la location d'immeubles que pour les dépenses courantes connexes. Il invite les institutions à mettre en commun leurs locaux chaque fois que possible afin de limiter au minimum nécessaire leurs dépenses immobilières.

Dans ce contexte, le Conseil salue les efforts déjà déployés par les institutions en vue de coopérer au niveau interinstitutionnel et d'harmoniser leurs méthodes de gestion immobilière. Il note avec satisfaction l'accord portant sur des lignes directrices communes relatives à la définition et au calcul de l'espace immobilier, récemment dégagé par les groupes de travail interinstitutionnels à Bruxelles et Luxembourg. Le Conseil demande aux institutions de se pencher sur les possibilités de poursuivre la coopération interinstitutionnelle, qui pourrait comprendre le partage et la gestion commune de locaux ainsi que l'éventualité d'un office interinstitutionnel des immeubles.

Le Conseil invite les institutions à mettre en place des stratégies immobilières à long terme, sur la base d'estimations réalistes des effectifs futurs et capables d'assurer la souplesse nécessaire grâce à une répartition équilibrée entre immeubles en pleine propriété et en location afin d'éviter dans la mesure du possible toute décision au cas par cas dans ce domaine. Il demande également aux institutions d'utiliser l'espace disponible de la manière la plus rationnelle possible et de prendre toutes les mesures possibles en matière de rationalisation interne. Le Conseil salue les travaux déjà menés par les institutions sur les méthodes différentes de financement et attend avec intérêt la présentation du rapport de la Commission.

Le Conseil attache une grande importance à recevoir le plus rapidement possible les informations requises en vertu des dispositions pertinentes du règlement financier. Ces informations devraient comprendre une évaluation détaillée des besoins, des analyses complètes du rapport coût-efficacité, les différentes solutions possibles, les différences entre l'achat et la location ainsi que les autres possibilités de financement et devraient prendre en compte tous les frais liés au financement. Les informations devraient être mises à la disposition des deux branches de l'autorité budgétaire bien avant la prise de décision de façon à leur permettre d'arrêter leur position sans être soumises à des contraintes de délai.

Il demande en outre une nouvelle fois aux secrétaires généraux des institutions de lui fournir des informations avant la présentation de l'avant-projet de budget. Tout en reconnaissant les spécificités de chaque institution ainsi que les caractéristiques particulières de chaque projet, le Conseil demande aux institutions de poursuivre leurs travaux d'harmonisation de ces informations au moyen de définitions et d'indicateurs communs afin qu'il soit possible de comparer l'espace immobilier et les frais immobiliers entre les différentes institutions, y compris la conception commune de la méthode de calcul des coûts annuels des biens en pleine propriété répartis sur la période totale de leur utilisation.

Le Conseil encourage les institutions à poursuivre et à intensifier l'application, dans leurs bâtiments, des mesures liées à l'efficacité énergétique et à l'environnement, y compris la certification aux normes environnementales, chaque fois que cela est approprié et faisable compte tenu des ressources dont elles disposent.

Le Conseil note que l'excellente coopération entre les institutions et les administrations de leurs États membres d'accueil contribue sensiblement à la bonne gestion des questions immobilières.

Le Conseil rappelle que ses observations s'appliquent également à la situation particulière des agences exécutives et, le cas échéant, aux agences décentralisées".

[158] Ceci a naturellement conduit à réduire d'un montant équivalent la subvention proposée dans l'APB.

[159] C'est-à-dire l'Agence de coopération des régulateurs de l'énergie (15 postes AD et 10 postes AST), le Bureau européen d'appui en matière d'asile (14 postes AD et 10 postes AST) et l'Office de l'Organe des régulateurs européens des communications électroniques (7 postes AD et 3 postes AST).

[160] Au total 14 postes AD et 12 postes AST.

[161] Cette nouvelle approche du Conseil est notamment liée à une préparation à l'entrée en vigueur des nouvelles règles régissant la procédure budgétaire, prévues dans le traité de Lisbonne (voir pages 323-326).

[162] Comme les années précédentes le Conseil, conformément au point 37 de la Partie II de l'AII de 2006,

teur du lait ou les aides directes dans l'agriculture, les mesures liées à l'immigration ou certaines actions extérieures de l'UE (voir *infra*, point E).

Par ailleurs, comme dans le cas du budget général pour 2009[163], le Conseil a décidé de ne pas retenir à ce stade dans le PB des dépenses liées à la mise en œuvre du traité de Lisbonne.

E. En ce qui concerne les différentes rubriques et sous-rubriques du cadre financier pour 2007-2013, les résultats de la première lecture du Conseil s'établissent comme suit :

- les crédits de la sous-rubrique *1a* (*Compétitivité pour la croissance et l'emploi*) s'élèvent à 12 670 millions d'euros en crédits d'engagement (y inclus le Fonds européen d'ajustement à la mondialisation) et à 10 574 millions d'euros en crédits de paiement (respectivement +7,6 % et -4,1 % par rapport à 2009[164]).

La marge sous le plafond de la sous-rubrique laissée par le Conseil s'élève à 218 millions d'euros.

Le Conseil a réduit les crédits d'engagement de 52 lignes budgétaires (articles ou postes, y inclus les lignes dédiées aux subventions aux agences décentralisées relevant de cette sous-rubrique[165]), pour un montant total de 99,8 millions d'euros par rapport à ce qui était proposé dans l'avant-projet de budget[166].

En ce qui concerne les crédits de paiement, le Conseil les a réduits de 408,3 millions d'euros sur 104 lignes budgétaires, y inclus les lignes relatives aux agences décentralisées.

Le Conseil a retenu les montants "opérationnels" proposés pour les programmes européens de GNSS "Egnos" et "Galileo", tout en réduisant de 2,5 millions d'euros les crédits pour la gestion administrative des programmes. Pour l'Autorité européenne de surveillance GNSS, il a rejeté les nouveaux postes demandés[167].

S'agissant des crédits demandés pour l'Institut européen d'innovation et de technologie, pour la nouvelle Agence de coopération des régulateurs de l'énergie et pour le nouvel Office de l'Organe des régulateurs européens des communications électroniques, le Conseil a accepté les propositions de la Commission ;

- les crédits de la sous-rubrique *1b* (*Cohésion pour la croissance et l'emploi*) s'élèvent à 49 382 millions d'euros en crédits d'engagement (+2,0 %) et à 36 089 millions d'euros en crédits de paiement (+3,2 %). La marge restante sous le plafond de cette sous-rubrique est ainsi de 12 millions d'euros.

Le Conseil a accepté les crédits d'engagement proposés par la Commission dans son APB. En ce qui concerne les crédits de paiement, le Conseil les a réduits de 293 millions d'euros sur sept lignes budgétaires[168] ;

- les crédits de la rubrique *2* (*Conservation et gestion des ressources naturelles*) s'élèvent à 58 640 millions d'euros en crédits d'engagement (+3,4 %),

---

a écarté de ses réductions (en crédits d'engagement, hors dépenses pour la gestion administrative des programmes et dépenses gérées par les agences exécutives) toutes les lignes budgétaires comportant des montants relatifs à des programmes co-décidés.

[163] Voir page 33.

[164] Budgets rectificatifs nº 1-3 et 5/2009 compris (voir chapitre II).

Si le BR nº 4/2009 lié au financement du plan européen de relance en 2009 est inclus, ces pourcentages s'établissent à -8,0 et à -4,8 %.

[165] Le Conseil a réduit les subventions de sept agences décentralisées relevant de la sous-rubrique *1a* du CF, pour un montant total de 11,1 millions d'euros en crédits d'engagement et de paiement. Ces réductions sont liées à la non-acceptation des nouveaux postes demandés par ces agences pour 2010 (voir pages 114-115).

[166] Ces réductions vont (en crédits d'engagement et de paiement) de 30 000 euros pour les dépenses pour la gestion administrative des services européens de l'emploi (EURES ; poste *04 01 04 04*) à 36,8 millions d'euros pour les "autres dépenses" de gestion pour la recherche (poste *08 01 05 03*).

[167] Au total 5 postes AD, soit -329 000 euros.

[168] Ces lignes budgétaires concernent l'achèvement des objectifs nº 2 et 3 du FSE pour la période 2000-2006 (articles *04 02 04* et *04 02 06* ; -28 millions d'euros), l'objectif de compétitivité régionale du FSE (article *04 02 19* ; -97 millions d'euros), l'achèvement de l'objectif nº 2 du FEDER pour la période 2000-

dont 43 390 millions d'euros pour les dépenses relatives au marché et paiements directs, et à 57 583 millions d'euros en crédits de paiement (+9,5 %), dont 43 271 millions d'euros pour les dépenses de marché et paiements directs.

La marge laissée par le Conseil sous le plafond de cette rubrique est de 1 473 millions d'euros, dont 1 356 millions d'euros pour les dépenses relatives au marché et paiements directs.

Le Conseil a réduit les crédits de 44 lignes budgétaires, pour un montant total de 363,4 millions d'euros en crédits d'engagement et de 491,5 millions d'euros en crédits de paiement par rapport à ce qui était proposé dans l'avant-projet de budget[169].

Ces réductions incluent, comme lors de la procédure budgétaire pour 2009[170], un accroissement du montant négatif de la ligne budgétaire relative à l'apurement comptable (poste *05 07 01 06*) de 230 millions d'euros par rapport à ce que proposait la Commission dans son APB[171].

Par contre, le Conseil a accepté les montants proposés par la Commission concernant notamment les lignes budgétaires liées aux aides directes dans l'agriculture (chapitre *05 03*), au secteur du lait ou à la réforme du secteur du vin. Il a également accepté les propositions de la Commission concernant le programme en faveur de la consommation de fruits à l'école et les programmes de distribution de denrées alimentaires en faveur des personnes les plus démunies[172] ;

- les crédits de la sous-rubrique *3a* (*Liberté, sécurité et justice*) s'élèvent à 974 millions d'euros en crédits d'engagement (+12,8 %) et à 692 millions d'euros en crédits de paiement (+12,1 %). La marge restante sous le plafond de cette sous-rubrique est ainsi de 51 millions d'euros.

Le Conseil a réduit les crédits d'engagement de 11 lignes budgétaires (y inclus les lignes dédiées aux subventions aux agences décentralisées relevant de cette sous-rubrique[173]), pour un montant total de 5,9 millions d'euros par rapport à ce qui était proposé dans l'APB[174].

2006 (article *13 03 04* ; -5 millions d'euros), l'achèvement de l'initiative communautaire Interreg III pour la période 2000-2006 (article *13 03 13* ; -25 millions d'euros), l'objectif de compétitivité régionale du FEDER (article *13 03 18* ; -133 millions d'euros) et l'objectif de coopération territoriale européenne du FEDER (article *13 03 19* ; -5 millions d'euros).

[169] Il convient de relever qu'une grande partie des crédits relatifs au marché et paiements directs sont des crédits non dissociés.

Ces réductions vont de 5 500 euros pour les "autres mesures" dans le domaine des céréales (poste *05 02 01 99*) à 33,6 millions d'euros pour les programmes nationaux de soutien au secteur vitivinicole (poste *05 02 09 08*).

[170] Voir page 35.

[171] Soit -80 millions d'euros. Il convient de relever que ce montant négatif doit être couvert au cours de l'année budgétaire par des virements à partir de lignes budgétaires dotées d'un montant (positif).

[172] Concernant ces derniers, et suite à son recours introduit le 23 décembre 2008 devant le Tribunal de première instance (affaire *T-576/08* – Allemagne contre Commission ; voir page 56), l'Allemagne a acté au procès-verbal du Conseil la déclaration unilatérale suivante : "*En ce qui concerne l'adoption de la position du Conseil sur le projet de budget 2010 et compte tenu de la procédure en cours devant le Tribunal de première instance, l'Allemagne déclare que le programme "Aide alimentaire pour les personnes les plus démunies dans l'Union européenne" doit être mis en œuvre conformément au droit communautaire. L'Allemagne estime qu'il ne faudrait pas recourir aux achats sur le marché dans le cadre de ce programme. La mise en œuvre de ce programme doit tenir compte de la procédure en cours devant le Tribunal de première instance*".

Il convient de noter que la Commission a présenté le 17 septembre 2008 une proposition de règlement du Conseil modifiant les règlements (CE) n° 1290/2005 relatif au financement de la politique agricole commune et (CE) n° 1234/2007 portant organisation commune des marchés dans le secteur agricole et dispositions spécifiques en ce qui concerne certains produits de ce secteur (règlement "OCM unique") pour ce qui est de la distribution de denrées alimentaires au profit des personnes les plus démunies de la Communauté (doc. *COM(2008) 563 final*).

[173] Le Conseil a réduit les subventions de trois agences décentralisées relevant de cette sous-rubrique du CF, pour un montant total de 3,5 millions d'euros en crédits d'engagement et de paiement (voir pages 114-115).

[174] Ces réductions vont de 100 000 euros (en crédits d'engagement et de paiement) pour cinq lignes budgétaires (*18 01 04 02*, *18 01 04 11*, *18 01 04 12*, *18 01 04 17* et *18 08 05*) à 1 million d'euros en crédits d'engagement pour le Système d'information Schengen "SIS II" (poste *18 02 04 01*) et à 4 millions d'euros en crédits de paiement pour le Fonds européen pour l'intégration des ressortissants de pays tiers (article *18 03 09*).

En ce qui concerne les crédits de paiement, le Conseil les a réduits de 27,9 millions d'euros sur 24 lignes budgétaires, y inclus les lignes relatives aux agences décentralisées.

Le Conseil a accepté les montants proposés par la Commission pour le nouveau Bureau européen d'appui en matière d'asile. Pour Europol, il a retenu la proposition de la Commission sauf en ce qui concerne les nouveaux postes demandés, qui n'ont pas été inclus dans le projet de budget[175] ;

- les crédits de la sous-rubrique *3b* (*Citoyenneté*) s'élèvent à 634 millions d'euros en crédits d'engagement (-2,6 %) et à 614 millions d'euros en crédits de paiement (-9,6%[176]). La marge restante sous le plafond de cette sous-rubrique est de 34 millions d'euros.

Le Conseil a décidé de réduire les crédits d'engagement de 16 lignes budgétaires[177], pour un montant total de 15,1 millions d'euros[178].

En ce qui concerne les crédits de paiement, le Conseil les a réduits de 26,2 millions d'euros sur 19 lignes budgétaires au total[179] ;

- les crédits de la rubrique *4* (*L'UE acteur mondial*) s'élèvent à 7 832 millions d'euros en crédits d'engagement (-3,4 %) et à 7 156 millions d'euros en crédits de paiement (-14 %). La marge restante sous le plafond de cette rubrique est de 310 millions d'euros.

Le Conseil a réduit les crédits d'engagement de 18 lignes budgétaires, pour un montant total de 89,1 millions d'euros[180].

En ce qui concerne les crédits de paiement, le Conseil les a réduits de 259,5 millions d'euros sur 24 lignes budgétaires[181]. Par ailleurs, le Conseil n'a de nouveau retenu[182] qu'un "p.m." concernant les crédits de paiement destinés à la réserve pour aides d'urgence.

S'agissant du "budget PESC", le Conseil a accepté les montants proposés dans l'avant-projet de budget[183], soit 281,5 millions d'euros en crédits d'engagement et 225,7 millions d'euros en crédits de paiement.

- les crédits de la rubrique *5* (*Administration*) s'élèvent à 7 812 millions d'euros en crédits d'engagement et de paiement (+1,5 %). La marge restante sous le plafond de cette rubrique est ainsi de 276 millions d'euros.

S'agissant de la section I du budget général couvrant les dépenses du Parlement européen, le Conseil a respecté le "*Gentlemen's agreement*"[184]

---

175 14 postes AD et 3 postes AST (-1,9 millions d'euros au total).

176 Ces pourcentages ne tiennent pas compte de l'augmentation du montant de l'article *13 06 01* suite à la mobilisation du Fonds de solidarité de l'Union européenne en 2009 (voir chapitre II).

177 Y inclus l'article *17 03 03* concernant la subvention au Centre européen de prévention et de contrôle des maladies (-3,2 millions d'euros).

178 Ces réductions vont de 50 000 euros pour l'article *16 04 03* (*Publications écrites ciblées*) à 8,6 millions d'euros pour l'article *16 02 02* (*Actions multimédias*).

179 Ces réductions vont de 60 000 euros pour le poste *09 01 04 30* (*Subvention pour les programmes de la sous-rubrique 3b de l'agence exécutive "Éducation, audiovisuel et culture"*) à 6 millions d'euros pour l'article *17 03 06* (*Action communautaire dans le domaine de la santé*).

180 Ces réductions vont de 146 000 euros pour les dépenses pour la gestion administrative de l'instrument pour les pays industrialisés (IPI ; poste *19 01 04 08*) à 16 millions d'euros pour l'instrument de préadhésion pour le développement rural (IPARD) et pour composante du développement régional de l'instrument d'aide de préadhésion (IAP ; articles *05 05 02* et *13 05 02*).

181 Ces réductions vont de 146 000 euros pour le poste *19 01 04 08* à 70 millions d'euros pour l'aide à la transition et au renforcement des institutions en faveur des pays candidats potentiels (article *22 02 02*).
Il convient de relever que pour des raisons politiques, les réductions concernant les crédits pour l'instrument européen pour la démocratie et les droits de l'homme (article *19 04 01*) et pour l'aide à la préadhésion sont moins importantes (en termes relatifs) que pour les autres lignes budgétaires en appliquant les mêmes critères.

182 Voir page 37.

183 Les montants proposés par la Commission étant compatibles avec le montant prévu au point 42, cinquième paragraphe de la Partie II de l'AII de 2006 (voir Tome I, p. 112 et page 37).

184 Voir page 37.

en incluant sans changements l'état prévisionnel du PE dans le projet de budget.

Il convient de relever que le Conseil n'a accordé aucun nouveau poste aux autres institutions (voir page 114).

8. Le projet de budget amendé et assorti de propositions de modifications par le Parlement européen (22 octobre 2009)

A. Le projet de budget amendé et assorti de propositions de modifications par le Parlement européen s'élève à 141 745 millions d'euros en crédits pour engagements et à 127 526 millions d'euros en crédits pour paiements, en augmentation de 3,4 % et de 9,7 % respectivement par rapport au budget général pour 2009[185]. Les crédits pour engagements correspondent à 1,20 % et les crédits pour paiements à 1,08 % du RNB de l'Union européenne. Le PE a laissé une marge de 6 957 millions d'euros sous le plafond des crédits pour paiements. Suite à l'"amendement astérisque" (voir *infra*), le Parlement dépasse le plafond des crédits pour engagements de 1 427 millions d'euros.

B. Lors du trilogue qui a précédé la première lecture du PE du projet de budget pour 2010, organisé le 15 octobre 2009 à Bruxelles, les deux branches de l'autorité budgétaire et la Commission ont surtout abordé la question du contenu de la première lecture du Parlement européen, ce dernier soulignant avant tout l'importance de son "amendement astérisque"[186] (voir tableau 29, page 121) visant à financer en 2010 la "deuxième partie" du plan européen de relance, conformément à la déclaration commune du 2 avril 2009 (voir pages 103-104), ainsi que son amendement proposant la création d'un Fonds laitier doté de 300 millions d'euros (voir page 122), le Parlement indiquant qu'il s'agit là d'une condition "*sine qua non*" pour tout accord sur la budget général pour 2010.

Le Conseil a surtout déploré le peu de marges que le Parlement européen se proposait de laisser sous les plafonds des différentes rubriques et sous-rubriques du CF, la position du Parlement sur les crédits de paiement, ainsi que les amendements du PE visant le "budget PESC" (voir page 123).

La Commission, quant à elle, a regretté les nombreuses inscriptions en réserve de crédits envisagées par le Parlement, les multiples augmentations de crédits de paiement allant au-delà de ce qui était proposé dans l'APB et les réductions dans les lignes budgétaires destinées aux crédits d'appui administratif.

Les trois institutions ont également tenté de rapprocher leurs positions sur la lettre rectificative n° 1/2010 (voir page 135).

Par ailleurs, le Parlement européen et le Conseil ont donné leur accord, conformément au point 47 de l'AII de 2006, au financement du Bureau européen d'appui en matière d'asile[187].

Ils ont également évoqué les propositions de la Commission d'établir les quatre nouvelles agences décentralisées suivantes :

---

[185] Budgets rectificatifs n° 1-9/2009 compris (voir chapitre II).

[186] Voir page 42.

[187] Le Parlement européen et le Conseil ont adopté à cet effet la déclaration commune suivante : "*Conformément au point 47 de l'accord interinstitutionnel du 17 mai 2006, le Parlement européen, le Conseil et la Commission conviennent de ce qui suit : sur la base des informations transmises par la Commission dans sa programmation financière, le Parlement européen et le Conseil notent que le financement du Bureau européen d'appui en matière d'asile peut être assuré dans la limite du plafond de dépenses approuvé pour la sous-rubrique 3a du cadre financier pluriannuel pendant la période 2007-2013 ; le montant annuel sera fixé dans le cadre de chaque procédure budgétaire annuelle*".

Les deux branches de l'autorité budgétaire ont également confirmé leur accord sur le financement de l'Agence européenne de coopération des régulateurs de l'énergie et de l'Organe des régulateurs européens des communications électroniques et de l'Office (voir pages 97-98) comme suit : "*Sur la base des informations transmises par la Commission dans sa programmation financière, le Parlement européen et le Conseil confirment l'accord sur le financement de l'Agence européenne de coopération des régulateurs de l'énergie (ACER) ainsi que de l'Organe des régulateurs européens des communications électroniques (ORECE), qui peut être assuré dans la limite du plafond de dépenses approuvé pour la sous-rubrique 1a du cadre financier pluriannuel pendant la période 2007-2013 ; les montants annuels respectifs seront fixés dans le cadre de chaque procédure budgétaire annuelle*".

- l'Agence pour la gestion opérationnelle des systèmes d'information à grande échelle dans le domaine de la liberté, de la sécurité et de la justice[188] ;

- l'Autorité bancaire européenne ;

- l'Autorité européenne des assurances et des pensions professionnelles, et

- l'Autorité européenne des marchés financiers[189].

Enfin, le Parlement européen, le Conseil et la Commission ont poursuivi leur échange de vues sur les conséquences de l'entrée en vigueur du traité de Lisbonne (voir chapitre II et page 112).

C. Lors de sa première lecture du projet de budget pour 2010, le Parlement européen a porté une attention toute particulière notamment aux questions et domaines suivants :

- le niveau des crédits de paiement de différentes lignes budgétaires et surtout de celles liées aux priorités du Parlement européen. Ceci qui a conduit à une forte augmentation des crédits par rapport au budget général pour 2009 (voir *supra*) ;

- le financement de la "deuxième partie" du plan européen de relance et le suivi de la mise en œuvre de sa "première partie" (voir pages 102-105). Dans ce contexte, le PE a attaché beaucoup d'importance au financement – y inclus le financement par le biais de la Banque européenne d'investissement – des différents réseaux transeuropéens (RTE-T et RTE-E), des petites et moyennes entreprises et de la recherche et de l'innovation ;

- la sécurité énergétique de l'Union européenne ;

- le financement – aussi bien à l'intérieur qu'à l'extérieur de l'UE – de mesures liées au changement climatique ;

- la mise en œuvre des programmes des Fonds structurels et de cohésion ;

- le suivi de la mise en œuvre des nouvelles lignes budgétaires créées par le PE dans le budget général pour 2009 ;

- la politique de communication de l'Union européenne et son efficience, et

- le multilinguisme.

Il convient de relever que le Parlement européen a adopté des "amendements horizontaux" réduisant le montant des crédits alloués aux lignes budgétaires "*01 04*" (c'est-à-dire aux lignes budgétaires concernant des dépenses administratives qui ne relèvent pas de la rubrique 5 (*Administration*) du CF[190]). Dans ce contexte, le PE a retenu des réductions approuvées par le Conseil dans son projet de budget concernant 33 lignes budgétaires[191].

S'agissant des agences décentralisées de l'Union européenne, le Parlement a adopté une approche globale qui consiste à rétablir les montants proposés dans l'APB, sauf pour un nombre limité d'agences décentralisées, où le PE a augmenté les montants des subventions au-delà de ceux proposés par la Commission.

---

[188] La Commission a proposé de créer une agence pour la gestion opérationnelle des systèmes d'information à grande échelle dans le domaine de la liberté, de la sécurité et de la justice le 24 juin 2009 (doc. *COM(2009) 293 final*). La nouvelle agence aurait notamment pour tâche de gérer le système d'information Schengen de deuxième génération ("SIS II"), le système d'information sur les visas (VIS) et le système "Eurodac" pour la comparaison des empreintes digitales des demandeurs d'asile et des immigrants clandestins.

[189] La Commission a proposé de créer ces trois dernières agences le 23 septembre 2009 (doc. *COM(2009) 501 final*, *COM(2009) 502 final* et *COM(2009) 503 final* respectivement), suite à une demande du Conseil européen des 18 et 19 juin 2009 (doc. *Conseil 11225/2/09 REV 2 CONCL 2* du 10 juillet 2009, points 20 et 21).

[190] Il s'agit des anciennes lignes "*B…A*" (voir Tome I, p. 25).

[191] Dont 16 lignes budgétaires sous la sous-rubrique *1a* (*Compétitivité pour la croissance et l'emploi*), 2 sous la rubrique *2* (*Conservation et gestion des ressources naturelles*), 4 sous la sous-rubrique *3a* (*Liberté, sécurité et justice*), 5 sous la sous-rubrique *3b* (*Citoyenneté*) et 6 sous la rubrique *4* (*L'UE acteur mondial*) du CF.

Le Parlement européen a également inscrit en réserve une partie des crédits administratifs ou opérationnels liés à un nombre de lignes budgétaires, en liant la levée des réserves à différentes conditions énumérées dans les commentaires budgétaires respectifs.

Enfin, comme lors des procédures budgétaires précédentes, le PE a voté une série de projets pilotes et d'actions préparatoires dans différents domaines.

D. La première lecture du Parlement européen s'établit par rubriques et sous-rubriques du cadre financier pour 2007-2013 comme suit :

- les crédits de la sous-rubrique *1a* (*Compétitivité pour la croissance et l'emploi*) s'élèvent (y inclus les 500 millions d'euros destinés au Fonds européen d'ajustement à la mondialisation) à 14 867 millions d'euros en crédits d'engagement (+7,9 % par rapport à 2009[192]) et à 12 568 millions d'euros en crédits de paiement (+15,6 %).

Le Parlement européen a surtout renforcé les crédits liés à la stratégie de Lisbonne (voir page 25).

Le PE a inscrit 894,4 millions d'euros en crédits d'engagement et 464,7 millions d'euros en crédits de paiement pour les programmes de GNSS "Egnos" et "Galileo" (soit -1 et +10,2 millions d'euros par rapport à l'APB) et 5,1 millions d'euros en crédits d'engagement et de paiement pour l'Autorité européenne de surveillance GNSS (soit le montant proposé dans l'APB).

Pour l'IET, il a augmenté les crédits d'engagement de 1,2 million d'euros et les crédits de paiement de 1,1 million d'euros par rapport à l'APB et au PB, tout en maintenant les crédits sur les lignes budgétaires proposées par la Commission (voir page 106).

Quant à la nouvelle Agence de coopération des régulateurs de l'énergie et au nouvel Office de l'Organe des régulateurs européens des communications électroniques, le Parlement a retenu les montants (inscrits en réserve) proposés par la Commission dans l'APB et retenus par le Conseil dans le PB.

Afin de financer la "deuxième partie" du plan européen de relance, le PE a adopté un "amendement astérisque", qui conduit à dépasser le plafond de la sous-rubrique de plus de 1 979 millions d'euros. Le contenu de cet amendement est récapitulé dans le tableau 29 ci-dessous[193]. En parallèle avec l'adoption de cet amendement, le Parlement demande l'ouverture de négociations avec le Conseil en vue d'un recours aux différentes dispositions de flexibilité prévues par l'AII de 2006 (voir pages 123-124) ;

- le montant de la sous-rubrique *1b* (*Cohésion pour la croissance et l'emploi*) s'élève à 49 388 millions d'euros en crédits d'engagement (+2,2 %) et à 38 850 millions d'euros en crédits de paiement (+11,1 %), ce qui laisse une marge sous le plafond de la sous-rubrique de 6 millions d'euros.

Le Parlement européen a de nouveau surtout augmenté les crédits de paiement pour les lignes

Tableau 29. Le contenu de l'"amendement astérisque" adopté par le Parlement européen en première lecture

Sous-rubrique 1a (Compétitivité pour la croissance et l'emploi) du CF, en euros

Poste	Intitulé	Montant*	
		c/e	*c/p*
06 04 14 01	*Projets énergétiques en vue d'aider à la relance économique – Réseaux énergétiques*	+1.176.000.000	+500.000.000
06 04 14 02	*Projets énergétiques en vue d'aider à la relance économique – Piégeage et stockage du carbone (PSC)*	+523.000.000	+100.000.000
06 04 14 03	*Projets énergétiques en vue d'aider à la relance économique – Réseau européen d'éoliennes en mer*	+281.000.000	+250.000.000
Total		**+1.980.000.000**	**+850.000.000**

* *Tous ces montants sont inscrits en réserve*

---

[192] Budgets rectificatifs n° 1-9/2009 compris.
Si le BR n° 4/2009 lié au financement du plan européen de relance en 2009 n'est pas pris en compte, ces pourcentages s'établissent à +26,3 et à +16,4 %.

[193] Il convient de relever que la Commission avait déjà proposé dans son APB 650 millions d'euros en crédits de paiement à l'article *06 04 14* (voir page 107).

budgétaires liées à la cohésion, conformément aux priorités qu'il s'était fixées ;

- le montant de la rubrique *2* (*Conservation et gestion des ressources naturelles*) s'élève à 59 808 millions d'euros en crédits d'engagement (+5,4 %) et à 58 959 millions d'euros en crédits de paiement (+12,7 %), ce qui laisse une marge sous le plafond de la rubrique de 305 millions d'euros. La marge concernant les dépenses de marché et paiements directs est de 656 millions d'euros.

Le Parlement européen a rétabli les montants inscrits dans l'avant projet de budget et réduits par le Conseil. Il a également augmenté les crédits pour un certain nombre de lignes budgétaires.

Dans ce contexte, le Parlement a voté la création d'un Fonds laitier, doté de 300 millions d'euros[194] inscrits en réserve dans l'attente de l'adoption d'une base légale spécifique.

Pour le financement de l'Internet dans les zones rurales et d'actions liées aux "nouveaux défis" définis dans le contexte du bilan de santé de la PAC, le Parlement européen a créé une nouvelle ligne budgétaire (poste *05 04 05 03*), doté de 420 millions d'euros en crédits d'engagement et de 100 millions d'euros en crédits de paiement.

Enfin, pour lutter contre le changement climatique, le PE a créé une nouvel article (article *07 03 23*) pour un programme d'action de l'UE dans ce domaine, doté de 15 millions d'euros en crédits d'engagement et de paiement, inscrits en réserve dans l'attente de l'adoption d'une base légale ;

- le montant de la sous-rubrique *3a* (*Liberté, sécurité et justice*) s'élève à 1 006 millions d'euros en crédits d'engagement (+16,2 %) et à 794 millions d'euros en crédits de paiement (+28,5 %), ce qui laisse une marge sous le plafond de la sous-rubrique de 19 millions d'euros.

Le Parlement européen a augmenté les crédits destinés à ses priorités traditionnelles dans le domaine de la liberté, de la sécurité et de la justice.

Pour Europol, le PE a retenu 75,8 millions d'euros en crédits d'engagement et de paiement dont 3,9 millions d'euros inscrit en réserve ;

- le montant de la sous-rubrique *3b* (*Citoyenneté*) s'élève à 668 millions d'euros en crédits d'engagement et de paiement (+2,6 et -1,6 % respectivement[195]).

Le PE a épuisé toute la marge sous le plafond en augmentant les crédits concernant un nombre de programmes et d'actions relevant de cette sous-rubrique ;

- le montant de la rubrique *4* (*L'UE acteur mondial*) s'élève à 8 141 millions d'euros en crédits d'engagement (+0,5 %) et à 7 823 millions d'euros en crédits de paiement (-6,0 %), ce qui laisse une marge sous le plafond de la rubrique de 387 930 euros seulement.

Le Parlement européen a approuvé la lettre rectificative n° 1/2010 comme proposée par la Commission (voir page 135), mais a augmenté le financement de la Palestine de 25 millions d'euros en crédits d'engagement et de paiement et a placé les crédits en vue d'un accord sur le changement climatique lors de la conférence de Copenhague en décembre 2009 en réserve.

Par ailleurs, il a rétabli les montants proposés dans l'avant-projet de budget (et réduits par le Conseil en première lecture) pour certaines lignes budgétaires, tout en augmentant les crédits au-delà de ce qui était prévu dans l'APB pour certains programmes horizontaux et géographiques.

Pour la facilité alimentaire, le PE a retenu les montants proposés par la Commission dans l'APB et inclus par le Conseil dans le PB, soit 170 millions d'euros en crédits d'engagement et 350 millions d'euros en crédits de paiement.

Pour la stratégie européenne pour la région de la mer Baltique (poste *19 08 02 03*), le Parlement a

---

[194] Nouveau poste *05 02 12 09*.

[195] Ces pourcentages ne tiennent pas compte de l'augmentation du montant de l'article *13 06 01* suite à la mobilisation du Fonds de solidarité de l'Union européenne (voir chapitre II).

inscrit 20 millions d'euros en crédits d'engagement et de paiement mis en réserve.

Pour la réserve pour aides d'urgence, le Parlement, à la différence du Conseil, a retenu les crédits de paiement correspondants aux crédits d'engagement. Enfin, pour l'aide à la réhabilitation et à la reconstruction de la Géorgie (poste *19 08 01 07*)[196], il a maintenu la structure d'accueil présente déjà dans l'APB et le PB.

Enfin, en ce qui concerne le "budget PESC", le Parlement européen a transféré 50 millions d'euros des lignes opérationnelles vers la réserve liée aux dépenses administratives, et ceci en lien avec l'information sur la PESC et la décharge pour 2007 de la section II – Conseil – du budget général[197]. Par ailleurs, le Parlement a réduit les crédits de support administratif de 150 000 euros suite à un amendement sur la ligne budgétaire "*01 04*" ;

- le montant de la rubrique *5* (*Administration*) s'élève à 7 866 millions d'euros en crédits d'engagement et à 7 865 millions d'euros en crédits de paiement (+2,2 %), ce qui laisse une marge sous le plafond de la rubrique de 222 millions d'euros.

Le Parlement européen a augmenté, par rapport à l'APB, les montants proposés pour la Commission, dont une partie a été mise en réserve, dans l'attente que la Commission remplisse certaines conditions particulières.

Pour ce qui est des autres institutions[198], le Parlement européen a partiellement rétabli les demandes que celles-ci avaient initialement formulées en termes de crédits et de nouveaux postes, sauf en ce qui concerne la Cour de justice, pour laquelle il est allé au-delà de l'APB. Une partie des crédits liés aux services de traduction a été placée en réserve, dans l'attente d'un renforcement de la coopération interinstitutionnelle dans ce domaine. Pour son propre tableau des effectifs, le PE ajoute 54 nouveaux postes, dont 29 postes AD et 25 postes AST (voir tableau 35, page 133).

9. La deuxième révision en 2009 du cadre financier pour 2007-2013

La Commission a présenté sa proposition de révision du CF visant à financer la "deuxième partie" du plan européen de relance en ce qui concerne les projets dans le domaine de l'énergie le 27 octobre 2009[199]. Cette proposition est présentée dans le tableau 30 ci-dessous.

Il convient de souligner que la partie liée à l'Internet à haut débit et au bilan de santé de la politique

Tableau 30. Proposition de la Commission de révision du CF pour financer la "deuxième partie" du plan européen pour la relance économique

En millions d'euros

Rubrique ou sous-rubrique du CF	2009	2010	2011	2012	2013	Total
1a (*Compétitivité pour la croissance et l'emploi*)		+1 587*				**+1 587***
1b (*Cohésion pour la croissance et l'emploi*)		-11 }				**-11**
2 (*Conservation et gestion des ressources naturelles*)	-1 171	-124 } *-285*				**-1 295**
5 (*Administration*)	-131	-150 }				**-281**
Crédits pour engagements	**-1 302**	**+1 302**				**0**
Crédits pour paiements	***-1 302***	***+93***	***+340***	***+450***	***+419***	***0***

* *Montant non couvert : 393 millions d'euros*

[196] Voir page 110.

[197] Le Parlement européen motive son amendement comme suit : "*À l'occasion de divers dialogues et procédures interinstitutionnels, il s'est révélé apparent que la transparence et l'information pourraient être notablement améliorées quant à la distinction exacte entre dépenses administratives et postes de budget de fonctionnement dans le chapitre du budget "PESC". La réserve sera débloquée et, si nécessaire, réaffectée, une fois que des dispositions auront été prises pour garantir des informations claires sur la mise en œuvre du budget de la PESC, et en particulier sur sa nature précise (dépenses administratives et budget de fonctionnement)*".

Il convient de noter que le PE avait ajourné le 23 avril 2009 sa décision concernant la décharge au secrétaire général du Conseil sur l'exécution du budget du Conseil pour l'exercice 2007 (JO L 255 du 26.9.2009, p. 18).

[198] S'agissant du Conseil (section II), le Parlement européen a continué à respecter le "*Gentlemen's agreement*".

[199] Doc. *COM(2009) 600 final*.

Tableau 31. Proposition révisée de la Commission pour financer la "deuxième partie" du plan européen pour la relance économique

En millions d'euros

Rubrique ou sous-rubrique du CF	2009	2010	2011	2012	2013	Total
1a (*Compétitivité pour la croissance et l'emploi*)	-3	+1 779*				**+1 776**
1b (*Cohésion pour la croissance et l'emploi*)	-1	-6				**-7**
2 (*Conservation et gestion des ressources naturelles*)	-1 306	-158 } *-290*				**-1 464**
3a (*Liberté, sécurité et justice*)	-5					**-5**
5 (*Administration*)	-174	-126				**-300**
Crédits pour engagements	**-1 489**	**+1 489**				**0**
Crédits pour paiements	***-1 489***	***+134***	***+381***	***+504***	***+470***	***0***

** 120 millions d'euros additionnels sont disponibles par le biais de la mobilisation de l'instrument de flexibilité et 81 millions d'euros par redéploiements*

agricole commune est financée en ayant recours (par le biais de la lettre rectificative nº 2/2010 ; voir pages 135-137) à la marge de la rubrique *2* (*Conservation et gestion des ressources naturelles*) de 2010.

Il convient également de relever que la proposition laisse un "montant non couvert" de 363 millions d'euros par rapport à un financement intégral des projets énergétiques sous la sous-rubrique *1a* (*Compétitivité pour la croissance et l'emploi*) du CF en 2010.

La Commission est parvenue à ramener ce montant à 258 millions d'euros en dégageant une marge supplémentaire sous la rubrique *2* du CF en proposant, dans sa lettre du 11 novembre 2009 adressée à l'autorité budgétaire, de diminuer dans l'avant-projet de budget rectificatif nº 10/2009 les crédits d'engagement de six de lignes budgétaires, sur base de non exécution escomptée avant la fin de l'année 2009 (voir chapitre II).

Les deux branches de l'autorité budgétaire sont arrivées à un accord politique sur cette deuxième révision en 2009 du cadre financier pour 2007-2013 lors de la réunion de concertation du 18 novembre 2009. Cet accord est détaillé pages 155-158.

La proposition révisée de la Commission de révision du CF, présentée le 30 novembre 2009[200], est reprise dans le tableau 31 ci-dessus[201].

Le Parlement européen et le Conseil ont formellement signé la révision du CF le 17 décembre 2009 à Strasbourg[202]. Le cadre financier pour 2007-2013 qui en résulte est présenté dans le tableau 32 ci-contre.

10. La deuxième lecture du projet de budget par le Conseil (20 novembre 2009[203])

A. La deuxième lecture du projet de budget par le Conseil, y compris les lettres rectificatives nº 1-3/2010 (voir pages 134-137), prévoit un montant de 140 972 millions d'euros en crédits pour engagements et de 121 512 millions d'euros en crédits pour paiements, ce qui correspond à une augmentation de 3,2 % et de 7,5 % respectivement par rapport au budget général pour 2009[204]. Les crédits pour engagements correspondent à 1,19 % et les crédits pour paiements à 1,03 % du RNB. Les marges laissées sous les plafonds du CF sont de 1 030 millions d'euros en crédits pour engagements et de 12 857 millions d'euros en crédits pour paiements.

---

[200] Doc. *COM(2009) 662 final*.

[201] Il convient de relever que la proposition révisée de la Commission contient des arrondis concernant la diminution du plafond de la rubrique *5* (*Administration*) en 2009 et 2010 par rapport à l'accord tel qu'il ressort du relevé des conclusions de la réunion de concertation du 18 novembre 2009 (voir pages 126-127).

[202] JO L 347 du 24.12.2009, pp. 26/27.

[203] En raison de l'absence de quorum lors de la session du Conseil "Budget" du 18 novembre 2009, le Conseil a établi formellement sa deuxième lecture du projet de budget pour 2010 (en tant que "point A") lors de sa session du 20 novembre 2009.

[204] Budgets rectificatifs nº 1-10/2009 compris (voir chapitre II).

Tableau 32. Le cadre financier pour 2007-2013 révisé en décembre 2009 pour financer la "deuxième partie" du plan européen pour la relance économique

En millions d'euros et en prix de 2004
(Source : JO L 347 du 24.12.2009, p. 27)

Crédits pour engagements	2007	2008	2009	2010	2011	2012	2013	Total 2007-2013
1. Croissance durable	**50 865**	**53 262**	**55 879**	**56 435**	**55 400**	**56 866**	**58 256**	**386 963**
1a Compétitivité pour la croissance et l'emploi	8 404	9 595	12 018	12 580	11 306	12 122	12 914	78 939
1b Cohésion pour la croissance et l'emploi	42 461	43 667	43 861	43 855	44 094	44 744	45 342	308 024
2. Conservation et gestion des ressources naturelles	**51 962**	**54 685**	**51 023**	**53 328**	**52 528**	**51 901**	**51 284**	**366 621**
dont : dépenses de marché et paiements directs	43 120	42 697	42 279	41 864	41 453	41 047	40 645	293 105
3. Citoyenneté, liberté, sécurité et justice	**1 199**	**1 258**	**1 375**	**1 503**	**1 645**	**1 797**	**1 988**	**10 765**
3a Liberté, sécurité et justice	600	690	785	910	1 050	1 200	1 390	6 625
3b Citoyenneté	599	568	590	593	595	597	598	4 140
4. L'UE acteur mondial	**6 199**	**6 469**	**6 739**	**7 009**	**7 339**	**7 679**	**8 029**	**49 463**
5. Administration[1]	**6 633**	**6 818**	**6 816**	**6 999**	**7 255**	**7 400**	**7 610**	**49 531**
6. Compensations	**419**	**191**	**190**					**800**
Total des crédits pour engagements	**117 277**	**122 683**	**122 022**	**125 184**	**124 167**	**125 643**	**127 167**	**864 143**
en % du RNB	1,08%	1,09%	1,06%	1,06%	1,03%	1,02%	1,01%	1,048%
Total des crédits pour paiements	**115 142**	**119 805**	**109 091**	**119 245**	**116 884**	**120 575**	**119 784**	**820 526**
en % du RNB	1,06%	1,06%	0,95%	1,01%	0,97%	0,98%	0,95%	1,00%
Marge disponible	0,18%	0,18%	0,29%	0,23%	0,27%	0,26%	0,29%	0,24%
Plafond des ressources propres en pourcentage du RNB	1,24%	1,24%	1,24%	1,24%	1,24%	1,24%	1,24%	1,24%

[1] S'agissant des dépenses de pension, les montants pris en compte sous le plafond de cette rubrique sont calculés nets des contributions du personnel au régime correspondant, dans la limite de 500 millions d'euros aux prix de 2004 pour la période 2007-2013

B. Le trilogue organisé[205] le 12 novembre 2009 à Bruxelles a permis la tenue de travaux préparatoires en vue d'un accord lors de la réunion de concertation du 18 novembre 2009 (voir pages 126-128). Les discussions se sont surtout concentrées sur le financement de la "deuxième partie" du plan européen de relance sous la rubrique *1a* (*Compétitivité pour la croissance et l'emploi*) du CF, et plus particulièrement sur le "paquet" composé par le BR n° 10/2009 (voir chapitre II), la lettre rectificative n° 2/2010 (voir pages 135-137) et la proposition de révision du cadre financier[206] (voir pages 123-124).

Le Parlement européen, le Conseil et la Commission ont également discuté du contenu prévisionnel de la deuxième lecture du Conseil du projet de budget pour 2010, le Conseil indiquant qu'il avait l'intention d'accepter les amendements du PE concernant les lignes budgétaires "*01 04*", des aspects "agricoles" de la lettre rectificative n° 2/2010 (voir pages 135-136), du montant des crédits de paiement à retenir dans le budget général pour 2010 et des informations fournies sur la mise en œuvre du budget général pour 2009 dans la "note d'alerte budgétaire d'automne", datée du 26 octobre 2009.

La Commission a également présenté le contenu de sa "lettre d'exécutabilité"[207] du 6 novembre 2009.

Le Conseil a évoqué les amendements du PE visant le "budget PESC", les deux branches de l'autorité budgétaire devant rechercher, conformément au premier paragraphe du point 42 de la Partie II de l'AII de 2006[208], un accord sur les crédits du chapitre *19 03*.

Le Parlement européen, le Conseil et la Commission ont également trouvé un accord politique sur le contenu de la déclaration commune sur les lignes directrices en vue de la mise en œuvre du point 47 de l'AII de 2006[209] (voir pages 97-99). Cette déclaration se lit comme suit :

"Afin de fournir des précisions sur l'application pratique du point 47 de l'accord interinstitutionnel du 17 mai 2006, le Parlement européen, le Conseil et la Commission conviennent des dispositions procédurales suivantes :

- Premièrement, la Commission soumettra systématiquement toute proposition visant à créer une

[205] Ce trilogue a été organisé conformément à l'annexe II, point C, paragraphe 5 de l'AII de 2006.
[206] Ces trois documents ont été présentés par la Commission le 27 octobre 2009.
[207] Voir page 44.
[208] Voir Tome I, p. 112.
[209] Le Conseil a confirmé son accord sur cette déclaration commune, en tant que "point A", lors de sa session du 23 novembre 2009.

nouvelle agence au premier trilogue qui suivra l'adoption de la proposition, présentera la fiche financière qui accompagne l'acte législatif proposant la création de l'agence et précisera ses conséquences pour la période restant à courir de la programmation financière ;

- Deuxièmement, compte tenu de l'avancement du processus législatif[210] *et pour autant que chaque branche de l'autorité budgétaire soit en mesure de prendre position sur les conséquences financières de la proposition avant l'adoption de l'acte législatif, la création de la nouvelle agence sera inscrite à l'ordre du jour d'un trilogue ultérieur*[211] *en vue de parvenir à un accord sur le financement ;*

- Troisièmement, l'accord dégagé lors d'un trilogue sera confirmé par une déclaration conjointe, sous réserve de l'approbation de chaque branche de l'autorité budgétaire conformément à son propre règlement intérieur".

Enfin, les trois institutions ont rapproché leurs positions sur la déclaration commune sur les mesures transitoires applicables à la procédure budgétaire, suite à l'entrée en vigueur du traité de Lisbonne le 1er décembre 2009 (voir chapitre II et pages 127 et 293-296). Dans ce contexte le Conseil a informé le Parlement européen et la Commission de son intention de recourir à une lettre rectificative au projet de budget pour 2010 afin de tenir compte des implications budgétaires de l'entrée en vigueur du traité de Lisbonne en ce qui concerne le Conseil européen et le Conseil (voir page 137).

C. Lors de la réunion de concertation du 18 novembre 2009 qui, conformément à l'annexe II, point C, paragraphe 5 de l'AII de 2006, a précédé la deuxième lecture du Conseil du projet de budget pour 2010, le Parlement européen, le Conseil et la Commission sont parvenus à un accord politique sur le budget général pour 2010[212].

Cet accord global comporte comme d'habitude plusieurs volets, et notamment un accord sur :

- l'*avant-projet de budget rectificatif n° 10/2009* tel qu'actualisé par la Commission par lettre du 11 novembre 2009 et tel que modifié au cours de la réunion de concertation[213] (voir chapitre II et page 155) ;

- la *lettre rectificative n° 2/2010* telle que proposée par la Commission, tout en incluant dans cette lettre rectificative un montant total de 1,98 milliard d'euros en crédits d'engagement destinés à financer le plan européen de relance[214], et en transférant – suite à des demandes insistantes du Parlement européen – 20 millions d'euros des restitutions à l'exportation pour le lait vers les mesures exceptionnelles concernant le lait (voir pages 135-137) ;

- le "*budget de la PESC*" pour 2010 pour un montant de 281,5 millions d'euros en crédits d'engagement tel que proposé de la Commission dans son APB et *sous réserve du vote du Parlement européen sur la décharge à donner au Conseil*[215] ;

- le montant total des *crédits pour paiements* à inscrire dans le budget général pour 2010 (soit 122 937 millions d'euros en "chiffres absolus") ;

- une *révision du cadre financier pour 2007-2013* en ce qui concerne les exercices 2009 et 2010 afin

---

[210] "*Cela recouvre notamment l'incidence financière de toute modification importante apportée dans le projet de proposition de compromis aux tâches, à la taille et/ou à la structure de financement de l'agence, par rapport à la proposition initiale de la Commission*".

[211] "*En cas d'urgence, sous une forme simplifiée*".

[212] Doc. *Conseil 16329/09 BUDGET 72* du 23 novembre 2009, pp. 2/7. Le Conseil a confirmé l'accord (en tant que "point A") lors de sa session du 20 novembre 2009 et le PE lors de sa deuxième lecture du projet de budget, le 17 décembre 2009.

[213] Lors de la réunion de concertation l'autorité budgétaire a décidé d'inclure dans le BR une réduction additionnelle de 40 millions d'euros provenant de la section II – Conseil – et de 2,5 millions d'euros provenant de la section VI – Comité économique et social européen – et de la section VII – Comité des régions – du budget général pour le financement du plan européen de relance et du budget du Conseil européen.

[214] Ce montant résulte de la révision du cadre financier pour 2007-2013 (voir pages 123-124), de la mobilisation de l'instrument de flexibilité en 2010 (voir *infra* et page 134) et de redéploiements au sein de la sous-rubrique *1a*, pour un montant total de 81 millions d'euros en crédits d'engagement.

[215] Voir page 123.

Tableau 33. Contenu de l'accord politique obtenu lors de la réunion de concertation du 18 novembre 2009 sur la révision du cadre financier pour 2007-2013

En crédits d'engagement et en millions d'euros

Rubrique ou sous-rubrique du CF	2009	2010		Total
1a (Compétitivité pour la croissance et l'emploi)	-3	+1 779**		**+1 776**
1b (Cohésion pour la croissance et l'emploi)	-1	-6		**-7**
2 (Conservation et gestion des ressources naturelles)	-1 306	-158	*-290,5*	**-1 464**
3a (Liberté, sécurité et justice)	-5			**-5**
5 (Administration)	-173,5	-126,5		**-300**
Crédits pour engagements*	**-1 488,5**	**+1 488,5**		**0**

** Le montant annuel des crédits pour paiements devra être modifié en conséquence*

*** Un montant additionnel de 201 millions d'euros sera disponible pour financer les projets dans le domaine de l'énergie suite à un recours à l'instrument de flexibilité (pour un montant de 120 millions d'euros) et à des redéploiements (pour un montant de 81 millions d'euros) en 2010*

de permettre le financement intégral du plan européen de relance en 2010 (voir *infra*) ;

- une mobilisation de l'*instrument de flexibilité* pour un montant total de 195 millions d'euros en 2010, dont 120 millions d'euros pour le financement du plan européen pour la relance économique et 75 millions d'euros pour le financement de la mise à l'arrêt définitif de la centrale nucléaire de Kozloduy (voir page 134).

Les trois institutions ont également pris acte de la *lettre rectificative concernant la section II – Conseil – du budget général* en vue du financement du Conseil européen en 2010[216] (voir page 137).

Elles se sont mises d'accord lors de la réunion sur quatre *déclarations communes* portant sur :

- *la continuité de la procédure budgétaire 2010* ;

- *la politique immobilière des institutions et organes de l'UE* ;

- *une simplification et utilisation plus ciblée des fonds structurels et du Fonds de cohésion dans le contexte de la crise économique*, et

- *la rubrique 5 du CF en 2010.*

Le contenu de ces déclarations est repris pages 156-158.

Par ailleurs, le Parlement européen, le Conseil et la Commission ont convenu d'adopter un texte commun portant sur les *mesures transitoires applicables à la procédure budgétaire à la suite de l'entrée en vigueur du traité de Lisbonne* avant le 1er décembre 2009. Ce texte a fait l'objet d'un accord le 30 novembre 2009 (voir pages 293-296).

Le tableau 33 ci-dessus récapitule l'important accord politique obtenu lors de la réunion de concertation sur le financement intégral en 2010 de projets énergétiques, dans le cadre du plan européen de relance.

Le financement des projets (pour un montant total de 1 980 millions d'euros en crédits d'engagement sous la sous-rubrique *1a* du CF en 2010) est rendu possible par une *révision* du CF (relevant le plafond de la sous-rubrique *1a* de 1 779 millions d'euros en 2010), par le recours à l'*instrument de flexibilité* en 2010 pour la sous-rubrique *1a* (pour un montant de 120 millions d'euros) et par des *redéploiements*[217] sous la sous-rubrique *1a* (pour un montant de 81 millions d'euros).

L'augmentation du plafond de la sous-rubrique *1a* en 2010 est *compensée* par des abaissements de plafonds en 2009 et 2010, pour un montant équivalent. Les montants et les sources retenus (par rapport à la proposition de la Commission ; voir pages 123-124) sont explicités ci-dessous :

a) Abaissement de plafonds en 2009[218] *(-1 488,5 millions d'euros) :*

[216] Cette lettre deviendra la lettre rectificative n° 3/2010 (voir page 137).

[217] Ces redéploiements sont à effectuer par le PE, par voie de modifications de ses amendements adoptés en première lecture, lors de sa deuxième lecture du projet de budget pour 2010.

[218] Le budget rectificatif n° 10/2009 joue un important rôle pour dégager des marges supplémentaires en 2009 (voir chapitre II).

- 9 millions d'euros : utilisation des marges subsistantes sous les plafonds des sous-rubriques *1a*, *1b* et *3a* ;

- 1 306 millions d'euros : 1 171 millions d'euros (proposition initiale de la Commission concernant la rubrique *2*) + 135 millions d'euros (marge supplémentaire identifiée par la Commission dans sa lettre du 11 novembre 2009), et

- 173,5 millions d'euros : 131 millions d'euros (proposition initiale de la Commission concernant la rubrique *5*) + 40 millions d'euros (à partir de la section II – Conseil) + 2,5 millions d'euros (à partir de la section VI – Comité économique et social européen – et VII – Comité des régions).

b) Abaissement de plafonds en 2010 (-290,5 millions d'euros) :

- 6 millions d'euros : 11 millions d'euros (proposition initiale de la Commission concernant la sous-rubrique *1b*) – 5 millions d'euros (afin de laisser une marge pour les projets pilotes et les actions préparatoires du PE)[219] ;

- 158 millions d'euros : 124 millions d'euros (proposition initiale de la Commission concernant la rubrique *2*) + 34 millions d'euros (montant supplémentaire décidé lors de la réunion de concertation[220]), et

- 126,5 millions d'euros : 150 millions d'euros (proposition initiale de la Commission concernant la rubrique *5*) – 23,5 millions d'euros (lettre rectificative n° 3/2010).

D. La deuxième lecture du projet de budget par le Conseil s'établit par rubriques et sous-rubriques du CF comme suit :

- s'agissant de la sous-rubrique *1a* (*Compétitivité pour la croissance et l'emploi*), le Conseil a inclus dans le projet de budget par rapport à sa première lecture (voir page 116) le financement de la "deuxième partie" du plan européen de relance en ce qui concerne les projets énergétiques et de la première année du financement du démantèlement de la centrale nucléaire de Kozloduy en Bulgarie[221].

Le Conseil a accepté les amendements du Parlement européen concernant onze lignes budgétaires "*01 04*" relevant de cette sous-rubrique. Il a également inscrit dans le PB un montant de 25 millions d'euros en crédits d'engagement et de 9,25 millions d'euros en crédits de paiement pour le nouvel instrument européen de microfinancement en faveur de l'emploi et de l'inclusion[222].

Suite à ces différentes modifications, le montant de la sous-rubrique *1a* s'élève à 14 745 millions d'euros en crédits d'engagement et à 10 972 millions d'euros en crédits de paiement (soit +7,0 et +5,8 % par rapport au budget général pour 2009[223]). Ceci laisse une marge de 117 millions d'euros sous le plafond de la sous-rubrique[224] ;

---

[219] La Commission a fait, lors du Conseil "Budget" du 18 novembre 2009, la déclaration suivante au procès-verbal de la réunion au sujet de l'utilisation de la marge de la sous-rubrique *1b* : "*La Commission confirme que la marge de l'APB 2010 au titre de la sous-rubrique 1b provient exclusivement de la réévaluation des besoins en matière d'assistance technique à l'initiative et/ou pour le compte de la Commission, comme prévu à l'article 45 du règlement (CE) n° 1083/2006 du Conseil. En conséquence, elle n'a pas d'incidence sur la programmation ni sur les engagements au titre des programmes opérationnels*" (doc. *Conseil 16329/09 BUDGET 72*, p. 10).

[220] La Commission a fait à ce titre, lors du Conseil "Budget" du 18 novembre 2009, la déclaration suivante au procès-verbal : "*Compte tenu des informations récentes concernant le marché agricole, la Commission estime aujourd'hui que l'emploi d'un montant de 34 millions d'euros provenant de la marge au titre de la rubrique 2 ne créera pas de difficultés pour l'exercice budgétaire 2010*" (doc. *Conseil 16329/09 BUDGET 72*, p. 12).

[221] Ces modifications ont été effectuées par le biais de la lettre rectificative n° 2/2010, telle que modifiée suite à l'accord obtenu lors de la réunion de concertation du 18 novembre 2009 (voir pages 135-137).

[222] "Instrument de microfinancement Progress" (article *04 04 15* et poste *04 01 04 11* pour les dépenses pour la gestion administrative). Ces crédits, inscrits en réserve dans l'attente de l'approbation de la base légale, proviennent de montants destinés à l'origine au programme communautaire pour l'emploi et la solidarité sociale (programme "Progress" ; article *04 04 01*).

[223] Budgets rectificatifs n° 1-10/2009 compris (voir chapitre II).

[224] Les marges présentées sous ce point tiennent compte de la révision du CF et du recours à l'instrument de

- s'agissant de la sous-rubrique *1b* (*Cohésion pour la croissance et l'emploi*), le Conseil a maintenu les résultats de sa première lecture. Ceci laisse une marge de 6 millions d'euros sous le plafond de la sous-rubrique ;

- s'agissant de la rubrique *2* (*Conservation et gestion des ressources naturelles*), le Conseil a accepté la lettre rectificative n° 2/2010 telle que proposée par la Commission (voir pages 135-137). Conformément aux conclusions de la réunion de concertation, le Conseil a néanmoins transféré 20 millions d'euros de la ligne pour les restitutions à l'exportation pour le lait vers les mesures exceptionnelles concernant le lait[225].

En ce qui concerne les lignes budgétaires non touchées par la lettre rectificative, le Conseil a rétabli les montants proposés par la Commission dans l'avant-projet de budget pour les lignes budgétaires contenant des dépenses obligatoires[226], à l'exception de la ligne budgétaire liés à l'apurement comptable, où le Conseil a maintenu le résultat de sa première lecture (c'est-à-dire -230 millions d'euros par rapport à l'APB).

Pour les lignes contenant des dépenses non obligatoires, le Conseil a maintenu les résultats de sa première lecture.

Suite à ces modifications, le montant de la rubrique *2* s'élève à 59 450 millions d'euros en crédits d'engagement et à 58 068 millions d'euros en crédits de paiement (+5,5 et +16,4 % respectivement), dont 43 819 et 43 698 millions d'euros pour les dépenses relatives au marché et paiements directs. Ceci laisse une marge de 505 millions d'euros sous le plafond de la rubrique. La marge pour les dépenses de marché et paiements directs est de 959 millions d'euros ;

- s'agissant de la rubrique *3* (*Citoyenneté, liberté, sécurité et justice*), le Conseil a maintenu les résultats de sa première lecture[227] ;

- s'agissant de la rubrique *4* (*L'UE acteur mondial*), le Conseil a ajouté par rapport à sa première lecture les montants pour la Palestine proposés par la Commission dans sa lettre rectificative n° 1/2010 (c'est-à-dire +95 millions d'euros en crédits d'engagement et +60 millions d'euros en crédits de paiement ; voir page 135). Par ailleurs, il a accepté les amendements du Parlement européen concernant quatre lignes budgétaires "*01 04*" relevant de cette rubrique.

Suite à ces modifications, le montant de rubrique *4* s'élève à 7 934 millions d'euros en crédits d'engagement et à 7 223 millions d'euros en crédits de paiement (-2,1 et -10,6 %). Ceci laisse une marge de 208 millions d'euros, et

- s'agissant de la rubrique *5* (*Administration*), le Conseil a inclus les effets de la lettre rectificative n° 3/2010 concernant les conséquences financières de l'entrée en vigueur du traité de Lisbonne pour le Conseil européen et le Conseil (voir page 137).

Par ailleurs, dans le respect du "*Gentlemen's agreement*", le Conseil a retenu les amendements du Parlement européen concernant la section I du budget général.

Suite à ces modifications, le montant de rubrique *5* s'élève à 7 853 millions d'euros en crédits d'engagement et de paiement (+3,4 %). Ceci laisse une marge de 109 millions d'euros.

11. La deuxième lecture du projet de budget par le Parlement européen (17 décembre 2009)

A. Le budget général pour 2010 voté par le Parlement européen le 17 décembre 2009 s'élève comme mentionné dans l'introduction (chapitre I) à 141 453 millions d'euros en crédits pour engagements et à 122 937 millions d'euros en crédits pour paiements.

---

flexibilité, conformément à l'accord politique obtenu lors de la réunion de concertation du 18 novembre 2009.

[225] C'est-à-dire un transfert du poste *05 02 12 01* (*Restitutions pour le lait et les produits laitiers*) au poste *05 02 12 99* (*Autres mesures (lait et produits laitiers)*).

[226] Il s'agit de 18 lignes budgétaires au total.

[227] Ceci laisse une marge de 85 millions d'euros sous le plafond de la rubrique *3*, dont 51 millions d'euros pour la sous-rubrique *3a* et 34 millions d'euros pour la sous-rubrique *3b*.

Tableau 34. Le financement de la "deuxième partie" du plan européen pour la relance économique dans le budget général pour 2010

En euros, crédits inscrits en réserve inclus

Poste	Intitulé	Montant c/e	Montant c/p
Sous-rubrique *1a* (*Compétitivité pour la croissance et l'emploi*) du CF :			
06 01 04 13	*Plan de relance économique dans le domaine de l'énergie – Dépenses pour la gestion administrative*	600 000	600 000
06 04 14 01	*Projets énergétiques en vue d'aider à la relance économique – Réseaux énergétiques*	1 175 300 000	524 146 000
06 04 14 02	*Projets énergétiques en vue d'aider à la relance économique – Piégeage et stockage du carbone (PSC)*	523 200 000	249 153 000
06 04 14 03	*Projets énergétiques en vue d'aider à la relance économique – Réseau européen d'éoliennes en mer*	280 900 000	253 583 000
Total		**1 980 000 000**	**1 027 482 000**
Rubrique *2* (*Conservation et gestion des ressources naturelles*) du CF :			
*05 04 05 01**	*Programmes de développement rural*	420 000 000	100 000 000
Total		**420 000 000**	**100 000 000**
Total général		**2 400 000 000**	**1 127 482 000**

** En partie*

B. En termes de *recettes*, le budget général est destiné à être financé pour 11,6 % par des ressources fondées sur les ressources propres traditionnelles (droits de douane et cotisations sucre), pour 11,3 % par des ressources fondées sur la TVA et pour 75,9 % par des ressources fondées sur la ressource RNB. Les recettes diverses et les excédents des exercices précédents représentent quelque 1,2 % du financement prévisionnel.

C. Le budget général pour 2010 s'établit par rubriques et sous-rubriques du cadre financier pour 2007-2013 comme suit :

- les dépenses de la sous-rubrique *1a* (*Compétitivité pour la croissance et l'emploi*) s'élèvent à 14 862 millions d'euros en crédits d'engagement (y inclus le Fonds européen d'ajustement à la mondialisation), soit +7,9 % par rapport au budget général pour 2009[228], et à 11 342 millions d'euros en crédits de paiement (+9,4 %).

Au total 7,5 milliards d'euros en crédits d'engagement sont destinés au 7ème programme-cadre de recherche, de développement technologique et de démonstration (PCR ; +11,7 %), 1,1 milliard d'euros aux réseaux transeuropéens dans le domaine des transports et de l'énergie (RTE-T et RTE-E ; +12,7 %) ainsi qu'aux programmes et actions dans le domaine de l'éducation et de la formation (+4,4 %), 0,5 milliard d'euros au programme-cadre pour l'innovation et la compétitivité (PIC ; +3,4 %) et 0,2 milliard d'euros à l'"Agenda social" de l'Union européenne (+21,6 %).

Le financement des projets dans le domaine de l'énergie dans le cadre du financement de la "deuxième partie" du plan européen pour la relance économique est récapitulé dans le tableau 34 ci-dessus[229].

Un montant de 894,4 millions d'euros en crédits d'engagement et de 453,5 millions d'euros en crédits de paiement est prévu en 2010 pour les programmes de GNSS.

Le Parlement européen n'a pas souhaité utiliser le programme "Progress" pour financer l'"instrument de microfinancement Progress", les montants pour 2010 (25,3 millions d'euros en crédits d'engagement et de paiement inscrits en réserve dans l'attente de l'adoption de la base légale) provenant de la marge de la sous-rubrique.

---

[228] Budgets rectificatifs nº 1-10/2009 compris (voir chapitre II).

[229] Le tableau 34 présente en outre le financement, dans le cadre du plan européen de relance et sous la rubrique *2* (*Conservation et gestion des ressources naturelles*) du CF, de l'Internet dans les zones rurales et d'actions liées aux "nouveaux défis" définis dans le contexte du bilan de santé de la PAC retenu par le PE.

La marge sous la sous-rubrique *1a* s'établit ainsi à 146 747 euros[230] ;

- les crédits de la sous-rubrique *1b* (*Cohésion pour la croissance et l'emploi*) s'élèvent à 49 388 millions d'euros en crédits d'engagement (+2,0 %) et à 36 385 millions d'euros en crédits de paiement (+4,1 %).

L'objectif de la convergence se voit attribuer 30,3 milliards d'euros en crédits d'engagement (+1,8 %), la compétitivité régionale et l'emploi 7,6 milliards d'euros (-6,2 %[231]) et la coopération territoriale 1,2 milliard d'euros (+3,7 %). Le Fonds de cohésion est doté de 10,2 milliards d'euros (+9,6 %).

La marge laissée sous le plafond de la sous-rubrique est de 407 908 euros ;

- les crédits de la rubrique *2* (*Conservation et gestion des ressources naturelles*) du CF s'élèvent à 59 499 millions d'euros en crédits d'engagement (+5,6 %) et à 58 136 millions d'euros en crédits de paiement (+16,5 %). Les dépenses de marché et paiements directs agricoles budgétisés s'élèvent à 43 820 millions d'euros en crédits d'engagement, soit +6,8 % par rapport à 2009, et à 43 701 millions d'euros en crédits de paiement (+6,7 %).

La marge laissée sous le plafond de la rubrique est de 456 millions d'euros. La marge pour les dépenses de marché et paiements directs agricoles est de 958 millions d'euros.

Les crédits destinés aux programmes de développement rural s'élèvent à 14,4 milliards d'euros en crédits d'engagement (+2,6 %).

Un montant de 922 millions d'euros est réservé au secteur de la pêche[232] (+2,6 %). Un montant de 307 millions d'euros est destiné au titre du programme "Life+" à des projets visant notamment à réduire l'émission des gaz à effet de serre et à améliorer la gestion de la qualité de l'air surtout dans les zones urbaines.

Au total 300 millions d'euros en partie inscrits en réserve sont destinés aux mesures exceptionnelles en 2010 dans le secteur laitier.

Le budget général pour 2010 prévoit 500 millions d'euros pour les programmes de distribution de denrées alimentaires en faveur des personnes les plus démunies et 60 millions d'euros pour le programme en faveur de la consommation de fruits à l'école.

Pour le programme d'action de l'UE pour combattre le changement climatique le PE a confirmé les 15 millions d'euros en crédits d'engagement inscrits en réserve lors de sa première lecture. Pour les crédits de paiement, le Parlement les a ramené à 5 millions d'euros ;

- les crédits de la sous-rubrique *3a* (*Liberté, sécurité et justice*) s'établissent à 1 006 millions d'euros en crédits d'engagement (+16,2 %) et à 739 millions d'euros en crédits de paiement (+19,6 %).

Il convient surtout de noter la progression des crédits destinés au Fonds pour les frontières extérieures (doté de 208 millions d'euros en crédits d'engagement), au Fonds européen pour l'intégration des ressortissants de pays tiers (111 millions d'euros), au Fonds européen pour les réfugiés (102 millions d'euros y inclus les mesures d'urgence) et au Fonds européen pour le retour (88 millions d'euros). Les programmes et actions contribuant à la sécurité et à la préservation des libertés seront dotés de 107 millions d'euros.

La marge restante sous le plafond de cette sous-rubrique est de 19 millions d'euros ;

- les crédits de la sous-rubrique *3b* (*Citoyenneté*) s'établissent à 668 millions d'euros en crédits

[230] Il convient de retenir le recours dans cette sous-rubrique à l'instrument de flexibilité, pour un montant de 195 millions d'euros, afin de financer le plan européen de relance et le démantèlement de la centrale nucléaire de Kozloduy en Bulgarie (voir page 134).

[231] Cette diminution est due à la réduction des allocations en "phase d'instauration progressive de l'aide" qui étaient éligibles au titre de l'objectif n° 1 entre 2000 et 2006.

[232] Fonds européen pour la pêche (FEP) et gouvernance et accords internationaux en matière de pêche.

d'engagement (+2,6 %) et à 659 millions d'euros en crédits de paiement (-2,9 %[233]). Le PE n'a laissé aucune marge dans cette sous-rubrique.

Le programme "Jeunesse en action" se voit allouer 125 millions d'euros en crédits d'engagement, le programme "Média" 112 millions d'euros et les programmes de santé et de protection des consommateurs 73 millions d'euros ;

- les crédits de la rubrique *4* (*L'UE acteur mondial*) s'établissent à 8 141 millions d'euros en crédits d'engagement (+0,5 %) et à 7 788 millions d'euros en crédits de paiement (-3,6 %). Le PE n'a laissé qu'une marge de 875 530 euros sous cette rubrique.

Au total 2,5 milliards d'euros en crédits d'engagement sont prévus pour la coopération au développement (ICD ; +3,9 %), 1,7 milliard d'euros pour la politique de voisinage (IEVP ; +3,4 %), 1,6 milliard d'euros pour l'aide à la préadhésion[234] (IAP ; +4,5 %), 0,8 milliard d'euros pour l'aide humanitaire (+3,0 %), 0,2 milliard d'euros pour l'instrument de stabilité (+16,7 %) et 0,2 milliard d'euros pour la démocratie et les droits de l'homme (+4,3 %).

Pour la réserve pour aides d'urgence, le PE a inclus dans le budget général pour 2010, à la différence de ce qui était proposé par le Conseil, les crédits de paiement correspondants aux 248,9 millions d'euros en crédits d'engagement.

Pour la facilité alimentaire, le Parlement européen a retenu, comme proposé par la Commission dans l'APB et retenu par le Conseil dans le PB, 170 millions d'euros en crédits d'engagement et 350 millions d'euros en crédits de paiement. En conformité avec les conclusions de la réunion de concertation du 21 novembre 2008, il s'agit de la dernière tranche de crédits d'engagement destinés à la facilité (voir pages 76-77).

Pour le "partenariat oriental" le PE a inscrit 466,1 millions d'euros en crédits d'engagement et 279 millions d'euros en crédits de paiement et pour la stratégie européenne pour la région de la mer Baltique 20 millions d'euros en crédits d'engagement et de paiement inscrits en réserve. La ligne budgétaire pour l'aide à la réhabilitation et à la reconstruction de la Géorgie est toujours dotée d'un "p.m."

L'article *21 04 01* intitulé "*Environnement et gestion durable des ressources naturelles, y compris l'énergie*" est doté de 200,3 millions d'euros en crédits d'engagement et de 147,8 millions d'euros en crédits de paiement pour financer le changement climatique notamment en vue de la conférence de Copenhague de décembre 2009 et de ses suites.

Enfin, conformément à l'accord politique obtenu lors de la réunion de concertation du 18 novembre 2009, le Parlement européen a retenu pour le "budget PESC" 281,5 millions d'euros en crédits d'engagement et 225,7 millions d'euros en crédits de paiement, soit une augmentation de 15,9 % et une diminution de 3,6 % respectivement par rapport à 2009[235] ;

- les crédits de la rubrique *5* (*Administration*) s'élèvent à 7 889 millions d'euros en crédits d'engagement et de paiement (+3,8 %). Ceci laisse une marge sous le plafond de la rubrique de 72,9 millions d'euros. Les dépenses administratives de la Commission augmentent de 3,3 %, pour atteindre 5 milliards d'euros[236] et celles des autres institutions de 4,7 %, pour s'établir à un total de 2,9 milliards d'euros.

Les nouveaux postes octroyés dans le cadre de la procédure budgétaire pour 2010 sont récapitulés dans le tableau 35 page suivante.

---

[233] Ces pourcentages ne tiennent pas compte de l'augmentation du montant de l'article *13 06 01* suite à la mobilisation du Fonds de solidarité de l'Union européenne (voir chapitre II).

[234] Ce montant est destiné au développement institutionnel et au développement régional et rural dans les pays candidats (c'est-à-dire la Croatie, la Turquie et l'ancienne République yougoslave de Macédoine) et les pays candidats potentiels dans les Balkans.

[235] Ce montant est destiné notamment à renforcer la stabilité dans les Balkans occidentaux (notamment dans le cadre de la mission EULEX au Kosovo) et dans les autres pays et régions du monde en proie à des conflits (tels que l'Afghanistan, la Géorgie ou le Moyen-Orient).

[236] 3,6 milliards d'euros hors dépenses de pensions et Écoles européennes.

Tableau 35. Nouveaux postes octroyés dans le cadre de la procédure budgétaire pour 2010

Postes permanents et temporaires

Institution	Nouveaux postes demandés			Nouveaux postes accordés par le Conseil			**Nouveaux postes octroyés**		
Groupe de fonctions	AD	AST	Total	AD	AST	Total	AD	AST	**Total**
Parlement européen	29	25	54	29	25	54	29	25	**54**
Conseil européen et Conseil*	31	29	60	31	29	60	31	29	**60**
Commission (hors offices)	0	0	0	0	0	0	0	0	**0**
OP	*0*	*0*	*0*	*0*	*0*	*0*	*14*	*4*	***18***
OLAF	*0*	*0*	*0*	*0*	*0*	*0*	*0*	*0*	***0***
EPSO et EEA	*0*	*0*	*0*	*0*	*0*	*0*	*0*	*0*	***0***
PMO	*0*	*0*	*0*	*0*	*0*	*0*	*0*	*0*	***0***
OIB	*0*	*0*	*0*	*0*	*0*	*0*	*0*	*0*	***0***
OIL	*0*	*0*	*0*	*0*	*0*	*0*	*0*	*0*	***0***
Commission (total)	0	0	0	0	0	0	14	4	**18**
Cour de justice	0	0	0	0	0	0	0	0	**0**
Cour des comptes	20	0	20	0	0	0	12	0	**12**
CESE	6	4	10	0	0	0	4	2	**6**
Comité des régions	7	3	10	0	0	0	4	0	**4**
Médiateur européen	0	0	0	0	0	0	0	0	**0**
CEPD	2	2	4	0	0	0	1	1	**2**
Total général	**95**	**63**	**158**	**60**	**54**	**114**	**95**	**61**	**156**

** Par le biais de la lettre rectificative n° 3/2010*

Le tableau 36 ci-dessous récapitule pour sa part les effectifs autorisés pour 2010 aussi bien dans les différentes institutions que dans différents organismes de l'Union européenne.

Enfin, les montants retenus pour les subventions pour 2010 des agences décentralisées de l'Union européenne relevant des différentes rubriques et sous-rubriques du CF, y inclus les nouvelles agences créées en 2009, sont présentés dans le tableau 37 page suivante.

Tableau 36. Les effectifs autorisés pour 2010

(Source : JO L 64 du 12.3.2010, p. 111)

Institution	**2010**		**2009**		***Différence 2010-2009***	
	Permanents	Temporaires	Permanents	Temporaires	Permanents	Temporaires
Parlement européen	5.146	989	5.093	988	53	1
Conseil européen et Conseil	3.504	68	3.476	36	28	32
Commission (fonctionnement)	19.963	366	20.018	366	-55	0
Commission (recherche)	3.827	-	3.827	-	0	-
OP	*672*	-	*654*	-	*18*	-
OLAF	*282*	*102*	*282*	*114*	*0*	*-12*
EPSO/ EEA	*126*	*1*	*127*	*1*	*-1*	*0*
PMO	*214*	-	*224*	-	*-10*	-
OIB	*462*	-	*438*	-	*24*	-
OIL	*164*	-	*170*	-	*-6*	-
Commission (total)	25.710	469	25.740	481	-30	-12
Cour de justice	1.493	434	1.493	438	0	-4
Cour des comptes	753	136	741	139	12	-3
CESE	675	35	673	31	2	4
Comité des régions	469	37	465	37	4	0
Médiateur européen	16	47	16	47	0	0
CEPD	39	-	37	-	2	-
Total	**37.805**	**2.215**	**37.734**	**2.197**	**71**	**18**

Organisme	**2010**		**2009**		***Différence 2010-2009***	
	Permanents	Temporaires	Permanents	Temporaires	Permanents	Temporaires
Agences décentralisées de l'UE	636	4.391	633	3.578	3	813
Entreprises communes	62	289	55	255	7	34
Institut européen de technologie	-	20	-	7	-	13
Agences exécutives	-	390	-	368	-	22
Total	**698**	**5.090**	**688**	**4.208**	**10**	**882**

Tableau 37. Les agences décentralisées de l'Union européenne dans le budget général pour 2010

En euros, crédits inscrits en réserve inclus

	Article	Montant c/e	Montant c/p
Sous-rubrique ***1a*** **(*****Compétitivité pour la croissance et l'emploi*****)**			
Agence européenne des médicaments (Londres)	*02 03 02*	*32.779.600* [a]	*32.779.600* [a]
Agence européenne des produits chimiques (Helsinki)	*02 03 03*	*35.150.000*	*35.150.000*
Institut européen pour l'égalité entre les hommes et les femmes (Vilnius)	*04 04 02*	*6.940.000*	*6.940.000*
Fondation européenne pour l'amélioration des conditions de vie et de travail (Dublin)	*04 04 03*	*19.067.159*	*19.067.159*
Agence européenne pour la sécurité et la santé au travail (Bilbao)	*04 04 04*	*13.743.434*	*13.743.434*
Agence européenne de la sécurité aérienne (Cologne)	*06 02 01*	*32.879.000*	*32.879.000*
Agence européenne pour la sécurité maritime (Lisbonne)	*06 02 02*	*52.449.360* [b]	*48.765.410* [b]
Agence ferroviaire européenne (Lille-Valenciennes)	*06 02 08*	*23.260.000*	*23.260.000*
*Agence de coopération des régulateurs de l'énergie (Ljubljana)**	*06 04 10*	*2.000.000*	*2.000.000*
Autorité européenne de surveillance GNSS [Bruxelles]	*06 08 02*	*5.135.000*	*5.135.000*
Agence européenne chargée de la sécurité des réseaux et de l'information (Heraklion)	*09 02 03*	*7.288.200*	*7.288.200*
*Office de l'Organe des régulateurs européens des communications électroniques (Riga)**	*09 02 04*	*3.470.000*	*3.470.000*
*Office de l'harmonisation dans le marché intérieur (Alicante)***	*12 03 01*	*p.m.*	*p.m.*
*Institut européen d'innovation et de technologie (Budapest)****	*15 02 11*	*30.200.000*	*25.900.000*
Centre européen pour le développement de la formation professionnelle (Thessalonique)	*15 02 25*	*16.920.000*	*16.920.000*
Total		**281.281.753**	**273.297.803**
Rubrique ***2*** **(*****Conservation et gestion des ressources naturelles*****)**			
Agence européenne pour l'environnement (Copenhague)	*07 03 09*	*35.258.000*	*35.418.000*
Agence communautaire de contrôle des pêches (Vigo)	*11 08 05*	*7.695.223*	*7.695.223*
*Office communautaire des variétés végétales (Angers)***	*17 04 05*	-	-
Total		**42.953.223**	**43.113.223**
Sous-rubrique ***3a*** **(*****Liberté, sécurité et justice*****)**			
Ag. eur. pour la gestion de la coopération opérationnelle aux frontières extérieures (Varsovie)	*18 02 03*	*83.000.000*	*57.000.000*
*Bureau européen d'appui en matière d'asile (La Valette)**	*18 03 14*	*5.250.000*	*5.250.000*
Agence des droits fondamentaux de l'Union européenne (Vienne)	*18 04 05*	*19.100.000*	*19.100.000*
*Office européen de police (La Haye)** ***	*18 05 02*	*79.724.150*	*79.724.150*
Collège européen de police (Bramshill)	*18 05 05*	*7.800.000*	*7.800.000*
Eurojust (La Haye)	*18 06 04*	*30.163.220*	*30.163.220*
Observatoire européen des drogues et des toxicomanies (Lisbonne)	*18 07 01*	*14.800.000*	*14.800.000*
Total		**239.837.370**	**213.837.370**
Sous-rubrique ***3b*** **(*****Citoyenneté*****)**			
Centre européen de prévention et de contrôle des maladies (Stockholm)	*17 03 03*	*56.255.000*	*43.360.000*
Autorité européenne de sécurité des aliments (Parme)	*17 03 07*	*69.041.000*	*73.197.000*
Total		**125.296.000**	**116.557.000**
Rubrique ***4*** **(*****L'UE acteur mondial*****)**			
Fondation européenne pour la formation (Turin)	*15 02 27*	*18.282.000*	*18.282.000*
Total		**18.282.000**	**18.282.000**
Rubrique ***5*** **(*****Administration*****)**			
*Centre de traduction des organes de l'Union européenne (Luxembourg)***	*31 01 09*	*p.m.*	*p.m.*
Total		**p.m.**	**p.m.**
Total général		**707.650.346**	**665.087.396**

** Nouvelle agence en voie de création   ** Autofinancé   *** Cas spécial   ** ** Première année de financement à partir du budget général*
[a] *Avec la contribution spéciale en faveur des médicaments orphelins (poste 02 03 02 03 ; 4,5 millions d'euros en crédits d'engagement et de paiement)*

12. Mobilisation de l'instrument de flexibilité

Suite aux conclusions de la réunion de concertation du 18 novembre 2009 (voir pages 126-128), la Commission a présenté, le 30 novembre 2009[237], une proposition de recours à l'instrument de flexibilité en 2010 à hauteur de 195 millions d'euros en crédits d'engagement, dont :

- 120 millions d'euros pour financer des projets dans le domaine de l'énergie dans le cadre de la "deuxième partie" du plan européen de relance (sous-rubrique *1a*, article *06 04 14*), et

- 75 millions d'euros pour financer le démantèlement de la centrale nucléaire de Kozloduy en Bulgarie (sous-rubrique *1a*, article *06 05 05*).

Le Parlement européen et le Conseil ont formellement signé la décision de mobilisation de l'instrument de flexibilité le 17 décembre 2009 à Strasbourg[238].

13. Les lettres rectificatives établies dans le cadre de la procédure budgétaire pour 2010

La Commission a présenté au cours de la procédure budgétaire pour 2010 *trois* lettres rectificatives à

[237] Doc. *COM(2009) 660 final*.
[238] JO L 347 du 24.12.2009, p. 29.

l'APB (voir tableau 21, page 97), dont la dernière à la demande du Conseil.

A. La *LR nº 1/2010* a été adoptée par la Commission le 2 septembre 2009[239]. Elle proposait de modifier l'avant-projet de budget en ce qui concerne la rubrique *4* (*L'UE acteur mondial*) comme suit :

- ajout de 95 millions d'euros en crédits d'engagement et de 60 millions d'euros en crédits de paiement pour soutenir l'Autorité palestinienne et les efforts de reconstruction à Gaza[240] ;

- ajout de 50 millions d'euros en crédits d'engagement et de 20 millions d'euros en crédits de paiement à l'article *21 04 01* (*Environnement et gestion durable des ressources naturelles, y compris l'énergie*)[241] en anticipation d'un accord éventuel[242], en décembre 2009, lors de la conférence de Copenhague sur le changement climatique, et

- création d'une structure d'accueil (nouvel article *21 06 07 – Mesures d'accompagnement concernant le secteur de la banane (MAB)* – doté d'un "p.m.") eu égard à un possible accord commercial dans le secteur des bananes avec les fournisseurs "NPF" ("nation la plus favorisée") d'Amérique latine[243].

Cette LR était accompagnée de l'évaluation de la situation de la rubrique *4*, conformément aux déclarations unilatérales du PE et de la Commission faites pendant la réunion de concertation du 21 novembre 2008 (voir page 80).

Lors de sa session du 9 octobre 2009 le Conseil n'a retenu que les crédits supplémentaires proposés par la Commission pour la Palestine. En effet, le Conseil a écarté l'augmentation des crédits proposée à l'article *21 04 01* en considérant qu'il est "*prématuré de se prononcer sur un montant*"[244] (tout en indiquant que la question du financement de la lutte contre le changement climatique dans le contexte de la conférence de Copenhague "*doit être réexaminée lors de la deuxième lecture du Conseil du projet de budget pour l'exercice 2010*"[245]), et la création de l'article *21 06 07*, en l'absence de base légale adoptée.

Le Parlement européen, pour sa part, lors de sa première lecture du projet de budget pour 2010 (voir pages 122-123) a :

- accepté les crédits supplémentaires proposés par la Commission (et retenus par le Conseil) pour la Palestine, mais les a encore augmentés de 25 millions d'euros en crédits d'engagement et de paiement ;

- accepté les crédits proposés par la Commission à l'article *21 04 01*, mais les a placés en réserve, et

- accepté la création du nouvel article *21 06 07* (doté d'un "p.m.") pour les mesures d'accompagnement concernant le secteur de la banane, comme proposé par la Commission.

B. La *LR nº 2/2010*, adoptée par la Commission le 27 octobre 2009[246], est la traditionnelle lettre rectificative d'octobre ("LR *ad hoc*") qui, conformément au point B, troisième paragraphe de l'annexe III de l'AII de 2006, a notamment pour but d'actualiser les données concernant les dépenses agricoles

---

[239] Doc. *SEC(2009) 1133 final*.

[240] Poste *19 08 01 02* (*Politique européenne de voisinage et de partenariat – Aide financière à la Palestine, au processus de paix et à l'UNRWA*). Ce poste était doté dans l'APB de 175 millions d'euros en crédits d'engagement et de paiement.

[241] Cet article était doté dans l'APB de 150,3 millions d'euros en crédits d'engagement et de 127,8 millions d'euros en crédits de paiement.

[242] En ligne avec la communication de la Commission au Parlement européen, au Conseil, au Comité économique et social européen et au Comité des régions intitulée "*Accroître le financement international de la lutte contre le changement climatique : orientations européennes en vue de l'accord de Copenhague*" (doc. *COM(2009) 475 final* du 10.9.2009).

[243] Cet accord affectant le régime préférentiel accordé aux pays ACP fournisseurs de bananes.

[244] Doc. *Conseil 14272/09 BUDGET 58* du 9 octobre 2009, p. 2.

[245] *Ibidem*. Lors de sa deuxième lecture du projet de budget, le Conseil n'a néanmoins pas changé sa position (voir page 129).

[246] Doc. *SEC(2009) 1462 final*.

et les accords internationaux de pêche contenues dans l'avant-projet de budget.

La LR contient de nouvelles estimations qui conduisent à une augmentation globale de 685,3 millions d'euros en crédits d'engagement et de 264 millions d'euros en crédits de paiement des crédits de la rubrique *2* (*Conservation et gestion des ressources naturelles*) du CF par rapport aux estimations figurant dans l'APB.

L'augmentation des crédits proposée par la Commission résulte en premier lieu de besoins supplémentaires dans le secteur agricole (pour un total de 159,3 millions d'euros) notamment dans le chapitre *05 02* (*Interventions sur les marchés agricoles*).

Cette augmentation des crédits demandés est plus que compensée par un report des recettes affectées de 2009 à 2010 (estimée à 133 millions d'euros) et par une augmentation des recettes affectées devant être générées en 2010 (34 millions d'euros).

La Commission propose également une dotation supplémentaire de 279,1 millions d'euros pour des mesures exceptionnelles dans le secteur laitier, suite aux problèmes qu'a connus le secteur en 2009[247].

S'agissant des accords internationaux en matière de pêche[248], la LR propose une réduction de 8 millions d'euros en crédits d'engagement et de paiement des montants placés en réserve sous le titre *11* (*Affaires maritimes et pêche*) du budget général, suite à la non-conclusion d'accords encore envisagés au moment de la présentation de l'APB. En même temps, les crédits pour les interventions pour les produits de pêche[249] sont augmentés d'un million d'euros.

Enfin, afin de financer la "deuxième partie" du plan européen de relance, la Commission propose l'inclusion de 420 millions d'euros en crédits d'engagement[250] afin de financer des actions dans le domaine de l'Internet à haut débit ainsi que du bilan de santé de la PAC (voir pages 100-104 et 123-124).

S'agissant de la sous-rubrique *1a* (*Compétitivité pour la croissance et l'emploi*) du CF, la Commission propose de la doter dans ce même contexte de 1 587 millions d'euros en crédits d'engagement[251] et de 377,5 millions d'euros en crédits de paiement supplémentaires, afin de financer des projets dans le domaine de l'énergie[252]. La Commission propose en outre d'inscrire sur la ligne les crédits inscrits en réserve dans l'APB à l'article *06 04 14* (voir page 107).

La Commission propose également de doter l'article *06 05 05* (*Sûreté nucléaire –Mesures transitoires (démantèlement)*) de 75 millions d'euros en crédits d'engagement afin de financer le démantèlement de la centrale nucléaire de Kozloduy en Bulgarie[253].

---

[247] Poste *05 02 12 99* (*Autres mesures (lait et produits laitiers)*). Ce montant est inscrit en réserve dans l'attente de l'adoption de la modification de la base légale. Il convient de relever que l'APB contenait déjà un montant d'un million d'euros.

Le Conseil a adopté le règlement (CE) n° 1140/2009 modifiant le règlement (CE) n° 1234/2007 portant organisation commune des marchés dans le secteur agricole et dispositions spécifiques en ce qui concerne certains produits de ce secteur (règlement "OCM unique") le 20 novembre 2009 (JO L 312 du 27.11.2009, pp. 4/5).

[248] Article *11 03 01* (*Accords internationaux en matière de pêche*).

[249] Poste *11 02 01 01* (*Interventions pour les produits de pêche – nouvelles actions*).

[250] Ce montant est inscrit au poste *05 04 05 01* (*Programmes de développement rural*).

[251] Il convient de relever que ceci laisse un montant "non couvert" de 393 millions d'euros pour assurer un financement intégral en 2010 de la "deuxième partie" du plan européen de relance en ce qui concerne les projets énergétiques (soit 1 980 millions d'euros ; voir pages 100-104 et 123-124).

[252] Article *06 04 14* (*Projets énergétiques en vue d'aider à la relance économique*).

Cette proposition est faite en parallèle avec la proposition de la Commission de réviser le cadre financier pour 2007-2013 (voir pages 123-124).

[253] La Commission a présenté sa proposition de règlement du Conseil relatif à un concours financier communautaire concernant le démantèlement des réacteurs 1 à 4 de la centrale nucléaire de Kozloduy le 27 octobre 2009 (doc. *COM(2009) 581 final*). Elle propose de consacrer au démantèlement un montant total de 300 millions d'euros en 2010-2013.

Les 75 millions d'euros proposés dans la LR n° 2/2010 sont inscrits en réserve, dans l'attente de l'adoption dudit règlement.

Conformément aux conclusions de la réunion de concertation du 18 novembre 2009 (voir pages 126-127), le Parlement européen et le Conseil[254], tout en acceptant les autres propositions de la Commission contenues dans la lettre rectificative, ont inclus, lors de leurs deuxièmes lectures respectives du projet de budget pour 2010, le financement intégral en 2010 de la "deuxième partie" du plan européen de relance (voir pages 128 et 130). Le Conseil a également opéré lors de sa deuxième lecture le transfert de 20 millions d'euros des restitutions à l'exportation pour le lait vers les mesures exceptionnelles concernant le lait (voir pages 129 et 139).

C. La *LR nº 3/2010*, présentée par la Commission le 26 novembre 2009[255] suite à une demande du Conseil, visait à inclure dans la section II – Conseil – du budget général les crédits nécessaires au financement des conséquences de l'entrée en vigueur du traité de Lisbonne pour le fonctionnement du Conseil européen et du Conseil en 2010.

En effet, conformément à l'article 13, paragraphe 1, deuxième tiret du nouveau traité sur l'Union européenne, le Conseil européen devient une institution de l'UE. En conséquence, la lettre rectificative nº 3/2010 change l'intitulé de la section II du budget général en "*Conseil européen et Conseil*", crée la structure budgétaire nécessaire et assure le financement du Conseil européen à partir du 1er janvier 2010. Par ailleurs, elle augmente les crédits alloués au Conseil suite à de nouvelles tâches découlant du traité de Lisbonne.

Le montant "net" de la LR nº 3/2010 s'élève à 23,5 millions d'euros[256], car 1,5 million des crédits destinés au Conseil européen est compensé par une diminution d'un montant équivalent de la réserve pour imprévus inscrite dans le projet de budget pour 2010 pour la section II. La lettre rectificative ajoute 60 nouveaux postes au tableau des effectifs de la section II (voir tableau 35, page 133).

Il convient de relever que le financement de cette LR est lié à une réduction (effectuée par le biais du budget rectificatif nº 10/2009) du montant de la section II – Conseil – dans le budget général pour 2009 (voir chapitre II) et à une augmentation du plafond de la rubrique *5* (*Administration*) du CF en 2010 (voir pages 126-128 et 140).

Suite à l'inclusion du Conseil de cette lettre rectificative dans sa deuxième lecture du projet de budget pour 2010, le Parlement européen l'a inscrite dans le budget général pour 2010, dans le respect du "*Gentlemen's agreement*".

14. Analyse

A. Le *financement du plan européen pour la relance économique* a été certainement le point central des négociations budgétaires en 2009, l'autorité budgétaire ayant été capable – avec l'aide de la Commission – de mobiliser pour le financement de ce plan un montant total de 5 milliards d'euros, inscrits dans les budgets généraux pour 2009 et pour 2010.

---

254 Le Conseil a fait à ce titre deux déclarations unilatérales au procès-verbal de sa réunion du 20 novembre 2009, indiquant que son accord sur le financement des mesures exceptionnelles dans le secteur laitier et le démantèlement des réacteurs 1 à 4 de la centrale nucléaire Kozloduy "*ne préjuge pas du résultat de l'examen* [des bases légales] *en discussion*" (doc. *Conseil 16329/09 BUDGET 72*, pp. 10/11).

255 Doc. *SEC(2009) 1635 final*.

256 Dont 5 millions d'euros dans la réserve pour imprévus. Selon la déclaration du Conseil au procès-verbal de sa réunion du 20 novembre 2009, ce "*montant de 5 millions d'euros est affecté au Conseil européen, afin de fournir les ressources nécessaires au financement d'événements imprévus, tels que l'organisation de sommets extraordinaires. Globalement, le Conseil européen disposera pour 2010 d'un budget d'un montant total de 25 millions d'euros*" (doc. *Conseil 16329/09 BUDGET 72*, p. 13).

Il convient de relever que la LR n° 3/2010 est "neutre" du point de la marge de la rubrique *5* (*Administration*) du CF pour 2010 (72 millions d'euros), suite à la "contribution" de la section II – Conseil – à la réduction du plafond de la rubrique *5* en 2009 (voir pages 126-128).

La marge de 72 millions d'euros en 2010 s'établit comme suit : marge laissée par le PE en première lecture (222 millions d'euros) – révision du CF (-126,5 millions d'euros pour la rubrique *5* en 2010) – LR n° 3/2010 (réduction de la marge de la rubrique *5* en 2010 de 23,5 millions d'euros).

Cette marge de 72 millions d'euros est identique à celle qui serait restée si l'autorité budgétaire avait accepté la proposition de révision du CF proposée par la Commission (soit -150 millions d'euros au lieu des -126,5 millions d'euros retenus lors de la réunion de concertation du 18 novembre 2009).

Trouver un tel montant tout en respectant les conclusions du Conseil européen des 19 et 20 mars 2009 qui demandait de ne pas dépasser le plafond global du cadre financier pour 2007-2013 a été un exercice extrêmement compliqué[257], d'autant plus que les marges pour 2008 n'étaient plus disponibles (voir page 102). En même temps, l'autorité budgétaire est arrivée à financer intégralement la "deuxième partie" du plan en 2010, sans avoir à attendre la procédure budgétaire pour 2011, comme le permettait la déclaration commune sur le financement du plan européen de relance agréée lors du trilogue du 2 avril 2009.

Le financement du plan européen de relance en 2009 et 2010 a conduit à réviser le CF deux fois, en mai et en décembre 2009. Une telle double révision au cours d'une année est très rare dans l'histoire financière communautaire, le précédant remontant à 1992. En même temps, ces révisions (et la compensation du relèvement du plafond de la sous-rubrique *1a* (*Compétitivité pour la croissance et l'emploi*) du CF en 2009 et 2010) ont demandé beaucoup de négociations interinstitutionnelles et de travaux préparatoires et ont conduit à mettre à contribution cinq rubriques et sous-rubriques du CF[258] et quatre sections[259] du budget général.

Le financement du plan européen de relance et ses sources sont récapitulés dans le tableau 38 ci-dessous.

Il convient de relever que c'est surtout la rubrique *2* (*Conservation et gestion des ressources naturelles*) du cadre financier pour 2007-2013 qui a contribué au financement du plan européen pour la relance économique, que ce soit sous forme de révision du CF (-3 464 millions d'euros au total entre 2009 et 2010 afin de pouvoir financer des projets énergétiques sous la sous-rubrique *1a* du CF) ou pour financer de la marge de la rubrique *2* (pour un montant de 1 020 millions d'euros au total entre 2009 et 2010)

Tableau 38. Résumé du financement des cinq milliards d'euros dans le contexte du plan européen pour la relance économique

En crédits d'engagement et en millions d'euros
(Source : Commission)

	2009	2010	Total
Financement de projets dans le domaine de l'énergie :	**2 000**	**1 980**	**3 980**
- Révision du CF : augmentation du plafond de la sous-rubrique 1a	*1 997*	*1 779*	*3 776*
Mécanisme de compensation :*	*-3 486*	*-290*	*-3 776*
- sous-rubrique 1b (Cohésion pour la croissance et l'emploi)	*-1*	*-6*	*-7*
- rubrique 2 (Conservation et gestion des ressources naturelles)	*-3 306*	*-158*	*-3 464*
- sous-rubrique 3a (Liberté, sécurité et justice)	*-5*	*-*	*-5*
- rubrique 5 (Administration)	*-174*	*-126*	*-300*
- Utilisation de la marge de la sous-rubrique 1a du CF	***3***	***81***	***84***
- Mobilisation de l'instrument de flexibilité	**-**	***120***	***120***
Financement de l'Internet dans les zones rurales et d'actions liées aux "nouveaux défis" définis dans le contexte du bilan de santé de la PAC :	**600**	**420**	**1 020**
- Utilisation de la marge de la rubrique 2 du CF	***600***	***420***	***1 020***
Total général	**2 600**	**2 400**	**5 000**

** Conformément à la déclaration commune sur le financement du plan européen de relance agréée lors du trilogue du 2 avril 2009 (voir pages 103-104), abaissement des plafonds de rubriques et de sous-rubriques du CF correspondant au montant de l'augmentation du plafond de la sous-rubrique 1a*

[257] Tout en respectant en même temps les autres contraintes de l'exercice, notamment en ne touchant pas aux enveloppes financières des programmes co-décidés ou en respectant les exigences de la discipline budgétaire s'appliquant à la rubrique *2* (*Conservation et gestion des ressources naturelles*) du CF (voir page 29).

[258] Il s'agit des rubriques et sous-rubriques *1a* (*Compétitivité pour la croissance et l'emploi*), *1b* (*Cohésion pour la croissance et l'emploi*), *2* (*Conservation et gestion des ressources naturelles*), *3a* (*Liberté, sécurité et justice*) et *5* (*Administration*).

[259] C'est-à-dire les sections II – Conseil (pour un montant de 16,5 millions d'euros), III – Commission, VI – Comité économique et social européen (2 millions d'euros) et VII – Comité des régions (0,5 million d'euros).

des mesures liées à l'Internet à haut débit ainsi qu'au bilan de santé de la politique agricole commune.

B. Un deuxième point important lors des négociations budgétaires a été la question du montant total des *crédits pour paiements* à inclure dans le budget général pour 2010. Cette question a pris d'autant plus d'intérêt suite à l'importante augmentation des crédits de paiement votée par le Parlement européen lors de sa première lecture du projet de budget par rapport à ce que proposait la Commission dans son avant-projet de budget.

Le montant retenu suite à l'accord obtenu lors de la réunion de concertation du 18 novembre 2009 (122 937 millions d'euros) est un montant qui a reçu l'approbation des délégations au sein du Conseil[260], vu la situation économique dans les États membres, mais également de la Commission, qui avait émis de sérieux doutes quant à la possibilité d'exécuter le total des crédits votés par le Parlement européen en première lecture. Ce montant a en même temps été acceptable pour le Parlement, car il permet de dépasser la barre de *1,04 %* du RNB de l'UE.

C. Tenant compte de la crise qu'a traversée le secteur laitier en 2009, la question du montant de l'aide au secteur du lait a été également une question importante lors de la procédure budgétaire pour 2010, sinon en termes de montants concernés, du moins du point de vue politique.

Le Parlement européen a voté lors de sa première lecture du projet de budget un amendement appelant la création d'un *Fonds laitier* spécifique, doté de 300 millions d'euros. Le Conseil, quant à lui, s'est rallié à la position de la Commission, qui proposait dans sa lettre rectificative "agricole" nº 2/2010 d'allouer aux *mesures exceptionnelles dans le secteur laitier* 280 millions d'euros supplémentaires par rapport à ce qui était proposé dans l'avant-projet de budget.

Suite à l'accord obtenu lors de la réunion de concertation du 18 novembre 2009, le Conseil n'a pas retenu la création d'un Fonds laitier, mais a accepté de transférer 20 millions d'euros des restitutions à l'exportation pour le lait[261] vers les mesures exceptionnelles concernant le lait. Ce transfert a surtout permis au PE de souligner l'inclusion de *300 millions d'euros* supplémentaires par rapport à l'APB pour le secteur laitier dans le budget général pour 2010.

D. Après une année d'absence (voir page 60), le *budget pour la PESC* est de nouveau revenu au centre des discussions budgétaires interinstitutionnelles, le Parlement européen liant cette fois le "budget PESC" surtout à la question de la décharge au secrétaire général du Conseil sur l'exécution de la section II – Conseil – du budget général pour l'exercice 2007[262]. Il convient de relever que les deux branches de l'autorité budgétaire sont arrivées, lors de la réunion de concertation du 18 novembre 2009, à un accord *conditionnel* sur la question.

Le fait que le Parlement européen ait octroyé la décharge lors de sa session du 25 novembre 2009[263] a permis à l'autorité budgétaire de retenir dans le budget général pour 2010 le montant proposé par la Commission pour financer la PESC, soit 281,5 millions d'euros en crédits d'engagement et 225,7 millions d'euros en crédits de paiement.

E. Les *agences décentralisées de l'Union européenne*, et notamment les nouvelles agences décentralisées[264], ont de nouveau fait l'objet de beaucoup

---

[260] Le Conseil souhaitant un montant inférieur de quelques 100 millions d'euros par rapport au total des crédits de paiement retenu dans l'APB (soit 122 216 millions d'euros environ).

[261] Il s'agit d'un montant supplémentaire proposé par la Commission dans la LR nº 2/2010 par rapport à l'APB.

[262] Un deuxième point qui a compliqué les négociations sur le "budget PESC" a été l'inclusion de la "ligne administrative PESC" lors des amendements du PE touchant les lignes budgétaires "*01 04*" (voir pages 120-123).

[263] JO L 19 du 23.1.2010, pp. 7/10.

[264] Il s'agit de l'Agence de coopération des régulateurs de l'énergie, de l'Office de l'Organe des régulateurs européens des communications électroniques et du Bureau européen d'appui en matière d'asile, ainsi que de l'Agence pour la gestion opérationnelle des systèmes d'information à grande échelle dans le domaine de la liberté, de la sécurité et de la justice, de l'Autorité bancaire européenne, de l'Autorité européenne des assurances et des pensions professionnelles et de l'Autorité européenne des marchés financiers.

d'attention au cours de la procédure budgétaire[265]. Afin de mieux encadrer l'examen des aspects budgétaires liés à la création de nouvelles agences, les deux branches de l'autorité budgétaire et la Commission ont dû clarifier, lors du trilogue du 12 novembre 2009, et ceci à la demande expresse du Parlement européen, les règles de procédure dans le cadre de l'application du point 47 de la Partie III de l'AII de 2006 (voir pages 125-126)[266].

F. La procédure budgétaire pour 2010 a également été marquée par la préparation des institutions au *traité de Lisbonne*, quoique les incertitudes (qui n'ont été définitivement levées qu'en novembre 2009) quant à la date d'entrée en vigueur du nouveau traité ont conduit à faire preuve de beaucoup de prudence. Ainsi le budget général pour 2010 ne contient pas – à l'exception de la section II pour le Conseil européen et le Conseil (voir *infra*) – de crédits directement liés à la mise en œuvre dudit traité, et les trois institutions n'ont adopté des déclarations communes sur la continuité de la procédure budgétaire pour 2010 et sur les mesures transitoires applicables à la procédure budgétaire à la suite de l'entrée en vigueur du traité de Lisbonne que les 18 et 30 novembre 2009.

La *lettre rectificative nº 3/2010* concernant les crédits nécessaires au fonctionnement du Conseil européen et du Conseil en 2010 est une exception à la règle selon laquelle les conséquences financières du nouveau traité ne seront prises en compte qu'en 2010, au moyen de budgets rectificatifs et de virements de crédits. Cette LR a d'emblée soulevé beaucoup de questions. Le Parlement européen s'est finalement rangé à l'avis du Conseil selon lequel la question du financement du Conseil européen est différente des autres aspects du financement des conséquences budgétaires du traité de Lisbonne, vu qu'elle est liée à la création d'une *nouvelle institution*, et non au financement de nouvelles tâches d'institutions déjà existantes.

Le fait que la marge de la rubrique *5* (*Administration*) du CF en 2010 n'ait pas été affectée par cette lettre rectificative du fait que la section II – Conseil – du budget général pour 2009 a contribué non seulement au financement du plan européen de relance en 2010 mais également à cette LR (voir pages 126-128 et 137), a permis de lever les derniers doutes, et la lettre rectificative nº 3/2010 a été adoptée dans le respect du "*Gentlemen's agreement*".

G. La préparation aux nouvelles règles de la *nouvelle procédure budgétaire* du traité de Lisbonne (voir pages 323-326) a également conduit les deux branches de l'autorité budgétaire à envisager de nouvelles approches. Ainsi, le Conseil a modifié, lors de sa première lecture, un nombre *plus important* de lignes budgétaires[267] sous la section III – Commission – du budget général touchant aux crédits opérationnels ou aux crédits pour la gestion administrative que lors de la plupart des procédures budgétaires précédentes, soit *213* lignes au total[268], et ceci pour mieux être à même de répondre aux exigences de la nouvelle procédure budgétaire, où le Conseil pourrait être appelé à se prononcer sur toutes les lignes budgétaires "ouvertes", et afin de développer une approche plus horizontale que précédemment[269].

---

[265] Il convient également de rappeler le cas spécifique d'Europol qui, suite au "feu vert" de l'autorité budgétaire, deviendra une agence décentralisée "classique", financée par le budget général à partir de 2010 (voir pages 31 et 83).

[266] Il convient de noter dans ce contexte que la Cour des comptes a présenté, le 20 novembre 2009, un rapport (non publié au JO) sur les agences exécutives (rapport spécial nº 13/2009 intitulé "*La délégation des tâches d'exécution aux agences exécutives est-elle un choix judicieux ?*").

[267] Articles ou postes.

[268] Dont 106 lignes budgétaires (y inclus les articles concernant les subventions aux agences décentralisées de l'UE) pour la sous-rubrique *1a* (*Compétitivité pour la croissance et l'emploi*), 7 pour la sous-rubrique *1b* (*Cohésion pour la croissance et l'emploi*), 44 pour la rubrique *2* (*Conservation et gestion des ressources naturelles*), 24 pour la sous-rubrique *3a* (*Liberté, sécurité et justice*), 21 pour la sous-rubrique *3b* (*Citoyenneté*) et 29 pour la rubrique *4* (*L'UE acteur mondial*) du CF (voir pages 116-119).

S'agissant des dépenses administratives (rubrique *5* du CF), le Conseil a modifié au total 64 lignes budgétaires.

Il convient de relever que la section III – Commission – du budget général pour 2010 comprend plus de 1 110 imputations (articles et/ou postes, hors lignes "*XX*").

[269] Une approche "horizontale" se traduisant naturellement par un plus grand nombre de lignes budgétaires affectées que d'habitude.

À titre de comparaison, le nombre de ces lignes budgétaires réduites par le Conseil en première lecture lors des procédures budgétaires de ces six dernières années s'établit comme suit :

- 2004 : *61* lignes ;

- 2005 : *79* lignes ;

- 2006 : *225* lignes ;

- 2007 : *176* lignes ;

- 2008 : *208* lignes ;

- 2009 : *284* lignes budgétaires.

Le montant très élevé des réductions pendant la procédure budgétaire pour 2009 s'explique surtout par le grand nombre de "réductions horizontales" opérées par le Conseil (voir pages 115-116).

Les réductions opérées pendant la procédure budgétaire pour 2006 par rapport à l'APB doivent, quant à elles, être placées dans le contexte particulier dans lequel la procédure s'est déroulée, la procédure étant non seulement la dernière procédure budgétaire de la période 2000-2006 ("Agenda 2000"), mais également la procédure établissant des bases de référence importantes pour la période 2007-2013 (voir Tome I, pp. 69/101).

Lors de sa deuxième lecture, le Conseil a également accepté un nombre *plus important* d'amendements du Parlement européen que d'habitude[270], et ceci en partie de nouveau pour se préparer aux nouvelles exigences de la procédure budgétaire telle que résultant de l'article 314 du TFUE.

Le Parlement européen, quant à lui, et avant tout sa commission des budgets, a souhaité surtout limiter le nombre des amendements retenus en plénière, tout en simplifiant dans la mesure du possible leur contenu[271].

H. S'agissant de la section III – Commission – du budget général pour 2010, le tableau 39 page suivante retrace les évolutions des montants (en crédits de paiement) par domaine politique lors des différentes étapes de la procédure budgétaire. Le tableau inclut les lignes "*XX*" mais ne différencie pas les crédits inscrits sur les lignes budgétaires opérationnelles ou en réserve[272].

Le tableau 40 page 143 résume, pour sa part, la procédure budgétaire pour 2010 du point de vue des changements apportés aux domaines politiques[273] au cours des différentes phases aussi bien en crédits d'engagement qu'en crédits de paiement[274].

Il convient de relever que :

- le Conseil, lors de sa première lecture, a accepté tels que proposés par la Commission les montants pour *huit* domaines politiques[275] (sur 31[276]) ;

- le Parlement européen, lors de sa première lecture, a amendé ou proposé de modifier les montants rele-

[270] Ces amendements concernent surtout les lignes budgétaires "*01 04*" (voir pages 120-123).

[271] Ceci a conduit en plénière le 17 décembre 2009 à un vote extrêmement rapide, qui n'a duré qu'une dizaine de minutes, les 345 amendements étant regroupés en 13 "blocks" (soit 6 blocks pour les différentes rubriques et sous-rubriques du CF (hors rubrique *5 – Administration*) et 7 blocks pour les différentes institutions (hors PE et Conseil, en raison du "*Gentlemen's agreement*")).

[272] Ainsi, le titre *40* (*Réserves*) n'inclut dans le tableau 39 que les crédits de paiement destinés à la réserve pour aides d'urgence (voir chapitre II).

[273] Les domaines politiques de la section III dans le budget général pour 2010 sont récapitulés dans le tableau 41, page 144.

[274] À la différence du tableau 39, le tableau 40 ne prend pas en compte les lignes "*XX*". En outre, il ne tient pas compte des amendements ou propositions de modifications qui ne concernent que les commentaires. Les tableaux 39 et 40 prennent, par contre, en compte les trois lettres rectificatives établies dans le cadre de la procédure budgétaire pour 2010 (voir pages 134-137).

[275] Il s'agit des domaines politiques suivants : *03* (*Concurrence*), *20* (*Commerce*), *23* (*Aide humanitaire*), *25* (*Coordination des politiques de la Commission et conseil juridique*), *27* (*Budget*), *28* (*Audit*), *30* (*Pensions et dépenses connexes*) et *31* (*Services linguistiques*). Au cours de la procédure budgétaire pour 2009, le Conseil avait également modifié en première lecture des montants relevant du titre *20* (*Commerce*) (voir pages 62-64).

[276] Hors titre *40* (*Réserves*).

Tableau 39. Évolution des montants par domaine politique au cours de la procédure budgétaire pour 2009

Section III – Commission, en crédits de paiement et en euros

Domaine politique* :	***01***	***02***	***03***	***04***	***05***	***06***	***07***	***08***	***09***	***10***	***11***
% de l'APB	*0,42%*	*0,48%*	*0,08%*	*9,82%*	*47,26%*	*1,70%*	*0,31%*	*4,21%*	*1,20%*	*0,33%*	*0,80%*
APB	478.765.810	549.545.378	90.429.058	11.187.304.770	53.846.477.045	1.935.835.749	353.902.146	4.795.957.826	1.362.254.141	379.100.000	915.321.520
APB**	478.765.810	549.545.378	90.429.058	11.187.304.770	52.566.277.045	1.935.835.749	353.902.146	4.795.957.826	1.362.254.141	379.100.000	917.821.520
Conseil 1ère lecture	472.171.044	501.162.323	87.954.571	10.973.777.590	53.348.197.062	1.844.644.406	344.174.513	4.574.385.293	1.341.264.796	365.720.000	908.598.814
PE 1ère lecture	495.615.810	610.831.328	90.429.058	12.398.255.270	55.561.842.510	2.650.594.299	512.179.296	5.116.956.676	1.359.044.141	365.720.000	927.121.520
Conseil 2ème lecture*	472.171.044	501.162.323	87.954.571	10.973.777.590	52.108.461.387	1.844.644.406	344.174.513	4.574.385.293	1.341.264.796	365.720.000	911.098.814
PE 2ème lecture**	486.933.310	601.304.978	90.429.058	11.202.623.145	51.478.337.575	2.480.570.987	495.754.296	4.960.366.177	1.355.644.141	365.720.000	926.921.520
Domaine politique* :	***12***	***13***	***14***	***15***	***16***	***17***	***18***	***19***	***20***	***21***	***22***
% de l'APB	*0,06%*	*21,51%*	*0,10%*	*1,18%*	*0,18%*	*0,50%*	*0,58%*	*2,97%*	*0,07%*	*1,05%*	*1,45%*
APB	65.263.786	24.509.476.974	110.998.297	1.349.007.311	205.885.004	574.079.318	656.886.044	3.387.824.242	80.699.531	1.198.941.446	1.655.429.207
APB**	65.263.786	24.509.476.974	110.998.297	1.349.007.311	205.885.004	574.079.318	656.886.044	3.567.824.242	80.699.531	2.098.941.446	1.655.429.207
Conseil 1ère lecture	62.485.561	24.427.537.336	93.831.289	1.317.440.206	195.541.240	560.324.162	631.499.941	3.339.806.644	74.757.536	1.171.101.939	1.604.474.225
PE 1ère lecture	66.047.786	27.437.972.967	106.468.297	1.379.997.311	211.185.004	587.119.318	724.358.044	3.832.872.102	78.679.531	1.229.980.696	1.668.781.715
Conseil 2ème lecture*	62.485.561	24.427.537.336	93.831.289	1.317.440.206	195.541.240	560.324.162	631.499.941	3.519.806.644	74.757.536	1.621.101.939	1.604.474.225
PE 2ème lecture**	66.009.986	24.570.476.974	106.468.297	1.363.497.311	211.185.004	581.539.318	677.656.044	3.579.174.401	78.679.531	1.679.980.696	1.660.736.936
Domaine politique* :	***23***	***24***	***25***	***26***	***27***	***28***	***29***	***30***	***31***	***40*****	**Total**
% de l'APB	*0,70%*	*0,06%*	*0,17%*	*0,87%*	*0,24%*	*0,01%*	*0,10%*	*1,02%*	*0,34%*	*0,21%*	
APB	796.948.000	73.151.000	188.162.101	991.220.101	278.252.647	10.683.372	112.776.692	1.159.931.000	388.773.637	244.000.000	**113.933.283.153**
APB**	796.948.000	73.151.000	188.162.101	991.220.101	278.252.647	10.683.372	112.776.692	1.159.931.000	388.773.637	244.000.000	**113.735.583.153**
Conseil 1ère lecture	796.409.927	67.365.342	183.586.875	970.956.771	276.873.637	10.399.837	99.111.397	1.159.931.000	378.421.385	p.m.	**112.183.906.662**
PE 1ère lecture	796.948.000	74.151.000	188.162.101	985.820.101	278.252.648	10.683.372	101.176.692	1.159.931.000	388.773.637	244.000.000	**121.639.951.230**
Conseil 2ème lecture*	796.409.927	67.365.342	183.586.875	970.956.771	276.873.637	10.399.837	99.111.397	1.159.931.000	378.421.385	p.m.	**111.576.670.987**
PE 2ème lecture**	796.948.000	74.151.000	188.162.100	985.820.101	278.252.647	10.683.371	101.176.692	1.159.931.000	388.773.640	244.000.000	**113.247.908.236**

** Lignes "XX" et crédits inscrits en réserve inclus   ** LR n° 1 et 2/2009 incluses   *** Réserve pour aides d'urgence uniquement*

Tableau 40. Évolution de la procédure budgétaire pour 2010 par domaine politique

Section III – Commission, lignes "XX" et offices européens exclus

Domaine politique :	*01*	*02*	*03*	*04*	*05* [2]	*06* [2]	*07*	*08*	*09*	*10*	*11* [2]	*12*	*13*	*14*	*15*	*16*
Conseil 1ère lecture	X	X	O	X	X	X	X	X	X	X	X	X	X	X	X	X
PE 1ère lecture	X	X	O	X	X	X	X	X	X	X	X	X	X	X	X	X
Conseil 2ème lecture	–	(X)	O	(X)	(X)	(X)	–	(X)	(X)	–	(X)	–	–	–	(X)	–
PE 2ème lecture	X	X	O	X	X	X	X	X	X	X	X	X	X	X	X	X
	≠	≠	=	≠	≠	≠	≠	≠	≠	=	≠	≠	(=)	(=)	≠	≠
Domaine politique :		*17*	*18*	*19* [1]	*20*	*21* [1]	*22*	*23*	*24*	*25*	*26*	*27*	*28*	*29*	*30*	*31*
Conseil 1ère lecture		X	X	X	O	X	X	O	X	O	X	O	O	X	O	O
PE 1ère lecture		X	X	X	O	X	X	O	X	X	X	O	O	X	O	X
Conseil 2ème lecture		–	–	(X)	O	–	(X)	O	–	–	–	O	O	-	O	–
PE 2ème lecture		X	X	X	O	X	X	O	X	X	X	O	O	X	O	X
		≠	≠	≠	=	≠	≠	=	(=)	(=)	(=)	=	=	(=)	=	≠

APB modifié par [1] : LR n° 1/2010 [2] : LR n° 2/2010
X : modifications ou amendements O : pas de modifications ou d'amendements
(X) : propositions de modifications ou amendements acceptés en totalité ou en partie
– : amendements ou propositions de modification rejetés
= : domaine politique accepté tel que proposé par la Commission
(=) : domaine politique modifié marginalement par rapport à l'APB
≠ : domaine politique modifié sensiblement par rapport à l'APB

vant de *25* domaines politiques[277]. En d'autres termes, le PE a accepté les montants tels que proposés par la Commission pour *six* domaines politiques[278] ;

- le Conseil, lors de sa deuxième lecture, a retenu – totalement ou en partie – 24 amendements déposés par le PE touchant *dix* domaines politiques[279] ;

- le PE, lors de sa deuxième lecture, a confirmé des amendements[280] dans *tous* domaines politiques amendés en première lecture.

L'autorité budgétaire n'a ainsi accepté sans changement les propositions chiffrées de la Commission présentées dans l'APB (lettres rectificatives n° 1 et 2/2010 comprises[281]) que pour *six* domaines politiques sur les 31 domaines politiques (et titres[282]) contenus dans la section III du budget général[283]. En outre, *sept* domaines politiques[284] ont été adoptés avec des changements de montants que l'on peut qualifier de mineurs (voir tableaux 39 et 40).

I. S'agissant enfin des autres sections du budget général que de la section III, le Parlement européen a adopté en première lecture 86 amendements, dont 44 concernant sa propre section (section I). Par ailleurs, il a adopté quatre propositions de modifications concernant sa section du budget général et une proposition de modification concernant la section VIII – Médiateur européen. Dans le respect

---

[277] Le PE a adopté concernant la section III, en première lecture, 348 amendements et 34 propositions de modifications. Une partie importante de ces amendements ou propositions concerne, comme lors des procédures budgétaires précédentes, le rétablissement de l'APB pour les lignes budgétaires modifiées par le Conseil en première lecture ou les "blocs" d'"amendements horizontaux".

[278] Il s'agit des domaines politiques suivants : *03* (*Concurrence*), *20* (*Commerce*), *23* (*Aide humanitaire*), *27* (*Budget*), *28* (*Audit*) et *30* (*Pensions et dépenses connexes*). Lors de la procédure budgétaire pour 2009, le PE avait également accepté les crédits proposés dans l'APB pour les titres *10* (*Recherche directe*) et *31* (*Services linguistiques*) (voir pages 62-64).

[279] Ces amendement ont été retenus surtout dans le cadre de l'acceptation des modifications proposées par le PE aux lignes budgétaires "*01 04*" (voir pages 128-129).

Il convient également de signaler que le Conseil a utilisé des propositions de modifications du PE pour établir ses réductions dans les dépenses agricoles en deuxième lecture et pour inclure dans sa deuxième lecture des éléments du compromis de la réunion de concertation du 18 novembre 2009.

[280] En deuxième lecture, concernant la section III, le PE a retenu au total 303 amendements.

[281] La lettre rectificative n° 3/2010 ne concernant que la section II du budget général.

[282] Hors titre *40* (*Réserves*).

[283] Il s'agit des domaines politiques *03* (*Concurrence*), *20* (*Commerce*), *23* (*Aide humanitaire*), *27* (*Budget*), *28* (*Audit*) et *30* (*Pensions et dépenses connexes*).

[284] Il s'agit des domaines politiques *10* (*Recherche directe*), *13* (*Politique régionale*), *14* (*Fiscalité et union douanière*), *24* (*Lutte contre la fraude*), *25* (*Coordination des politiques de la Commission et conseil juridique*), *26* (*Administration de la Commission*) et *29* (*Statistiques*).

du "*Gentlemen's agreement*", le PE n'a pas adopté d'amendements concernant la section du Conseil (section II) du budget général.

Le Conseil a rejeté lors de sa deuxième lecture tous les amendements du Parlement européen portant sur les sections IV à IX du budget général. Les amendements et propositions de modifications concernant la section I – Parlement européen – ont par contre tous été acceptés, dans le respect du "*Gentlemen's agreement*".

En deuxième lecture, le Parlement européen a confirmé ses 42 amendements concernant les sections IV à IX du budget général.

IV. – L'établissement du budget par activités

1. Développement de la nomenclature budgétaire

Les *32 titres* de la section III – Commission – du budget général pour 2010 sont présentés dans le tableau 41 ci-dessous. Il convient de relever qu'ils restent les mêmes qu'en 2009[285].

Le développement de la nomenclature budgétaire de 2009 à 2010 est présenté dans le tableau 42 page suivante.

Il convient de relever le peu de modifications dans la nomenclature budgétaire de 2009 à 2010 que ce soit au niveau des titres, des chapitres, des articles ou des postes[286]. Il convient néanmoins de signaler que suite à l'adoption de la lettre rectificative n° 3/2010, l'intitulé de la section II du budget général est modifié en "*Conseil européen et Conseil*"[287] (voir chapitre III).

2. Examen des fiches d'activité

Le comité budgétaire du Conseil a poursuivi, au cours de la procédure budgétaire pour 2010, son analyse des fiches d'activité préparées par la Commission en se concentrant notamment sur :

- les justifications présentées par la Commission concernant la valeur ajoutée des actions au niveau communautaire, et

- l'adéquation des ressources demandées et des objectifs à atteindre.

Le comité a également examiné le bien fondé des variations des crédits proposés et des objectifs énoncés notamment en termes de performance.

Le comité budgétaire a conclut son examen comme suit : "*Les fiches d'activité ont fait l'objet d'une attention particulière* [lors des travaux menant à l'établissement du projet de budget pour 2010]. *Des réunions spéciales ont été organisées avec les*

Tableau 41. Les domaines politiques dans la section III – Commission – du budget général pour 2010

Titre		*Titre*	
01	*Affaires économiques et financières*	*17*	*Santé et protection des consommateurs*
02	*Entreprises*	*18*	*Espace de liberté, de sécurité et de justice*
03	*Concurrence*	*19*	*Relations extérieures*
04	*Emploi et affaires sociales*	*20*	*Commerce*
05	*Agriculture et développement rural*	*21*	*Développement et relations avec les États ACP*
06	*Énergie et transports*	*22*	*Élargissement*
07	*Environnement*	*23*	*Aide humanitaire*
08	*Recherche*	*24*	*Lutte contre la fraude*
09	*Société de l'information et médias*	*25*	*Coordination des politiques de la Commission et conseil juridique*
10	*Recherche directe*	*26*	*Administration de la Commission*
11	*Affaires maritimes et pêche*	*27*	*Budget*
12	*Marché intérieur*	*28*	*Audit*
13	*Politique régionale*	*29*	*Statistiques*
14	*Fiscalité et union douanière*	*30*	*Pensions et dépenses connexes*
15	*Éducation et culture*	*31*	*Services linguistiques*
16	*Communication*	*40*	*Réserves*
XX	*Dépenses administratives par domaine politique*		

[285] Voir page 65.
[286] Il convient néanmoins de signaler une "simplification" de la nomenclature budgétaire des annexes de la section III – Commission – du budget général.
[287] En effet, conformément à l'article 316, troisième paragraphe du TFUE, les dépenses du Conseil européen et du Conseil doivent être repris dans la même section du budget général.

Tableau 42. Développement de la nomenclature du budget général de 2009 à 2010

Année	**2009**	**2010**	***Différence***	**2009**	**2010**	***Différence***
Section I – Parlement européen :			***2010-2009***	**Section VI – CESE :**		***2010-2009***
Titres	5	5	*0*	3	3	*0*
Chapitres	19	19	*0*	12	12	*0*
Articles	43	41	*-2*	25	25	*0*
Postes	65	62	*-3*	45	46	*1*
Imputations*	99	93	*-6*	60	61	*1*
Section II – Conseil européen et Conseil :**				**Section VII – Comité des régions :**		
Titres	5	5	*0*	3	3	*0*
Chapitres	14	15	*1*	12	12	*0*
Articles	33	36	*3*	26	26	*0*
Postes	103	113	*10*	44	44	*0*
Imputations*	111	120	*9*	60	60	*0*
Section III – Commission* :**				**Section VIII – Médiateur :**		
Titres	32	32	*0*	4	4	*0*
Chapitres	163	159	*-4*	13	13	*0*
Articles	646	674	*28*	26	26	*0*
Postes	628	632	*4*	25	25	*0*
Imputations*	1.082	1.114	*32*	41	41	*0*
Annexes de la section III ** :**				**Section IX – CEPD :**		
Titres	6	6	*0*	3	3	*0*
Chapitres	17	17	*0*	5	5	*0*
Articles	72	60	*-12*	7	7	*0*
Postes	24	24	*0*	29	29	*0*
Imputations*	82	70	*-12*	32	32	*0*
Section IV – Cour de justice :				***Total hors section III :***		
Titres	4	4	*0*	*30*	*30*	*0*
Chapitres	12	12	*0*	*98*	*99*	*1*
Articles	34	34	*0*	*227*	*228*	*1*
Postes	36	36	*0*	*381*	*389*	*8*
Imputations*	60	60	*0*	*521*	*525*	*4*
Section V – Cour des comptes :				**Total général :**		
Titres	3	3	*0*	**68**	**68**	*0*
Chapitres	11	11	*0*	**278**	**275**	*-3*
Articles	33	33	*0*	**945**	**962**	*17*
Postes	34	34	*0*	**1.033**	**1.045**	*12*
Imputations*	58	58	*0*	**1.685**	**1.709**	*24*

** Articles ou postes* *** "*Conseil*" en 2009* **** Les chiffres n'incluent pas le titre "XX"*
*** ** OPOCE/ OP, OLAF, EPSO (avec l'EEA), PMO, OIB et OIL*

services de la Commission afin de pouvoir mener un dialogue approfondi avec les délégations.

Pour la plupart des fiches d'activité, les améliorations apportées aux informations en termes de clarté et de précision ont été appréciées. Toutefois la justification de la valeur ajoutée pour l'UE demeure parfois floue et doit être améliorée. Par ailleurs, certains des objectifs devraient être plus spécifiques et il convient d'en améliorer la pertinence et la mesure.

Ces fiches d'activité ont été un élément du processus décisionnel visant à déterminer le niveau approprié des crédits à inscrire dans le projet de budget 2010.

Les services de la Commission ont été invités à poursuivre l'amélioration des fiches d'activité lors de l'élaboration de ces fiches dans le cadre des procédures budgétaires futures"[288].

[288] Doc. *Conseil 11902/09 BUDGET 39*, p. 18.

3. Enseignements sur l'établissement du budget par activités

Le Parlement européen a adopté le 25 mars 2009 une résolution sur les enseignements du point de vue du Parlement de l'établissement du budget par activité et de la gestion par activités (GPA) depuis 2004[289]. Cette résolution est reproduite pages 159-163.

Dans cette résolution, le Parlement européen a également pris position sur le contenu des fiches d'activité, en se félicitant notamment "*de certaines améliorations apportées aux fiches d'activité qui sont fournies avec l'avant-projet de budget afin de justifier les ressources demandées*". Le PE "*déplore, toutefois, que les informations ne soient parfois toujours pas d'une qualité suffisante pour motiver, par exemple, une augmentation du budget, et regrette aussi que, jusqu'à présent, l'autorité budgétaire n'ait pas vraiment estimé utile de récompenser les "bons élèves" ni, inversement, de maintenir voire de réduire les budgets des services qui fournissent des résultats insuffisants*"[290].

Par ailleurs, le Parlement européen relève entre autres un manque de cohérence notamment entre les fiches d'activité, les plans de gestion annuels et les rapports annuels d'activité[291].

V. – Conclusion

La procédure budgétaire pour 2010 est une procédure historique car elle clôt les procédures budgétaires communautaires menées conformément à des dispositions financières adoptées dans les années 1970[292], quand le Parlement européen s'est vu octroyer un pouvoir budgétaire accru, en devenant l'une des deux branches de l'autorité budgétaire[293].

La procédure a été marquée par la crise économique et financière qu'ont connue les États membres de l'Union européenne. Afin de contribuer à la relance économique, les deux branches de l'autorité budgétaire sont arrivées à dégager un accord sur un financement en 2009 et 2010 (en crédits d'engagement) à hauteur de cinq milliards d'euros de projets dans le domaine de domaine de l'énergie et de l'Internet dans les zones rurales et d'actions liées aux "nouveaux défis" définis dans le contexte du bilan de santé de la PAC, tel que proposés par la Commission.

Cet important accord a nécessité deux révisions du cadre financier pour 2007-2013, ainsi que le recours à l'instrument de flexibilité et des redéploiements importants de crédits.

La procédure budgétaire pour 2010 a également été marquée par des discussions sur le financement d'autres mesures contribuant à la relance de l'économie au niveau de l'Union, sur les mesures exceptionnelles pour le domaine laitier, sur financement du démantèlement de la centrale nucléaire de Kozloduy en Bulgarie, ainsi que sur le montant des crédits pour paiements à retenir dans le budget général.

Par ailleurs, après une année d'absence, le "budget PESC" est revenu au cœur des négociations budgétaires interinstitutionnelles, non seulement pour sa valeur intrinsèque, mais surtout dans le cadre des discussions sur l'octroi de la décharge pour la mise en œuvre en 2007 de la section II – Conseil – du budget général.

Il convient de relever le peu de marges laissées par le Parlement européen sous les différentes rubriques et sous-rubriques du cadre financier pour 2007-2013 dans le budget général pour 2010[294].

---

289 Doc. *PE 2008/2053(INI)*.

290 *Ibid.*, point 18. Il convient de rappeler dans ce contexte que suite à un examen du contenu des fiches d'activité, le Conseil a réduit certains montants proposés par la Commission dans l'APB lors de la procédure budgétaire pour 2007 (voir Tome I, pp. 151/152).

291 *Ibid.*, points 14 et 17.

292 Il s'agit de l'article 203 du traité CE, tel qu'il ressort du traité de Bruxelles. L'article 203 est devenu l'article 272 suite à l'entrée en vigueur du traité d'Amsterdam le 1er mai 1999.

293 Ceci ne veut naturellement pas dire que les règles de la procédure budgétaire communautaire ne se soient pas beaucoup développées au cours de ces trente dernières années, notamment suite au développement de la collaboration interinstitutionnelle en matière budgétaire.

294 La sous-rubrique *3b* (*Citoyenneté*) étant sans marge, la rubrique *4* (*L'UE acteur mondial*) étant dotée d'une marge de 875 530 euros seulement et la sous-rubrique *1a* (*Compétitivité pour la croissance et l'em-*

Ceci pourrait conduire à des difficultés dans la mise en œuvre du budget général notamment en cas de circonstances imprévues nécessitant des crédits supplémentaires.

Enfin, le budget général pour 2010 contient, suite à l'adoption de la lettre rectificative n° 3/2010, les crédits nécessaires pour l'établissement du Conseil européen en tant que nouvelle institution de l'Union européenne. Les autres conséquences budgétaires de l'entrée en vigueur du traité de Lisbonne sont par contre destinées à être prises en compte par le biais de budgets rectificatifs et de virements de crédits, adoptés au cours de l'exercice budgétaire 2010.

Il convient de noter que le "passage" au traité de Lisbonne le 1er décembre 2009 (c'est-à-dire avant la "deuxième lecture" du Parlement européen) s'est effectué sans heurts[295], le Parlement européen, le Conseil et la Commission ayant convenu de considérer la procédure budgétaire pour 2010 comme un *continuum* sous les traités de Nice et de Lisbonne et dès lors de considérer que les étapes de procédure achevées sous le traité de Nice constituent des étapes de procédure achevées au sens de l'article 314 résultant du traité de Lisbonne (voir chapitre I). Cet important accord sur la "continuité" de la procédure budgétaire auquel les trois institutions sont parvenues en novembre 2009 est un nouvel exemple de la bonne coopération interinstitutionnelle dans les domaines financier et budgétaire communautaires.

---

ploi) faisant l'objet d'un recours à l'instrument de flexibilité. Par ailleurs, la rubrique *5* (*Administration*) ne contient qu'une marge de 73 millions d'euros et ceci dans une situation où les institutions n'ont pas encore inclus dans le budget général pour 2010 des dépenses supplémentaires liées à l'entrée en vigueur du traité de Lisbonne.

[295] La seule différence d'interprétation entre le Parlement européen et le Conseil est intervenue quant à la forme de l'acte établissant le budget général et sa signature, suite à l'entrée en vigueur du traité de Lisbonne. En effet, conformément à l'article 314 du TFUE, l'acte établissant le budget général de l'UE est devenu un *acte législatif* du PE et du Conseil (sous le traité de Nice, le budget était un "*Beschluss*" ; voir l'article de Félix VAN CRAEYENEST et Ilkka SAARILAHTI : "*Le nouveau règlement financier applicable au budget général de l'Union européenne : un maillon essentiel dans la réforme de la Commission*", Revue du Marché commun et de l'Union européenne, n° 474, janvier 2004, point 11, b)).

Suite à ce changement, le Conseil a indiqué qu'un tel acte devrait désormais revêtir une des formes limitativement énumérées à l'article 288 du TFUE, et être signé, conformément à l'article 297, paragraphe 1 du TFUE, par les présidents des *deux* institutions qui l'ont adopté. Le Parlement européen, quant à lui, a voulu s'en tenir à la pratique en vigueur depuis le budget général pour 1975, c'est-à-dire que c'est le président du PE qui, après avoir déclaré le budget définitivement arrêté, a le pouvoir de le signer. Le président du Parlement européen a finalement signé seul le budget général pour 2010 en plénière à Strasbourg le 17 décembre 2009, le Conseil indiquant réserver sa position sur ce sujet.

ANNEXES CONCERNANT LA PROCÉDURE BUDGÉTAIRE POUR 2010

LE BUDGET GÉNÉRAL POUR 2010

Le budget général pour 2010 par rubriques du CF (en c/e)

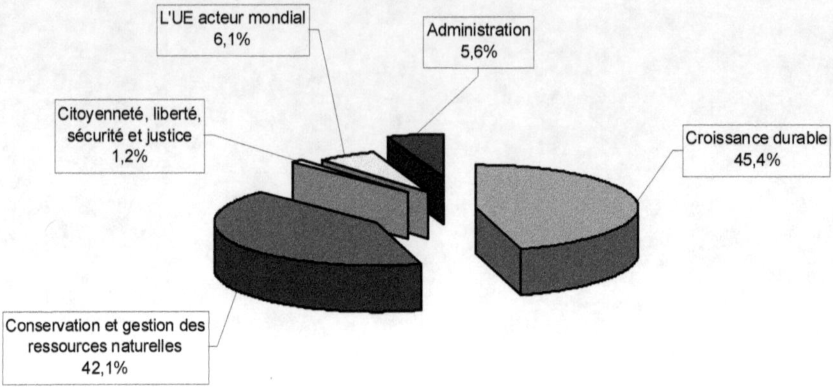

Ventilation de la rubrique 1 *(Croissance durable)* **(en c/e)**

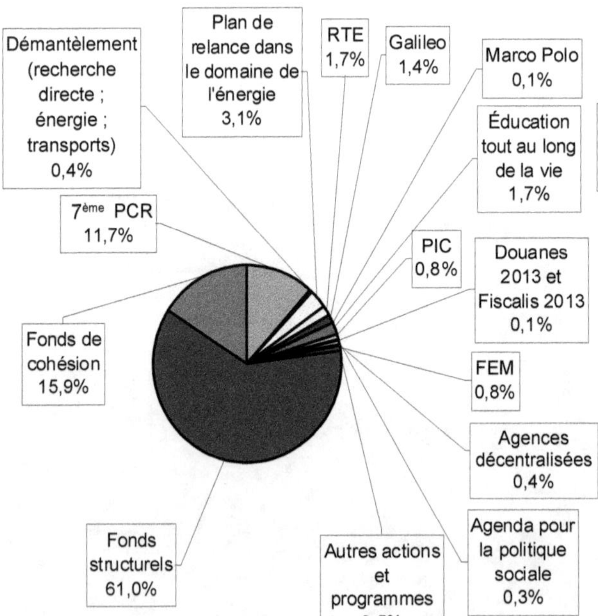

Ventilation de la rubrique 3 *(Citoyenneté, liberté, sécurité et justice)* **(en c/e)**

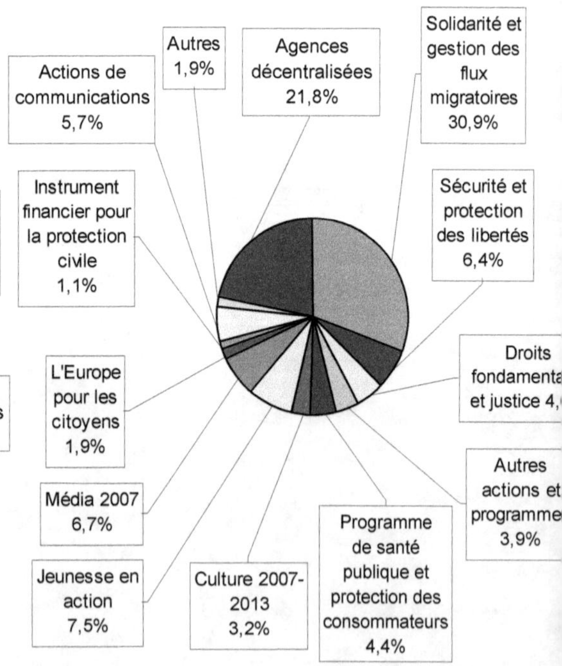

LE BUDGET GÉNÉRAL POUR 2010

Le budget général pour 2009 par rubriques du CF (en c/p)

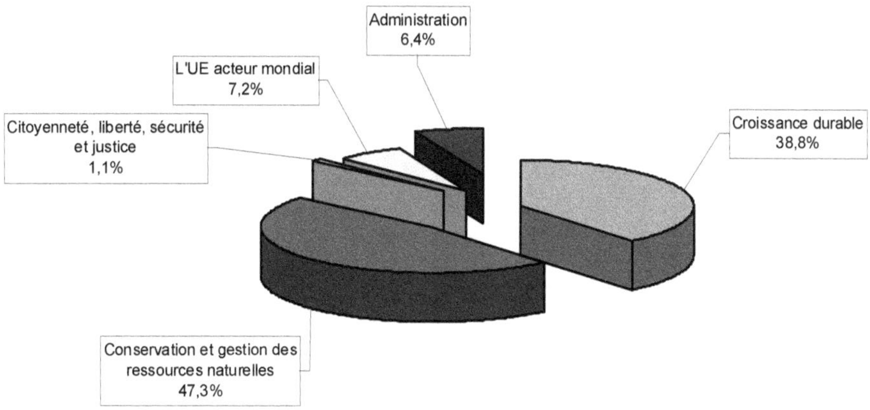

Ventilation de la rubrique 1 *(Croissance durable)* **(en c/p)**

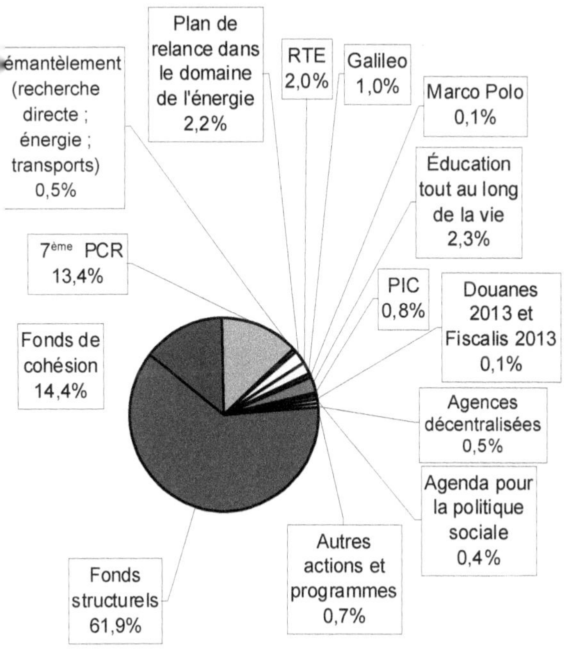

Ventilation de la rubrique 3 *(Citoyenneté, liberté, sécurité et justice)* **(en c/p)**

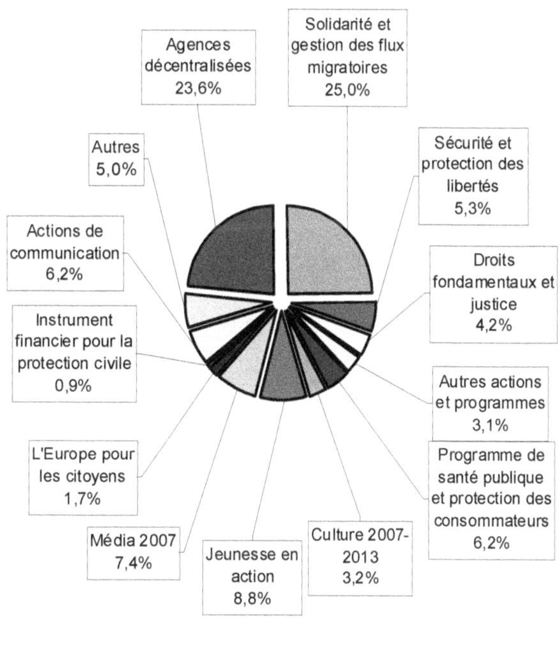

PROCÉDURE BUDGÉTAIRE POUR 2010	1		2		3		4		5		6		6/1	
Description	Budget 2009 (BR 1 à 10 inclus)		Avant-projet de budget 2010		Conseil 1ère lecture		Parlement européen 1ère lecture		Conseil 2ème lecture (LR n° 1-3 incluses)		Budget général pour 2010		Variation % Budget 2010/2009	
	Engagements	*Paiements*	*Engagements*	*Paiements*	*Engagements*	*Paiements*	*Engagements*	*Paiements*	*Engagements*	*Paiements*	*Engagements*	*Paiements*	*Engagements*	*Paiements*
1. CROISSANCE DURABLE														
- 1a Compétitivité pour la croissance et l'emploi	13.274.797.000	10.368.288.060	12.269.410.253	10.982.271.303	12.169.589.253	10.573.940.303	14.367.293.660	12.568.269.210	14.245.189.253	10.972.022.303	14.361.853.253	11.342.270.803	8,19%	9,39%
Marge			*118.589.747*		*218.410.747*		*-1.979.293.660*		*116.810.747*		*-194.853.253*			
							[+706 340 hors amendement astérisque]				*[+146 747 et 195 millions par le biais de l'instrument de flexibilité]*			
- 7ème programme-cadre de recherche (y compris achèvement du 6ème PCR)	6.751.882.600	6.389.449.810	7.565.703.000	6.437.966.000	7.499.047.000	6.173.820.000	7.554.407.000	6.800.866.000	7.516.047.000	6.190.820.000	7.542.425.000	6.373.875.000	11,71%	-0,24%
02 - Entreprises	266.033.600	218.792.500	443.206.000	357.056.000	440.206.000	352.056.000	443.206.000	357.056.000	440.206.000	352.056.000	443.206.000	357.056.000	66,60%	63,19%
06 - Énergie et transports	280.875.000	252.379.613	281.044.000	240.364.000	279.924.000	222.944.000	287.148.000	258.364.000	279.924.000	222.944.000	282.256.000	241.364.000	0,49%	-4,36%
08 - Recherche	4.649.188.000	4.482.478.697	5.156.268.000	4.191.563.000	5.110.968.000	3.977.813.000	5.138.868.000	4.496.463.000	5.127.968.000	3.994.813.000	5.131.778.000	4.126.472.000	10,38%	-7,94%
09 - Société de l'information et médias	1.217.546.000	1.096.279.000	1.328.764.000	1.290.436.000	1.323.778.000	1.275.450.000	1.328.764.000	1.330.436.000	1.323.778.000	1.275.450.000	1.328.764.000	1.290.436.000	9,13%	17,71%
10 - Recherche directe	338.240.000	339.520.000	356.421.000	358.547.000	344.171.000	345.557.000	356.421.000	358.547.000	344.171.000	345.557.000	356.421.000	358.547.000	5,38%	5,60%
- Démantèlement (10 - Recherche directe)	32.600.000	26.200.000	26.900.000	33.000.000	26.900.000	31.000.000	26.900.000	33.000.000	26.900.000	31.000.000	26.900.000	33.000.000	-17,48%	25,95%
- RTE (06 - Énergie et transports)	961.420.000	844.484.000	1.084.000.000	931.894.000	1.083.000.000	885.394.000	1.090.100.000	1.051.294.000	1.082.900.000	885.294.000	1.083.900.000	931.794.000	12,74%	10,34%
- Projets énergétiques en vue d'aider à la relance économique (06 - Énergie et transports)	2.000.000.000	76.200.000	p.m.	650.000.000	p.m.	650.000.000	1.980.000.000	1.500.000.000	1.980.000.000	1.027.482.000	1.980.000.000	1.027.482.000	-1,00%	1248,40%
- Egnos et Galileo (06 - Énergie et transports)	829.600.000	709.099.785	895.400.000	454.500.000	892.900.000	452.000.000	894.400.000	464.700.000	894.400.000	453.500.000	894.400.000	453.500.000	7,81%	-36,05%
- Marco Polo (06 - Énergie et transports)	61.980.000	38.812.875	63.940.000	36.675.000	63.940.000	32.675.000	63.940.000	41.675.000	63.940.000	32.675.000	63.940.000	36.675.000	3,16%	-5,51%
- Éducation et formation tout au long de la vie et Erasmus mundus (15 - Éducation et culture)	1.060.658.000	1.038.045.000	1.102.078.000	1.071.812.000	1.100.978.000	1.050.712.000	1.126.704.000	1.106.812.000	1.100.978.000	1.050.712.000	1.107.288.500	1.075.812.000	4,40%	3,64%
- Programme-cadre pour l'innovation et la compétitivité (PIC)	508.176.400	345.896.615	524.980.000	365.585.000	521.730.000	346.835.000	539.080.000	477.885.000	522.630.000	347.735.000	525.708.000	359.685.500	3,45%	3,99%
- PIC - Innovation et esprit d'entreprise	300.279.000	222.438.450	302.800.000	203.091.700	299.800.000	191.591.700	309.100.000	272.591.700	300.700.000	192.491.700	302.113.000	198.622.200	0,61%	-10,71%
01 - Affaires économiques et financières	150.150.000	112.867.500	161.000.000	130.400.000	161.000.000	126.900.000	163.000.000	166.900.000	161.000.000	126.900.000	161.000.000	126.900.000	7,23%	12,43%
02 - Entreprises	150.129.000	109.570.950	141.800.000	72.691.700	138.800.000	64.691.700	146.100.000	105.691.700	139.700.000	65.591.700	141.113.000	71.722.200	-6,01%	-34,54%
- PIC - Appui stratégique en matière de TIC (09 - Société de l'information et médias)	111.710.000	54.510.000	112.600.000	97.860.000	112.400.000	92.660.000	112.400.000	107.660.000	112.400.000	92.660.000	112.400.000	95.160.000	0,62%	74,57%
09 - Société de l'information et média	111.710.000	54.510.000	112.600.000	97.860.000	112.400.000	92.660.000	112.400.000	107.660.000	112.400.000	92.660.000	112.400.000	95.160.000	0,62%	74,57%
- PIC - "Énergie intelligente" (06 - Énergie et transports)	96.187.400	68.948.165	109.580.000	64.633.300	109.530.000	62.583.300	117.580.000	97.633.300	109.530.000	62.583.300	111.195.000	65.903.300	15,60%	-4,42%
- Agenda pour la politique sociale (04 - Emploi et affaires sociales)	176.416.000	146.958.125	190.170.000	156.130.000	187.480.000	138.590.000	230.050.000	200.059.000	188.180.000	139.290.000	214.550.000	180.510.000	21,62%	22,83%
- Douane 2013 et Fiscalis 2013 (14 - Fiscalité et union douanière)	71.600.000	46.702.000	75.450.000	47.932.000	75.450.000	43.632.000	75.450.000	53.432.000	75.450.000	43.632.000	75.450.000	47.432.000	5,38%	1,56%
- Démantèlement nucléaire (06 - Énergie et transports)	255.000.000	110.000.000	180.000.000	220.000.000	180.000.000	220.000.000	180.000.000	220.000.000	255.000.000	220.000.000	255.000.000	220.000.000	0,00%	100,00%
- Autres actions et programmes	298.490.000	333.319.850	321.490.000	341.162.000	309.930.000	324.732.000	345.410.000	361.377.500	310.530.000	325.332.000	341.210.000	355.107.500	14,31%	6,54%
01 - Affaires économiques et financières	31.000.000	31.000.000	22.000.000	22.045.000	20.500.000	20.545.000	22.000.000	22.045.000	20.500.000	20.545.000	22.000.000	22.045.000	-29,03%	-28,89%
02 - Entreprises	55.310.000	59.333.150	48.480.000	54.830.000	44.310.000	50.390.000	58.040.000	56.270.000	45.310.000	51.390.000	57.040.000	55.770.000	3,13%	-6,01%
03 - Concurrence	-	p.m.	-	p.m.	-	p.m.	-	p.m.	-	p.m.	-	p.m.		
04 - Emploi et affaires sociales	2.000.000	3.000.000	p.m.	2.200.000	p.m.	2.200.000	7.500.000	8.400.000	p.m.	2.200.000	7.500.000	8.400.000	275,00%	180,00%
06 - Énergie et transports	50.410.000	55.600.500	48.076.000	55.360.000	45.726.000	51.610.000	51.026.000	60.555.500	45.526.000	51.410.000	50.026.000	58.555.500	-0,76%	5,31%
08 - Recherche	p.m.	21.525.000	p.m.	1.500.000	p.m.	1.500.000	p.m.	1.500.000	p.m.	1.500.000	p.m.	1.500.000		-93,03%
09 - Société de l'information et médias	13.920.000	48.110.000	14.170.000	46.587.000	14.120.000	46.537.000	13.970.000	46.387.000	13.920.000	46.337.000	13.970.000	46.387.000	0,36%	-3,58%
10 - Recherche directe	p.m.	p.m.	p.m.	p.m.	p.m.	p.m.	p.m.	p.m.	p.m.	p.m.	p.m.	p.m.		
12 - Marché intérieur	9.200.000	9.146.200	14.800.000	12.600.000	14.100.000	11.100.000	16.500.000	15.300.000	14.100.000	11.100.000	15.500.000	14.300.000	68,48%	56,35%
13 - Politique régionale	15.000.000	15.000.000	15.000.000	15.000.000	15.000.000	15.000.000	15.000.000	15.000.000	15.000.000	15.000.000	15.000.000	15.000.000	0,00%	0,00%
14 - Fiscalité et union douanière	3.075.000	2.775.000	2.640.000	2.640.000	2.100.000	2.600.000	2.600.000	2.600.000	2.100.000	2.600.000	2.600.000	2.600.000	-15,45%	-6,31%
15 - Education et culture	6.800.000	7.200.000	30.200.000	27.400.000	30.200.000	27.400.000	33.900.000	30.970.000	30.200.000	27.400.000	32.700.000	29.900.000	380,88%	315,28%
17 - Santé et protection des consommateurs	1.000.000	1.500.000	p.m.	600.000	p.m.	600.000	1.000.000	1.600.000	p.m.	600.000	1.000.000	1.600.000	0,00%	6,67%
20 - Commerce	p.m.	30.000	-	p.m.	-	p.m.	-	p.m.	-	p.m.	-	p.m.		
24 - Lutte contre la fraude	20.500.000	16.300.000	21.600.000	16.400.000	20.500.000	12.400.000	20.500.000	17.900.000	20.500.000	12.400.000	20.500.000	16.200.000	0,00%	-0,61%
26 - Administration de la Commission	32.700.000	37.400.000	39.200.000	39.100.000	38.200.000	38.100.000	38.200.000	38.100.000	38.200.000	38.100.000	38.200.000	38.100.000	16,82%	1,87%
27 - Budget	p.m.	p.m.	p.m.	p.m.	p.m.	p.m.	p.m.	p.m.	p.m.	p.m.	p.m.	p.m.		
29 - Statistiques	57.575.000	25.400.000	65.324.000	44.900.000	65.174.000	44.750.000	65.174.000	44.750.000	65.174.000	44.750.000	65.174.000	44.750.000	13,20%	76,18%
- Agences décentralisées	266.974.000	263.120.000	239.299.253	235.615.303	228.234.253	224.550.303	260.852.660	257.168.710	228.234.253	224.550.303	251.081.753	247.397.803	-5,95%	-5,98%
02 - Entreprises	106.419.000	99.960.000	56.847.100	56.847.100	51.640.100	51.640.100	75.812.100	75.812.100	51.640.100	51.640.100	67.929.600	67.929.600	-36,17%	-32,04%
04 - Emploi et affaires sociales	40.110.000	40.110.000	39.750.593	39.750.593	39.195.593	39.195.593	40.590.000	40.590.000	39.195.593	39.195.593	39.750.593	39.750.593	-0,90%	-0,90%
06 - Énergie et transports	96.735.000	99.340.000	115.023.360	111.339.410	109.720.360	106.036.410	116.341.360	112.657.410	109.720.360	106.036.410	115.723.360	112.039.410	19,63%	12,78%
09 - Société de l'information et médias	7.800.000	7.800.000	10.758.200	10.758.200	10.758.200	10.758.200	10.758.200	10.758.200	10.758.200	10.758.200	10.758.200	10.758.200	37,93%	37,93%
12 - Marché intérieur	p.m.	p.m.	p.m.	p.m.	p.m.	p.m.	p.m.	p.m.	p.m.	p.m.	p.m.	p.m.		
15 - Éducation et culture	15.910.000	15.910.000	16.920.000	16.920.000	16.920.000	16.920.000	17.351.000	17.351.000	16.920.000	16.920.000	16.920.000	16.920.000	6,35%	6,35%
- 1b Cohésion pour la croissance et l'emploi	48.426.884.669	34.963.348.789	49.382.092.092	36.382.385.000	49.382.092.092	36.089.285.000	49.387.592.092	38.849.785.000	49.382.092.092	36.089.285.000	49.387.592.092	36.384.885.000	1,98%	4,07%
Marge			*11.907.908*		*11.907.908*		*6.407.908*		*5.907.908*		*407.908*			
- Fonds structurels	39.117.250.470	27.669.945.511	39.191.847.212	29.521.935.000	39.191.847.212	29.228.835.000	39.191.847.212	31.336.835.000	39.191.847.212	29.228.835.000	39.191.847.212	29.521.935.000	0,19%	6,69%
- Objectif "convergence"	29.723.163.608	19.342.589.742	30.255.996.999	22.519.800.000	30.255.996.999	22.519.800.000	30.255.996.999	23.669.800.000	30.255.996.999	22.519.800.000	30.255.996.999	22.519.800.000	1,79%	16,43%
04 - Emploi et affaires sociales	7.305.903.755	6.826.100.000	7.473.667.217	5.540.500.000	7.473.667.217	5.540.500.000	7.473.667.217	5.940.500.000	7.473.667.217	5.540.500.000	7.473.667.217	5.540.500.000	2,30%	-18,83%
13 - Politique régionale	22.417.259.853	12.516.489.742	22.782.329.782	16.979.300.000	22.782.329.782	16.979.300.000	22.782.329.782	17.729.300.000	22.782.329.782	16.979.300.000	22.782.329.782	16.979.300.000	1,63%	35,66%
- Objectif "compétitivité régionale et emploi"	8.110.786.401	7.421.346.922	7.604.832.146	6.095.900.000	7.604.832.146	5.833.004.000	7.604.832.146	6.466.004.000	7.604.832.146	5.833.004.000	7.604.832.146	6.095.900.000	-6,24%	-17,86%
04 - Emploi et affaires sociales	3.477.243.743	3.995.000.000	3.343.826.311	2.661.400.000	3.343.826.311	2.536.732.000	3.343.826.311	2.864.732.000	3.343.826.311	2.536.732.000	3.343.826.311	2.661.400.000	-3,84%	-33,38%
13 - Politique régionale	4.633.542.658	3.426.346.922	4.261.005.835	3.434.500.000	4.261.005.835	3.296.272.000	4.261.005.835	3.601.272.000	4.261.005.835	3.296.272.000	4.261.005.835	3.434.500.000	-8,04%	0,24%
- Objectif "coopération territoriale européenne"	1.198.700.461	791.108.847	1.242.911.613	818.200.000	1.242.911.613	787.996.000	1.242.911.613	1.112.996.000	1.242.911.613	787.996.000	1.242.911.613	818.200.000	3,69%	3,42%
04 - Emploi et affaires sociales	p.m.	p.m.	p.m.	p.m.	p.m.	p.m.	p.m.	p.m.	p.m.	p.m.	p.m.	p.m.		
13 - Politique régionale	1.109.845.122	746.108.847	1.152.279.167	755.100.000	1.152.279.167	724.896.000	1.152.279.167	1.049.896.000	1.152.279.167	724.896.000	1.152.279.167	755.100.000	3,82%	1,21%

- Assistance technique	84.600.000	114.900.000	88.106.454	88.035.000	88.106.454	88.035.000	88.106.454	88.035.000	88.106.454	88.035.000	88.106.454	88.035.000	4,14%	-23,38%
04 - Emploi et affaires sociales	*26.500.000*	*41.800.000*	*26.971.454*	*31.000.000*	*26.971.454*	*31.000.000*	*26.971.454*	*31.000.000*	*26.971.454*	*31.000.000*	*26.971.454*	*31.000.000*	*1,78%*	*-25,84%*
13 - Politique régionale	*58.100.000*	*73.100.000*	*61.135.000*	*57.035.000*	*61.135.000*	*57.035.000*	*61.135.000*	*57.035.000*	*61.135.000*	*57.035.000*	*61.135.000*	*57.035.000*	*5,22%*	*-21,98%*
- Autres actions et programmes	13.000.000	11.000.000	p.m.	5.500.000	p.m.	5.500.000	5.500.000	8.000.000	p.m.	5.500.000	5.500.000	8.000.000	-57,69%	-27,27%
13 - Politique régionale	*13.000.000*	*11.000.000*	*p.m.*	*5.500.000*	*p.m.*	*5.500.000*	*5.500.000*	*8.000.000*	*p.m.*	*5.500.000*	*5.500.000*	*8.000.000*	*-57,69%*	*-27,27%*
- Fonds de cohésion (13 - Politique régionale)	9.296.634.199	7.282.403.278	10.190.244.880	6.854.950.000	10.190.244.880	6.854.950.000	10.190.244.880	7.504.950.000	10.190.244.880	6.854.950.000	10.190.244.880	6.854.950.000	9,61%	-5,87%
Total 1	61.701.681.669	45.331.636.849	61.651.502.345	47.364.656.303	61.551.681.345	46.663.225.303	63.754.885.752	51.418.054.210	63.627.281.345	47.061.307.303	63.749.445.345	47.727.155.803	3,32%	5,28%
Marge			*130.497.655*		*230.318.655*		*-1.972.885.752*		*122.718.655*		*-194.445.345*			
							[+7 144 248 hors amendement astérisque]				*[+554 655 et 195 millions par le biais de l'instrument de flexibilité]*			
- FEM	500.000.000	p.m.	500.000.000	p.m.	500.000.000	p.m.	500.000.000	p.m.	500.000.000	p.m.	500.000.000	p.m.	0,00%	
Grand Total 1	62.201.681.669	45.331.636.849	62.151.502.345	47.364.656.303	62.051.681.345	46.663.225.303	64.254.885.752	51.418.054.210	64.127.281.345	47.061.307.303	64.249.445.345	47.727.155.803	3,29%	5,28%
2. CONSERVATION ET GESTION DES RESSOURCES NATURELLES														
- Dépenses de marché et aides directes, dont :	41.041.696.325	40.944.823.325	43.744.926.768	43.626.432.586	43.389.980.768	43.270.686.586	44.089.901.768	43.971.407.586	43.818.801.768	43.698.207.586	43.819.801.768	43.701.207.586	6,77%	6,73%
- Marchés agricoles (05 - Agriculture et développement rural)	*40.646.181.325*	*40.645.748.325*	*43.343.520.000*	*43.342.722.586*	*42.991.699.000*	*42.990.101.586*	*43.688.520.000*	*43.687.722.586*	*43.417.420.000*	*43.416.522.586*	*43.417.420.000*	*43.416.522.586*	*6,82%*	*6,82%*
- Marchés de la pêche (11 - Affaires maritimes et pêche)	*29.500.000*	*32.000.000*	*29.496.768*	*30.000.000*	*27.396.768*	*29.900.000*	*29.496.768*	*30.000.000*	*30.496.768*	*31.000.000*	*30.496.768*	*31.000.000*	*3,38%*	*-3,13%*
- Santé des animaux et domaine phytosanitaire (17 - Santé ...)	*366.015.000*	*267.075.000*	*371.910.000*	*253.710.000*	*370.885.000*	*250.685.000*	*371.885.000*	*253.685.000*	*370.885.000*	*250.685.000*	*371.885.000*	*253.685.000*	*1,60%*	*-5,01%*
- Développement rural (05 - Agriculture et développement rural	14.001.778.209	8.050.320.846	13.975.164.633	13.432.080.000	13.975.084.633	13.334.000.000	14.395.164.633	13.934.080.000	14.363.484.633	13.399.200.000	14.363.564.633	13.399.280.000	2,58%	66,44%
- Fonds européen pour la pêche (11 - Affaires maritimes et pêche)	631.701.477	367.732.000	644.028.678	481.080.000	643.728.678	479.880.000	644.028.678	481.080.000	643.728.678	479.880.000	644.028.678	481.080.000	1,95%	30,82%
- Gouvernance et accords internationaux en matière de pêche (11 - Affaires maritimes et pêche)	266.610.000	246.510.000	285.670.000	260.600.000	277.630.000	250.860.000	285.430.000	260.360.000	269.630.000	242.860.000	277.530.000	252.460.000	4,10%	2,41%
- Life+ (07 - Environnement)	317.150.000	221.512.150	306.855.000	215.820.000	306.855.000	189.105.000	306.855.000	215.820.000	306.855.000	189.105.000	306.855.000	215.820.000	-3,25%	-2,57%
- Autres actions et programmes	32.600.000	34.400.000	4.100.000	15.780.000	4.100.000	15.780.000	44.100.000	52.680.000	4.100.000	15.780.000	44.100.000	42.680.000	35,28%	24,07%
05 - Agriculture et développement rural	*1.500.000*	*1.500.000*	*p.m.*	*p.m.*	*p.m.*	*p.m.*	*4.500.000*	*4.500.000*	*p.m.*	*p.m.*	*4.500.000*	*4.500.000*	*200,00%*	*200,00%*
07 - Environnement	*13.000.000*	*14.800.000*	*p.m.*	*3.080.000*	*p.m.*	*3.080.000*	*30.500.000*	*32.480.000*	*p.m.*	*3.080.000*	*30.500.000*	*22.480.000*	*134,62%*	*51,89%*
11 - Affaires maritimes et pêche	*10.100.000*	*10.100.000*	*4.100.000*	*9.700.000*	*4.100.000*	*9.700.000*	*5.600.000*	*11.200.000*	*4.100.000*	*9.700.000*	*5.600.000*	*11.200.000*	*-44,55%*	*10,89%*
17 - Santé et protection des consommateurs	*8.000.000*	*8.000.000*	*p.m.*	*3.000.000*	*p.m.*	*3.000.000*	*3.500.000*	*4.500.000*	*p.m.*	*3.000.000*	*3.500.000*	*4.500.000*	*-56,25%*	*-43,75%*
- Agences décentralisées	40.264.000	40.264.000	42.953.223	43.113.223	42.953.223	43.113.223	42.953.223	43.113.223	42.953.223	43.113.223	42.953.223	43.113.223	6,68%	7,08%
07 - Environnement	*34.560.000*	*34.560.000*	*35.258.000*	*35.418.000*	*35.258.000*	*35.418.000*	*35.258.000*	*35.418.000*	*35.258.000*	*35.418.000*	*35.258.000*	*35.418.000*	*2,02%*	*2,48%*
11 - Affaires maritimes et pêche	*5.704.000*	*5.704.000*	*7.695.223*	*7.695.223*	*7.695.223*	*7.695.223*	*7.695.223*	*7.695.223*	*7.695.223*	*7.695.223*	*7.695.223*	*7.695.223*	*34,91%*	*34,91%*
Total 2	56.331.800.011	49.905.562.321	59.003.698.302	58.074.905.809	58.640.332.302	57.583.424.809	59.808.433.302	58.958.540.809	59.449.553.302	58.068.145.809	59.498.833.302	58.135.640.809	5,62%	16,49%
Marge			*1.109.301.698*		*1.472.667.698*		*304.566.698*		*505.446.698*		*456.166.698*			
dont : Dépenses de marché et aides directes			*1.001.263.232*		*1.356.209.232*		*656.288.232*		*958.988.232*		*957.988.232*			
3. CITOYENNETÉ, LIBERTÉ, SÉCURITÉ ET JUSTICE														
- 3a Liberté, sécurité et justice	866.225.000	617.440.000	980.187.370	720.010.370	974.270.370	692.113.370	1.006.487.370	793.570.370	974.270.370	692.113.370	1.006.487.370	738.570.370	16,19%	19,62%
Marge			*44.812.630*		*50.729.630*		*18.512.630*		*50.729.630*		*18.512.630*			
- Solidarité et gestion des flux migratoires (18 - Espace de liberté, de sécurité et de justice)	467.590.000	293.890.000	497.250.000	337.390.000	497.150.000	325.290.000	517.150.000	401.290.000	497.150.000	325.290.000	517.150.000	349.290.000	10,60%	18,85%
- Sécurité et protection des libertés (18)	91.380.000	64.210.000	107.000.000	73.829.000	106.150.000	68.729.000	106.900.000	74.729.000	106.150.000	68.729.000	106.900.000	73.729.000	16,98%	14,82%
- Droits fondamentaux et justice (18)	81.380.000	54.420.000	77.000.000	58.430.000	76.600.000	52.600.000	77.500.000	58.690.000	76.600.000	52.600.000	77.500.000	58.690.000	-4,77%	7,85%
- Autres actions et programmes (18)	82.875.000	61.920.000	64.100.000	41.524.000	63.000.000	40.124.000	65.100.000	43.024.000	63.000.000	40.124.000	65.100.000	43.024.000	-21,45%	-30,52%
- Agences décentralisées (18)	143.000.000	143.000.000	234.837.370	208.837.370	231.370.370	205.370.370	239.837.370	215.837.370	231.370.370	205.370.370	239.837.370	213.837.370	67,72%	49,54%
- 3b Citoyenneté	1.265.896.701	1.293.893.701	649.265.000	639.717.500	634.128.000	613.530.500	668.000.000	668.387.500	634.128.000	613.530.500	668.000.000	659.387.500	-47,23%	-49,04%
Marge			*18.735.000*		*33.872.000*		*0*		*33.872.000*		*0*			
- Programme dans le domaine de la santé publique et de la protection des consommateurs (17 - Santé et protection des consommateurs)	74.870.000	78.570.000	73.390.000	63.400.000	72.910.000	54.920.000	73.290.000	72.300.000	72.910.000	54.920.000	73.290.000	63.300.000	-2,11%	-19,43%
- Culture 2007-2013 (15 - Éducation et culture)	52.372.000	45.146.000	54.165.000	44.529.000	54.165.000	42.529.000	54.165.000	44.529.000	54.165.000	42.529.000	54.165.000	44.529.000	3,42%	-1,37%
- Jeunesse en action (15 - Éducation et culture)	124.886.000	121.780.000	124.886.000	122.380.000	124.886.000	122.380.000	124.886.000	122.380.000	124.886.000	122.380.000	124.886.000	122.380.000	0,00%	0,49%
- Media 2007 (09 - Société de l'information et médias)	107.940.000	95.610.000	112.005.000	103.676.500	111.945.000	103.616.500	112.005.000	103.676.500	111.945.000	103.616.500	112.005.000	103.676.500	3,77%	8,44%
- L'Europe des citoyens	31.414.000	26.354.000	30.730.000	21.415.000	30.730.000	18.415.000	32.505.000	23.515.000	30.730.000	18.415.000	32.505.000	23.515.000	3,47%	-10,77%
04 - Emploi et affaires sociales	*680.000*	*680.000*	*p.m.*	*150.000*	*p.m.*	*150.000*	*p.m.*	*150.000*	*p.m.*	*150.000*	*p.m.*	*150.000*		*-77,94%*
15 - Éducation et culture	*30.734.000*	*25.674.000*	*30.730.000*	*21.265.000*	*30.730.000*	*18.265.000*	*32.505.000*	*23.365.000*	*30.730.000*	*18.265.000*	*32.505.000*	*23.365.000*	*5,76%*	*-8,99%*
- Instrument financier pour la protection civile (07 - Environnement)	19.090.000	15.990.000	18.550.000	12.550.000	17.450.000	10.450.000	18.450.000	12.450.000	17.450.000	10.450.000	18.450.000	12.450.000	-3,35%	-22,14%
- Actions de communication	96.500.000	92.150.000	93.350.000	83.800.000	83.700.000	77.300.000	95.280.000	86.540.000	83.700.000	77.300.000	95.280.000	86.540.000	-1,26%	-6,09%
16 - Actions de communication	*96.500.000*	*92.150.000*	*93.350.000*	*83.800.000*	*83.700.000*	*77.300.000*	*95.280.000*	*86.540.000*	*83.700.000*	*77.300.000*	*95.280.000*	*86.540.000*	*-1,26%*	*-6,09%*
- Fonds de solidarité de l'UE (13 - Politique régionale)	614.933.701	614.933.701	p.m.	p.m.	p.m.	p.m.	p.m.	p.m.	p.m.	p.m.	p.m.	p.m.		
- Autres actions et programmes	25.091.000	81.960.000	16.893.000	71.410.000	16.223.000	70.540.000	32.123.000	86.440.000	16.223.000	70.540.000	32.123.000	86.440.000	28,03%	5,47%
07 - Environnement	*p.m.*	*2.200.000*	*p.m.*	*2.250.000*	*p.m.*	*2.250.000*	*p.m.*	*2.250.000*	*p.m.*	*2.250.000*	*p.m.*	*2.250.000*		*2,27%*
09 - Société de l'information et médias	*-*	*p.m.*	*-*	*p.m.*	*-*	*p.m.*	*500.000*	*500.000*	*-*	*p.m.*	*500.000*	*500.000*		
15 - Éducation et culture	*21.591.000*	*23.871.000*	*16.893.000*	*17.713.000*	*16.223.000*	*17.043.000*	*30.623.000*	*31.443.000*	*16.223.000*	*17.043.000*	*30.623.000*	*31.443.000*	*41,83%*	*31,72%*
16 - Communication	*1.500.000*	*3.140.000*	*p.m.*	*1.000.000*	*p.m.*	*1.000.000*	*p.m.*	*1.000.000*	*p.m.*	*1.000.000*	*p.m.*	*1.000.000*		*-68,15%*
17 - Santé et protection des consommateurs	*2.000.000*	*2.547.000*	*p.m.*	*547.000*	*p.m.*	*347.000*	*1.000.000*	*1.347.000*	*p.m.*	*347.000*	*1.000.000*	*1.347.000*	*-50,00%*	*-47,11%*
22 - Élargissement	*-*	*50.202.000*	*-*	*49.900.000*	*-*	*49.900.000*	*-*	*49.900.000*	*-*	*49.900.000*	*-*	*49.900.000*		*-0,60%*
- Agences décentralisées (17 - Santé et protection des consommateurs)	118.800.000	121.400.000	125.296.000	116.557.000	122.119.000	113.380.000	125.296.000	116.557.000	122.119.000	113.380.000	125.296.000	116.557.000	5,47%	-3,99%
Total 3	2.132.121.701	1.911.333.701	1.629.452.370	1.359.727.870	1.608.398.370	1.305.643.870	1.674.487.370	1.461.957.870	1.608.398.370	1.305.643.870	1.674.487.370	1.397.957.870	-21,46%	-26,86%
Marge			*63.547.630*		*84.601.630*		*18.512.630*		*84.601.630*		*18.512.630*			

4. L'UE ACTEUR MONDIAL														
- Instrument de préadhésion (IPA)	1.518.103.000	2.059.717.552	1.592.700.000	1.787.774.400	1.543.000.000	1.621.674.400	1.587.737.600	1.782.812.000	1.545.000.000	1.623.674.400	1.587.100.000	1.782.174.400	4,54%	-13,47%
04 - Emploi et affaires sociales	*78.800.000*	*68.790.250*	*89.175.000*	*31.510.000*	*78.875.000*	*17.010.000*	*88.475.000*	*30.810.000*	*78.875.000*	*17.010.000*	*88.475.000*	*30.810.000*	*12,28%*	*-55,21%*
05 - Agriculture et développement rural	*121.700.000*	*341.025.000*	*170.000.000*	*131.700.000*	*154.000.000*	*131.700.000*	*170.000.000*	*131.700.000*	*154.000.000*	*131.700.000*	*170.000.000*	*131.700.000*	*39,69%*	*-61,38%*
06 - Énergie et transports	*2.940.000*	*2.940.000*	*3.188.250*	*3.188.250*	*3.188.250*	*3.188.250*	*3.825.850*	*3.825.850*	*3.188.250*	*3.188.250*	*3.188.250*	*3.188.250*	*8,44%*	*8,44%*
13 - Politique régionale	*291.610.765*	*421.795.000*	*364.733.079*	*599.225.000*	*346.133.079*	*585.025.000*	*362.133.079*	*596.625.000*	*346.133.079*	*585.025.000*	*362.133.079*	*596.625.000*	*24,18%*	*41,45%*
22 - Élargissement	*1.023.052.235*	*1.225.167.302*	*965.603.671*	*1.022.151.150*	*960.803.671*	*884.751.150*	*963.303.671*	*1.019.851.150*	*962.803.671*	*886.751.150*	*963.303.671*	*1.019.851.150*	*-5,84%*	*-16,76%*
- Instrument européen de voisinage et de partenariat (IEVP) (19 - Relations extérieure)	1.617.950.000	1.349.768.000	1.550.667.627	1.262.633.000	1.548.867.627	1.247.133.000	1.672.867.627	1.364.833.000	1.644.867.627	1.308.133.000	1.672.867.627	1.359.833.000	3,39%	0,75%
- Instrument de coopération au développement (ICD)	2.375.086.160	2.027.164.210	2.414.932.439	2.044.592.871	2.403.932.439	2.033.592.871	2.467.932.439	2.090.918.603	2.407.932.439	2.037.592.871	2.467.932.439	2.061.364.301	3,91%	1,69%
06 - Énergie et transports	-	*2.300.000*	-	*1.000.000*	-	*1.000.000*	-	*1.000.000*	-	*1.000.000*	-	*1.000.000*		*-56,52%*
07 - Environnement	*p.m.*	*2.500.000*	-	*1.000.000*	-	*1.000.000*	-	*1.000.000*	-	*1.000.000*	-	*1.000.000*		*-60,00%*
19 - Relations extérieures	*1.296.352.960*	*1.156.621.960*	*1.322.983.500*	*1.173.439.871*	*1.314.983.500*	*1.165.439.871*	*1.319.983.500*	*1.193.765.603*	*1.318.983.500*	*1.169.439.871*	*1.319.983.500*	*1.170.439.871*	*1,82%*	*1,19%*
21 - Développement et relations avec les États ACP	*1.078.733.200*	*865.742.250*	*1.091.948.939*	*869.153.000*	*1.088.948.939*	*866.153.000*	*1.147.948.939*	*895.153.000*	*1.088.948.939*	*866.153.000*	*1.147.948.939*	*888.924.430*	*6,42%*	*2,68%*
- Instrument de stabilité (19 - Relations extérieures)	188.083.000	186.150.269	219.559.000	191.405.160	219.559.000	191.405.160	219.559.000	191.405.160	219.559.000	191.405.160	219.559.000	191.405.160	16,74%	2,82%
- Aide humanitaire (23 - Aide humanitaire)	777.051.000	777.051.000	800.518.000	800.518.000	800.518.000	800.518.000	800.518.000	800.518.000	800.518.000	800.518.000	800.518.000	800.518.000	3,02%	3,02%
- Assistance macroéconomique (01 - Affaires économiques et financières)	99.000.000	110.000.000	106.985.000	111.000.000	98.985.000	90.000.000	98.985.000	90.000.000	98.985.000	90.000.000	98.985.000	90.000.000	-0,02%	-18,18%
- Politique étrangère et de sécurité commune (PESC) (19 - Relations extérieures)	242.900.000	234.150.000	281.541.000	225.650.000	281.541.000	225.650.000	281.391.000	225.500.000	281.541.000	225.650.000	281.541.000	225.650.000	15,91%	-3,63%
- Garantie de la CE aux prêts (01 - Affaires économiques et financières)	92.460.000	92.460.000	93.810.000	93.810.000	93.810.000	93.810.000	93.810.000	93.810.000	93.810.000	93.810.000	93.810.000	93.810.000	1,46%	1,46%
- Instrument financier de coopération avec les pays industrialisés (IPI) (19 - Relations extérieures)	25.287.000	18.877.000	23.886.000	19.109.000	23.740.000	17.063.000	23.740.000	17.063.000	23.740.000	17.063.000	23.740.000	17.063.000	-6,12%	-9,61%
- Instrument pour la démocratie et les droits de l'homme (IEDDH) (19 - Relations extérieures)	157.361.200	147.886.200	155.537.000	157.850.000	155.537.000	128.550.000	164.198.200	157.974.000	155.537.000	128.550.000	164.198.200	157.974.000	4,34%	6,82%
- Instrument de coopération dans le domaine de la sécurité nucléaire (INSC) (19 - Relations extérieures)	73.973.000	66.290.000	70.452.882	61.800.000	70.452.882	61.800.000	70.452.882	61.800.000	70.452.882	61.800.000	70.452.882	61.800.000	-4,76%	-6,77%
- Instrument financier de coopération avec les pays industrialisés (IPI+) (19 - Relations extérieures)			34.500.000	9.500.000	26.500.000	9.500.000	34.500.000	9.500.000	26.500.000	9.500.000	34.500.000	9.500.000		
- Autres actions et programmes	677.904.000	752.037.500	308.838.322	631.812.322	298.378.322	617.292.322	358.638.322	669.439.322	298.328.322	617.242.322	358.638.322	669.439.322	-47,10%	-10,98%
01 - Affaires économiques et financières	*p.m.*	*1.012.500*	-	-	-	-	-	-	-	-	-	-		
05 - Agriculture et développement rural	*6.260.000*	*6.260.000*	*6.275.322*	*6.275.322*	*6.275.322*	*6.275.322*	*6.275.322*	*6.275.322*	*6.275.322*	*6.275.322*	*6.275.322*	*6.275.322*	*0,24%*	*0,24%*
07 - Environnement	*4.250.000*	*4.250.000*	*3.300.000*	*4.355.000*	*3.300.000*	*4.355.000*	*5.300.000*	*6.355.000*	*3.300.000*	*4.355.000*	*5.300.000*	*6.355.000*	*24,71%*	*49,53%*
09 - Société de l'information et médias	*5.000.000*	*5.000.000*	*p.m.*	*780.000*	*p.m.*	*780.000*	*1.000.000*	*780.000*	*p.m.*	*780.000*	*1.000.000*	*780.000*	*-80,00%*	*-84,40%*
13 - Politique régionale	*p.m.*	*p.m.*	*p.m.*	*p.m.*	*p.m.*	*p.m.*	*p.m.*	*p.m.*	*p.m.*	*p.m.*	*p.m.*	*p.m.*		
14 - Fiscalité et union douanière	*1.700.000*	*2.000.000*	*1.200.000*	*1.200.000*	*1.200.000*	*1.200.000*	*2.000.000*	*2.000.000*	*1.200.000*	*1.200.000*	*2.000.000*	*2.000.000*	*17,65%*	*0,00%*
15 - Éducation et culture	*8.797.000*	*6.955.000*	*8.712.000*	*5.912.000*	*5.712.000*	*4.052.000*	*8.662.000*	*5.862.000*	*5.662.000*	*4.002.000*	*8.662.000*	*5.862.000*	*-1,53%*	*-15,72%*
17 - Santé et protection des consommateurs	*276.000*	*276.000*	*400.000*	*400.000*	*400.000*	*400.000*	*400.000*	*400.000*	*400.000*	*400.000*	*400.000*	*400.000*	*44,93%*	*44,93%*
19 - Relations extérieures	*69.794.000*	*63.223.000*	*45.320.000*	*63.170.000*	*37.860.000*	*52.710.000*	*73.320.000*	*88.170.000*	*37.860.000*	*52.710.000*	*73.320.000*	*88.170.000*	*5,05%*	*39,46%*
20 - Commerce	*14.437.000*	*12.900.000*	*13.930.000*	*16.930.000*	*13.930.000*	*16.930.000*	*13.930.000*	*16.930.000*	*13.930.000*	*16.930.000*	*13.930.000*	*16.930.000*	*-3,51%*	*31,24%*
21 - Développement et relations avec les États ACP	*557.390.000*	*556.335.000*	*224.701.000*	*453.099.000*	*224.701.000*	*450.899.000*	*237.501.000*	*457.726.000*	*224.701.000*	*450.899.000*	*237.501.000*	*457.726.000*	*-57,39%*	*-17,72%*
22 - Élargissement	*10.000.000*	*93.826.000*	*5.000.000*	*79.691.000*	*5.000.000*	*79.691.000*	*10.250.000*	*84.941.000*	*5.000.000*	*79.691.000*	*10.250.000*	*84.941.000*	*2,50%*	*-9,47%*
- Agences décentralisées	14.772.000	14.772.000	18.282.000	18.282.000	18.282.000	18.282.000	18.282.000	18.282.000	18.282.000	18.282.000	18.282.000	18.282.000	23,76%	23,76%
15 - Éducation et culture	*14.772.000*	*14.772.000*	*18.282.000*	*18.282.000*	*18.282.000*	*18.282.000*	*18.282.000*	*18.282.000*	*18.282.000*	*18.282.000*	*18.282.000*	*18.282.000*	*23,76%*	*23,76%*
Total 4	7.859.930.360	7.836.323.731	7.672.209.270	7.415.736.753	7.583.103.270	7.156.270.753	7.892.612.070	7.573.855.085	7.685.053.270	7.223.220.753	7.892.124.470	7.538.813.183	0,41%	-3,80%
Marge			*220.790.730*		*309.896.730*		*387.930*		*207.946.730*		*875.530*			
- Réserve pour aides d'urgence (40 - Réserves)	244.000.000	244.000.000	248.882.000	248.882.000	248.882.000	p.m.	248.882.000	248.882.000	248.882.000	p.m.	248.882.000	248.882.000	2,00%	2,00%
Grand Total 4	8.103.930.360	8.080.323.731	7.921.091.270	7.664.618.753	7.831.985.270	7.156.270.753	8.141.494.070	7.822.737.085	7.933.935.270	7.223.220.753	8.141.006.470	7.787.695.183	0,46%	-3,62%
5. ADMINISTRATION														
- Commission (hors pensions)	3.513.295.000	3.513.295.000	3.594.782.000	3.595.277.000	3.579.756.600	3.580.251.600	3.604.622.000	3.604.117.000	3.579.756.600	3.580.251.600	3.604.622.000	3.604.117.000	2,60%	2,59%
- Pensions (toutes institutions)	1.129.955.000	1.129.955.000	1.192.789.000	1.192.789.000	1.192.789.000	1.192.789.000	1.192.789.000	1.192.789.000	1.192.789.000	1.192.789.000	1.192.789.000	1.192.789.000	5,56%	5,56%
- Écoles européennes	148.541.807	148.541.807	154.212.044	154.212.044	154.212.044	154.212.044	154.212.044	154.212.044	154.212.044	154.212.044	154.212.044	154.212.044	3,82%	3,82%
Total Commission (y compris pensions) (S III)	4.791.791.807	4.791.791.807	4.941.783.044	4.942.278.044	4.926.757.644	4.927.252.644	4.951.623.044	4.951.118.044	4.926.757.644	4.927.252.644	4.951.623.044	4.951.118.044	3,34%	3,32%
- Parlement européen (Section I)	1.529.970.930	1.529.970.930	1.590.012.726	1.590.012.726	1.590.012.726	1.590.012.726	1.607.363.235	1.607.363.235	1.607.363.235	1.607.363.235	1.607.363.235	1.607.363.235	5,06%	5,06%
- Conseil européen et Conseil (Section II)	562.852.000	562.852.000	615.152.000	615.152.000	610.052.000	610.052.000	610.052.000	610.052.000	633.552.000	633.552.000	633.552.000	633.552.000	12,56%	12,56%
- Cour de justice (Section IV)	314.954.433	314.954.433	329.240.000	329.240.000	322.869.003	322.869.003	329.300.000	329.300.000	322.869.003	322.869.003	329.300.000	329.300.000	4,55%	4,55%
- Cour des comptes (Section V)	187.644.296	187.644.296	151.146.000	151.146.000	146.292.216	146.292.216	147.945.731	147.945.731	146.292.216	146.292.216	147.945.731	147.945.731	-21,16%	-21,16%
- Comité économique et social (Section VI)	118.710.809	118.710.809	124.744.413	124.744.413	122.284.695	122.284.695	123.173.749	123.173.749	122.284.695	122.284.695	123.173.749	123.173.749	3,76%	3,76%
- Comité des régions (Section VII)	75.951.720	75.951.720	82.398.133	82.398.133	77.986.675	77.986.675	79.660.950	79.660.950	77.986.675	77.986.675	79.660.950	79.660.950	4,88%	4,88%
- Médiateur européen (Section VIII)	8.906.880	8.906.880	9.543.000	9.543.000	8.907.275	8.907.275	9.432.275	9.432.275	8.907.275	8.907.275	9.332.275	9.332.275	4,78%	4,78%
- Contrôleur européen de la protection des données (Section IX)	6.663.026	6.663.026	7.383.361	7.383.361	6.684.351	6.684.351	7.104.351	7.104.351	6.684.351	6.684.351	7.104.351	7.104.351	6,62%	6,62%
Total autres institutions	2.805.654.094	2.805.654.094	2.909.619.633	2.909.619.633	2.885.088.941	2.885.088.941	2.914.032.291	2.914.032.291	2.925.939.450	2.925.939.450	2.937.432.291	2.937.432.291	4,70%	4,70%
Total 5	7.597.445.901	7.597.445.901	7.851.402.677	7.851.897.677	7.811.846.585	7.812.341.585	7.865.655.335	7.865.150.335	7.852.697.094	7.853.192.094	7.889.055.335	7.888.550.335	3,84%	3,83%
Marge			*236.597.323*		*276.153.415*		*222.344.665*		*109.302.906*		*72.944.665*			
6. COMPENSATIONS														
- Compensations	209.112.912	209.112.912												
Total 6	209.112.912	209.112.912												
Marge														
Total général	136.576.092.554	113.035.415.415	138.557.146.964	122.315.806.412	137.944.243.872	120.520.906.320	141.744.955.829	127.526.440.309	140.971.865.381	121.511.509.829	141.452.827.822	122.937.000.000	3,57%	8,76%
Marge			*1.760.735.036*	*12.168.075.588*	*2.373.638.128*	*13.714.093.680*	*-1.427.073.829*	*6.957.441.691*	*1.030.016.619*	*12.857.490.171*	*549.054.178*	*11.680.882.000*		
							[+552 926 171 hors amendement astérisque]							
dont dépenses obligatoires	42.686.071.937	42.624.774.437	45.247.516.640	45.151.743.872	44.893.262.640	44.799.489.872	45.594.117.940	45.498.345.172	45.315.380.340	45.219.607.572	45.315.380.340	45.219.607.572	6,16%	6,09%
dont dépenses non obligatoires	93.890.020.617	70.410.640.978	93.309.630.324	77.164.062.540	93.050.981.232	75.721.416.448	96.150.837.889	82.028.095.137	95.656.485.041	76.291.902.257	96.137.447.482	77.717.392.428	2,39%	10,38%
Crédits pour engagements et paiements en % du RNB	1,18%	0,98%	1,17%	1,03%	1,17%	1,02%	1,20%	1,08%	1,19%	1,03%	1,20%	1,04%		

RELEVÉ DES CONCLUSIONS DE LA RÉUNION DE CONCERTATION DU 18 NOVEMBRE 2009[1]

Le Parlement européen, le Conseil et la Commission sont d'accord pour :

- accepter l'avant-projet de budget rectificatif n° 10/2009 tel que mis à jour par la Commission le 11 novembre 2009 et modifié au cours de la réunion de concertation pour un montant additionnel de 40 millions d'euros provenant de la section II – Conseil et de 2,5 millions d'euros provenant de la section VI – Comité économique et social européen et de la section VII – Comité des régions ;

- accepter la lettre rectificative n° 2/2010 telle que proposée par la Commission, en transférant 20 millions d'euros des restitutions à l'exportation pour le lait aux mesures exceptionnelles concernant le lait, et inclure dans cette lettre rectificative un montant total de 1,98 milliard d'euros en engagements liés au financement du plan européen pour la relance économique, résultant de la révision du cadre financier pluriannuel pour la période 2007-2013, de la mobilisation de l'instrument de flexibilité et de redéploiements au sein de la sous-rubrique *1a* pour un montant de 81 millions d'euros ;

- établir le budget de la PESC à 281,5 millions d'euros en crédits d'engagement pour 2010, conformément à la proposition de la Commission et sous réserve du vote du Parlement européen sur la décharge à donner au Conseil ;

- fixer le montant total des crédits de paiement du budget 2010 (en chiffres absolus) à 122 937 millions d'euros ;

- revoir le cadre financier pluriannuel pour la période 2007-2013 en ce qui concerne les exercices 2009 et 2010 afin de permettre le financement intégral du plan européen pour la relance économique en 2010 (voir *infra*) ;

- mobiliser l'instrument de flexibilité pour un montant total de 195 millions d'euros en 2010, dont 120 millions d'euros destinés au financement du plan européen pour la relance économique et 75 millions d'euros au financement de la mise à l'arrêt définitif de la centrale nucléaire de Kozloduy ;

- prendre acte de la lettre rectificative concernant la section II – Conseil en vue du financement du Conseil européen en 2010 ;

- convenir d'un texte commun portant sur les mesures transitoires applicables à la procédure budgétaire à la suite de l'entrée en vigueur du traité de Lisbonne d'ici au 1er décembre 2009 ;

- adopter les déclarations communes ci-après, concernant :

- *la continuité de la procédure budgétaire 2010* (voir *infra*) ;

- *la politique immobilière des institutions et organes de l'UE* (voir *infra*) ;

- *une simplification et utilisation plus ciblée des fonds structurels et du Fonds de cohésion dans le contexte de la crise économique* (voir *infra*) ;

- *la rubrique 5 en 2010* (voir *infra*).

---

[1] Doc. *Conseil 16329/09 BUDGET 72* du 23 novembre 2009, pp. 2/7.

Crédits d'engagement

	2009	2010	TOTAL
1a - Compétitivité pour la croissance et l'emploi	-3	+1 779	**+1 776**
1b - Cohésion pour la croissance et l'emploi	-1	-6	**-7**
2 - Conservation et gestion des ressources naturelles	-1 306	-158	**-1 464**
3a - Liberté, sécurité et justice	-5		**-5**
3b - Citoyenneté			
4 - L'UE acteur mondial			
5- Administration	-173,5	-126,5	**-300**

Les plafonds annuels des crédits de paiement seront modifiés en conséquence.

Déclarations

1. Continuité de la procédure budgétaire 2010

"Le Parlement européen, le Conseil et la Commission constatent que, jusqu'à la date du 30 novembre 2009, la procédure budgétaire relative au budget 2010 s'est déroulée sous le traité de Nice.

Avec l'entrée en vigueur du traité de Lisbonne, le 1er décembre 2009, cette procédure s'achèvera conformément à l'article 314, paragraphe 9 résultant de ce traité par la constatation du Président du Parlement européen que le budget est définitivement adopté.

Les trois institutions considèrent la procédure budgétaire comme un *continuum* sous les deux traités susmentionnés ; elles conviennent dès lors que les étapes de procédure achevées sous le traité de Nice constituent des étapes de procédure achevées au sens de l'article 314 résultant du traité de Lisbonne.

Dans l'esprit d'une telle transition, les trois institutions considèrent que l'accord auquel le Parlement européen et le Conseil sont parvenus, déjà lors de la réunion de concertation du 18 novembre 2009, suivi de la deuxième lecture du Conseil, sur les budgets 2009 et 2010, ainsi que le résultat de la deuxième lecture du Parlement européen, peuvent être considérés comme étant, en substance, un accord portant sur un "projet commun de budget" au sens de l'article 314 TFUE, en pleine conformité avec le cadre financier pluriannuel."

2. Politique immobilière des institutions et organes de l'UE

"Le Parlement européen et le Conseil rappellent leurs conclusions respectives sur le rapport spécial n° 2/2007 de la Cour des comptes relatif aux dépenses immobilières des institutions et, conscients que les coûts immobiliers représentent une part significative des dépenses administratives globales des institutions de l'UE, réaffirment qu'il est essentiel que les dépenses immobilières fassent l'objet d'une bonne gestion financière.

Ils rappellent l'importance d'une étroite coopération interinstitutionnelle dans ce domaine et invitent les institutions à renforcer cette coopération et, lorsque cela est possible sans perturber le bon fonctionnement de chaque institution, à mettre en commun leurs locaux. Ils saluent les efforts déjà entrepris en ce sens par les institutions.

Ils soulignent qu'il est essentiel, du point de vue de la bonne planification et de la bonne gestion financière, de définir des stratégies à moyen et long terme.

Ils insistent sur l'importance fondamentale de procédures transparentes et contrôlables pour parvenir à des solutions efficaces et à une bonne gestion financière.

Ils encouragent les institutions à continuer d'appliquer, en allant encore plus loin, des mesures d'efficacité énergétique et de préservation de l'environnement dans leurs locaux, y compris une certification conforme aux normes environnementales, lorsque cela est approprié et réalisable avec les ressources disponibles, et se félicitent des progrès déjà réalisés dans ce domaine.

En ce qui concerne les dispositions du règlement financier, en particulier les consultations au titre de l'article 179, ils attachent une grande importance à ce que toutes les informations relatives au projet et nécessaires à la prise de décision leur parviennent en temps utile. Nonobstant les délais officiels, il convient que ces informations soient disponibles de manière à ce que les deux branches de l'autorité budgétaire soient en mesure d'établir leur position sans être soumises à des contraintes de délai. Ces informations devraient inclure une évaluation des besoins et des analyses du rapport coût-efficacité des différentes solutions, décrivant les options de location ou d'achat, ainsi que des informations transparentes concernant les autres possibilités de financement, les conséquences financières à long terme et la compatibilité avec le cadre financier pluriannuel.

Ils saluent les travaux entrepris par la Commission concernant d'autres méthodes de financement et attendent son prochain rapport.

Ils appellent les secrétaires généraux des institutions à fournir des informations complètes sur les questions immobilières avec l'avant-projet de budget/d'état prévisionnel.

Tout en reconnaissant les besoins propres à chaque institution ainsi que les caractéristiques particulières de chaque projet, ils demandent aux institutions de poursuivre leurs travaux d'harmonisation de ces informations au moyen de définitions et d'indicateurs communs afin qu'il soit possible de comparer l'espace immobilier et les frais, y compris une conception commune de la méthode de calcul des coûts annuels des biens en pleine propriété répartis sur la période totale d'utilisation. Dans ce contexte, ils notent avec satisfaction l'accord portant sur des lignes directrices communes relatives à la définition et au calcul de l'espace immobilier, récemment dégagé par les groupes de travail interinstitutionnels.

Ils rappellent que ces observations s'appliquent, le cas échéant, également à la situation particulière des agences exécutives et des agences décentralisées.

Ils notent l'excellente coopération entre les institutions et les administrations de leurs États membres."

3. Simplification et utilisation plus ciblée des fonds structurels et du Fonds de cohésion dans le contexte de la crise économique

"Le Parlement européen et le Conseil rappellent les déclarations communes des trois institutions, de novembre 2008 et d'avril 2009, sur la mise en œuvre de la politique de cohésion et insistent sur la nécessité de continuer d'accélérer la mise en œuvre des fonds structurels et du Fonds de cohésion. Ils notent que le taux d'approbation des systèmes de gestion et de contrôle (SGC) et des grands projets (GP) s'est progressivement amélioré, mais estiment que le rythme d'approbation a été trop lent. Ils demandent instamment à la Commission de poursuivre, en étroite coopération avec les États membres, les efforts pour simplifier les procédures de mise en œuvre et, en particulier, pour rendre plus rapide l'approbation des SGC et des GP, et accélérer ainsi les paiements.

Le Parlement européen et le Conseil considèrent que l'on pourrait mobiliser toutes les possibilités qu'offre l'utilisation des fonds structurels en faveur d'actions plus ciblées qui contribuent à surmonter les effets de la crise économique, et notamment des actions favorisant la croissance et la compétitivité et limitant les pertes d'emplois. Ils soulignent qu'il est déjà possible, au titre du règlement actuel, d'adapter et de revoir les programmes opérationnels. Ils appellent la Commission à permettre aux États membres d'entreprendre de telles demandes, au moyen de procédures efficaces et rapides. En outre, le Parlement européen et le Conseil rappellent qu'il importe d'utiliser intégralement et efficacement les crédits disponibles."

4. Rubrique *5* en 2010

"Le Parlement européen, le Conseil et la Commission, notant que l'adoption de la lettre rectificative n° 3/2010 concernant la section II – Conseil – relative au financement du Conseil européen en 2010 pour un montant de 23,5 millions d'euros, est sans préjudice de l'utilisation de la marge de la rubrique *5* qui reste à 72 millions d'euros, estiment d'un commun accord que, étant donné la marge étroite de la rubrique *5* en 2010 et la nécessité d'assurer le financement intégral du plan européen pour la relance économique, il convient de consacrer en priorité l'utilisation de la marge disponible sous la rubrique *5* au financement des dépenses supplémentaires résultant directement de l'entrée en vigueur du traité de Lisbonne. À cet égard, les trois institutions s'emploieront à couvrir l'ensemble des besoins administratifs liés à la rémunération du personnel au moyen des crédits prévus dans leurs sections respectives du budget 2010.

Le Parlement européen et le Conseil appellent les autres institutions à tout mettre en œuvre pour financer les besoins administratifs liés à la rémunération du personnel au moyen des crédits prévus dans leurs sections respectives du budget 2010. Les demandes de crédits supplémentaires ne seront examinées qu'une fois qu'il aura été démontré que toutes les possibilités de redéploiement interne ont été épuisées."

RÉSOLUTION DU 25 MARS 2009 DU PARLEMENT EUROPÉEN SUR "LA MÉTHODE EBA/ GPA, OUTIL DE GESTION POUR L'ALLOCATION DES RESSOURCES BUDGÉTAIRES"[1]

Le Parlement européen,

- vu l'article 45 de son règlement,

- vu le rapport de la commission des budgets (*A6-0104/2009*),

A. considérant que la gestion par activité (GPA), l'établissement du budget par activité (EBA) et le cycle de planification stratégique et de programmation (PSP) ont été adoptés par les institutions de l'Union à la suite de la publication du Livre blanc sur la réforme ("réformes Kinnock"), en 2000, dans le cadre d'une nouvelle dynamique orientée vers une gestion davantage fondée sur les performances de la Commission et des programmes de l'Union en général,

B. considérant qu'en pratique, ces notions ont été introduites au cours du mandat de la Commission Prodi, dans le cadre de ses objectifs stratégiques quinquennaux pour la période 2000-2005, qui prévoyaient un cycle PSP annuel et un cycle GPA-EBA correspondant sur le plan des ressources,

C. considérant que l'objectif ultime de tout ce processus était, sans aucun doute, de veiller à ce que les ressources rares provenant des contribuables soient utilisées de la meilleure manière possible afin de réaliser un ensemble de priorités politiques convenues grâce à une meilleure interconnexion entre les politiques et les procédures d'allocation des ressources, ce qui signifiait que les institutions de l'Union devaient mettre en place des mécanismes pour atteindre cet objectif de manière non bureaucratique et efficace,

D. considérant que la réforme visait également à mettre en place des modes de gestion et de mise en œuvre plus efficaces, à offrir une plus grande liberté d'action et à fournir une définition plus claire de la responsabilité et de l'obligation de rendre des comptes à titre individuel,

E. considérant que l'autorité budgétaire accorde naturellement la plus haute importance à l'utilisation optimale des ressources rares et considère qu'il est temps, désormais, de faire le bilan des progrès réalisés à ce jour et de donner une nouvelle impulsion pour d'autres améliorations qui pourraient doter les institutions de l'Union de systèmes de haute qualité axés sur les performances,

F. considérant que des changements positifs considérables ont déjà eu lieu sur le plan de l'approche globale et de l'état d'esprit vis-à-vis de ces questions, mais qu'il existe, par ailleurs, un énorme potentiel pour de nouvelles améliorations dans la gestion des ressources existantes,

Observations générales

1. estime que la mise en œuvre de la méthode GPA-EBA a été un succès et a entraîné un important changement de mentalité au sein de la Commission, tout en aidant à clarifier les notions de responsabilité et d'obligation de rendre des comptes à titre individuel, et en modifiant le système de gestion pour le rendre plus efficace, plus transparent et davantage axé sur les résultats ;

---

[1] Doc. *PE 2008/2053(INI)*.

2. souligne qu'il existe encore un réel danger de bureaucratisation de la Commission en raison de la prolifération de règles lourdes et de procédures complexes ; demande, dès lors, de continuer à développer des procédures et des systèmes de gestion à tous les niveaux au sein de la Commission ;

3. estime que les objectifs stratégiques quinquennaux de la Commission, qui constituent en somme la base politique pour l'ensemble de ses programmes, et leur traduction annuelle sous la forme de la stratégie politique annuelle, devraient être davantage liés au cadre financier pluriannuel, en vue de rationaliser leur calendrier et leur adoption sous la forme d'une stratégie unique cohérente avec les ressources correspondantes, et estime, dès lors, que le cadre financier pluriannuel lui-même devrait couvrir une période de cinq ans ;

4. considère qu'à l'heure actuelle, les programmes de l'Union font l'objet d'un examen approfondi en ce qui concerne les contrôles et la légalité, mais que, malheureusement, la même attention n'est pas accordée à la réalité des résultats obtenus au cours de leur période d'application ; estime qu'une attention bien plus grande devrait être accordée aux résultats obtenus lors de l'évaluation des performances annuelles globales de la Commission, y compris dans le cadre de la procédure de décharge ;

Responsabilités

5. souligne qu'une identification et une répartition claires des responsabilités sont d'une importance capitale pour le succès des politiques de l'Union et une bonne valorisation des fonds du budget ; souligne que la responsabilité politique incombe aux commissaires ; souligne également qu'à l'égard du Parlement, ils sont aussi entièrement responsables de la mise en œuvre d'une gestion saine et efficace dans leurs services respectifs et, globalement, au sein de la Commission ; souligne que de bonnes relations entre les institutions, dans un esprit de confiance mutuelle et d'ouverture, sont primordiales pour garantir le succès ;

6. considère qu'il est primordial qu'en tant qu'organe exécutif chargé de la mise en œuvre, la Commission dispose des moyens nécessaires et d'une marge de manœuvre suffisante, mais qu'elle devrait fournir des informations claires sur les objectifs atteints et sur l'utilisation des ressources financières et humaines allouées ; considère qu'il est moins important – du point de vue d'une autorité budgétaire – de connaître les moyens exacts mis en œuvre pour réaliser les objectifs et les modalités de fonctionnement interne de la Commission ; recommande, dès lors, qu'il soit accordé davantage de liberté à cet égard ; invite la Commission à analyser le cycle EBA-PSP actuel afin de s'assurer de sa cohérence à cet égard ainsi qu'à présenter toutes les propositions de modification nécessaires ;

7. estime que la Commission devrait établir des indicateurs quantitatifs et qualitatifs clairs en vue d'évaluer la réalisation des objectifs politiques et administratifs, et qu'elle devrait les rendre comparables sur la durée ;

8. rappelle que les directeurs généraux des DG de la Commission (ordonnateurs délégués) sont également tenus de répondre à un niveau de responsabilité administrative et de gestion, en termes de mise en œuvre efficace, performante et, naturellement, juridiquement correcte des programmes et des politiques, conformément aux dispositions applicables prévues par le statut des fonctionnaires et au principe de bonne gestion financière prévu par le règlement financier ;

9. estime que, dans la plupart des domaines, la question d'une chaîne de responsabilité claire, ni trop complexe ni trop bureaucratique, peut demeurer la cause d'une absence de "responsabilité" pour des questions spécifiques au sein de la Commission ; demande qu'il soit établi des lignes directrices claires à cet égard en ce qui concerne la mise en œuvre des programmes et du budget, et que des informations soient communiquées concernant la manière dont la GPA et l'EBA influent sur cette question ;

10. attend avec intérêt, à cet égard, tous travaux ultérieurs visant à clarifier la responsabilité des différents acteurs et à renforcer le sens de la responsabilité au sein de l'organisation ; considère également, à cet égard, que l'utilisation efficace et l'intégration de la méthode GPA-EBA comme un "outil de réussite", plutôt qu'une charge administrative, peut être d'une importance cruciale ; demande à la Commission de poursuivre ce processus et de présenter toute proposition appropriée pour avancer dans ce sens ;

Commentaires

11. estime qu'il est consacré moins de temps à la présentation pratique et à la synthèse des résultats et des ressources allouées qui apparaissent dans les rapports annuels d'activité qu'aux tâches administratives pour la présentation des objectifs et des ressources demandées lors des étapes préparatoires, c'est-à-dire dans la stratégie politique annuelle, les plans de gestion annuels et les fiches d'activité ; estime, à cet égard, que de nouvelles avancées sont nécessaires afin que les services collectifs de la Commission assument leur part de "responsabilité" de manière positive dans le cadre de ce processus ;

12. souligne le besoin réel d'améliorer et de rendre plus conviviaux les rapports présentant les résultats afin que le Parlement puisse exécuter ses tâches budgétaires, législatives et d'audit ; estime que, dans le cadre de la procédure budgétaire annuelle, une version plus concise de ces rapports annuels d'activité et de leurs rapports de synthèse, incluant les résultats et les coûts, devraient être mis à la disposition du Parlement et du Conseil ;

13. considère comme une déficience grave le fait que, jusqu'à présent, la stratégie politique annuelle, ainsi que les informations budgétaires parallèles qui alimentent l'avant-projet de budget, ont introduit de nouvelles priorités sans identifier les "priorités négatives", et que, par conséquent, l'ensemble du cycle tend à ajouter une priorité après l'autre sans qu'aucune décision politique ne soit prise concernant des questions dont la portée, compte tenu des ressources limitées en provenance des contribuables, doit être réduite afin de laisser plus de place aux priorités les plus cruciales ; souligne que cela va clairement à l'encontre des principes fondamentaux de la réforme ; constate avec inquiétude que les limitations strictes qui accompagnent le cadre financier pluriannuel laissent très peu de marge de manœuvre ;

14. prend acte des propositions visant à renforcer la cohérence entre les plans de gestion annuels et les fiches d'activité publiées avec l'avant-projet de budget de manière à ce que la charge administrative liée à la procédure PSP soit réduite tout en conservant le lien entre les objectifs et les "résultats" mesurés ; considère que le plan de gestion annuel doit être modifié et demande à la Commission d'agir rapidement ;

15. reste convaincu, dès lors, que la procédure PSP-GPA ne tient pas suffisamment compte des "leçons tirées" et des résultats antérieurs ainsi que de la manière dont ils sont réemployés dans le système pour les années à venir ; souligne que cela est également lié à la façon dont le vaste éventail d'études et d'évaluations réalisées par la Commission est pris en compte et à la manière dont il influe, à juste titre, sur la procédure d'allocation des ressources ; propose donc de demander plus expressément qu'il soit établi un lien entre les procédures d'examen des programmes et la procédure budgétaire dans les paramètres des évaluations ; propose, en outre, qu'un chapitre sur les "leçons tirées" soit inclus dans le rapport annuel d'activité ;

16. considère que le cycle PSP-GPA devrait également comporter une évaluation des risques relative à la réalisation des objectifs politiques fixés ;

17. estime qu'il est nécessaire, afin d'améliorer concrètement les résultats des programmes de l'Union, que les cycles budgétaires et de gestion actuels soient mieux utilisés lors de la préparation du nouveau budget ; indique que, techniquement, cela signifie que pour la procédure actuelle (budget 2010), les rapports annuels d'activité et leur rapport de synthèse pour 2008, qui incluent les résultats indiquant si les objectifs ont été atteints ou non, doivent être disponibles en temps voulu et plus largement utilisés dans l'ensemble des pro-

positions présentées par la Commission au cours de l'année 2009 ; souligne que la manière dont les priorités et les objectifs précédents évoluent devrait produire des "conséquences systématiques" ; déplore que, d'une année à l'autre, il ne soit pas accordé suffisamment d'intérêt à ce qui a été fait à cet égard ni aux conséquences que cela pourrait engendrer pour les années suivantes ;

18. se félicite de certaines améliorations apportées aux fiches d'activité qui sont fournies avec l'avant-projet de budget afin de justifier les ressources demandées ; déplore, toutefois, que les informations ne soient parfois toujours pas d'une qualité suffisante pour motiver, par exemple, une augmentation du budget, et regrette aussi que, jusqu'à présent, l'autorité budgétaire n'ait pas vraiment estimé utile de récompenser les "bons élèves" ni, inversement, de maintenir voire de réduire les budgets des services qui fournissent des résultats insuffisants ;

Au sein de la Commission

19. estime que les objectifs et les plans à long terme, c'est-à-dire le cadre financier pluriannuel et les objectifs stratégiques quinquennaux ainsi que la stratégie politique annuelle, doivent également être mieux expliqués et davantage liés aux travaux de chaque DG et service afin de constituer un élément majeur de motivation du personnel concerné en lui faisant prendre conscience de son implication et de sa contribution aux objectifs majeurs de l'organisation dans son ensemble ; demande, dès lors, à la Commission d'interconnecter plus clairement les priorités positives et négatives figurant dans les plans de gestion annuels et les rapports annuels d'activité avec les objectifs pluriannuels et stratégiques globaux ;

20. estime également que, dans l'ensemble, ces objectifs stratégiques ne font malheureusement l'objet d'aucune tentative réelle d'évaluation en termes de progrès accomplis ; estime, par exemple, qu'un examen à mi-parcours de la manière dont les objectifs stratégiques ont été réalisés pourrait être mis en place et que chaque DG pourrait alimenter ce processus en indiquant les mesures adoptées, les ressources utilisées et la manière dont cela a contribué à la réalisation des objectifs globaux ; souligne que, pour mettre en place cette pratique, les objectifs et les indicateurs utilisés pour mesurer les résultats devraient également, dans la mesure du possible, être définis dans ce contexte stratégique ;

21. souligne qu'à terme, cette participation permettrait également d'aller vers une gestion responsable des ressources aux niveaux opérationnels et qu'elle représenterait aussi, par exemple, un élément clé propre à encourager les unités à établir des méthodes de travail efficaces, à faire des économies lorsque cela est possible, à coopérer avec d'autres services, etc. ;

22. estime que la méthode EBA-GPA doit être développée de manière à améliorer la transparence et les explications concernant la répartition des responsabilités entre les fonctions centrales et décentralisées au sein de la Commission, et à fournir, avant tout, des orientations claires sur les chiffres et les coûts relatifs au personnel/ressources utilisés pour les fonctions de soutien administratif et de coordination, y compris le soutien au cycle EBA/GPA lui-même, contribuant ainsi à établir le juste équilibre entre approche centralisée et décentralisée ;

Remarques finales

23. prie la Commission de mieux intégrer et rationaliser le cycle PSP/GPA, afin que les résultats réels de la mise en œuvre des politiques et des activités puissent être pris en considération lors de l'allocation des ressources humaines et financières ; souligne que cela devrait également aboutir à l'identification de "priorités négatives" éventuelles ;

24. estime qu'il conviendrait d'examiner plus sérieusement la possibilité de tenir systématiquement compte des résultats de l'année précédente lors de l'établissement de la stratégie politique annuelle, contribuant ainsi à réduire la charge administrative de la Commission ;

25. souligne que des simplifications et des améliorations devraient également être apportées à la présentation du contenu des documents clés du cycle PSP/GPA, tels que les rapports annuels d'activité et les rapports de synthèse de la Commission, afin de mieux les adapter aux besoins de l'autorité budgétaire et de décharge ;

26. insiste sur le fait que cette initiative ne devrait pas entraîner une augmentation de la charge administrative ; invite, dès lors, la Commission à effectuer une analyse détaillée des coûts administratifs du cycle PSP-GPA afin d'identifier les simplifications administratives éventuelles ainsi qu'à s'assurer que les ressources humaines sont allouées de manière appropriée, en particulier en ce qui concerne les activités de programmation et de budgétisation ;

27. invite la Commission à faire rapport au Parlement sur les résultats de ces analyses dans le prochain rapport sur l'examen analytique, ainsi que sur les actions mises en œuvre et les progrès réalisés en ce qui concerne les demandes formulées dans la présente résolution, avant la première lecture du Parlement sur le budget 2010 ;

28. estime qu'il conviendrait de mettre davantage l'accent sur la définition de critères qualitatifs applicables aux données de performance ;

29. demande en outre à la Commission de tenir le Parlement informé des mesures adoptées en vue d'évaluer et d'améliorer le rendement et l'efficacité organisationnels, notamment en ce qui concerne la répartition du soutien administratif et des fonctions de coordination entre les niveaux central et opérationnel au sein de la Commission ;

30. souligne qu'il devrait exister un lien plus clair entre les rapports d'activité annuels, la stratégie politique annuelle et l'avant-projet de budget de la Commission, et que l'harmonisation entre les activités de programmation et de budgétisation devrait être encouragée dans une perspective pluriannuelle, grâce à une meilleure interconnexion entre le cadre financier pluriannuel, le plan stratégique de la Commission et la stratégie politique annuelle ;

31. estime que ces améliorations feraient de la méthode EBA/GPA un instrument efficace pour l'établissement du budget sur la base des résultats et favoriseraient la mise en place d'une culture de la responsabilité et de l'obligation de rendre des comptes au sein de la Commission ;

32. estime que le Parlement devrait reconsidérer l'utilisation qu'il fait des données de performance contenues dans les documents relatifs à la procédure PSP-GPA en vue de renforcer son dialogue avec la Commission ;

*

* *

33. charge son Président de transmettre la présente résolution au Conseil et à la Commission.

CHANGEMENTS DANS LA NOMENCLATURE BUDGÉTAIRE DES AGENCES DÉCENTRALISÉES ET DES ENTREPRISES COMMUNES DANS LE BUDGET GÉNÉRAL POUR 2010

A. Agences décentralisées

- Autorité européenne de surveillance GNSS : nouvel article *06 08 02* (qui remplace l'ancien article *06 02 09* du budget général pour 2009)

- Office de l'Organe des régulateurs européens des communications électroniques : nouvel article *09 02 04*

Cet office a été institué par le règlement (CE) nº 1211/2009 du Parlement européen et du Conseil, du 25 novembre 2009, instituant l'Organe des régulateurs européens des communications électroniques (ORECE) ainsi que l'Office (JO L 337 du 18.12.2009, pp. 1/10)

- Bureau européen d'appui en matière d'asile : nouvel article *18 03 14*

Ce bureau a été créé par le règlement (UE) nº 439/2010 du Parlement européen et du Conseil du 19 mai 2010 (JO L 132 du 29.5.2010, pp. 11/28)

- Office européen de police : nouvel article *18 05 02*

Europol est devenu une agence décentralisée de l'Union européenne par décision du Conseil du 6 avril 2009 (JO L 121 du 15.5.2009, pp. 37/66)

Cas spécial :

- Institut européen d'innovation et de technologie : nouvel article *15 02 11* (qui remplace les articles *08 24 01* (rubrique *5*) et *08 24 02* (sous-rubrique *1a*) du budget général pour 2009)

Nouvelle base légale adoptée en 2009 :

- Agence de coopération des régulateurs de l'énergie : adoption du règlement (CE) nº 713/2009 du Parlement européen et du Conseil instituant l'agence le 13 juillet 2009 (JO L 211 du 14.8.2009, pp. 1/14)

B. Entreprises communes

- Entreprise commune "Piles à combustible et Hydrogène" : nouvel article *08 05 03* (qui remplace l'ancien poste *08 01 04 41 – Dépenses d'appui pour l'entreprise commune Piles à combustible et Hydrogène (PCH)* – du budget général pour 2009)

TROISIÈME PARTIE

LE BUDGET DE L'UNION EUROPÉENNE POUR 2011 – LA PREMIÈRE PROCÉDURE SELON LES NOUVELLES DISPOSITIONS BUDGÉTAIRES DU TRAITÉ DE LISBONNE

La procédure budgétaire pour 2011 est une procédure très importante dans l'histoire financière de l'Union européenne, car il s'agit de la première procédure qui se soit déroulée intégralement selon les nouvelles règles du traité de Lisbonne.

Elle est intervenue à un moment critique, non seulement à cause de la crise économique et de l'euro auxquelles ont été confrontés en 2010 les États membres de l'Union, mais également parce qu'elle a eu lieu au milieu de la période d'application du cadre financier pour la période 2007-2013. De ce fait elle constitue un point de référence essentiel pour les procédures budgétaires à venir et pour le prochain cadre financier pluriannuel.

La procédure budgétaire pour 2011 a été une procédure difficile, la première procédure de conciliation dans le domaine budgétaire conformément au traité de Lisbonne se soldant par un échec.

Le fait que la Commission ait présenté très rapidement après cet échec un nouveau projet de budget pour 2011 que les deux branches de l'autorité budgétaire ont pu accepter encore en 2010 a néanmoins permis à l'Union européenne d'éviter une crise budgétaire.

Il convient également de relever que la première procédure de conciliation sur un projet de budget rectificatif pour 2010[1], qui s'est déroulée en même temps que la procédure de conciliation sur le budget pour 2011, n'a pas permis elle non plus de trouver un accord entre les deux branches de l'autorité budgétaire.

Le Parlement européen et le Conseil ne sont pas non plus parvenus en 2010 à un accord sur le "paquet législatif Lisbonne" proposé par la Commission le 3 mars 2010 ou sur le projet de budget rectificatif n° 10/2010 concernant notamment l'excédent pour 2010. Par ailleurs, le Parlement européen n'a pas donné son accord sur la révision du CF destiné à financer le projet ITER[2] en 2012 et 2013, pour un montant additionnel de 1,3 milliard d'euros.

La mise en place du nouveau service européen pour l'action extérieure (ci-après : le "SEAE") a, en revanche, été couronnée de succès, le Conseil adoptant la décision le créant le 26 juillet 2010[3]. Dans ce contexte, l'autorité législative a modifié, le 24 novembre 2010, le règlement financier, ainsi que le statut des fonctionnaires et le régime applicable aux autres agents de l'Union européenne[4] (ci-après : le "statut") afin de permettre à ce nouveau service de fonctionner. Suite à l'accord de l'autorité budgétaire sur le budget rectificatif n° 6/2010 relatif au financement du SEAE[5], ce dernier a pu démarrer de manière effective le 1er décembre 2010.

I. – Introduction

Le budget de l'Union européenne pour l'exercice 2011, arrêté le 15 décembre 2010, s'élève à 141 909 millions d'euros en crédits pour engagements (+0,3 % par rapport au budget pour 2010[6])

---

[1] Il s'agit du projet de budget rectificatif n° 3/2010, présenté par la Commission le 8 avril 2010, et qui concernait le financement en 2010 de mesures d'accompagnement dans le secteur de la banane (MAB ; voir chapitre II).

[2] *International Thermonuclear Experimental Reactor* ou Réacteur thermonucléaire expérimental international (voir première partie, page 89).

[3] JO L 201 du 3.8.2010, pp. 30/40.

[4] JO L 311 du 26.11.2010, pp. 1/14.

[5] JO L 20 du 22.1.2011, pp. 1/175.

[6] Budgets rectificatifs n° 1-8/2010 compris (voir chapitre II).

et à 126 527 millions d'euros en crédits pour paiements (+2,9 %)[7]. Ceci représente 1,13 % et 1,01 % respectivement du revenu national brut (RNB) estimé de l'UE. Les marges laissées sous les plafonds du CF sont de 1 996 millions d'euros en crédits pour engagements[8] et de 7 935 millions d'euros en crédits pour paiements[9].

L'échec de la procédure de conciliation le 15 novembre 2010 a conduit l'autorité budgétaire à devoir se prononcer, endéans un mois, sur un nouveau projet de budget, présenté par la Commission le 26 novembre 2010 seulement onze jours après la fin de la conciliation infructueuse, afin d'adopter le budget avant le début de 2011 et d'éviter ainsi de devoir recourir au système des "douzièmes provisoires", conformément à l'article 315 du traité sur le fonctionnement de l'Union européenne (TFUE). Dans la pratique, le Conseil a adopté sa position sur le nouveau projet de budget (dans le contexte de ce que l'on peut sans doute qualifier de "procédure budgétaire d'urgence", si ce n'est de "sauvetage") quatorze jours après sa présentation, le Parlement européen approuvant la position du Conseil sans amendement cinq jours après. Une telle démarche n'a été possible que grâce à la volonté politique des trois institutions de conclure cette première procédure budgétaire conformément au traité de Lisbonne avant la fin de l'année 2010 – et à l'important travail de rapprochement des positions des deux branches de l'autorité budgétaire effectué préalablement lors de la procédure de conciliation notamment en ce qui concerne les montants à inscrire dans le budget (voir chapitre III).

Avant d'aborder les différents aspects détaillés de la procédure budgétaire pour 2011 (chapitre III), il convient de présenter brièvement l'environnement budgétaire en 2010 (chapitre II). En conclusion (chapitre IV) les éléments saillants qui ont tout particulièrement marqué cette première procédure budgétaire à se dérouler sous les règles du traité de Lisbonne seront passés en revue en guise de synthèse.

II. – L'environnement budgétaire en 2010

1. Huit budgets rectificatifs

A. Les huit budgets rectificatifs adoptés en 2010 sont présentés, avec leur montant, dans le tableau 43 ci-contre[10].

---

[7] Le budget de l'Union européenne pour 2011 est présenté par rubriques et sous-rubriques du cadre financier (en crédits d'engagement et de paiement) dans l'Annexe I (page 250) et en détail dans l'Annexe II (pages 251-253).

[8] La marge est calculée en tenant compte de la mobilisation de l'instrument de flexibilité afin de financer en 2011, pour un montant de 34 millions d'euros, le programme "Éducation et formation tout au long de la vie" et le programme-cadre pour l'innovation et la compétitivité (sous-rubrique *1a* (*Compétitivité pour la croissance et l'emploi*) du CF), ainsi que la Palestine, pour un montant de 71 millions d'euros (rubrique *4* (*L'UE acteur mondial*) du CF ; voir chapitre III).

[9] Le budget de l'UE pour l'exercice 2011 a été publié au JO L 68 du 15.3.2011 en deux tomes, avec un rectificatif au JO L 172 du 30.6.2011, pp. 15/22. Le Tome I (pp. I-1/549) contient l'état général des recettes, le patrimoine immobilier de l'Union et les états des recettes et des dépenses des autres institutions que la Commission (sections I, II et IV-X). Le Tome II (pp. II-1/1277) contient l'état des recettes et des dépenses de la Commission (section III et annexes).

[10] Un tiret dans la colonne "dépenses" du tableau 43 indique que le budget rectificatif ne concerne que la partie "recettes" du budget de l'Union européenne. Un espace indique :

- soit que le Conseil n'a pas établit de position sur une partie du projet de budget rectificatif (comme c'est le cas pour la partie du projet de BR nº 2/2010 qui concerne les conséquences de l'entrée en vigueur du traité de Lisbonne pour le Comité économique et social européen et pour le Comité des régions),
- soit que la procédure de conciliation n'a pas abouti à un accord (comme c'est le cas du projet de BR nº 3/2010 qui concernait les mesures d'accompagnement dans le secteur de la banane),
- soit que le Parlement européen n'a pas adopté le projet de budget rectificatif (dans le cas du projet de BR nº 10/2010 qui concernait notamment l'excédent pour 2010 et une partie du financement additionnel du projet ITER en 2012 et 2013).

Les délais observés par le Conseil entre l'adoption des projets de BR par la Commission et l'adoption de la position du Conseil sont principalement liés au délai de huit semaines réservé – sauf cas d'urgence – aux parlements nationaux par l'article 4 du protocole nº 1 sur le rôle des parlements nationaux dans l'Union européenne (JO C 83 du 30.3.2010, p. 204), qui fait partie intégrante du traité de Lisbonne.

Les BRs ont tous été adoptés en 2010 en conformité avec la déclaration commune du 30 novembre 2009 sur les mesures transitoires (voir pages 293-296).

Tableau 43. Les budgets rectificatifs adoptés en 2010

Section III – Commission – sauf indication contraire, en millions d'euros

PBR		Lectures		Procédure de	Budget rectificatif			Dépenses		Remarques
N:o	*Date*	*Conseil*	*PE*	*conciliation*	*N:o*	*Date*	*JO L*	*c/e*	*c/p*	
1/10	19.3.	18.5.	19.5.	–	**1/10**	19.5.	183 du 16.7.2010, pp. 1/42	9,4	9,4	Conséquences de l'entrée en vigueur du traité de Lisbonne (*Section I*)
4/10	16.4.	11.6.	16.6.	–	**2/10**	16.6.	206 du 6.8.2010, pp. 1/20	-	-	Inscription du solde définitif (article 15, paragraphe 3 du RF)
2/10	19.3.*	26.7.	7.9.	–	**3/10**	7.9.	289 du 5.11.2010, pp. 1/5	0	0	Tableau des effectifs de l'Office de l'Organe des régulateurs européens des communications électroniques
		–	–	–	–	–	–			Conséquences de l'entrée en vigueur du traité de Lisbonne (*Sections VI et VII*)
5/10	15.6.	13.9.	21.9.	–	**4/10**	21.9.	337 du 21.12.2010, pp. 1/37	0	0	Actualisation des montants des ressources propres etc. ; tableau des effectifs de l'OLAF
7/10	12.7.	13.9.	22.9.	–	**5/10**	22.9.	337 du 21.12.2010, pp. 38/57	0	0	Mécanisme européen de stabilisation financière
6/10	17.6.	13.9.	20.10.	–	**6/10**	20.10.	20 du 22.1.2011, pp. 1/175	9,5	9,5	Service européen pour l'action extérieure (*Sections II, III et X*)
8/10	24.9.	22.11.	24.11.	–	**7/10**	24.11.	50 du 24.2.2011, pp. 1/14	13,0	0	Fonds de solidarité (Irlande)
9/10	13.10.	10.12.	14.12.	–	**8/10**	14.12.	50 du 24.2.2011, pp. 15/28	66,9	0	Fonds de solidarité (France et Portugal)
3/10	8.4.	13.9.	20.10. *(1)*	26.10.-15.11. *(2)*	–	–	–			Mesures d'accompagnement dans le secteur de la banane
10/10	20.10.**	10.12.***	–	–	–	–	–			Réductions de crédits de paiement (rubriques *1a*, *1b*, *2 et 4* du CF), financement du projet ITER en 2012 et 2013 etc.

* *La Commission a scindé le projet de budget rectificatif n° 2/2010 en deux par lettre du 5 juillet 2010*

** *Modification par lettre rectificative le 26 novembre 2010*

*** *Réduction du délai de consultation des Parlements nationaux afin de permettre l'adoption de la position du Conseil avant la dernière session plénière du PE en 2010 (du 13 au 16 décembre)*

(1) Dix amendements du Parlement européen

(2) Les deux branches de l'autorité budgétaire ne sont pas parvenues à un accord sur un projet commun

Le *BR nº 1/2010*, adopté le 19 mai 2010, traite des conséquences de l'entrée en vigueur du traité de Lisbonne pour le Parlement européen. Il augmente les crédits de la section I du budget pour 2010 de 9,4 millions d'euros et ajoute 75 nouveaux postes permanents et 75 nouveaux postes temporaires au tableau des effectifs du PE[11] (voir tableau 44, page 170). Après quelques hésitations de la part du Conseil[12], liées notamment aux négociations en cours sur les relations entre les deux branches de l'autorité budgétaire suite à l'entrée en vigueur du traité de Lisbonne[13], ce BR a finalement été adopté dans le respect du "*Gentlemen's agreement*" de 1970[14].

Le *BR nº 2/2010* traite, conformément à l'article 15, paragraphe 3 du règlement financier, de la budgétisation du solde définitif de l'année antérieure. L'excédent pour 2009 s'élève à 2,3 milliards d'euros[15].

Le *BR nº 3/2010* modifie le tableau des effectifs de l'Office du nouvel Organe des régulateurs européens des communications électroniques (ORECE), afin de permettre de recruter le personnel nécessaire au démarrage de cette agence suite à l'adoption de la base légale[16].

Il convient de relever que le projet de budget rectificatif présenté par la Commission[17] incluait aussi les demandes du Comité économique et social européen et du Comité de régions quant aux conséquences de l'entrée en vigueur du traité de Lisbonne[18] (voir tableaux 43, page 167, et 44, page 170). Suite à l'accord obtenu lors du trilogue du 30 juin 2010 et afin de ne pas retarder davantage l'adoption du nouveau tableau des effectifs de l'Office de l'ORECE, la Commission a proposé par lettre du 5 juillet 2010 de scinder le projet de BR en deux. La partie concernant le CESE et le CdR n'a jamais fait l'objet de l'adoption d'une position formelle au niveau du Conseil[19] et à ce titre d'amendements du Parlement européen (voir chapitre III).

Le *BR nº 4/2010* traite de la révision des prévisions relatives aux ressources propres traditionnelles

---

[11] Ces crédits et postes sont destinés à renforcer :
- les secrétariats des commissions du Parlement européen, par la création de 70 postes, et la direction chargée des relations avec les parlements nationaux, par la création de 5 postes, soit un total de 75 postes permanents (pour un total de 2,3 millions d'euros) ;
- la capacité d'assistance des groupes politiques par la création de 75 postes temporaires (2,3 millions d'euros), et
- l'assistance personnelle aux membres du PE au moyen d'une augmentation de leurs indemnités de secrétariat (8,8 millions d'euros).

Les crédits s'élèvent ainsi à 13,4 millions d'euros, dont 4 millions d'euros proviennent de la réserve immobilière du PE.

[12] Un des éléments au cœur des discussions a été la question de la décharge pour la section II – Conseil – pour 2008. Le PE a octroyé la décharge le 19 mai 2010 (JO L 252 du 25.9.2010, pp. 22/23), c'est-à-dire le lendemain de l'adoption de la position du Conseil sur ce projet de budget rectificatif et le jour de l'adoption définitive du BR nº 1/2010 (voir tableau 43, page 167). La résolution accompagnant la décision octroyant la décharge a été adoptée en plénière le 16 juin 2010 (JO L 252 du 25.9.2010, pp. 24/27).

[13] Ces négociations n'ont pas mené en 2010 à remplacer le "*Gentlemen's agreement*" appliqué depuis la procédure budgétaire pour 1971.

[14] Voir page 37, note 137.

[15] L'excédent pour 2009 se compose comme suit : enregistrement plus important que budgétisé de recettes (+3 996 millions d'euros), exécution des crédits de paiement (-1 928 millions d'euros) et solde positif des échanges monétaires (+186 millions d'euros). L'excédent pour 2008 s'élevait à 1,8 milliard d'euros (voir deuxième partie, page 91).

[16] Le Parlement européen et le Conseil ont adopté le règlement (CE) nº 1211/2009 instituant l'ORECE et l'Office le 25 novembre 2009 (JO L 337 du 18.12.2009, pp. 1/10).

[17] Il s'agit du projet de BR nº 2/2010.

[18] La demande du Comité économique et social européen (pour une période de six mois) était :
- une augmentation du montant de la section VI de 4,1 millions d'euros (soit +3,4 % par rapport au budget adopté), dont 2,8 millions d'euros pour les crédits pour destinés aux activités politiques et 1,4 million d'euros pour les crédits pour le personnel, et
- la création de 22 nouveaux postes (20 postes AD et 2 postes AST).

La demande du Comité des régions (également pour six mois) était :
- une augmentation du montant de la section VII de 6,4 millions d'euros (+8 %), dont 3,3 millions d'euros pour les activités politiques et 3,1 millions d'euros pour les crédits pour le personnel, et
- la création de 37 postes (25 postes AD et 12 postes AST).

[19] Lors des discussions au niveau du Comité des représentants permanents les demandes du CESE et du

(RPT) et aux assiettes TVA (taxe sur la valeur ajoutée) et RNB, telle qu'adoptée lors de la réunion du comité consultatif des ressources propres (CCRP) du 18 mai 2010, de la révision du financement des réductions brutes appliquées aux versements RNB de la Suède et des Pays-Bas en 2010, ainsi que de la budgétisation du premier ajustement de la correction britannique de 2009, du deuxième ajustement du montant de la correction de 2008, du montant définitif de la correction de 2006 et de leur financement.

Par ailleurs, le BR n° 4/2010 modifie le tableau des effectifs de l'Office européen de lutte antifraude (OLAF) afin de permettre le recrutement d'agents temporaires en tant que fonctionnaires.

Le *BR n° 5/2010* crée la structure d'accueil[20] pour la garantie par le budget de l'Union européenne des opérations d'emprunts et de prêts de la Commission effectuées, à hauteur de 60 milliards d'euros maximum[21], sur base du règlement (UE) n° 407/2010 du Conseil, du 11 mai 2010, établissant un mécanisme européen de stabilisation financière[22].

Le *BR n° 6/2010* est lié à la mise en place du nouveau service européen pour l'action extérieure, créé suite à l'entrée en vigueur du traité de Lisbonne. Ce budget rectificatif :

- établit la structure budgétaire pour le SEAE, avec la création d'une nouvelle section X dans le budget pour 2010, dotée de quatre titres[23], et

- inscrit 1 625 postes[24] au nouveau tableau des effectifs du SEAE. Au total 100 sont de nouveaux postes, 411 postes proviendront de la section II – Conseil européen et Conseil – et 1 114 postes de la section III – Commission (voir tableau 44, page 170).

Le montant du BR n° 6/2010 s'établit à 9,5 millions d'euros[25], car les postes destinés à être transférés des sections II et III continueront à être financés en 2010 par les deux institutions "donatrices".

Enfin, les *BRs n° 7 et 8/2010* traitent des interventions du Fonds de solidarité de l'Union européenne en faveur de l'Irlande, de la France et du Portugal (voir page 173).

Le tableau 44 page suivante récapitule les nouveaux postes octroyés par le biais de budgets rectificatifs adoptés en 2010, dans le cadre de la mise en œuvre du traité de Lisbonne.

B. Deux projets de budgets rectificatifs présentés par la Commission en 2010 n'ont pas abouti.

Le premier, le projet de budget rectificatif n° 3/2010, présenté par la Commission le 8 avril 2010[26], était lié à l'attribution de crédits pour le financement de mesures d'accompagnement dans le secteur de la banane (MAB) en faveur des "pays ACP"[27], suite aux changements au régime d'importation par l'Union européenne et à la libéralisation du statut de "Nation la plus favorisée" (NPF) dans le cadre de l'Organisation mondiale du commerce (OMC)[28].

CdR n'ont pas recueilli la majorité qualifiée nécessaire à leur acceptation. Lors du trilogue du 11 octobre 2010, le Parlement européen a pris note de l'impossibilité pour le Conseil de trouver une majorité qualifiée pour établir une position sur la partie du projet de BR concernant les demandes des deux comités.

[20] Poste *01 04 01 03* (intitulé "*Garantie de l'Union européenne aux emprunts de l'Union destinés à l'assistance financière relevant du mécanisme européen de stabilisation financière*") dans le partie "dépenses" et article *8 0 2* (portant le même intitulé) sous le titre *8* (*Emprunts et prêts*) de la partie "recettes" du budget de l'UE, tous deux dotés d'un "p.m.".

[21] Conformément aux conclusions du Conseil "Ecofin" extraordinaire des 9 et 10 mai 2010 (doc. *Conseil 9596/10 Presse 108*, p. 7).

[22] JO L 118 du 12.5.2010, pp. 1/4.

[23] "*Personnel et siège*" (titre *1*), "*Immeubles, matériel et dépenses de fonctionnement au siège*" (titre *2*), "*Délégations*" (titre *3*) et "*Autres dépenses*" (titre *10*). Suite à une erreur informatique, les différentes lignes budgétaires sous ces titres ne sont pas dotées de "p.m." dans le BR tel que publié au JO.

[24] Dont 1 592 postes permanents et 33 postes temporaires.

[25] Ce montant est destiné à financer, outre les nouveaux postes, le recrutement de 60 agents locaux et de 10 agents contractuels, ainsi que des dépenses de fonctionnement. Il est inscrit sous la section III – Commission – du budget pour 2010.

[26] Doc. *COM(2010) 149 final*.

[27] ACP pour "Asie, Caraïbes et Pacifique".

[28] La Commission proposait d'allouer à ces mesures un total de 190 millions d'euros pendant la période 2010-2013.

Tableau 44. Nouveaux postes octroyés par voie de budgets rectificatifs adoptés en 2010

Postes permanents et temporaires

Institution	Nouveaux postes demandés			Position du Conseil et du PE			**Nouveaux postes octroyés**		
Groupe de fonctions	AD	AST	Total	AD	AST	Total	AD	AST	**Total**
Parlement européen*	106	44	150	106	44	150	106	44	**150**
CESE**	20	2	22	–	–	–	–	–	–
Comité des régions**	25	12	37	–	–	–	–	–	–
SEAE***	100	0	100	100	0	100	100	0	100
Total	**251**	**58**	**309**	**206**	**44**	**250**	**206**	**44**	**250**

** Postes octroyés par le biais du BR n° 1/2010 ** Postes demandés dans le projet de BR n° 2/2010*

**** Postes octroyés par le biais du BR n° 6/2010. En complément de ces 100 nouveaux postes AD, 411 postes (207 AD et 204 AST) seront transférés de la section II – Conseil européen et Conseil – et 1 114 postes (603 AD et 511 AST) de la section III – Commission*

Dans son projet de BR, la Commission proposait un montant total de 75 millions d'euros en crédits d'engagement pour les mesures d'accompagnement dans le secteur de la banane en 2010[29], financé comme suit :

- 55,8 millions d'euros à partir de redéploiements de crédits sous la rubrique *4* (*L'UE acteur mondial*) du CF ;

- 18,3 millions d'euros par le biais d'une mobilisation de l'instrument de flexibilité (voir chapitre III), et

- 0,9 million d'euros de la marge restante de la rubrique *4*.

L'incidence nette de la proposition de la Commission s'élevait ainsi à 19,2 millions d'euros en crédits d'engagement, inscrits en réserve dans l'attente de l'adoption de la base légale. La Commission ne proposait pas de budgétiser des crédits de paiement.

Dans sa position sur le projet de BR, adoptée le 13 septembre 2010, le Conseil a accepté les 56,7 millions d'euros proposés par la Commission provenant de redéploiements de crédits et de la marge de la rubrique *4*, mais a écarté un recours à l'instrument de flexibilité. À ce titre, le Conseil a invité la Commission à "*présenter dans les meilleurs délais de nouvelles possibilités de redéploiement à l'intérieur de la rubrique 4 du cadre financier pour les 18,3 millions d'euros restants du financement des mesures d'accompagnement dans le secteur de la banane*"[30].

Le Parlement européen, quant à lui, a adopté en plénière le 20 octobre 2010 des amendements à la position du Conseil, visant à financer ces 75 millions d'euros sans aucuns redéploiements[31]. Ceci a conduit à la convocation du premier comité de conciliation (conformément à l'article 314, paragraphe 4, point c) du TFUE) pour un budget rectificatif.

Cette procédure de conciliation, qui s'est déroulée en même temps que celle sur le budget de l'Union européenne pour 2011 (voir chapitre III), n'a pourtant pas permis – pas plus que la procédure de conciliation concernant le budget pour 2011 – aux deux branches de l'autorité budgétaire de parvenir à un accord sur un projet commun, et ce malgré les propositions de compromis de la Commission[32].

---

[29] Il convient de relever que le Parlement européen avait déjà accepté, lors de sa première lecture du projet de budget pour 2010, la création d'une structure d'accueil pour les mesures d'accompagnement concernant le secteur de la banane dans le budget pour 2010, telle que proposée par la Commission dans la LR n° 1/2010 (nouvel article *21 06 07* muni d'un "p.m." ; voir deuxième partie, page 135).

[30] Doc. *Conseil 12643/10 FIN 341* du 27 juillet 2010, p. 5.

[31] C'est-à-dire en ayant recours à l'instrument de flexibilité (pour 74,1 millions d'euros) et à la marge de la rubrique *4* (pour 0,9 million d'euros).

[32] Lors du trilogue du 8 novembre 2010 (voir chapitre III), la Commission a présenté la dernière proposition de compromis suivante :
- 69,2 millions d'euros à partir de redéploiements de crédits sous la rubrique *4* (*L'UE acteur mondial*) du CF ;
- 4,9 millions d'euros par le biais d'une mobilisation de l'instrument de flexibilité, et
- 0,9 million d'euros de la marge de la rubrique *4*.

Suite à cet échec, la Commission a proposé, le 26 novembre 2010, un virement de crédit[33] visant à transférer 69,3 millions d'euros en crédits d'engagement et 1,5 million d'euros en crédits de paiement de différents lignes budgétaires relevant de la rubrique *4* (*L'UE acteur mondial*) du CF à l'article *21 06 07* ("*Mesures d'accompagnement "bananes'*""). Elle a retiré sa proposition suite à l'absence d'un accord sur la base légale avant la fin de l'année 2010.

Le deuxième projet de budget rectificatif à ne pas avoir été adopté est le traditionnel BR de fin d'année destiné à réduire l'excédent et à faciliter les accords budgétaires (voir page 336), présenté par la Commission le 20 octobre 2010[34].

Le projet de budget rectificatif n° 10/2010 portait sur les éléments suivants :

- une hausse nette des prévisions de recettes (de 466,1 millions d'euros), après la révision des prévisions relatives aux ressources propres et aux "autres recettes" ;

- une réduction[35] des crédits d'engagement de 373 millions d'euros et des crédits de paiement de 1 090,6 millions d'euros[36], répartis comme suit :

a) sous-rubrique *1a* (*Compétitivité pour la croissance et l'emploi*) : -15 millions d'euros en crédits d'engagement sur sept lignes budgétaires[37] et -34 millions d'euros en crédits de paiement sur la ligne budgétaire pour les "*Projets énergétiques en vue d'aider à la relance économique – Réseaux énergétiques*" ;

b) sous-rubrique *1b* (*Cohésion pour la croissance et l'emploi*) : -18,1 millions d'euros en crédits de paiement pour la "*Coopération transfrontalière*" ;

c) rubrique *2* (*Conservation et gestion des ressources naturelles*) :

-458 millions d'euros en crédits de paiement, dont 345,4 millions d'euros pour l'"*Achèvement du FEOGA, section Orientation – Régions relevant de l'objectif n° 1 (2000 à 2006)*" et 112,6 millions d'euros pour le Fonds européen pour la pêche (FEP) ;

-330 millions d'euros en crédits non dissociés[38], dont -280 millions d'euros inscrits pour le lait et les produits laitiers (article *05 02 12*) et -50 millions d'euros pour les restitutions pour les produits "hors annexe I"[39] (article *05 02 03*) ;

-28 millions d'euros en crédits d'engagement et -18 millions d'euros en crédits de paiement concernant

---

[33] Il s'agit du DEC n° 60/2010.

[34] Doc. *COM(2010) 598 final*. Ce projet de BR tenait compte du "virement global", qui a pour objet de répartir en fin d'année entre les différentes lignes budgétaires les crédits de paiement non utilisés, compte tenu des taux d'exécution. Ce virement a notamment augmenté les crédits pour 2010 du Fonds européen de développement régional (FEDER) et du Fonds de cohésion de 1,1 milliard d'euros.

[35] La lettre rectificative au BR n° 10/2010 présentée par la Commission le 26 novembre 2010 réduit ces montants à 43 millions d'euros en crédits d'engagement et à 760,6 millions d'euros en crédits de paiement.

[36] En d'autres termes, l'effet combiné de la hausse des prévisions de recettes (+466,1 millions d'euros) et de la diminution des crédits de paiement (-1 090,6 millions d'euros) conduit à une réduction de la contribution des États membres au titre du budget pour 2010 de 1 556,7 millions d'euros. La lettre rectificative présentée par la Commission le 26 novembre 2010 réduit ce montant à 1 226,7 millions d'euros.

[37] Et avant tout concernant les subventions à l'Agence européenne des produits chimiques (article *02 03 03*; -7 millions d'euros) et à l'Office de l'Organe des régulateurs européens des communications électroniques (article *09 02 04* ; -3 millions d'euros).

[38] La lettre rectificative au projet de budget rectificatif n° 10/2010 présentée par la Commission le 26 novembre 2010 (doc. *COM(2010) 770 final*) annule cette réduction de crédits proposée, tout en proposant d'utiliser ce montant en 2010 notamment pour "apurer" la ligne budgétaire concernant l'apurement comptable (poste *05 07 01 06*). En conséquence 330 millions d'euros de recettes affectées générées en 2010 demeureront non utilisées et seront ainsi automatiquement reportées à 2011, diminuant les besoins de crédits en 2011 d'un même montant sur les postes *05 02 08 03* (*Fonds opérationnels des organisations de producteurs*) et *05 03 01 01* (*Régime de paiement unique (RPU)*). Ceci générera en même temps une marge supplémentaire sous la rubrique *2* du CF, qui pourrait contribuer par exemple au financement additionnel du projet ITER en 2012 et 2013, suite à l'échec de la révision du cadre financier à cette fin en 2010 (voir chapitre III).

[39] C'est-à-dire pour les céréales exportées sous forme de certaines boissons spiritueuses, ainsi que pour les marchandises résultant de la transformation de céréales et de riz, de sucre et d'isoglucose, de lait écrémé, de beurre et d'œufs.

les montants inscrits en réserve d'une part pour le programme d'action de l'UE pour la lutte contre le changement climatique[40] et, d'autre part, pour les accords internationaux en matière de pêche, et

d) rubrique *4* (*L'UE acteur mondial*) : -232,5 millions d'euros en crédits de paiement[41] ;

- la création d'une structure d'accueil (nouveau poste *06 04 14 04*) en vue du financement de projets dans les domaines de l'efficacité énergétique et de la production d'énergie à partir de sources renouvelables dans le cadre du plan européen pour la relance économique[42], et

- la création d'une structure d'accueil (nouveau poste *26 01 51 31*) pour la contribution de l'UE aux écoles européennes dites de "type 2"[43].

Ce BR devait ainsi également contribuer au financement additionnel du projet ITER en 2012 et 2013 en dégageant des marges supplémentaires sous la sous-rubrique *1a* (*Compétitivité pour la croissance et l'emploi*) et la rubrique *2* (*Conservation et gestion des ressources naturelles*) du CF en 2010 (voir chapitre III). Le Parlement européen n'a pas souhaité établir ce projet de budget rectificatif proposé par la Commission en raison, d'une part, de doutes sur le financement additionnel du projet ITER et, d'autre part, de l'échec de la procédure de conciliation le 15 novembre 2010 concernant le budget de l'Union européenne pour 2011, le Parlement liant ces deux dossiers (voir chapitre III).

2. Cinq appels à la réserve pour aides d'urgence

La réserve pour aides d'urgence a été mobilisée cinq fois en 2010, pour un montant total de 248,9 millions d'euros en crédits d'engagement (c'est-à-dire le montant total inscrit pour 2010 pour la réserve) et de 56 millions d'euros en crédits de paiement.

La première mobilisation, intervenue en mars 2010 pour un montant de 112 millions d'euros en crédits d'engagement et de 56 millions d'euros en crédits de paiement, était destinée à financer une aide humanitaire[44] à Haïti suite au tremblement de terre survenu le 12 janvier 2010.

La deuxième mobilisation, intervenue en juillet 2010 pour un montant de 40 millions d'euros en crédits d'engagement, était destinée à financer l'Autorité palestinienne (par le biais du mécanisme PEGASE[45]), ainsi que la contribution de l'Union européenne à l'Office de secours et de travaux des Nations unies pour les réfugiés de Palestine dans le Proche-Orient (UNRWA).

La troisième mobilisation, intervenue en septembre 2010 pour un montant de 40 millions d'euros en crédits d'engagement, était destinée à financer une aide humanitaire d'urgence dans la région du Sahel (30 millions d'euros) et au Soudan (10 millions d'euros), suite à une aggravation de la crise alimentaire que connaît cette région.

---

[40] Article *07 03 23*. Cet article avait été créé dans le budget pour 2010 par le Parlement européen (voir deuxième partie, pages 122 et 131).

[41] Dont -78 millions d'euros pour la ligne "*Instrument de préadhésion Sapard – Achèvement du programme (2000 à 2006)*", -54,6 millions d'euros pour l'"*Aide à la transition et au renforcement des institutions en faveur des pays candidats*", -53,5 millions d'euros pour l'"*Aide à la transition et au renforcement des institutions en faveur des pays candidats potentiels*" et -14 millions d'euros pour l'"*Environnement et gestion durable des ressources naturelles, y compris l'énergie*".

La Commission a en outre envisagé de proposer d'inclure dans ce projet de BR des réductions de crédits sous la rubrique *5* (*Administration*) du CF, pour un montant total de 42,2 millions d'euros, afin de contribuer au financement additionnel du projet ITER en 2012 et 2013 (voir chapitre III).

[42] Voir chapitre III.

[43] Il s'agit d'écoles appartenant au système national d'un État membre mais comportant une ou plusieurs sections linguistiques habilitées à délivrer le baccalauréat européen. Ces écoles sont normalement situées à proximité d'un organe de l'Union (par exemple une agence décentralisée ou un centre commun de recherche). Le montant de 4,83 millions d'euros en crédits d'engagement et de paiement nécessaire serait mis à disposition au moyen d'un redéploiement au sein du titre *26* (*Administration de la Commission*) de la section III – Commission – du budget pour 2010.

[44] Article *23 02 01* du budget pour 2010.

[45] Mécanisme palestino-européen de gestion de l'aide socio-économique. Ce mécanisme remplace le Mécanisme international temporaire (MIT).

La quatrième mobilisation, également intervenue en septembre 2010, était destinée à financer, à hauteur de 30 millions d'euros en crédits d'engagement, une aide humanitaire d'urgence au Pakistan, suite aux inondations qui ont dévastées le pays. Par ailleurs 10 millions d'euros en crédits d'engagement sont destinés à réapprovisionner la réserve opérationnelle pour l'aide humanitaire.

La cinquième mobilisation, intervenue en novembre 2010, était destinée à financer, à hauteur de 16,9 millions d'euros en crédits d'engagement, une aide humanitaire d'urgence supplémentaire au Pakistan, suite aux inondations précitées.

3. Deux appels au Fonds de solidarité de l'Union européenne

Le Fonds de solidarité de l'Union européenne a été mobilisé deux fois en 2010, pour un montant total de 79,9 millions d'euros en crédits d'engagement et de paiement.

La première mobilisation a eu lieu le 24 novembre 2010, suite aux catastrophes provoquées par les inondations survenues en Irlande en novembre 2009[46]. Elle s'élève à 13 millions d'euros en crédits d'engagement et de paiement et a été effectuée par le biais du budget rectificatif nº 7/2010[47] (voir page 169).

La deuxième mobilisation a eu lieu le 15 décembre 2010, suite aux catastrophes provoquées par les inondations sur l'île de Madère et par tempête Xynthia sur la côte atlantique française en février 2010[48]. Elle s'élève à 66,9 millions d'euros en crédits d'engagement et de paiement[49] et a été effectuée par le biais du budget rectificatif nº 8/2010 (voir page 169).

4. Trente-et-un appels au Fonds européen d'ajustement à la mondialisation

Le Fonds européen d'ajustement à la mondialisation (FEM) a été mobilisé 31 fois en 2010, pour un montant total de 82,1 millions d'euros en crédits d'engagement et de paiement, ce qui est un record aussi bien en nombre de mobilisations qu'en montants mobilisés au cours d'une année[50].

Les mobilisations du Fonds européen d'ajustement à la mondialisation en 2010 sont résumées pages 254-256.

Il convient de signaler que le Parlement européen a adopté, le 7 septembre 2010, un rapport sur le financement et le fonctionnement du Fonds européen d'ajustement à la mondialisation[51].

5. Modification du calcul du revenu national brut

Le Conseil a adopté le 16 mars 2010 une décision ayant pour effet une application, à partir du 1er janvier 2010, des services d'intermédiation financière indirectement mesurés (SIFIM) au calcul du revenu national brut de l'Union européenne et de ses ressources propres[52] (ci-après : la "décision SIFIM").

---

[46] JO L 318 du 4.12.2010, p. 42.

[47] Le BR nº 7/2010 inscrit les 13 millions d'euros en crédits d'engagement à l'article *13 06 01* (*Fonds de solidarité de l'Union européenne – États membres*). Les crédits de paiement proviennent de l'article *04 02 01* (*Achèvement du Fonds social européen (FSE) – Objectif nº 1 (2000 à 2006)*), c'est-à-dire sans appel à de nouveaux fonds.

[48] JO L 342 du 28.12.2010, p. 16.

[49] Dont 35,6 millions d'euros pour la France et 31,3 millions d'euros pour le Portugal. Les crédits de paiement proviennent du poste *06 04 14 03* (*Projets énergétiques en vue d'aider à la relance économique – Réseau européen d'éoliennes en mer*).

[50] Le record en nombre de mobilisations est dû à une demande du Parlement européen, selon laquelle chaque mobilisation et virement de crédit doit faire l'objet d'une décision séparée. Le record en montants mobilisés est, quant à lui, dû, d'une part, à la crise économique et, d'autre part, à la modification du règlement établissant le Fonds européen d'ajustement à la mondialisation, qui élargit temporairement les critères pour l'octroi de l'aide (voir deuxième partie, page 94).

[51] Doc. *PE P7_TA(2010)0277*.

[52] Décision du Conseil concernant la répartition des services d'intermédiation financière indirectement mesurés (SIFIM) en vue du calcul du revenu national brut (RNB) pris en compte aux fins du budget de l'Union européenne et de ses ressources propres (JO L 87 du 7.4.2010, pp. 31/32). La prise en compte des SIFIM augmente le RNB de l'Union européenne en moyenne d'environ un pour cent (avec des impacts différents pour les différents États membres).

Suite à cette décision, la Commission a présenté, le 16 avril 2010, une communication au Parlement européen et au Conseil sur l'adaptation du plafond des ressources propres et de celui des crédits pour engagements[53].

Le nouveau plafond des ressources propres de l'UE (inscrit à l'article 3, paragraphe 1 de la décision "ressources propres" du 7 juin 2007[54]) s'établit ainsi à 1,23 % du RNB (à la place de 1,24 %) et celui des crédits pour engagements (inscrit à l'article 3, paragraphe 2 de ladite décision) à 1,29 % du RNB (au lieu de 1,31 %).

6. Mise en place d'un nouveau cadre législatif suite à l'entrée en vigueur du traité de Lisbonne

Le Conseil a adopté, le 26 juillet 2010, la décision créant le service européen pour l'action extérieure[55]. Cette décision est accompagnée :

- d'une modification y afférente du règlement financier, adoptée le 24 novembre 2010[56] ;

- d'une modification du statut des fonctionnaires et du régime applicable aux autres agents de l'Union européenne, adoptée également le 24 novembre 2010[57], et

- de l'adoption d'un budget rectificatif spécifique (le BR nº 6/2010 le 20 octobre 2010[58] ; voir chapitre II).

Par contre, le Parlement européen et le Conseil n'ont pas trouvé d'accord en 2010 sur le "paquet législatif Lisbonne" présenté par la Commission le 3 mars 2010, et composé :

- d'une proposition de règlement du Conseil fixant le cadre financier pluriannuel pour 2007-2013[59] ;

- d'un projet pour un nouvel accord interinstitutionnel entre le Parlement européen, le Conseil et la Commission sur la coopération en matière budgétaire[60], et

- d'une proposition de modification du règlement financier, visant à introduire dans le RF les changements nécessaires suite à l'entrée en vigueur du traité de Lisbonne le 1er décembre 2009[61] (voir chapitre III et quatrième partie, pages 285-288).

7. La forme de l'acte établissant le budget de l'Union européenne et sa signature

Conformément au point de vue exprimé en ce qui concerne le budget pour 2010 dans sa lettre du 15 décembre 2009 au Parlement européen, le Conseil a rappelé dans une nouvelle lettre le 11 novembre 2010 sa position sur la forme de l'acte établissant le budget de l'Union européenne et sa signature[62].

Le président du Parlement européen a répondu par lettre du 14 décembre 2010[63], dans laquelle le

---

[53] Doc. *COM(2010) 162 final.*

[54] JO L 163 du 23.6.2007, p. 19. Le plafond des ressources propres de l'UE est aussi celui des crédits pour paiements.

[55] JO L 201 du 3.8.2010, pp. 30/40.

[56] JO L 311 du 26.11.2010, pp. 9/14.

[57] *Ibid.*, pp. 1/8.

[58] JO L 20 du 22.1.2011, pp. 1/175.

[59] Doc. *COM(2010) 72 final.*

[60] Doc. *COM(2010) 73 final.*

[61] Et notamment l'introduction du cadre financier pluriannuel et de son lien avec la procédure budgétaire annuelle dans le traité (nouvel article 312 du TFUE), la disparition de la distinction entre dépenses obligatoires et dépenses non obligatoires, l'introduction de la nouvelle procédure budgétaire (conformément à l'article 314 du TFUE) et la création du Conseil européen comme nouvelle institution de l'Union européenne (voir doc. *COM(2010) 71 final*, p. 2).

Il convient néanmoins de relever que le Conseil européen a été intégré en tant qu'institution dans le RF par les modifications du règlement financier suite à la création du SEAE et que les autres mesures nécessaires (notamment concernant les virements de crédits et les budgets rectificatifs) sont traitées dans la déclaration commune du 30 novembre 2009 sur les mesures transitoires applicables à la procédure budgétaire après l'entrée en vigueur du traité de Lisbonne (voir quatrième partie, pages 279-289 et 293-296).

La Commission a inclus ses propositions dans sa nouvelle proposition de révision du RF, adoptée le 22 décembre 2010 (doc. *COM(2010) 815 final* ; voir page 351).

[62] Ces lettres sont reproduites pages 257-259.

[63] La lettre est reproduite pages 260-261.

Parlement réitère sa position adoptée en décembre 2009 (voir deuxième partie, page 147). Le président du PE a ainsi constaté l'adoption définitive et signé seul en plénière, le 15 décembre 2010, le budget de l'Union européenne pour 2011[64] (voir chapitre III).

En conséquence, le Conseil a décidé, en février 2011, de saisir la Cour de justice[65].

8. Rapport sur le fonctionnement de l'AII de 2006

La Commission a finalement présenté son rapport sur le fonctionnement de l'AII de 2006 le 27 avril 2010[65] (voir deuxième partie, page 95). Selon le rapport l'"*accord interinstitutionnel s'est révélé extrêmement utile en facilitant la discipline budgétaire et en assurant une procédure budgétaire sans heurt. D'une façon générale, cet instrument et, en particulier, le cadre financier pluriannuel ont donné des résultats pouvant être considérés comme tout à fait positifs.*

Parallèlement, il ressort (...) que des ajustements au cadre financier pluriannuel actuel et à l'AII, pour un montant brut de 8,4 milliards d'euros au total, ont été nécessaires dès la première moitié de la période du cadre financier pluriannuel en vigueur, et que la marge de manœuvre qui subsiste est désormais fortement limitée. On peut ainsi se demander si l'Union sera suffisamment armée pour faire face à de nouveaux défis et à des situations en rapide évolution dans la seconde moitié de la période de ce cadre financier pluriannuel. Le Parlement européen a déjà fait part de son inquiétude à cet égard dans son rapport sur le réexamen à mi-parcours du cadre financier 2007-2013[67]*. En outre, aux termes de la stratégie "Europe 2020"*[68]*, il est clair qu'on peut et qu'on doit faire davantage en faveur d'une croissance intelligente, durable et inclusive et de la création d'emplois*"[69].

Le rapport conclut notamment à des problèmes futurs éventuels concernant tout particulièrement la sous-rubrique *1a* (*Compétitivité pour la croissance et l'emploi*) et la rubrique *4* (*L'UE acteur mondial*) du CF :

"*En ce qui concerne la* sous-rubrique 1a*, un certain nombre de dossiers se profilent, pour lesquels il faut encore préciser les besoins financiers supplémentaires (par exemple pour ITER). Comme la marge est extrêmement limitée, les montants potentiels en jeu dépassent nettement les montants qu'il est prévu de ne pas dépenser/engager sous le plafond actuel de la sous-rubrique 1a et il n'y a aucune marge budgétaire pour de nouvelles initiatives.*

S'agissant de la rubrique 4*, les marges prévisibles actuelles sont très limitées et risquent d'être insuffisantes pour faire face aux exigences futures. En particulier, les conséquences des crises internationales récurrentes et l'incidence potentiellement importante des besoins de financement sur le thème du changement climatique en 2013 sont à considérer avec attention*"[70].

Le rapport préconise un certain nombre de solutions "*en fonction de l'ampleur des besoins supplémentaires dans la sous-rubrique 1a et la rubrique 4 et de la nature (ponctuelle ou permanente) de ces besoins :*

- un redéploiement au sein de la rubrique ou sous-rubrique en question pourrait être effectué pour des montants limités ;

- la mobilisation de l'instrument de flexibilité pourrait jouer un rôle ;

- la révision du plafond de la rubrique ou de la sous-rubrique considérée peut être nécessaire si les montants requis sont élevés et permanents, ce qui

---

[64] Il convient de relever que le président du PE a procédé de la même façon avec les huit budgets rectificatifs adoptés en 2010.
[65] Affaire *C-77/11* (*Conseil contre Parlement européen*).
[66] Doc. *COM(2010) 185 final*.
[67] Doc. *PE P6_TA(2009)0174* du 25 mars 2009 (voir deuxième partie, page 95).
[68] Voir chapitre III.
[69] Doc. *COM(2010) 185 final*, p. 17.
[70] Doc. *COM(2010) 185 final*, pp. 17/18.

pourrait être le cas pour le financement d'ITER ou des mesures relatives au changement climatique en 2013. Cette révision pourrait prendre la forme soit d'un mécanisme destiné à compenser une hausse dans une rubrique ou sous-rubrique par une baisse dans une autre, soit, si nécessaire, d'un relèvement net du plafond global du cadre financier pluriannuel 2007-2013.

D'autres possibilités de financement en dehors du champ d'application de l'AII pourraient également être étudiées, comme des prêts de la BEI ou un financement intergouvernemental"[71].

La Commission a précisé sa réflexion sur le projet ITER dès le 4 mai 2010 dans sa communication au Parlement européen et au Conseil intitulée "*État d'avancement d'ITER et pistes pour l'avenir*"[72].

Elle a présenté un nouveau plan pour son financement le 20 juillet 2010[73]. Ce plan contient, en plus notamment de redéploiements proposés au sein du 7ème programme-cadre de recherche, de développement technologique et de démonstration (PCR), une proposition de révision du cadre financier pour 2007-2013 (voir chapitre III).

9. Le "réexamen" du cadre financier pour 2007-2013

La Commission a finalement présenté sa communication sur le réexamen du cadre financier pour 2007-2013 le 19 octobre 2010[74].

Cette communication, intitulée "*Le réexamen du budget de l'UE*", a fait l'objet en 2010 de travaux d'analyse préliminaires au sein des différentes institutions de l'Union européenne, et surtout au Parlement européen dans la commission spéciale sur les défis politiques et les ressources budgétaires pour une Union européenne durable après 2013 (la "commission spéciale SURE"), instaurée en juillet 2010.

III. – La procédure budgétaire pour 2011

Le budget de l'Union européenne pour 2011 est présenté par rubriques et sous-rubriques du cadre financier (en crédits d'engagement et de paiement) dans l'Annexe I (page 250). Il est présenté en détail dans l'Annexe II (pages 251-253). Les différentes étapes de la procédure budgétaire pour 2011 sont résumées dans le tableau 45 ci-contre.

Même si la procédure budgétaire annuelle de l'UE a bien subi certains changements fondamentaux (voir *infra* et chapitre IV), la *portée* des négociations reste inchangée pour l'essentiel : celles-ci couvrent, en effet, comme auparavant, à la fois de grandes questions budgétaires "horizontales" (ou de principe) *et* toute une série de points ponctuels – parfois minutieusement détaillés – qui peuvent, eux, paraître à première vue d'une importance relativement réduite, voire de caractère totalement ésotérique. Mais comme les négociations budgétaires ont comme principe directeur que "tout est dans tout", tous les sujets mis en discussion se trouvent finalement mis sur le même pied d'égalité. C'est pourquoi les différentes composantes de la négociation seront répertoriées suivant une approche chronologique et sans chercher nécessairement à évaluer l'importance relative de chacune des multiples composantes de la négociation.

1. Le calendrier des travaux

Le calendrier des travaux qui ont conduit à l'adoption du budget de l'Union européenne pour 2011 est résumé dans le tableau 46, page 178.

Le Parlement européen, le Conseil et la Commission ont organisé en 2010 *sept* trilogues formels dans le domaine budgétaire, dont trois trilogues dans le contexte de la procédure de conciliation et un dernier trilogue (qui a eu lieu le 6 décembre 2010) pour finalement parvenir à un accord politique "*ad referendum*" sur le budget de l'Union européenne pour 2011, sur la base du nouveau projet de budget présenté par la Commission le 26 novembre 2010 (voir tableau 46 et pages 213-225).

[71] *Ibid.*, p. 18.
[72] Doc. *COM(2010) 226 final.*
[73] Doc. *COM(2010) 403 final.*
[74] Doc. *COM(2010) 700 final.*

Tableau 45. La procédure budgétaire pour 2011

En millions d'euros	Budget 2010*		CF 2011**	PB***		Position du Conseil		Amendements du PE		Nouveau PB		Budget adopté** **	
	c/e	*c/p*	*c/e*	*c/e*	*c/p*	*c/e*	*c/p*	*c/e*	*c/p*	*c/e*	*c/p*	*c/e*	*c/p*
1. Croissance durable	64.249	47.647	63.974	64.407	54.651	64.360	52.684	64.466	54.679	64.501	53.328	64.501	53.280
1a Compétitivité pour la croissance et l'emploi	*14.863*	*11.276*	*12.987*	*13.437*	*12.110*	*13.390*	*11.219*	*13.486*	*12.128*	*13.521*	*11.646*	*13.521*	*11.628*
dont : FEM[a]	*500*	*p.m.*	-	*500*	*50*	*500*	*p.m.*	*500*	*50*	*500*	*48*	*500*	*48*
1b Cohésion pour la croissance et l'emploi	*49.387*	*36.371*	*50.987*	*50.970*	*42.541*	*50.970*	*41.466*	*50.981*	*42.551*	*50.981*	*41.682*	*50.981*	*41.652*
2. Conservation et gestion des ressources naturelles	59.499	58.136	60.338	59.486	58.136	59.012	57.315	59.876	58.512	58.659	56.409	58.659	56.379
dont dépenses de marché et paiements directs	*43.820*	*43.701*	*47.617*[b]	*43.747*	*43.657*	*43.277*	*43.181*	*44.114*	*44.014*	*42.891*	*42.789*	*42.891*	*42.788*
3. Citoyenneté, liberté, sécurité et justice	1.754	1.478	1.889	1.803	1.492	1.792	1.423	1.822	1.497	1.822	1.460	1.822	1.459
3a Liberté, sécurité et justice	*1.006*	*739*	*1.206*	*1.135*	*853*	*1.124*	*803*	*1.139*	*848*	*1.139*	*814*	*1.139*	*813*
3b Citoyenneté	*748*	*739*	*683*	*668*	*639*	*668*	*620*	*683*	*649*	*683*	*646*	*683*	*646*
4. L'UE acteur mondial	8.141	7.788	8.430	8.614	7.602	8.520	7.011	8.683	7.646	8.754	7.249	8.754	7.238
dont : Réserve pour aides d'urgence[a]	*249*	*249*	-	*254*	*203*	*254*	*p.m.*	*254*	*203*	*254*	*100*	*254*	*100*
5. Administration	7.908	7.907	8.416[c]	8.255	8.256	8.093	8.094	8.223	8.224	8.082	8.080	8.173	8.172
Commission	*4.961*	*4.961*		*5.158*	*5.158*	*5.042*	*5.043*	*5.156*	*5.157*	*4.681*	*4.680*	*4.744*	*4.743*
Autres institutions	*2.947*	*2.947*		*3.098*	*3.098*	*3.051*	*3.051*	*3.068*	*3.068*	*3.401*	*3.401*	*3.428*	*3.428*
Total	**141.552**	**122.956**	**143.047**	**142.565**	**130.136**	**141.777**	**126.527**	**143.070**	**130.559**	**141.818**	**126.527**	**141.909**	**126.527**
c/e et c/p (% du RNB[d])	1,13%	1,01%		1,14%	1,04%	1,13%	1,01%	1,14%	1,04%	1,13%	1,01%	1,13%	1,01%

* *Budgets rectificatifs n° 1-8/2010 compris* ** *Ajustements du CF compris* *** *PB rectifié* ** ** *Et positions du Conseil et du Parlement européen sur le nouveau projet de budget*

[a] *En dehors du cadre financier* [b] *"Modulation agricole" non comprise* [c] *En tenant compte des contributions aux pensions (82 millions d'euros)* [d] *Décision SIFIM comprise*

Tableau 46. Calendrier de la procédure budgétaire pour 2011 et des réunions interinstitutionnelles en 2010

16 mars 2010	Adoption des orientations budgétaires du Conseil (Bruxelles)
25 mars 2010	Adoption des orientations budgétaires du Parlement européen (Bruxelles)
25 mars 2010	*Trilogue – priorités budgétaires (Bruxelles)*
27 avril 2010	**Adoption du projet de budget (PB) (Commission)***
18 mai 2010	Présentation du projet de budget au Conseil (Bruxelles)
30 juin 2010	*Trilogue – position du Conseil sur le PB (Bruxelles)*
12 août 2010	**Position du Conseil sur le projet de budget** (Bruxelles)**
7 septembre 2010	Présentation de la position du Conseil au Parlement européen (Strasbourg)
15 septembre 2010	***Lettre rectificative n° 1/2011 au PB****
11 octobre 2010	***Lettre rectificative n° 2/2011 au PB****
11 octobre 2010	*Trilogue – amendements du Parlement européen (Bruxelles)*
20 octobre 2010	***Lettre rectificative n° 3/2011 au PB****
20 octobre 2010	**Amendements du Parlement européen (Strasbourg)** ****
25 octobre 2010	Lettre du Conseil au Parlement européen** ** *
26 octobre 2010	Début de la période de conciliation
27 octobre 2010	*Trilogue (Bruxelles)*
27 octobre 2010	**Réunion du comité de conciliation (Bruxelles)**
4 novembre 2010	*Trilogue (Bruxelles)*
8 novembre 2010	*Trilogue (Bruxelles)*
11 novembre 2010	**Réunion du comité de conciliation (Bruxelles)**
15 novembre 2010	**Réunion du comité de conciliation (Bruxelles)**
15 novembre 2010	Fin de la période de conciliation
26 novembre 2010	**Adoption d'un nouveau projet de budget (Commission)** ** ****
6 décembre 2010	*Trilogue – accord politique conditionnel sur le budget de l'Union pour 2011 (Bruxelles)*
10 décembre 2010	**Position du Conseil sur le projet de budget** ** ** * (Bruxelles)**
15 décembre 2010	**Position du Parlement européen** ** ** ** (Strasbourg)**
15 décembre 2010	**Constatation de l'adoption du budget par le président du PE (Strasbourg)**

* *Adoption formelle et mise à disposition dans toutes les langues officielles de l'UE le 15 juin 2010*

** *Adoption par procédure écrite*

*** *Adoption par la Commission*

** ** *Et convocation par le président du Parlement, en accord avec le président du Conseil, du comité de conciliation*

** ** * *Confirmation que le Conseil ne peut pas accepter tous les amendements votés par le Parlement européen*

** ** ** *Mise à disposition dans toutes les langues officielles de l'UE le 10 décembre 2010*

** ** ** * *Adoption en tant que "point A"*

** ** ** ** *Approbation de la position du Conseil*

A. Lors du trilogue du 25 mars 2010, les deux branches de l'autorité budgétaire et la Commission ont avant tout discuté, conformément au point 4 de la déclaration commune du 30 novembre 2009 sur les mesures transitoires applicables à la procédure budgétaire après l'entrée en vigueur du traité de Lisbonne (voir pages 293-296), des priorités budgétaires pour 2011 (voir pages 180-181).

Elles ont adopté une déclaration commune en réponse à une lettre du greffier de la Cour de justice et des secrétaires généraux de la Cour des comptes, du Comité économique et social européen et du Comité des régions, du 1er février 2010, sur la nouvelle procédure budgétaire suite à l'entrée en vigueur du traité de Lisbonne et sur leur participation aux travaux du nouveau comité de conciliation[75].

Le Parlement européen, le Conseil et la Commission ont également débattu des propositions de la Commission présentées le 3 mars 2010 dans le cadre du "paquet législatif Lisbonne"[76] (voir chapitre II).

S'agissant du budget pour 2010, les trois institutions ont fait le point sur le contenu des projets de budgets rectificatifs nº 1/2010 (concernant la sec-

[75] Selon la déclaration commune adoptée lors du trilogue du 25 mars 2010, "*Le Parlement européen, le Conseil et la Commission ont pris acte des préoccupations exprimées par le greffier de la Cour de justice et par les secrétaires généraux de la Cour des comptes, du Comité économique et social et du Comité des régions dans la lettre qu'ils ont adressée aux secrétaires généraux du Parlement européen, du Conseil et de la Commission concernant la nouvelle procédure budgétaire et, particulièrement, le comité de conciliation. Ils suggèrent que ces institutions soient invitées à adresser directement au comité de conciliation leurs observations écrites sur l'impact de la position du Conseil et des amendements du Parlement européen*".

Cette invitation a été incluse au point 2 de l'annexe de la déclaration commune du 30 juin 2010 sur les dates et modalités de fonctionnement du comité de conciliation en 2010 (voir page 297).

[76] Il s'agit : de la proposition de règlement du Conseil fixant le cadre financier pluriannuel pour la période

tion I – Parlement européen – du budget) et 2/2010 (concernant les sections VI – Comité économique et social européen – et VII – Comité des régions, ainsi que le tableau des effectifs de l'Office de l'ORECE ; voir chapitre II).

Enfin, les institutions ont abordé, sur la base du point 47 de la Partie III de l'AII de 2006[77], la question du statut futur et du financement de l'Autorité européenne de surveillance GNSS[78].

B. Les autres trilogues sont traités *infra*, pages 193-222.

2. Les travaux préparatoires (janvier – avril 2010)

A. La Commission a établi la circulaire budgétaire pour 2011 le 7 janvier 2010 et a présenté fin janvier 2010 une programmation financière actualisée, conformément au point 46 de la Partie III de l'AII de 2006[79].

Il convient de relever que suite aux retards pris dans la nomination de la Commission[80], celle-ci n'a pas adopté en 2010 de décision de stratégie politique annuelle (SPA) pour 2011.

B. La Commission a approuvé le 3 mars 2010 une communication intitulée "*Europe 2020 – une stratégie pour une croissance intelligente, durable et inclusive*"[81]. Cette stratégie "Europe 2020", qui succède à la stratégie de Lisbonne (2000-2010)[82], se concentre sur trois priorités interdépendantes et qui se renforcent mutuellement :

- une *croissance intelligente*, en développant une économie fondée sur la connaissance et l'innovation ;

- une *croissance durable*, en promouvant une économie sobre en carbone, économe en ressources et plus compétitive, et

- une *croissance inclusive*, en encourageant une économie à fort taux d'emploi favorisant la cohésion sociale et territoriale.

La Commission propose de fixer à l'Union européenne cinq grands objectifs que les États membres sont invités à convertir en objectifs nationaux, à savoir :

- 75 % de la population âgée de 20 à 64 ans devrait avoir un emploi ;

2007-2013 (doc. *COM(2010) 72 final*) ;
- du projet d'Accord interinstitutionnel entre le Parlement européen, le Conseil et la Commission sur la coopération en matière budgétaire (doc. *COM(2010) 73 final*), et
- de la proposition de règlement du Parlement européen et du Conseil modifiant le règlement (CE, Euratom) n° 1605/2002 du Conseil portant règlement financier applicable au budget général des Communautés européennes (doc. *COM(2010) 71 final*).

[77] Voir page 24, note 68.

[78] La Commission a présenté le 24 mars 2009 une proposition de règlement du Parlement européen et du Conseil modifiant le règlement (CE) n° 1321/2004 sur les structures de gestion des programmes européens de radionavigation par satellite (doc. *COM(2009) 139 final*). En plus de modifier la gestion des programmes européens de GNSS notamment en renforçant le rôle de la Commission dans le domaine de la responsabilité des questions de sécurité du programme, la proposition vise à changer la structure et l'organisation de l'Autorité européenne de surveillance GNSS. Afin de refléter ces changements, la Commission propose de changer le nom de l'Autorité en "Agence GNSS". La Commission ne propose néanmoins pas de revoir la programmation financière concernant la surveillance GNSS.
Le Parlement européen et le Conseil ont adopté le 22 septembre 2010 le règlement (UE) nº 912/2010 établissant l'Agence du GNSS européen, abrogeant le règlement (CE) nº 1321/2004 du Conseil sur les structures de gestion des programmes européens de radionavigation par satellite et modifiant le règlement (CE) nº 683/2008 du Parlement européen et du Conseil (JO L 276 du 20.10.2010, pp. 11/21).

[79] La Commission a présenté une programmation financière pour 2010-2013 actualisée pour une seconde fois en mai 2010 (doc. *SEC(2010) 473 final*).

[80] Suite aux retards pris dans l'entrée en vigueur du traité de Lisbonne, la nouvelle Commission n'a pu être nommée (pour la période du 10 février 2010 au 31 octobre 2014) que le 9 février 2010 (JO L 38 du 11.2.2010, pp. 7/8). La décision de SPA se concentre davantage sur les priorités politiques pour l'année à venir et sur leurs conséquences sur les ressources humaines de la Commission que sur des questions budgétaires proprement dites.

[81] Doc. *COM(2010) 2020 final*.

[82] La Commission a publié le 2 février 2010 un document d'évaluation des résultats de la stratégie de Lisbonne (doc. *SEC(2010) 114 final*).

- 3 % du PIB de l'UE devrait être investi dans la recherche et le développement ;

- les objectifs 20/20/20[83] en matière de climat et d'énergie devraient être atteints (y compris le fait de porter à 30 % la réduction des émissions si les conditions adéquates sont remplies) ;

- le taux d'abandon scolaire devrait être ramené en dessous de 10 % et au moins 40 % des jeunes devraient obtenir un diplôme de l'enseignement supérieur, et

- le nombre de personnes menacées par la pauvreté devrait être réduit de 20 millions.

Le Conseil européen des 25 et 26 mars 2010 a appuyé les propositions de la Commission, tout en ajoutant des éléments supplémentaires[84] (voir doc. *Conseil européen 7/10 CO EUR 4 CONCL 1* du 26 mars 2010, pp. 1/7).

Le Conseil européen a finalement défini, lors de sa réunion du 17 juin 2010, les grands objectifs de l'Union européenne dans le cadre de la nouvelle stratégie européenne pour l'emploi et la croissance comme suit[85] :

"*- s'employer à porter à 75 % le taux d'emploi des femmes et des hommes âgés de 20 à 64 ans, notamment grâce à une plus grande participation des jeunes, des travailleurs âgés et des travailleurs peu qualifiés, ainsi qu'à une meilleure intégration des migrants légaux ;*

- améliorer les conditions de la recherche et développement (R&D), afin en particulier de porter à 3 % du PIB le niveau cumulé des investissements publics et privés dans ce secteur ; la Commission élaborera un indicateur portant sur l'intensité de la R&D et de l'innovation ;

- réduire les émissions de gaz à effet de serre de 20 % par rapport aux niveaux de 1990 ; faire passer à 20 % la part des sources d'énergie renouvelable dans notre consommation finale d'énergie ; et s'acheminer vers une augmentation de 20 % de notre efficacité énergétique ; l'UE est résolue à adopter une décision visant à porter à 30 % la réduction des émissions de gaz à effet de serre d'ici 2020 par rapport aux niveaux de 1990, à titre d'offre conditionnelle en vue d'un accord mondial global pour l'après-2012, pour autant que d'autres pays développés s'engagent à atteindre des réductions d'émissions comparables et que les pays en développement apportent une contribution adaptée à leurs responsabilités et à leurs capacités respectives ;

- améliorer les niveaux d'éducation, en particulier en s'attachant à réduire le taux de décrochage scolaire à moins de 10 % et en portant à 40 % au moins la proportion de personnes âgées de 30 à 34 ans ayant obtenu un diplôme de l'enseignement supérieur ou atteint un niveau d'études équivalent[86] ;

- favoriser l'inclusion sociale, en particulier en réduisant la pauvreté, en s'attachant à ce que 20 millions de personnes au moins cessent d'être confrontées au risque de pauvreté et d'exclusion[87]".

C. Le Conseil a adopté ses "orientations budgétaires" pour 2011 le 16 mars 2010[88] et le Parlement

---

[83] C'est-à-dire réduire les émissions de gaz à effet de serre de 20 % par rapport aux niveaux de 1990, faire passer à 20 % la part des sources d'énergie renouvelable dans la consommation finale d'énergie et augmenter de 20 % l'efficacité énergétique.

[84] S'agissant du taux d'abandon scolaire, le Conseil européen a néanmoins seulement indiqué qu'il "*fixera la valeur chiffrée de ces objectifs en juin 2010*" et s'agissant de la réduction de la pauvreté qu'il "*reviendra sur cette question lors de sa réunion de juin 2010*" (doc. *Conseil européen 7/10 CO EUR 4 CONCL 1*, p. 2).

[85] Doc. *Conseil européen 13/10 CO EUR 9 CONCL 2* du 17 juin 2010, pp. 11/12.

[86] "*Le Conseil européen souligne que la définition et la mise en œuvre des objectifs quantitatifs dans le domaine de l'éducation relèvent de la compétence des États membres*".

[87] "*Cette population est définie comme étant le nombre de personnes qui sont menacées par la pauvreté et l'exclusion au regard de trois indicateurs (risque de pauvreté, dénuement matériel et fait de vivre dans un ménage sans emploi), les États membres étant libres de fixer leurs objectifs nationaux sur la base des indicateurs qu'ils jugent les plus appropriés parmi ceux-ci*".

[88] Doc. *Conseil 6794/10 FIN 66.*

Tableau 47. Ajustement des montants du CF alloués au titre des Fonds soutenant la politique de cohésion (point 17 de l'AII de 2006)

En millions d'euros

	2011	2012	2013	Total
Sous-rubrique *1b (Cohésion pour la croissance et l'emploi)*	+336	+336	+336	**+1 008**
Total des crédits pour engagements	+336	+336	+336	**+1 008**
Total des crédits pour paiements	+17	+87	+178	**+282**

européen le 25 mars 2010[89]. Ces orientations ont fait l'objet d'un échange de vues lors du trilogue du 25 mars 2010 (voir page 178). Notons qu'il s'agit ici d'une étape préparatoire qui n'a pas changé par rapport à la pratique antérieure au traité de Lisbonne.

3. Le cadre financier pour l'exercice 2011

Conformément au point 16 de la Partie I de l'AII de 2006, la Commission a présenté, le 16 avril 2010[90], l'ajustement technique du cadre financier à l'évolution du RNB et des prix.

Cet ajustement est accompagné par un ajustement des montants alloués au titre des Fonds soutenant la politique de cohésion, conformément au point 17 de la Partie I de l'AII de 2006[91]. Ceci se traduit par une augmentation du plafond de la sous-rubrique *1b* (*Cohésion pour la croissance et l'emploi*) de 336 millions d'euros par an en 2011-2013.

Afin de maintenir, conformément au point 23, quatrième alinéa de la Partie I de l'AII de 2006, une relation ordonnée entre engagements et paiements, le plafond des crédits pour paiements est augmenté en même temps de 282 millions d'euros. Le contenu de l'ajustement des montants alloués, au titre des Fonds soutenant la politique de cohésion, aux États membres dont le produit intérieur brut réel s'est écarté du PIB estimé pendant la période 2007-2009 est récapitulé dans le tableau 47 ci-dessus.

Il convient de relever qu'il s'agit de la première fois que le plafond des crédits pour engagements d'une rubrique ou sous-rubrique du cadre financier pour 2007-2013 est augmenté sans "compensation"[92]. Le total du plafond des crédits pour engagements pour la période 2007-2013 s'établit ainsi à 865 004 millions d'euros à prix 2004[93] (au lieu des 864 316 millions d'euros inscrits dans le cadre financier pour 2007-2013 adopté le 17 mai 2006[94]).

---

[89] Doc. *PE P7_TA(2010)0086* (section III) et *P7_TA(2010)0087* (autres sections).

[90] Doc. *COM(2010) 160 final.*

[91] Le point 17 de l'AII de 2006 se lit comme suit : "*Lors de l'ajustement technique pour l'année 2011, s'il est établi que le PIB cumulé d'un État membre pour la période 2007-2009 s'est écarté de plus de ± 5 % du PIB cumulé estimé lors de l'élaboration du présent accord, la Commission ajustera les montants alloués au titre des Fonds soutenant la politique de cohésion à l'État membre concerné pour ladite période. L'effet total net de cet ajustement, positif ou négatif, ne peut dépasser trois milliards d'euros.*

Si l'effet net est positif, les ressources supplémentaires totales seront limitées au niveau de sous-utilisation par rapport aux plafonds de la sous-rubrique 1b pour la période 2007-2010. Les ajustements nécessaires seront étalés en parts égales au cours de la période 2011-2013 et les plafonds correspondants seront modifiés en conséquence".

Trois États membres sont concernés avec un écart *positif* supérieur à 5 % : la Slovaquie (avec une variation dans le PIB cumulé en 2007-2009 de +10,8 %), la Pologne (+8 %) et la République tchèque (+7,5 %). En même temps aucun État membre n'a enregistré un écart *négatif* supérieur à 5 % dans son PIB (voir doc. *COM(2010) 160 final*, p. 3).

Dans ce contexte la Commission a modifié, le 30 août 2010, ses décisions fixant la répartition indicative par État membre des crédits d'engagement au titre des objectifs "convergence" et "compétitivité régionale et emploi" pour la période 2007-2013 (JO L 232 du 2.9.2010, pp. 6/10 et 11/13).

[92] C'est-à-dire que le relèvement d'un plafond n'a pas conduit à l'abaissement correspondant d'un ou de plusieurs autres plafonds (voir pages 340-341).

[93] Soit 975 777 millions d'euros à prix courants.

[94] Suite à la révision du CF le 18 décembre 2007 (destinée à financer les programmes européens de GNSS), le total des crédits pour engagements pour la période 2007-2013 s'établit à 864 261 millions d'euros à prix 2004 (voir Tome I, p. 188) et suite à l'adaptation du CF le 29 avril 2008 à 864 169 millions d'euros (voir

Tableau 48. Le cadre financier pour l'exercice 2011

UE-27, crédits pour engagements, en millions d'euros
Ajustement du CF conformément au point 17 de l'AII de 2006 compris

Rubrique	Montant
1. Croissance durable	63.974
1a Compétitivité pour la croissance et l'emploi	*12.987*
1b Cohésion pour la croissance et l'emploi	*50.987*
2. Conservation et gestion des ressources naturelles	60.338
*dont : dépenses de marché et paiements directs**	*47.617*
3. Citoyenneté, liberté, sécurité et justice	1.889
3a Liberté, sécurité et justice	*1.206*
3b Citoyenneté	*683*
4. L'UE acteur mondial	8.430
5. Administration**	8.416
Total des crédits pour engagements**	143.047
Crédits pour engagements (en % du RNB***)	1,16
Total des crédits pour paiements	134.280
Crédits pour paiements (en % du RNB***)	1,09
Marge disponible (%)	0,14
Plafond des ressources propres (en % du RNB***)	1,23

* *"Modulation agricole" non comprise*
** *En tenant compte des contributions aux pensions (82 millions d'euros)*
*** *Avec un RNB pour 2011 estimé à 12 354 021 millions d'euros, décision SIFIM comprise*

Le cadre financier pour l'exercice 2011 tel qu'il ressort de ces deux ajustements est présenté dans le tableau 48 ci-dessus. Le tableau prend également en compte les effets de la décision SIFIM (voir chapitre II).

Le cadre financier pour 2007-2013 tel qu'il ressort de l'ajustement conformément au point 17 de l'AII de 2006 est présenté quant à lui dans le tableau 49 page suivante.

4. Le projet de budget pour 2011 (27 avril 2010[95])

A. Le projet de budget (PB) pour 2011 adopté par la Commission[96] s'élève à 142 565 millions d'euros en crédits pour engagements (+0,8 % par rapport au budget pour 2010) et à 130 136 millions d'euros en crédits pour paiements (+5,9 %). Ceci représente 1,14 % et 1,04 % respectivement du RNB estimé de l'UE. Les marges laissées sous les plafonds du CF sont de 1 236 millions d'euros en crédits pour engagements et de 4 429 millions d'euros en crédits pour paiements.

B. La Commission a placé la *relance de l'économie européenne dans une période d'après-crise* financière et économique, la *jeunesse* et les *investissements dans les "infrastructures de demain"* au centre de son projet de budget pour 2011.

À ce titre, elle propose de consacrer plus de 64 milliards d'euros (soit près de 45 % du total du PB) pour des actions en lien avec la *reprise économique* (+3,4 % par rapport à 2010).

---

première partie, page 27). Ce montant reste le même après la révision du CF le 6 mai 2009 pour financer la "première partie" du plan européen pour la relance économique (voir deuxième partie, pages 104-105).

Suite à la révision du CF le 17 décembre 2009 (destinée à financer la "deuxième partie" du plan européen de relance) le total des crédits pour engagements s'établit à 864 143 millions d'euros à prix 2004 (voir deuxième partie, pages 124-125).

[95] La Commission a formellement mis le projet de budget à la disposition de l'autorité budgétaire et des États membres dans toutes les langues officielles de l'UE le 15 juin 2010 (doc. *COM(2010) 300 final*).

[96] Tous les chiffres présentés sous ce point concernent le projet de budget pour 2011 tel qu'adopté formellement par la Commission en juin 2010.

Ce PB "rectifié" tient compte des états prévisionnels *définitifs* de toutes les institutions. En effet, le PE a

Tableau 49. Le cadre financier pour 2007-2013 ajusté conformément au point 17 de l'AII de 2006

En millions d'euros, décision SIFIM incluse, en prix de 2004

Crédits pour engagements	2007	2008	2009	2010	2011	2012	2013	Total 2007-2013
1. Croissance durable	**50 865**	**53 262**	**55 879**	**56 435**	**55 693**	**57 153**	**58 537**	**387 824**
1a Compétitivité pour la croissance et l'emploi	8 404	9 595	12 018	12 580	11 306	12 122	12 914	78 939
1b Cohésion pour la croissance et l'emploi	42 461	43 667	43 861	43 855	44 387	45 031	45 623	308 885
2. Conservation et gestion des ressources naturelles	**51 962**	**54 685**	**51 023**	**53 328**	**52 528**	**51 901**	**51 284**	**366 621**
dont : dépenses de marché et paiements directs	43 120	42 697	42 279	41 864	41 453	41 047	40 645	293 105
3. Citoyenneté, liberté, sécurité et justice	**1 199**	**1 258**	**1 375**	**1 503**	**1 645**	**1 797**	**1 988**	**10 765**
3a Liberté, sécurité et justice	600	690	785	910	1 050	1 200	1 390	6 625
3b Citoyenneté	599	568	590	593	595	597	598	4 140
4. L'UE acteur mondial	**6 199**	**6 469**	**6 739**	**7 009**	**7 339**	**7 679**	**8 029**	**49 463**
5. Administration[1]	**6 633**	**6 818**	**6 816**	**6 999**	**7 255**	**7 400**	**7 610**	**49 531**
6. Compensations	**419**	**191**	**190**					**800**
Total des crédits pour engagements	**117 277**	**122 683**	**122 022**	**125 184**	**124 460**	**125 930**	**127 448**	**865 004**
en % du RNB	1,08%	1,09%	1,06%	1,06%	1,03%	1,02%	1,01%	1,049%
Total des crédits pour paiements	**115 142**	**119 805**	**109 091**	**119 245**	**116 899**	**120 649**	**119 933**	**820 764**
en % du RNB	1,06%	1,06%	0,95%	1,01%	0,97%	0,98%	0,95%	1,00%
Marge disponible	0,18%	0,18%	0,29%	0,22%	0,26%	0,25%	0,28%	0,23%
Plafond des ressources propres en pourcentage du RNB	1,24%	1,24%	1,24%	1,23%	1,23%	1,23%	1,23%	1,23%

[1] S'agissant des dépenses de pension, les montants pris en compte sous le plafond de cette rubrique sont calculés nets des contributions du personnel au régime correspondant, dans la limite de 500 millions d'euros aux prix de 2004 pour la période 2007-2013

Près de 58 milliards d'euros (soit près de 41 % du projet de budget) sont destinés aux *"initiatives phare"*[97] *de la stratégie "Europe 2020"* en faveur d'une *croissance intelligente, durable et inclusive* (voir pages 179-180), à savoir :

- 21,9 milliards d'euros pour des mesures en faveur de l'innovation dans l'Union européenne ;

- 21,1 milliards d'euros pour une gestion efficace des ressources ;

- 9 milliards d'euros pour la création d'emplois et de nouvelles qualifications ;

- 2,4 milliards d'euros pour l'"Agenda digital de l'UE" ;

- 1,6 milliard d'euros pour des mesures contre la pauvreté ;

- 1,1 milliard d'euros pour des mesures directement en faveur de la jeunesse, et

adopté l'état prévisionnel pour 2011 concernant la section I – Parlement européen – du budget de l'Union européenne en plénière le 18 mai 2010 et le Comité des représentants permanents (Coreper) l'état prévisionnel pour la section II – Conseil européen et Conseil – le 6 mai 2010.

Il s'agit de la première fois que le Conseil transmet officiellement son état prévisionnel à la Commission pour que celui-ci soit inclus dans le PB. Auparavant le Conseil incluait les montants de la section II dans le projet de budget lors de sa première lecture. Le Coreper a inscrit dans ce contexte la déclaration suivante au procès-verbal de sa réunion du 6 mai 2010 : "*L'établissement de l'état prévisionnel des dépenses et des recettes du Conseil européen et du Conseil pour l'exercice 2011, qui sera inclus dans le projet de budget présenté par la Commission conformément à l'article 314, paragraphe 1 du TFUE, est sans préjudice de la position du Conseil sur le projet de budget du Conseil européen et du Conseil qui doit être adopté conformément à l'article 314, paragraphe 3 du TFUE. Le Conseil reverra cet état prévisionnel lors de l'adoption de sa position, en tenant compte notamment d'éventuels éléments nouveaux survenus après son établissement et de l'approche horizontale concernant les dépenses administratives des institutions*".

Le PB "non rectifié" (ou "l'état prévisionnel" de la Commission) adopté le 27 avril 2010 s'élevait à 142 576 millions d'euros en crédits pour engagements et à 130 147 millions d'euros en crédits pour paiements.

[97] Ces sept "initiatives phare", définies dans la communication de la Commission du 3 mars 2010 intitulée "*Europe 2020 – une stratégie pour une croissance intelligente, durable et inclusive*" (doc. *COM(2010) 2020 final* ; voir pages 179-180), sont :
- une Union pour l'innovation ;
- jeunesse en mouvement ;
- une stratégie numérique pour l'Europe ;
- une Europe efficace dans l'utilisation des ressources ;
- une politique industrielle à l'ère de la mondialisation ;
- une stratégie pour les nouvelles compétences et les nouveaux emplois, et
- une plateforme européenne contre la pauvreté.

- 800 millions d'euros pour la politique industrielle[98].

Il convient de relever que le PB ne contient pas à ce stade de crédits pour le nouveau service européen pour l'action extérieure pour cause d'absence de base légale[99] (voir chapitre II et pages 234-235).

C. Le projet de budget pour 2011 se présente par rubriques et sous-rubriques du cadre financier pour 2007-2013 comme suit :

- la Commission propose de doter la sous-rubrique *1a* (*Compétitivité pour la croissance et l'emploi*) de 13 437 millions d'euros en crédits d'engagement (-9,6 % par rapport à 2010[100]) et de 12 110 millions d'euros en crédits de paiement[101] (+6,8 %). La marge restante sous le plafond de cette sous-rubrique s'établit ainsi à 50 millions d'euros[102].

Les crédits d'engagement destinés au 7ème PCR progressent de 13,8 %, pour atteindre 8,6 milliards d'euros. La Commission propose d'inscrire dans le budget de l'Union européenne 6,6 milliards d'euros en crédits de paiement pour le 7ème PCR[103] (+20,2 %).

Les crédits pour les réseaux transeuropéens de transport et d'énergie (RTE-T et RTE-E) augmentent de 16,8 %, pour s'élever à 1,3 milliard d'euros en crédits d'engagement[104].

La Commission propose d'accroître de 2,6 % l'effort financier en faveur du programme d'éducation et de formation tout au long de la vie (avec un budget prévu de 1,1 milliard d'euros en crédits d'engagement[105]). Au total 754 millions d'euros en crédits d'engagement est destiné à encourager la mobilité des jeunes chercheurs et plus de 127 millions d'euros au programme "Jeunesse en action"[106] (+1,6 %). La partie du programme "Erasmus" réservée aux entrepreneurs se voit proposer un montant de 2 millions d'euros, afin de financer plus de 1 200 partenariats[107].

Les crédits destinés au programme-cadre pour l'innovation et la compétitivité[108] progressent de 4,4 %, pour atteindre 549 millions d'euros.

Pour financer l'entreprise commune ITER, la Commission propose 387,6 millions d'euros en crédits d'engagement et 235,9 millions d'euros en crédits de paiement[109], et pour le démantèlement des réacteurs nucléaires en Lituanie, Slovaquie et Bulgarie, un total de 258 millions d'euros en crédits d'engagement, dont 75 millions d'euros pour l'arrêt de la centrale de Kozloduy[110].

---

[98] Y inclus 500 millions d'euros inscrits en réserve pour le Fonds européen d'ajustement à la mondialisation.

[99] Les crédits et les postes pour le SEAE seront inclus dans le projet de budget par le biais de la lettre rectificative nº 1/2011 (voir pages 234-235).

[100] Cette diminution s'explique par les mesures prises en faveur des projets énergétiques en 2010 dans le cadre du plan européen pour la relance économique (voir deuxième partie, page 130). Hors mesures liées au plan européen de relance, les crédits d'engagement de la sous-rubrique *1a* proposés par la Commission augmentent de 4,4 % et les crédits de paiement de 7 % par rapport au budget pour 2010.

[101] Y inclus le Fonds européen d'ajustement à la mondialisation.

[102] Il convient de rappeler que les 500 millions d'euros en crédits d'engagement destinés au Fonds européen d'ajustement à la mondialisation ne sont pas pris en compte dans le calcul de la marge de la sous-rubrique *1a* du CF.

[103] En complément 452 millions d'euros en crédits de paiement sont proposés pour l'achèvement du 6ème PCR.

[104] Dont 1,2 milliard d'euros pour les RTE-T et 25 millions d'euros pour les RTE-E.

[104] Ceci devrait permettre de distribuer plus de 290 000 bourses aux étudiants, dont plus de 200 000 bourses "Erasmus" et plus de 70 000 bourses "Leonardo da Vinci".

[106] Ceci devrait permettre à plus de 120 000 personnes de participer au programme. Plus de 5 300 personnes devraient pouvoir accéder au Service volontaire européen.

[107] Ces montants représentent près de 2 milliards d'euros en crédits d'engagement proposés dans le PB pour 2011 pour financer des actions notamment en destination de la jeunesse (+13,4 % par rapport au budget pour 2010).

[108] Le programme-cadre pour l'innovation et la compétitivité (PIC) se compose de trois programmes spécifiques: le programme pour l'innovation et l'esprit d'entreprise (PIE), le programme d'appui stratégique en matière de technologies de l'information et de la communication (PAS-TIC) et le programme "Énergie intelligente-Europe".

[109] Article *08 20 02* intitulé "*Euratom – Entreprise commune ITER – Fusion for Energy (F4E)*" et poste *08 01 04 40* pour les crédits pour la gestion administrative. À ces montants, il convient d'ajouter une partie des crédits proposés à l'article *08 20 01* (*Euratom – Énergie de fusion*) destinés également à financer ITER (44,3 millions d'euros en crédits d'engagement et 46,9 millions d'euros en crédits de paiement).

[110] Le Conseil a adopté le règlement (Euratom) nº 647/2010 relatif à un concours financier de l'Union

En tout 195,9 millions d'euros en crédits d'engagement et 554 millions d'euros en crédits de paiement sont destinés aux programmes européens de radionavigation par satellite (GNSS) "Egnos" et "Galileo"[111] (-78,1 et +22,2 % par rapport à 2010) et 8,2 millions d'euros en crédits d'engagement et de paiement à l'Autorité européenne de surveillance GNSS[112] (+59,7 %).

Pour le programme communautaire pour l'emploi et la solidarité sociale (programme "Progress"), le PB prévoit 93,6 millions d'euros en crédits d'engagement et 85,6 millions d'euros en crédits de paiement[113], et pour l'instrument de microfinancement Progress 25 millions d'euros en crédits d'engagement et de paiement[114].

Pour la nouvelle initiative en matière de surveillance mondiale de l'environnement et de la sécurité (GMES), la Commission propose 10 millions d'euros en crédits d'engagement et 5,5 millions d'euros en crédits de paiement, inscrits en réserve dans l'attente de l'adoption de la base légale[115]. Elle propose également de doter en 2011 l'action préparatoire pour les services GMES opérationnels (article *02 02 11*) de 2,1 millions d'euros en crédits de paiement.

Pour les projets énergétiques financés dans le cadre du plan européen pour la relance économique (nouvel article *32 04 14*, qui remplace l'article *06 04 14* du budget pour 2010), la Commission propose 1 075 millions d'euros en crédits de paiement[116].

La Commission a inclus, conformément au point 28 de la Partie I de l'AII de 2006, 500 millions d'euros en crédits d'engagement pour le Fonds européen d'ajustement à la mondialisation (ce montant est inscrit en réserve à l'article *40 02 43*). Exceptionnellement[117] elle propose également d'inscrire pour le FEM à l'article *04 05 01* 50 millions d'euros en crédits de paiement, "*afin de pouvoir donner suite plus rapidement à de nouveaux cas*" (doc. *COM(2010) 300* du 15 juin 2010, p. 22).

En outre, la Commission propose :

- 62,8 millions d'euros en crédits d'engagement et 51,1 millions d'euros en crédits de paiement pour

---

concernant le démantèlement des réacteurs 1 à 4 de la centrale nucléaire de Kozloduy en Bulgarie (le "programme Kozloduy") le 13 juillet 2010 (JO L 189 du 22.7.2010, pp. 9/11). L'enveloppe financière retenue pour la période 2010-2013 est de 300 millions d'euros.

[111] Il convient de relever que le financement des programmes européens de GNSS est transféré du titre *06* (*Transports* ; article *06 08 01* et poste *06 01 04 12* pour les crédits pour la gestion administrative) dans le budget pour 2010 au titre *02* (*Entreprises* ; article *02 05 01* et poste *02 01 04 05*).

[112] Nouvel article *02 05 02*, qui remplace l'article *06 08 02* dans le budget pour 2010.

[113] Article *04 04 01* (*Programme Progress*) et poste *04 01 04 10* (pour les crédits pour la gestion administrative). Le Parlement européen et le Conseil ont adopté la décision n° 284/2010/UE modifiant la décision n° 1672/2006/CE établissant un programme communautaire pour l'emploi et la solidarité sociale ("Progress") le 25 mars 2010 (JO L 87 du 7.4.2010, p. 6).

[114] Article *04 04 15* (*Instrument européen de microfinancement*) et poste *04 01 04 11* (pour les crédits pour la gestion administrative). Le Parlement européen et le Conseil ont adopté la décision n° 283/2010/UE instituant un instrument européen de microfinancement Progress en faveur de l'emploi et de l'inclusion sociale le 25 mars 2010 (JO L 87 du 7.4.2010, pp. 1/5). Les montants proposés par la Commission proviennent exclusivement de la marge de la sous-rubrique *1a* (voir deuxième partie, page 130).

[115] Article *02 02 15* intitulé "*Programme européen d'observation de la Terre*" et poste *02 01 04 06* pour les crédits pour la gestion administrative.

Le Parlement européen et le Conseil ont adopté le Règlement (UE) n° 911/2010 concernant le programme européen de surveillance de la Terre (GMES) et sa mise en œuvre initiale (2011-2013) le 22 septembre 2010 (JO L 276 du 20.10.2010, pp. 1/10).

[116] Conformément à l'accord obtenu lors de la réunion de concertation du 18 novembre 2009 (voir deuxième partie, pages 155-156), le PB ne contient qu'un "p.m." en ce qui concerne les crédits d'engagement.

[117] Il convient de relever que depuis la création du Fonds européen d'ajustement à la mondialisation en 2007, le budget arrêté en décembre n'a contenu qu'un "p.m." en ce qui concerne les crédits de paiement destinés au FEM, ces crédits ayant été rendus disponibles par voie de virements lors des différentes mobilisations du Fonds. La proposition de la Commission fait suite à une demande du PE, qui a souvent critiqué l'utilisation quasi exclusive (pour des raisons de "facilité de gestion budgétaire" surtout en début d'année) de crédits de paiement prévus pour le Fonds social européen (voir chapitre II).

l'Institut européen d'innovation et de technologie[118] (IET) ;

- 5,7 millions d'euros en crédits d'engagement et de paiement pour la nouvelle Autorité européenne des marchés financiers (nouvel article *12 04 04*) ;

- 5 millions d'euros en crédits d'engagement et de paiement pour la nouvelle Autorité bancaire européenne (nouvel article *12 04 02*) ;

- 5 millions d'euros en crédits d'engagement et de paiement pour la nouvelle Agence de coopération des régulateurs de l'énergie (nouvel article *32 04 10*, qui remplace l'article *06 04 10* du budget pour 2010) ;

- 4,2 millions d'euros en crédits d'engagement et de paiement pour la nouvelle Autorité européenne des assurances et des pensions professionnelles[119] (nouvel article *12 04 03*), et

- 3,6 millions d'euros en crédits d'engagement et de paiement pour le nouvel Office de l'Organe des régulateurs européens des communications électroniques (article *09 02 04*).

S'agissant enfin des sept entreprises communes[120] relevant de cette sous-rubrique, la Commission propose de les doter en 2011 de 1 010,3 millions d'euros en crédits d'engagement[121] (+10 % par rapport à 2010).

Les propositions de la Commission concernant la sous-rubrique *1a* sont synthétisées dans le tableau 50 page suivante ;

- les crédits proposés pour la sous-rubrique *1b* (*Cohésion pour la croissance et l'emploi*) s'élèvent à 50 970 millions d'euros en crédits d'engagement[122] (+3,2 %) et à 42 541 millions d'euros en crédits de paiement (+16,9 %). Ceci laisse une marge sous le plafond de la sous-rubrique de 17 millions d'euros.

Un total de 39,9 milliards d'euros en crédits d'engagement est prévu pour les Fonds structurels (soit un montant comparable à celui de 2010) et 11 milliards d'euros pour le Fonds de cohésion.

S'agissant des crédits de paiement, la Commission table, après plusieurs années de retard[123], sur une phase d'exécution "active" des programmes et projets relevant de la politique régionale et de cohésion. Ainsi un total de 31,3 milliards d'euros est prévu pour les Fonds structurels au titre des programmes de la période 2007-2013[124] (+17,8 % par rapport à 2010). En même temps, 6,3 milliards d'euros sont prévus au titre du Fonds de cohésion (+43,6 %).

---

[118] Poste *15 02 11 01* pour les crédits de la structure de direction et poste *15 02 11 02* pour les crédits liés aux communautés de la connaissance et de l'innovation (CCI).

La Commission propose d'accorder à l'IET 28 nouveaux postes, en complément des 20 postes octroyés pour 2010.

[119] Les montants proposés pour les trois agences dans le domaine des services financiers et de la surveillance financière (c'est-à-dire l'Autorité bancaire européenne, l'Autorité européenne des assurances et des pensions professionnelles et l'Autorité européenne des marchés financiers) sont inscrits en réserve, dans l'attente de l'adoption des bases légales correspondantes.

Il convient de souligner que la Commission a augmenté les montants proposés dans le PB par le biais de la lettre rectificative nº 2/2011, afin de tenir compte des nouvelles enveloppes financières telles qu'elles ressortent des accords intervenus entre le Parlement européen et le Conseil lors des procédures législatives respectives (voir page 235).

[120] Voir pages 86-88.

[121] Y compris les 50 millions d'euros de crédits destinés aux réseaux transeuropéens de transport gérés par l'entreprise commune SESAR.

S'agissant des tableaux des effectifs des entreprises communes, la Commission propose au total 357 postes permanents et temporaires (soit 6 nouveaux postes par rapport à 2010).

[122] Dans ce contexte il convient de prendre en compte l'augmentation du plafond de la sous-rubrique *1b* en 2011 de 336 millions d'euros, suite à l'ajustement des montants des Fonds soutenant la politique de cohésion alloués à la Pologne, à la République tchèque et à la Slovaquie, conformément au point 17 de la Partie I de l'AII de 2006 (voir page 181).

[123] Ces retards sont dus non seulement à des retards dans l'approbation des programmes et des projets présentés par les États membres, mais également à des retards dans la validation des systèmes de gestion et de contrôle (voir première partie, pages 19, 32, 61 et 68).

[124] Dont 23,4 milliards d'euros pour le FEDER et 8 milliards d'euros pour le FSE.

Tableau 50. Proposition de la Commission concernant la sous-rubrique *1a* (*Compétitivité pour la croissance et l'emploi*) du cadre financier dans le PB pour 2011 (principaux programmes et actions)

En crédits d'engagement, montants gérés par les agences exécutives et les entreprises communes inclus

	Millions d'euros	%
7ème PCR (CE)	7 955	*59,2*
Dont actions indirectes :		
- Coopération	*4 595*	*34,2*
- Idées	*1 299*	*9,7*
- Personnes	*754*	*5,6*
- Capacités	*684*	*5,1*
Dont actions directes : Centre commun de recherche	*258*	*1,9*
7ème PCR (Euratom)	631	*4,7*
Dont actions indirectes :		
- Entreprise commune pour ITER	*352*	*2,6*
- Fission nucléaire et radioprotection	*52*	*0,3*
- Énergie de fusion	*44*	*0,3*
Dont actions directes : Centre commun de recherche	*110*	*0,8*
Total 7ème PCR (CE et Euratom)	*8 587*	*63,9*
Réseaux transeuropéens de transport (RTE-T)	1 241	*9,2*
Programme "Éducation et formation tout au long de la vie"	1 135	*8,4*
Programme-cadre pour l'innovation et la compétitivité (PIC)	549	*4,1*
Démantèlement nucléaire	258	*1,9*
Programmes de GNSS "Egnos" et "Galileo"	196	*1,6*
Programme "Progress"	94	*0,7*
Réseaux transeuropéens d'énergie (RTE-E)	25	*0,2*
Initiative GMES*	10	*0,1*
Total "programmes et actions principaux hors PCR"	*3 508*	*26,1*
Autres programmes, actions et divers**	842	*6,3*
Fonds européen d'ajustement à la mondialisation***	500	*3,7*
Total "autres programmes, actions et divers"	*1 342*	*10,0*
Total général	**13 437**	***100,0***

** Nouvelle initiative*

*** Y inclus les subventions à 15 agences décentralisées relevant de cette sous-rubrique et le financement de l'IET (voir tableau 59, page 231)*

**** Réserve*

Un total de 5 milliards d'euros en crédits de paiement est destiné aux programmes relevant de la période 2000-2006 (-8,7 % par rapport à 2010), dont 2,4 milliards d'euros au titre du Fonds européen de développement régional (FEDER), 1 milliard d'euros au titre du Fonds social européen (FSE) et 1,5 milliard d'euros au titre du Fonds de cohésion.

Les propositions de la Commission concernant la sous-rubrique *1b* sont reprises dans le tableau 51 page suivante ;

- les crédits proposés pour la rubrique *2* (*Conservation et gestion des ressources naturelles*) sont de 59 486 millions d'euros en crédits d'engagement[125], dont 43 747 millions d'euros pour les dépenses relatives au marché et paiements directs (-0,2 %, soit une baisse de 73 millions d'euros comparée à 2010), et de 58 136 millions d'euros en crédits de paiement, dont 43 657 millions d'euros pour les dépenses de marché et paiements directs (-0,1 %).

La marge restante sous le plafond de la rubrique est de 852 millions d'euros. La marge pour les dépenses relatives au marché et paiements directs est de 719 millions d'euros[126].

Les crédits proposés destinés aux interventions sur les marchés baissent de quelque 900 millions d'euros par rapport à 2010, tandis que les crédits destinés aux aides directes augmentent de plus de

[125] Le total des crédits d'engagement et de paiement proposé par la Commission pour la rubrique *2* est pratiquement le même que celui inscrit dans le budget pour 2010 (voir deuxième partie, page 131).

[126] Les montants présentés dans le chapitre III tiennent compte de la "modulation agricole".

Tableau 51. Proposition de la Commission concernant la sous-rubrique *1b* (*Cohésion pour la croissance et l'emploi*) du cadre financier dans le PB pour 2011

En crédits d'engagement

	Millions d'euros*	%
Fonds européen de développement régional (FEDER)	28 911	*56,7*
Fonds social européen (FSE)	10 980	*21,5*
Fonds de cohésion	11 079	*21,7*
Projets pilotes et actions préparatoires	0	*0,0*
Total	**50 970**	***100,0***

** Tous ces montants sont destinés aux programmes de la période de programmation 2007-2013*

600 millions d'euros en raison surtout de l'introduction progressive des aides directes dans les nouveaux États membres.

La Commission a prévu une enveloppe de 14 436 millions d'euros en crédits d'engagement pour les mesures de développement rural (+0,5 % par rapport à 2010). S'agissant des crédits de paiement, elle propose 13 404 millions d'euros, y inclus 510 millions d'euros destinés au financement de mesures décidées dans le cadre du plan européen pour la relance économique[127].

Au total plus de 959 millions d'euros en crédits d'engagement sont prévus pour les dépenses dans le domaine des affaires maritimes et de la pêche (titre *11* du budget de l'Union européenne). Pour le Fonds européen pour la pêche (FEP), la Commission propose 658 millions d'euros en crédits d'engagement et 488 millions d'euros en crédits de paiement, ce qui représente des hausses de 2,2 % et de 1,5 % respectivement par rapport au budget pour 2010. S'agissant de la subvention à l'Agence communautaire de contrôle des pêches, elle a retenu 8,7 millions d'euros en crédits d'engagement et de paiement.

Enfin, dans le cadre la protection de l'environnement sous la rubrique *2*, la Commission propose une augmentation substantielle pour le programme "Life+", en proposant de le doter de 334 millions d'euros en crédits d'engagement (soit +8,7 % par rapport à 2010) et de 268 millions d'euros en crédits de paiement (+52 millions d'euros par rapport à 2010).

Les propositions principales de la Commission concernant la rubrique *2* sont reprises dans le tableau 52 page suivante ;

- les crédits proposés pour la sous-rubrique *3a* (*Liberté, sécurité et justice*) s'élèvent à 1 135 millions d'euros en crédits d'engagement (+12,8 %) et à 853 millions d'euros en crédits de paiement (+15,4 %). La marge restante sous le plafond de la sous-rubrique s'établit ainsi à 71 millions d'euros.

La Commission propose avant tout d'augmenter les crédits destinés aux "programmes généraux" dans les domaines de la "sécurité et préservation des libertés" (+24,4 % par rapport au budget pour 2010) et de la "solidarité et gestion des flux migratoires" (+18,5 %), conformément aux priorités énoncées dans le "programme de Stockholm (2010-2014)"[128].

Pour la nouvelle Agence pour la gestion opérationnelle des systèmes d'information à grande échelle dans le domaine de la liberté, de la sécurité et de la justice, la Commission propose 10,6 millions d'euros en crédits d'engagement et de paiement (nouvel article *18 02 11*), inscrits en réserve dans l'attente de l'adoption de la base légale (cela ne sera pas fait en 2010). La subvention proposée pour Eurojust (29,8 millions d'euros en crédits d'engagement et de paiement) augmente également sensiblement par rapport à 2010, suite aux nouvelles tâches confiées à l'agence.

[127] Il s'agit du financement de l'Internet dans les zones rurales et d'actions liées aux "nouveaux défis" définis dans le contexte du bilan de santé de la PAC (voir deuxième partie, page 101). Si l'on exclut le plan européen de relance, les crédits de paiement proposés diminuent de 1,6 % par rapport à 2010.

[128] Voir "*Le programme de Stockholm – une Europe ouverte et sûre qui sert et protège les citoyens*" (JO C 115 du 4.5.2010, pp. 1/38) et le doc. *COM(2010) 171 final* du 20 avril 2010.

Tableau 52. Proposition de la Commission concernant la rubrique *2* (*Conservation et gestion des ressources naturelles*) du cadre financier dans le PB pour 2011

En crédits d'engagement dans le cas de crédits dissociés

	Millions d'euros	%
Aides directes (chapitre *05 03*)	39 911	*67,1*
Interventions sur les marchés agricoles (chapitre *05 02*)	3 491	*5,9*
Développement rural	14 436	*24,3*
Total du titre 05 (Agriculture et développement rural)	*57 811*	*97,2*
Fonds européen pour la pêche (FEP)	658	*1,1*
Politique commune de la pêche (PCP), pêche internationale et droit de la mer*	262	*0,4*
Marchés de la pêche	30	*0,1*
Subvention pour l'Agence communautaire de contrôle des pêches	9	*0,0*
Total du titre 11 (Affaires maritimes et pêche)	*959*	*1,6*
Programme "Life+" (environnement)	314	*0,5*
Subvention pour l'Agence européenne pour l'environnement	35	*0,1*
Programme "Life+" (action pour le climat)	19	*0,0*
Autres dépenses**	5	*0,0*
Total du titre 07 (Environnement et action pour le climat)	*374*	*0,7*
Programmes d'éradication et de surveillance des maladies animales	260	*0,4*
Sécurité des aliments et des denrées alimentaires	30	*0,1*
Fonds d'urgence vétérinaire	20	*0,0*
Autres dépenses	33	*0,1*
Total du titre 17 (Santé et protection des consommateurs)	*343*	*0,6*
Total général	**59 486**	***100,0***

** Y inclus conservation, contrôle et gouvernance*

*** Y inclus l'action préparatoire "intégration de l'action pour le climat et adaptation"*

Pour l'Office européen de police (Europol), la Commission propose 82,9 millions d'euros en crédits d'engagement et de paiement[129].

Les propositions de la Commission concernant la sous-rubrique *3a* sont reprises dans le tableau 53 page suivante ;

- les crédits proposés pour la sous-rubrique *3b* (*Citoyenneté*) sont de 668 millions d'euros en crédits d'engagement[130] et de 639 millions d'euros en crédits de paiement. La marge laissée sous le plafond de cette sous-rubrique est ainsi de 15 millions d'euros.

Selon la Commission la sous-rubrique *3b*, "*qui couvre en particulier des questions qui sont au centre des préoccupations des citoyens européens, notamment la santé, la protection des consommateurs, et la protection civile*", contribue en 2011 à la stratégie "Europe 2020" notamment par le biais des "*initiatives phare "Jeunesse en mouvement", "Une stratégie pour les nouvelles compétences et les nouveaux emplois", "Une plateforme européenne contre la pauvreté" et "Une Union pour l'innovation*""[131] (voir page 183).

Pour le nouveau programme "Média Mundus" la Commission propose 5 millions d'euros en crédits d'engagement et 3,7 millions d'euros en crédits de paiement[132].

Les propositions de la Commission concernant la sous-rubrique *3b* sont reprises dans le tableau 54 page suivante ;

- les crédits pour la rubrique *4* (*L'UE acteur mondial*) s'élèvent à 8 614 millions d'euros en crédits

[129] Il convient de relever que la Commission a augmenté, par le biais de la lettre rectificative nº 2/2011, le montant de la subvention proposée dans le PB pour Europol, afin de tenir compte des nouvelles tâches de l'Office (voir pages 235-236).

[130] Il s'agit du même montant que celui inscrit dans le budget pour 2010 (voir deuxième partie, pages 131-132).

[131] Doc. *COM(2010) 300*, p. 39.

[132] Nouvel article *15 04 68* et nouveau poste *15 01 04 68* pour les crédits pour la gestion administrative. Le programme "Média Mundus" pour la période 2011-2013 a été créé par la décision nº 1041/2009/CE du Parlement européen et du Conseil, du 21 octobre 2009, instituant un programme de coopération audiovisuelle avec les professionnels des pays tiers (JO L 288 du 4.11.2009, pp. 10/17).

Tableau 53. Proposition de la Commission concernant la sous-rubrique *3a* (*Liberté, sécurité et justice*) du cadre financier dans le PB pour 2011

En crédits d'engagement

	Millions d'euros	%
Fonds pour les frontières extérieures	254	*22,4*
Fonds européen pour l'intégration des ressortissants de pays tiers	132	*11,6*
Fonds européen pour le retour	114	*10,0*
Fonds européen pour les réfugiés*	104	*9,2*
Réseau européen des migrations	8	*0,7*
Évaluation Schengen	1	*0,1*
Total "solidarité et gestion des flux migratoires"	*613*	*54,0*
Justice pénale	27	*2,4*
Lutte contre la violence (programme "Daphné")	18	*1,6*
Justice civile	16	*1,4*
Droits fondamentaux et citoyenneté	14	*1,2*
Prévention de la consommation de la drogue et information du public	3	*0,3*
Total "droits fondamentaux et justice"	*77*	*6,8*
Prévenir et combattre la criminalité	110	*9,7*
Prévention, préparation et gestion des conséquences en matière de terrorisme	23	*2,0*
Total "sécurité et préservation des libertés"	*133*	*11,7*
Système d'information Schengen (SIS II)	30	*2,6*
Système d'information sur les visas (VIS)	21	*1,9*
Eurodac	2	*0,1*
Total "gestion des systèmes d'information"	*53*	*4,7*
Prince	5	*0,4*
Évaluation et analyse d'incidence	1	*0,1*
Total "stratégie politique et coordination"	*7*	*0,6*
Subventions aux agences décentralisées**	253	*22,3*
Total général	**1 135**	***100,0***

** Y inclus les mesures d'urgence   ** Huit agences (voir tableau 59, page 231)*

Tableau 54. Proposition de la Commission concernant la sous-rubrique *3b* (*Citoyenneté*) du cadre financier dans le PB pour 2011

En crédits d'engagement, montants gérés par les agences exécutives inclus

	Millions d'euros	%
Programme "Jeunesse en action"	130	*19,4*
Programme "Média 2007"	114	*17,1*
Politique de communication et d'information	105	*15,7*
Programme "Culture 2007-2013"	62	*9,3*
Programme "Santé publique"	53	*7,9*
Programme "L'Europe pour les citoyens"	32	*4,8*
Programme "Protection des consommateurs"	23	*3,4*
Instrument financier pour la protection civile	19	*2,8*
Programme "Média Mundus"*	5	*0,7*
Subventions aux agences décentralisées**	125	*18,7*
Total	**668**	***100,0***

** Nouveau programme   ** Deux agences (voir tableau 59, page 231)*

d'engagement (+5,8 %) et à 7 602 millions d'euros en crédits de paiement (-2,4 %). La marge restante sous le plafond de cette rubrique s'établit ainsi à 70 millions d'euros[133].

La Commission propose notamment (en crédits d'engagement) :

- 843 millions d'euros aux pays partenaires méditerranéens[134] ;

- 555 millions d'euros aux pays partenaires de l'Europe de l'Est[135] ;

- 65 millions d'euros pour renforcer l'aide apportée par l'UE aux efforts des pays en développement pour faire face au changement climatique[136] ;

- 65 millions d'euros pour le Fonds mondial de lutte contre le VIH/sida, le paludisme et la tuberculose, dans la perspective des objectifs du millénaire pour le développement[137] ;

- 43 millions d'euros pour les mesures d'accompagnement dans le secteur de la banane[138] ;

- 25 millions d'euros pour soutenir le développement économique et social de la communauté chypriote turque[139], et

- 5 millions d'euros pour la stratégie européenne pour la région de la mer Baltique[140].

Par ailleurs, la Commission propose une nouvelle action préparatoire, dotée d'un million d'euros en crédits d'engagement et de 0,5 million d'euros en crédits de paiement, afin de lancer le nouveau Corps volontaire européen d'aide humanitaire[141].

Pour la Fondation européenne pour la formation, la Commission propose une subvention pour 2011 s'élevant à 19,9 millions d'euros en crédits d'engagement et de paiement.

S'agissant de pays individuels, la Commission propose notamment (en crédits d'engagement, tous instruments confondus) :

- 256 millions d'euros en faveur de l'Afghanistan (soit une diminution de 11 millions d'euros par rapport à 2010) ;

- 213 millions d'euros en faveur du Kosovo[142] (-28 millions d'euros) ;

- 212 millions d'euros en faveur de la Palestine (-166 millions d'euros) ;

- 105 millions d'euros en faveur du Pakistan (+39 millions d'euros) ;

---

[133] Il convient de tenir compte du fait que la marge de la rubrique *4* n'inclut pas les crédits de la réserve pour aides d'urgence (253,9 millions d'euros dans le budget de l'UE pour 2011).

[134] Poste *19 08 01 01* (*Politique européenne de voisinage et de partenariat – Coopération financière avec les pays méditerranéens*).

[135] Poste *19 08 01 03* (*Politique européenne de voisinage et de partenariat – Coopération financière avec l'Europe de l'Est*).

[136] Ce montant est inscrit à l'article *21 04 01* (*Environnement et gestion durable des ressources naturelles, y compris l'énergie*).

[137] Article *21 05 02*.

[138] Article *21 06 07*. Sur ce montant, inscrit en réserve dans l'attente de l'adoption de la base légale, 25 millions d'euros proviennent de la marge de la rubrique *4*, 13 millions d'euros de redéploiements à l'intérieur de l'instrument de financement de la coopération au développement et 5 millions d'euros du redéploiement de montants prévus pour l'instrument financier pour la protection civile.

[139] Poste *22 02 07 03* (*Soutien financier visant à encourager le développement économique de la communauté chypriote turque*).

[140] Ce montant est inscrit, à la différence du budget pour 2010, au poste *19 08 01 03* (*Politique européenne de voisinage et de partenariat – Coopération financière avec l'Europe de l'Est*). Selon la Commission "*outre ce montant, 6 millions d'euros issus des crédits 2010 de la ligne 19 08 02 03 (Stratégie européenne pour la région de la mer Baltique) seront reportés*" (doc. *COM(2010) 300*, p. 44).

[141] Nouvel article *23 02 04*. Ce Corps sera mis en place suite au nouvel article 214, paragraphe 5 du TFUE, "*afin d'établir un cadre pour les contributions communes des jeunes Européens aux actions d'aide humanitaire de l'Union*".

[142] Hors assistance macroéconomique (50 millions d'euros).

Tableau 55. Proposition de la Commission concernant la rubrique *4* (*L'UE acteur mondial*) du cadre financier dans le PB pour 2011

En crédits d'engagement, montants gérés par les agences exécutives inclus

	Millions d'euros	%
Instrument de financement de la coopération au développement (ICD)	2 614	*30,3*
Instrument d'aide de préadhésion (IAP)	1 797	*20,9*
Instrument européen de voisinage et de partenariat (IEVP)	1 729	*20,1*
Instrument européen pour la démocratie et les droits de l'homme (IEDDH)	163	*1,9*
Instrument financier de coopération avec les pays industrialisés (IPI et IPI+)	71	*0,8*
Total "instruments principaux"	*6 374*	*74,0*
Aide humanitaire	825	*9,6*
Politique étrangère et de sécurité commune (PESC)	327	*3,8*
Instrument de stabilité (IdS)	290	*3,4*
Réserve pour aides d'urgence (RAU)	254	*2,9*
Assistance macroéconomique	115	*1,3*
Instrument de coopération dans le domaine de la sécurité nucléaire (ICSN)	76	*0,9*
Autres programmes et actions*	353	*4,1*
Total "autres instruments, programmes, actions et divers"	*2 240*	*26,0*
Total général	**8 614**	***100,0***

** Y compris la subvention à la Fondation européenne pour la formation (19,9 millions d'euros)*

- 27 millions d'euros en faveur de l'Irak (-24 millions d'euros), et

- 20 millions d'euros en faveur du Yémen (-11 millions d'euros).

Pour la politique étrangère et de sécurité commune[143] (PESC), la Commission propose 327,4 millions d'euros en crédits d'engagement (+16,3 %) et de 285,9 millions d'euros en crédits de paiement[144] (+26,8 %).

Enfin, la Commission a inclus dans le PB, conformément au point 25 de la Partie I de l'AII de 2006, 253,9 millions d'euros en crédits d'engagement pour la réserve pour aides d'urgence (article *40 02 42*). Elle propose exceptionnellement de ne budgétiser que 203 millions d'euros en crédits de paiement, soit 80 % du montant des crédits d'engagement[145].

Les propositions de la Commission concernant la rubrique *4* sont reprises dans le tableau 55 ci-dessus, et

[143] Chapitre *19 03* et poste *19 01 04 04* pour les crédits pour la gestion administrative.

[144] Selon la Commission "*La majeure partie des ressources 2011 devraient servir à financer les opérations EULEX relevant de la politique européenne de sécurité et de défense (PESD) au Kosovo, qui disposent désormais d'un effectif de quelque 3 000 personnes et sont pleinement opérationnelles.*

Conformément aux priorités de l'UE en matière politique et de sécurité, la mission de police en Afghanistan (EUPOL) visera une augmentation des effectifs (de 270 à 400 maximum), afin de continuer à jouer un rôle actif dans la capitale et un certain nombre de provinces (formation et accompagnement des forces de police afghanes). Le budget alloué à cette mission devra être augmenté en fonction de la hausse des effectifs (pour atteindre 48 millions d'euros).

Étant donné son déploiement réussi en Géorgie, il est prévu que la mission d'observation de l'Union européenne (EUMM) poursuive ses activités avec les effectifs actuels et un montant comparable à celui de 2010 (30 millions d'euros).

L'Union européenne devra encore consolider le rôle qu'elle joue sur la scène internationale dans le cadre des activités de résolution des conflits et de stabilisation au Moyen-Orient, en Afrique et dans d'autres régions sensibles du globe, et apporter une contribution active dans le domaine de la non-prolifération des armes de destruction massive ainsi que des armes légères et de petit calibre" (doc. *COM(2010) 300*, p. 52).

[145] La Commission explique ce changement comme suit : "*Compte tenu du caractère imprévisible des crises et, dans le même temps, pour assurer la capacité de la Commission de répondre rapidement à toute crise urgente, un niveau suffisant de crédits de paiement doit être fixé. Étant donné qu'en règle générale, la Commission effectue, au début des opérations humanitaires, un paiement de préfinancement de 80 % environ, il est proposé de fixer le niveau des crédits de paiement à 80 % de celui des crédits d'engagement*" (doc. *COM(2010) 300*, p. 52).

Il convient de relever que depuis la création de la réserve pour aides d'urgence en 1993, le montant des crédits de paiement budgétisé a été égal à celui des crédits d'engagement. L'année 2008 a été une exception

- les crédits proposés pour la rubrique *5* (*Administration*) s'élèvent à 8 255 millions d'euros en crédits d'engagement et à 8 256 millions d'euros en crédits de paiement[146] (+4,7 %). La marge restante sous le plafond de cette rubrique s'établit ainsi à 161 millions d'euros[147].

La Commission propose 5 158 millions d'euros en crédits d'engagement et de paiement[148] pour ses dépenses administratives (+4,2 %). Hors dépenses pour les pensions et pour les Écoles européennes, ce montant s'établit à 3 709 millions d'euros en crédits d'engagement et à 3 710 millions d'euros en crédits de paiement (+2,9 %).

Il convient de relever que la Commission ne demande aucun nouveau poste pour 2011. Les nouveaux postes demandés par les autres institutions sont récapitulés dans le tableau 57, page 230[149].

5. La position du Conseil sur le projet de budget (12 août 2010[150])

A. La position du Conseil sur le projet de budget pour 2011 s'élève à 141 777 millions d'euros en crédits pour engagements et à 126 527 millions d'euros en crédits pour paiements[151], ce qui correspond à une augmentation de 0,2 % et de 2,9 % respectivement par rapport au budget pour 2010[152]. Les crédits pour engagements correspondent à 1,13 % et les crédits pour paiements à 1,01 % du RNB. Les marges laissées sous les plafonds du CF sont de 2 024 millions d'euros en crédits pour engagements et de 7 835 millions d'euros en crédits pour paiements.

B. Lors du trilogue du 30 juin 2010 qui, conformément au point 5 de la déclaration commune du 30 novembre 2009 sur les mesures transitoires applicables à la procédure budgétaire après l'entrée en vigueur du traité de Lisbonne (voir page 293), a précédé la lecture du Conseil, le Parlement européen, le Conseil et la Commission ont en premier lieu abordé la question du contenu de la position du Conseil sur le PB. Le Conseil a indiqué son souhait, vu la situation économique des États membres, de limiter l'augmentation du budget de l'Union européenne pour 2011 par rapport à 2010 à quelque 0,2 % en crédits pour engagements et de l'ordre de 2,5 à 3 % en crédits pour paiements. Le Parlement européen pour sa part a critiqué les réductions que le Conseil s'apprêtait à faire, les estimant en contradiction avec le rôle que le budget de l'Union européenne devrait jouer dans le soutien des économies des États membres de l'UE dans une situation de crise et d'après-crise[153]. La Commission quant à elle a défendu son projet de budget, tout en critiquant avant tout les réductions des crédits de paiement, des crédits de préadhésion et des crédits relatifs aux lignes de support administratif des programmes que le Conseil s'apprêtait à faire.

---

suite à l'augmentation au cours de l'année budgétaire du montant de la réserve afin de pouvoir financer la facilité alimentaire (voir première partie, page 20 et page 343).

[146] PB "non rectifié" : 8 266 et 8 267 millions d'euros respectivement.

[147] Le calcul de la marge sous le plafond de la rubrique *5* prend en considération un montant de 82 millions d'euros au titre des contributions du personnel au régime de pensions, conformément à la note en bas de page n° 1 du tableau du cadre financier pour 2007-2013 (JO C 139 du 14.6.2006, p. 10).

[148] Y compris les dépenses pour les pensions (1 275 millions d'euros, soit +6,9 % par rapport à 2010) et pour les Écoles européennes (174 millions d'euros ; +12,5 %).

[149] Il convient dans ce contexte de tenir compte des nouveaux postes demandés et octroyés par le biais de budgets rectificatifs en 2010, dans le cadre de la mise en œuvre du traité de Lisbonne (voir chapitre II).

[150] Le Conseil a adopté sa position sur le projet de budget pour 2011 par procédure écrite se terminant le 12 août 2010 car il a voulu respecter le délai de huit semaines entre la proposition de la Commission et la position du Conseil, prévu à l'article 4 du protocole n° 1 sur le rôle des parlements nationaux dans l'Union européenne (JO C 83 du 30.3.2010, p. 204). Sept États membres (l'Autriche, le Danemark, la Finlande, les Pays-Bas, la République tchèque, le Royaume-Uni et la Suède) ont voté contre.

La décision arrêtant la position du Conseil a été publiée au JO C 222 du 17.8.2010, p. 6.

[151] En d'autres termes, le Conseil a réduit les crédits pour engagements proposés par la Commission dans son projet de budget (hors lettres rectificatives) de 788 millions d'euros et les crédits pour paiements de 3 609 millions d'euros.

[152] Budgets rectificatifs n° 1 et 2/2010 compris (voir chapitre II).

[153] Le mandat du Parlement européen pour le trilogue est repris dans le doc. *PE P7_TA(2010)0205*.

Les trois institutions ont également discuté des projets pilotes et des actions préparatoires à retenir dans le budget de l'Union européenne pour 2011. À ce titre, le Conseil a proposé, pour la première fois[154], une nouvelle action préparatoire. Elle concerne la préservation des lieux de mémoire en Europe[155].

Le Parlement européen, le Conseil et la Commission sont également parvenus à un accord sur une déclaration commune sur les dates et modalités de fonctionnement du comité de conciliation en 2010[156]. Cette déclaration commune, très importante pour l'organisation du déroulement de la procédure budgétaire pour 2011, est reproduite pages 297-298.

S'agissant du budget pour 2010, les trois institutions ont poursuivi leurs discussions (entamées lors du trilogue du 25 mars 2010 ; voir pages 178-179) sur le projet de budget rectificatif nº 2/2010 concernant les effets de l'entrée en vigueur du traité de Lisbonne pour le Comité économique et social européen et le Comité des régions (sections VI et VII du budget de l'Union européenne) et le tableau des effectifs de l'Office de l'Organe des régulateurs européens des communications électroniques (voir chapitre II). Les institutions sont parvenues à un accord pour scinder le projet de BR en deux[157], afin d'accélérer la procédure d'adoption du nouveau tableau des effectifs de l'Office de l'ORECE lui permettant de fonctionner, suite à l'adoption de la base légale (voir chapitre II).

Elles ont également fait le point sur les projets de budgets rectificatifs nº 3/2010 (concernant les mesures d'accompagnement dans le secteur de la banane) et 5/2010 (concernant les ressources propres et le tableau des effectifs de l'OLAF), présentés par la Commission. Suite à une intervention du Parlement européen, la Commission a informé l'autorité budgétaire de son intention de présenter un projet de budget rectificatif afin de créer dans le budget pour 2010 la structure d'accueil (deux lignes budgétaires dotées d'un "p.m.", l'un du côté "recettes" et l'autre du côté "dépenses") pour la garantie des opérations d'emprunts et de prêts effectuées dans le cadre du mécanisme européen de stabilisation financière (voir chapitre II).

La Commission a, en outre, présenté sa "note d'information du printemps"[158], basée sur les informations fournies par le système d'alerte budgétaire[159].

Les trois institutions ont également poursuivi leurs échanges de vues sur le "paquet législatif Lisbonne" proposé par la Commission (voir chapitre II et quatrième partie, pages 285-287).

Dans le cadre du point 47 de la Partie III de l'AII de 2006, le Parlement européen, le Conseil et la Commission ont fait le point sur l'état des procédures législatives en cours liées à la création de trois nouvelles agences décentralisées dans le contexte de la mise en place du système européen des services financiers et de la surveillance financière[160].

Enfin, sous "Divers", le Parlement européen, le Conseil et la Commission ont évoqué l'état des travaux sur la mise en place du service européen pour l'action extérieure, et plus particulièrement sur la modification du règlement financier y afférente, ainsi que sur le projet de budget rectificatif nº 6/2010, lié à la création de la structure budgétaire (nouvelle section X du budget de l'Union européenne) et à l'adoption du tableau des effectifs du SEAE pour 2010 (voir chapitre II).

C. La position du Conseil, qui s'inscrit dans le cadre des orientations budgétaires définies pour

---

[154] Le Conseil avait exceptionnellement proposé, lors de la procédure budgétaire pour 2007, deux nouveaux projets pilotes (voir Tome I, p. 126).

[155] Nouveau poste *16 05 01 02*. Le Conseil propose de doter cette action préparatoire de quatre millions d'euros en crédits d'engagement et d'un million d'euros en crédits de paiement.

[156] Le Comité des représentants permanents a confirmé (en tant que "point I") l'accord du Conseil sur cette déclaration commune le 8 juillet 2010.

[157] Conformément à l'accord obtenu lors du trilogue du 30 juin 2010, la Commission a présenté à cet effet une lettre rectificative le 5 juillet 2010 (voir chapitre II).

[158] La Commission a adopté cette note le 23 juin 2010 (doc. *SEC(2010) 767*).

[159] La "note d'alerte budgétaire du printemps" (voir Tome I, p. 124 et deuxième partie, page 112).

[160] Voir page 186, note 119.

le budget de l'Union européenne pour 2011 dans les conclusions du Conseil adoptées en mars 2010 (voir page 180), met notamment l'accent sur les aspects suivants :

- suivre une approche débouchant sur un budget "*réaliste et équilibré*" dans toutes ses composantes, dans le respect de la discipline budgétaire et de la bonne gestion financière ;

- veiller à ce que les diverses priorités de l'Union européenne bénéficient d'une "*dotation adéquate*", en déterminant les crédits sur la base du taux d'exécution budgétaire en 2009, de la "note d'alerte budgétaire du printemps" (voir page 194), des capacités "*réalistes*" d'absorption et des informations relatives à la performance fournies dans les fiches d'activité (voir pages 244-245) ;

- dégager des marges supplémentaires par rapport au PB sous les plafonds des différentes rubriques et sous-rubriques du cadre financier, à l'exception de la sous-rubrique *1b* (*Cohésion pour la croissance et l'emploi*)[161], afin de pouvoir faire face à des situations imprévues ou à de nouvelles priorités politiques décidées en 2011, tout en respectant les crédits d'engagement proposés par la Commission en ce qui concerne les programmes co-décidés[162], et

- assurer une croissance "*limitée et contrôlée*" des crédits de paiement[163] par rapport à l'exercice 2010 pour toutes les rubriques et sous-rubriques du CF, dans le contexte des impératifs budgétaires que connaissent tous les États membres.

S'agissant des dépenses administratives des institutions (rubrique *5* du cadre financier), le Conseil a notamment appliqué les principes suivants :

- limiter l'augmentation globale des dépenses administratives des institutions de l'UE conformément à l'approche suivie par les États membres pour leur propre fonction publique ;

- procéder à des réductions ciblées sur des lignes budgétaires précises pour toutes les institutions (à l'exception du Parlement européen, dans le respect du "*Gentlemen's agreement*"), en tenant compte de l'exécution budgétaire pour 2009 et des besoins justifiés ;

- accepter une partie des crédits liés à la préparation de l'adhésion de la Croatie[164], en comptant que celle-ci aura lieu en 2012 ;

- ne pas accepter l'augmentation de 1,85 % des crédits "rémunérations" que certaines institutions ont incluse dans leur état prévisionnel, dans l'attente de l'arrêt de la Cour de justice de l'UE sur l'adaptation salariale en 2009[165] ;

- augmenter l'abattement forfaitaire standard sur les salaires[166] pour la plupart des institutions, en tenant compte du taux de vacance actuel ;

- n'accepter aucun nouveau poste demandé par les institutions, à l'exception du Parlement européen (voir *supra*) et du Conseil européen, qui est une nouvelle institution créée par le traité de Lisbonne, et

---

[161] Voir première partie, page 29.

[162] Hors dépenses pour la gestion administrative des programmes et dépenses gérées par les agences exécutives (voir *infra*).

[163] Le Conseil a accompagné ses réductions de crédits de paiement par rapport aux propositions de la Commission de sa déclaration "traditionnelle" en la matière (voir première partie, pages 38-39 et deuxième partie, page 114). Par ailleurs, le Conseil a adopté la déclaration suivante sur une "procédure spéciale" concernant les crédits de paiement relevant de la sous-rubrique *1b* du CF : "*Le Conseil demande instamment à la Commission de présenter, au plus tard pour la fin septembre 2011, les chiffres actualisés les plus récents concernant la situation et les estimations relatives aux crédits de paiement relevant de la sous-rubrique 1b (Cohésion pour la croissance et l'emploi) et, si nécessaire, un projet de budget rectificatif portant sur ce seul point.*

Le Conseil se prononcera sur le projet de budget rectificatif dans les plus brefs délais afin d'éviter toute insuffisance dans les crédits de paiement".

[164] Le Conseil et la Cour de justice ont demandé des crédits spécifiques pour se préparer dès 2011 à l'entrée de la Croatie dans l'Union européenne.

[165] La hausse des rémunérations et des pensions, proposée par la Commission en conformité avec le statut en novembre 2009 (avec effet au 1er juillet 2009), était de 3,7 %. Le Conseil, évoquant la crise économique et financière, n'a néanmoins retenu que la moitié, soit 1,85 % (JO L 348 du 29.12.2009, pp. 10/15). En conséquence, la Commission a introduit, en janvier 2010, un recours devant la Cour de justice de l'UE contre les dis-

- accepter les conversions, transformations, revalorisations et transferts de postes demandés, en conformité avec le statut.

Le Conseil a également procédé à des réductions ciblées, notamment sur la base de l'exécution budgétaire 2009, sur les dépenses administratives liées aux programmes opérationnels et sur les dépenses administratives des agences exécutives.

S'agissant des agences décentralisées de l'Union européenne, le Conseil a appliqué les critères suivants pour déterminer les montants des subventions du budget de l'UE pour 2011 :

- agences en "vitesse de croisière" : augmentation de la subvention limitée à 1,5 % maximum par rapport à 2010 et non-acceptation des nouveaux postes demandés[167] ;

- agences auxquelles le législateur a confié de nouvelles tâches : augmentation limitée à 3 % maximum et acceptation de la moitié des nouveaux postes demandés, et

- nouvelles agences : acceptation des montants proposés et des nouveaux postes demandés dans le projet de budget, à l'exception de l'Agence pour la gestion opérationnelle des systèmes d'information à grande échelle, pour laquelle le Conseil a accordé les crédits demandés pour six mois seulement.

S'agissant enfin des projets pilotes et des actions préparatoires, le Conseil a accepté les propositions contenues dans le PB, tout en proposant une nouvelle action préparatoire (voir pages 194 et 199).

D. En ce qui concerne les différentes rubriques et sous-rubriques du cadre financier pour 2007-2013, les résultats de la lecture du Conseil s'établissent comme suit :

- les crédits de la sous-rubrique *1a* (*Compétitivité pour la croissance et l'emploi*) s'élèvent à 13 390 millions d'euros en crédits d'engagement (y inclus le Fonds européen d'ajustement à la mondialisation) et à 11 219 millions d'euros en crédits de paiement (respectivement -9,9 % et -1,1 % par rapport à 2010[168]).

La marge sous le plafond de la sous-rubrique laissée par le Conseil s'élève à 97 millions d'euros.

Le Conseil a réduit au total les crédits d'engagement de 54 lignes budgétaires (articles ou postes, y inclus les lignes budgétaires dédiées aux subventions aux agences décentralisées relevant de cette sous-rubrique[169]), pour un montant total de 46,6 millions d'euros par rapport à ce qui était proposé dans le projet de budget[170].

En ce qui concerne les crédits de paiement, le Conseil les a réduits de 891,1 millions d'euros sur 114 lignes budgétaires[171], dont 546 millions

---

positions du règlement (UE, Euratom) nº 1296/2009 du Conseil, du 23 décembre 2009, reprenant ce montant.
La Cour a rendu son arrêt dans l'affaire *C-40/10* (*Commission contre Conseil*) le 24 novembre 2010, où elle annule les articles concernant l'adaptation des rémunérations et des pensions dudit règlement (JO C 30 du 29.1.2011, p. 10). En conséquence, pour se conformer à l'arrêt, le Conseil a adopté, le 13 décembre 2010, une modification du règlement nº 1296/2009, retenant la hausse de 3,7 % (JO L 333 du 17.12.2010, pp. 1/5).

[166] Voir première partie, page 38.

[167] Il s'agit de l'Agence européenne de la sécurité aérienne et de l'Agence européenne pour l'environnement (2 nouveaux postes temporaires AD et 3 nouveaux postes temporaires AST au total).

[168] Budgets rectificatifs nº 1 et 2/2010 compris (voir chapitre II).

[169] Le Conseil a réduit les subventions de sept agences décentralisées relevant de la sous-rubrique *1a* du CF, pour un montant total de 3 millions d'euros en crédits d'engagement et de paiement. Ces réductions sont notamment liées à la non-acceptation des nouveaux postes demandés par ces agences en "vitesse de croisière".
Pour les nouvelles agences et les agences chargées de nouvelles tâches, le Conseil a accepté tous les 184 nouveaux postes demandés.

[170] Ces réductions vont de 10 000 euros pour les dépenses pour la gestion administrative du programme "Marco Polo II" (poste *06 01 04 01*) à 5,5 millions d'euros pour l'Agence exécutive pour la recherche (poste *08 01 04 31*).

[171] Y inclus les lignes relatives aux subventions aux agences décentralisées. Ces réductions vont de 10 000 euros pour les dépenses pour la gestion administrative du programme "Marco Polo II" (poste *06 01 04 01*) à 100 millions d'euros pour le "Soutien financier aux projets d'intérêt commun du réseau transeuropéen de

d'euros dans le domaine de la recherche, 121,8 millions d'euros dans le domaine des transports et 62,4 millions d'euros dans le domaine de la compétitivité.

Le Conseil a accepté les montants proposés pour le financement d'ITER, pour le démantèlement des réacteurs nucléaires en Bulgarie, Lituanie et Slovaquie, pour le GMES et pour les programmes européens de GNSS[172].

Il a également retenu les crédits de paiement proposés pour les projets énergétiques financés dans le cadre du plan européen de relance.

Le Conseil a réduit les crédits de paiement proposés pour le partie emploi du programme "Progress" de 3 millions d'euros. Il a cependant accepté les montants destinés à l'instrument de microfinancement Progress.

S'agissant de la nouvelle Agence de coopération des régulateurs de l'énergie, du nouvel Office de l'Organe des régulateurs européens des communications électroniques et des trois nouvelles agences établies dans le cadre du système européen des services financiers et de la surveillance financière (voir page 186), le Conseil a retenu les propositions de la Commission. Il a par contre réduit de 1,7 million d'euros les crédits demandés pour la "structure de direction" de l'Institut européen d'innovation et de technologie.

Enfin, le Conseil n'a retenu qu'un "p.m." en ce qui concerne les crédits de paiement pour le Fonds européen d'ajustement à la mondialisation ;

- les crédits de la sous-rubrique *1b* (*Cohésion pour la croissance et l'emploi*) s'élèvent à 50 970 millions d'euros en crédits d'engagement (+3,2 %) et à 41 466 millions d'euros en crédits de paiement (+14 %). La marge restante sous le plafond de cette sous-rubrique est ainsi de 17 millions d'euros.

Le Conseil a retenu les crédits d'engagement proposés par la Commission dans son PB. En ce qui concerne les crédits de paiement, le Conseil les a réduits de 1 075 millions d'euros sur six lignes budgétaires, dont -386 millions d'euros pour le Fonds européen de développement régional, -129 millions d'euros pour le Fonds social européen et -560 millions d'euros pour l'achèvement des programmes de la période de programmation 2000-2006[173] ;

- les crédits de la rubrique *2* (*Conservation et gestion des ressources naturelles*) s'élèvent à 59 012 millions d'euros en crédits d'engagement (-0,8 %), dont 43 277 millions d'euros pour les dépenses relatives au marché et paiements directs (-1,2 %), et à 57 315 millions d'euros en crédits de paiement (-1,4 %), dont 43 181 millions d'euros pour les dépenses de marché et paiements directs (-1,2 %).

La marge laissée par le Conseil sous le plafond de cette rubrique est de 1 326 millions d'euros. La marge pour les dépenses relatives au marché et paiements directs est de 1 189 millions d'euros.

Le Conseil a réduit les crédits d'engagement proposés pour 33 lignes budgétaires[174], pour un mon-

---

transport" (article *06 03 03*), "Idées" (article *08 10 01*) et "Personnes" (article *15 07 77*).

[172] Le Conseil a néanmoins réduit le montant des crédits pour la gestion administrative des programmes de GNSS de 1,5 million d'euros en crédits d'engagement et de paiement. Il a également réduit les crédits proposés dans le PB pour l'Autorité européenne de surveillance GNSS de 70 000 euros en crédits d'engagement et de paiement.

[173] Ces réductions se répartissent par lignes budgétaires comme suit :
- achèvement de l'objectif n° 3 du FSE pour la période 2000-2006 (article *04 02 06*) : -120 millions d'euros ;
- objectif de compétitivité régionale du FSE (article *04 02 19*) : -129 millions d'euros ;
- achèvement de l'objectif n° 2 du FEDER pour la période 2000-2006 (article *13 03 04*) : -165 millions d'euros ;
- objectif de compétitivité régionale du FEDER (article *13 03 18*) : -328 millions d'euros ;
- objectif de coopération territoriale européenne du FEDER (article *13 03 19*) : -58 millions d'euros, et
- achèvement des programmes antérieurs à 2007 du Fonds de cohésion (article *13 04 01*) : -275 millions d'euros.

[174] Y inclus les lignes concernant les subventions pour l'Agence européenne pour l'environnement et pour l'Agence communautaire de contrôle des pêches (pour un total de -465 000 euros).

tant total de 474,6 millions d'euros[175], et les crédits de paiement proposés pour 44 lignes budgétaires, pour un total de 820,7 millions d'euros[176].

Les réductions opérées dans le domaine des interventions sur les marchés agricoles s'élèvent à 38,6 millions d'euros. Par ailleurs, le Conseil a augmenté, comme lors des procédures budgétaires pour 2009 et 2010[177], le montant négatif de la ligne budgétaire relative à l'apurement comptable (poste *05 07 01 06*), cette fois de 420 millions d'euros par rapport au PB[178].

Par contre, le Conseil a accepté les montants proposés par la Commission concernant notamment les lignes budgétaires liées aux aides directes dans l'agriculture (chapitre *05 03*). Il a également accepté les propositions de la Commission concernant les programmes de distribution de denrées alimentaires en faveur des personnes les plus démunies[179] (poste *05 02 04 01*) et le programme en faveur de la consommation de fruits à l'école[180] (poste *05 02 08 12*).

S'agissant plus particulièrement du développement rural, le Conseil a réduit les crédits de paiement demandés par la Commission de 143 millions d'euros. Il a réduit les crédits de paiement destinés au Fonds européen pour la pêche d'un même montant ;

- les crédits de la sous-rubrique *3a* (*Liberté, sécurité et justice*) s'élèvent à 1 124 millions d'euros en crédits d'engagement (+11,7 %) et à 803 millions d'euros en crédits de paiement (+8,7 %). La marge restante sous le plafond de cette sous-rubrique est ainsi de 82 millions d'euros.

Le Conseil a réduit les crédits d'engagement de 15 lignes budgétaires (y inclus les lignes dédiées aux subventions de cinq agences décentralisées relevant de cette sous-rubrique[181]), pour un montant total de 10,9 millions d'euros par rapport à ce qui était proposé dans le PB[182].

En ce qui concerne les crédits de paiement, le Conseil les a réduits de 49,6 millions d'euros sur 23 lignes budgétaires[183], y inclus les lignes relatives aux agences décentralisées.

En plus de la réduction des crédits de paiement proposés pour le Fonds européen pour l'intégration des ressortissants de pays tiers (-9,5 millions d'euros), le Conseil a notamment réduit les crédits de paiement pour le Fonds européen pour le retour de 9,1 millions d'euros, ceux pour le Fonds pour les frontières extérieures de 8,4 millions d'euros, ceux pour prévenir et combattre la criminalité de 4,3 millions d'euros et ceux pour "SIS II" de 2,5 millions d'euros.

S'agissant des agences décentralisées relevant de cette sous-rubrique, le Conseil a réduit les montants proposés par la Commission pour la nouvelle Agence pour la gestion opérationnelle des systèmes d'information à grande échelle de 5,2 millions d'euros, pour Europol de 2 millions d'euros, pour Eurojust de 0,7 million d'euros, pour le Collège européen de police de 0,4 million d'euros et pour l'Observatoire européen des drogues et des toxicomanies de 0,2 million d'euros ;

- les crédits de la sous-rubrique *3b* (*Citoyenneté*) s'élèvent à 668 millions d'euros en crédits d'enga-

---

175 Ces réductions concernant le rubrique *2* vont de 20 000 euros pour les dépenses pour la gestion administrative des contributions à des organisations internationales (poste *11 01 04 05*) à 22 millions d'euros pour les Fonds opérationnels des organisations de producteurs (poste *05 02 08 03*).

176 Y inclus le montant de la subvention proposée pour l'Agence communautaire de contrôle des pêches (-310 000 euros).

177 Voir première partie, pages 35-36 et deuxième partie, page 117.

178 La Commission proposait dans son PB -72 millions d'euros.

179 La Commission propose 500 millions d'euros. L'Allemagne a de nouveau acté au procès-verbal du Conseil une déclaration unilatérale à ce sujet (voir deuxième partie, page 117).

180 La Commission propose 90 millions d'euros dans le projet de budget.

181 Pour un montant total de 8,4 millions d'euros en crédits d'engagement et de paiement.

182 Ces réductions vont de 50 000 euros pour les dépenses pour la gestion administrative des mesures d'urgence en cas d'afflux massif de réfugiés (poste *18 01 04 03*) et des dépenses pour la gestion administrative de la justice civile (poste *18 01 04 14*) à 1 million d'euros pour "Prince – Espace de liberté, de sécurité et de justice" (article *18 08 01*).

183 Ces réductions vont de 50 000 euros pour les postes *18 01 04 03* et *18 01 04 14* à 9,5 millions d'euros pour le Fonds européen pour l'intégration des ressortissants de pays tiers (article *18 03 09*).

gement et à 620 millions d'euros en crédits de paiement. La marge restante sous le plafond de cette sous-rubrique est de 15 millions d'euros.

Le Conseil a décidé de réduire les crédits d'engagement de 5 lignes budgétaires[184], pour un montant total de 3,8 millions d'euros[185].

En ce qui concerne les crédits de paiement, le Conseil les a réduits de 20,3 millions d'euros sur 10 lignes budgétaires au total[186]. En plus de la réduction de 8,1 millions d'euros des crédits de paiement pour l'action de l'UE dans le domaine de la santé, le Conseil a notamment réduit les crédits de paiement pour la protection civile dans l'Union européenne de 6 millions d'euros, ceux pour le programme "culture 2007-2013" de 3,9 millions d'euros et ceux pour les actions multimédias de 1 million d'euros.

Le Conseil a, par contre, retenu la proposition de la Commission concernant le financement du nouveau programme "Média Mundus".

En même temps, le Conseil propose une nouvelle action préparatoire pour la préservation des lieux de mémoire en Europe, dotée de quatre millions d'euros en crédits d'engagement et d'un million d'euros en crédits de paiement[187] (voir pages 194 et 196) ;

- les crédits de la rubrique *4* (*L'UE acteur mondial*) s'élèvent à 8 520 millions d'euros en crédits d'engagement (+4,7 %) et à 7 011 millions d'euros en crédits de paiement (-10 %). La marge restante sous le plafond de cette rubrique est de 164 millions d'euros.

Le Conseil a réduit les crédits d'engagement de 17 lignes budgétaires, pour un montant total de 93,7 millions d'euros[188], y inclus la réduction de la subvention pour la Fondation européenne pour la formation[189].

En ce qui concerne les crédits de paiement, le Conseil les a réduits de 590,8 millions d'euros sur 35 lignes budgétaires[190].

En plus de la réduction de 80 millions d'euros de l'aide à la transition et au renforcement des institutions en faveur des pays candidats potentiels, le Conseil a notamment réduit les crédits de paiement destinés :

- à l'environnement et la gestion durable des ressources durables, y compris l'énergie, de 40 millions d'euros ;

- aux programmes régionaux et horizontaux de 38 millions d'euros ;

- à la préparation et réaction aux crises dans le cadre de l'instrument de stabilité de 32 millions d'euros ;

- à l'instrument européen pour la démocratie et les droits de l'homme de 30 millions d'euros ;

---

[184] Y inclus l'article *17 03 07* concernant la subvention à l'Autorité européenne de sécurité des aliments (-1,5 million d'euros).

[185] Ces réductions vont de 30 000 euros pour les dépenses pour la gestion administrative pour "L'Europe pour les citoyens" (poste *16 01 04 03*) à 2 millions d'euros pour la protection civile au sein de l'Union européenne (article *23 03 01*).

[186] Ces réductions vont de 30 000 euros pour le poste *16 01 04 03* à 8,1 millions d'euros pour l'action de l'UE dans le domaine de la santé (article *17 03 06*).

[187] Le commentaire du nouveau poste *16 05 01 02* proposé se lit comme suit : "*Ce crédit est destiné à couvrir les frais liés aux travaux de préservation à long terme de lieux tels que le camp de concentration d'Auschwitz-Birkenau, qui est en train de se détériorer gravement avec le temps et en raison des conditions climatiques*".

[188] Ces réductions vont de 500 000 euros pour les dépenses pour la gestion administrative de la composante des ressources humaines de l'instrument d'aide de préadhésion (poste *04 01 04 13*) et les dépenses pour la gestion administrative de l'aide humanitaire (poste *23 01 04 01*) à 25 millions d'euros pour l'instrument de préadhésion pour le développement rural (article *05 05 02*).

[189] Au total -90 000 euros en crédits d'engagement et de paiement.

[190] Ces réductions vont de 500 000 euros pour les postes *04 01 04 13* et *23 01 04 01* à 80 millions d'euros pour l'aide à la transition et au renforcement des institutions en faveur des pays candidats potentiels (article *22 02 02*).

- à la partie liée au développement des ressources humaines de l'instrument d'aide de préadhésion de 23 millions d'euros ;

- à l'instrument de préadhésion pour le développement rural de 20 millions d'euros, et

- à la coopération transfrontalière sous la rubrique *4* de 20 millions d'euros.

Par ailleurs, le Conseil n'a de nouveau retenu[191] qu'un "p.m." en ce qui concerne les crédits de paiement destinés à la réserve pour aides d'urgence.

S'agissant enfin du "budget PESC", le Conseil a accepté les montants proposés dans le projet de budget[192], soit 327,4 millions d'euros en crédits d'engagement et 285,9 millions d'euros en crédits de paiement, et

- les crédits de la rubrique *5* (*Administration*) s'élèvent à 8 093 millions d'euros en crédits d'engagement et à 8 094 millions d'euros en crédits de paiement (+2,5 %). La marge restante sous le plafond de cette rubrique est ainsi de 323 millions d'euros.

S'agissant de la section I du budget de l'Union européenne couvrant les dépenses du Parlement européen, le Conseil a continué à respecter le "*Gentlemen's agreement*"[193].

Le Conseil a réduit les dépenses administratives de la Commission (hors pensions et Écoles européennes) de 80 millions d'euros et celles des autres institutions (à l'exception du Parlement européen mais y inclus ses propres dépenses administratives) de 47 millions d'euros. Les montants destinés aux pensions sont réduits de 23 millions d'euros et ceux destinés aux Écoles européennes de 13 millions d'euros.

Il convient de rappeler que le Conseil n'a accordé aucun nouveau poste, à l'exception de ceux demandés par le Parlement européen, par le Conseil européen et par le service européen pour l'action extérieure[194] (voir page 195 et tableau 57, page 230).

6. Les amendements du Parlement européen (20 octobre 2010)

A. Le projet de budget tel qu'amendé par le PE s'élève (lettre rectificative n° 1/2011 incluse) à 143 070 millions d'euros en crédits pour engagements et à 130 559 millions d'euros en crédits pour paiements[195], en augmentation de 1,1 % et de 6,2 % respectivement par rapport au budget pour 2010[196]. Les crédits pour engagements correspondent à 1,14 % et les crédits pour paiements à 1,04 % du RNB de l'Union européenne. Les marges laissées sous les plafonds du CF sont de 731 millions d'euros en crédits pour engagements et de 4 006 millions d'euros en crédits pour paiements.

B. Lors du trilogue du 11 octobre 2010, organisé conformément au point 1 de la déclaration commune du 30 juin 2010 sur les dates et modalités de fonctionnement du comité de conciliation en 2010, le Parlement européen, le Conseil et la Commission ont avant tout discuté des amendements que le Parlement s'apprêtait à voter à la position du Conseil sur le projet de budget pour 2011. Les trois institutions ont également eu un premier échange de vues sur la lettre rectificative n° 1/2011 concernant le financement et les postes du service européen pour l'action extérieure en 2011 (voir page 234-235).

---

[191] Voir première partie, page 37 et deuxième partie, page 118.

[192] Les montants proposés par la Commission étant de nouveau compatibles avec le montant prévu au point 42, cinquième paragraphe de la Partie II de l'AII de 2006 (voir Tome I, p. 112).

[193] Voir chapitre II.

[194] Le Parlement européen étant couvert par le "*Gentlemen's agreement*" et le Conseil européen et le SEAE étant de nouvelles institutions créées par le traité de Lisbonne. Les postes pour le service européen pour l'action extérieure ont été accordés par le biais de la lettre rectificative n° 1/2011 (voir pages 234-235).

[195] En d'autres termes, le Parlement européen a augmenté les crédits pour engagements de 505 millions d'euros et les crédits pour paiements de 423 millions d'euros par rapport au projet de budget (hors lettres rectificatives). Par rapport à la position du Conseil sur le PB, le PE a augmenté les crédits pour engagements de 1 293 millions d'euros et les crédits pour paiements de 4 032 millions d'euros.

[196] Budgets rectificatifs n° 1-6/2010 compris (voir chapitre II).

La Commission a présenté le contenu de la lettre rectificative n° 2/2011 concernant les trois nouvelles agences établies dans le domaine des services financiers et de la surveillance financière[197], Europol et le mécanisme européen de stabilisation financière (voir pages 235-236).

Les deux branches de l'autorité budgétaire ont, en outre, abordé la proposition de la Commission de révision du cadre financier pour 2007-2013 visant à financer, en 2012 et 2013, le projet ITER (voir pages 232-234).

Le Parlement européen, le Conseil et la Commission ont également continué leurs discussions sur les propositions de la Commission présentées dans le cadre du "paquet législatif Lisbonne" (voir chapitre II et quatrième partie, pages 285-287). Ils sont arrivés à un accord de principe sur le contenu des modifications à apporter au règlement financier dans le cadre de la mise en place du nouveau service européen pour l'action extérieure (voir quatrième partie, page 288).

S'agissant du budget pour 2010, les trois institutions ont fait le point sur les projets de budgets rectificatifs n° 2/2010 (concernant la partie liée aux sections VI – Comité économique et social européen – et VII – Comité des régions), 3/2010 (concernant les mesures d'accompagnement dans le secteur de la banane), 6/2010 (concernant le SEAE) et 8/2010 (concernant la mobilisation du Fonds de solidarité suite aux inondations en Irlande ; voir chapitre II).

Enfin, sous "Divers", les trois institutions ont évoqué la question du contenu du trilogue et de la réunion de conciliation du 27 octobre 2010, ainsi que du calendrier pragmatique s'appliquant à la procédure budgétaire pour 2012.

C. Lors de sa lecture du projet de budget pour 2011, le Parlement européen a avant tout veillé au financement des programmes et actions relevant de ses sept priorités pour 2011 suivantes :

- prise en compte des changements introduits par le traité de Lisbonne ;

- la stratégie "Europe 2020" ;

- les programmes en faveur de la jeunesse, de l'éducation et de la mobilité[198] (et notamment "éducation et formation tout au long de la vie", "Jeunesse en action" et "Erasmus Mundus") ;

- la crise financière ;

- la réforme du budget de l'Union européenne ;

- la politique extérieure, et

- la politique de compétitivité (y inclus les mesures en faveur de la recherche et du développement technologique, de l'entrepreneuriat et de l'innovation).

Dans la pratique, ces priorités ont conduit le PE à augmenter avant tout les lignes budgétaires liées au financement de la recherche, de l'innovation, de la mobilité des étudiants, de l'énergie et au soutien du processus de paix au Moyen-Orient.

Par ailleurs, le Parlement a voté des "amendements horizontaux" visant notamment à :

- rétablir les crédits à leur niveau proposé dans le PB pour les dépenses administratives de la Commission que ce soit sous la rubrique *5* (*Administration*) ou sous les autres rubriques et sous-rubriques du CF, réduits par le Conseil dans sa position ;

- inscrire en réserve les montants (soit 71,5 millions d'euros au total) liés aux 1,85 % de l'augmentation des rémunérations et des pensions qui fait l'objet d'un recours en justice pour toutes les institutions[199],

---

[197] Voir page 186, note 119.

[198] Le Parlement européen a préparé dans ce contexte, le 11 juin 2010, un document de travail sur les instruments finançant, par le biais du budget de l'Union européenne, des actions dans le domaine de la jeunesse (doc. *PE443.001*).

[199] Y compris pour la Cour de justice (section IV) et le Médiateur européen (section VIII), qui n'avaient pas introduit de crédits à ce titre dans leurs états prévisionnels respectifs.

sauf pour le Parlement européen (pour lequel les montants sont inscrits sur les lignes budgétaires correspondantes) et le Conseil européen et le Conseil (dans le respect du "*Gentlemen's agreement*") ;

- rétablir et inscrire en réserve les montants demandés par les institutions dans le contexte de la préparation à l'élargissement à la Croatie ;

- rétablir les crédits proposés par la Commission dans son PB pour toutes les agences décentralisées de l'UE dont les subventions ont été réduites par le Conseil dans sa position, et

- modifier le montant des crédits et des commentaires de plusieurs lignes budgétaires relevant de la rubrique 4 (*L'UE acteur mondial* ; voir *infra*).

Le Parlement européen a, en outre, souhaité rétablir les montants proposés par la Commission dans son projet de budget pour la plupart des lignes budgétaires non couvertes par les "amendements horizontaux", modifiés par le Conseil dans sa position sur le PB (voir pages 193-200).

Enfin, suite à une décision de la conférence des présidents prise le 5 octobre 2010 sur les sept "priorités stratégiques" du PE dans le cadre de la procédure budgétaire pour 2011[200], le Parlement a voté[201] la création de six lignes budgétaires d'accueil dans le cadre d'éventuelles nouvelles ressources propres de l'Union européenne et de la mise en œuvre du traité de Lisbonne, à savoir :

- deux lignes budgétaires dans la partie "recettes" du budget de l'Union, intitulés "*Ressources propres – revenus issus des nouvelles ressources propres pour le budget de l'UE*" (nouvel article *9 0 2*) et "*Ressources propres – revenus issus de crédits de paiement non utilisés*" (nouvel article *9 0 3*), et

- quatre lignes budgétaires dans la partie "dépenses" du budget, relevant des rubriques et sous-rubriques *1a* (*Compétitivité pour la croissance et l'emploi*), *2* (*Conservation et gestion des ressources naturelles*), *3a* (*Liberté, sécurité et justice*) et *4* (*L'UE acteur mondial*) du CF, intitulés "*Besoins de révision à mi-parcours liés à Lisbonne*" (nouveaux chapitres *10 06*, *07 04*, *18 09* et *23 04* respectivement).

Le Parlement a également voté dans ce cadre deux amendements visant à créer la structure d'accueil pour la garantie de l'Union européenne aux emprunts de l'Union destinés à l'assistance financière relevant du mécanisme européen de stabilisation financière[202] (nouvel article *8 0 2* intitulé "*Ressources propres – revenus provenant du mécanisme européen de stabilisation financière*" dans le partie "recettes" et nouveau poste *01 04 01 03* intitulé "*Garantie apportée par le budget de l'Union européenne au mécanisme européen de stabilisation financière*" dans la partie "dépenses" du budget, munis tous deux de commentaires budgétaires spécifiques).

Il convient de relever que le Parlement européen a respecté lors de ses amendements les plafonds des différentes rubriques et sous-rubriques du CF[203]. Afin d'y parvenir, il a réduit, sous la sous-rubrique *1a* (*Compétitivité pour la croissance et l'emploi*), le montant proposé par la Commission dans son PB pour le projet ITER de 47 millions d'euros en crédits d'engagement et, sous la rubrique *4* (*L'UE acteur mondial*), les montants proposés sur huit lignes budgétaires de 95,2 millions d'euros[204], et

---

[200] Doc. *PE 446.952/BUR/REV*. Ces sept "priorités stratégiques" du Parlement européen sont présentées pages 262-263. Elles sont reprises dans la résolution du PE accompagnant ses amendements sur la position du Conseil (doc. *PE P7_TA(2010)0372* du 20 octobre 2010).

[201] Dans le cadre d'amendements que le Parlement européen appelle "institutionnels" ou "hors collection". L'intention du Parlement était d'ouvrir avec ces amendements des discussions avec le Conseil sur les sept "priorités stratégiques" précitées.

[202] Il convient de relever que la création d'une structure d'accueil pour la garantie par le budget de l'UE des opérations d'emprunts et de prêts de la Commission effectuées dans le cadre du mécanisme européen de stabilisation financière a été également proposée par la Commission dans sa lettre rectificative n° 2/2011 (voir pages 235-236). Cette structure d'accueil a été incluse dans le budget pour 2010 par le biais du BR n° 5/2010 (voir chapitre II).

[203] C'est-à-dire que le PE n'a pas adopté de soi-disant ""amendement astérisque" lors de la procédure budgétaire pour 2011 (voir première partie, page 42).

[204] Et plus particulièrement les montants proposés dans le projet de budget pour le "budget PESC" (-45,7

ceci afin de démontrer qu'il est dans la pratique impossible de financer en 2011 toutes les priorités de l'Union européenne sans révision du cadre financier pour 2007-2013 (voir *infra*).

D. Les amendements du Parlement européen s'établissent par rubriques et sous-rubriques du cadre financier pour 2007-2013 comme suit :

- le montant total de la sous-rubrique *1a* (*Compétitivité pour la croissance et l'emploi*) s'élève (y inclus le Fonds européen d'ajustement à la mondialisation) à 13 486 millions d'euros en crédits d'engagement (-9,3 % par rapport à 2010[205]) et à 12 128 millions d'euros en crédits de paiement (+6,9 %), ce qui laisse une marge d'un million d'euros seulement sous le plafond de cette sous-rubrique.

Le Parlement européen a avant tout rétablit le projet de budget présenté par la Commission (y inclus les lignes concernant les subventions aux agences décentralisées de l'UE), à l'exception de 7 lignes budgétaires, où il a accepté les réductions du Conseil[206], et des projets pilotes et des actions préparatoires, qu'il a augmentés de 17,6 millions d'euros en crédits d'engagement et de 11,9 millions d'euros en crédits de paiement.

Le Parlement a également augmenté, pour un montant total de 81,6 millions d'euros en crédits d'engagement et de 66,8 millions d'euros en crédits de paiement[207], les montants proposés pour des programmes et des actions liés à ses priorités, et notamment pour :

- le programme "éducation et formation tout au long de la vie" (article *15 02 22* ; +18 millions d'euros en crédits d'engagement et de paiement) ;

- le programme "personnes" et la "recherche liée à l'énergie" (articles *15 07 77* et *32 06 01* ; +10 millions d'euros en crédits d'engagement et de paiement chacun), et

- les programmes pour l'"innovation et l'esprit d'entreprise" et l'"énergie intelligente" (articles *02 02 01* et *32 04 06* ; +10 millions d'euros en crédits d'engagement chacun).

Le PE a, en outre, inscrit 5,5 millions d'euros (en crédits d'engagement et de paiement) en plus par rapport au PB pour la subvention de l'Agence européenne des médicaments et 1,1 million d'euros de plus pour celle de l'Agence européenne de la sécurité aérienne. Il a également augmenté sensiblement les subventions proposées pour les trois nouvelles agences dans le domaine des services financiers et de la surveillance financière[208].

Afin de pouvoir respecter le plafond de la sous-rubrique[209], le Parlement a, en contrepartie, réduit le montant proposé par la Commission pour le projet ITER de 47 millions d'euros en crédits d'engagement[210] ;

- le montant de la sous-rubrique *1b* (*Cohésion pour la croissance et l'emploi*) s'élève à 50 981 millions d'euros en crédits d'engagement (+3,2 %) et à 42 551 millions d'euros en crédits de paiement (+17 %), ce qui laisse une marge sous le plafond de la sous-rubrique de 6 millions d'euros.

Le Parlement européen a rétablit intégralement les montants proposés par la Commission dans le PB

---

millions d'euros), pour l'Instrument financier de coopération avec les pays industrialisés (-23,5 millions d'euros), pour les mesures d'accompagnement dans le secteur de la banane (-18 millions d'euros) et pour l'Afghanistan (-8 millions d'euros).

[205] Budgets rectificatifs n° 1-6/2010 compris.

[206] Pour un montant de 3,1 millions d'euros en crédits d'engagement et de 6 millions d'euros en crédits de paiement.

[207] Dans ce contexte, le PE a également inscrit 50 millions d'euros en crédits de paiement pour le Fonds européen d'ajustement à la mondialisation, comme proposé par la Commission dans son PB.

[208] Soit +2,2 millions d'euros par rapport au PB pour l'Autorité bancaire européenne, +1,9 million d'euros pour l'Autorité européenne des assurances et des pensions professionnelles et +3,6 millions d'euros pour l'Autorité européenne des marchés financiers.

[209] Mais également en émettant des doutes quant au besoin de tous les crédits proposés pour ITER dans le projet de budget pour 2011.

[210] Article *08 20 02* intitulé "*Euratom – Entreprise commune ITER – Fusion for Energy (F4E)*".

et réduits par le Conseil, tout en ajoutant 8 millions d'euros en crédits d'engagement et de paiement pour la création ou la continuation des projets pilotes et des actions préparatoires.

Il a également créé une nouvelle ligne budgétaire[211] pour financer, dans le cadre de l'assistance technique, la stratégie de l'UE concernant la mer Baltique, dotée de 2,5 millions d'euros en crédits d'engagement et de paiement ;

- le montant de la rubrique *2* (*Conservation et gestion des ressources naturelles*) s'élève à 59 876 millions d'euros en crédits d'engagement (+0,6 %), dont 44 114 millions d'euros pour les dépenses relatives au marché et paiements directs (+0,7 %), et à 58 512 millions d'euros en crédits de paiement (+0,7 %), dont 44 014 millions d'euros pour les dépenses de marché et paiements directs (+0,7 %).

Ceci laisse une marge sous le plafond de la rubrique de 462 millions d'euros. La marge pour les dépenses relatives aux marché et paiements directs est de 352 millions d'euros.

Conformément à sa position de principe (voir pages 201-202), le Parlement européen a restauré, à l'exception d'une ligne concernant l'achèvement du programme "Life III"[212], toutes les lignes budgétaires réduites par le Conseil dans sa position, y inclus la ligne relative à l'apurement comptable (voir page 198).

Les plus importantes augmentations de crédits par rapport au PB votées par le Parlement européen sont :

- 300 millions d'euros (inscrits en réserve) pour une nouvelle réserve dans le secteur laitier[213], visant à compenser le faible prix du lait pour les agriculteurs ;

- 25 millions d'euros pour les programmes en faveur des personnes les plus démunies (poste *05 02 04 01*) ;

- 10 millions d'euros pour le programme en faveur de la consommation de fruits à l'école (poste *05 02 08 12*) et pour le "lait aux écoliers" (poste *05 02 12 08*) ;

- 10 millions d'euros en crédits d'engagement pour les programmes d'éradication et de surveillance des maladies animales (poste *17 04 01 01*), et

- 8 millions d'euros pour l'aide particulière à l'apiculture (poste *05 02 15 06*[214]).

Le Parlement européen a également augmenté les crédits proposés notamment pour le programme "Life+", la gestion des ressources halieutiques, la lutte contre les maladies animales et la subvention pour l'Agence communautaire de contrôle des pêches.

Il a également approuvé une augmentation de 16 millions d'euros en crédits d'engagement et de 15,2 millions d'euros en crédits de paiement pour la création ou la continuation de projets pilotes et d'actions préparatoires relevant de cette rubrique ;

- le montant de la sous-rubrique *3a* (*Liberté, sécurité et justice*) s'élève à 1 139 millions d'euros en crédits d'engagement (+13,2 %) et à 848 millions d'euros en crédits de paiement (+14,9 %), ce qui laisse une marge sous le plafond de la sous-rubrique de 67 millions d'euros.

Le Parlement européen a également pour cette sous-rubrique rétablit les montants des lignes budgétaires réduits par le Conseil, à l'exception des crédits prévus pour "prévenir et combattre la criminalité" (article *18 05 09*), la "justice pénale" (article *18 06 06*), la "justice civile" (articles *18 06 07*

[211] Nouvel article *13 03 31*.
[212] Le Conseil avait réduit dans sa position sur le PB le montant de l'article *07 03 03* de 6 millions d'euros en crédits de paiement.
[213] Le "Fonds laitier" (nouveau poste *05 02 12 09*). Il convient de relever que le PE avait déjà proposé la création d'un tel Fonds lors de la procédure budgétaire pour 2010 (voir deuxième partie, pages 119, 122 et 139).
[214] La Commission propose d'augmenter cette ligne budgétaire du même montant dans sa lettre rectificative "agricole" nº 3/2011 (voir page 236).

et *18 06 07* pour la gestion administrative) et la subvention pour l'Agence pour la gestion opérationnelle des systèmes d'information à grande échelle (article *18 02 11*), pour un montant total de 5,7 millions d'euros en crédits d'engagement et de 13,5 millions d'euros en crédits paiement.

En même temps, il a augmenté au-delà du PB, pour un total de 4,9 millions d'euros en crédits d'engagement et de paiement, les montants destinés au programme "Daphné" de lutte contre la violence envers les femmes, les enfants et les jeunes (+2,4 millions d'euros), ainsi qu'aux programmes de prévention du terrorisme et de lutte contre la drogue. Il a, en outre, inscrit les crédits proposés pour le système d'information Schengen "SIS II" en réserve, suite aux doutes émis quant à possibilité d'exécuter ces crédits en 2011.

Pour la subvention pour Europol, le Parlement européen a inscrit une augmentation de 0,6 million d'euros en crédits d'engagement et de paiement par rapport au PB[215], et pour le Collège européen de police, a placé la totalité des crédits en réserve, dans l'attente d'"*informations satisfaisantes sur le suivi donné à sa décision de décharge pour l'exercice 2008 et à sa résolution l'accompagnant*"[216].

Par ailleurs, le Parlement européen a retenu une augmentation de 4,5 millions d'euros en crédits d'engagement et de paiement pour les projets pilotes et les actions préparatoires proposés ;

- le montant de la sous-rubrique *3b* (*Citoyenneté*) s'élève à 683 millions d'euros en crédits d'engagement et à 649 millions d'euros en crédits de paiement, ce qui laisse une marge sous le plafond de la sous-rubrique de 103 000 euros seulement.

En plus de rétablir le projet de budget pour les lignes budgétaires réduites par le Conseil (y inclus la subvention proposée pour l'Autorité européenne de sécurité des aliments), le Parlement européen a augmenté de 8 millions d'euros en crédits d'engagement et de paiement les montants proposés par la Commission notamment concernant le financement du programme "Jeunesse en action". Par ailleurs, il a retenu une contribution supplémentaire aux Jeux olympiques spéciaux d'été en Grèce en 2011.

Le Parlement européen a également voté une augmentation de 3,1 millions d'euros en crédits d'engagement et de 1 million d'euros en crédits de paiement aux crédits destinés aux projets pilotes et aux actions préparatoires. Il a par ailleurs apporté son soutien à la nouvelle action préparatoire pour la préservation des lieux de mémoire en Europe telle que proposée par le Conseil (voir page 199) ;

- le montant de la rubrique *4* (*L'UE acteur mondial*) s'élève à 8 683 millions d'euros en crédits d'engagement (+6,7 %) et à 7 646 millions d'euros en crédits de paiement (-1,8 %), ce qui laisse une marge sous le plafond de la rubrique d'un million d'euros seulement.

Comme pour les autres rubriques et sous-rubriques du CF, le Parlement a rétablit les montants proposés par la Commission dans le projet de budget, à l'exception de deux lignes budgétaires[217], pour lesquelles il a retenu les réductions effectuées par le Conseil (soit 21 millions d'euros en crédits de paiement), et les projets pilotes et les actions préparatoires, dont il a augmenté les montants de 2,9 millions d'euros en crédits d'engagement et de 3,5 millions d'euros en crédits de paiement.

Par ailleurs, le Parlement européen a voté des crédits allant au-delà de ce qui était proposé dans le PB pour financer ses priorités en matière de relations extérieures de l'UE (et notamment en ce qui concerne les programmes en faveur de l'Amérique latine et

[215] C'est-à-dire le même montant que celui proposé par la Commission dans sa lettre rectificative n° 2/2011 (voir pages 235-236).

[216] Le Collège européen de police est la seule agence décentralisée de l'Union européenne pour laquelle le Parlement européen a refusé la décharge pour l'exercice 2008 (voir JO L 320 du 7.12.2010, pp. 12/16). Le PE avait ajourné sa décision de décharge le 5 mai 2010 (JO L 252 du 25.9.2010, pp. 232/239).

[217] Il s'agit de montants destinés à la coopération transfrontalière (poste *19 08 02 01* pour 20 millions d'euros) et pour les programmes d'information vers les pays tiers (article *19 11 02* pour 1 million d'euros).

de l'Asie), pour un montant de 172 millions d'euros en crédits d'engagement et de 129 millions d'euros en crédits de paiement. L'augmentation la plus importante concerne l'ajout de 100 millions d'euros en crédits d'engagement et de paiement pour l'aide à la Palestine dans le cadre du processus de paix et de l'UNRWA[218], pour porter le total de la ligne à 300 millions d'euros en crédits d'engagement[219]. Il a également augmenté la subvention pour la Fondation européenne pour la formation de 0,5 million d'euros en crédits d'engagement et de paiement.

Le Parlement a également retenu 203 millions d'euros en crédits de paiement pour la réserve pour aides d'urgence, comme proposé par la Commission dans son PB.

Afin de compenser ces augmentations de crédits (et pour rester sous le plafond de la rubrique *4* ; voir *supra*), le PE a diminué les montants proposés pour :

- le "budget PESC" (-45,7 millions d'euros en crédits d'engagement et de paiement sur trois lignes budgétaires), pour faire revenir leurs montants à leur niveau de 2010. Par ailleurs, le Parlement européen a décidé de scinder trois lignes budgétaires relevant du chapitre *19 03* (*Politique européenne de sécurité et de défense*) en deux[220] et d'inscrire en réserve les crédits de l'article *19 03 04* destiné aux "*Actions d'urgence*"[221] ;

- les activités de coopération ne relevant pas de l'aide publique au développement avec l'Asie, l'Amérique latine et l'Afrique du Sud (-17 millions d'euros, -5,5 millions d'euros et -1 million d'euros en crédits d'engagement respectivement[220]), financées par l'Instrument financier de coopération avec les pays industrialisés (ICI+) ;

- les mesures d'accompagnement dans le secteur de la banane[223] (-18 millions d'euros en crédits d'engagement et -5 millions d'euros en crédits de paiement), et

- l'Afghanistan[224] (-8 millions d'euros en crédits d'engagement) ;

- le montant de la rubrique *5* (*Administration*) s'élève à 8 223 millions d'euros en crédits d'engagement et à 8 224 millions d'euros en crédits de paiement (+4 %). Ceci laisse une marge sous le plafond de la rubrique de 193 millions d'euros.

Le PE a voté des augmentations de crédits par rapport au PB pour les projets pilotes et des actions préparatoires pour un total de 55,7 millions d'euros en crédits d'engagement et de 47,6 millions d'euros en crédits de paiement (y inclus les 19 nouveaux projets pilotes et les huit nouvelles actions préparatoires proposés par le Parlement). Il n'a pas retenu l'"*intégration de l'action pour le climat et adaptation*" proposée par la Commission[225].

---

[218] Poste *19 08 01 02* (*Politique européenne de voisinage et de partenariat – Aide financière à la Palestine, au processus de paix et à l'UNRWA*).

[219] C'est-à-dire un montant égal à celui inscrit dans le budget pour 2010.

[220] Les trois lignes budgétaires concernées par une séparation et par la diminution des montants proposés dans le PB à leur niveau de 2010 sont :
- l'article *19 03 01* (*Suivi et mise en œuvre des processus de paix et de sécurité*) : "*Mission d'observation en Géorgie*" et "*Autres missions*" ;
- l'article *19 03 03* (*Résolution de conflits et autres mesures de stabilisation*) : "*EULEX Kosovo*" et "*Autres*", et
- l'article *19 03 07* (*Missions de police*) : "*EUPOL Afghanistan*" et "*Autres missions de police*".

[221] Selon les commentaires de l'amendement : "*Le Parlement européen doit être informé avant l'adoption de mesures d'urgence faisant l'objet d'un financement à partir de cette ligne. Cette réserve pourra être levée une fois que cette consultation aura eu lieu*".

[222] Articles *19 09 03* (*Activités de coopération ne relevant pas de l'aide publique au développement (Amérique latine)*), *19 10 04* (*Activités de coopération ne relevant pas de l'aide publique au développement (Asie, Asie centrale, Iran, Irak et Yémen)*) et *21 06 06* (*Activités de coopération ne relevant pas de l'aide publique au développement (Afrique du Sud)*).

[223] Article *21 06 07* (*Mesures d'accompagnement "bananes"*).

[224] Poste *19 10 01 02* (*Aide à la réhabilitation et à la reconstruction de l'Afghanistan*).

[225] Nouvel article *07 13 03*, doté de 5 millions d'euros en crédits d'engagement et de 2 millions d'euros en crédits de paiement dans le PB.

S'agissant du Parlement européen (section I du budget de l'Union européenne), le PE a voté des amendements qui réduisent le total de la section I de quelque 6 millions d'euros (soit 0,5 %) par rapport au PB[226].

S'agissant du Conseil européen et du Conseil (section II), le Parlement européen a continué à respecter le "*Gentlemen's agreement*".

S'agissant de la section III – Commission, le PE, par voie d'amendements, a rétablit les crédits demandés dans le projet de budget, y inclus pour les offices européens et les Écoles européennes[227], à l'exception d'un montant de 7 millions d'euros que le Conseil avait retiré des lignes budgétaires *XX 01 02 11 01* (*Frais de mission et de représentation*) et *XX 01 02 11 02* (*Frais de conférence et de réunion*) dans sa position[228]. Par ailleurs, le Parlement a retenu une augmentation de 3,6 millions d'euros en crédits d'engagement et de 3,5 millions d'euros en crédits de paiement pour les projets pilotes et actions préparatoires relevant de cette rubrique.

Concernant les dépenses des membres, le Parlement européen a inscrit 460 000 euros du poste *25 01 02 13* (*Autres dépenses de gestion liées aux membres de l'institution*) en réserve, pour pousser la Commission à revoir le code de conduite des membres de la Commission.

Concernant la ligne *XX 01 01 01* (*Dépenses relatives au personnel en activité lié à l'institution*), le Parlement a inscrit en réserve 5 millions d'euros dans l'attente d'un projet révisé de la Commission concernant le nouvel accord interinstitutionnel en matière budgétaire et 1,4 million d'euros dans l'attente du transfert de la Commission au SEAE de postes dans le cadre de la gestion de l'instrument de stabilité.

S'agissant de la Cour de justice (section IV), de la Cour des comptes (section V), du Comité économique et social européen (section VI), du Comité des régions (section VII) et du Contrôleur européen de la protection des données (section IX), le Parlement européen n'a voté qu'un rétablissement partiel des montants demandés dans le projet de budget (soit 20 millions d'euros au-dessus de la position du Conseil mais 10 millions d'euros en dessous du PB).

S'agissant du service européen pour l'action extérieure (section X), le PE a accepté les propositions faites dans la lettre rectificative n° 1/2011 (voir pages 234-235), mais a inscrit un certain nombre de crédits (y inclus les 1,85 % liés à l'augmentation des rémunérations) en réserve.

S'agissant enfin des nouveaux postes demandés (hors SEAE), le PE propose d'accorder, à la différence du Conseil, 37 nouveaux postes à la Cour de justice, dont 8 postes dans le cadre de la préparation à l'élargissement à la Croatie, 11 postes au Comité économique et social européen, 18 postes au Comité des régions, 1 poste au Médiateur européen et 2 postes au Contrôleur européen pour la protection des données (voir tableau 57, page 230).

E. Le Parlement européen ayant voté des amendements à la position du Conseil sur le projet de budget pour 2011, le président du Conseil a pris note en plénière des différences entre les deux branches de l'autorité budgétaire, tout en marquant son accord à la convocation du comité de conciliation dans le domaine budgétaire prévu par le traité de Lisbonne[229].

---

[226] Une partie des crédits (par exemple destinés à l'assistance parlementaire) est en outre inscrite en réserve, avec différentes conditions attachées à la "libération" des montants.

[227] Le PE a retenu un amendement augmentant la subvention à l'école européenne de Karlsruhe de 14 951 euros au delà du PB.

[228] Le Parlement européen a également inscrit en réserve un montant de 2 millions d'euros de la ligne budgétaire "*Études et consultations de la Commission*".

[229] Le Conseil a confirmé par lettre adressée au président du Parlement européen le 25 octobre 2010 (conformément au point 1, dernière phrase de l'annexe de la déclaration commune du 30 juin 2010 sur les dates et modalités de fonctionnement du comité de conciliation en 2010 et à l'article 314, paragraphe 4, point c), dernière phrase du TFUE) qu'il n'est pas en mesure d'approuver tous les amendements adoptés par le Parlement européen, tout en réitérant son accord à l'ouverture de la procédure de conciliation.

En conséquence, le président du Parlement européen a convoqué, conformément à l'article 314, paragraphe 3, point c) du TFUE, le comité de conciliation à partir du 26 octobre 2010, pour une durée de 21 jours.

7. La procédure de conciliation (26 octobre–15 novembre 2010)

A. La première procédure de conciliation menée selon les nouvelles règles du traité de Lisbonne s'est composée :

- de trois trilogues, organisés les 27 octobre, 4 novembre et 8 novembre 2010, et

- de deux réunions du comité de conciliation, qui se sont tenues les 27 octobre et 11/15 novembre 2010.

Ces réunions ont été précédées par de nombreuses réunions informelles et préparatoires.

Il convient de relever que le président du Parlement européen a participé à tous les trilogues et à toutes les réunions de conciliation. Le chef de gouvernement de la Belgique (le pays assurant la présidence du Conseil de l'Union européenne lors du deuxième semestre 2010) n'a participé quant à lui qu'à la première réunion du comité de conciliation.

Cette procédure de conciliation n'a pas permis aux deux branches de l'autorité budgétaire de parvenir à un accord sur le budget, mais elle a permis au Parlement européen et au Conseil de rapprocher leurs positions sur les chiffres de telle sorte à permettre d'adopter le budget de l'Union européenne pour 2011 avant la fin de l'année 2010 (voir pages 222-229).

Il convient également de rappeler qu'en parallèle s'est déroulée une procédure de conciliation sur le projet de budget rectificatif n° 3/2010 portant sur les mesures d'accompagnement dans le secteur de la banane. Cette procédure n'a pas non plus débouché sur un accord (voir chapitre II).

B. Le premier trilogue, organisé le 27 octobre 2010, a avant tout servi à préparer la première réunion du comité de conciliation, qui s'est tenue le même jour (voir pages 208-210).

À ce titre, le Parlement européen, le Conseil et la Commission ont notamment évoqué le contenu des amendements adoptés par le PE en plénière le 20 octobre 2010, ainsi que les lettres rectificatives n° 2 et 3/2011 et la "lettre d'exécutabilité"[230] présentées par la Commission (voir pages 201-208 et 235-237).

Ils ont également fait le point sur le financement additionnel du projet ITER en 2012 et 2013 (la Commission présentant des chiffres actualisés) et sur le "paquet législatif Lisbonne" (voir pages 174, 232-234 et quatrième partie, pages 285-287).

S'agissant du budget pour 2010, les trois institutions ont discuté des projets de budgets rectificatifs n° 9/2010 (concernant la mobilisation du Fonds de solidarité de l'UE pour le Portugal et la France) et 10/2010 (concernant avant tout l'excédent pour 2010 et le financement additionnel pour le projet ITER en 2012 et 2013). Ils ont en outre fait le point sur le projet de BR n° 3/2010 portant sur les mesures d'accompagnement dans le secteur de la banane, sur lequel une procédure de conciliation était également ouverte (voir chapitre II). La Commission a indiqué lors du trilogue qu'un montant supplémentaire de 3,1 millions d'euros serait disponible pour redéploiements sous la rubrique *4* (*L'UE acteur mondial*) du CF, ce qui réduirait le recours à l'instrument de flexibilité en 2010 à 15,2 millions d'euros (au lieu des 18,3 millions d'euros proposés à l'origine).

C. La première réunion du comité de conciliation du 27 octobre 2010 a servi à ouvrir officiellement les négociations sur le budget de l'Union pour 2011

---

[230] Voir première partie, page 44 et quatrième partie, page 284. Il convient de relever que cette lettre traite pour la première fois non seulement des amendements votés par le Parlement européen, mais également de la position du Conseil sur le projet de budget. La lettre a également un caractère plus "politique" (ou en tout cas "moins technique") que lors des années précédentes.
Le comité de conciliation a également reçu des "lettres d'exécutabilité" de la part de la Cour de justice, du Comité économique et social européen et du Comité des régions.

dans le cadre de la nouvelle procédure de conciliation.

Le Parlement européen a avant tout indiqué qu'il lie tout accord sur le budget de l'Union pour 2011 à des accords *"politiques"*, *"juridiques"* et *"institutionnels"* avec le Conseil, conformément à la décision de la conférence des présidents du PE sur les sept "priorités stratégiques", approuvées le 5 octobre 2010[231] (voir pages 202 et 262-263).

Le Parlement a également souligné son "ouverture" quant au montant des crédits pour paiements à retenir dans le budget pour 2011, en contrepartie :

- de *"réelles possibilités de flexibilité"* dans le règlement du Conseil fixant le cadre financier pluriannuel pour 2007-2013, et plus spécialement de la possibilité de "modifier" le cadre financier jusqu'à 0,03 % du RNB de l'Union à la majorité qualifiée[232] (et non à l'unanimité) au Conseil[233] ;

- d'une *"méthode de travail et d'un calendrier"* concernant les négociations sur le futur cadre financier pluriannuel et la réforme du système des ressources propres[234], *"sans nécessairement fixer des objectifs précis"*, et

---

[231] Suite au refus du Conseil de discuter des questions "politiques", "juridiques" et "institutionnels" soulevées par le Parlement européen (voir pages 202-213), ce dernier a, à un certain moment, notamment envisagé de faire appel au Conseil européen de ses revendications, et de ne voter éventuellement le budget que le 21 décembre 2010, lors d'une session plénière spéciale, c'est-à-dire *après* la réunion du Conseil européen de décembre 2010.

Finalement le PE a voté le budget pour 2011 le 15 décembre 2010 (voir page 225). Il convient de relever que le Conseil européen des 16 et 17 décembre 2010 s'est limité dans le point 6 de ses conclusions, tout en rappelant ses conclusions d'octobre 2010 (voir page 237, note 333), à saluer *"l'intention de la Commission de présenter, d'ici juin 2011, des propositions concernant le nouveau cadre financier pluriannuel et a invité les institutions à coopérer afin de contribuer à son adoption rapide"* (doc. *Conseil européen 30/10 CO EUR 21 CONCL 5* du 17 décembre 2010, p. 2).

[232] De la même façon que le point 22, deuxième paragraphe de l'AII de 2006 le permet. Selon les points 21 à 23 de la Partie I de l'AII de 2006 (*"Révision du cadre financier"*) : *"21. Indépendamment des exercices réguliers d'ajustement technique et d'adaptation aux conditions d'exécution, le cadre financier peut être révisé, sur proposition de la Commission, pour faire face à des situations non prévues à l'origine, dans le respect du plafond des ressources propres.*

22. En règle générale, une proposition de révision au titre du point 21 doit être présentée et adoptée avant le début de la procédure budgétaire pour l'exercice ou le premier des exercices concernés par cette révision.

Toute révision du cadre financier jusqu'à 0,03 % du RNB de l'Union européenne dans la marge pour imprévus sera adoptée par décision commune des deux branches de l'autorité budgétaire statuant conformément au point 3 [c'est-à-dire le Conseil à la majorité qualifiée et le Parlement européen à la majorité des membres qui le composent et des trois cinquièmes des suffrages exprimés].

Toute révision du cadre financier au-delà de 0,03 % du RNB de l'Union européenne dans la marge pour imprévus sera adoptée par décision commune des deux branches de l'autorité budgétaire, le Conseil statuant à l'unanimité.

23. Sans préjudice du point 40, les institutions examineront les possibilités d'une réaffectation des dépenses entre les programmes inclus dans la rubrique concernée par la révision, sur la base, notamment, de toute sous-utilisation attendue des crédits. L'objectif visé devrait être de dégager, sous le plafond de la rubrique concernée, un montant significatif, en valeur absolue et en pourcentage de la dépense nouvelle envisagée.

Les institutions examineront les possibilités de compenser tout relèvement du plafond d'une rubrique par la réduction du plafond d'une autre rubrique.

(...) Toute révision doit assurer le maintien d'une relation ordonnée entre engagements et paiements".

[233] Dans sa proposition de règlement du Conseil, la Commission appelle les révisions du CF jusqu'à 0,03 % du RNB de l'UE des "adaptations" (voir doc. *COM(2010) 72 final*, p. 17). Quel que soit le terme utilisé, suite à l'entrée en vigueur du traité de Lisbonne et en conformité avec l'article 312 du TFUE, toutes les révisions du cadre financier pluriannuel doivent selon le Conseil se faire, comme son adoption, à l'*unanimité* au Conseil. Afin de trouver une solution à cette situation (et pour maintenir une flexibilité du cadre financier pluriannuel), le Conseil a cherché à instaurer un nouveau mécanisme en dehors du cadre financier pluriannuel, à l'instar de l'instrument de flexibilité, de la réserve pour aides d'urgence, du Fonds de solidarité de l'UE et du Fonds européen d'ajustement à la mondialisation, et qui serait mobilisé à la majorité qualifiée (voir pages 220-221).

[234] Suite notamment à la présentation par la Commission de sa communication sur le réexamen du cadre financier pour 2007-2013 (voir chapitre II), qui présente des "pistes de réflexion" à ce sujet.

- d'un *"accord de principe"* sur une révision du cadre financier en 2012 et/ou 2013, afin de tenir compte des nouvelles compétences conférées à l'Union européenne par le traité de Lisbonne[235].

Le Conseil, pour sa part, a avant tout insisté sur la nécessité de limiter le montant des crédits de paiement dans le budget, vu la situation économique dans tous les États membres de l'Union européenne, tout en rappelant que l'objectif de la procédure de conciliation est de parvenir, conformément à l'article 314 du TFUE, à un accord sur le budget de l'Union pour 2011, et non de négocier des questions liées au réexamen du cadre financier pour 2007-2013, du futur cadre financier pluriannuel ou d'éventuelles nouvelles ressources propres. Par ailleurs, le Conseil a rappelé que le projet de budget rectificatif n° 10/2010 concernant l'excédent fait partie intégrante de tout accord, celui-ci devant également porter sur les modalités du financement additionnel du projet ITER en 2012 et 2013.

La Commission, quant à elle, tout en soulignant la grande importance politique de parvenir à un accord au cours de cette première procédure budgétaire suite à l'entrée en vigueur du traité de Lisbonne, a indiqué qu'elle présentera en tant que de besoin des propositions de compromis afin de rapprocher les points de vue des deux branches de l'autorité budgétaire sur les différents sujets de négociations (voir pages 210-211).

D. Le deuxième trilogue, organisé le 4 novembre 2010[236], a été consacré avant tout aux questions *budgétaires*, c'est-à-dire à la recherche d'un accord sur les montants à inscrire dans le budget de l'Union pour 2011.

À cet effet, le Parlement européen, le Conseil et la Commission ont entamé leurs discussions par "blocs thématiques horizontaux" dans l'ordre suivant :

- agences de l'Union européenne ;

- projets pilotes et actions préparatoires ;

- approche générale par rubriques et sous-rubriques du CF[237] ;

- réserves ;

- approche générale sur les crédits de paiement ;

- autres institutions que la Commission, et

- commentaires budgétaires.

Par ailleurs, ils ont acté pendant le trilogue un constat sur les lignes budgétaires "provisoirement closes"[238]. Ils ont également pris acte de la "note d'alerte budgétaire d'automne" de la Commission[239].

E. Le troisième trilogue, organisé le 8 novembre 2010, a avant tout été consacré aux questions *"politiques", "juridiques" et "institutionnelles"* soulevées par le Parlement européen. Les discussions se sont déroulées sur la base d'un projet de déclaration commune préparé par la Commission

---

[235] Conformément au point 4 de l'AII de 2006.

[236] Ce trilogue a été ouvert par le président du Parlement européen qui a rappelé que le Parlement attend de la part du Conseil, en contrepartie d'un accord sur le budget de l'Union pour 2011, "*des engagements quant à sa volonté de négocier et d'assurer avec le PE le financement futur des politiques de l'Union européenne*".

[237] Dans le cadre de la rubrique 5 (*Administration*) du CF, uniquement crédits pour la section III – Commission – du budget de l'Union européenne.

[238] C'est-à-dire les lignes budgétaires non modifiées par le Conseil dans sa position sur le PB et/ou ne faisant l'objet d'aucuns amendements du PE (les "lignes budgétaires techniquement closes" pour lesquelles il n'existe aucun désaccord entre le Conseil et le Parlement européen et qui n'ont fait l'objet d'aucune lettre rectificative). L'autorité budgétaire s'est néanmoins reservée la possibilité de revenir sur ces lignes au cas où cela s'avérait nécessaire dans le cadre d'un accord global sur le budget de l'Union pour 2011 (et dans le respect du principe selon lequel "il n'y a une accord sur rien avant qu'il n'y a un accord sur tout"). Dans la pratique, le Parlement européen, le Conseil et la Commission ont dû revenir sur plusieurs de ces lignes afin de pouvoir finaliser l'accord sur le budget de l'UE pour 2011 (voir pages 222-225).

[239] La Commission a adopté cette note le 20 octobre 2010 (doc. *SEC(2010) 1236* ; voir quatrième partie, page 284).

et portant sur la procédure d'examen du prochain cadre financier pluriannuel, y compris les ressources propres de l'Union européenne, sur les effets du traité de Lisbonne sur le budget de l'Union et sur la valeur ajoutée de la dépense européenne.

Le Conseil a présenté au Parlement une note informelle sur la création d'une nouvelle "*marge pour imprévus*" (*Contigency margin*), afin de répondre à la question de la flexibilité du cadre financier pluriannuel, à la majorité qualifiée au Conseil jusqu'à 0,03 % du RNB de l'Union (voir pages 209 et 220-221). Dans ce cadre, il a insisté, avec l'appui de la Commission, sur l'importance d'aboutir à un accord sur l'ensemble du "paquet législatif Lisbonne" en 2010.

Le Conseil a également souligné l'importance de parvenir en 2010 à un accord sur le financement additionnel du projet ITER en 2012 et 2013 afin de pouvoir utiliser les marges encore disponibles au titre de 2010 avant la fin de l'année, permettant ainsi à l'Union européenne d'honorer ses engagements, notamment vis-à-vis des six autres partenaires internationaux au projet[240].

Les trois institutions ont, en outre, poursuivi lors du trilogue leurs discussions sur les montants à retenir dans le budget pour 2011, en vue de la réunion de conciliation du 11 novembre 2010.

Suite aux débats du Conseil européen des 28 et 29 octobre 2010 (voir page 237, note 333), le Conseil est resté très ferme sur le montant des crédits pour paiements à retenir dans le budget pour 2011, indiquant ne pouvoir accepter qu'une augmentation limitée à 2,91 % maximum par rapport au budget pour 2010 (budgets rectificatifs n° 1 et 2/2010 compris), soit un montant total de 126,5 milliards d'euros[241]. En contrepartie, il a indiqué être en mesure de faire preuve d'ouverture en ce qui concerne les crédits d'engagement, y inclus par le biais d'un recours raisonnable à l'instrument de flexibilité.

Le Conseil a également rappelé l'importance de l'adoption du projet de BR n° 10/2010 concernant l'excédent, ce PBR contribuant en outre au financement additionnel du projet ITER en 2012 et 2013.

Le Parlement européen a réitéré sa position exprimée lors des réunions précédentes selon laquelle il pourrait accepter une augmentation limitée des crédits pour paiements, en contrepartie d'engagements contraignants de la part du Conseil notamment concernant l'implication du Parlement aux négociations sur le prochain cadre financier pluriannuel et sur un nouveau système de ressources propres.

Enfin, les trois institutions ont continué leurs discussions sur le projet de BR n° 3/2010 concernant les mesures d'accompagnement dans le secteur de la banane, poursuivants ainsi la procédure de conciliation. La Commission a indiqué qu'un montant total de 69,2 millions d'euros serait disponible en 2010 pour redéploiements sous la rubrique *4* (*L'UE acteur mondial*) du CF, ce qui réduirait le montant du recours à l'instrument de flexibilité en 2010 à 4,9 millions d'euros.

F. Lors de sa réunion du 11 novembre 2010, le comité de conciliation n'est pas parvenu à un accord sur le budget pour 2011, avant tout suite au refus d'un certain nombre d'États membres[242] de lier le budget de l'Union européenne à un accord du Conseil sur un document juridiquement contraignant[243] exigé par le Parlement européen sur son association dans les négociations sur le financement futur des politiques européennes et les ressources propres, conformément au dernier point de ses sept "priorités stratégiques", en contrepartie de son accord sur le montant des crédits pour paie-

[240] Il s'agit de la Chine, de la Corée du Sud, des États-Unis, de l'Inde, du Japon et de la Russie.

[241] C'est-à-dire reprenant sa position du 12 août 2010 sur le PB (voir page 193).

[242] Il s'agit principalement du Danemark, de la Finlande, des Pays-Bas, du Royaume-Uni et de la Suède. À la demande du Conseil, la Commission a présenté lors de la réunion du comité de conciliation un nouveau projet de déclaration commune reprenant des éléments concernant un "accord politique" entre les trois institutions sur la procédure d'examen du prochain cadre financier pluriannuel, y compris les ressources propres, sur les effets du traité de Lisbonne sur le budget de l'Union et sur la valeur ajoutée de la dépense européenne. Ce projet n'a pas été examiné suite au refus de ces délégations.

[243] C'est-à-dire par exemple sous forme de points précis repris dans le nouvel accord interinstitutionnel.

ments à inscrire dans le budget tel que demandé par le Conseil. Ce refus a finalement suscité la levée de la réunion de conciliation par la délégation du Parlement européen.

Avant la levée de la réunion, le Parlement européen et le Conseil sont parvenus à rapprocher leurs positions "techniques" sur les montants à inscrire dans le budget pour 2011, et un accord "*ad referendum*" sur le budget pour 2011 en tant que tel aurait pu être dégagé. Par contre, les trois institutions n'ont pas abordé au cours de la réunion les questions non directement liées au budget de l'Union européenne pour 2011, notamment celles concernant le "paquet législatif Lisbonne" ou le financement additionnel du projet ITER.

G. Lors de la reprise, le 15 novembre 2010[244], de la réunion qui s'est poursuivie jusqu'à minuit, le comité de conciliation a dû prendre acte qu'il n'a pas été en mesure de parvenir à un accord sur le budget de l'Union européenne pour 2011 à l'intérieur du délai prévu par le traité.

Afin de rencontrer certaines des demandes "politiques", "juridiques" et "institutionnelles" du Parlement européen, le Conseil a proposé la déclaration commune suivante sur l'adoption du futur cadre financier pluriannuel :

"*La présente déclaration est adoptée dans le plein respect des dispositions du traité sur le fonctionnement de l'Union européenne (TFUE) et ne porte en rien atteinte aux attributions conférées à chacune des institutions dans les traités.*

Dans la perspective de la mise en œuvre du TFUE et du plein respect du droit d'initiative de la Commission, et de l'article 312, paragraphe 2, du TFUE, le Parlement européen, le Conseil et la Commission conviennent de convoquer, à l'initiative de la Commission, des rencontres régulières entre les présidents du Parlement européen, du Conseil et de la Commission, conformément à l'article 324 du TFUE, pour promouvoir la concertation et le rapprochement des positions des institutions.

Les institutions réaffirment leur volonté de prendre toutes les mesures nécessaires pour faciliter l'adoption du cadre financier pluriannuel, conformément à l'article 312, paragraphe 5, du TFUE".

Le Parlement européen a rejeté ce projet en indiquant qu'il ne fait que paraphraser le traité, tout en insistant sur la nécessité d'adopter un texte "*juridiquement contraignant*", qui inclut aussi la question de l'examen de la future décision "ressources propres". Le Conseil a indiqué ne pas être en mesure de pouvoir donner suite à cette position, et ce en raison de l'unanimité requise au Conseil pour l'adoption d'une telle déclaration (voir page 270).

Suite à ce désaccord, les deux branches de l'autorité budgétaire n'ont pas progressé non plus dans le rapprochement de leurs positions en ce qui concerne le projet de BR n° 10/2010 (que le PE liait à un accord global sur le budget pour 2011), le financement additionel du projet ITER en 2012 et 2013 ou le "paquet législatif Lisbonne".

Les deux branches de l'autorité budgétaire et la Commission ont également pris note du manque d'accord sur le projet de BR n° 3/2010 concernant le financement de mesures d'accompagnement dans le secteur de la banane.

Par contre, le Parlement européen, le Conseil et la Commission ont pris acte d'une "grande convergence" dans les positions des deux branches de l'autorité budgétaire en ce qui concerne les montants à inscrire dans le budget de l'UE pour 2011 (ci-après : le "pré-accord" du 15 novembre 2010). Cette convergence facilitera grandement l'adoption du budget pour 2011 avant la fin de l'année 2010 (voir pages 213-225).

[244] Cette reprise de la réunion du comité de conciliation du 11 novembre 2010 n'était pas prévue en tant que telle dans la déclaration commune du 30 juin 2010 sur les dates et modalités de fonctionnement du comité de conciliation en 2010 (voir page 297). La réunion du comité de conciliation du 11 novembre 2010 a été poursuivie suite aux désaccords manifestés lors de la réunion, afin d'essayer "jusqu'au bout" de parvenir à un accord sur un projet commun de budget endéans les 21 jours prévus par l'article 314, paragraphe 5 du TFUE.

H. Dix jours après l'échec de la procédure de conciliation, le Parlement européen a adopté, lors de sa session du 25 novembre 2010, une résolution sur les négociations sur le budget de l'UE pour 2011, où il se déclare "*disposé à favoriser l'adoption d'un accord sur le budget de l'exercice 2011 et les éléments connexes dans un délai très bref*", pour autant que les conditions suivantes soient respectées par le Conseil et la Commission :

"*- réalisation d'un accord sur de véritables mécanismes de flexibilité qui respectent les principes en vigueur en ce qui concerne les révisions, énoncés dans l'Accord interinstitutionnel du 17 mai 2006, à adopter par le Parlement européen et par le Conseil statuant à la majorité qualifiée afin de permettre à l'avenir un financement adéquat, pour l'exercice 2011 et les exercices suivants, des politiques qui découlent des nouvelles compétences conférées à l'Union par le traité de Lisbonne et de la stratégie Europe 2020 ;*

- engagement de la Commission à présenter, d'ici au 1er juillet 2011, de solides propositions, fondées sur l'article 311 du TFUE, concernant de nouvelles ressources propres pour l'Union, et engagement du Conseil à examiner ces propositions avec le Parlement européen dans le cadre du processus de négociation du prochain cadre financier pluriannuel (CFP), conformément à la déclaration nº 3 relative au réexamen du cadre financier annexée à l'accord interinstitutionnel du 17 mai 2006 ;

- accord entre les trois institutions sur une méthode de travail en commun, qui prévoie la participation du Parlement européen au processus de négociation du prochain CFP, la participation de membres du PE aux réunions pertinentes et la tenue de réunions régulières au niveau des présidents du Parlement européen, du Conseil et de la Commission, conformément aux dispositions de l'article 324 et de l'article 312, paragraphe 5 du TFUE"[245].

8. Le nouveau projet de budget pour 2011 (26 novembre 2010[246])

A. Suite à l'échec de la procédure de conciliation la Commission a présenté, conformément à l'article 314, paragraphe 8 du TFUE, dès le 26 novembre 2010, un nouveau projet de budget pour 2011. Il s'élève à 141 818 millions d'euros en crédits pour engagements (+0,2 % par rapport au budget pour 2010[247]) et à 126 527 millions d'euros en crédits pour paiements (+2,9 %). Ceci représente 1,13 % et 1,01 % respectivement du RNB de l'UE. Les marges laissées sous les plafonds du CF sont de 2 088 millions d'euros en crédits pour engagements et de 7 935 millions d'euros en crédits pour paiements.

B. Ce nouveau projet de budget pour 2011 reprend la situation des négociations à la fin de la procédure de conciliation le 15 novembre 2010, à l'exception de quelques adaptations faites par la Commission, suite à des éléments nouveaux intervenus depuis.

Le montant des *crédits pour paiements* est celui retenu par le Conseil dans sa position du 12 août 2010, soit 126,5 milliards d'euros, ce qui représente une augmentation de 2,9 % par rapport au budget pour 2010, budgets rectificatifs nº 1-7/2010 compris.

Afin de parvenir à ce montant, et après avoir pris en considération les conséquences des ajustements proposés pour les crédits non dissociés et certains renforcements spécifiques en crédits de paiement (voir *infra*), la Commission a appliqué la méthodologie suivante pour ventiler par rubriques et sous-rubriques du CF la réduction des crédits de paiement par rapport aux montants retenus dans son projet de budget initial, lettres rectificatives nº 1-3/2011 comprises (voir pages 182-193 et 234-236) :

---

[245] Doc. *PE P7_TA(2010)0433*, p. 1.

[246] La Commission a formellement mis le projet de budget (doc. *COM(2010) 750 final*) à la disposition de l'autorité budgétaire et des États membres dans toutes les langues officielles de l'UE avant que le Conseil n'adopte sa position le 10 décembre 2010.

[247] Budgets rectificatifs nº 1-7/2010 compris (voir chapitre II).

- un tiers sur les sous-rubriques *1a* (*Compétitivité pour la croissance et l'emploi*) et *3a* (*Liberté, sécurité et justice*) et sur la rubrique *4* (*L'UE acteur mondial*) prises ensemble ;

- un tiers sur la sous-rubrique *1b* (*Cohésion pour la croissance et l'emploi*) ;

- un tiers sur la rubrique *2* (*Conservation et gestion des ressources naturelles*), et

- pas d'incidence sur la sous-rubrique *3b* (*Citoyenneté*) et la rubrique *5* (*Administration*).

Selon la Commission "*les réductions par rapport au niveau des paiements dans chaque rubrique ont été réparties proportionnellement sur toutes les lignes budgétaires ayant des crédits dissociés, compte tenu, cependant, d'ajustements spécifiques sur lesquels le comité de conciliation a exprimé des avis convergents (...), exception faite des aspects suivants : projets pilotes et actions préparatoires, agences décentralisées, lignes budgétaires de la sous-rubrique 1b qui, sous l'angle des paiements, ont été laissées en l'état par les deux branches de l'autorité budgétaire dans leurs lectures respectives du projet de budget initial (principalement convergence) et "Life+" et programmes pour le bien-être des animaux et le domaine phytosanitaire dans la rubrique 2, ainsi que la réserve pour aides d'urgence dans la rubrique 4*"[248].

La Commission propose d'adopter une déclaration du Parlement européen et du Conseil sur les crédits de paiement. Cela sera fait lors du trilogue du 6 décembre 2010 (voir pages 219-220).

Les *crédits pour engagements* augmentent de 0,24 % (au lieu des 0,48 % envisagés le 15 novembre 2010). Cette diminution est principalement due à une réduction des crédits proposés pour la rubrique *2* (*Conservation et gestion des ressources naturelles*).

La *rubrique 2* est la seule rubrique pour laquelle la Commission propose moins de crédits que ce qui préfigurait dans le "pré-accord" du 15 novembre 2010, soit -328,5 millions d'euros en crédits d'engagement et -219 millions d'euros en crédits de paiement. Ceci est avant tout une conséquence de la présentation, le 26 novembre 2010[249], de la lettre rectificative au projet de budget rectificatif nº 10/2010, qui permet un report de crédits en 2011 et par conséquence une réduction des crédits à inscrire dans la rubrique *2*.

La Commission propose également 80 millions d'euros en crédits de paiement de plus pour les mesures liées au *développement rural* par rapport à la situation au 15 novembre 2010. Les crédits proposés par la Commission dans son nouveau PB représentent néanmoins encore une réduction des crédits de paiement de 6 % par rapport au budget pour 2010 (soit -810 millions d'euros).

Pour les *autres rubriques et sous-rubriques du CF*, la Commission propose les montants de crédits d'engagement tels qu'envisagés le 15 novembre 2010, la diminution en crédits de paiement de la rubrique *2* étant "redistribuée" sur les autres rubriques et sous-rubriques.

Il convient de relever que la Commission n'a *pas réintroduit* dans son nouveau PB les effets de l'*adaptation de 1,85 % des rémunérations et des pensions* pour aucune institution, la Cour de justice n'ayant rendu son arrêt dans l'affaire *C-40/10* (*Commission contre Conseil*) que le 24 novembre 2010 et le Conseil n'ayant pas encore adopté de nouvelle décision en la matière (voir page 195, note 165).

Il convient également de souligner que la Commission n'a retenu dans son nouveau PB *aucune des réserves créées par le Parlement européen*[250]. Par ailleurs, elle a écarté *toutes les nouvelles lignes budgétaires* et *tous les commentaires*

---

[248] Doc. *COM(2010) 750 final* du 26 novembre 2010, p. 8.

[249] La lettre rectificative supprime 330 millions d'euros des réductions proposées par la Commission dans le projet de BR nº 10/2010 (voir page 171, note 38).

[250] La Commission explique ceci par le "*strict respect des dispositions de l'article 43, paragraphe 1, du règlement financier*" (doc. *COM(2010) 750 final*, p. 15).

introduits par le Parlement par le biais de ses *amendements "hors collection"* (voir page 202).

Enfin, en ligne avec le "pré-accord" du 15 novembre 2010, la Commission propose de mobiliser l'*instrument de flexibilité* (en crédits d'engagement) à hauteur de 34 millions d'euros pour la sous-rubrique *1a* (*Compétitivité pour la croissance et l'emploi*) et de 71 millions d'euros pour la rubrique *4* (*L'UE acteur mondial* ; voir pages 229-232).

Le nouveau projet de budget est accompagné d'une lettre du président de la Commission aux présidents des deux branches de l'autorité budgétaire. Cette lettre, qui présente également un certain nombre de propositions visant à relancer les négociations sur le budget de l'UE pour 2011, est reproduite pages 264-267.

C. Le nouveau PB se présente par rubriques et sous-rubriques du CF comme suit :

- les dépenses de la sous-rubrique *1a* (*Compétitivité pour la croissance et l'emploi*) s'élèvent (y inclus le Fonds européen d'ajustement à la mondialisation) à 13 521 millions d'euros en crédits d'engagement (soit -9 % par rapport au budget pour 2010[251]) et à 11 646 millions d'euros en crédits de paiement (+2,7 %).

La Commission propose d'augmenter le niveau des crédits d'engagement pour un montant total "net" de 83 millions d'euros par rapport au projet de budget initial (lettre rectificative nº 2/2011 comprise) afin de prendre en compte avant tout les priorités du Parlement européen en ce qui concerne la jeunesse, les PME et la recherche. Comme ceci conduit à dépasser le plafond du cadre financier pluriannuel, elle propose de mobiliser l'instrument de flexibilité pour un montant de 34 millions d'euros en crédits d'engagement, dont 18 millions d'euros pour financer le programme "Éducation et formation tout au long de la vie" et 16 millions d'euros pour le programme-cadre pour l'innovation et la compétitivité (voir pages 229-232).

Pour déterminer le montant des crédits de paiement, la Commission a appliqué la méthodologie décrite ci-dessus sous le point B. Toutefois, lorsque des augmentations ont été proposées par le Parlement européen afin d'accompagner une hausse des crédits d'engagement, celles-ci ont été incluses en tant que telles dans le nouveau projet de budget.

Enfin, pour le Fonds européen d'ajustement à la mondialisation, la Commission propose d'inscrire 47,7 millions d'euros en crédits de paiement (soit 2,3 millions d'euros de moins que dans le PB initial) ;

- les crédits de la sous-rubrique *1b* (*Cohésion pour la croissance et l'emploi*) du CF s'élèvent à 50 981 millions d'euros en crédits d'engagement (+3,2 %) et à 41 682 millions d'euros en crédits de paiement (+14,6 %).

La marge laissée sous le plafond de la sous-rubrique s'élève à 6 millions d'euros.

Le niveau des crédits d'engagement proposé augmente de 11 millions d'euros par rapport au projet de budget initial. Il convient avant tout de noter (outre les nouveaux montants pour les projets pilotes et les actions préparatoires ; voir *infra*) l'inclusion par la Commission dans le nouveau PB d'un nouvel article *13 03 31*, intitulé "*Assistance technique et diffusion des informations sur la stratégie de l'Union en faveur de la région de la mer Baltique et l'amélioration des connaissances sur la stratégie à l'échelle des macrorégions*", doté de 2,5 millions d'euros en crédits d'engagement[252].

La Commission a adapté les montants des crédits de paiement proposés afin de tenir compte de la limite de globale de 126,5 milliards d'euros. À ce titre, elle souligne l'importance particulière pour cette sous-rubrique du projet de déclaration sur les crédits de paiement proposée, afin que des crédits de paiement supplémentaires puissent être rapidement mis à disposition en cas de besoin (voir pages 219-220) ;

---

[251] Budgets rectificatifs nº 1-7/2010 inclus. Si l'on exclue les mesures liées au plan européen de relance, les crédits d'engagement proposés augmentent de 5 % et les crédits de paiement de 3 %.

[252] La Commission ne propose pas de crédits de paiement pour cet article, mais seulement un "p.m.".

- les crédits de la rubrique *2* (*Conservation et gestion des ressources naturelles*) du CF s'élèvent à 58 659 millions d'euros en crédits d'engagement (-1,4 %) et à 56 409 millions d'euros en crédits de paiement (-3 %). Les dépenses de marché et paiements directs agricoles budgétisés s'élèvent à 42 891 millions d'euros en crédits d'engagement et à 42 789 millions d'euros en crédits de paiement, soit -2,1 % par rapport à 2010.

La marge laissée sous le plafond de la rubrique est de 1 679 millions d'euros. La marge pour les dépenses de marché et paiements directs est de 1 575 millions d'euros.

Le nouveau PB intègre certaines des priorités exprimées par le Parlement européen en proposant de renforcer (par rapport au PB initial, lettre rectificative nº 3/2011 incluse) les crédits en faveur du "lait aux écoliers" (+10 millions d'euros), de la santé des animaux (+10 millions d'euros), du programme "Life+" (+6,7 millions d'euros), de l'Agence communautaire de contrôle des pêches (+4 millions d'euros) et de la collecte des données de base dans le cadre de l'appui à la gestion des ressources halieutiques (+2 millions d'euros).

Pour la ligne budgétaire liée à l'apurement comptable, la Commission a retenu -272 millions d'euros, soit une montant négatif additionnel de 200 millions d'euros par rapport au projet de budget initial.

Pour les lignes budgétaires contenant des crédits non dissociés, les paiements sont fixés dans le nouveau PB au même niveau que les engagements. Pour les autres lignes budgétaires, la Commission a respecté concernant les crédits de paiement la méthodologie susmentionnée.

Selon la Commission, le nouveau projet de budget "*prend également en compte 540 millions d'euros de recettes affectées pour le FEAGA reportées de 2010 à 2011. Ce montant est supérieur au montant de 210 millions d'euros qui était prévu dans la lettre rectificative n° 3/2011*[253]*, en raison d'un usage moindre des recettes affectées générées en 2010 dans l'exécution du budget 2010. En conséquence, ces recettes affectées supplémentaires reportées de 2010 à 2011 réduisent de 330 millions d'euros les besoins sur les lignes 05 02 08 03 (Fonds opérationnels des organisations de producteurs) et 05 03 01 01 (Régime de paiement unique – RPU). La réduction des crédits sur ces lignes a pour effet d'augmenter du même montant la marge non allouée disponible en 2011 dans la rubrique 2*"[254] ;

- les crédits de la sous-rubrique *3a* (*Liberté, sécurité et justice*) du CF s'établissent à 1 139 millions d'euros en crédits d'engagement (+13,2 %) et à 814 millions d'euros en crédits de paiement (+10,2 %).

La marge restante sous le plafond de cette sous-rubrique est de 67 millions d'euros.

Par rapport au projet de budget initial (lettre rectificative nº 2/2011 comprise), la Commission propose d'augmenter (hors montants destinés aux projets pilotes et aux actions préparatoires ; voir *infra*) les crédits d'engagement de trois lignes budgétaires[255], pour un montant total de 4,4 millions d'euros. En même temps, elle propose de réduire les crédits d'engagement de trois lignes budgétaires[256], pour un montant de 5,7 millions d'euros.

Les crédits de paiement proposés relatifs aux lignes budgétaires susmentionnées restent inchangés, sauf pour les postes *18 01 04 14* (*Justice civile – Dépenses pour la gestion administrative*) et *18 02 11 01* (*Agence pour la gestion opérationnelle des systèmes d'information à grande échelle dans le domaine de la liberté, de la sécurité et de la justice – Contribution aux titres 1 et 2*), pour lesquels

---

[253] Voir page 236.

[254] Doc. *COM(2010) 750 final*, p. 10.

[255] Il s'agit des trois lignes budgétaires suivantes : *18 04 07* (*Combattre la violence (Daphné)* ; +2,4 millions d'euros), *18 05 08* (*Prévention, préparation et gestion des conséquences en matière de terrorisme* ; +1 million d'euros) et *18 07 03* (*Prévenir la consommation de drogue et informer le public* ; +1 million d'euros).

[256] Il s'agit des trois lignes budgétaires suivantes : *18 01 04 14* (*Justice civile – Dépenses pour la gestion administrative* ; -50 000 euros), *18 02 11 01* (*Agence pour la gestion opérationnelle des systèmes d'information à grande échelle dans le domaine de la liberté, de la sécurité et de la justice – Contribution aux titres 1 et 2* ; -5,2 millions d'euros) et *18 03 05* (*Réseau européen des migrations* ; -0,5 million d'euros).

les crédits sont diminués du montant correspondant à la réduction des crédits d'engagement ;

- les crédits de la sous-rubrique *3b* (*Citoyenneté*) du CF s'établissent à 683 millions d'euros en crédits d'engagement et à 646 millions d'euros en crédits de paiement. Ceci laisse une marge sous le plafond de la sous-rubrique de 103 000 euros seulement.

Par rapport au PB initial (hors montants destinés aux projets pilotes et aux actions préparatoires ; voir *infra*), la Commission propose d'augmenter les crédits d'engagement de trois articles[257], reflétant les priorités du Parlement européen en matière de jeunesse et de communication.

Les crédits de paiement supplémentaires correspondants proposés représentent 50 % des renforcements en crédits d'engagement, sauf pour l'article *15 05 06* destiné aux "événements annuels spéciaux", dont les crédits de paiement sont fixés au même niveau que les crédits d'engagement ;

- les crédits de la rubrique *4* (*L'UE acteur mondial*) du CF s'établissent à 8 754 millions d'euros en crédits d'engagement (+7,5 %) et à 7 249 millions d'euros en crédits de paiement (-6,9 %).

La Commission a inclus dans son nouveau PB des renforcements en crédits d'engagement pour douze lignes budgétaires (hors projets pilotes et aux actions préparatoires), pour un montant total de 149 millions d'euros[258], reflétant ainsi certaines des priorités exprimées par l'autorité budgétaire au cours de la procédure budgétaire. La principale augmentation concerne la Palestine pour laquelle, suite à la position du Parlement européen, un montant supplémentaire de 100 millions d'euros par rapport au PB initial est proposé. La subvention pour la Fondation européenne pour la formation est renforcée de 0,5 million d'euros.

Suite à ces crédits d'engagement supplémentaires, le niveau des crédits d'engagement proposé dans le nouveau PB dépasse le plafond de la rubrique *4* du CF. La Commission propose ainsi de mobiliser l'instrument de flexibilité pour un montant de 71 millions d'euros afin de couvrir une partie du montant supplémentaire proposé pour la Palestine (voir pages 229-232).

Sans préjudice de l'application de la méthodologie concernant les crédits de paiement présentée ci-dessus (voir pages 213-215), la Commission propose 100 millions d'euros supplémentaires par rapport au PB initial en crédits de paiement pour la Palestine. Pour les autres lignes budgétaires dont les crédits d'engagement ont été augmentés, les crédits de paiement sont maintenus au niveau du projet de budget initial.

Concernant le "budget PESC", la Commission propose 327,4 millions d'euros en crédits d'engagement et 272,9 millions d'euros en crédits de paiement (soit 13,1 millions d'euros de moins que dans son PB initial). Par ailleurs, elle propose de supprimer les articles *19 03 03* (*Résolution de conflits et autres mesures de stabilisation*) et *19 03 07* (*Missions de police*) et de scinder l'article *19 03 01* (*Suivi et mise en œuvre des processus de paix et de sécurité*) en quatre postes comme suit :

- *19 03 01 01* (*Mission d'observation en Géorgie*), doté de 30 millions d'euros en crédits d'engagement et de 27,5 millions d'euros en crédits de paiement ;

- *19 03 01 02* (*EULEX Kosovo*), doté de 144 millions d'euros en crédits d'engagement et de 124,5 millions d'euros en crédits de paiement ;

- *19 03 01 03* (*EUPOL Afghanistan*), doté de 48 millions d'euros en crédits d'engagement et de 41,1 millions d'euros en crédits de paiement, et

- *19 03 01 04* (*Autres missions de suivi et mise en œuvre des processus de paix et de sécurité*), doté de 52,5 millions d'euros en crédits d'engagement et de 42,4 millions d'euros en crédits de paiement.

[257] Il s'agit des articles *15 05 06* (*Événements annuels spéciaux* ; +4 millions d'euros), *15 05 55* (*Jeunesse en action* ; +3 millions d'euros) et *16 03 01* (*Relais d'information* ; +1 million d'euros).

[258] La Commission propose par ailleurs de diminuer les crédits d'engagement pour deux lignes budgétaires, à savoir les articles *01 03 02* (*Assistance macroéconomique* ; -10 millions d'euros) et *19 11 03* (*L'Union européenne dans le monde* ; -1 million d'euros).

Enfin, pour la réserve pour aides d'urgence, la Commission propose 103 millions d'euros en crédits de paiement de moins que dans son PB initial, soit 254 millions d'euros en crédits d'engagement et 100 millions d'euros en crédits de paiement, et

- les dépenses de la rubrique *5* (*Administration*) du CF s'élèvent à 8 082 millions d'euros en crédits d'engagement et à 8 080 millions d'euros en crédits de paiement (+2,2 %). Ceci laisse une marge sous le plafond de la rubrique de 334 millions d'euros.

Selon la Commission "*le nouveau projet de budget proposé exclut les crédits relatifs à l'adaptation des rémunérations de 2009 (1,85 %) qui reste à effectuer pour l'ensemble des institutions*[259]*, en attendant l'adoption du nouveau règlement du Conseil faisant suite à l'arrêt du 24 novembre 2010 rendu par la Cour de justice en faveur de la Commission. Un projet de budget rectificatif sera présenté en 2011. Dans l'intervalle, une marge suffisante sera laissée intacte sous le plafond de la rubrique 5 (...). En outre, les crédits destinés aux rémunérations et aux pensions ont été revus à la baisse pour l'ensemble des institutions en ce qui concerne l'ajustement des rémunérations de 2010, reflétant les estimations les plus récentes de 0,7 % au maximum.*

Pour la Commission, le nouveau projet de budget est fondé sur la position faisant suite à la lettre rectificative n° 1/2011 (Service européen pour l'action extérieure), exception faite des lignes XX 01 02 11 02 (Frais de conférence et de réunion) et XX 01 02 11 03 (Réunions des comités), pour lesquelles, dans l'esprit du compromis, les crédits sont fixés au niveau inférieur convenu conjointement par les deux branches de l'autorité budgétaire dans leurs lectures respectives.

Pour les institutions autres que la Commission, après prise en compte des corrections liées aux rémunérations, le nouveau projet de budget reflète la lecture du Parlement européen, sauf en ce qui concerne le Conseil, dont la propre position est retenue après la lettre rectificative n° 1/2011 (Service européen pour l'action extérieure)"[260].

Les *nouveaux postes* proposés dans le nouveau PB aux différentes institutions de l'Union européenne reflètent également le "pré-accord" obtenu lors de la procédure de conciliation[261]. Ainsi, le nouveau PB inclut (hors Parlement européen, Conseil européen et SEAE) les postes supplémentaires par rapport à 2010 suivants : Cour de justice (+29 postes), Comité économique et social européen (+11 postes), Comité des régions (+18 postes), Médiateur européen (+1 poste) et Contrôleur européen de la protection des données (+2 postes).

S'agissant des *agences décentralisées* relevant des différentes rubriques et sous-rubriques du CF, la Commission propose de maintenir les contributions de l'UE (tant en crédits d'engagement qu'en crédits de paiement) au niveau proposé dans le projet de budget initial tel que modifié par la lettre rectificative n° 2/2011, à l'exception de l'Agence communautaire de contrôle des pêches (rubrique *2*), pour laquelle elle propose un renforcement de 4 millions d'euros en crédits d'engagement, et la Fondation européenne pour la formation (rubrique *4*), avec un renforcement de 0,5 million d'euros en crédits d'engagement et de paiement.

Par ailleurs, comme il a été décidé par les deux branches de l'autorité budgétaire dans leurs positions sur le projet de budget initial, les crédits destinés à l'Agence pour la gestion opérationnelle des systèmes d'information à grande échelle dans le domaine de la liberté, de la sécurité et de la justice (sous-rubrique *3a*) sont réduits de moitié.

La Commission propose également d'accorder les nouveaux postes demandés dans le projet de bud-

---

[259] Soit 101,4 millions d'euros environ pour 2011 toutes institutions confondues. Il convient d'ajouter à cette somme un montant supplémentaire de 10 millions d'euros environ pour les dépenses de pensions.

[260] Doc. *COM(2010) 750 final*, pp. 13/14.

[261] Ces nouveaux postes sont repris dans le tableau 57, page 230. Ils reflètent, à l'exception des huit nouveaux postes (5 AD et 3 AST) demandés par la Cour de justice pour préparer l'élargissement à la Croatie (qui n'ont pas été retenus vu les incertitudes liées à la date de l'adhésion de la Croatie à l'UE), la position du Parlement européen sur le projet de budget initial (voir page 207).

get initial, à l'exception d'Eurojust, pour lequel elle propose d'octroyer un poste supplémentaire en moins.

Pour les *agences exécutives*, la Commission propose de maintenir les crédits et les postes au niveau proposé dans le projet de budget initial.

Le nouveau projet de budget comprend un total de *46 projets pilotes et d'actions préparatoires*[262], pour un montant total de 72,7 millions d'euros en crédits d'engagement. La Commission propose de fixer les crédits de paiement pour tous les nouveaux projets pilotes et actions préparatoires à 50 % maximum des crédits d'engagement correspondants, le montant proposé dans le projet de budget initial étant néanmoins conservé s'il est inférieur à 50 % des crédits d'engagement[263].

S'agissant enfin des *commentaires budgétaires*, la Commission a retenu, à une exception près[264], tous les amendements textuels introduits par le Parlement européen ou le Conseil dans leurs positions respectives, "*étant entendu qu'ils ne peuvent modifier ou étendre le champ d'application d'une base légale existante*"[265].

D. Lors du trilogue du 6 décembre 2010, le Parlement européen, le Conseil et la Commission sont parvenus à un accord politique "*ad referendum*" sur le budget de l'Union européenne pour 2011[266], sous réserve de précisions techniques sur la façon d'inclure les effets de l'adaptation de 1,85 % des rémunérations et des pensions dans le budget et sur la prise en compte par le Conseil dans sa position d'amendements du Parlement européen visant à inscrire en réserve des montants liés à un certain nombre de lignes budgétaires[267] (voir pages 222-225).

L'accord sur le budget pour 2011 comprend la déclaration conjointe du Parlement européen et du Conseil suivante[268] sur les crédits de paiement de *toutes* les rubriques et sous-rubriques du CF, à l'exception de la rubrique *5* (*Administration*)[269] :

"*Compte tenu des efforts d'assainissement budgétaire actuellement consentis par les États membres, le Parlement européen et le Conseil approuvent le niveau des crédits de paiement pour 2011 proposé dans le projet de budget présenté le 26 novembre 2010 par la Commission. Ils demandent à la Commission de présenter un budget rectificatif si les crédits inscrits dans le budget 2011 se révélaient insuffisants pour couvrir les dépenses relevant de la sous-rubrique 1a (Compétitivité pour la croissance et l'emploi), de la sous-rubrique 1b (Cohésion pour la croissance et l'emploi), de la rubrique 2 (Conservation et gestion des ressources naturelles), de la rubrique 3 (Citoyenneté, liberté,*

---

[262] Ces projets pilotes et actions préparatoires incluent tous les projets et toutes les actions proposés par le Parlement européen, le Conseil ou la Commission (voir pages 182-207). Selon la Commission lorsqu'il "*apparaît qu'un projet pilote ou une action préparatoire est couvert par une base légale existante, la Commission peut mettre en œuvre l'action en question en vertu de ladite base légale et proposer un virement de crédits vers la ligne budgétaire correspondante en cours d'exercice*" (doc. *COM(2010) 750 final*, p. 13).

[263] S'agissant des projets pilotes et actions préparatoires existants qui doivent être prorogés en 2011, la Commission suggère de conserver dans tous les cas le niveau des crédits de paiement proposé dans le projet de budget initial.

S'agissant de la nomenclature des actions préparatoires, la Commission propose de déplacer la nouvelle action préparatoire sur le "*soutien à la médiation*" au poste *2 2 3 8* de la section X – Service européen pour l'action extérieure – du budget de l'UE pour 2011.

[264] Cette exception concerne les commentaires ajoutés à la ligne budgétaire *XX 01 02 11* (*Autres dépenses de gestion de l'institution*) par le Parlement européen.

[265] Doc. *COM(2010) 750 final*, p. 14.

[266] Y inclus sur la mobilisation de l'instrument de flexibilité, pour un montant de 105 millions d'euros en crédits d'engagement (voir pages 215 et 229-232).

[267] Un des éléments clefs lors du trilogue a été d'essayer de garantir que le Parlement européen puisse approuver la position du Conseil sur le nouveau projet de budget *sans aucun amendement* afin d'éviter de devoir recourir à une procédure de conciliation, et de permettre ainsi l'adoption du budget pour 2011 encore en 2010. Ce souci n'a permis d'obtenir qu'un accord "*ad referendum*" lors du trilogue du 6 décembre 2010.

[268] Le Conseil et le Parlement européen ont confirmé cette déclaration conjointe lors de l'adoption de leurs positions respectives sur le nouveau projet de budget, le 10 et le 15 décembre 2010 respectivement.

[269] Cette rubrique comprenant des crédits non dissociés.

sécurité et justice) et de la rubrique 4 (L'UE acteur mondial).

Le Parlement européen et le Conseil demandent instamment à la Commission de présenter, d'ici la fin septembre 2011, les derniers chiffres actualisés concernant la situation et les estimations relatives aux crédits de paiement relevant de la sous-rubrique 1b (Cohésion pour la croissance et l'emploi) et à ceux affectés au développement rural dans le cadre de la rubrique 2 (Conservation et gestion des ressources naturelles), et, si nécessaire, de présenter un projet de budget rectificatif à cette seule fin.

Le Parlement européen et le Conseil se prononceront sur un éventuel projet de budget rectificatif dans les plus brefs délais afin d'éviter toute insuffisance dans les crédits de paiement. En outre, le Parlement européen et le Conseil s'engagent à traiter sans retard un éventuel virement de crédits de paiement, y compris entre les rubriques du cadre financier, afin de tirer le meilleur parti des crédits de paiement inscrits au budget et de les adapter en fonction de l'exécution effective et des besoins".

Cette déclaration conjointe rejoint la déclaration unilatérale "traditionnelle" du Conseil sur les crédits de paiement et la déclaration sur une "procédure spéciale" concernant les crédits de paiement relevant de la sous-rubrique *1b* du CF, adoptées le 12 août 2010 (voir page 195), mais va plus loin. En effet, il convient de relever, outre qu'elle a été élargie à de nouvelles rubriques, qu'elle mentionne également les *virements* de crédits de paiement, "*y compris entre les rubriques du cadre financier*". Cette déclaration conjointe a été un élément essentiel de l'accord sur le budget pour 2011.

S'agissant de la question de la "flexibilité" du cadre financier, le Conseil a proposé l'adoption du projet de déclaration commune suivant sur le règlement du Conseil fixant le cadre financier pluriannuel pour 2007-2013 et l'accord interinstitutionnel sur la coopération en matière budgétaire, induant la création d'une nouvelle "*marge pour imprévus*" (*Contigency margin*) :

"Les trois institutions conviennent que les provisions suivantes sur une marge pour imprévus seront incluses dans le règlement du Conseil fixant le cadre financier pluriannuel pour 2007-2013 quand il sera adopté :

Article 2[270] *: Instruments spéciaux*

"Les instruments spéciaux visés aux articles 8 à 12 assurent la flexibilité du cadre financier. Les crédits d'engagement peuvent être inscrits au budget au-delà des plafonds des rubriques concernées, définis dans le cadre financier, s'il est nécessaire d'utiliser les ressources de la réserve pour aides d'urgence, du Fonds de solidarité, de l'instrument de flexibilité, du Fonds européen d'ajustement à la mondialisation et de la marge pour imprévus."

Article 4 : Ajustements techniques

Ajout d'un nouveau point c) au paragraphe 1 :

"Chaque année, la Commission, agissant en amont de la procédure budgétaire de l'exercice n+1, procède aux ajustements techniques suivants du cadre financier :

a) réévaluation, aux prix de l'exercice n+1, des plafonds et des montants globaux des crédits pour engagements et des crédits pour paiements ;

b) calcul de la marge restant disponible sous le plafond des ressources propres fixé par la décision 2007/436/CE, Euratom ;

c) calcul du montant en valeur absolue de la marge pour imprévus visée à l'article 12."

Nouvel article 12 : Marge pour imprévus

"1. Une marge pour imprévus pouvant atteindre 0,03 % du revenu national brut de l'Union est constituée au-delà des plafonds fixés par le cadre financier pour la période 2007-2013, en tant que dernier recours face à des circonstances imprévues.

[270] Les articles se réfèrent au doc. *Conseil 16973/10 FIN 654 CADREFIN 70 INST 537* du 7 décembre 2010.

2. Le recours à la marge pour imprévus n'excède pas, au cours d'une année donnée, le montant maximal prévu à l'article 4, paragraphe 1, point c), et doit être compatible avec le plafond des ressources propres.

3. Les montants rendus disponibles par la mobilisation de la marge pour imprévus sont entièrement prélevés sur les marges indiquées dans une ou plusieurs rubriques du cadre financier pour l'exercice financier en cours ou les exercices futurs.

4. Les montants prélevés en application du paragraphe 3 ne doivent pas être mobilisés au titre du cadre financier. Le recours à la marge pour imprévus ne doit pas occasionner de dépassement du total des plafonds de crédits d'engagement et de paiement qui y sont fixés pour l'exercice financier en cours et les exercices futurs."

Les trois institutions conviennent que les provisions suivantes sur une marge pour imprévus seront incluses dans le nouvel accord interinstitutionnel sur la coopération en matière budgétaire quand il sera adopté :

Ajout d'un nouveau point 13[271] *:*

"13. La mobilisation de tout ou partie de la marge pour imprévus, prévue par le règlement du Conseil fixant le cadre financier pluriannuel pour 2007-2013, est proposée par la Commission à l'issue d'un examen en profondeur de toutes les autres possibilités financières. La proposition de la Commission de recourir à la marge pour imprévus sera assortie d'une proposition de réaffectation, dans le cadre du budget existant, d'un montant significatif validé par l'examen en question.

La décision de mobiliser la marge pour imprévus est prise conjointement par les deux branches de l'autorité budgétaire. Le Conseil statue à la majorité qualifiée et le Parlement européen statue à la majorité des membres qui le composent et des trois cinquièmes des suffrages exprimés."

Ajout d'un nouveau point 14 :

"14. Le recours à la marge pour imprévus ne doit pas conduire à des crédits de paiement supplémentaires en 2011."

Les trois institutions conviennent de poursuivre les procédures législatives correspondantes afin d'adopter le règlement du Conseil fixant le cadre financier pluriannuel pour 2007-2013 et l'accord interinstitutionnel sur la coopération en matière budgétaire le plus rapidement possible en 2011"[272].

Le Parlement européen a rejeté cette déclaration commune ou la création d'une telle marge pour imprévus[273], car il considérait que la flexibilité proposée par le Conseil restait en deçà de la flexibilité qui existe au point 22, deuxième paragraphe de la Partie I de l'AII de 2006 (voir page 209, note 232).

Les représentants du PE ont également émis lors du trilogue de sérieux doutes quant à la volonté du Parlement dans son ensemble d'approuver le financement additionnel du projet ITER en 2012 et 2013 tel que proposé par le Conseil. Finalement, le Parlement européen n'a pas approuvé en 2010 la proposition de révision du CF à cet effet (voir pages 232-234). Par ailleurs, il n'a pas pris position sur le projet de BR n° 10/2010 proposé par la Commission et soutenu par le Conseil (voir chapitre II).

---

[271] Les points se réfèrent au doc. *Conseil 16974/10 FIN 655 CADREFIN 71 INST 538* du 7 décembre 2010.

[272] La Commission a fait dans ce cadre la déclaration unilatérale suivante : "*Le recours à la marge pour imprévus ne doit pas conduire à des crédits de paiement supplémentaires en 2011.*

Le mécanisme européen de stabilisation financière (MESF) est limité à la marge entre le plafond des crédits pour paiements du cadre financier pluriannuel et le plafond des ressources propres.

La marge pour imprévus est limitée à la marge existante sous le plafond des crédits pour paiements disponible pour l'exercice financier en cours et les exercices futurs".

[273] Lors du trilogue, le Conseil a accepté trois modifications au texte du projet de déclaration, dont le changement du nom de ce nouvel instrument en "*réserve pour imprévus*", mais même ces modifications n'ont pas convaincu la majorité du PE d'accepter la marge pour imprévus telle que proposée par le Conseil.

Enfin, il convient d'indiquer que le trilogue ne s'est pas penché sur la question des déclarations "politiques" voulues par le Parlement européen sur sa participation aux travaux relatifs au futur cadre financier pluriannuel et à la nouvelle décision "ressources propres". Ces points ont fait l'objet de négociations directes séparées entre le président du PE et la présidence du Conseil de l'Union européenne. Elles se sont conclues par une lettre envoyée par le Premier ministre belge au président du Parlement européen le 8 décembre 2010. Cette lettre, qui a été un élément essentiel pour que le Parlement accepte le "paquet budgétaire" et vote le budget de l'Union pour 2011 encore en 2010, est reproduite pages 268-269.

9. La position du Conseil sur le nouveau projet de budget pour 2011 (10 décembre 2010[274])

A. La position du Conseil sur le nouveau projet de budget pour 2011 s'élève à 141 909 millions d'euros en crédits pour engagements (+0,3 % par rapport au budget pour 2010[275]) et à 126 527 millions d'euros en crédits pour paiements (+2,9 %). Ceci représente 1,13 % et 1,01 % respectivement du RNB de l'UE. Les marges laissées sous les plafonds du CF sont de 1 996 millions d'euros en crédits pour engagements et de 7 935 millions d'euros en crédits pour paiements.

B. La position du Conseil inclut l'accord politique "*ad referendum*" obtenu sur le budget de l'Union pour 2011 lors du trilogue du 6 décembre 2010 (voir pages 219-222), et plus particulièrement :

a) l'inclusion des crédits liés à l'*adaptation des rémunérations en 2011* sous les différentes sections (et de la ligne "pensions" sous la section III – Commission) du budget de l'UE relevant de la rubrique *5* (*Administration*) du CF, pour un montant total de 91,1 millions d'euros[276], dont :

- 35,9 millions d'euros pour la Commission (section III) ;

- 27,7 millions d'euros pour les pensions de toutes les institutions (section III), et

- 27,6 millions d'euros pour les autres institutions (sections I, II et IV-X).

Cette augmentation est compensée par une diminution[277] d'un montant correspondant des *crédits de paiement*[278] sur plusieurs lignes budgétaires relevant des différentes rubriques et sous-rubriques du CF, à l'exception – suite à une demande du Parlement européen – de la sous-rubrique *3b* (*Citoyenneté*)[279] ;

b) le transfert des crédits du nouveau PB inscrits sur sept lignes budgétaires différentes[280] en *ré-*

---

[274] Eu égard au caractère d'urgence de la question, le Conseil, conformément à l'article 3, paragraphe 3 de son règlement intérieur, a décidé le 2 décembre 2010 de réduire la période de huit semaines ainsi que celle de dix jours prévues à l'article 4 du protocole n° 1 sur le rôle des parlements nationaux dans l'Union européenne.

Le Conseil a adopté sa position en tant que "point A". La décision arrêtant la position du Conseil a été publiée au JO C 58 du 24.2.2011, p. 2.

[275] Budgets rectificatifs n° 1-7/2010 compris (voir chapitre II).

[276] Soit 111,4 millions d'euros (voir page 218, note 259) *moins* 17 millions d'euros (pour tenir compte d'une adaptation des rémunérations pour la période juillet 2010-juin 2011 estimée, selon les dernières données statistiques disponibles, à 0,4 % maximum (au lieu des 0,7 % retenus par la Commission dans son nouveau PB) et *moins* 3,3 millions d'euros (sur la base de la sous exécution escomptée notamment concernant les Écoles européennes et pour maintenir le niveau des crédits proposé par la Commission dans son nouveau PB).

Le montant total des crédits pour engagements est ainsi de 91,1 millions d'euros plus élevé dans la position du Conseil que dans le nouveau projet de budget présenté par la Commission.

[277] Les réductions ont été effectuées en appliquant les mêmes critères que ceux retenus pour la ventilation des crédits de paiement dans le nouveau projet de budget (voir pages 213-214).

[278] Cette diminution des crédits de paiement a été effectuée pour respecter l'accord sur le montant total des crédits pour paiements. Les rémunérations étant des crédits non dissociés, le total des crédits pour engagements augmente en même temps dans la position du Conseil de 91,1 millions d'euros par rapport au nouveau PB (voir *supra*).

[279] Les crédits de la rubrique *5* sont naturellement également exclus de ces réductions de crédits.

[280] Le Parlement européen aurait souhaité l'inclusion dans le budget de l'UE pour 2011 de plusieurs autres réserves mais, suite aux objections soulevées par le Conseil et la Commission et dans un esprit de compromis, a accepté de limiter ses demandes sur ces sept réserves qu'il considérait "*politiquement essentielles*".

serve, dont cinq lignes relevant de la section III – Commission[281] – et deux de la section VII – Comité des régions[282] – du budget de l'UE pour 2011, suite à une demande du Parlement européen[283] et,

c) l'inscription des crédits concernant les *subventions pour les trois nouvelles agences créées dans le domaine de la supervision financière* (et inscrits en réserve dans le nouveau PB présenté par la Commission) sur les lignes budgétaires correspon-

---

[281] Il s'agit des cinq lignes budgétaires suivantes :

- poste *XX 01 01 01* (*Dépenses relatives au personnel en activité lié à l'institution*), avec 1,4 million d'euros inscrits en réserve, avec la condition suivante (inscrite dans le commentaire budgétaire) pour la levée de la réserve : "*Le montant sera libéré lorsque la Commission présentera une proposition de transfert du personnel de sa DG RELEX à l'unité du SEAE chargée de la consolidation de la paix et de la réaction aux crises, conformément aux engagements et déclarations précédents de la haute représentante/vice-présidente*" ;

- poste *18 02 04 01* (*Système d'information Schengen (SIS II)*), avec 10 millions d'euros en crédits d'engagement et 6,6 millions d'euros en crédits de paiement en réserve, avec la condition suivante : "*Les crédits placés en réserve seront débloqués lorsque la Commission présentera, pour la poursuite du développement du SIS II, un calendrier concret et réaliste détaillant les étapes techniques supplémentaires, le contenu et l'objectif de chaque étape, les coûts afférents et les responsabilités pour chaque étape de développement. En outre, la Commission doit donner, au Parlement et au Conseil, un accès intégral au contrat de service conclu entre la Commission et le prestataire chargé du développement du système SIS II*" ;

- poste *18 05 05 01* (*Collège européen de police – Contribution aux titres 1 et 2*), avec 0,5 million d'euros en réserve, avec la condition : "*Ce montant restera en réserve jusqu'à ce que le Parlement ait reçu des informations satisfaisantes sur le suivi à donner à sa décision de décharge et à sa résolution pour l'exercice 2008*" ;

- article *21 04 01* (*Environnement et gestion durable des ressources naturelles, y compris l'énergie*), avec 65 millions d'euros en crédits d'engagement et 57,8 millions d'euros en crédits de paiement en réserve, avec la condition : "*La Commission européenne doit présenter un document qui l'engage politiquement et qui démontre que le programme de financement à mise en œuvre rapide pour lutter contre le changement climatique est effectivement un ajout, qu'il alloue les ressources de l'UE à des régions partenaires d'une manière géographiquement équilibrée et ne s'effectue pas au détriment des programmes existants de coopération au développement, ainsi que d'une présentation claire des contributions financières des États membres au mécanisme à mise en œuvre rapide, des informations sur les critères de sélection des bénéficiaires et des détails des accords conclus avec les pays en développement*", et

- poste *25 01 02 13* (*Autres dépenses de gestion liées aux membres de l'institution*), avec 0,5 million d'euros en réserve, avec la condition suivante : "*Ce montant sera maintenu en réserve tant que la Commission n'aura pas tenu l'engagement pris par son président (Orientations politiques pour la prochaine Commission, 3 septembre 2009, p. 44) de revoir le code de conduite des commissaires dans le cadre d'un dialogue structuré avec les institutions concernées, et en particulier :*

- d'améliorer les déclarations d'intérêt des membres de la Commission (révision régulière, annuelle, publication des intérêts financiers étendue aux enfants et aux partenaires) ;

- de renforcer la transparence dans le domaine des déplacements en mission des membres de la Commission ;

- d'améliorer les règles relatives aux conflits d'intérêts, et en priorité dans les domaines suivants :

a) renforcement des règles relatives à l'acceptation des cadeaux (préciser que les propositions de séjours de vacances et d'autres services sont considérées comme des cadeaux, publication du nom des donateurs) ;

b) renforcement des conditions relatives à l'exercice d'une activité dans le secteur privé après le départ de la Commission (délai d'incompatibilité) ;

c) mise en place d'une procédure pour les cas de conflits d'intérêts et constitution d'un conseil consultatif des principes de la vie publique dont les membres seront nommés par les différentes institutions ;

- de définir le cadre d'application du code de conduite (y compris les sanctions à appliquer en cas de violation) ;

- de mettre en place des rapports et d'améliorer la présentation du code de conduite sur le site internet de la Commission ;

- d'expliquer clairement les procédures de recours existantes devant le Médiateur européen".

[282] Il s'agit des deux postes suivants :

- *2 1 0 2* (*Prestations externes pour l'exploitation, la réalisation et la maintenance des logiciels et des systèmes*), avec 115 000 euros inscrits en réserve et le commentaire budgétaire suivant : "*La moitié de l'augmentation a été mise en réserve dans l'attente de justifications plus détaillées*", et

- *2 5 4 1* (*Observateurs (Croatie)*), avec 22 000 euros en réserve et le commentaire : "*Le crédit est placé en réserve dans l'attente de la confirmation du calendrier d'adhésion*".

[283] L'objectif étant que le Parlement européen puisse accepter la position du Conseil sans amendement (voir page 225).

dantes[284], suite à l'adoption des bases légales le 24 novembre 2010[285].

Par ailleurs, la position du Conseil contient deux adaptations techniques concernant les commentaires des articles *08 04 01* (*Coopération – nanosciences, nanotechnologies, matériaux et nouvelles technologies de production*) et *15 05 55* (*Jeunesse en action*)[286].

C. La position du Conseil s'établit par rubriques et sous-rubriques du cadre financier pour 2007-2013 comme suit :

- les dépenses de la sous-rubrique *1a* (*Compétitivité pour la croissance et l'emploi*) s'élèvent à 13 521 millions d'euros en crédits d'engagement et à 11 628 millions d'euros en crédits de paiement[287], soit 18 millions d'euros en crédits de paiement en moins que proposé par la Commission dans son nouveau projet de budget (voir page 215).

L'instrument de flexibilité est mobilisé pour cette sous-rubrique pour un montant de 34 millions d'euros pour financer le programme "Éducation et formation tout au long de la vie" et le programme-cadre pour l'innovation et la compétitivité (voir page 232) ;

- les crédits de la sous-rubrique *1b* (*Cohésion pour la croissance et l'emploi*) du CF s'élèvent à 50 981 millions d'euros en crédits d'engagement et à 41 652 millions d'euros en crédits de paiement, soit -30 millions d'euros en crédits de paiement par rapport au nouveau PB ;

- les crédits de la rubrique *2* (*Conservation et gestion des ressources naturelles*) du CF s'élèvent à 58 659 millions d'euros en crédits d'engagement et à 56 379 millions d'euros en crédits de paiement, soit -30 millions d'euros en crédits de paiement par rapport au nouveau PB.

Les dépenses de marché et paiements directs agricoles budgétisés s'élèvent à 42 891 millions d'euros en crédits d'engagement et à 42 788 millions d'euros en crédits de paiement ;

- les crédits de la sous-rubrique *3a* (*Liberté, sécurité et justice*) du CF s'établissent à 1 139 millions d'euros en crédits d'engagement et à 813 millions d'euros en crédits de paiement, soit -1 million d'euros en crédits de paiement par rapport au nouveau PB ;

- les crédits de la sous-rubrique *3b* (*Citoyenneté*) du CF s'établissent à 683 millions d'euros en crédits d'engagement et à 646 millions d'euros en crédits de paiement, soit au même niveau que proposé par la Commission dans son nouveau PB ;

- les crédits de la rubrique *4* (*L'UE acteur mondial*) du CF s'établissent à 8 754 millions d'euros en crédits d'engagement et à 7 238 millions d'euros en crédits de paiement, soit -11 millions d'euros en crédits de paiement par rapport au nouveau PB.

L'instrument de flexibilité est mobilisé pour cette rubrique pour un montant de 71 millions d'euros pour financer la Palestine (voir page 232).

Pour la réserve pour aides d'urgence, le Conseil a retenu 100 millions d'euros en crédits de paiement, et

- les dépenses de la rubrique *5* (*Administration*) du CF s'élèvent à 8 173 millions d'euros en crédits d'engagement et à 8 172 millions d'euros en crédits de paiement, soit 91 millions d'euros de plus que proposé par la Commission dans son nouveau projet de budget.

Comme indiqué *supra* sous le point B, le Conseil a inclus dans sa position l'impact en 2011 de la hausse de 1,85 % des rémunérations et des pensions. En conséquence, le montant des différentes sections du budget s'établissent comme suit :

---

[284] Il s'agit des articles *12 04 02* (pour l'Autorité bancaire européenne), *12 04 03* (pour l'Autorité européenne des assurances et des pensions professionnelles) et *12 04 04* (pour l'Autorité européenne des marchés financiers).

[285] JO L 331 du 15.12.2010, pp. 12/119.

[286] Voir doc. *Conseil 17569/1/2010 REV 1 FIN 709* du 9 décembre 2010, p. 15.

[287] Y inclus le Fonds européen d'ajustement à la mondialisation.

- section I (Parlement européen) : 1 685,8 millions d'euros ;

- section II (Conseil européen et Conseil) : 563,3 millions d'euros ;

- section III (Commission, y inclus les Écoles européennes et les pensions) : 4 743,2 millions d'euros (en crédits de paiement) ;

- section IV (Cour de justice) : 341,2 millions d'euros ;

- section V (Cour des comptes) : 144,3 millions d'euros ;

- section VI (Comité économique et social) : 128,6 millions d'euros ;

- section VII (Comité des régions) : 84,1 millions d'euros ;

- section VIII (Médiateur européen) : 9,4 millions d'euros ;

- section IX (Contrôleur européen de la protection des données) : 7,6 millions d'euros, et

- section X (Service européen pour l'action extérieure) : 464 millions d'euros (en crédits de paiement).

10. La position du Parlement européen et la constatation de l'adoption définitive du budget (15 décembre 2010)

Conformément à l'accord obtenu lors du trilogue du 6 décembre 2010, le Parlement européen, lors de sa plénière le 15 décembre 2010, a approuvé la position du Conseil sans amendement.

Le président du Parlement européen a ainsi pu constater, conformément à l'article 314, paragraphe 9 du TFUE, l'adoption définitive du budget de l'Union européenne pour 2011. Il a ensuite signé seul le budget en plénière (voir chapitre II).

11. Le budget de l'Union européenne pour 2011

A. Le budget de l'UE pour 2011 s'élève à 141 909 millions d'euros en crédits pour engagements et à 126 527 millions d'euros en crédits pour paiements[288] (voir chapitre I).

---

[288] Par rapport aux deux projets de budget et aux positions du Conseil et du Parlement européen, le budget de l'Union européenne pour 2011 s'établit comme suit :

Tableau 56. Les différentes phases de la procédure budgétaire pour 2011

En millions d'euros

			Différence par rapport au budget adopté	
	c/e	*c/p*	*c/e*	*c/p*
Projet de budget*	142 565	130 136	+656	+3 609
Projet de budget avec LRs**	142 254	129 826	+345	+3 299
Position du Conseil***	141 777	126 527	-132	=
Position du Conseil avec LRs** **	141 489	126 240	-420	-287
Amendements du PE	143 070	130 559	+1 161	+4 032
Nouveau projet de budget	141 818	126 527	-91	=
Position du Conseil et du PE	141 909	126 527	=	=
Budget de l'UE pour 2011	**141 909**	**126 527**	=	=

** PB rectifié sans lettres rectificatives*

*** PB rectifié, lettres rectificatives n° 1-3/2011 telles que proposées par la Commission incluses*

**** Sans lettres rectificatives*

*** ** Lettres rectificatives n° 1-3/2011 telles qu'établies par le Conseil*

S'agissant du financement des *"initiatives phare" de la stratégie "Europe 2020"* en faveur d'une croissance intelligente, durable et inclusive, l'autorité budgétaire a retenu par grandes masses les montants proposés par la Commission dans son projet de budget (voir pages 182-184). Les mesures en faveur de la jeunesse devraient bénéficier de financements à hauteur de 2,1 milliards d'euros[289].

B. En termes de *recettes*, le budget est destiné à être financé pour 12 % par des ressources fondées sur les ressources propres traditionnelles (droits de douane et cotisations "sucre"), pour 11 % par des ressources fondées sur la TVA et pour 76 % par des ressources fondées sur la ressource RNB. Les recettes diverses et les excédents des exercices précédents représentent environ 1 % du financement prévisionnel.

C. Le budget de l'Union européenne pour 2011 s'établit par rubriques et sous-rubriques du cadre financier pour 2007-2013 comme suit :

- les dépenses de la sous-rubrique *1a* (*Compétitivité pour la croissance et l'emploi*) s'élèvent à 13 521 millions d'euros en crédits d'engagement (soit -9 % par rapport au budget pour 2010[290]) et à 11 628 millions d'euros en crédits de paiement[291] (+3,1 %[292]).

L'instrument de flexibilité est mobilisé pour cette sous-rubrique pour un montant de 34 millions d'euros en crédits d'engagement pour financer le programme "Éducation et formation tout au long de la vie" et le programme-cadre pour l'innovation et la compétitivité (voir page 232).

Le 7ème PCR est doté de près de 8,6 milliards d'euros en crédits d'engagement (+14,1 %). Une partie croissante est destinée à la recherche concernant les défis sociétaux, tels que le vieillissement de la population ou le changement climatique.

Les réseaux transeuropéens de transport et d'énergie bénéficient de 1,5 milliard d'euros en crédits d'engagement (+16,8 %), destiné notamment à financer la sécurité et l'efficacité du transport des personnes, des marchandises, des services et de l'énergie – ou à rendre les transports moins polluants.

Un total de près de 1,2 milliard d'euros en crédits d'engagement (+4,4 %) est réservé au programme d'éducation et de formation tout au long de la vie, 0,2 milliard d'euros (-10 %) au financement de mesures et de projets dans le cadre de l'"agenda social" et 0,1 milliard d'euros au programme "Jeunesse en action".

Le programme-cadre pour l'innovation et la compétitivité devrait consacrer près de 0,6 milliard d'euros en crédits d'engagement (+8,2 %) au renforcement de la capacité d'innovation des petites et moyennes entreprises, notamment dans le domaine des services basés sur les technologies de l'information et de la communication.

Un total de près de 0,4 milliard d'euros en crédits d'engagement est prévu en 2011 pour le projet ITER et 0,2 milliard d'euros en crédits d'engagement pour les programmes de GNSS "Egnos" et "Galileo" (y inclus les crédits pour l'Agence du GNSS européen). Un total de 10 millions d'euros en crédits d'engagement est destiné au nouveau programme européen de surveillance de la Terre (GMES).

Enfin, le Fonds européen d'ajustement à la mondialisation est doté de 500 millions d'euros en crédits d'engagement et de 48 millions d'euros en crédits de paiement ;

- les crédits de la sous-rubrique *1b* (*Cohésion pour la croissance et l'emploi*) du CF s'élèvent à 50 981 millions d'euros en crédits d'engagement (+3,2 %)

---

[289] Dont 1,2 milliard d'euros au titre du programme d'éducation et de formation tout au long de la vie, 0,8 milliard d'euros au titre de la mobilité des jeunes chercheurs dans le cadre du programme "personnes" au sein du 7ème PCR et 0,1 milliard d'euros au titre du programme "Jeunesse en action". La jeunesse était une des grandes priorités du Parlement européen lors de la procédure budgétaire pour 2011 (voir page 201).

[290] Budgets rectificatifs nº 1-8/2010 inclus.

[291] Y inclus le Fonds européen d'ajustement à la mondialisation.

[292] Y inclus les projets énergétiques destinés à soutenir la relance de l'économie, pour un montant d'un milliard d'euros en 2011.

et à 41 652 millions d'euros en crédits de paiement (+14,5 %).

La marge laissée sous le plafond de la sous-rubrique s'élève à 6 millions d'euros

Un total de 42,5 milliards d'euros en crédits d'engagement est destiné à l'objectif "convergence" (+5 %), 7,1 milliards d'euros à l'objectif "compétitivité régionale et emploi" (-6,8 %[293]) et 1,3 milliard d'euros à l'objectif "coopération territoriale" (+5,6 %).

Un montant de 31,4 milliards d'euros en crédits d'engagement est affecté aux investissements destinés à moderniser et à diversifier les structures économiques des régions et territoires les moins développés de l'Union européenne. Le Fonds social européen pourra en même temps par exemple financer, à hauteur de 10,9 milliards d'euros en crédits d'engagement, des programmes de formation à de nouvelles compétences et d'information sur les possibilités d'emploi existantes, afin d'adapter la main-d'œuvre européenne à un environnement économique en mutation[294] ;

- les crédits de la rubrique *2* (*Conservation et gestion des ressources naturelles*) du CF s'élèvent à 58 659 millions d'euros en crédits d'engagement (-1,4 %) et à 56 379 millions d'euros en crédits de paiement (-3 %). Les dépenses de marché et paiements directs agricoles budgétisés s'élèvent à 42 891 millions d'euros en crédits d'engagement et à 42 788 millions d'euros en crédits de paiement, soit -2,1 % par rapport à 2010.

La marge laissée sous le plafond de la rubrique est de 1 679 millions d'euros. La marge pour les dépenses de marché et paiements directs est de 1 575 millions d'euros.

Un montant de 42,9 milliards d'euros (-2,1 %) est destiné aux dépenses agricoles et aides directes, visant notamment à stabiliser la situation financière de près de sept millions d'agriculteurs. Le montant négatif de la ligne budgétaire relative à l'apurement comptable a été fixé à 272 millions d'euros.

Les différentes mesures de développement rural sont dotées de 14,4 milliards d'euros (+0,5 %), servant notamment à financer la diversification économique des zones rurales[295], alors qu'un montant de près de 0,9 milliard d'euros est prévu pour les mesures dans le domaine de la pêche[296].

Le programme "Life+" est pour sa part doté de 340 millions d'euros en crédits d'engagement[297] ;

- les crédits de la sous-rubrique *3a* (*Liberté, sécurité et justice*) du CF s'établissent à 1 139 millions d'euros en crédits d'engagement (+13,2 %) et à 813 millions d'euros en crédits de paiement (+10,1 %).

La marge restante sous le plafond de cette sous-rubrique est de 67 millions d'euros.

Un montant de 612 millions d'euros en crédits d'engagement est destiné à aider les États membres à renforcer les mesures de lutte contre l'immigration clandestine et à concevoir des programmes d'intégration des migrants qualifiés.

Le programme "Sécurité et protection des libertés" disposera de 134 millions d'euros en crédits d'engagement destiné à financer la lutte contre toutes les formes de criminalité et le terrorisme, la conception de systèmes efficaces de gestion des crises, l'échange d'informations et l'amélioration de la coopération entre les services des États membres chargés de faire appliquer la loi ;

---

293 Cette diminution est due à la réduction des allocations aux régions en "phase d'instauration progressive de l'aide" qui étaient éligibles au titre de l'objectif n° 1 entre 2000 et 2006.

294 Tout comme les crédits prévus devraient permettre par exemple à près d'un million de personnes de bénéficier du traitement des eaux, ainsi qu'à améliorer les infrastructures notamment dans le domaine de l'information et des communications.

295 Ces zones regroupent près de la moitié de la population de l'Union européenne.

296 Le Fonds européen pour la pêche disposera de 658 millions d'euros pour améliorer la compétitivité et garantir la pérennité du secteur européen de la pêche.

297 Quelques 333 millions d'euros devraient servir à financer des projets relatifs à la gestion des déchets, à la pollution atmosphérique et à la perte de biodiversité.

- les crédits de la sous-rubrique *3b* (*Citoyenneté*) du CF s'établissent à 683 millions d'euros en crédits d'engagement (+0,3 %[298]) et à 646 millions d'euros en crédits de paiement. Ceci laisse une marge sous le plafond de la sous-rubrique de 103 000 euros seulement.

Les programmes "Média" et "Culture" sont dotés de quelques 168 millions d'euros en crédits d'engagement destinés au soutien de l'industrie cinématographique européenne, à la coopération transfrontalière entre artistes et à la promotion des capitales européennes de la culture. Une somme de 8 millions d'euros est destinée à financer, dans le cadre de l'Année européenne du volontariat, les volontaires et les organismes de volontariat dans l'Union européenne ;

- les crédits de la rubrique *4* (*L'UE acteur mondial*) du CF s'établissent à 8 754 millions d'euros en crédits d'engagement (+7,5 %) et à 7 236 millions d'euros en crédits de paiement (-7,1 %).

L'instrument de flexibilité est mobilisé pour cette rubrique pour un montant de 71 millions d'euros en crédits d'engagement pour financer la Palestine (voir page 232).

L'instrument de coopération au développement dispose de 2,6 milliards d'euros en crédits d'engagement (+7,2 %) destinés à répondre aux besoins fondamentaux des populations de 47 pays en développement en Amérique latine, en Asie et Asie centrale et dans la région du Golfe, ainsi qu'en Afrique du Sud.

Les pays d'Europe de l'Est, du sud du Caucase et du sud de la Méditerranée pourront bénéficier d'un financement à hauteur de 1,8 milliard d'euros en crédits d'engagement (+9,3 %) par le biais de l'instrument européen de voisinage et de partenariat, promouvant notamment la bonne gouvernance et le développement économique et social équitable.

L'instrument d'aide de préadhésion est doté de 1,8 milliard d'euros en crédits d'engagement (+13,2 %) pour soutenir les pays candidats à l'Union européenne[299] et les pays candidats potentiels dans leurs efforts visant à se rapprocher des normes et politiques de l'UE.

Un total de 0,8 milliard d'euros en crédits d'engagement (+3,0 %) est disponible pour être alloué au titre de l'aide humanitaire, permettant à l'Union européenne d'intervenir en faveur de personnes touchées par des crises d'origine humaine ou des catastrophes naturelles.

L'instrument de stabilité est doté de 0,3 milliard d'euros (+32,2 %) et l'instrument pour la démocratie et les droits de l'homme de 0,2 milliard d'euros (+1,7 %).

Les montants destinés à un certain nombre de pays individuels sont présentés page 270.

Le "budget PESC" disposera de 327,4 millions d'euros en crédits d'engagement (+16,3 %) et de 272,3 millions d'euros en crédits de paiement, et la réserve pour aides d'urgence de 253,9 millions d'euros en crédits d'engagement et de 100 millions d'euros en crédits de paiement, et

- les dépenses de la rubrique *5* (*Administration*) du CF s'élèvent à 8 173 millions d'euros en crédits d'engagement et à 8 172 millions d'euros en crédits de paiement (+3,3 %). Il convient avant tout de noter les effets de la création du nouveau service européen pour l'action extérieure, institué par le traité de Lisbonne (voir chapitre II).

La marge laissée sous le plafond de la rubrique est de 243 millions d'euros. La Commission disposera de 4 744 millions d'euros en crédits d'engagement et de 4 743 millions d'euros en crédits de paiement (y inclus les pensions et les Écoles européennes[300]) et les autres institutions de l'UE de 3 428 millions d'euros.

---

[298] Ce pourcentage ne tient pas compte de l'augmentation du montant de l'article *13 06 01* suite à la mobilisation du Fonds de solidarité de l'Union européenne en 2010 (voir chapitre II).

[299] Il s'agit de la Croatie, de la Turquie et de l'ancienne République yougoslave de Macédoine.

[300] Hors dépenses pour les pensions et les Écoles européennes, la Commission disposera de 3 316 millions d'euros en crédits d'engagement et de 3 315 millions d'euros en crédits de paiement.

La part des dépenses des différentes institutions du total de la rubrique *5* (*Administration*) de 2004 à 2011 est récapitulée page 348.

Les nouveaux postes octroyés dans le cadre de la procédure budgétaire pour 2011 sont récapitulés dans le tableau 57 page suivante.

Il convient de prendre en compte dans ce contexte les nouveaux postes déjà accordés en 2010 par le biais des budgets rectificatifs n° 1 et 6/2010, dans le cadre de la mise en œuvre du traité de Lisbonne (voir chapitre II).

Le tableau 58 page suivante récapitule pour sa part les effectifs autorisés pour 2011 aussi bien dans les différentes institutions que dans différents organismes de l'Union européenne[301].

Enfin, les montants retenus pour les subventions pour 2011 des agences décentralisées de l'Union européenne relevant des différentes rubriques et sous-rubriques du CF, y inclus les nouvelles agences créées en 2010, sont présentés dans le tableau 59, page 231.

12. Mobilisation de l'instrument de flexibilité

A. Afin de couvrir une partie des crédits d'engagement proposés dans le projet de budget rectificatif n° 3/2010 destinés à financer en 2010 les mesures d'accompagnement dans le secteur de la banane (MAB ; voir chapitre II), la Commission a proposé de mobiliser, en vertu du point 27 de la Partie I de l'AII de 2006, le 8 avril 2010[302] l'instrument de flexibilité à hauteur de 18,3 millions d'euros en crédits d'engagement pour l'article *21 06 07* (intitulé "*Mesures d'accompagnement "bananes"*"). Cet article relève de la rubrique *4* (*L'UE acteur mondial*) du CF.

Lors de l'adoption de sa position sur le projet de BR, le 13 septembre 2010, le Conseil a écarté tout recours à l'instrument de flexibilité, invitant la Commission à proposer des redéploiements supplémentaires sous la rubrique *4* du CF pour financer ces 18,3 millions d'euros.

Le Parlement européen, quant à lui, a adopté le 20 octobre 2010 des amendements demandant le recours à l'instrument de flexibilité pour un montant de 74,1 millions d'euros.

Les deux branches de l'autorité budgétaire ne sont pas parvenues lors de la procédure de conciliation à un accord sur le projet de BR n° 3/2010 (voir pages 169-171), ce qui a conduit à écarter tout recours à l'instrument de flexibilité dans ce cadre en 2010.

B. Ensemble avec son nouveau projet de budget, la Commission a présenté le 26 novembre 2010[303], en vertu du point 27 de la Partie I de l'AII de 2006, une proposition de recours à l'instrument de flexibilité à hauteur de 105 millions d'euros en crédits d'engagement, dont :

- 71 millions d'euros pour financer, sous la rubrique *4* (*L'UE acteur mondial*) du CF, la Palestine[304] ;

- 18 millions d'euros pour financer, sous la sous-rubrique *1a* (*Compétitivité pour la croissance et l'emploi*), le programme "éducation et formation tout au long de la vie"[305], et

- 16 millions d'euros pour financer, sous la sous-rubrique *1a*, le programme-cadre pour l'innovation et la compétitivité[306].

Conformément à l'accord politique "*ad referendum*" sur le budget de l'Union européenne pour 2011 intervenu lors du trilogue du 6 décembre

[301] Les tableaux 57 et 58 ne sont pas directement comparables, car le premier présente les nouveaux postes octroyés "brut" (c'est-à-dire ne tenant pas compte par exemple d'éventuelles diminutions de postes en 2010 ou 2011), alors que le second prend en compte les différents changements dans le nombre de postes, y inclus ceux opérés en 2010.

[302] Doc. *COM(2010) 150 final.*

[303] Doc. *COM(2010) 760 final.*

[304] Poste *19 08 01 02*, intitulé "*Politique européenne de voisinage et de partenariat – Aide financière à la Palestine, au processus de paix et à l'UNRWA*".

[305] Article *15 02 22.*

[306] Plusieurs lignes budgétaires (voir page 184, note 108).

Tableau 57. Nouveaux postes octroyés dans le cadre de la procédure budgétaire pour 2011

Postes permanents et temporaires

Institution	Nouveaux postes demandés			Position du Conseil			Position du PE			**Nouveaux postes octroyés**		
Groupe de fonctions	AD	AST	Total	AD	AST	Total	AD	AST	Total	AD	AST	**Total**
Parlement européen	123	113	236	123	113	236	123	113	236	123	113	**236**
Conseil européen	7	4	11	7	4	11	7	4	11	7	4	**11**
Conseil*	0	0	0	0	0	0	0	0	0	0	0	**0**
Commission (y inclus les offices)	0	0	0	0	0	0	0	0	0	0	0	**0**
Cour de justice	32	15	47	0	0	0	30	7	37	25	4	**29**
Cour des comptes	0	0	0	0	0	0	0	0	0	0	0	**0**
CESE**	4	3	7	0	0	0	9	2	11	9	2	**11**
Comité des régions**	0	0	0	0	0	0	14	4	18	14	4	**18**
Médiateur européen	0	1	1	0	0	0	0	1	1	0	1	**1**
CEPD	2	0	2	0	0	0	2	0	2	2	0	**2**
SEAE***	10	8	18	10	8	18	10	8	18	10	8	**18**
Total	**178**	**144**	**322**	**140**	**125**	**265**	**195**	**139**	**334**	**190**	**136**	**326**

** Le Conseil récupère en 2011 un poste AST de l'OIB*

*** Il convient de tenir compte des nouveaux postes demandés dans le projet de BR n° 2/2010, non accordés (voir tableau 44, page 170)*

**** En plus des 100 nouveaux postes AD accordés par le BR n° 6/2010 et des 411 postes (207 AD et 204 AST) transferrés de la section II – Conseil européen et Conseil – et des 1 114 postes (603 AD et 511 AST) transferrés de la section III – Commission*

Tableau 58. Les effectifs autorisés pour 2011

(Source : JO L 68 du 15.3.2011, pp. I/115 et I/387)

Institution	**2011**		**2010**		***Différence 2011-2010***	
	Permanents	Temporaires	Permanents	Temporaires	Permanents	Temporaires
Parlement européen	5.410	1.127	5.221	1.064	189	63
Conseil européen et Conseil	3.137	36	3.507	65	-370	-29
Commission (fonctionnement)	18.890	366	20.060	369	-1170	-3
Commission (recherche)	3.827	-	3.827	-	0	-
OP	*672*	-	*672*	-	*0*	-
OLAF	*303*	*81*	*282*	*102*	*21*	*-21*
EPSO/ EEA	*126*	*1*	*126*	*1*	*0*	*0*
PMO	*191*	-	*214*	-	*-23*	-
OIB	*442*	-	*462*	-	*-20*	-
OIL	*162*	-	*164*	-	*-2*	-
Commission (total)	24.613	448	25.807	472	-1194	-24
Cour de justice	1.546	408	1.493	434	53	-26
Cour des comptes	752	135	753	136	-1	-1
CESE	685	36	675	35	10	1
Comité des régions	485	39	467	39	18	0
Médiateur européen	16	48	15	48	1	0
CEPD	41	-	39	-	2	-
SEAE	1.600	43	-	-	1600	43
Total	**38.285**	**2.320**	**37.977**	**2.293**	**308**	**27**

Organisme	**2011**		**2010**		***Différence 2011-2010***	
	Permanents	Temporaires	Permanents	Temporaires	Permanents	Temporaires
Agences décentralisées de l'UE	619	4.665	631	4.387	-12	278
Entreprises communes	62	295	62	289	0	6
Institut européen de technologie	-	28	-	20	-	8
Agences exécutives	-	401	-	390	-	11
Total	**681**	**5.389**	**693**	**5.086**	**-12**	**303**

Tableau 59. Les agences décentralisées de l'Union européenne dans le budget de l'Union pour 2011

En euros, crédits inscrits en réserve inclus

	Article	Montant	
		c/e	c/p
Sous-rubrique *1a* (*Compétitivité pour la croissance et l'emploi*)			
*Agence européenne des produits chimiques (Helsinki)**	02 03 03	p.m.	p.m.
Agence du GNSS européen (Prague)	02 05 02	8.200.000	8.200.000
Institut européen pour l'égalité entre les hommes et les femmes (Vilnius)	04 04 02	7.530.000	7.530.000
Fondation européenne pour l'amélioration des conditions de vie et de travail (Dublin)	04 04 03	20.210.000	20.210.000
Agence européenne pour la sécurité et la santé au travail (Bilbao)	04 04 04	14.316.000	14.316.000
Agence européenne de la sécurité aérienne (Cologne)	06 02 01	33.315.800	33.315.800
Agence européenne pour la sécurité maritime (Lisbonne)	06 02 02	50.696.170 [a]	50.696.170 [a]
Agence ferroviaire européenne (Lille-Valenciennes)	06 02 08	24.375.000	24.375.000
Agence européenne chargée de la sécurité des réseaux et de l'information (Heraklion)	09 02 03	7.187.500	7.187.500
Office de l'Organe des régulateurs européens des communications électroniques (Riga)	09 02 04	3.579.000	3.579.000
*Office de l'harmonisation dans le marché intérieur (Alicante)**	12 03 01	p.m.	p.m.
*Autorité bancaire européenne (Londres)***	12 04 02	5.073.000	5.073.000
*Autorité européenne des assurances et des pensions professionnelles (Francfort-sur-le-Main)***	12 04 03	4.267.000	4.267.000
*Autorité européenne des marchés financiers (Paris)***	12 04 04	6.784.000	6.784.000
*Institut européen d'innovation et de technologie (Budapest)****	15 02 11	62.800.000	48.777.649
Centre européen pour le développement de la formation professionnelle (Thessalonique)	15 02 25	15.742.000	15.742.000
Agence européenne des médicaments (Londres)	17 03 10	32.943.000 [b]	32.943.000 [b]
Agence de coopération des régulateurs de l'énergie (Ljubljana)	32 04 10	5.000.000	5.000.000
Total		**302.018.470**	**287.996.119**
Rubrique *2* (*Conservation et gestion des ressources naturelles*)			
Agence européenne pour l'environnement (Copenhague)	07 03 09	35.105.327	35.105.327
*Agence européenne des produits chimiques (Helsinki)**	07 03 60	p.m.	p.m.
Agence communautaire de contrôle des pêches (Vigo)	11 08 05	12.664.568	8.664.568
*Office communautaire des variétés végétales (Angers)**	17 04 05	p.m.	p.m.
Total		**47.769.895**	**43.769.895**
Sous-rubrique *3a* (*Liberté, sécurité et justice*)			
Ag. eur. pour la gestion de la coopération opérationnelle aux frontières extérieures (Varsovie)	18 02 03	78.000.000	68.000.000
*Agence pour la gestion opérationnelle des systèmes d'information à grande échelle***	18 02 11	5.450.000	5.360.000
Bureau européen d'appui en matière d'asile (La Valette)	18 03 14	8.000.000	6.765.000
Agence des droits fondamentaux de l'Union européenne (Vienne)	18 04 05	20.000.000	20.000.000
Office européen de police (La Haye)	18 05 02	83.469.000	83.469.000
Collège européen de police (Bramshill)	18 05 05	8.000.000	8.000.000
Eurojust (La Haye)	18 06 04	29.775.740	29.775.740
Observatoire européen des drogues et des toxicomanies (Lisbonne)	18 07 01	15.170.000	15.170.000
Total		**247.864.740**	**236.539.740**
Sous-rubrique *3b* (*Citoyenneté*)			
Centre européen de prévention et de contrôle des maladies (Stockholm)	17 03 03	52.770.000	52.770.000
Autorité européenne de sécurité des aliments (Parme)	17 03 07	72.333.000	72.535.000
Total		**125.103.000**	**125.305.000**
Rubrique *4* (*L'UE acteur mondial*)			
Fondation européenne pour la formation (Turin)	15 02 27	20.350.000	19.850.000
Total		**20.350.000**	**19.850.000**
Rubrique *5* (*Administration*)			
*Centre de traduction des organes de l'Union européenne (Luxembourg)**	31 01 09	p.m.	p.m.
Total		**p.m.**	**p.m.**
Total général		**743.106.105**	**713.460.754**

** Autofinancé   ** Nouvelle agence en voie de création   *** Cas spécial*

[a] *Avec les mesures antipollution (poste 06 02 02 03 ; 23 millions d'euros en crédits d'engagement et de paiement)*

[b] *Avec la contribution spéciale en faveur des médicaments orphelins (poste 17 03 10 03 ; 4,9 millions d'euros en crédits d'engagement et de paiement)*

Tableau 60. Proposition de la Commission, du 20 juillet 2010, pour le financement additionnel du projet ITER en 2012 et 2013

En crédits d'engagement et en millions d'euros

	2010	2012	2013	Total
Révision du cadre financier pour 2007-2013 :				
- augmentation du plafond de la sous-rubrique 1a		+160	+240	**400**
Mécanisme de compensation :				
- diminution du plafond de la rubrique 2	*-400*			
Redéploiements à l'intérieur du 7ème PCR (sous-rubrique *1a* du CF)		100	360	**460**
Montant non couvert		*540*		***540***
Total		**800**	**600**	**1 400**

2010, le Parlement européen et le Conseil ont formellement adopté, le 15 décembre 2010, une décision de mobilisation de l'instrument de flexibilité en 2011 comme proposé par la Commission[307].

13. *Proposition de révision du cadre financier pour 2007-2013 pour un financement additionnel du projet ITER en 2012 et 2013*

La Commission a présenté le 20 juillet 2010 un plan de financement[308] pour le projet ITER, destiné à couvrir des besoins additionnels de 1,4 milliard d'euros en 2012 et 2013 (voir chapitre II). Ce plan comportait deux éléments :

- un redéploiement de crédits, d'un montant de 460 millions d'euros, à l'intérieur de la sous-rubrique *1a* (*Compétitivité pour la croissance et l'emploi*) du CF au sein du 7ème PCR en 2012 et 2013, et

- une révision du cadre financier pour 2007-2013, visant à augmenter le plafond de la sous-rubrique *1a* du CF de 400 millions d'euros en 2012 et 2013 (160 millions d'euros en 2012 et 240 millions d'euros en 2013), augmentation compensée par un abaissement correspondant du plafond de la rubrique *2* (*Conservation et gestion des ressources naturelles*) du CF en 2010.

Ceci laisse un montant "résiduel" de 540 millions d'euros, qui selon la Commission *"fera l'objet d'une proposition ultérieure une fois que la situation concernant l'exécution des crédits en 2010 sera mieux connue"*[309].

La proposition de la Commission est résumée dans le tableau 60 ci-dessus.

Le 20 octobre 2010, la Commission a présenté le projet de budget rectificatif n° 10/2010[310] dans lequel elle propose un certain nombre de réductions de crédits d'engagement (voir chapitre II), offrant ainsi un montant additionnel de 412 millions d'euros pouvant être utilisé en 2010 dans le cadre d'une révision du cadre financier pour financer le projet ITER.

En conséquence, la Commission a actualisé, lors du trilogue du 27 octobre 2010, sa proposition de financement additionnel du projet ITER, pour couvrir la totalité du 1,4 milliard d'euros supplémentaire comme suit :

---

[307] JO L 14 du 19.1.2011, p. 20.

[308] Doc. *COM(2010) 403 final.*

[309] *Ibid.*, p. 4.

[310] La Commission a actualisé le projet de BR nº 10/2010 lors du trilogue du 27 octobre 2010 en proposant des économies additionnelles sous la rubrique *5* (*Administration*) du CF, pour un montant total de 42,2 millions d'euros. Ceci porterait la marge disponible en 2010 sous la rubrique *5* à 96,2 millions d'euros.

Le 26 novembre 2010, la Commission a présenté une lettre rectificative au projet de BR (doc. *COM(2010) 770 final*), qui exclue des réductions de crédits proposées concernant les dépenses de marché et paiements directs un total de 330 millions d'euros en crédits non dissociés (dont 280 millions d'euros inscrits pour le lait et les produits laitiers et 50 millions d'euros pour les restitutions pour les produits "hors annexe I"), afin de laisser un montant supplémentaire de 330 millions d'euros disponible en 2011 sous la rubrique *2* (par le biais des recettes affectées reportées ; voir page 171, note 38). Ceci revient à créer une marge supplémentaire de 330 millions d'euros sous la rubrique *2* du CF, qui pourrait utilement contribuer au financement additionnel du projet ITER en 2012 et 2013, suite à l'"échec" de la révision du cadre financier à cet effet en 2010 (voir *infra*).

Tableau 61. Proposition modifiée de la Commission, du 27 octobre 2010, pour le financement additionnel du projet ITER en 2012 et 2013

En crédits d'engagement et en millions d'euros

	2010	2012	2013	Total
Révision du cadre financier pour 2007-2013 :				
- augmentation du plafond de la sous-rubrique 1a		+700	+240	**940**
Mécanisme de compensation :				
- diminution du plafond de la sous-rubrique 1a	*-15**			
- diminution du plafond de la rubrique 2	*-814***	*-940* (total des quatre diminutions)		
- diminution du plafond de la sous-rubrique 3a	*-18*			
- diminution du plafond de la rubrique 5	*-93****			
Redéploiements à l'intérieur du 7ème PCR (sous-rubrique *1a* du CF)		100	360	**460**
Total		**800**	**600**	**1 400**

** Marge créée par le biais du PBR n° 10/2010 ** Dont 358 millions d'euros de marge créée par le biais du PBR n° 10/2010*

**** Dont 39 millions d'euros de marge créée par le biais du PBR n° 10/2010*

- sous-rubrique *1a* du CF : abaissement du plafond de 15 millions d'euros en 2010 (c'est-à-dire utilisation de la marge restante en 2010) et augmentation du plafond de 700 millions d'euros en 2012 et de 240 millions d'euros en 2013 ;

- rubrique *2* du CF : abaissement du plafond de 814 millions d'euros (marge restante en 2010) ;

- sous-rubrique *3a* (*Liberté, sécurité et justice*) du CF : abaissement du plafond de 18 millions d'euros (marge restante en 2010), et

- rubrique *5* (*Administration*) du CF : abaissement du plafond de 93 millions d'euros (marge restante en 2010).

Un montant de 460 millions d'euros serait toujours disponible par voie de redéploiements en 2012 et 2013 au sein du 7ème PCR à l'intérieur de la sous-rubrique *1a* du CF.

La proposition révisée de la Commission, présentée le 27 octobre 2010, est résumée dans le tableau 61 ci-dessus.

Malgré la réticence de plusieurs États membres de réviser le CF sur la base de l'AII de 2006 et non du nouvel article 312 du TFUE, le Conseil a marqué son accord le 10 décembre 2010 à l'unanimité[311] pour un financement additionnel du projet ITER en 2012 et 2013, pour un montant de 1,3 milliard d'euros soit 100 millions d'euros de moins que proposé par la Commission, suite aux économies réalisées par l'entreprise commune pour ITER et le développement de l'énergie de fusion. Ce 1,3 milliard d'euros serait financé, comme suit :

- sous-rubrique *1a* du CF : abaissement du plafond de 15 millions d'euros en 2010 (suite à la marge créée par le projet de BR n° 10/2010) et augmentation du plafond de 650 millions d'euros en 2012 et de 190 millions d'euros en 2013 ;

- rubrique *2* du CF : abaissement du plafond de 484 millions d'euros en 2010 (dont 28 millions d'euros de marge créée par le projet de BR n° 10/2010) et de 269 millions d'euros en 2011 (suite à une marge créée par le PBR n° 10/2010 et à la prise en compte des recettes affectées reportées à 2011 dans le budget de l'Union pour 2011) ;

- sous-rubrique *3a* du CF : abaissement du plafond de 18 millions d'euros en 2010, et

- rubrique *5* du CF : abaissement du plafond de 54 millions d'euros en 2010.

Le montant restant de 460 millions d'euros serait obtenu, comme proposé par la Commission, par voie de redéploiements au sein du 7ème PCR en 2012 et 2013.

Les modalités du financement additionnel du projet ITER en 2012 et 2013 retenues par le Conseil sont présentées dans le tableau 62 page suivante.

---

[311] Les Pays-Bas s'abstenant.

Tableau 62. Accord du Conseil sur le financement additionnel du projet ITER en 2012 et 2013

En crédits d'engagement et en millions d'euros

	2010	2011	2012	2013	Total
Révision du cadre financier pour 2007-2013 :					
- augmentation du plafond de la sous-rubrique 1a			+650	+190	**840**
Mécanisme de compensation :					
- diminution du plafond de la sous-rubrique 1a	*-15**				
- diminution du plafond de la rubrique 2	*-571 { -484***	*-269****			
- diminution du plafond de la sous-rubrique 3a	*-18*				
- diminution du plafond de la rubrique 5	*-54*				
Redéploiements à l'intérieur du 7ème PCR (sous-rubrique *1a* du CF)			100	360	**460**
Total			**750**	**550**	**1 300**
Crédits pour paiements	***-571***	***-269***		***+840***	***0***

* *Marge créée par le biais du PBR n° 10/2010* ** *Dont 28 millions d'euros de marge créée par le biais du PBR n° 10/2010*

*** *Marge créée par le biais du PBR n° 10/2010 et suite à la prise en compte des recettes affectées reportées à 2011 dans le budget de l'Union pour 2011 (330 millions d'euros)*

Le Parlement européen n'a pourtant pas souhaité donner suite à ce financement, plusieurs de ses membres exprimant de sérieux doutes concernant notamment les redéploiements proposés ou le besoin de décider dès 2010 d'un financement portant sur 2012 et 2013, alors que d'autres membres du PE mettaient en question le projet en lui même. Les trois institutions devront ainsi revenir en 2011 sur la question du financement additionnel du projet ITER en 2012 et 2013, et ce dans le cadre de la procédure budgétaire pour 2012.

14. Les lettres rectificatives présentées dans le cadre de la procédure budgétaire pour 2011

La Commission a présenté au cours de la procédure budgétaire pour 2011 au total *trois* lettres rectificatives au PB[312] (voir tableau 46, page 178). Il convient de relever que ces lettres rectificatives ont été incluses dans le nouveau projet de budget adopté par la Commission le 26 novembre 2010 (voir pages 213-219).

A. La *LR n° 1/2011*, présentée par la Commission le 15 septembre 2010[313], portait sur l'inclusion, dans le budget de l'Union européenne pour 2011, des recettes et des dépenses du nouveau service européen pour l'action extérieure, créé le 26 juillet 2010 (voir chapitre II), ainsi que de son tableau des effectifs[314].

Le montant de la section X tel que proposé par la Commission s'élevait à 475,8 millions d'euros[315]. Le tableau des effectifs comportait 920 postes AD et 723 postes AST[316], dont 118 sont des nouveaux postes (110 postes AD et 8 postes AST). Au total 1 525 postes seraient transférés des sections II – Conseil européen et Conseil – et III – Commission[317].

Le Conseil s'est prononcé sur cette lettre rectificative le 15 octobre 2010[318]. Le Parlement européen pour sa part l'a incluse en partie dans ses amendements votés le 20 octobre 2010 (voir pages 200-207).

---

[312] Selon l'article 314, paragraphe 2, deuxième alinéa du TFUE la Commission peut modifier son projet de budget jusqu'à la convocation du comité de conciliation. Les lettres rectificatives sont également mentionnées au point 2 de l'annexe de la déclaration commune du 30 juin 2010 sur les dates et modalités de fonctionnement du comité de conciliation en 2010 (voir page 297).

[313] Doc. *SEC(2010) 1064 final*.

[314] La section X – Service européen pour l'action extérieure – a été créée dans le budget pour 2010 par le biais du budget rectificatif n° 6/2010 (voir chapitre II).

[315] Au total 82,2 millions d'euros seraient transférés de la section II – Conseil européen et Conseil – et 359,2 millions d'euros de la section III – Commission. L'augmentation "nette" des dépenses proposée dans la LR n° 2/2011 est ainsi de 34,5 millions d'euros.

[316] 1 600 sont des postes permanents et 43 des postes temporaires.

[317] Dont 207 postes AD et 204 postes AST de la section II et 603 postes AD et 511 postes AST de la section III. Il convient de relever qu'à l'exception des 18 nouveaux postes demandés pour 2011, les autres postes avaient déjà été inscrits dans le tableau des effectifs du SEAE pour 2010 par le biais du BR n° 6/2010, adopté le 20 octobre 2010 (voir chapitre II et tableau 44, page 170).

[318] Le Conseil a retenu un montant de 469,9 millions d'euros pour la section X en 2011. Il a accepté le tableau des effectifs proposé par la Commission.

La section X a été incluse dans le nouveau projet de budget présenté par la Commission le 26 novembre 2010 (voir pages 213-219). Il convient de rappeler que le Conseil a inclus dans sa position les montants pour 2011 correspondants aux 1,85 % d'augmentation des rémunérations (voir pages 222-225). Le montant de la section X pour 2011 s'élève ainsi à 464,1 millions d'euros.

B. La *LR nº 2/2011*, adoptée par la Commission le 11 octobre 2010[319], concernait :

- le renforcement de la contribution de l'UE aux trois autorités de surveillance financière[320] (c'est-à-dire l'Autorité bancaire européenne, l'Autorité européenne des assurances et des pensions professionnelles et l'Autorité européenne des marchés financiers), pour un montant total net de 1,2 million d'euros[321], ainsi que l'ajout de 18 nouveaux postes AD et de 9 nouveaux postes AST[322] à leurs tableaux des effectifs respectifs ;

- le renforcement, pour un montant de 0,6 million d'euros par rapport au projet de budget, de la contribution du budget de l'UE à Europol suite aux nouvelles tâches confiées à ce dernier après l'adoption du PB[323], ainsi que l'ajout de quatre nouveaux postes AD à son tableau des effectifs, et

- la création d'une structure d'accueil[324] pour la garantie par le budget de l'Union européenne des opérations d'emprunts et de prêts de la Commission effectuées dans le cadre du mécanisme européen de stabilisation financière. Cette structure avait déjà été établie dans le budget pour 2010 par le biais du budget rectificatif nº 5/2010 (voir chapitre II).

L'incidence financière nette de la LR nº 2/2011 proposée par la Commission était ainsi de 1,8 million d'euros en crédits d'engagement et de paiement.

La Commission a inclus ces différents éléments dans son nouveau projet de budget présenté le 26

---

319 Doc. *SEC(2010) 1199 final.*

320 Selon la Commission, ces changements "*sont motivés par la proposition de la Commission visant à confier à l'Autorité européenne des marchés financiers (AEMF) de nouvelles responsabilités en matière d'autorisation et de surveillance des agences de notation de crédit, ainsi que par la décision du législateur de confier à l'AEMF, à l'Autorité bancaire européenne (ABE) et à l'Autorité européenne des assurances et des pensions professionnelles (AEAPP) des missions supplémentaires qui n'étaient pas prévues dans les propositions initiales de la Commission* (sur le projet de budget pour 2011)" (doc. *SEC(2010) 1199 final* du 11 octobre 2010, p. 6).

321 Dont 0,1 million d'euros pour l'Autorité bancaire européenne, 0,1 million d'euros pour l'Autorité européenne des assurances et des pensions professionnelles et 1,1 million d'euros pour l'Autorité européenne des marchés financiers. Ces montants sont inscrits en réserve dans la lettre rectificative, dans l'attente de l'adoption des bases légales correspondantes.

Les nouveaux montants proposés par la Commission par rapport au projet de budget (voir page 186) sont compatibles avec la programmation financière pour 2010-2013 telle que mise à jour en octobre 2010, qui prévoit une contribution totale de 61,1 millions d'euros du budget de l'Union européenne à ces trois nouvelles agences, répartis comme suit :

- 21,6 millions d'euros pour l'Autorité bancaire européenne (5,1 millions d'euros en 2011, 7,3 millions d'euros en 2012 et 9,2 millions d'euros en 2013) ;
- 17 millions d'euros pour l'Autorité européenne des assurances et des pensions professionnelles (4,3 millions d'euros en 2011, 6 millions d'euros en 2012 et 6,8 millions d'euros en 2013), et
- 22,5 millions d'euros pour l'Autorité européenne des marchés financiers (6,8 millions d'euros en 2011, 7,1 millions d'euros en 2012 et 8,6 millions d'euros en 2013).

322 Dont 3 nouveaux postes AD et 3 nouveaux postes AST pour l'Autorité bancaire européenne, 5 nouveaux postes AD et 1 nouveau poste AST pour l'Autorité européenne des assurances et des pensions professionnelles et 10 nouveaux postes AD et 5 nouveaux postes AST pour l'Autorité européenne des marchés financiers.

323 En effet, à la suite du "feu vert" donné par le Parlement européen et le Conseil pour la conclusion de l'accord entre l'Union européenne et les États-Unis sur le traitement et le transfert de données de messagerie financière de l'UE aux États-Unis aux fins du programme de surveillance du financement du terrorisme (TFTP), Europol est chargé, depuis le 1er août 2010, de mettre en œuvre cet accord. Sa tâche consiste notamment à vérifier les demandes au titre du TFTP. Au total 0,4 million d'euros sont prévus pour les dépenses de personnel et 0,2 million d'euros pour les dépenses opérationnelles.

324 Il s'agit du poste *01 04 01 03* (intitulé "*Garantie de l'Union européenne aux emprunts de l'Union destinés à l'assistance financière relevant du mécanisme européen de stabilisation financière*") dans le partie "dépenses" et de l'article *8 0 2* (portant le même intitulé) sous le titre *8* (*Emprunts et prêts*) de la partie "recettes" du budget de l'Union européenne, dotés d'un "p.m.".

novembre 2010 (voir pages 213-219). Le Conseil, dans sa position adoptée le 10 décembre 2010, a inscrit les montants proposés pour les trois nouvelles agences dans le domaine de la supervision financière sur les lignes budgétaires correspondantes, suite à l'adoption des bases légales le 24 novembre 2010 (voir pages 223-224).

C. La *LR nº 3/2011*, adoptée par la Commission le 20 octobre 2010[325], était la traditionnelle "lettre rectificative agricole" ("LR *ad hoc*").

Cette lettre rectificative proposait avant tout une réduction des dépenses agricoles incluses dans le projet de budget, pour un montant total de 346,2 millions d'euros en crédits non dissociés. Ce montant résulte :

- d'une révision à la baisse des besoins, pour un montant de 117,2 millions d'euros[326], découlant, d'une part, d'une diminution des besoins dans certains secteurs des interventions sur les marchés agricoles (-136,2 millions d'euros) notamment dans les secteurs laitier, des céréales, des fruits et légumes et des volailles et, d'autre part, d'une augmentation des besoins dans les aides directes (+19 millions d'euros), essentiellement due à une révision des estimations des besoins du régime de paiement unique en Espagne, et

- d'une augmentation des recettes affectées, pour un montant de 229 millions d'euros[327], suite au report en 2011 de recettes affectées non dépensées en 2010 (+210 millions d'euros) et à l'actualisation du montant des recettes affectées pour 2011, liée au prélèvement sur le lait (+19 millions d'euros).

S'agissant des accords internationaux en matière de pêche (article *11 03 01*), la LR proposait une réduction d'un million d'euros en crédits d'engagement des montants proposés dans le PB liés aux "prises additionnelles"[328].

La lettre rectificative proposait également la création dans le budget de l'Union pour 2011 d'une structure d'accueil (nouveau poste *32 04 14 04* intitulé "*Projets énergétiques en vue d'aider à la relance économique – Efficacité énergétique et initiatives en matière d'énergies renouvelables*", doté d'un "p.m."[329]) en prévision de l'adoption du règlement (UE) nº 1233/2010 modifiant le règlement (CE) nº 663/2009 établissant un programme d'aide à la relance économique par l'octroi d'une assistance financière communautaire à des projets dans le domaine de l'énergie[330].

Enfin, la LR proposait des modifications dans la nomenclature budgétaire et les intitulés d'un certain nombre de lignes budgétaires du projet de budget relevant de la rubrique *2* du CF.

La Commission a inclus ces éléments dans son nouveau projet de budget présenté le 26 novembre 2010 (voir pages 213-219). Les deux branches de l'autorité budgétaire se sont prononcées sur ces différents éléments le 10 et le 15 décembre 2010 respectivement (voir pages 222-225).

15. Analyse

A. La crise économique et de l'euro[331] auxquelles ont été confrontés les États membres de l'Union européenne ont conduit à accorder beaucoup

---

[325] Doc. *COM(2010) 601 final*.

[326] La dépréciation de l'euro face au dollar au cours de l'année 2010 a pour sa part contribué à ce résultat.

[327] Ce montant sera augmenté à 540 millions d'euros dans le nouveau PB, en raison d'un usage moindre des recettes affectées générées en 2010 dans l'exécution du budget pour 2010 (voir page 214).

[328] L'effet "net" de cette lettre rectificative est ainsi une réduction de 347,2 millions d'euros des crédits d'engagement et de 346,2 millions d'euros des crédits de paiement proposés dans le PB.

[329] Il convient de relever que la Commission avait proposé d'inclure une structure d'accueil similaire dans le budget pour 2010 par le biais du projet de BR nº 10/2010. Le Parlement européen n'a pourtant pas donné suite à cette proposition (voir chapitre II).

[330] Le Parlement européen et le Conseil ont adopté ce règlement le 15 décembre 2010 (JO L 346 du 30.12.2010, pp. 5/10).

[331] La crise de l'euro n'a eu avant tout que des répercussions *indirectes* (ou virtuelles) sur le budget de l'Union européenne pour 2011, que ce soit par le biais des dépenses agricoles prévisibles, suite au développement de la parité euro/dollar, ou de la création d'une structure d'accueil pour la garantie de prêts pour la garantie des opérations d'emprunts et de prêts effectuées dans le cadre du mécanisme européen de stabilisation financière (voir pages 235-236).

d'importance au *taux d'augmentation (en crédits pour paiements) du budget pour 2011 par rapport à 2010.* Le Conseil, tout en insistant en bloc sur le principe de limiter la hausse du budget vu la situation économique dans tous les États membres, est resté divisé[332] sur la question du *montant total des crédits de paiement* à retenir dans le budget de l'Union pour 2011, et ce jusqu'au Conseil européen des 28 et 29 octobre 2010, durant lequel douze États membres (l'Allemagne, l'Autriche, le Danemark, l'Estonie, la Finlande, la France, l'Italie, les Pays-Bas, la République tchèque, le Royaume-Uni, la Slovénie et la Suède[333]) ont exprimé leur opposition à dépasser en crédits pour paiements la position du Conseil sur le projet de budget pour 2011 (soit une augmentation de *+2,91 %* des crédits pour paiements par rapport au PB, budgets rectificatifs nº 1 et 2/2010 compris), et ont adressé une lettre au président du Conseil à ce sujet[334].

Le Parlement européen a finalement accepté la position du Conseil en ce qui concerne les crédits pour paiements, en contrepartie notamment d'augmentations en ce qui concerne les *crédits d'engagement* et d'un recours à l'*instrument de flexibilité* (voir *infra*).

La Commission, quant à elle, a beaucoup insisté pour l'adoption de la déclaration conjointe des deux branches de l'autorité budgétaire sur les crédits de paiement dans le cas d'un accord sur une augmentation des crédits pour paiements de 2,9 % seulement. L'adoption de la *déclaration conjointe sur les crédits de paiement* (voir pages 219-220) a ainsi été un élément clef de l'accord sur le budget de l'Union européenne pour 2011 en décembre 2010.

En même temps, il convient de souligner que la procédure budgétaire pour 2011 est intervenue en plein *milieu de la période d'application du cadre financier pour 2007-2013* et à la veille de la présentation par la Commission de ses propositions concernant le cadre financier *post-2013*[335], et qu'à ce titre le budget pour 2011 constitue un point de référence essentiel pour le prochain cadre financier pluriannuel[336].

B. Outre la situation économique et la crise de l'euro, la procédure budgétaire pour 2011 s'est avérée très difficile en raison notamment de la volonté du Parlement européen d'inscrire à l'ordre du jour du comité de conciliation des questions dépassant le cadre de la procédure budgétaire annuelle définie à l'article 314 du TFUE, telles que le futur cadre financier pluriannuel (traité par l'article 312 du TFUE) ou encore les ressources propres de l'Union européenne (traitées par l'article 311 du TFUE), c'est-à-dire des sujets relevant de la règle de vote à l'unanimité au Conseil, et non – comme la procédure budgétaire annuelle – de la majorité qualifiée (voir page 270). Ceci a permis à des États

---

[332] Il convient de rappeler que sept États membres ont voté contre la position du Conseil le 12 août 2010, c'est-à-dire que la position a été adoptée avec la plus petite majorité qualifiée possible (voir page 193, note 150).

[333] Il s'agit des sept États membres qui ont voté contre la position du Conseil, augmentés de l'Allemagne, de l'Estonie, de la France, de l'Italie et de la Slovénie. Malte s'est également associée ultérieurement à cette lettre.

Le Conseil européen des 28 et 29 octobre 2010 a abordé cette question dans ses conclusions comme suit : "*Les chefs d'État ou de gouvernement ont souligné que, parallèlement au renforcement de la discipline budgétaire au sein de l'Union européenne, il est essentiel que le budget de l'Union européenne et le prochain cadre financier pluriannuel reflètent les efforts d'assainissement déployés par les États membres pour ramener le déficit et la dette sur une trajectoire plus viable. Tout en respectant le rôle des différentes institutions et la nécessité d'atteindre les objectifs poursuivis par l'Europe, le Conseil européen examinera, lors de sa prochaine réunion* [en décembre 2010 ; voir page 209, note 231], *comment faire en sorte que les dépenses au niveau européen contribuent de manière appropriée à ce processus*" (doc. *Conseil européen 25/1/10 REV 1 CO EUR 18 CONCL 4* du 30 novembre 2010, point 3).

[334] Outre la question des crédits pour paiements, le Conseil a beaucoup insisté lors du comité de conciliation sur l'adoption du projet de budget rectificatif nº 10/2010 concernant l'excédent tel que proposé par la Commission. Il a également insisté pour que le financement additionnel du projet ITER en 2012 et 2013 fasse partie intégrante de tout accord global sur le budget pour 2011 (voir pages 210-211).

[335] La Commission devrait présenter ses différentes propositions à partir de fin juin 2011.

[336] Voir, à ce sujet, par exemple l'étude de Nicolas-Jean BREHON : La crise sur le budget 2011 : le choc des intransigeances, Question d'Europe n° 187, Policy Paper, Fondation Robert Schuman, 29 novembre 2010.

membres individuels d'opposer leur "veto" aux demandes du Parlement européenne et de "bloquer" la position du Conseil, le Parlement continuant à lier sont accord sur le budget pour 2011 à un accord sur ses revendications "politiques", "juridiques" et "institutionnelles" (voir pages 208-213).

Il était sans doute prévisible que le Parlement européen veuille tester les limites de ses nouvelles prérogatives et de ses nouveaux pouvoirs suite à l'entrée en vigueur d'un nouveau traité qui, pour la première fois depuis les années 1970, change fondamentalement les dispositions financières et budgétaires du droit primaire[337]. Il est sans doute tout aussi évident que le Parlement allait fermement insister sur son rôle lors des futures négociations sur le nouveau cadre financier pluriannuel (les budgets de l'Union devant "respecter" le CFP) et sur la décision "ressources propres" (sur laquelle le PE, conformément à l'article 311 du TFUE, n'est formellement que consulté) lors de la première procédure budgétaire qui a été dans son entièreté menée conformément aux nouvelles dispositions du traité de Lisbonne. Il n'en demeure pas moins qu'en raison de l'unanimité requise au sein du Conseil sur ces questions, le Parlement n'a pu obtenir que peu de concessions de la part du Conseil, et ce en dépit du fait que le PE ait indiqué, très tôt au cours des négociations, pouvoir accepter en contrepartie la position du Conseil – primordiale pour celui-ci – sur les crédits pour paiements (voir pages 208-213 et *supra*).

C. En effet, conformément à sa position traditionnelle visant à s'opposer aux "questions liées" ("*issue linkages*") pratiquées par le Parlement européen et fort de ses différentes règles de vote (voir page 270), le Conseil a systématiquement voulu distinguer lors de la procédure budgétaire pour 2011 d'une part les questions liées directement au budget pour 2011[338] et, d'autre part, celui de la "*réflexion politique à moyen et à plus long terme*" sur le réexamen du budget, le prochain cadre financier pluriannuel et le futur du financement de l'Union, "*questions qui n'ont rien à voir en tant que telles avec le budget pour 2011 et qu'il faut ainsi dissocier des discussions au sein du comité de conciliation*"[339]. S'agissant de ces dernières questions, le Conseil s'en est tenu lors des différentes phases de la négociation au strict respect des dispositions du traité. Cette position a également été retenue dans le projet de déclaration commune proposé par le Conseil, lors du comité de conciliation du 15 novembre 2010, pour répondre aux préoccupations du Parlement européen (voir page 212). Bien que le Parlement ait rejeté ce projet, ce qui a conduit à l'échec de la procédure de conciliation, il convient de relever que le Conseil n'a pas changé de position lors des discussions dans le cadre du nouveau projet de budget pour 2011 en décembre 2010[340] (voir pages 213-225 et 268-269).

D. Les discussions sur la révision du cadre financier pour 2007-2013 afin de financer le *projet ITER* pour un montant additionnel de 1,3 milliard d'euros en 2012 et 2013 n'ont pas abouti en 2010 suite aux doutes émis par le Parlement européen sur une partie de son mode de financement (et avant tout sur les redéploiements à l'intérieur du 7ème PCR), mais également suite à des interrogations quant à l'intérêt de poursuivre le projet (voir page 221). Contrairement à ce qui a été parfois avancé, ce financement additionnel n'a pas été une "priorité" du Conseil dans son ensemble, certains États membres ayant manifesté d'importantes réserves notamment sur l'opportunité de réviser le

---

337 Voir, par exemple, la décision du 5 octobre 2010 de la conférence des présidents du Parlement européen sur les sept "priorités stratégiques" du PE, selon laquelle "*le budget de l'Union européenne pour 2011 est le premier à être négocié dans sa totalité dans le cadre du traité de Lisbonne. Il doit donc refléter intégralement le nouveau cadre juridique mis en place par le traité ainsi que les nouvelles responsabilités que les États membres ont confiées à l'Union*" (doc. *PE 446.952/BUR/REV*, p. 1).

338 Le Conseil a fermement réaffirmé cette position dans ses orientations budgétaires pour 2012 adoptées le 15 février 2011 comme suit : "*Le Conseil souligne que le comité de conciliation a pour objectif, conformément à l'article 314 du traité sur le fonctionnement de l'Union européenne (TFUE), d'établir le budget pour 2012, et les travaux devraient se concentrer résolument sur cet objectif, en évitant toute question qui n'est pas directement liée au budget annuel*" (doc. *Conseil 5895/11 FIN 51* du 3 février 2011, p. 2).

339 Intervention du président du Conseil lors du comité de conciliation le 11 novembre 2010.

340 Tout en confirmant "*leur volonté de mener la procédure d'élaboration des futures perspectives financières dans le respect des dispositions du traité*", les représentants des quatre présidences du Conseil en 2011 et 2012 (c'est-à-dire la Hongrie, la Pologne, le Danemark et Chypre) ont néanmoins évoqué au niveau du comité des représentants permanents, le 8 décembre 2010, leur "*intention de conduire une démarche marquée par*

CF dès 2010 pour des besoins en 2012 et 2013. Le Conseil a néanmoins accepté la proposition de la Commission (tout en la réduisant de 100 millions d'euros et en modifiant les sources de financement) afin de ne pas "perdre" (conformément au principe d'annualité) les marges disponibles[341] en 2010.

E. Les négociations sur le "*paquet législatif Lisbonne*" n'ont pas non plus abouti en 2010, le Parlement européen insistant notamment sur une *révision* du cadre financier pour 2007-2013 en ligne avec le point 4 de l'AII de 2006 et sur le maintien d'une *flexibilité* "au moins équivalente" à celle existante dans l'AII (voir pages 209-210 et 213), le Conseil pour sa part soulignant le manque de soutien en son sein pour réviser le CF suite à l'entrée en vigueur du traité de Lisbonne, ainsi que rappelant de l'obligation de respecter la règle de vote à l'unanimité prévue à l'article 312 du TFUE pour toute révision du cadre financier pluriannuel (voir page 209). Le Conseil a néanmoins retenu l'idée de la création d'une nouvelle "*marge pour imprévus*", pouvant atteindre 0,03 % du RNB de l'Union au-delà des plafonds fixés par le cadre financier pour la période 2007-2013, et qui serait mobilisé à la majorité qualifiée (voir pages 220-221). Le Parlement européen a toutefois considéré que cette proposition n'allait pas assez loin dans le sens de la flexibilité qu'il souhaitait. Les discussions sur le nouveau *règlement du Conseil fixant le cadre financier pluriannuel pour la période 2007-2013* et sur un nouvel *accord interinstitutionnel sur la coopération en matière budgétaire et la bonne gestion financière* devront ainsi se poursuivre en 2011. Dans ce contexte, le Conseil a formalisé ses travaux menés en 2010 sur ces deux dossiers le 18 janvier 2011 en adoptant sa position aussi bien sur le règlement, qu'il a transmise au Parlement européen pour approbation, que sur l'AII, qu'il a transmise pour accord au PE et à la Commission[342] (voir quatrième partie, pages 285-286).

Par ailleurs, le Parlement a obtenu que la Commission présente en décembre 2010 une nouvelle proposition complète[343] de révision du *règlement financier*.

F. Deux points spécifiques ont également compliqué techniquement la procédure budgétaire pour 2011. Le premier est lié au *traitement de l'adaptation de 1,85 % des rémunérations et des pensions à partir du 1er juillet 2009*, la Cour de justice n'ayant rendu son arrêt dans l'affaire *C-40/10* (*Commission contre Conseil*) que le 24 novembre 2010. Il convient de relever que l'autorité budgétaire a néanmoins été en mesure d'inclure dans le budget pour 2011 les conséquences de l'augmentation de 3,7 % des salaires et des pensions dans sa totalité, conformément à la modification du règlement nº 1296/2009, adoptée par le Conseil le 13 décembre 2010. Le second point concerne le traitement des demandes des institutions quant aux dépenses et aux nouveaux postes liés à la préparation à l'adhésion de la Croatie à l'Union européenne, suite aux incertitudes quant à la date d'adhésion effective.

G. Il convient également de relever que le Conseil n'a pas été en mesure de respecter à la lettre le *calendrier pragmatique pour la procédure budgétaire pour 2011* sur lequel les institutions s'étaient mises d'accord dans la déclaration commune du 30 novembre 2009 sur les mesures transitoires applicables à la procédure budgétaire après l'entrée en vigueur du traité de Lisbonne (voir page 293).

---

un esprit d'ouverture et de collaboration constructive", cette "*association idoine du Parlement européen aux travaux des autres institutions (devant) permettre une conclusion rapide et équilibrée de cette procédure*" (lettre de la présidence belge au président du Parlement européen, du 8 décembre 2010 ; voir pages 268-269).

L'appréciation du Parlement européen sur le résultat des négociations avec le Conseil et la Commission sur le budget pour 2011 et ses sept "priorités stratégiques" est présentée pages 271-272. Il convient de noter que la Commission s'est engagée à répondre à de nombreuses demandes adressées lors de la procédure budgétaire pour 2011 au Conseil.

341 Ou plus exactement les "possibilités de financement non budgétisées" (voir première partie, page 39) disponibles en 2010.

342 Doc. *Conseil 16973/3/10 REV 3 FIN 654 CADREFIN 70 INST 537* et *16974/10 FIN 655 CADREFIN 71 INST 538*.

343 C'est-à-dire que la proposition reprend aussi bien la proposition de modification "*Fast track*" de la Commission, du 3 mars 2010, visant à introduire dans le règlement financier les conséquences de l'entrée en vigueur du traité de Lisbonne, que la proposition de la Commission, du 28 mai 2010, concernant la 2ème révision triennale (refonte) du RF (voir quatrième partie, pages 286-287).

En effet, la Commission n'ayant mis le projet de budget à la disposition des institutions et des États membres dans toutes les langues officielles de l'Union européenne que le 15 juin 2010, le Conseil, pour respecter le délai de huit semaines prévu à l'article 4 du protocole n° 1 sur le rôle des parlements nationaux dans l'Union européenne[344], n'a adopté sa position sur le PB que le 12 août 2010, et non fin juillet 2010 au plus tard, comme le prévoyait le point 5 de la déclaration commune[345].

Les institutions devront tenir compte de ces deux éléments quand elles discuteront du calendrier pragmatique s'appliquant aux procédures budgétaires à venir, comme le prévoit le point 6 de la déclaration commune du 30 novembre 2009 (voir page 294).

Il convient en outre de retenir que les deux branches de l'autorité budgétaire ont continué à respecter lors de la procédure budgétaire pour 2011 le "*Gentlemen's agreement*", l'entrée en vigueur du traité de Lisbonne n'ayant ainsi pas changé cette règle de conduite telle qu'appliquée depuis 40 ans (c'est-à-dire depuis la procédure budgétaire pour 1971), et ce malgré des demandes de la part du PE et du Conseil pour conclure un nouvel accord actualisé.

H. S'agissant des *budgets rectificatifs*, le nombre de BRs adoptés en 2010 (*huit* en tout) est moins important que ces deux dernières années (voir page 337). Ceci ne résulte pourtant pas d'une diminution des projets de budgets rectificatifs présentés par la Commission[346], mais de la non-adoption des projets de BRs n° 3/2010 (concernant le financement de mesures d'accompagnement dans le secteur de la banane) et 10/2010 (concernant notamment l'excédent pour 2010 et le financement additionnel du projet ITER en 2012 et 2013).

Si l'échec de la première procédure de conciliation concernant un budget rectificatif (le *projet de budget rectificatif n° 3/2010*) est à souligner[347], il ne faut pas en exagérer les conséquences *financières*[348]. En effet, l'autorité législative n'étant pas parvenue à adopter la base légale avant la fin de l'année 2010, les crédits n'auraient pas pu être exécutés tel que prévu par la Commission (voir chapitre II).

La non-adoption par le Parlement européen du *projet de budget rectificatif n° 10/2010* est également à relever. Il est d'usage pour le PE de lier l'acceptation du projet de BR proposé par la Commission concernant l'excédent à un accord global avec le Conseil sur le budget pour l'année à venir. Cet accord n'ayant pas eu lieu en 2010 et le Parlement ayant en outre de sérieux doutes sur le financement additionnel du projet ITER en 2012 et 2013 et ses modalités (voir page 234), il n'a pas souhaité donner suite au projet BR n° 10/2010. Ceci a pour conséquence de retarder, pour les États membres, le remboursement de l'excédent pour 2010[349]. En même temps, les diminutions de crédits d'engagement proposées et destinées à dégager des marges

---

[344] Ce délai doit être observé – sauf urgence – entre l'adoption de la proposition par la Commission et l'adoption de la position du Conseil (JO C 83 du 30.3.2010, p. 204). Il convient de relever que le Parlement européen n'a pas partagé en 2010 l'analyse du Conseil sur l'applicabilité de ce délai de huit semaines aux budgets et aux budgets rectificatifs de l'Union européenne (voir quatrième partie, page 289).

[345] Le Parlement a fortement critiqué le Conseil quant au fait que celui-ci ne statue pas en séance publique lors d'un Conseil formel en juillet, mais seulement par "procédure écrite" au milieu du mois d'août.

[346] En d'autres termes, l'autorité budgétaire et la Commission n'ont que très partiellement été en mesure de donner suite au point 9 de la déclaration commune du 30 novembre 2009 sur les mesures transitoires applicables à la procédure budgétaire après l'entrée en vigueur du traité de Lisbonne, selon lequel "*dans la mesure du possible, les institutions s'efforceront de limiter le nombre de budgets rectificatifs*". Il convient néanmoins de souligner les raisons particulières liées à 2010 qui ont conduit la Commission à proposer un nombre important de projets de BRs, notamment pour prendre en compte des conséquences de l'entrée en vigueur du traité de Lisbonne (voir chapitre II). La Commission a présenté en 2010 *dix* projets de BRs (voir tableau 43, page 167).

[347] Cette conciliation a été effectuée en parallèle avec la conciliation sur le budget pour 2011 (voir pages 208-212). Les huit budgets rectificatifs ont tous été adoptés en 2010 en une "seule lecture" (voir tableau 43, page 167).

[348] D'un point de vue *politique*, cet échec a naturellement eu des conséquences négatives, que ce soit de la perspective de l'Union européenne, de ses institutions ou des partenaires de l'Union dans les pays ACP.

[349] Le projet de BR n° 10/2010 proposait de réduire (suite à la lettre rectificative) la contribution des États membres au titre du budget pour 2010 pour un montant total de 1 226,7 millions d'euros (voir chapitre II).

en 2010 pour financer le projet ITER en 2012 et 2013 (tout en couvrant la "dernière partie" encore manquante de la compensation, soit 43 millions d'euros) n'auraient plus été disponibles (voir pages 171-172). Étant entendu que le Parlement n'a pas souhaité donner son accord en 2010 au financement additionnel du projet ITER, ceci est en soi sans conséquence.

Enfin, il convient de relever que le Conseil n'a pas pris formellement position sur la partie du *projet de budget rectificatif n° 2/2010* concernant les crédits et les nouveaux postes demandés, suite à l'entrée en vigueur du traité de Lisbonne[350], par le Comité économique et social européen et par le Comité des régions (voir chapitre II).

I. Le tableau 63 page suivante retrace les évolutions, lors de différentes étapes de la procédure budgétaire pour 2011, des montants (en crédits de paiement) par domaine politique de la section III – Commission – du budget de l'Union européenne. Le tableau inclut les lignes "*XX*" mais ne différencie pas les crédits inscrits sur les lignes budgétaires opérationnelles ou en réserve[351].

Il convient de relever que :

- le Conseil, lors de l'établissement de sa position sur le projet de budget initial, a accepté tels que proposés par la Commission les montants pour *sept domaines politiques*[352]. Le Conseil a modifié au total *239 lignes budgétaires* (articles ou postes) de la section III[353] (voir page 346) relevant de *vingt-cinq domaines politiques* ;

- le Parlement européen a adopté près de *600 amendements* (voir page 346) qui modifient les montants proposés par la Commission dans tous les domaines politiques[354]. *Dix-neuf réductions* opérées par le Conseil dans sa position sur le PB n'ont pas été amendées par le PE[355] ;

- au total *706 lignes budgétaires* du projet de budget initial n'ont été amendées ni par le Conseil, ni par le PE[356].

Le nouveau projet de budget reprend les montants du "pré-accord" du 15 novembre 2010. Concernant les *crédits d'engagement*, la Commission a modifié par rapport à son PB initial (hors lignes concernant

---

Suite à sa non-adoption, les États membres ne récupéreront cet excédent que par le biais du BR "solde", qui sera présenté par la Commission, conformément à l'article 15, paragraphe 3 du RF, à la clôture de l'exercice pour 2010, c'est-à-dire en avril 2011, et adopté (au plus tôt) en juillet 2011.

[350] En d'autres termes, le Conseil n'a pas souhaité donner suite aux demandes des deux comités en ce qui concerne les demandes en crédits et postes supplémentaires, afin de tenir en compte des conséquences de l'entrée en vigueur du traité de Lisbonne, et ce à la différence du Parlement européen (dont les demandes ont été prises en compte par le biais du BR n° 1/2010 ; voir chapitre II) et du Conseil européen et du Conseil (dont les demandes ont été prises en compte par le biais de la lettre rectificative n° 3/2010 ; voir deuxième partie, page 137), les autres institutions ne formulant pas de demandes spécifiques dans ce domaine au cours de l'année 2010. Il convient néanmoins de relever que cette absence d'octroi de nouveaux postes au CESE et au CdR en 2010 a été en partie compensée par l'autorité budgétaire lors de l'allocation de nouveaux postes au cours de la procédure budgétaire pour 2011 (voir tableau 57, page 230).

[351] Ainsi, le titre *40* (*Réserves*) n'inclut dans le tableau 63 que les crédits de paiement destinés à la réserve pour aides d'urgence (voir chapitre II).

[352] Il s'agit des domaines politiques *03* (*Concurrence*), *20* (*Commerce*), *25* (*Coordination des politiques de la Commission et conseil juridique*), *27* (*Budget*), *28* (*Audit*), *30* (*Pensions et dépenses connexes*) et *31* (*Services linguistiques*).

[353] C'est-à-dire plus de lignes budgétaires que lors de la procédure budgétaire pour 2010 (voir deuxième partie, page 115, cf. page 346).

[354] Certains amendements ne concernent que les commentaires. Une partie importante des amendements adoptés par le Parlement européen concerne – comme lors des procédures précédentes – le rétablissement du PB pour les lignes budgétaires modifiées par le Conseil ou les "blocs" d'"amendements horizontaux".

[355] Dont 7 lignes budgétaires concernant la sous-rubrique *1a* (*Compétitivité pour la croissance et l'emploi*), 1 ligne concernant la rubrique *2* (*Conservation et gestion des ressources naturelles*), 6 lignes concernant la sous-rubrique *3a* (*Liberté, sécurité et justice*), 1 ligne concernant la sous-rubrique *3b* (*Citoyenneté*), 2 lignes concernant la rubrique *4* (*L'UE acteur mondial*) et 2 lignes concernant la rubrique *5* (*Administration*).

[356] Dont 189 lignes budgétaires concernant la sous-rubrique *1a*, 36 lignes concernant la sous-rubrique *1b*, 168 lignes concernant la rubrique *2*, 42 lignes concernant la sous-rubrique *3a*, 50 lignes concernant la sous-rubrique *3b*, 126 lignes concernant la rubrique *4* et 95 lignes concernant la rubrique *5* (*Administration*).

Tableau 63. Évolution des montants par domaine politique au cours de la procédure budgétaire pour 2011

Section III – Commission, en crédits de paiement et en euros

Domaine politique* :	***01***	***02***	***03***	***04***	***05*** [3]	***06***	***07***	***08***	***09***	***10***	***11*** [3]
% du PB	*0,28%*	*1,00%*	*0,07%*	*7,43%*	*44,86%*	*0,95%*	*0,31%*	*3,39%*	*1,10%*	*0,31%*	*0,65%*
PB	357.945.598	1.264.473.483	95.059.085	9.442.228.383	56.984.542.954	1.203.064.180	392.239.981	4.305.425.552	1.393.612.987	399.638.000	819.991.534
PB**	357.945.598	1.264.473.483	95.059.085	9.442.228.383	56 638 342 954	1.203.064.180	392.239.981	4.305.425.552	1.393.612.987	399.638.000	819.991.534
Position du Conseil	337.504.061	1.158.630.832	92.693.979	9.103.670.805	56.356.397.855	1.069.500.709	336.906.018	3.960.386.112	1.324.086.341	396.638.000	670.448.843
Amendements du PE***	346.997.213	1.267.085.047	94.971.118	9.451.853.595	57.347.022.037	1.198.953.421	398.248.718	4.260.399.387	1.395.565.198	399.638.000	826.367.231
Budget adopté ** ***	341.428.066	1.209.517.794	93.460.588	9.163.487.571	55.269.078.592	1.141.829.384	390.334.975	4.117.090.764	1.334.304.618	396.209.233	771.048.775
Domaine politique* :	***12*** [2]	***13***	***14***	***15*** [1]	***16*** [1]	***17***	***18*** [2]	***19*** [1]	***20*** [1]	***21*** [1]	***22*** [1]
% du PB	*0,07%*	*26,74%*	*0,09%*	*1,61%*	*0,20%*	*0,47%*	*0,72%*	*2,97%*	*0,06%*	*1,25%*	*0,84%*
PB	93.088.400	33.965.673.753	119.140.599	2.040.300.566	253.229.702	598.342.573	917.927.833	3.767.493.324	81.080.508	1.582.960.458	1.062.775.077
PB**	94.312.400	33.965.673.753	119.140.599	2.039.919.689	253.179.598	598.342.573	918.479.833	3.569.188.310	76.041.291	1.453.358.783	1.050.948.339
Position du Conseil	90.276.220	33.132.506.161	116.977.533	1.896.373.030	250.665.685	571.236.514	866.551.139	3.640.407.181	79.383.662	1.522.030.279	914.577.423
Amendements du PE***	102.481.143	33.976.121.839	119.790.577	2.081.601.718	256.663.833	602.564.551	913.640.505	3.812.316.646	80.982.932	1.582.894.259	1.066.856.244
Budget adopté ** ***	93.393.369	33.317.255.956	114.816.257	1.996.439.937	253.420.663	596.103.645	884.712.708	3.384.697.008	104.457.108	1.479.662.739	1.012.531.127
Domaine politique* :	***23***	***24***	***25*** [1]	***26*** [1]	***27*** [1]	***28***	***29***	***30***	***31***	***32***	***40** *****
% du PB	*0,69%*	*0,06%*	*0,15%*	*0,82%*	*0,06%*	*0,01%*	*0,10%*	*1,02%*	*0,31%*	*1,25%*	*0,16%*
PB	878.021.798	77.033.000	195.011.064	1.045.312.995	75.268.085	11.588.474	130.074.033	1.291.785.000	399.076.540	1.591.670.654	203.000.000
PB**	878.021.798	77.033.000	194.890.775	1.031.734.189	74.983.085	11.588.474	130.074.033	1.291.785.000	399.076.540	1.591.670.654	203.000.000
Position du Conseil	870.746.394	73.355.000	190.662.487	1.023.812.162	72.849.588	11.269.865	125.697.170	1.268.825.000	390.004.106	1.561.170.619	p.m.
Amendements du PE***	882.980.072	77.033.000	194.927.448	1.044.510.261	74.212.326	11.584.813	127.808.872	1.291.785.000	399.037.478	1.601.564.772	203.000.000
Budget adopté ** ***	838.530.897	74.805.171	191.377.441	1.017.231.709	69.471.033	11.406.307	124.420.762	1.278.009.000	393.145.161	1.535.151.605	100.000.000

PB modifié par [1] *: LR n° 1/2011* [2] *: LR n° 2/2011* [3] *: LR n° 3/2011*

Tableau 64. Les domaines politiques dans la section III – Commission – du budget de l'Union européenne pour 2011

Titre		*Titre*	
01	*Affaires économiques et financières*	***18***	*Espace de liberté, de sécurité et de justice*
02	*Entreprises*	***19***	*Relations extérieures*
03	*Concurrence*	***20***	*Commerce*
04	*Emploi et affaires sociales*	***21***	*Développement et relations avec les États ACP*
05	*Agriculture et développement rural*	***22***	*Élargissement*
06	*Mobilité et transports*	***23***	*Aide humanitaire*
07	*Environnement et action pour le climat*	***24***	*Lutte contre la fraude*
08	*Recherche*	***25***	*Coordination des politiques de la Commission et conseil juridique*
09	*Société de l'information et médias*	***26***	*Administration de la Commission*
10	*Recherche directe*	***27***	*Budget*
11	*Affaires maritimes et pêche*	***28***	*Audit*
12	*Marché intérieur*	***29***	*Statistiques*
13	*Politique régionale*	***30***	*Pensions et dépenses connexes*
14	*Fiscalité et union douanière*	***31***	*Services linguistiques*
15	*Éducation et culture*	***32***	*Énergie*
16	*Communication*	***40***	*Réserves*
17	*Santé et protection des consommateurs*	***XX***	*Dépenses administratives par domaine politique*

les projets pilotes et les actions préparatoires) *55 lignes budgétaires* relevant de la section III[357] (y inclus les nouvelles lignes pour le "budget PESC").

Afin de pouvoir inclure dans le budget pour 2011 les effets de l'augmentation de 1,85 % des rémunérations et des pensions, le Conseil a dû modifier *357 lignes budgétaires* de la section III relevant des différentes rubriques et sous-rubriques du CF, à l'exception de la sous-rubrique *3b* (*Citoyenneté*).

Le Parlement européen, en adoptant sa position sur le nouveau PB, n'a modifié *aucune* des lignes budgétaires proposées.

IV. – L'établissement du budget par activités

1. Développement de la nomenclature budgétaire

A. Les *33 titres* de la section III – Commission – du budget de l'Union européenne pour 2011 sont présentés dans le tableau 64 ci-dessus.

Il convient avant tout de retenir la séparation de l'ancien domaine politique *06* (*Énergie et transports*) des budgets généraux de 2004 à 2010[358], d'une part en "*Mobilité et transports*" (nouvel intitulé du titre *06* dans le budget l'UE pour 2011) et, d'autre part, en "*Énergie*" (nouveau titre *32* créé dans le budget pour 2011).

[357] Dont 19 lignes budgétaires concernant la sous-rubrique *1a*, 1 ligne concernant la sous-rubrique *1b*, 6 lignes concernant la rubrique *2*, 6 lignes concernant la sous-rubrique *3a*, 3 lignes concernant la sous-rubrique *3b* et 20 lignes concernant la rubrique *4*.

[358] À ce titre l'activité "*Réseaux transeuropéens*" est également séparée : la partie liée aux transports est maintenue dans le domaine politique "*Mobilité et transports*" (chapitre *06 03* du titre *06*) et la partie liée à l'énergie transférée à l'activité "*Réseaux transeuropéens*" (nouveau chapitre *32 03*) du nouveau domaine politique "*Énergie*".

Sont également séparées :

- l'activité "*Recherche liée à l'énergie et aux transports*" (chapitre *06 06* du budget pour 2010). L'activité "*Recherche liée aux transports*" est maintenue dans le domaine politique "*Mobilité et transports*" sous le chapitre *06 06* réorganisé et la partie relative à l'énergie transférée à l'activité "*Recherche liée à l'énergie*" du domaine politique "*Énergie*", sous un nouveau chapitre *32 06*, et
- l'activité "*Sécurité et protection des usagers de l'énergie et des transports*" (chapitre *06 07* du budget pour 2010). La partie liée à la sûreté des transports est transférée au chapitre *06 02* et la partie liée à la sûreté des installations et des infrastructures énergétiques à l'activité "*Sources d'énergie classiques et renouvelables*" (nouveau chapitre *32 04* du nouveau domaine politique "*Énergie*").

Par ailleurs les activités "*Sources d'énergie classiques et renouvelables*" (chapitre *06 04* du budget pour 2010) et "*Énergie nucléaire*" (chapitre *06 05*) sont transférées au domaine politique "*Énergie*" sous les nouveaux chapitres *32 04* et *32 05* qui reprennent les anciens intitulés.

Au total, le nouveau titre *32* est composé de 5 chapitres, 31 articles, 21 postes et 46 imputations. Le titre *06* inclut 4 chapitres, 20 articles, 23 postes et 35 imputations.

Par ailleurs, le titre *07* a reçu un nouvel intitulé "*Environnement et action pour le climat*"[359].

Il convient également de prendre note de la création de la nouvelle structure d'accueil[360] pour la garantie par le budget de l'Union européenne des opérations d'emprunts et de prêts de la Commission effectuées dans le cadre du mécanisme européen de stabilisation financière, introduite dans le budget de l'Union européenne en 2010 suite à la crise de l'euro.

La nomenclature pour le "budget PESC" (chapitre *19 03*) finalement retenue dans le budget de l'Union européenne pour 2011 est la suivante :

- article *19 03 01* : *Opérations de gestion de crise, prévention des conflits, résolution et stabilisation, processus de suivi et de sécurité*, divisé en quatre postes :

- *19 03 01 01* (*Mission d'observation en Géorgie*) ;
- *19 03 01 02* (*EULEX Kosovo*) ;
- *19 03 01 03* (*EUPOL Afghanistan*), et
- *19 03 01 04* (*Autres mesures et opérations de gestion de crise*) ;

- article *19 03 02* : *Non-prolifération et désarmement* ;

- article *19 03 04* : *Actions d'urgence* ;

- article *19 03 05* : *Actions préparatoires et de suivi*, et

- article *19 03 06* : *Représentants spéciaux de l'Union européenne.*

B. S'agissant des autres sections du budget de l'Union européenne que la section III – Commission, il convient avant tout de relever la création d'une nouvelle section X[361] pour les recettes et les dépenses du nouveau service européen pour l'action extérieure (voir pages 218 et 234-235).

Concernant la section II – Conseil européen et Conseil, le titre *4*[362] ne contient plus qu'un "p.m.", le groupe de réflexion "horizon 2020-2030" ayant terminé ses travaux et remis son rapport (intitulé "*Projet pour l'Europe à l'horizon 2030. Les défis à relever et les chances à saisir*") au président du Conseil européen le 8 mai 2010[363].

Le développement de la nomenclature budgétaire de 2010 à 2011 est récapitulé dans le tableau 65 ci-contre.

Il convient de relever la grande stabilité de la nomenclature des autres institutions que la Commission.

2. Examen des fiches d'activité

Le comité budgétaire du Conseil a examiné lors de la procédure budgétaire pour 2011 plus spécialement quinze fiches d'activité relevant de huit domaines politiques[364]. Le comité a porté une attention toute particulière à la justification de la valeur ajoutée européenne des propositions, aux indicateurs utilisés et aux résultats escomptés, ainsi qu'aux taux d'exécution projetés et réalisés. "*Les fiches d'activité ont été un élément du processus décisionnel visant à déterminer le niveau*

---

359 De 2004 à 2010, le titre *07* s'intitulait "*Environnement*".

360 Nouveau poste *01 04 01 03* (intitulé "*Garantie de l'Union européenne aux emprunts de l'Union destinés à l'assistance financière relevant du mécanisme européen de stabilisation financière*") dans le partie "dépenses" et nouvel article *8 0 2* (portant le même intitulé) sous le titre *8* (*Emprunts et prêts*) de la partie "recettes" du budget de l'Union européenne, dotés d'un "p.m.". Cette structure avait déjà été établie dans le budget pour 2010 par le biais du budget rectificatif nº 5/2010 (voir chapitre II).

361 Cette section a déjà été créée dans le budget pour 2010 par le biais du BR nº 6/2010 (voir chapitre II).

362 Ce titre est intitulé "*Dépenses liées au groupe de réflexion*". Il a été créé dans le budget général pour 2009 (voir première partie, page 57).

363 Le groupe de réflexion "horizon 2020-2030" a présenté formellement son rapport au Conseil européen le 17 juin 2010.

364 Ces fiches d'activité traitent de programmes ayant pour objectif la promotion de la croissance économique (hors recherche) sous la sous-rubrique *1a* (*Compétitivité pour la croissance et l'emploi*), de la politique de communication sous la sous-rubrique *3b* (*Citoyenneté*) et de programmes thématiques sous la rubrique *4* (*L'UE acteur mondial*) du CF.

Tableau 65. Développement de la nomenclature du budget de l'Union européenne de 2010 à 2011

Année	**2010**	**2011**	***Différence***	**2010**	**2011**	***Différence***
Section I – Parlement européen :			***2011-2010***	**Section VI – CESE :**		***2011-2010***
Titres	5	5	*0*	3	3	*0*
Chapitres	19	19	*0*	12	12	*0*
Articles	41	43	*2*	25	25	*0*
Postes	62	65	*3*	46	46	*0*
Imputations*	93	97	*4*	61	61	*0*
Section II – Conseil européen et Conseil :				**Section VII – Comité des régions :**		
Titres	5	5	*0*	3	3	*0*
Chapitres	15	15	*0*	12	12	*0*
Articles	36	36	*0*	26	26	*0*
Postes	113	113	*0*	44	45	*1*
Imputations*	120	120	*0*	60	61	*1*
Section III – Commission :**				**Section VIII – Médiateur :**		
Titres	32	33	*1*	4	4	*0*
Chapitres	159	159	*0*	13	13	*0*
Articles	674	692	*18*	26	26	*0*
Postes	632	658	*26*	25	26	*1*
Imputations*	1.114	1.140	*26*	41	42	*1*
Annexes de la section III* :**				**Section IX – CEPD :**		
Titres	6	6	*0*	3	3	*0*
Chapitres	17	17	*0*	5	5	*0*
Articles	60	58	*-2*	7	7	*0*
Postes	24	18	*-6*	29	28	*-1*
Imputations*	70	68	*-2*	32	32	*0*
Section IV – Cour de justice :				**Section X – SEAE** ** :**		
Titres	4	4	*0*	4	4	*0*
Chapitres	12	12	*0*	11	11	*0*
Articles	34	34	*0*	17	16	*-1*
Postes	36	36	*0*	66	67	*1*
Imputations*	60	60	*0*	70	71	*1*
Section V – Cour des comptes :				**Total général :**		
Titres	3	3	*0*	**72**	**73**	*1*
Chapitres	11	11	*0*	**286**	**286**	*0*
Articles	33	33	*0*	**979**	**996**	*17*
Postes	34	34	*0*	**1.111**	**1.136**	*25*
Imputations*	58	58	*0*	**1.779**	**1.810**	*31*

* *Articles ou postes* ** *Les chiffres n'incluent pas le titre "XX"*

*** *OP, OLAF, EPSO (avec l'EEA), PMO, OIB et OIL*

** ** *La section X a été créée dans le budget pour 2010 par le biais du BR n ° 6/2010*

approprié des crédits à inscrire dans le budget pour 2011. Une attention particulière a été accordée aux informations relatives à la performance fournies dans les fiches d'activité, qui permettent de déterminer si la demande de budget de la Commission est suffisamment justifiée"[365] (voir page 195).

Le Parlement européen, quant à lui, a créé quatre "groupes de suivi" (*Monitoring groups*) spécifiques pour examiner les fiches d'activité, composés de membres de la commission des budgets et de représentants des autres commissions spécialisées du PE.

Ces groupes, qui se sont réunis entre le 17 mars et le 1er juillet 2010, se sont concentrés chacun sur l'examen d'un ensemble de fiches relevant (dans l'ordre des réunions) de la sous-rubrique *1b* (*Cohésion pour la croissance et l'emploi*) du CF ou traitant de la PAC, de programmes en faveur de la jeunesse ou de la recherche. Les résultats des travaux ont influencé le contenu des amendements adoptés par le Parlement européen (voir page 201-203).

---

[365] Doc. *Conseil 11663/10 FIN 294* du 5 juillet 2010, p. 10.

V. – Conclusion

Les deux branches de l'autorité budgétaire ont finalement adopté un budget de l'Union européenne pour 2011 avant la fin de l'année 2010, d'abord pour éviter de créer une crise budgétaire au moment où l'Union est déjà confrontée à une crise économique et de l'euro, mais aussi pour démontrer que les institutions peuvent conclure avec succès des négociations budgétaires sous les nouvelles règles du traité de Lisbonne, même avec d'importantes contraintes de temps. En même temps, un régime de "douzièmes provisoires" aurait – au-delà de l'impact sur l'image publique de l'Union européenne – sérieusement hypothéqué le financement du nouveau service européen pour l'action extérieure ou des trois nouvelles agences décentralisées de l'UE dans le domaine des services financiers et de la surveillance financière, tout en créant également d'importants problèmes notamment dans la gestion financière de la PAC.

Comme nous venons de relever dans le chapitre III, le fait que le Parlement européen ait souhaité aborder, lors du comité de conciliation prévu à l'article 314 du TFUE, des questions dépassant le cadre du budget pour 2011 a beaucoup compliqué les négociations budgétaires en 2010.

Ces discussions souvent complexes et difficiles sur les questions "politiques", "juridiques" et "institutionnelles" liées aux sept "priorités stratégiques" du PE ont en grande partie occulté le fait que les deux branches de l'autorité budgétaire sont parvenues à un accord de principe sur les montants à inscrire dans le budget pour 2011 dès novembre 2010, le Parlement acceptant, relativement tôt lors des négociations dans le cadre du comité de conciliation, la position du Conseil sur les crédits pour paiements (soit une augmentation de 2,91 % par rapport au budget pour 2010, budgets rectificatifs n° 1 et 2/2010 compris – le PE et la Commission ont néanmoins insisté sur la nécessité d'adopter une déclaration à ce sujet ; voir pages 219-220), le Conseil se ralliant finalement[366] au compromis proposé par la Commission concernant les crédits pour engagements (y inclus le recours à l'instrument de flexibilité) et les deux branches de l'autorité budgétaire et la Commission retenant le principe selon lequel les montants précis à inscrire sur chaque ligne du budget sont définis *in extenso* sur la base de paramètres "mathématiques"[367] (voir pages 213-214). Ces avancées auraient sans aucun doute permis d'aboutir à un accord sur un projet commun de budget lors de la réunion du comité de conciliation le 15 novembre 2010 si les questions "politiques", "juridiques" et "institutionnelles" n'avaient pas fait échouer les négociations.

La procédure budgétaire pour 2011 n'a donc pas pu montrer comment une procédure budgétaire "normale"[368] sous le traité de Lisbonne pourrait fonctionner. Elle a néanmoins permis de démontrer que le budget de l'Union européenne est désormais "co-décidé", les deux branches de l'autorité budgétaire ayant perdu leur "dernier mot" sur une partie du budget, et le Parlement européen et le Conseil devant désormais s'entendre et rechercher un compromis sur l'*ensemble* du budget[369]. Ceci conduira

---

[366] Certains États membres soulevant notamment la question de la différence entre les crédits d'engagement et de paiement contribuant entre autres à augmenter les "restes à liquider" (RAL ; voir page 334).

[367] Ceci est sans préjudice de cas spécifiques, comme de l'exclusion de la sous-rubrique *3b* (*Citoyenneté*) des réductions de crédits, suite à une demande du PE, du traitement particulier des dépenses liées au développement rural ou de la ligne budgétaire concernant l'apurement comptable, suite à des demandes du Conseil, ou encore des lignes concernant les projets pilotes et les actions préparatoires, où la position adoptée par le PE a été déterminante.

[368] "Normale" dans le sens "conforme à la volonté des auteurs du traité", telle qu'elle ressort des travaux de la Convention sur l'avenir de l'Union européenne, c'est-à-dire avec un accord sur un projet commun de budget au sein du comité de conciliation et approbation de l'accord par les deux branches de l'autorité budgétaire endéans les quatorze jours. La conciliation sur le projet de budget rectificatif n° 3/2010 concernant le financement de mesures d'accompagnement dans le secteur de la banane n'a pas non plus permis de démontrer un fonctionnement réussi de la nouvelle procédure de conciliation dans le domaine budgétaire.

[369] Il convient également de souligner la disparition de la notion du taux maximal d'augmentation des dépenses non obligatoires (TMA), qui était une des références à la base de la stratégie de négociation suivie par les deux branches de l'autorité budgétaire. Par ailleurs le "budget PESC", qui lors des procédures budgétaires précédentes faisait l'objet d'un traitement spécifique se rapprochant pour ce seul secteur de la "co-décision", a perdu cette spécificité.

à des changements dans la manière des institutions d'aborder les procédures budgétaires de l'Union, une fois tirés les enseignements de cette première procédure budgétaire menée dans son entièreté conformément au traité de Lisbonne[370].

Le manque d'accord sur le budget pour 2011 en novembre 2010 aura eu – en plus des conséquences politiques intrinsèques – au moins trois conséquences collatérales : tout d'abord, le Parlement européen n'a pas adopté le projet de BR nº 10/2010 concernant le financement additionnel du projet ITER en 2012 et 2013 et l'excédent[371]. Ceci aura pour conséquence d'augmenter le montant de l'excédent pour 2010 et de retarder son remboursement aux États membres.

Ensuite, le Parlement a rejeté la révision du cadre financier pour 2007-2013 afin de financer, pour un montant additionnel de 1,3 milliard d'euros, le projet ITER en 2012 et 2013. L'autorité budgétaire et la Commission devront en conséquence revenir sur cette question (qui dépasse le cadre de l'Union européenne à cause du caractère international du projet) en 2011, tout en n'ayant pas à leur disposition les marges existantes en 2010.

Enfin, le Parlement européen, le Conseil et la Commission devront poursuivre leurs discussions sur le "paquet législatif Lisbonne", un accord n'étant intervenu en 2010 sur aucun des trois éléments le composant.

[370] Cette réflexion devra également porter sur les délais (voir quatrième partie, pages 288-289).
[371] Le budget rectificatif concernant l'excédent (voir page 336) fait traditionnellement partie des accords budgétaires globaux du fait de l'importance que de nombreux États membres lui attachent.

ANNEXES CONCERNANT LA PROCÉDURE BUDGÉTAIRE POUR 2011

LE BUDGET DE L'UNION EUROPÉENNE POUR 2011 PAR RUBRIQUES DU CF
(en crédits pour engagements)

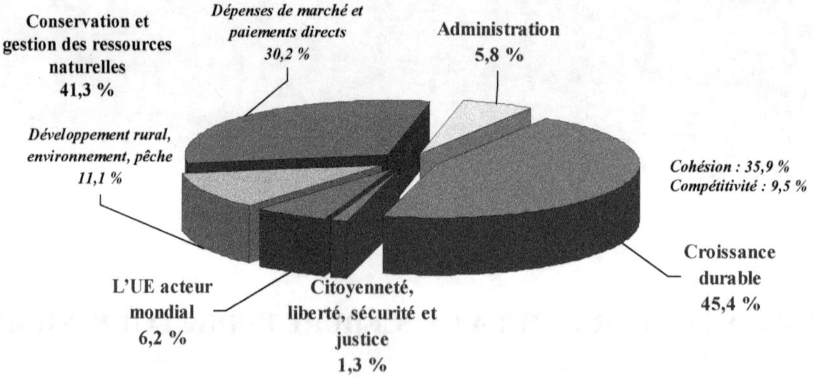

LE BUDGET DE L'UNION EUROPÉENNE POUR 2011 PAR RUBRIQUES DU CF
(en crédits pour paiements)

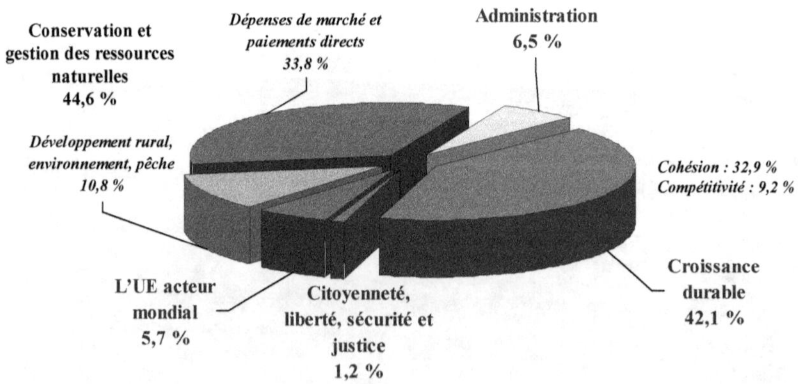

PROCÉDURE BUDGÉTAIRE POUR 2011	1		2		3		3/1		3-2		3/2		3-1	
Description	Budget 2010 (BR 1 à 8 inclus)		Nouveau projet de budget 2011		Position du Conseil et du PE Budget de l'Union pour 2011		Variation (%) Budget 2011/2010		Variation (montant) Budget 2011/2010		Variation (%) Budget 2011/2010		Variation (montant) Budget 2011/2010	
	Engagements	*Paiements*	*Engagements*	*Paiements*	*Engagements*	*Paiements*	*Engagements*	*Paiements*	*Engagements*	*Paiements*	*Engagements*	*Paiements*	*Engagements*	*Paiements*
1. CROISSANCE DURABLE														
- 1a Compétitivité pour la croissance et l'emploi	14.362.853.253	11.276.379.263	13.020.566.270	11.598.063.009	13.020.566.270	11.580.193.848	-9,35%	2,69%	0	-17.869.161	0,00%	-0,15%	-1.342.286.983	303.814.585
Marge			*433.730*		*433.730*									
			[et 34 millions par le biais de l'instrument de flexibilité]											
- 7ème programme-cadre de recherche (y compris achèvement du 6ème PCR)	7.542.425.000	6.373.875.000	8.608.667.000	6.750.440.568	8.608.667.000	6.740.230.537	14,14%	5,75%	0	-10.210.031	0,00%	-0,15%	1.066.242.000	366.355.537
02 - Entreprises	*476.333.008*	*376.078.662*	*540.939.000*	*407.377.224*	*540.939.000*	*406.715.763*	*13,56%*	*8,15%*	*0*	*-661.461*	*0,00%*	*-0,16%*	*64.605.992*	*30.637.101*
06 - Mobilité et transports	*101.687.889*	*95.117.235*	*70.505.000*	*73.174.310*	*70.505.000*	*73.064.734*	*-30,67%*	*-23,18%*	*0*	*-109.576*	*0,00%*	*-0,15%*	*-31.182.889*	*-22.052.501*
08 - Recherche	*4.595.576.000*	*3.840.460.000*	*5.324.258.000*	*4.112.700.972*	*5.324.258.000*	*4.106.235.246*	*15,86%*	*6,92%*	*0*	*-6.465.726*	*0,00%*	*-0,16%*	*728.682.000*	*265.775.246*
09 - Société de l'information et médias	*1.328.764.000*	*1.290.436.000*	*1.340.185.000*	*1.148.143.040*	*1.340.185.000*	*1.146.318.943*	*0,86%*	*-11,17%*	*0*	*-1.824.097*	*0,00%*	*-0,16%*	*11.421.000*	*-144.117.057*
10 - Recherche directe	*356.421.000*	*358.547.000*	*368.708.000*	*367.711.719*	*368.708.000*	*367.643.863*	*3,45%*	*2,54%*	*0*	*-67.856*	*0,00%*	*-0,02%*	*12.287.000*	*9.096.863*
15 - Éducation et culture	*536.202.000*	*286.012.000*	*767.407.000*	*489.441.167*	*767.407.000*	*488.611.289*	*43,12%*	*70,84%*	*0*	*-829.878*			*231.205.000*	*202.599.289*
32 - Énergie	*147.441.103*	*127.224.103*	*196.665.000*	*151.892.136*	*196.665.000*	*151.640.699*	*33,39%*	*19,19%*	*0*	*-251.437*			*49.223.897*	*24.416.596*
- Démantèlement (10 - Recherche directe)	26.900.000	33.000.000	26.270.000	28.614.186	26.270.000	28.565.370	-2,34%	-13,44%	0	-48.816	0,00%	-0,17%	-630.000	-4.434.630
- RTE	1.083.900.000	931.794.000	1.266.150.000	892.732.421	1.266.150.000	891.232.946	16,81%	-4,35%	0	-1.499.475	0,00%	-0,17%	182.250.000	-40.561.054
06 - Mobilité et transports	*1.062.440.000*	*913.594.000*	*1.241.400.000*	*871.625.588*	*1.241.400.000*	*870.161.098*	*16,84%*	*-4,75%*	*0*	*-1.464.490*	*0,00%*	*-0,17%*	*178.960.000*	*-43.432.902*
32 - Énergie	*21.460.000*	*18.200.000*	*24.750.000*	*21.106.833*	*24.750.000*	*21.071.848*	*15,33%*	*15,78%*	*0*	*-34.985*	*0,00%*	*-0,17%*	*3.290.000*	*2.871.848*
- Projets énergétiques en vue d'aider à la relance économique (32 - Énergie)	1.980.000.000	960.590.460	p.m.	1.025.119.056	p.m.	1.023.370.183	-100,00%	6,54%	0	-1.748.873			-1.980.000.000	62.779.723
- Egnos et Galileo (02 - Entreprises)	894.400.000	453.500.000	195.941.800	528.593.415	195.941.800	527.698.449	-78,09%	16,36%	0	-894.966	0,00%	-0,17%	-698.458.200	74.198.449
- Marco Polo (06 - Mobilité et transports)	63.940.000	36.675.000	65.865.000	30.279.186	65.865.000	30.230.370	3,01%	-17,57%	0	-48.816	0,00%	-0,16%	1.925.000	-6.444.630
- Education et formation tout au long de la vie et Erasmus mundus (15 - Éducation et culture)	1.107.288.500	1.075.812.000	1.155.635.000	1.047.052.852	1.155.635.000	1.045.320.196	4,37%	-2,83%	0	-1.732.656	0,00%	-0,17%	48.346.500	-30.491.804
- Programme-cadre pour l'innovation et la compétitivité (PIC)	525.708.000	359.685.500	568.644.000	306.016.030	568.644.000	305.531.535	8,17%	-15,06%	0	-484.495	0,00%	-0,16%	42.936.000	-54.153.965
- PIC - Innovation et esprit d'entreprise	302.113.000	198.622.200	326.044.000	156.138.776	326.044.000	155.894.654	7,92%	-21,51%	0	-244.122	0,00%	-0,16%	23.931.000	-42.727.546
01 - Affaires économiques et financières	*161.000.000*	*126.900.000*	*165.000.000*	*28.614.186*	*165.000.000*	*28.565.370*	*2,48%*	*-77,49%*	*0*	*-48.816*	*0,00%*	*-0,17%*	*4.000.000*	*-98.334.630*
02 - Entreprises	*141.113.000*	*71.722.200*	*161.044.000*	*127.524.590*	*161.044.000*	*127.329.284*	*14,12%*	*77,53%*	*0*	*-195.306*	*0,00%*	*-0,15%*	*19.931.000*	*55.607.084*
- Appui stratégique en matière de TIC	112.400.000	95.160.000	120.600.000	98.691.929	120.600.000	98.526.083	7,30%	3,54%	0	-165.846	0,00%	-0,17%	8.200.000	3.366.083
09 - Société de l'information et médias	*112.400.000*	*95.160.000*	*120.600.000*	*98.691.929*	*120.600.000*	*98.526.083*	*7,30%*	*3,54%*	*0*	*-165.846*	*0,00%*	*-0,17%*	*8.200.000*	*3.366.083*
- PIC - "Énergie intelligente" (32 - Énergie)	111.195.000	65.903.300	122.000.000	51.185.325	122.000.000	51.110.798	9,72%	-22,45%	0	-74.527	0,00%	-0,15%	10.805.000	-14.792.502
- Agenda pour la politique sociale (04 - Emploi et affaires sociales)	214.550.000	180.510.000	192.990.000	172.108.423	192.990.000	171.824.797	-10,05%	-4,81%	0	-283.626	0,00%	-0,16%	-21.560.000	-8.685.203
- Douane 2013 et Fiscalis 2013 (14 - Fiscalité et union douanière)	75.450.000	47.432.000	81.932.000	56.261.998	81.932.000	56.167.946	8,59%	18,42%	0	-94.052	0,00%	-0,17%	6.482.000	8.735.946
- Démantèlement nucléaire (32 - Énergie)	255.000.000	220.000.000	258.000.000	190.761.242	258.000.000	190.435.799	1,18%	-13,44%	0	-325.443	0,00%	-0,17%	3.000.000	-29.564.201
- Autres actions et programmes	342.210.000	356.107.500	361.253.000	330.865.162	361.253.000	330.367.250	5,56%	-7,23%	0	-497.912	0,00%	-0,15%	19.043.000	-25.740.250
01 - Affaires économiques et financières	*22.000.000*	*22.045.000*	*5.500.000*	*5.722.837*	*5.500.000*	*5.713.074*	*-75,00%*	*-74,08%*	*0*	*-9.763*	*0,00%*	*-0,17%*	*-16.500.000*	*-16.331.926*
02 - Entreprises	*58.040.000*	*56.770.000*	*63.860.000*	*54.010.700*	*63.860.000*	*53.945.204*	*10,03%*	*-4,98%*	*0*	*-65.496*	*0,00%*	*-0,12%*	*5.820.000*	*-2.824.796*
04 - Emploi et affaires sociales	*7.500.000*	*8.400.000*	*7.000.000*	*7.950.000*	*7.000.000*	*7.950.000*	*-6,67%*	*-5,36%*	*0*	*0*	*0,00%*	*0,00%*	*-500.000*	*-450.000*
06 - Mobilité et transports	*19.201.000*	*22.211.280*	*19.245.000*	*18.708.511*	*19.245.000*	*18.679.222*	*0,23%*	*-15,90%*	*0*	*-29.289*	*0,00%*	*-0,16%*	*44.000*	*-3.532.058*
08 - Recherche	*p.m.*	*1.500.000*	*p.m.*	*476.903*	*p.m.*	*476.089*		*-68,26%*	*0*	*-814*		*-0,17%*	*0*	*-1.023.911*
09 - Société de l'information et médias	*13.970.000*	*46.387.000*	*19.690.000*	*31.653.374*	*19.690.000*	*31.602.767*	*40,94%*	*-31,87%*	*0*	*-50.607*	*0,00%*	*-0,16%*	*5.720.000*	*-14.784.233*
12 - Marché intérieur	*15.500.000*	*14.300.000*	*18.950.000*	*17.467.016*	*18.950.000*	*17.439.435*	*22,26%*	*21,95%*	*0*	*-27.581*	*0,00%*	*-0,16%*	*3.450.000*	*3.139.435*
13 - Politique régionale	*15.000.000*	*15.000.000*	*p.m.*	*14.307.093*	*p.m.*	*14.282.685*	*-100,00%*	*-4,78%*	*0*	*-24.408*		*-0,17%*	*-15.000.000*	*-717.315*
14 - Fiscalité et union douanière	*2.600.000*	*2.600.000*	*3.120.000*	*2.504.516*	*3.120.000*	*2.500.447*	*20,00%*	*-3,83%*	*0*	*-4.069*	*0,00%*	*-0,16%*	*520.000*	*-99.553*
15 - Éducation et culture	*32.700.000*	*29.900.000*	*66.700.000*	*51.077.649*	*66.700.000*	*50.994.434*	*103,98%*	*70,55%*	*0*	*-83.215*	*0,00%*	*-0,16%*	*34.000.000*	*21.094.434*
17 - Santé et protection des consommateurs	*1.000.000*	*1.600.000*	*p.m.*	*300.000*	*p.m.*	*300.000*	*-100,00%*	*-81,25%*	*0*	*0*		*0,00%*	*-1.000.000*	*-1.300.000*
24 - Lutte contre la fraude	*20.500.000*	*16.200.000*	*22.000.000*	*15.833.183*	*22.000.000*	*15.806.171*	*7,32%*	*-2,43%*	*0*	*-27.012*	*0,00%*	*-0,17%*	*1.500.000*	*-393.829*
26 - Administration de la Commission	*38.200.000*	*38.100.000*	*39.800.000*	*36.796.945*	*39.800.000*	*36.735.193*	*4,19%*	*-3,58%*	*0*	*-61.752*	*0,00%*	*-0,17%*	*1.600.000*	*-1.364.807*
29 - Statistiques	*65.174.000*	*44.750.000*	*67.950.000*	*47.255.086*	*67.950.000*	*47.180.234*	*4,26%*	*5,43%*	*0*	*-74.852*	*0,00%*	*-0,16%*	*2.776.000*	*2.430.234*
32 - Énergie	*30.825.000*	*36.344.220*	*27.438.000*	*26.801.349*	*27.438.000*	*26.762.295*	*-10,99%*	*-26,36%*	*0*	*-39.054*	*0,00%*	*-0,15%*	*-3.387.000*	*-9.581.925*
- Agences décentralisées	251.081.753	247.397.803	239.218.470	239.218.470	239.218.470	239.218.470	-4,72%	-3,31%	0	0	0,00%	0,00%	-11.863.283	-8.179.333
02 - Enterprises	*40.285.000*	*40.285.000*	*8.200.000*	*8.200.000*	*8.200.000*	*8.200.000*	*-79,65%*	*-79,65%*	*0*	*0*	*0,00%*	*0,00%*	*-32.085.000*	*-32.085.000*
04 - Emploi et affaires sociales	*39.750.593*	*39.750.593*	*42.056.000*	*42.056.000*	*42.056.000*	*42.056.000*	*5,80%*	*5,80%*	*0*	*0*	*0,00%*	*0,00%*	*2.305.407*	*2.305.407*
06 - Mobilité et transports	*108.588.360*	*104.904.410*	*108.386.970*	*108.386.970*	*108.386.970*	*108.386.970*	*-0,19%*	*3,32%*	*0*	*0*	*0,00%*	*0,00%*	*-201.390*	*3.482.560*
09 - Société de l'information et médias	*10.758.200*	*10.758.200*	*10.766.500*	*10.766.500*	*10.766.500*	*10.766.500*	*0,08%*	*0,08%*	*0*	*0*	*0,00%*	*0,00%*	*8.300*	*8.300*
12 - Marché intérieur			*16.124.000*	*16.124.000*	*16.124.000*	*16.124.000*			*0*	*0*	*0,00%*	*0,00%*	*16.124.000*	*16.124.000*
15 - Éducation et culture	*16.920.000*	*16.920.000*	*15.742.000*	*15.742.000*	*15.742.000*	*15.742.000*	*-6,96%*	*-6,96%*	*0*	*0*	*0,00%*	*0,00%*	*-1.178.000*	*-1.178.000*
17 - Santé et protection des consommateurs	*32.779.600*	*32.779.600*	*32.943.000*	*32.943.000*	*32.943.000*	*32.943.000*	*0,50%*	*0,50%*	*0*	*0*			*163.400*	*163.400*
32 - Énergie	*2.000.000*	*2.000.000*	*5.000.000*	*5.000.000*	*5.000.000*	*5.000.000*	*150,00%*	*150,00%*	*0*	*0*	*0,00%*	*0,00%*	*3.000.000*	*3.000.000*
- 1b Cohésion pour la croissance et l'emploi	49.386.592.092	36.370.862.500	50.980.593.784	41.682.470.728	50.980.593.784	41.652.094.626	3,23%	14,52%	0	-30.376.102	0,00%	-0,07%	1.594.001.692	5.281.232.126
Marge			*6.406.216*		*6.406.216*									
- Fonds structurels	39.191.847.212	29.508.912.500	39.891.497.591	34.036.009.920	39.891.497.591	34.009.802.293	1,79%	15,25%	0	-26.207.627	0,00%	-0,08%	699.650.379	4.500.889.793
- Objectif "convergence"	30.255.996.999	22.506.777.500	31.406.373.076	25.831.400.000	31.406.373.076	25.831.400.000	3,80%	14,77%	0	0	0,00%	0,00%	1.150.376.077	3.324.622.500
04 - Emploi et affaires sociales	*7.473.667.217*	*5.527.477.500*	*7.748.847.361*	*5.992.500.000*	*7.748.847.361*	*5.992.500.000*	*3,68%*	*8,41%*	*0*	*0*	*0,00%*	*0,00%*	*275.180.144*	*465.022.500*
13 - Politique régionale	*22.782.329.782*	*16.979.300.000*	*23.657.525.715*	*19.838.900.000*	*23.657.525.715*	*19.838.900.000*	*3,84%*	*16,84%*	*0*	*0*	*0,00%*	*0,00%*	*875.195.933*	*2.859.600.000*
- Objectif "compétitivité régionale et emploi"	7.604.832.146	6.095.900.000	7.084.823.108	7.162.150.657	7.084.823.108	7.138.434.927	-6,84%	17,10%	0	-23.715.730	0,00%	-0,33%	-520.009.038	1.042.534.927
04 - Emploi et affaires sociales	*3.343.826.311*	*2.661.400.000*	*3.204.966.611*	*2.752.914.955*	*3.204.966.611*	*2.743.950.522*	*-4,15%*	*3,10%*	*0*	*-8.964.433*	*0,00%*	*-0,33%*	*-138.859.700*	*82.550.522*
13 - Politique régionale	*4.261.005.835*	*3.434.500.000*	*3.879.856.497*	*4.409.235.702*	*3.879.856.497*	*4.394.484.405*	*-8,95%*	*27,95%*	*0*	*-14.751.297*	*0,00%*	*-0,33%*	*-381.149.338*	*959.984.405*
- Objectif "coopération territoriale européenne"	1.242.911.613	818.200.000	1.312.201.407	969.559.263	1.312.201.407	967.067.366	5,57%	18,19%	0	-2.491.897	0,00%	-0,26%	69.289.794	148.867.366
13 - Politique régionale	*1.152.279.167*	*755.100.000*	*1.195.966.628*	*883.559.263*	*1.195.966.628*	*881.067.366*	*3,79%*	*16,68%*	*0*	*-2.491.897*	*0,00%*	*-0,28%*	*43.687.461*	*125.967.366*

19 - Relations extérieures	*90.632.446*	*63.100.000*	*116.234.779*	*86.000.000*	*116.234.779*	*86.000.000*	*28,25%*	*36,29%*	*0*	*0*	*0,00%*	*0,00%*	*25.602.333*	*22.900.000*
- Assistance technique	88.106.454	88.035.000	88.100.000	72.900.000	88.100.000	72.900.000	-0,01%	-17,19%	0	0	0,00%	0,00%	-6.454	-15.135.000
04 - Emploi et affaires sociales	*26.971.454*	*31.000.000*	*26.500.000*	*24.000.000*	*26.500.000*	*24.000.000*	*-1,75%*	*-22,58%*	*0*	*0*	*0,00%*	*0,00%*	*-471.454*	*-7.000.000*
13 - Politique régionale	*61.135.000*	*57.035.000*	*61.600.000*	*48.900.000*	*61.600.000*	*48.900.000*	*0,76%*	*-14,26%*	*0*	*0*	*0,00%*	*0,00%*	*465.000*	*-8.135.000*
- Autres actions et programmes	4.500.000	7.000.000	10.500.000	12.046.740	10.500.000	12.046.740	133,33%	72,10%	0	0	0,00%	0,00%	6.000.000	5.046.740
13 - Politique régionale	*4.500.000*	*7.000.000*	*10.500.000*	*12.046.740*	*10.500.000*	*12.046.740*	*133,33%*	*72,10%*	*0*	*0*	*0,00%*	*0,00%*	*6.000.000*	*5.046.740*
- Fonds de cohésion (13 - Politique régionale)	10.190.244.880	6.854.950.000	11.078.596.193	7.634.414.068	11.078.596.193	7.630.245.593	8,72%	11,31%	0	-4.168.475	0,00%	-0,05%	888.351.313	775.295.593
Total 1	63.749.445.345	47.647.241.763	64.001.160.054	53.280.533.737	64.001.160.054	53.232.288.474	0,39%	11,72%	0	-48.245.263	0,00%	-0,09%	251.714.709	5.585.046.711
Marge			*6.839.946*		*6.839.946*									
- FEM	500.000.000	0	500.000.000	47.690.310	500.000.000	47.608.950	0,00%		0	-81.360	0,00%	-0,17%	0	47.608.950
Grand Total 1	64.249.445.345	47.647.241.763	64.501.160.054	53.328.224.047	64.501.160.054	53.279.897.424	0,39%	11,82%	0	-48.326.623	0,00%	-0,09%		
2. CONSERVATION ET GESTION DES RESSOURCES NATURELLES														
- Dépenses de marché et aides directes, dont :	43.819.801.768	43.701.207.586	42.891.201.900	42.788.600.102	42.891.201.900	42.788.499.841	-2,12%	-2,09%	0	-100.261	0,00%	0,00%	-928.599.868	-912.707.745
- Marchés agricoles (05 - Agriculture et développement rural)	*43.417.420.000*	*43.416.522.586*	*42.508.305.132*	*42.509.087.269*	*42.508.305.132*	*42.509.045.911*	*-2,09%*	*-2,09%*	*0*	*-41.358*	*0,00%*	*0,00%*	*-909.114.868*	*-907.476.675*
- Marchés de la pêche (11 - Affaires maritimes et pêche)	*30.496.768*	*31.000.000*	*29.996.768*	*25.827.833*	*29.996.768*	*25.768.930*	*-1,64%*	*-16,87%*	*0*	*-58.903*	*0,00%*	*-0,23%*	*-500.000*	*-5.231.070*
- Santé des animaux et domaine phytosanitaire (17 - Santé ...)	*371.885.000*	*253.685.000*	*352.900.000*	*253.685.000*	*352.900.000*	*253.685.000*	*-5,11%*	*0,00%*	*0*	*0*	*0,00%*	*0,00%*	*-18.985.000*	*0*
- Développement rural (05 - Agriculture et développement rural)	14.363.564.633	13.399.280.000	14.436.116.552	12.589.630.652	14.436.116.552	12.560.931.005	0,51%	-6,26%	0	-28.699.647	0,00%	-0,23%	72.551.919	-838.348.995
- Fonds européen pour la pêche (11 - Affaires maritimes et pêche)	644.028.678	481.080.000	658.285.042	459.151.152	658.285.042	458.105.943	2,21%	-4,78%	0	-1.045.209	0,00%	-0,23%	14.256.364	-22.974.057
- Gouvernance et accords internationaux en matière de pêche (11 - Affaires maritimes...)	277.530.000	252.460.000	263.175.000	235.399.299	263.175.000	234.868.316	-5,17%	-6,97%	0	-530.983	0,00%	-0,23%	-14.355.000	-17.591.684
- Life+ (07 - Environnement et action pour le	306.855.000	215.820.000	340.200.000	262.225.000	340.200.000	262.225.000	10,87%	21,50%	0	0	0,00%	0,00%	33.345.000	46.405.000
- Autres actions et programmes	44.100.000	42.680.000	22.500.000	30.518.184	22.500.000	30.518.184	-48,98%	-28,50%	0	0	0,00%	0,00%	-21.600.000	-12.161.816
05 - Agriculture et développement rural	*4.500.000*	*4.500.000*	*7.500.000*	*2.750.000*	*7.500.000*	*2.750.000*	*66,67%*	*-38,89%*	*0*	*0*	*0,00%*	*0,00%*	*3.000.000*	*-1.750.000*
07 - Environnement et action pour le climat	*24.500.000*	*16.980.000*	*15.000.000*	*12.120.000*	*15.000.000*	*12.120.000*	*-38,78%*	*-28,62%*	*0*	*0*	*0,00%*	*0,00%*	*-9.500.000*	*-4.860.000*
11 - Affaires maritimes et pêche	*5.600.000*	*11.200.000*	*p.m.*	*7.148.184*	*p.m.*	*7.148.184*	*-100,00%*	*-36,18%*	*0*	*0*		*0,00%*	*-5.600.000*	*-4.051.816*
17 - Santé et protection des consommateurs	*2.000.000*	*3.000.000*	*p.m.*	*3.500.000*	*p.m.*	*3.500.000*	*-100,00%*	*16,67%*	*0*	*0*		*0,00%*	*-2.000.000*	*500.000*
23 - Aide humanitaire	*7.500.000*	*7.000.000*	*p.m.*	*5.000.000*	*p.m.*	*5.000.000*	*-100,00%*	*-28,57%*	*0*	*0*			*-7.500.000*	*-2.000.000*
- Agences décentralisées	42.953.223	43.113.223	47.769.895	43.769.895	47.769.895	43.769.895	11,21%	1,52%	0	0	0,00%	0,00%	4.816.672	656.672
07 - Environnement et action pour le climat	*35.258.000*	*35.418.000*	*35.105.327*	*35.105.327*	*35.105.327*	*35.105.327*	*-0,43%*	*-0,88%*	*0*	*0*	*0,00%*	*0,00%*	*-152.673*	*-312.673*
11 - Affaires maritimes et pêche	*7.695.223*	*7.695.223*	*12.664.568*	*8.664.568*	*12.664.568*	*8.664.568*	*64,58%*	*12,60%*	*0*	*0*	*0,00%*	*0,00%*	*4.969.345*	*969.345*
Total 2	59.498.833.302	58.135.640.809	58.659.248.389	56.409.294.284	58.659.248.389	56.378.918.184	-1,41%	-3,02%	0	-30.376.100	0,00%	-0,05%	-839.584.913	-1.756.722.625
Marge			*1.678.751.611*		*1.678.751.611*									
dont : Dépenses de marché et aides directes			*1.575.388.100*		*1.575.388.100*								1.575.388.100	0
3. CITOYENNETE, LIBERTE, SECURITE ET JUSTICE														
- 3a Liberté, sécurité et justice	1.006.487.370	738.570.370	1.138.954.740	814.250.466	1.138.954.740	813.277.345	13,16%	10,12%	0	-973.121	0,00%	-0,12%	132.467.370	74.706.975
Marge			*67.045.260*		*67.045.260*									
- Solidarité et gestion des flux migratoires (18 - Espace de liberté, de sécurité et de justice)	517.150.000	349.290.000	612.090.000	411.294.711	612.090.000	410.596.703	18,36%	17,55%	0	-698.008	0,00%	-0,17%	94.940.000	61.306.703
- Sécurité et protection des libertés (18)	106.900.000	73.729.000	134.000.000	59.559.081	134.000.000	59.459.008	25,35%	-19,35%	0	-100.073	0,00%	-0,17%	27.100.000	-14.269.992
- Droits fondamentaux et justice (18)	77.500.000	58.690.000	81.300.000	58.118.236	81.300.000	58.021.302	4,90%	-1,14%	0	-96.934	0,00%	-0,17%	3.800.000	-668.698
- Autres actions et programmes (18)	65.100.000	43.024.000	63.700.000	48.738.698	63.700.000	48.660.592	-2,15%	13,10%	0	-78.106	0,00%	-0,16%	-1.400.000	5.636.592
- Agences décentralisées (18)	239.837.370	213.837.370	247.864.740	236.539.740	247.864.740	236.539.740	3,35%	10,62%	0	0	0,00%	0,00%	8.027.370	22.702.370
- 3b Citoyenneté	747.914.040	739.301.540	682.897.000	645.969.000	682.897.000	645.969.000	-8,69%	-12,62%	0	0	0,00%	0,00%	-65.017.040	-93.332.540
Marge			*103.000*		*103.000*									
- Programme dans le domaine de la santé publique et de la protection des consommateurs (17 - Santé et protection des consommateurs)	73.290.000	63.300.000	75.350.000	73.850.000	75.350.000	73.850.000	2,81%	16,67%	0	0	0,00%	0,00%	2.060.000	10.550.000
- Culture 2007-2013 (15 - Éducation et culture)	54.165.000	44.529.000	57.572.000	49.550.000	57.572.000	49.550.000	6,29%	11,28%	0	0	0,00%	0,00%	3.407.000	5.021.000
- Jeunesse en action (15 - Éducation et culture)	124.886.000	122.380.000	129.888.000	119.780.000	129.888.000	119.780.000	4,01%	-2,12%	0	0	0,00%	0,00%	5.002.000	-2.600.000
- Media 2007 (15 - Éducation et culture)	102.078.500	93.500.000	110.035.000	101.210.000	110.035.000	101.210.000	7,79%	8,25%	0	0			7.956.500	7.710.000
- L'Europe des citoyens	32.505.000	23.365.000	28.530.000	21.700.000	28.530.000	21.700.000	-12,23%	-7,13%	0	0	0,00%	0,00%	-3.975.000	-1.665.000
16 - Communication	*32.505.000*	*23.365.000*	*28.530.000*	*21.700.000*	*28.530.000*	*21.700.000*	*-12,23%*	*-7,13%*	*0*	*0*			*-3.975.000*	*-1.665.000*
- Instrument financier pour la protection civile (23 - Aide humanitaire)	18.450.000	12.450.000	18.350.000	18.350.000	18.350.000	18.350.000	-0,54%	47,39%	0	0			-100.000	5.900.000
- Actions de communication	95.280.000	86.540.000	94.665.000	86.890.000	94.665.000	86.890.000	-0,65%	0,40%	0	0	0,00%	0,00%	-615.000	350.000
16 - Communication	*95.280.000*	*86.540.000*	*94.665.000*	*86.890.000*	*94.665.000*	*86.890.000*	*-0,65%*	*0,40%*	*0*	*0*	*0,00%*	*0,00%*	*-615.000*	*350.000*
- Fonds de solidarité de l'UE (13 - Politique	79.914.040	79.914.040	p.m.	p.m.	p.m.	p.m.	-100,00%	-100,00%	0	0			-79.914.040	-79.914.040
- Autres actions et programmes	42.049.500	96.766.500	43.404.000	49.334.000	43.404.000	49.334.000	3,22%	-49,02%	0	0	0,00%	0,00%	1.354.500	-47.432.500
04 - Emploi et affaires sociales	*p.m.*	*150.000*	*p.m.*	*p.m.*	*p.m.*	*p.m.*		*-100,00%*	*0*	*0*			*0*	*-150.000*
09 - Société de l'information et médias	*1.500.000*	*1.750.000*	*1.600.000*	*1.350.000*	*1.600.000*	*1.350.000*	*6,67%*	*-22,86%*	*0*	*0*	*0,00%*	*0,00%*	*100.000*	*-400.000*
15 - Éducation et culture	*28.639.500*	*30.549.500*	*22.644.000*	*25.134.000*	*22.644.000*	*25.134.000*	*-20,93%*	*-17,73%*	*0*	*0*	*0,00%*	*0,00%*	*-5.995.500*	*-5.415.500*
16 - Communication	*9.410.000*	*9.320.000*	*18.660.000*	*15.220.000*	*18.660.000*	*15.220.000*	*98,30%*	*63,30%*	*0*	*0*	*0,00%*	*0,00%*	*9.250.000*	*5.900.000*
17 - Santé et protection des consommateurs	*1.000.000*	*1.347.000*	*500.000*	*1.247.000*	*500.000*	*1.247.000*	*-50,00%*	*-7,42%*	*0*	*0*	*0,00%*	*0,00%*	*-500.000*	*-100.000*
18 - Espace de liberté, de sécurité et de justice	*1.500.000*	*1.500.000*	*p.m.*	*p.m.*	*p.m.*	*p.m.*	*-100,00%*	*-100,00%*	*0*	*0*			*-1.500.000*	*-1.500.000*
22 - Élargissement	*-*	*49.900.000*	*-*	*6.383.000*	*-*	*6.383.000*		*-87,21%*	*0*	*0*		*0,00%*	*0*	*-43.517.000*
23 - Aide humanitaire	*p.m.*	*2.250.000*	*p.m.*	*p.m.*	*p.m.*	*p.m.*		*-100,00%*	*0*	*0*			*0*	*-2.250.000*
- Agences décentralisées (17 - Santé et protection des consommateurs)	125.296.000	116.557.000	125.103.000	125.305.000	125.103.000	125.305.000	-0,15%	7,51%	0	0	0,00%	0,00%	-193.000	8.748.000
Total 3	1.754.401.410	1.477.871.910	1.821.851.740	1.460.219.466	1.821.851.740	1.459.246.345	3,84%	-1,26%	0	-973.121	0,00%	-0,07%	67.450.330	-18.625.565
Marge			*67.148.260*		*67.148.260*									

4. L'UE ACTEUR MONDIAL														
- Instrument de préadhésion (IPA, aide au Kosovo incluse)	1.587.100.000	1.782.174.400	1.796.793.000	1.446.154.750	1.796.793.000	1.443.776.610	13,21%	-18,99%	0	-2.378.140	0,00%	-0,16%	209.693.000	-338.397.790
04 - Emploi et affaires sociales	*88.475.000*	*30.810.000*	*103.798.000*	*61.487.791*	*103.798.000*	*61.385.277*	*17,32%*	*99,24%*	*0*	*-102.514*	*0,00%*	*-0,17%*	*15.323.000*	*30.575.277*
05 - Agriculture et développement rural	*170.000.000*	*131.700.000*	*215.220.000*	*71.660.085*	*215.220.000*	*71.538.207*	*26,60%*	*-45,68%*	*0*	*-121.878*	*0,00%*	*-0,17%*	*45.220.000*	*-60.161.793*
13 - Politique régionale	*362.133.079*	*596.625.000*	*431.421.141*	*430.639.143*	*431.421.141*	*429.912.153*	*19,13%*	*-27,94%*	*0*	*-726.990*	*0,00%*	*-0,17%*	*69.288.062*	*-166.712.847*
22 - Elargissement	*963.303.671*	*1.019.851.150*	*1.043.414.856*	*879.564.492*	*1.043.414.856*	*878.142.516*	*8,32%*	*-13,90%*	*0*	*-1.421.976*	*0,00%*	*-0,16%*	*80.111.185*	*-141.708.634*
32 - Energie	*3.188.250*	*3.188.250*	*2.939.003*	*2.803.239*	*2.939.003*	*2.798.457*	*-7,82%*	*-12,23%*	*0*	*-4.782*	*0,00%*	*-0,17%*	*-249.247*	*-389.793*
- Instrument européen de voisinage et de partenariat (IEVP)	1.672.867.627	1.359.833.000	1.827.993.000	1.364.206.588	1.827.993.000	1.361.956.153	9,27%	0,16%	0	-2.250.435	0,00%	-0,16%	155.125.373	2.123.153
19 - Relations extérieures	1.672.867.627	1.359.833.000	1.827.993.000	1.364.206.588	1.827.993.000	1.361.956.153	9,27%	0,16%	0	-2.250.435	0,00%	-0,16%	155.125.373	2.123.153
- Instrument de coopération au développement (ICD)	2.467.932.439	2.061.364.301	2.646.693.240	2.163.900.986	2.646.693.240	2.160.387.978	7,24%	4,80%	0	-3.513.008	0,00%	-0,16%	178.760.801	99.023.677
07 - Environnement et action pour le climat	*-*	*1.000.000*	*-*	*238.452*	*-*	*238.045*		*-76,20%*	*0*	*-407*		*-0,17%*	*0*	*-761.955*
19 - Relations extérieures	*1.319.983.500*	*1.170.439.871*	*1.381.332.240*	*1.161.791.671*	*1.381.332.240*	*1.159.912.243*	*4,65%*	*-0,90%*	*0*	*-1.879.428*	*0,00%*	*-0,16%*	*61.348.740*	*-10.527.628*
21 - Développement et relations avec les Etats ACP	*1.147.948.939*	*888.924.430*	*1.265.361.000*	*1.001.775.482*	*1.265.361.000*	*1.000.142.472*	*10,23%*	*12,51%*	*0*	*-1.633.010*	*0,00%*	*-0,16%*	*117.412.061*	*111.218.042*
32 - Énergie	*-*	*1.000.000*	*-*	*95.381*	*-*	*95.218*		*-90,48%*	*0*	*-163*			*0*	*-904.782*
- Instrument de stabilité	219.559.000	191.405.160	290.188.000	197.904.674	290.188.000	197.581.185	32,17%	3,23%	0	-323.489	0,00%	-0,16%	70.629.000	6.176.025
19 - Relations extérieures	*219.559.000*	*191.405.160*	*290.188.000*	*197.904.674*	*290.188.000*	*197.581.185*	*32,17%*	*3,23%*	*0*	*-323.489*	*0,00%*	*-0,16%*	*70.629.000*	*6.176.025*
- Aide humanitaire	800.518.000	800.518.000	824.693.000	787.031.526	824.693.000	785.704.871	3,02%	-1,85%	0	-1.326.655	0,00%	-0,17%	24.175.000	-14.813.129
23 - Aide humanitaire	*800.518.000*	*800.518.000*	*824.693.000*	*787.031.526*	*824.693.000*	*785.704.871*	*3,02%*	*-1,85%*	*0*	*-1.326.655*	*0,00%*	*-0,17%*	*24.175.000*	*-14.813.129*
- Assistance macroéconomique (01 - Affaires économiques et financières)	98.985.000	90.000.000	104.868.567	88.703.977	104.868.567	88.552.647	5,94%	-1,61%	0	-151.330	0,00%	-0,17%	5.883.567	-1.447.353
- Politique étrangère et de sécurité commune (PESC) (19 - Relations extérieures)	281.541.000	225.650.000	327.374.000	272.857.560	327.374.000	272.393.337	16,28%	20,71%	0	-464.223	0,00%	-0,17%	45.833.000	46.743.337
- Garantie de la CE aux prêts (01 - Affaires économiques et financières)	93.810.000	93.810.000	138.880.000	138.880.000	138.880.000	138.880.000	48,04%	48,04%	0	0	0,00%	0,00%	45.070.000	45.070.000
- Instrument financier de coopération avec les pays industrialisés (IPI) (19 - Relations extérieures)	23.740.000	17.063.000	25.121.000	19.176.124	25.121.000	19.143.580	5,82%	12,19%	0	-32.544	0,00%	-0,17%	1.381.000	2.080.580
- Instrument pour la démocratie et les droits de l'homme (IEDDH) (19 - Relations extérieures)	164.198.200	157.974.000	166.983.000	142.298.257	166.983.000	142.073.702	1,70%	-10,07%	0	-224.555	0,00%	-0,16%	2.784.800	-15.900.298
- Instrument de coopération dans le domaine de la sécurité nucléaire (INSC) (19 - Relations extérieures)	70.452.882	61.800.000	75.813.000	68.034.734	75.813.000	67.920.830	7,61%	9,90%	0	-113.904	0,00%	-0,17%	5.360.118	6.120.830
- Instrument financier de coopération avec les pays industrialisés (IPI+) (19 - Relations extérieures)	34.500.000	9.500.000	45.000.000	6.733.872	45.000.000	6.722.384	30,43%	-29,24%	0	-11.488	0,00%	-0,17%	10.500.000	-2.777.616
- Autres actions et programmes	358.638.322	669.439.322	209.689.570	433.246.923	209.689.570	432.584.243	-41,53%	-35,38%	0	-662.680	0,00%	-0,15%	-148.948.752	-236.855.079
01 - Affaires économiques et financières	*-*	*-*	*34.460.570*	*4.108.997*	*34.460.570*	*4.101.987*			*0*	*-7.010*	*0,00%*	*-0,17%*	*34.460.570*	*4.101.987*
05 - Agriculture et développement rural	*6.275.322*	*6.275.322*	*6.360.000*	*6.066.207*	*6.360.000*	*6.055.858*	*1,35%*	*-3,50%*	*0*	*-10.349*	*0,00%*	*-0,17%*	*84.678*	*-219.464*
07 - Environnement et action pour le climat	*5.300.000*	*6.355.000*	*4.300.000*	*4.661.418*	*4.300.000*	*4.656.537*	*-18,87%*	*-26,73%*	*0*	*-4.881*	*0,00%*	*-0,10%*	*-1.000.000*	*-1.698.463*
13 - Politique régionale	*p.m.*	*p.m.*	*p.m.*	*p.m.*	*p.m.*	*p.m.*			*0*	*0*			*0*	*0*
14 - Fiscalité et union douanière	*2.000.000*	*2.000.000*	*2.300.000*	*1.239.948*	*2.300.000*	*1.237.833*	*15,00%*	*-38,11%*	*0*	*-2.115*	*0,00%*	*-0,17%*	*300.000*	*-762.167*
15 - Education et culture	*9.662.000*	*6.642.000*	*9.680.000*	*7.179.031*	*9.680.000*	*7.170.895*	*0,19%*	*7,96%*	*0*	*-8.136*	*0,00%*	*-0,11%*	*18.000*	*528.895*
17 - Santé et protection des consommateurs	*400.000*	*400.000*	*200.000*	*190.761*	*200.000*	*190.436*	*-50,00%*	*-52,39%*	*0*	*-325*	*0,00%*	*-0,17%*	*-200.000*	*-209.564*
19 - Relations extérieures	*65.320.000*	*82.170.000*	*39.121.000*	*50.818.953*	*39.121.000*	*50.768.574*	*-40,11%*	*-38,22%*	*0*	*-50.379*	*0,00%*	*-0,10%*	*-26.199.000*	*-31.401.426*
20 - Commerce	*13.930.000*	*16.930.000*	*13.930.000*	*13.306.384*	*13.930.000*	*13.284.416*	*0,00%*	*-21,53%*	*0*	*-21.968*	*0,00%*	*-0,17%*	*0*	*-3.645.584*
21 - Développement et relations avec les Etats ACP	*237.501.000*	*457.726.000*	*55.838.000*	*259.680.684*	*55.838.000*	*259.263.505*	*-76,49%*	*-43,36%*	*0*	*-417.179*	*0,00%*	*-0,16%*	*-181.663.000*	*-198.462.495*
22 - Élargissement	*10.250.000*	*84.941.000*	*33.500.000*	*81.679.315*	*33.500.000*	*81.545.486*	*226,83%*	*-4,00%*	*0*	*-133.829*	*0,00%*	*-0,16%*	*23.250.000*	*-3.395.514*
23 - Aide humanitaire	*8.000.000*	*6.000.000*	*10.000.000*	*4.315.225*	*10.000.000*	*4.308.716*	*25,00%*	*-28,19%*	*0*	*-6.509*			*2.000.000*	*-1.691.284*
- Agences décentralisées	18.282.000	18.282.000	20.350.000	19.850.000	20.350.000	19.850.000	11,31%	8,58%	0	0	0,00%	0,00%	2.068.000	1.568.000
15 - Education et culture	*18.282.000*	*18.282.000*	*20.350.000*	*19.850.000*	*20.350.000*	*19.850.000*	*11,31%*	*8,58%*	*0*	*0*	*0,00%*	*0,00%*	*2.068.000*	*1.568.000*
Total 4	7.892.124.470	7.538.813.183	8.500.439.377	7.148.979.971	8.500.439.377	7.137.527.520	7,71%	-5,32%	0	-11.452.451	0,00%	-0,16%	608.314.907	-401.285.663
Marge			*560.623*		*560.623*									
			[et 71 millions par le biais de l'instrument de flexibilité]											
- Réserve pour aides d'urgence (40 - Réserves)	248.882.000	248.882.000	253.860.000	100.000.000	253.860.000	100.000.000	2,00%	-59,82%	0	0	0,00%	0,00%	4.978.000	-148.882.000
Grand Total 4	8.141.006.470	7.787.695.183	8.754.299.377	7.248.979.971	8.754.299.377	7.237.527.520	7,5%	-7,06%	0	-11.452.451	0,00%	-0,16%	613.292.907	-550.167.663
5. ADMINISTRATION														
- Commission (hors pensions)	3.614.143.362	3.613.638.362	3.280.456.795	3.279.261.795	3.316.358.499	3.315.163.499	-8,24%	-8,26%	35.901.704	35.901.704	1,09%	1,09%	-297.784.863	-298.474.863
- Pensions (toutes institutions)	1.192.789.000	1.192.789.000	1.233.944.000	1.233.944.000	1.261.614.000	1.261.614.000	5,77%	5,77%	27.670.000	27.670.000	2,24%	2,24%	68.825.000	68.825.000
- Écoles européennes	154.212.044	154.212.044	166.462.991	166.462.991	166.462.991	166.462.991	7,94%	7,94%	0	0	0,00%	0,00%	12.250.947	12.250.947
Total Commission (y compris pensions) (S III)	4.961.144.406	4.960.639.406	4.680.863.786	4.679.668.786	4.744.435.490	4.743.240.490	-4,37%	-4,38%	63.571.704	63.571.704	1,36%	1,36%	-216.708.916	-217.398.916
- Parlement européen (Section I)	1.616.760.399	1.616.760.399	1.674.797.277	1.674.797.277	1.685.829.393	1.685.829.393	4,27%	4,27%	11.032.116	11.032.116	0,66%	0,66%	69.068.994	69.068.994
- Conseil européen et Conseil (Section II)	633.552.000	633.552.000	557.678.000	557.678.000	563.262.600	563.262.600	-11,09%	-11,09%	5.584.600	5.584.600	1,00%	1,00%	-70.289.400	-70.289.400
- Cour de justice (Section IV)	329.300.000	329.300.000	337.506.600	337.506.600	341.229.998	341.229.998	3,62%	3,62%	3.723.398	3.723.398	1,10%	1,10%	11.929.998	11.929.998
- Cour des comptes (Section V)	147.945.731	147.945.731	142.641.336	142.641.336	144.330.944	144.330.944	-2,44%	-2,44%	1.689.608	1.689.608	1,18%	1,18%	-3.614.787	-3.614.787
- Comité économique et social (Section VI)	123.173.749	123.173.749	127.598.437	127.598.437	128.573.837	128.573.837	4,38%	4,38%	975.400	975.400	0,76%	0,76%	5.400.088	5.400.088
- Comité des régions (Section VII)	79.660.950	79.660.950	83.393.584	83.393.584	84.080.903	84.080.903	5,55%	5,55%	687.319	687.319	0,82%	0,82%	4.419.953	4.419.953
- Médiateur européen (Section VIII)	9.332.275	9.332.275	9.313.304	9.313.304	9.427.395	9.427.395	1,02%	1,02%	114.091	114.091	1,23%	1,23%	95.120	95.120
- Contrôleur européen de la protection des	7.104.351	7.104.351	7.506.630	7.506.630	7.564.137	7.564.137	6,47%	6,47%	57.507	57.507	0,77%	0,77%	459.786	459.786
- Service européen pour l'action extérieure			460.412.041	460.312.041	464.104.592	464.004.592			3.692.551	3.692.551	0,80%	0,80%	464.104.592	464.004.592
Total autres institutions	2.946.829.455	2.946.829.455	3.400.847.209	3.400.747.209	3.428.403.799	3.428.303.799	16,34%	16,34%	27.556.590	27.556.590	0,81%	0,81%	481.574.344	481.474.344
Total 5	7.907.973.861	7.907.468.861	8.081.710.995	8.080.415.995	8.172.839.289	8.171.544.289	3,35%	3,34%	91.128.294	91.128.294	1,13%	1,13%	264.865.428	264.075.428
Marge			*334.289.005*		*243.160.711*									
Total général	141.551.660.388	122.955.918.526	141.818.270.555	126.527.133.763	141.909.398.849	126.527.133.762	0,25%	2,90%	91.128.294	-1	0,06%	0,00%	357.738.461	3.571.215.236
Marge			*2.087.589.445*	*7.934.866.237*	*1.996.461.151*	*7.934.866.238*							1.996.461.151	7.934.866.238
Crédits pour engagements et paiements en % du RNB	1,17%	1,02%	1,13%	1,01%	1,13%	1,01%								

LES MOBILISATIONS DU FONDS EUROPÉEN D'AJUSTEMENT À LA MONDIALISATION EN 2010

Le Fonds européen d'ajustement à la mondialisation (FEM) a été mobilisé 31 fois en 2010, pour un montant total de 82,1 millions d'euros en crédits d'engagement et de paiement.

Suite à une demande du Parlement européen, chaque mobilisation (et virement de crédit y afférente) a fait l'objet d'une décision séparée.

Ces mobilisations peuvent être résumées comme suit :

- la première mobilisation, pour un montant de 1,1 million d'euros[1], est intervenue le 9 mars 2010 alors qu'au moins mille personnes ont perdu leur emploi dans le secteur de la construction de bâtiments en Lituanie[2] ;

- la deuxième mobilisation, pour un montant de 6,2 millions d'euros, est intervenue le 9 mars 2010 après 2 476 licenciements survenus en Allemagne dans l'entreprise Karmann GmbH, spécialisée dans la construction automobile[2] ;

- la troisième mobilisation, pour un montant de 0,3 million d'euros, est intervenue le 9 mars 2010 suite aux licenciements de 651 personnes chez AB Snaigë, un fabricant de réfrigérateurs, ainsi que chez deux de ses fournisseurs, en Lituanie[2] ;

- la quatrième mobilisation, pour un montant de 0,7 million d'euros, est intervenue le 25 mars 2010 suite à près de 1 500 licenciements dans 49 entreprises fabricant des meubles en Lituanie[2] ;

- la cinquième mobilisation, pour un montant de 0,5 million d'euros, est intervenue le 25 mars 2010 suite à plus de 1 100 licenciements dans 45 entreprises de l'industrie de l'habillement en Lituanie[2] ;

- la sixième mobilisation, pour un montant de 6,6 millions d'euros, est intervenue le 16 juin 2010 suite à 2 425 pertes d'emploi, en raison d'une chute de la demande dans le secteur de la construction, dans 181 entreprises opérant dans le secteur de la fabrication de produits céramiques dans la *Comunidad Valenciana* en Espagne[3] ;

- la septième mobilisation, pour un montant de 2 millions d'euros, est intervenue le 16 juin 2010 suite à 585 pertes d'emploi dans 36 entreprises opérant dans la région de Castille-La Manche en Espagne dans le domaine de la fabrication de portes et d'encadrements de portes, en raison d'une chute de la demande dans le secteur de la construction[3] ;

- la huitième mobilisation, pour un montant de 2,6 millions d'euros, est intervenue le 16 juin 2010 suite à 538 pertes d'emploi dans l'entreprise Waterford Crystal (un fabricant de verre en cristal) et trois de ses fournisseurs en Irlande[3] ;

- la neuvième mobilisation, pour un montant de 1,1 million d'euros, est intervenue le 16 juin 2010[3]. Elle est destinée à financer l'assistance technique, conformément à l'article 8 du règlement établissant le FEM[4] ;

---

[1] Tous les montants sont en crédits d'engagement et de paiement.
[2] JO L 88 du 8.4.2010, pp. 13/17.
[3] JO L 154 du 19.6.2010, pp. 24/27.
[4] JO L 167 du 29.6.2009, p. 28.

- la dixième mobilisation, pour un montant de 8,9 millions d'euros, est intervenue le 20 octobre 2010 suite à 1 443 licenciements dans trois entreprises du Groupe Danfoss opérant dans le secteur de la fabrication de machines et d'équipements au Danemark[5] ;

- la onzième mobilisation, pour un montant de 2,4 millions d'euros, est intervenue le 20 octobre 2010 suite à 519 licenciements survenues dans l'entreprise Quimonda S.A. fabriquant des semi-conducteurs au Portugal[5] ;

- la douzième mobilisation, pour un montant de 1,2 million d'euros, est intervenue le 20 octobre 2010 suite à 198 licenciements dans l'entreprise Linak A/S opérant dans le secteur dans le secteur de la fabrication de machines et d'équipements au Danemark[5] ;

- la treizième mobilisation, pour un montant de 7,5 millions d'euros, est intervenue le 20 octobre 2010 suite à 1 122 licenciements dans 45 entreprises opérant dans le secteur de la construction navale dans la région du Jutland du Nord au Danemark[5] ;

- la quatorzième mobilisation, pour un montant de 2,8 millions d'euros, est intervenue le 20 octobre 2010 suite à 2 330 licenciements dans 23 entreprises du secteur automobile en Catalogne en Espagne[5] ;

- la quinzième mobilisation, pour un montant de 1,8 million d'euros, est intervenue le 20 octobre 2010 suite à 703 licenciements dans 82 entreprises opérant dans le secteur de l'habillement en Galicie en Espagne[5] ;

- la seizième mobilisation, pour un montant de 1,8 million d'euros, est intervenue le 20 octobre 2010 suite à 590 licenciements dans l'entreprise NXP fabriquant des semi-conducteurs aux Pays-Bas[5] ;

- la dix-septième mobilisation, pour un montant de 7,4 millions d'euros, est intervenue le 24 novembre 2010 suite à 1 135 licenciements dans SR Technics Ireland Ltd, une entreprise opérant dans le secteur des services aux compagnies aériennes (et notamment dans la maintenance, la réparation et la révision d'aéronefs) à l'aéroport de Dublin en Irlande[6] ;

- la dix-huitième – vingt-troisième mobilisation, pour un montant total de 10,5 millions d'euros, sont intervenues le 24 novembre 2010 pour financer des reconversions dans huit différentes régions[7] des Pays-Bas dans le secteur de l'imprimerie et de la reproduction, en raison d'une chute de la demande de matériel imprimé[8] ;

- la vingt-quatrième mobilisation, pour un montant de 0,6 million d'euros, est intervenue le 15 décembre 2010 suite à 1 104 licenciements intervenus dans deux entreprises opérant dans le secteur de l'industrie automobile dans la région de Wielkopolskie en Pologne[9] ;

- la vingt-cinquième mobilisation, pour un montant de 1,4 million d'euros, est intervenue le 15 décembre 2010 suite à 528 licenciements survenues dans 66 entreprises opérant dans le domaine de la fabrication de produits finis en pierre naturelle dans la *Comunidad Valenciana* en Espagne[9] ;

---

[5] JO L 286 du 4.11.2010, pp. 15/21.

[6] JO L 318 du 4.12.2010, p. 36.

[7] Il s'agit des régions "Nuts II" suivantes : Drenthe, Gelderland, Limburg, Noord Brabant, Noord Holland, Overijssel, Utrecht et Zuid Holland.

[8] JO L 318 du 4.12.2010, pp. 37/41 et 43.

[9] JO L 342 du 28.12.2010, pp. 17/24.

- la vingt-sixième mobilisation, pour un montant de 0,1 million d'euros, est intervenue le 15 décembre 2010 suite à 550 licenciements effectués par l'entreprise H. Cegielski-Poznań et par quatre de ses fournisseurs fabriquant en Pologne notamment des moteurs marins diesel[9] ;

- la vingt-septième mobilisation, pour un montant de 2,1 millions d'euros, est intervenue le 15 décembre 2010 suite à 544 licenciements dans 143 entreprises dans le secteur du textile dans la *Comunidad Valenciana* en Espagne[9] ;

- la vingt-huitième mobilisation, pour un montant de 2,2 millions d'euros, est intervenue le 15 décembre 2010 suite à 2 554 licenciements intervenus dans l'entreprise Mura European Fashion Design en Slovénie[9] ;

- la vingt-neuvième mobilisation, pour un montant de 1,6 million d'euros, est intervenue le 15 décembre 2010 suite à 1 154 licenciements dans 593 entreprises opérant dans le secteur de la distribution en raison d'une chute des vente de détail dans la communauté autonome d'Aragon en Espagne[9] ;

- la trentième mobilisation, pour un montant de 8,3 millions d'euros, est intervenue le 15 décembre 2010 suite à 1 212 licenciements sur quatre sites de production de l'entreprise Heidelberger Druckmaschinen AG fabriquant des équipements d'impression en Allemagne[9], et

- la trente-et-unième mobilisation, pour un montant de 0,4 million d'euros, est intervenue le 15 décembre 2010 due à 515 licenciements intervenus dans l'entreprise Lear Automotive Spain, suite à fermeture du site de production de Roquetes produisant des équipements électriques pour les voitures en Catalogne en Espagne[9].

Lors des huit premières mobilisations, les crédits de paiement[10] proviennent de l'article *04 02 17* (*Fonds social européen (FSE) – Convergence*).

Suite aux demandes insistantes du Parlement européen de recourir également à d'autres lignes budgétaires, les crédits de paiement proviennent à partir de la neuvième mobilisation du FEM des lignes budgétaires suivantes :

- article *01 04 04* (*Programme-cadre pour l'innovation et la compétitivité – Programme "Innovation et esprit d'entreprise"*) (17 fois) ;

- article *01 04 05* (*Achèvement du programme pour les entreprises : amélioration de l'environnement financier des petites et moyennes entreprises (PME)*) (5 fois), et

- article *04 02 20* (*Fonds social européen (FSE) – Assistance technique opérationnelle (2007-2013)*) (une fois, dans le cas de l'assistance technique).

---

[10] Les crédits d'engagement pour le FEM proviennent lors de toutes les mobilisations de l'article *40 02 43* (*Réserve pour le Fonds européen d'ajustement à la mondialisation*).

LES LETTRES DU CONSEIL AU PARLEMENT EUROPÉEN SUR LA FORME DES ACTES ÉTABLISSANT LE BUDGET DE L'UNION EUROPÉENNE POUR 2010 ET POUR 2011 ET LEUR SIGNATURE

se2009.eu

Swedish Presidency
of the European Union

Brussels, 15 December 2009

Secretary-General of the European Parliament
Mr Klaus Welle

PE - COURRIER
EP - ENTRÉE
17 -12- 2009
N° 13693

Dear Secretary-General,

Following to our meeting last week, I wish to confirm the Council's view that, in accordance with Article 314 of the Treaty on the functioning of the European Union, and in particular the *chapeau* thereof, both Presidents of the European Parliament and of the Council should sign the budget for 2010, which the two Institutions have to establish, under the new provisions, as a legislative act.

I would also like to stress in this regard that yesterday Coreper mandated the Presidency to defend the Council's prerogatives as co-author of the legislative act establishing the budget and accordingly sign, with the President of the European Parliament, that act. It goes without saying that this in no way affects the prerogative of the President of the European Parliament under Article 314(9) of the Treaty. However, both the *chapeau* and paragraph 9 of Article 314 must keep their *effet utile*.

I look forward to discussing with you tomorrow how best to proceed in order to make sure that our respective Institutions' prerogatives are preserved, in accordance with the Treaty.

Yours sincerely,

Christian Danielsson
Ambassador, Permanent representative to the EU

Postal address
Square de Meeûs 30
1000 Bruxelles

Telephone
+32 2 289 56 11

Fax
+32 2 289 56 00

E-mail: representationen.bryssel@foreign.ministry.se

COUNCIL OF
THE EUROPEAN UNION

The President

Brussels, 12 -11- 2010

lt00459.en10

ADDRESSEE:

Mr Jerzy BUZEK

COPY TO:

Mr Klaus WELLE

SGS10/14.49
SGS10/14.50

Sir,

I would like to come back on the issue of the signing of the annual budget. As you know, it is the Council's view that, following the entry into force of the Lisbon Treaty, the President of the Council should sign the act establishing the Union's annual budget, as co-author of that act, together with you, President of the European Parliament.

This issue was set aside last year, in the context of the 2010 budget, which was to a very large extent decided under the previous Treaty provisions. The 2011 budget however will be the first annual budget of the Union to be entirely governed by the newly introduced Lisbon Treaty provisions. It is therefore essential that those provisions be fully implemented.

The new introductory paragraph in Article 314 of the Treaty on the Functioning of the European Union (TFEU) reads "*the European Parliament and the Council, acting in accordance with a special legislative procedure, shall establish* (in French "*établissent*", in plural) *the Union's annual budget in accordance with the following provisions:*".

The second subparagraph of Article 297(1) reads: "*Legislative acts adopted under a special legislative procedure shall be signed by the President of the institution which adopt them*".

It is the Council's reading of Article 314 TFEU, which is different from its predecessor Article 272 TEC, that both the European Parliament and the Council are the authors or are the institutions establishing the Union's budget. Both are the subject of the verb in the introductory paragraph of Article 314.

Rue de la Loi 175
1048 BRUSSELS
Tel. (02)281.61.11

It is true that Article 314(9) continues to read as the former Article 272(7) TEC, providing that "*When the procedure provided for in this Article has been completed, the President of the European Parliament shall declare that the budget has been definitely adopted*".

However, this cannot prevent the full implementation of the applicable Treaty provisions. That means that a joint act - which could be entitled "Decision of the European Parliament and of the Council establishing the European Union's General Budget for the Financial Year 2011" - needs first to be adopted, which should be co-signed by the Presidents of the Institutions establishing the budget, pursuant to Article 297(1), second sentence of the TFEU, and that only thereafter may the President of the European Parliament solemnly declare, as a last procedural step and in accordance with Article 314(9) TFEU, that the budget has been definitely adopted.

The Council takes the view that the above reading is the only one likely to combine full respect of the prerogatives of both the European Parliament and the Council under the Treaty with the observance of the principle of sincere cooperation enshrined in Article 13(2) TUE. It trusts that the European Parliament will share that view.

Yours faithfully,

M. WATHELET

LA RÉPONSE DU PRÉSIDENT DU PARLEMENT EUROPÉEN AU CONSEIL SUR LA FORME ET LA SIGNATURE DE L'ACTE ÉTABLISSANT LE BUDGET DE L'UNION EUROPÉENNE

The President

Mr Melchior Wathelet
President-in-Office
Council of the European Union
Rue de la Loi 175
B-1048 BRUSSELS

204974 14.12.2010

Dear Mr President,

I acknowledge receipt of your letter of 12 November 2010.

According to Article 314 (introductory part) of the Treaty on the Functioning of the European Union (TFEU), the Union budget is established "in accordance with a special legislative procedure". As you mention in your letter, Article 314(9) provides that the President of Parliament *'shall declare that the budget has been definitively adopted'*. This latter provision corresponds to Article 272(7) of the EC Treaty.

The Lisbon Treaty has therefore not changed the fact that it is the President of Parliament who declares that the budget has been definitively adopted and, in doing so, signs the Union budget. Accordingly, in December last year, I declared that the annual budget had been definitively adopted and, in doing so, signed the budget. Similarly, as regards the six amending budgets that have been adopted so far in 2010, and which follow the same procedure as that applicable to the annual budget (Article 38 of the Financial Regulation), I have declared them definitively adopted and signed them.

As regards the parallel you draw to other special legislative procedures, I would first like to point out that Article 314(9) TFEU constitutes *lex specialis* concerning the final adoption of the budget and clearly specifies that it is the President of the European Parliament that declares that the budget has been definitively adopted, and thereby signs it. In this context, it should be mentioned that it is not excluded that a budget may be adopted when only the Parliament approves the joint text stemming from the Conciliation Committee, while the Council has rejected it (Article 314(7)(d) TFEU).

Moreover, whereas in ordinary legislative procedures both institutions sign (first subparagraph of Article 297(1) TFEU), at the end of any special legislative procedure only one institution signs the act (second subparagraph of Article 297(1)TFEU). The fact that both Parliament and Council participate in the special legislative procedure leading to the adoption of the budget is not different from other special legislative procedures. Indeed, in Article 289(2) TFEU, a special legislative procedure is defined as a procedure whereby the European Parliament, *'with the participation of the Council'*, or *'the latter with the participation of the European Parliament'*, adopts an act. The exact nature of the participation of the other institution in the course of the special legislative procedure is defined in each case in the relevant legal basis, in this case Article 314 TFEU, which clearly provides that the act resulting from the budgetary procedure is declared adopted (and is thereby signed) by the President of Parliament.

By signing the budget, the President of the Parliament endows the budget with binding force vis-à-vis the institutions and the Member States. In exercising this function, the President of the European Parliament intervenes by means of a separate legal act of an objective nature at the conclusion of a procedure characterised by the joint action of various institutions. He adopts that act in his capacity as an organ of the European Parliament[1].

I believe that we need to apply Article 314(9) TFEU in a way that the legality of the budgetary procedure is scrupulously respected. For that reason, I cannot share your view that the Union budget should be signed by both Presidents.

Yours sincerely,

Jerzy Buzek

---

[1] ECJ 3 July 1986, Council./.Parliament, Case 34/86, ECR, p. 2155, point 8.

LES SEPT "PRIORITÉS STRATÉGIQUES" DU PARLEMENT EUROPÉEN LORS DE LA PROCÉDURE BUDGÉTAIRE POUR 2011[1]

1. Nécessité d'un véritable dialogue stratégique avec le Conseil

Le dialogue que le Parlement poursuivra avec le Conseil sur le budget 2011 devra se dérouler sur une base stratégique et à un niveau politique élevé. Compte tenu de l'égalité désormais conférée aux deux institutions au cours de la procédure budgétaire, le Conseil, pour sa part, devra être représenté de façon à permettre de véritables négociations de fond allant au-delà des aspects purement techniques du budget.

2. Des dépenses globales d'un niveau suffisant

Le budget de l'Union atteint modestement 1 % du PIB, soit moins qu'il y a vingt ans. Il repose intégralement sur des recettes effectives et ne fait pas appel au crédit. L'Union ne se sert pas de l'instrument du déficit budgétaire et n'a pas la possibilité d'y recourir. Or, au fur et à mesure des changements apportés par les traités, l'Union s'est vu confier de plus en plus de responsabilités politiques. C'est dans ce cadre que le Parlement s'oppose aux réductions drastiques que le Conseil a apportées à la proposition de la Commission lors de sa lecture du budget 2011, et ce dans des domaines que le Parlement considère comme hautement prioritaires tout en ayant un impact significatif sur la capacité de l'Union à agir en faveur de ses citoyens.

3. Priorité à la "valeur ajoutée européenne"

Les institutions européennes doivent se pencher sérieusement sur le "coût de la non Europe" ainsi que sur les avantages potentiels d'une mise en commun des ressources à l'échelon européen, mais aussi des économies réalisées à l'échelon régional et national. Ainsi, l'absence de mécanisme de surveillance financière propre à l'Europe aurait pu coûter bien plus cher aux citoyens européens lors de la récente crise économique et financière. De même, le bon fonctionnement du Service européen pour l'action extérieure nous permettra d'être plus efficaces et plus efficients et de faire des économies à l'échelon national si les adaptations nécessaires ont lieu. Le très faible niveau de coopération dans le domaine de la défense en Europe ou la concurrence qui existe entre les divers budgets de développement peuvent être à l'origine d'un véritable gaspillage des ressources sans déboucher sur des résultats acceptables.

4. L'effet de Lisbonne sur le budget

Les politiques et objectifs nouveaux ou renforcés par le traité de Lisbonne doivent recevoir des moyens financiers suffisants. Or, plusieurs politiques – notamment la politique étrangère et de sécurité commune, la compétitivité, la politique de l'énergie ainsi que la justice et les affaires intérieures – sont largement sous-financées alors qu'il s'agit précisément des domaines où la "valeur ajoutée européenne" d'une action commune est susceptible d'être la plus élevée. En juin dernier, les États membres ont adopté l'ambitieuse stratégie Europe 2020 sans lui donner les moyens financiers nécessaires tout en sachant que de la réussite ou de l'échec dans ce domaine dépendra l'avenir de la croissance et de l'emploi en Europe. Le Conseil et le Parlement doivent agir avec responsabilité et avec cohérence dans ces domaines.

---

[1] Doc. *PE 446.952/BUR/REV* du 5 octobre 2010, pp. 1/3.

5. Le budget 2011, instrument de l'examen à mi-parcours

Dans le cadre des perspectives financières 2007-2013, la Commission, le Conseil et le Parlement avaient convenu de procéder à un examen à mi-parcours afin de pouvoir adapter, au besoin, les dépenses et les moyens financiers aux évolutions nouvelles. Comme cet examen n'a pas encore été engagé, la procédure budgétaire 2011 pourrait bien servir de cadre pour tenter d'adapter les dépenses aux réalités nouvelles. Récemment, le Parlement a adopté à une large majorité une résolution rappelant au Conseil et à la Commission qu'ils n'avaient toujours pas donné suite aux engagements pris lors de l'adoption des perspectives financières actuelles.

6. Des ressources propres dignes de ce nom

Depuis toujours, le financement du budget de l'Union repose sur le principe des ressources propres. Malheureusement, le temps passant, ce principe a été vidé de sa substance, notamment parce qu'une part de plus en plus grande des recettes est financée par le PIB des États. Les institutions devront élaborer des propositions concrètes permettant de trouver une solution objective et durable au financement de l'Union, et ce sur la base de ressources propres, comme c'était le cas avant que les décisions du Conseil européen de 1984 et de 1988, qui ont créé les ressources fondées sur le PIB, ne faussent le système.

7. Une participation réelle aux négociations du CFP

Le traité de Lisbonne a modifié la base juridique en vertu de laquelle se dérouleront les négociations du prochain cadre financier pluriannuel (CFP) : tout nouvel accord devra obligatoirement recevoir l'approbation du Parlement européen. Il faudra donc se mettre d'accord, en temps utile, sur les dispositions spécifiques permettant de garantir la participation incontournable du Parlement à *l'ensemble* du processus de préparation et de négociation du prochain CFP si l'on veut qu'il soit en mesure d'en approuver les résultats.

LA LETTRE DU PRÉSIDENT DE LA COMMISSION AUX PRÉSIDENTS DU PARLEMENT EUROPÉEN ET DU CONSEIL ACCOMPAGNANT LE NOUVEAU PROJET DE BUDGET POUR 2011

José Manuel Barroso
President of the European Commission

Brussels, 26 November 2010

Dear President of the European Parliament

Dear President of the Council

Following the failure of the Conciliation Committee on 15 November to reach agreement on the 2011 Budget, the Commission has today adopted a new draft budget for 2011. This new draft budget reflects the state of the discussions reached in the Conciliation Committee and provides the budgetary authority with a new opportunity to reach agreement on the budget before the end of the year, so that the Union has a Budget on the 1st of January, thus avoiding the need to have recourse to provisional twelfths.

Very important progress has recently been achieved with the agreement in Coreper on the establishment of a genuine flexibility mechanism, and a balanced solution on the additional financing needs of ITER has been secured as well.

For its part, the European Parliament in its resolution of 25 November has expressed its willingness to reach an agreement on 2011 budget and related issues in a very tight timeframe provided certain conditions are met. In this regard, the Commission wishes to make a contribution to political agreement by making clear the following elements.

Mr Jerzy BUZEK
President of the European Parliament
Rue Wiertz
B-1047 Brussels

His Excellency Mr Yves LETERME
President of the Council
Rue de la Loi, 16
1000 Brussels

With regards to the *Union's own resources*, the Commission will provide the necessary information to the European Parliament, and the Council, in order to pave the way for an effective consultation of the European Parliament under article 311 of the Treaty on a new Own Resources draft decision that it will propose together with the multiannual financial framework in June 2011 and to facilitate the implementation of the Treaty provisions in this area.

On the *'Lisbonisation' of the EU budget*, the Commission stresses the importance of supporting the new policy priorities stemming from the Lisbon Treaty and the efforts already made. The current financial framework already points to the growing importance of some of the new policy directions of the Treaty of Lisbon, for instance with a new heading dedicated to Justice and Home Affairs whose expenditure increases by 2.5 times between 2007 and 2013, and strengthened budgetary means for Common Foreign and Security Policy whose expenditure also increases by 2.5 times over the same period.

Several revisions of the current financial framework have permitted additional expenditure in the Lisbon priority areas. The establishment of the European External Action Service introduces the new institutional and policy setting for the EU External Policy as required by the Lisbon Treaty.

The Commission is willing to examine how to strengthen the Lisbon Treaty priority areas within the 2012 and 2013 budgetary procedures. In this context, it intends to thoroughly assess the needs when preparing its draft budgets for 2012 and 2013.

The Commission will fully take into account the financing of the EU new competences and needs stemming from the Treaty of Lisbon and of the objectives of the EU 2020 strategy, in view of its proposals for the next Multiannual Financial Framework.

The Commission will examine within the overall framework of the preparation of its proposals on the next MFF how to increase flexibility, including through allowing the transfer by the Budgetary Authority of unused commitment/payment appropriations to the budget of the following year and their reallocation to other priorities.

Concerning the *European added value*, the Commission considers that it is a key test to justify spending at EU level even if the added value of a political project cannot be reduced to a balance sheet. The European dimension can maximise the efficiency and effectiveness of Member States' finances and help reduce total expenditure. As a consequence, the EU budget should be used to finance EU public goods, actions with strong interdependencies that Member States and regions could or would otherwise not finance themselves, or where it can secure better results.

The Commission undertakes to identify the European added value as part of its impact assessment of new legislative proposals having a budgetary impact.

The Commission will also fully take into account the European added value as well as the synergies between the EU and national budgets for specific policies, and the corresponding savings, in its proposals on the next Multiannual Financial Framework, including the legal bases for the multiannual expenditure programmes.

The Commission will launch the preparation of a comprehensive report on the "Cost of non Europe" for the Member States and the national budgets including, whenever possible, an evaluation by sector.

The Commission will propose to launch a pilot project on the European added value and the synergies between the EU and national budgets in areas such as external action, research and development policy.

Should it prove useful, the Commission is ready to confirm these elements by way of declarations.

With regard to continued *flexibility* within the current financial framework, Coreper has agreed by unanimity, in line with recent decisions on flexibility, to establish a contingency margin of up to 0,03% of the GNI of the Union as a last resort instrument to react to unforeseen circumstances. The financing of the additional financial needs of ITER (€1.3 billion) was agreed in parallel.

In light of this very important progress, I would like to encourage the European Parliament to give its consent before the end of the year on the draft multiannual financial framework regulation, allowing also to secure the additional financing for ITER through the use of available 2010 margins.

I also encourage the Presidency of the Council to clarify in the coming days with upcoming Presidencies their intention to hold regular exchanges of views with the European Parliament on the next Multiannual Financial Framework and related proposals on the basis of articles 312.5 and 324 of the Treaty.

A close cooperation between the institutions at the highest political level is a natural consequence of our common commitment to agreeing the right financial framework for the future. The Commission will take all the initiatives required for a permanent and fruitful dialogue at all levels, including at the level of the Presidents of the Institutions, in order to construct common understanding leading to the required decisions.

On the basis of the above I call on the European Parliament and the Council to reach a general agreement on the draft budget 2011 before the end of Parliament's December session.

Yours sincerely,

José Manuel Barroso

LA LETTRE DU PRÉSIDENT DU CONSEIL AU PRÉSIDENT DU PARLEMENT EUROPÉEN SUR LE "VOLET POLITIQUE" DU BUDGET DE L'UNION POUR 2011

LE PREMIER MINISTRE

RUE DE LA LOI, 16
1000 BRUXELLES

S.E. Monsieur Jerzy Buzek
Président
Parlement européen

Bruxelles, le 8 décembre 2010

Cher Président, Jerzy,

J'ai le plaisir de porter à votre connaissance le résultat qui m'a été communiqué ce 8 décembre par l'Ambassadeur Jean De Ruyt de la discussion qu'il a présidée ce jour au Comité des Représentants permanents au sujet du volet politique du budget 2011.

En réponse à une invitation de la Présidence, les Représentants des quatre prochaines présidences semestrielles (Hongrie, Pologne, Danemark et Chypre) ont confirmé leur volonté de mener la procédure d'élaboration des futures perspectives financières dans le respect des dispositions du Traité. Le Conseil l'a rappelé dans la déclaration qu'il a déposée sur la table lors de la conciliation du 15 novembre dernier (dont copie en annexe) ; ils ont évoqué à cet égard l'intention de conduire une démarche marquée par un esprit d'ouverture et de collaboration constructive. Cette association idoine du Parlement européen aux travaux des autres institutions devrait permettre une conclusion rapide et équilibrée de cette procédure.

Il me semblait utile de répondre de cette manière à votre demande et à celle du Président de la Commission de préciser les intentions des Présidences concernées sur la mise en œuvre des articles pertinents du Traité, et plus particulièrement les articles 312 (5) et 324. Cette démarche bénéficie du plein accord du Conseil.

Je vous remercie de la coopération du Parlement européen dans l'élaboration du budget 2011. A l'occasion de son adoption finale, nous pourrons être fiers en tant qu'institutions d'avoir pu mener à bonne fin, pour la première fois la nouvelle procédure budgétaire prévue dans le traité de Lisbonne, et de garantir ainsi à l'Union, dans cette période de crise qui affecte si durement les budgets nationaux, des moyens suffisants à son bon fonctionnement, comme de lui permettre de se doter d'outils essentiels dans le domaine, par exemple, des relations extérieures et de la supervision financière.

Je vous prie de recevoir, Monsieur le Président, l'assurance de ma plus haute considération.

Yves Leterme

Draft joint declaration of the European Parliament, the Council and the Commission on the multiannual financial framework

(Text agreed by Council on 15 November 2010)

"The present declaration is adopted in full respect of the provisions of the Treaty on the Functioning of the European Union (TFEU) and does not affect the powers conferred on each institution in the Treaties.

In view of the implementation of the TFEU and in full respect of the right of initiative of the Commission, and Article 312(2) TFEU, the European Parliament, the Council and the Commission agree to convene regular meetings between the Presidents of the European Parliament, the Council and the Commission, as foreseen by Article 324 TFEU on the initiative of the Commission, to promote consultation and the reconciliation of the positions of the institutions.

The institutions reaffirm their willingness to take any measures necessary to facilitate the adoption of the multiannual financial framework as foreseen by Article 312(5) TFEU."

RÈGLES DE VOTE AU CONSEIL DANS LE DOMAINE FINANCIER SUITE À L'ENTRÉE EN VIGUEUR DU TRAITÉ DE LISBONNE

Objet	Base juridique	Procédure	Règle de vote au Conseil
Ressources propres	Article 311 du TFUE	Procédure législative *spéciale* - décision du Conseil - consultation du Parlement européen - approbation par les États membres	Unanimité
Cadre financier pluriannuel	Article 312 du TFUE	Procédure législative *spéciale* - règlement du Conseil - approbation du Parlement européen	Unanimité
Budget	Article 314 du TFUE	Procédure législative *spéciale* - accord commun entre le Parlement européen et le Conseil	Majorité qualifiée
Règlement financier	Article 322 du TFUE	Procédure législative *ordinaire* - règlement du Parlement européen et du Conseil - consultation de la Cour des comptes	Majorité qualifiée
Accords interinstitutionnels	*	Accords entre le Parlement européen, le Conseil et la Commission	Majorité qualifiée ou unanimité selon le contenu de l'accord
Déclarations	–	Déclarations du Conseil ou déclarations conjointes ou communes (avec les autres institutions)	Majorité qualifiée, unanimité ou "consensus" selon le contenu

** Mentionnés à l'article 295 du TFUE*

LE FINANCEMENT PRÉVISIONNEL POUR LA PALESTINE, L'AFGHANISTAN, LE KOSOVO, LE PAKISTAN, L'IRAK, LE YÉMEN, HAÏTI ET LA SOMALIE DANS LE BUDGET DE L'UNION EUROPÉENNE POUR 2011

En millions d'euros et en crédits d'engagement, crédits inscrits en réserve inclus
(Source : Commission)

Destination	Montant*	Sources de financement** et missions principales
Palestine	361,2	IEVP, aide humanitaire et alimentaire, "budget PESC", IEDDH
- dont "budget PESC" :	*11,7*	*Missions "EUBAM Rafah" et "EUPOL COPPS"*
Afghanistan	289,9	ICD, "budget PESC", aide humanitaire et alimentaire, IdS, aide alimentaire, IEDDH
- dont "budget PESC" :	*48,0*	*Mission "EUPOL"*
Kosovo	263,6	"Budget PESC", IAP, assistance macroéconomique***, IEDDH
- dont "budget PESC" :	*144,0*	*Mission "EULEX"*
Pakistan	101,7	Aide humanitaire et alimentaire, ICD, IEDDH, IdS
Irak	44,0	"Budget PESC", ICD, aide humanitaire et alimentaire
- dont "budget PESC" :	*18,0*	*Mission "EUJUST LEX"*
Yémen	37,7	ICD, aide humanitaire, IEDDH
Haïti	34,1	Aide humanitaire et alimentaire, IEDDH, IdS
Somalie	30,9	Aide humanitaire et alimentaire, IEDDH

** Montants globaux* *** Par ordre d'importance* **** 50 millions d'euros*

RÉSULTAT DES NÉGOCIATIONS AVEC LE CONSEIL ET LA COMMISSION SUR LES SEPT "PRIORITÉS STRATÉGIQUES" DU PARLEMENT EUROPÉEN LORS DE LA PROCÉDURE BUDGÉTAIRE POUR 2011

(Source : Service de presse du PE. Communiqué de presse du 10 décembre 2010)

The European Parliament's seven strategic priorities for the 2011 EU Budget:
- Outcome of negotiations with the Council and Commission -

Sufficient overall level of spending

Outcome:

- The payments level will be €126,527 million (2.91% more than the 2010 budget, including amending budgets 1-7)
- The level of commitments will be €141,909 million (0.3% more than the 2010 budget, including amending budgets 1-7)
- A declaration that additional payments will be added through amending budgets, if this is necessary. This covers all headings, apart from number 5, administration. By the end of September 2011, the Commission will, if needed, present a draft amending budget for the headings 1b (cohesion) and 2 (agriculture). The Council and Parliament will take position on any draft amending budget as quickly as possible, in order to avoid any shortfall in payments.

Lisbonisation of the Budget and review of the MFF for 2012, 2013 and beyond...

Outcome:

- The Commission has committed to examine how to strengthen the Lisbon Treaty priority areas within the 2012 and 2013 budgetary procedures. In this context, it will thoroughly assess these needs when preparing its draft budgets for 2012 and 2013.
- Furthermore, the Commission will fully take into account the financing of the EU's new competences and needs stemming from the Lisbon treaty and of the objectives of the EU 2020 strategy, in view of its proposals for the next MFF.

Meaningful own resources

Outcome:

- The Commission had committed to present legislative proposals for a new own resources decision and the next MFF by June 2011. This assures that the MFF and the subject of own resources will be discussed in parallel.
- The Commission will, in line with Art. 311 of the Treaty of Lisbon, "pave the way for an effective consultation of the European Parliament and facilitate the implementation of the Treaty provisions on the Union's own resources".

Proper involvement of the EP in preparations and negotiations on the next MFF

Outcome:

- a joint declaration of the Council, Commission and Parliament "reaffirming their willingness to take any measure necessary to facilitate the adoption of the MFF as foreseen by Article 312.5 of the Treaty of Lisbon

- An explicit declaration of the four incoming Council Presidencies (HU, PL, DK, CY) underlining the intention "to collaborate in an open and constructive spirit".
- A commitment from the Commission President to take any initiative required for a permanent and fruitful dialogue on all levels, including at the level of the Presidents of the institutions, in order to construct common understanding leading to required decisions".

A genuine strategic dialogue with the Council:

Outcome:

- the participation of the President-in-Office of the Council (Leterme) in the Conciliation Committee.
- the participation of several ministers and secretaries of state in the different negotiation rounds
- a commitment in a letter from Mr Leterme (in the letter of 8 December) to put into effect the new consultation processes between the Presidents of the three institutions, as provided in Article 324 TFEU

Focus on "European Added Value"

Outcome:

- The Commission will systematically include European added values in its impact assessments
- The Commission will prepare a report on the "Cost of non-Europe"
- The Commission will launch a pilot project on the synergies between the EU and national budgets, in areas such as external action, research and development policy

---

CHANGEMENTS DANS LA NOMENCLATURE BUDGÉTAIRE DES AGENCES DÉCENTRALISÉES, DES AGENCES EXÉCUTIVES ET DES ENTREPRISES COMMUNES DANS LE BUDGET DE L'UNION EUROPÉENNE POUR 2011

A. Agences décentralisées

- Agence européenne des produits chimiques : nouvel intitulé pour l'article *02 03 03* (*Législation sur les produits chimiques et Agence européenne des produits chimiques*, doté d'un "p.m.") et ajout d'un nouvel article *07 03 06* (intitulé "*Agence européenne des produits chimiques – Activités dans le domaine de la législation relative aux biocides*", doté d'un "p.m.") sous la rubrique *2* (*Conservation et gestion des ressources naturelles*) du CF

- Autorité européenne de surveillance GNSS : nouvel article *02 05 02* (qui remplace l'ancien article *06 08 02* du budget pour 2010)

L'Autorité européenne de surveillance GNSS devient à partir du 9 novembre 2010 l'Agence du GNSS européen suite à l'adoption, le 22 septembre 2010, du règlement (UE) n° 912/2010 du Parlement européen et du Conseil établissant l'Agence du GNSS européen, abrogeant le règlement (CE) n° 1321/2004 du Conseil sur les structures de gestion des programmes européens de radionavigation par satellite et modifiant le règlement (CE) n° 683/2008 du Parlement européen et du Conseil (JO L 276 du 20.10.2010, pp. 11/21)

- Autorité bancaire européenne : nouvel article *12 04 02*

Cette agence a été créée par le règlement (UE) n° 1093/2010 du Parlement européen et du Conseil, du 24 novembre 2010, instituant une Autorité européenne de surveillance (Autorité bancaire européenne), modifiant la décision n° 716/2009/CE et abrogeant la décision 2009/78/CE de la Commission (JO L 331 du 15.12.2010, pp. 12/47)

- Autorité européenne des assurances et des pensions professionnelles : nouvel article *12 04 03*

Cette agence a été créée par le règlement (UE) n° 1094/2010 du Parlement européen et du Conseil, du 24 novembre 2010, instituant une Autorité européenne de surveillance (Autorité européenne des assurances et des pensions professionnelles), modifiant la décision n° 716/2009/CE et abrogeant la décision 2009/79/CE de la Commission (JO L 331 du 15.12.2010, pp. 48/83)

- Autorité européenne des marchés financiers : nouvel article *12 04 04*

Cette agence a été créée par le règlement (UE) n° 1095/2010 du Parlement européen et du Conseil, du 24 novembre 2010, instituant une Autorité européenne de surveillance (Autorité européenne des marchés financiers), modifiant la décision n° 716/2009/CE et abrogeant la décision 2009/77/CE de la Commission (JO L 331 du 15.12.2010, pp. 84/119)

- Agence européenne des médicaments : nouvel article *17 03 10* (qui remplace l'ancien article *02 03 02* du budget pour 2010)

- Agence pour la gestion opérationnelle des systèmes d'information à grande échelle dans le domaine de la liberté, de la sécurité et de la justice : nouvel article *18 02 11*

- Agence de coopération des régulateurs de l'énergie : nouvel article *32 04 10* (qui remplace l'ancien article *06 04 10* du budget pour 2010)

B. Agences exécutives

- Agence exécutive "Éducation, audiovisuel et culture" : nouveaux postes *15 01 04 31* et *16 01 04 30* (qui remplacent les postes *09 01 04 30* et *15 01 04 31* pour la subvention pour les programmes relevant de la sous-rubrique *3b* (*Citoyenneté*) du CF du budget pour 2010)

- Agence exécutive pour la compétitivité et l'innovation : nouveau poste *32 01 04 30* (qui remplace le poste *06 01 04 30* intitulé "*Subvention du programme-cadre de recherche pour l'innovation et la compétitivité – Programme "Énergie intelligente – Europe"*" du budget pour 2010)

C. Entreprises communes

- Entreprise commune "Piles à combustible et Hydrogène" : nouvel article *08 05 03* (qui remplace l'ancien poste *08 01 04 41 – Dépenses d'appui pour l'entreprise commune Piles à combustible et Hydrogène (PCH)* du budget pour 2010)

QUATRIÈME PARTIE

LA NOUVELLE PROCÉDURE BUDGÉTAIRE DE L'UNION EUROPÉENNE SUITE À L'ENTRÉE EN VIGUEUR DU TRAITÉ DE LISBONNE

L'entrée en vigueur du traité de Lisbonne le 1er décembre 2009, deux ans après sa signature, est une étape importante dans l'histoire des finances publiques de l'Union européenne, car le traité modifie profondément les dispositions financières et budgétaires de l'Union.

Ces dispositions sont restées inchangées dans leurs grands principes depuis les années 1970, quand les dépenses des Communautés européennes ont été divisées en dépenses obligatoires (DO) et en dépenses non obligatoires (DNO), dans le contexte d'un pouvoir budgétaire accru du Parlement européen, qui devient l'une des deux branches de l'autorité budgétaire avec le Conseil.

En même temps, il convient de relever que les dispositions financières et budgétaires du traité de Lisbonne reprennent celles incluses dans le projet de traité constitutionnel[1], qui n'est pas entré en vigueur suite aux résultats négatifs des referenda en France (le 29 mai 2005) et aux Pays-Bas (le 1er juin 2005).

Cette quatrième partie présente la nouvelle procédure budgétaire de l'UE telle que définie par l'article 314 du traité sur le fonctionnement de l'Union européenne (TFUE), le contenu des déclarations communes du 30 novembre 2009 sur les mesures transitoires suite à l'entrée en vigueur du traité de Lisbonne et du 30 juin 2010 sur les dates et modalités de fonctionnement du comité de conciliation en 2010, ainsi que le déroulement effectif de la procédure budgétaire pour 2011. Elle décrit également le contenu du "paquet législatif Lisbonne" proposé par la Commission en mars 2010.

I. – Introduction

Le chapitre II ci-dessous présente en détail la *nouvelle procédure budgétaire de l'Union européenne* conformément à l'article 314 du TFUE.

Le chapitre III se concentre sur les *mesures transitoires* définies le 30 novembre 2009, dans l'attente de l'adoption des nouvelles bases légales liées à l'entrée en vigueur du traité de Lisbonne. Dans ce contexte, une attention particulière est portée au nouveau *calendrier pragmatique* appliqué à la procédure budgétaire pour 2011.

Le chapitre présente également le contenu de la déclaration commune du 30 juin 2010 sur les *dates et modalités de fonctionnement du comité de conciliation en 2010.*

Enfin, le chapitre IV traite du "*paquet législatif Lisbonne*", présenté par la Commission le 3 mars 2010[2], et composé :

- d'une proposition de *règlement du Conseil fixant le cadre financier pluriannuel* (le "CFP") ;

- d'un projet pour un *nouvel accord interinstitutionnel entre le Parlement européen, le Conseil et la Commission sur la coopération en matière budgétaire*, et

- d'une *proposition de modification du règlement financier*, visant à introduire dans le RF les changements nécessaires suite à l'entrée en vigueur du traité de Lisbonne.

---

[1] C'est-à-dire le traité établissant une Constitution pour l'Europe (JO C 310 du 16.12.2004, pp. 1/474).
[2] Il s'agit de la troisième réunion de la nouvelle Commission européenne, nommée le 9 février 2010 (JO L 38 du 11.2.2010, pp. 7/8).

Le chapitre présente, en outre, les aspects budgétaires et financiers les plus importants de la mise en place du nouveau *service européen pour l'action extérieure* (le "SEAE") en 2010 et 2011.

II. – L'article 314 du traité sur le fonctionnement de l'UE

1. La nouvelle procédure budgétaire de l'UE

A. L'article 314 du TFUE définit la nouvelle procédure budgétaire de l'Union européenne suite à l'entrée en vigueur du traité de Lisbonne comme suit :

a) Préparation du projet de budget (PB) par la Commission

- chaque institution[3] doit dresser, avant le 1er juillet *n-1*, un *état prévisionnel de ses dépenses* (article 314, paragraphe 1, premier alinéa du TFUE) ;

- la Commission groupe ces états dans un *projet de budget*, qui peut comporter des prévisions divergentes (paragraphe 1, premier alinéa) ;

- le projet de budget comprend une prévision des recettes et une prévision des dépenses (paragraphe 1, deuxième alinéa) ;

- la Commission doit présenter la proposition contenant le PB au Parlement européen et au Conseil au plus tard le 1er septembre *n-1*[4] (paragraphe 2, premier alinéa) ;

- la Commission peut modifier le PB jusqu'à la convocation du comité de conciliation[5] (paragraphe 2, deuxième alinéa).

b) Position du Conseil sur le projet de budget

- le Conseil adopte[6] sa *position* sur le projet de budget présenté par la Commission et la transmet au Parlement européen au plus tard le 1er octobre *n-1* (article 314, paragraphe 3, première phrase du TFUE) ;

- le Conseil doit informer pleinement le PE des raisons qui l'ont conduit à adopter sa position (paragraphe 3, deuxième phrase).

c) Amendements du Parlement européen

- le Parlement européen dispose de *42 jours*, à compter de la date de transmission par le Conseil de sa position, pour :

1) *approuver*[7] la position du Conseil. Dans ce cas le budget est *adopté* (article 314, paragraphe 4, premier alinéa, point a) du TFUE), ou

2) *adopter*, à la majorité des membres qui le composent, des *amendements* (paragraphe 4, premier alinéa, point c)) :

- le projet ainsi amendé par le Parlement européen est transmis au Conseil et à la Commission ;

- le président du Parlement européen, en accord avec le président du Conseil, convoque sans délai le *comité de conciliation* (voir *infra*, point *d)*). Toutefois, le comité de conciliation ne se réunit pas si, dans un délai de *dix jours* après cette transmission, le Conseil informe le Parlement européen qu'il *approuve tous ses amendements* ;

3) si le Parlement européen n'a *pas statué* dans ce délai de 42 jours, le budget est réputé *adopté* (paragraphe 4, premier alinéa, point b)).

---

[3] À l'exception de la Banque centrale européenne (paragraphe 1, premier alinéa de l'article 314 du TFUE).

[4] Les dates reprises sous le point 1 sont celles mentionnées dans le traité. Dans la pratique, la procédure budgétaire pour 2011 s'est déroulée conformément au *calendrier pragmatique* agréé par les deux branches de l'autorité budgétaire et la Commission dans la déclaration commune du 30 juin 2010 sur les mesures transitoires applicables à la procédure budgétaire suite à l'entrée en vigueur du traité de Lisbonne (voir chapitre III).

[5] Voir *infra*, point *d)*.

[6] Le Conseil statue au cours de la procédure budgétaire annuelle à la *majorité qualifiée* (voir page 325).

[7] Conformément à l'article 231, premier paragraphe du TFUE, à la *majorité des suffrages exprimés*.

d) Le comité de conciliation

- le comité de conciliation dispose de *vingt et un jours* à partir de sa convocation pour aboutir, sur la base des positions du Parlement européen et du Conseil, à un accord[8] sur un *projet commun* (article 314, paragraphe 5, premier alinéa du TFUE) ;

- la Commission participe aux travaux du comité de conciliation et doit prendre toutes les initiatives nécessaires en vue de promouvoir un rapprochement des positions du Parlement européen et du Conseil.

A) Si le comité de conciliation *parvient à un accord* sur un projet commun, le Parlement européen et le Conseil disposent chacun d'un délai de *quatorze jours* à compter de la date de cet accord pour *approuver* le *projet commun* (paragraphe 6) :

1) si le PE et le Conseil *approuvent* tous deux le projet commun ou ne *parviennent pas à statuer*, ou si *l'une* de ces institutions *approuve* le projet commun tandis que l'*autre ne parvient pas à statuer*, le budget est réputé *définitivement adopté* conformément au *projet commun* (paragraphe 7, premier alinéa, point a)) ;

2) si le PE et le Conseil *rejettent*[9] tous deux le projet commun, ou si l'*une* de ces institutions *rejette* le projet commun tandis que l'*autre* ne *parvient pas à statuer*, un *nouveau projet de budget* doit être présenté par la Commission (paragraphe 7, premier alinéa, point b)) ;

3) si le PE rejette[10] le projet commun tandis que le Conseil l'*approuve*, un *nouveau projet de budget* doit être présenté par la Commission (paragraphe 7, premier alinéa, point c)) ;

4) si le PE *approuve* le projet commun tandis que le Conseil le *rejette*, le PE peut, dans un délai de *quatorze jours à compter* de la date du rejet par le Conseil et statuant à la *majorité des membres qui le composent et des trois cinquièmes des suffrages exprimés*, décider de confirmer l'ensemble ou une partie de ses amendements[11].

Si l'un des amendements du Parlement européen n'est *pas confirmé*, la *position agréée au sein du comité de conciliation* concernant la ligne budgétaire qui fait l'objet de cet amendement *est retenue.*

Le budget est réputé *définitivement adopté* sur cette base (paragraphe 7, premier alinéa, point d)) ;

B) Si le comité de conciliation *ne parvient pas à un accord* sur un projet commun, un nouveau *projet de budget* doit être présenté par la Commission (paragraphe 8).

e) Constatation de l'adoption définitive du budget

Lorsque la procédure prévue à l'article 314 du TFUE est achevée, le *président du Parlement européen* constate que le budget est *définitivement adopté* (paragraphe 9)[12].

B. Par rapport à la procédure budgétaire telle que définie à l'article 272 du traité de Nice (voir pages 311-314), le nouveau traité apporte un nombre de changements. Il convient notamment de souligner la *disparition* :

- de l'*avant-projet de budget* (APB), la *Commission* présentant désormais un *projet de budget* (PB), qui est désormais une *proposition* de la Commission ;

- du *projet de budget* établit par le *Conseil* (le Conseil adoptant désormais une *position* sur le PB) ;

- des *deux lectures* des deux branches de l'autorité budgétaire ;

---

[8] Le PE à la *majorité des membres qui le représentent* et le Conseil à la *majorité qualifiée* des *membres du Conseil ou de leurs représentants* (article 314, paragraphe 5, premier alinéa du TFUE).

[9] Le PE statuant à la *majorité des membres qui le composent* (article 314, paragraphe 7, points b) et c) du TFUE). Il convient de noter qu'une *majorité des suffrages exprimés* suffit pour *approuver* le projet commun.

[10] Voir note précédente.

[11] Voir *supra,* point *c)* , 2).

[12] Il convient de rappeler dans ce contexte les différences d'interprétation entre le Parlement européen et le Conseil quant à la *forme* de l'acte établissant le budget de l'Union européenne et sa *signature* (voir deuxième partie, page 147 et troisième partie, pages 174-175 et 257-261).

- de la distinction entre *dépenses obligatoires* (DO) et *dépenses non obligatoires* (DNO) et, en conséquence, de la disparition du *taux maximal d'augmentation* (TMA) s'appliquant aux DNO ou des *propositions de modifications* du Parlement européen touchant aux DNO, et

- du "*dernier mot*" du Parlement européen – à une exception près (voir *infra*) – et du Conseil sur une partie du budget de l'Union européenne, les deux branches de l'autorité budgétaire devenant "*co-décideurs*" sur la *totalité* du budget de l'Union.

En même temps, le traité de Lisbonne introduit notamment les *modifications* suivantes :

- la procédure budgétaire devient une *procédure législative spéciale*, avec toutes les conséquences que cela implique[13] (voir chapitre V) ;

- introduction d'un *projet de budget* proposé par la *Commission* (et non plus établit par le Conseil ; voir *supra*) ;

- introduction d'une *position* du Conseil sur le projet de budget, et

- instauration d'une procédure et d'un *comité de conciliation*, avec pour objectif de parvenir à un accord sur un *projet commun de budget* endéans 21 jours.

Si le traité de Lisbonne apporte de nombreux changements à la procédure budgétaire annuelle de l'Union européenne, un certain nombre d'éléments centraux de la procédure budgétaire conformément au traité de Nice *demeurent*. Il convient notamment de citer :

- le fait que le *Conseil* reste le *premier* à acter après la Commission, le Parlement européen adoptant selon le traité ses *amendements* par rapport à la *position du Conseil* ;

- le maintient de *délais stricts* inscrits dans le traité pour les différentes étapes de la procédure budgétaire (voir *supra*), avec pour objectif l'adoption du budget de l'Union européenne avant le début de l'année calendaire et budgétaire ;

- l'inscription dans le traité de différentes "*positions de replis*" ("*Fallback positions*") dans le cas où l'une ou l'autre branche de l'autorité budgétaire ne parvient pas à statuer ou au cas où les deux branches de l'autorité budgétaire sont incapables de trouver un accord ;

- le principe selon lequel le Parlement européen peut, à la majorité des membres qui le composent et des trois cinquièmes des suffrages exprimés, *confirmer* l'ensemble ou une partie de *ses amendements*[14]. Cette confirmation par le Parlement de ses amendements n'est pourtant plus possible que *si le Conseil rejette le projet commun* de budget (voir *supra*, point *d)* , *A)* , 4)), et

- la *constatation* du *président du Parlement européen* que le *budget a été définitivement adopté*[15].

Il convient également de rappeler le rôle du *cadre financier* pour le bon déroulement des procédures budgétaires sous le traité de Nice (voir Tome I, p. 206). Le traité de Lisbonne maintient l'importance de ce cadre tout en *renforçant son statut*, le *cadre financier pluriannuel* ayant désormais une *base juridique* dans le traité[16] et le traité indiquant désormais que le *budget annuel de l'Union doit respecter le cadre financier pluriannuel*[17].

---

[13] Sous le traité de Nice, le budget général était un "*Beschluß*" (voir deuxième partie, page 147).

[14] À la différence du traité de Nice, ces amendements couvrent désormais *l'ensemble du budget de l'Union européenne*, et non pas seulement les dépenses non obligatoires. Par ailleurs, selon le traité de Nice, en deuxième lecture, le Parlement pouvait amender ou rejeter les modifications apportées par le Conseil à ses amendements et arrêter en conséquence le budget (voir page 313). Sous le traité de Lisbonne, au cas où le comité de conciliation *parvient à un accord* et le Conseil *confirme* cet accord, le Parlement européen *ne dispose plus de la possibilité de confirmer des amendements* "non retenus" lors de la conciliation.

[15] Il convient de nouveau de souligner qu'il s'agit d'une question différente de celle de la *forme* de l'acte établissant le budget et de sa *signature* (voir page 277, note 12).

[16] Il s'agit de l'article 312 du TFUE (voir chapitre IV).

[17] Article 312, paragraphe 1, troisième alinéa du TFUE.

2. Le calendrier pragmatique

La question du remplacement du calendrier pragmatique s'appliquant à la procédure budgétaire communautaire depuis la procédure pour 1977 (voir page 316) est traitée dans le chapitre III ci-dessous (voir également page 328).

III. – Les déclarations communes du 30 novembre 2009 et du 30 juin 2010

A. La déclaration commune du 30 novembre 2009 sur les mesures transitoires

Afin d'arrêter les mesures nécessaires pour assurer la continuité de l'action de l'Union européenne et une transition sans heurts vers le nouveau cadre juridique applicable à la procédure budgétaire et découlant de l'entrée en vigueur du traité de Lisbonne, le Parlement européen, le Conseil et la Commission ont adopté le 30 novembre 2009[18] une *déclaration commune sur les mesures transitoires applicables à la procédure budgétaire suite à l'entrée en vigueur du traité de Lisbonne*[19] (voir troisième partie, page 127).

À cette fin, la déclaration commune traite de questions liées au *calendrier de la procédure budgétaire pour 2011*, à la *coopération interinstitutionnelle s'appliquant à l'adoption des budgets rectificatifs* et à *l'adoption des virements de crédits soumis à l'approbation des deux branches de l'autorité budgétaire.*

Ces mesures transitoires sont d'application jusqu'à ce que les règles correspondantes soient établies dans le cadre législatif approprié (voir chapitre IV). Elles ne modifient pas les compétences budgétaires respectives des institutions prévues par le traité ou par le droit dérivé applicable.

1. Le calendrier pragmatique s'appliquant à la procédure budgétaire pour 2011

Au point 5 de la déclaration commune du 30 novembre 2009, les trois institutions sont convenues d'appliquer à la procédure budgétaire pour 2011 le calendrier pragmatique suivant[20] :

- la Commission adopte le projet de budget dans la semaine 17 (fin avril) ou, au plus tard, au cours de la semaine 18 (début mai)[21]. Elle peut, si nécessaire, modifier le projet de budget conformément à l'article 314, paragraphe 2 du TFUE jusqu'à ce que le comité de conciliation soit convoqué[22] ;

- les trois institutions se réunissent pour un échange de vues "*en temps utile, avant la lecture du projet* (de budget) *par le Conseil*"[23] ;

- le Conseil achève sa lecture avant la fin de la semaine 30 (fin juillet) au plus tard[24] ;

---

[18] Les trois institutions s'étaient déjà mises politiquement d'accord sur le contenu de la déclaration lors de la réunion de concertation du 18 novembre 2009 (voir troisième partie, page 127), mais une légère divergence sur la partie concernant les virements des crédits (voir pages 281-282) avait empêché d'acter un accord politique sur la déclaration pendant la réunion. Le Conseil a confirmé son accord sur cette déclaration commune (en tant que "point A") lors de sa session du 7 décembre 2009 et le Parlement européen en plénière le 17 décembre 2009.

[19] Cette déclaration commune est reproduite intégralement pages 293-296.

[20] Le calendrier pragmatique appliqué à la procédure budgétaire pour 2011 est synthétisé page 328. Dans le point 4 de la déclaration commune, les trois institutions confirment également leur intention d'organiser le trilogue sur les priorités budgétaires "*en temps opportun, avant l'adoption du projet de budget par la Commission et, au plus tard, en avril*". Ce trilogue a été organisé en 2010 le *25 mars* (voir troisième partie, pages 178-179).

[21] La Commission a adopté le projet de budget pour 2011 le *27 avril 2010*. Elle ne l'a mis à la disposition des institutions et des États membres dans toutes les langues officielles de l'UE que le *15 juin 2010* (voir troisième partie, pages 182-193).

[22] La Commission a présenté au cours de la procédure budgétaire pour 2011 *trois* lettres rectificatives à son projet de budget, le *15 septembre 2010* (concernant le nouveau service européen pour l'action extérieure), le *11 octobre 2010* (concernant avant tout les trois nouvelles agences de l'Union européenne dans le secteur de la surveillance financière) et le *20 octobre 2010* (concernant avant tout les dépenses agricoles ; voir troisième partie, pages 234-236).

[23] Un trilogue a été organisé à cet effet le *30 juin 2010* (voir troisième partie, pages 193-194).

[24] Dans la pratique le Conseil, afin de respecter le délai de huit semaines (prévu à l'article 4 du protocole n° 1 sur le rôle des parlements nationaux dans l'Union européenne, annexé au traité de Lisbonne ; voir troisième partie, pages 193-200) entre la mise à disposition dans toutes les langues officielles de l'UE de la

- la commission des budgets du Parlement européen (Cobu) vote avant la fin de la semaine 39 (fin septembre/ début octobre)[25] ;

- le Parlement européen vote en séance plénière pendant la semaine 42 (mi-octobre)[26].

Dès que le Parlement européen a voté des amendements, le président du Parlement européen, en accord avec le président du Conseil, convoque sans délai le comité de conciliation. À cette fin :

- les institutions coopèrent étroitement afin que les travaux du comité de conciliation soient achevés dans un délai de vingt et un jours avant la fin de la semaine 45 (mi-novembre)[27] ;

- en vue de préparer un accord sur un projet commun au sein du comité de conciliation, les institutions échangent, dès que possible, la documentation nécessaire. Par ailleurs, si le comité de conciliation aboutit à un accord sur un projet commun[28], le Parlement européen et le Conseil s'engagent à s'efforcer d'approuver les résultats des travaux du comité dès que possible, dans le cadre de l'article 314, paragraphe 6 du TFUE et conformément à leurs règlements intérieurs respectifs.

En outre, les trois institutions confirment dans le point 7 de la déclaration commune qu'elles ont l'intention d'approuver, "*avant adoption par la Commission du projet de budget pour 2011*", les principes et modalités de collaboration dans le cadre de la procédure budgétaire, y compris l'organisation du comité de conciliation. Les trois institutions ont finalement adopté une déclaration commune à cet effet lors du trilogue du 30 juin 2010 (voir *infra*, point B).

2. Les budgets rectificatifs

En tenant compte du fait que les budgets rectificatifs sont consacrés à des questions précises et souvent urgentes, les trois institutions ont approuvé dans la déclaration commune du 30 novembre 2009 un certain nombre de principes pour qu'une "*coopération interinstitutionnelle appropriée puisse s'instaurer afin d'adopter sans difficulté et rapidement les budgets rectificatifs tout en évitant, autant que possible, de devoir convoquer une réunion de conciliation*"[29] :

a) Calendrier

- Selon les points 10 à 12 de la déclaration commune sur les mesure transitoires, la Commission devra informer à l'avance les deux branches de l'autorité budgétaire des dates envisagées pour l'adoption de projets de budgets rectificatifs, sans préjudice de la date définitive d'adoption ;

- chaque branche de l'autorité budgétaire s'efforcera d'examiner le projet de budget rectificatif proposé par la Commission dans les meilleurs délais après l'adoption, conformément à son règlement intérieur ;

- afin d'accélérer la procédure, les deux branches de l'autorité budgétaire veilleront à ce que leurs calendriers de travail respectifs soient, autant que possible, coordonnés pour que les travaux puissent être menés de manière cohérente et convergente. Elles s'attacheront donc à établir dès que possible un calendrier indicatif des différentes étapes conduisant à l'adoption définitive du budget rectificatif.

---

proposition de la Commission et la position du Conseil, a dû adopter sa position sur le projet de budget pour 2011 par procédure écrite se terminant le *12 août 2010*.

[25] La Cobu a organisé son vote les *28-30 septembre* et *4-5 octobre 2010*. Elle a voté les projets de résolution le *7 octobre 2010*.

[26] Le Parlement européen a adopté ses amendements en plénière le *20 octobre 2010* (voir troisième partie, pages 200-207).

[27] La conciliation s'est déroulée du *26 octobre au 15 novembre 2010* (voir *infra*, point B et troisième partie, pages 208-213). Il convient de relever que le comité de conciliation n'a pas formellement été convoqué "*sans délai*" après le vote du Parlement européen (article 314, paragraphe 4, point c) du TFUE).

[28] Comme il a été décrit dans la troisième partie, les deux branches de l'autorité budgétaire ne sont pas parvenues lors de la procédure budgétaire pour 2011 à un accord sur un projet commun de budget dans le cadre du comité de conciliation.

[29] Dans le point 9 de la déclaration commune les trois institutions s'engagent également à limiter, "*dans la mesure du possible*", le nombre de budgets rectificatifs (voir troisième partie, page 240).

Les deux branches de l'autorité budgétaire s'engagent par ailleurs à tenir compte de l'urgence relative du budget rectificatif et de la nécessité de l'adopter en temps utile pour qu'il produise ses effets durant l'année concernée.

b) Coopération de chaque branche de l'autorité budgétaire au cours de la lecture du projet de budget rectificatif

Selon les points 13 à 15 de la déclaration commune, les trois institutions coopéreront de bonne foi tout au long de la procédure pour permettre, autant que possible, l'adoption des budgets rectificatifs à un stade précoce de la procédure ;

- le cas échéant et lorsqu'il existe un risque de divergence, chaque branche de l'autorité budgétaire, avant d'adopter sa position finale sur le budget rectificatif, ou la Commission peut proposer de convoquer un trilogue spécifique pour discuter des divergences et tenter de parvenir à un compromis ;

- tous les projets de budgets rectificatifs proposés par la Commission qui n'ont pas encore été définitivement approuvés seront systématiquement inscrits à l'ordre du jour des trilogues prévus dans le cadre de la procédure budgétaire annuelle. La Commission présentera les projets de budgets rectificatifs et les deux branches de l'autorité budgétaire notifieront, dans la mesure du possible, leurs positions respectives avant le trilogue ;

- si un compromis est dégagé au cours du trilogue, chaque branche de l'autorité budgétaire s'engage à tenir compte des résultats des travaux du trilogue lorsqu'elle statuera sur le projet rectificatif conformément au traité et à son règlement intérieur.

c) Coopération de chaque branche de l'autorité budgétaire après la lecture du projet de budget rectificatif

Selon le point 17 de la déclaration commune si le Parlement européen adopte, à la majorité des membres qui le composent, des amendements, l'article 314, paragraphe 4, point c) du TFUE s'applique. Cependant, un trilogue sera convoqué avant que le comité de conciliation ne se réunisse :

- si un accord est dégagé au cours du trilogue et sous réserve de l'accord de chaque branche de l'autorité budgétaire sur les résultats du trilogue, la conciliation sera close par un échange de lettres sans réunion du comité de conciliation ;

- si aucun accord n'est dégagé au cours du trilogue, le comité de conciliation se réunira et organisera ses travaux en fonction des circonstances dans le but d'achever, autant que possible, le processus de décision avant l'expiration du délai de vingt et un jours prévu à l'article 314, paragraphe 6 du TFUE. Le comité de conciliation peut conclure ses travaux par un échange de lettres.

3. Les virements de crédits

Si l'entrée en vigueur du traité de Lisbonne n'a pas eu d'incidence sur les dispositions relatives aux virements décidés par les institutions conformément aux articles 22 et 23 du règlement financier, les dispositions de l'article 24 du RF, fondées sur la distinction entre les dépenses obligatoires et les dépenses non obligatoires, sont rendues caduques en raison de la suppression d'une telle distinction dans le TFUE.

Selon le point 19 de la déclaration comme sur les mesures transitoires, "*jusqu'à ce que les dispositions de l'article 24 du règlement financier aient été modifiées, les institutions conviennent qu'il est nécessaire de définir des procédures opérationnelles pour garantir le bon déroulement des virements. À cette fin, elles acceptent d'appliquer, à titre provisoire, l'actuel article 24, paragraphe 4, du règlement financier*[30] *dont elle reconnaissent la compatibilité avec les compétences conférées aux deux branches de l'autorité budgétaire par le TFUE*".

Dans la pratique, la déclaration commune introduit une procédure de virements de crédits – dans le cas de virements de crédits décidés par l'autorité budgétaire[31] – suivante :

[30] C'est-à-dire le système des virements de crédits "mixtes", impliquant en même temps des dépenses obligatoires et des dépenses non obligatoires.

[31] C'est-à-dire concernant les virements de crédits décidés conformément à l'article 24 du règlement financier.

a) la Commission[32] soumet sa proposition simultanément aux deux branches de l'autorité budgétaire ;

b) l'autorité budgétaire arrête des décisions sur les virements de crédits selon les modalités énoncées au point c), sauf dispositions contraires prévues au titre I de la deuxième partie du règlement financier[33] ;

c) sauf cas d'urgence, le Conseil, à la majorité qualifiée, et le Parlement européen statuent sur la proposition de la Commission dans les six semaines qui suivent la date à laquelle ils reçoivent la proposition pour chaque virement qui leur est soumis ;

d) la proposition de virement est approuvée si dans le délai de six semaines :

- les deux branches de l'autorité budgétaire l'ont approuvée ;

- une des deux branches de l'autorité budgétaire l'a approuvée et l'autre s'abstient de statuer ;

- les deux branches de l'autorité budgétaire s'abstiennent de statuer ou n'ont pas pris de décision contraire à la proposition de la Commission ;

e) le délai de six semaines visé au point d) sera ramené à trois semaines, sauf demande contraire d'une des branches de l'autorité budgétaire, dans le cas où :

i) le virement représente moins de 10 % des crédits de la ligne à partir de laquelle le virement est opéré et ne dépasse pas 5 millions d'euros, ou

ii) le virement concerne uniquement des crédits de paiement et le montant total du virement ne dépasse pas 100 millions d'euros ;

f) si l'une des deux branches de l'autorité budgétaire a modifié le virement alors que l'autre l'a approuvé ou s'est abstenue de statuer, ou si les deux branches de l'autorité budgétaire ont modifié le virement, le plus petit montant approuvé soit par le Parlement européen soit par le Conseil est réputé approuvé, à moins que la Commission ne retire sa proposition.

Un manque d'accord sur la façon de procéder en cas de modification par l'une des deux branches de l'autorité budgétaire du montant de la proposition de virement a empêché le Parlement européen et le Conseil de se mettre d'accord sur cette déclaration commune lors de la réunion de concertation du 18 novembre 2009 (voir page 279, note 18). Afin d'apporter une solution à cette question soulevée par le PE, les institutions ont convenu d'ajouter le dernier élément, à savoir "*à moins que la Commission ne retire sa proposition*".

B. La déclaration commune du 30 juin 2010 sur le comité de conciliation en 2010

Afin de compléter leur déclaration commune sur les mesures transitoires applicables à la procédure budgétaire suite à l'entrée en vigueur du traité de Lisbonne (voir *supra*, point A), le Parlement européen, le Conseil et la Commission sont parvenus à un accord, lors du trilogue du 30 juin 2010[34], sur une déclaration commune sur les *dates et modalités de fonctionnement du comité de conciliation en 2010*[35] (voir troisième partie, page 194).

4. Les dates clefs de la procédure de conciliation en 2010

Dans la déclaration commune, les trois institutions fixent les dates clefs suivantes concernant la procédure budgétaire pour 2011 :

---

[32] Ou *mutatis mutandis* toute autre institution dans le sens du règlement financier. Le Parlement européen et le Conseil ont continué en 2010 à traiter les virements de crédits concernant leurs sections respectives du budget dans le respect du "*Gentlemen's agreement*", conformément à la déclaration conjointe *ad* article 22 inscrite au procès-verbal du Conseil lors de l'adoption de la révision du RF en 2002 (voir : Le règlement financier applicable au budget général des Communautés européennes et ses modalités d'exécution, Présentation synoptique, Commission européenne, Office des publications officielles des Communautés européennes, Luxembourg, 2003, p. 148).

[33] Le titre I de la deuxième partie du RF traite des dispositions particulières s'appliquant au Fonds européen agricole de garantie (FEAGA).

[34] Le Comité des représentants permanents a confirmé son accord sur cette déclaration commune (en tant que "point I") le 8 juillet 2010.

[35] Cette déclaration commune est reproduite intégralement pages 297-298.

- organisation d'un trilogue avant que le Parlement européen ne vote ses amendements, le *11 octobre 2010*[36] ;

- fixation de la période de conciliation prévue à l'article 314, paragraphe 4, point c) du TFUE (si la procédure de conciliation s'avérait nécessaire) du *26 octobre au 15 novembre 2010 à minuit*[37], et

- convocation, si nécessaire, de deux réunions du comité de conciliation, le *27 octobre* (dans les locaux du Parlement européen) et le *11 novembre 2010*[38] (dans ceux du Conseil).

La déclaration commune précise que ces sessions du comité de conciliation "*seront préparées par des trilogues organisés le 27 octobre matin et les 4 et 8 novembre, d'autres trilogues pouvant être convoqués pendant les trois semaines que dure la période de conciliation*"[39].

5. Les modalités de fonctionnement du comité de conciliation en 2010

La déclaration commune du 30 juin 2010 fixe également, dans son annexe, les modalités de fonctionnement du comité de conciliation en 2010[40].

a) Les "documents de départ"

Le comité de conciliation disposera au début des travaux, outre du budget pour 2010 (y compris les budgets rectificatifs adoptés), d'une série de documents (appelés "documents de départ") comprenant et comparant les différentes étapes de la procédure budgétaire pour 2011, c'est-à-dire :

- le projet de budget présenté par la Commission (le PB "initial") ;

- la position du Conseil sur le projet de budget ;

- les amendements du Parlement européen à la position du Conseil, et

- les lettres rectificatives présentées par la Commission (dans le cas où elles n'ont pas encore été approuvées par les deux branches de l'autorité budgétaire).

Cette comparaison est faite "ligne par ligne", ainsi que par rubriques et sous-rubriques du cadre financier.

En outre, le comité de conciliation aura à sa disposition un document consolidé contenant les montants et les commentaires relatifs à toutes les lignes budgétaires réputées techniquement "ouvertes".

Les lignes budgétaires réputées "techniquement closes"[41] seront quant à elles reprises dans un document distinct, "*sans préjudice de la décision finale du comité de conciliation*".

Le comité de conciliation disposera sous forme de documents séparés également :

- d'une ou plusieurs "lettres d'exécutabilité"[42] éta-

---

[36] Voir troisième partie, pages 200-201.

[37] La déclaration commune indique également, dans le point 1 de l'annexe, que si le Parlement européen vote des amendements à la position du Conseil, le président du Conseil prendra note des différences entre les deux institutions lors de la session plénière, immédiatement après le vote. Le président du Parlement européen enverra en conséquence, en accord avec le président du Conseil, une lettre de convocation du comité de conciliation *avant la fin de la semaine 42* (cette lettre de convocation sera envoyée le *22 octobre 2010*). Si le Conseil ne peut accepter tous les amendements votés par le Parlement européen, il devra le confirmer par lettre le *25 octobre 2010*.

[38] La réunion du comité de conciliation du 11 novembre 2010 se poursuivra le *15 novembre 2010* dans les locaux du Parlement européen (voir troisième partie, page 212).

[39] Voir troisième partie, pages 208-211. D'autres trilogues formels ne seront pas organisés pendant la procédure de conciliation en 2010.

[40] La déclaration commune contient également, notamment dans le point 5 de son annexe, un certain nombre de précisions sur l'organisation technique et matérielle des réunions du comité de conciliation et des trilogues, ainsi que sur le suivi de ces réunions (voir page 298).

[41] La déclaration commune définit les "lignes budgétaires techniquement closes" (par opposition aux lignes budgétaires "ouvertes") comme des lignes pour lesquelles il n'existe aucun désaccord entre le Parlement européen et Conseil et qui n'ont fait l'objet d'aucune lettre rectificative.

[42] Voir première partie, page 44.

blies par la Commission concernant la position du Conseil et les amendements du Parlement européen ;

- de la "lettre rectificative agricole" (et toutes autres lettres rectificatives éventuelles[43]) ;

- de la "note d'alerte budgétaire d'automne"[44] de la Commission, et

- des lettres éventuelles émanant d'autres institutions concernant la position du Conseil et les amendements du Parlement européen[45].

b) L'organisation des travaux

Selon le point 3 de l'annexe de la déclaration commune du 30 juin 2010, l'objectif de la *première réunion du comité de conciliation* (la "réunion d'ouverture") est :

- de définir la portée des négociations et les questions à aborder au cours des différents trilogues, et

- d'approuver la liste des lignes budgétaires réputées techniquement closes, "*quoique l'accord soit subordonné à un accord sur chaque point*".

Les questions recensées lors de la première réunion du comité de conciliation et d'autres points restés en suspens seront abordés au cours des *trilogues* en vue de parvenir à un accord lors de la deuxième réunion du comité de conciliation (voir *infra*). Selon l'annexe de la déclaration commune, ces trilogues pourraient être organisés autour de questions thématiques, telles que les rubriques et les sous-rubriques du cadre financier.

La *deuxième réunion du comité de conciliation* disposera des conclusions des trilogues et d'un document indiquant les lignes budgétaires pour lesquelles un accord sera provisoirement intervenu lors des trilogues, pour une éventuelle approbation. La tâche principale du comité de conciliation lors de sa deuxième réunion est de dégager un accord sur le projet commun de budget, conformément au paragraphe 6 de l'article 314 du TFUE (voir *infra*, point *c)*).

c) Le projet commun de budget

La déclaration commune du 30 juin 2010 détaille, au point 4 de son annexe, le contenu du projet commun de budget que le comité de conciliation est appelé à approuver[46].

Selon le point 4 de l'annexe, le projet commun se composera d'un acte juridique introductif et de plusieurs annexes, qui contiennent :

- les montants retenus ligne budgétaire par ligne budgétaire ;

- des montants récapitulatifs par rubriques et sous-rubriques du cadre financier ;

- un document consolidé détaillant les montants et l'intitulé final de toutes les lignes budgétaires qui auront été modifiées au cours de procédure de conciliation, et

- une liste des lignes budgétaires n'ayant pas été modifiées par rapport au projet de budget ou à la position du Conseil.

Ce projet commun de budget, traduit dans toutes les langues officielles de l'Union européenne, sera soumis à l'approbation des deux branches de l'autorité budgétaire, conformément au paragraphe 6 de l'article 314 du TFUE.

Selon le dernier paragraphe du point 4 de l'annexe de la déclaration commune, "*le budget sera mis au point, après l'adoption du projet commun par les deux branches de l'autorité budgétaire, en intégrant les annexes du projet commun et les lignes budgétaires n'ayant pas été modifiées au cours du processus de conciliation*".

---

[43] Voir page 279, note 22.

[44] Voir première partie, page 34, deuxième partie, pages 112 et 125, et troisième partie, page 210.

[45] Le comité de conciliation a reçu en 2010 des lettres de la part de la Cour de justice, du Comité économique et social européen et du Comité des régions (voir troisième partie, page 208).

[46] Il convient de relever que suite à l'échec de la procédure de conciliation, aucun projet commun de bud-

IV. – Les nouvelles bases légales

1. La proposition de règlement du Conseil fixant le cadre financier pluriannuel

La Commission a présenté le 3 mars 2010, dans le cadre de son "paquet législatif Lisbonne" (voir chapitre I), une proposition de règlement du Conseil fixant le cadre financier pluriannuel pour 2007-2013. Cette proposition est basée sur le nouvel article 312 du TFUE[47].

Selon la Commission, la proposition n'est qu'une "mise en conformité" des dispositions de l'AII de 2006 au contenu du nouvel article du TFUE[48], et le cadre financier pluriannuel proposé est identique au cadre financier pour 2007-2013 tel qu'il résulte de l'ajustement du 16 avril 2010[49] (voir tableau 49, page 183).

Bien que la proposition ait été inscrite à l'ordre du jour de tous les trilogues[50] et des réunions du comité de conciliation, le Parlement européen et le Conseil ne sont pas parvenus à un accord sur ce dossier en 2010, le plus important point d'achoppement ayant été la question de la "flexibilité" (au sens large du terme) du cadre financier pluriannuel (voir troisième partie, pages 208-239).

En conséquence, le Conseil a établi le 18 janvier 2011 le projet de règlement fixant le cadre financier pluriannuel pour 2007-2013[51], et a demandé l'avis conforme du Parlement européen, conformément à l'article 312, paragraphe 2 du TFUE.

Par rapport à la proposition de la Commission, le Conseil a opéré les changements principaux suivants :

- incorporation dans le règlement des aspects budgétaires des points de l'AII de 2006 concernant les instruments et les Fonds en dehors du CF, à savoir la réserve pour aides d'urgence (point 25 de l'AII de 2006), le Fonds de solidarité de l'Union européenne (point 26), l'instrument de flexibilité (point 27) et le Fonds européen d'ajustement à la mondialisation (point 28). La Commission proposait que ces points soient inclus dans le nouvel AII (voir *infra*, point 2) ;

- inscription dans le règlement du montant alloué pour la PESC pour la période 2007-2013 (soit, en prix 2004, 1 740 millions d'euros au moins), tout en "simplifiant" la rédaction de la proposition de la Commission en ce qui concerne les règles s'appliquant à la PESC, et

---

get ne sera établi en 2010 (voir troisième partie, pages 165-247).

47 Doc. *COM(2010) 72 final*. L'article 312 du TFUE se lit comme suit : "*1. Le cadre financier pluriannuel vise à assurer l'évolution ordonnée des dépenses de l'Union dans la limite de ses ressources propres.*

Il est établi pour une période d'au moins cinq années.

Le budget annuel de l'Union respecte le cadre financier pluriannuel.

2. Le Conseil, statuant conformément à une procédure législative spéciale, adopte un règlement fixant le cadre financier pluriannuel. Il statue à l'unanimité, après approbation du Parlement européen, qui se prononce à la majorité des membres qui le composent.

Le Conseil européen peut, à l'unanimité, adopter une décision autorisant le Conseil à statuer à la majorité qualifiée lors de l'adoption du règlement visé au premier alinéa.

3. Le cadre financier fixe les montants des plafonds annuels des crédits pour engagements par catégorie de dépenses et du plafond annuel des crédits pour paiements. Les catégories de dépenses, d'un nombre limité, correspondent aux grands secteurs d'activité de l'Union.

Le cadre financier prévoit toute autre disposition utile au bon déroulement de la procédure budgétaire annuelle.

4. Lorsque le règlement du Conseil fixant un nouveau cadre financier n'a pas été adopté à l'échéance du cadre financier précédent, les plafonds et autres dispositions correspondant à la dernière année de celui-ci sont prorogés jusqu'à l'adoption de cet acte.

5. Tout au long de la procédure conduisant à l'adoption du cadre financier, le Parlement européen, le Conseil et la Commission prennent toute mesure nécessaire pour faciliter cette adoption".

48 Doc. *COM(2010) 72 final*, p. 2.

49 Doc. *COM(2010) 160 final*.

50 La seule exception étant le trilogue du 4 novembre 2010, qui a été dédié aux "questions budgétaires" (voir troisième partie, page 210).

51 Doc. *Conseil 16973/3/10 REV 3 FIN 654 CADREFIN 70 INST 537* du 21 décembre 2010.

- "simplification" du texte de la proposition de la Commission en ce qui concerne la collaboration interinstitutionnelle dans le domaine budgétaire.

En même temps, le Conseil a maintenu le principe selon lequel *toutes* les révisions du cadre financier pluriannuel (quel qu'en soit le montant) doivent se faire selon la même règle de vote au Conseil que l'adoption de ce cadre, c'est-à-dire à l'unanimité. Dans ce contexte, s'agissant de la question de la révision du cadre financier jusqu'à 0,03 % du RNB de l'Union, le Conseil a retenu le principe de la création d'une "marge pour imprévus" (nouvel article 12), et ce malgré l'opposition du PE en 2010 (voir troisième partie, pages 220-221).

Début avril 2011, le Parlement européen n'avait pas encore pris de décision, mais il n'est nullement exclu que le PE décide de *ne pas donner* son avis conforme au projet de règlement tel que demandé par le Conseil.

2. Le projet d'accord interinstitutionnel sur la coopération en matière budgétaire

Dans le cadre de son "paquet législatif Lisbonne", la Commission a également présenté, le 3 mars 2010[52], un projet de nouvel accord interinstitutionnel entre le Parlement européen, le Conseil et la Commission sur la coopération en matière budgétaire[53]. Cette proposition vise notamment à remplacer l'AII de 2006.

La Commission propose d'inclure dans ce nouvel AII les parties de l'AII de 2006 qui ne sont pas reprises dans le règlement du Conseil fixant le cadre financier pluriannuel pour la période 2007-2013 (voir *supra*, point 1) ou dans le règlement financier (voir *infra*, point 3). En outre, la proposition contient, dans son annexe sur la "*collaboration interinstitutionnelle dans le domaine budgétaire*", des dispositions contenues dans déclaration commune du 30 novembre 2009 sur les mesures transitoires applicables à la procédure budgétaire après l'entrée en vigueur du traité de Lisbonne, ainsi que des dispositions sur le fonctionnement du comité de conciliation.

Tout comme pour la proposition de règlement du Conseil fixant le cadre financier pluriannuel pour la période 2007-2013, le Parlement européen, le Conseil et la Commission ne sont pas parvenus à un accord sur un nouvel AII en 2010 (voir troisième partie, page 239).

En conséquence, ensemble avec sa position sur la proposition de règlement fixant le cadre financier pluriannuel, le Conseil a établi le 18 janvier 2011 sa position sur le nouvel AII[54] et l'a transmise au Parlement européen et à la Commission dans le but de poursuivre les négociations.

Cette position reprend dans les grandes lignes le projet de la Commission, mais transfère dans le règlement établissant le cadre financier pluriannuel les aspects budgétaires des instruments et Fonds en dehors du cadre financier, ainsi que la mention du montant prévu pour le budget "PESC" en 2007-2013, inscrits dans l'AII de 2006 (voir *supra*, point 1). Par ailleurs, le Conseil a inclus deux points (nouveaux points 13 et 14) concernant la mobilisation de la nouvelle "marge pour imprévus", à la majorité qualifiée au Conseil (voir troisième partie, pages 220-221 et *supra*, point 1).

Début avril 2011, les négociations sur un nouvel accord interinstitutionnel sur la coopération en matière budgétaire et la bonne gestion financière n'avaient toujours pas repris entre le Parlement européen, le Conseil et la Commission.

3. Les propositions de modification du règlement financier

La Commission a présenté en 2010 quatre propositions de modification du règlement financier (voir troisième partie, pages 174, 239 et 351) :

---

[52] Selon l'article 295 du TFUE : "*Le Parlement européen, le Conseil et la Commission procèdent à des consultations réciproques et organisent d'un commun accord les modalités de leur coopération. À cet effet, ils peuvent, dans le respect des traités, conclure des accords interinstitutionnels qui peuvent revêtir un caractère contraignant*".

[53] Doc. *COM(2010) 73 final.*

[54] Doc. *Conseil 16974/10 FIN 655 CADREFIN 71 INST 538* du 7 décembre 2010.

- la première proposition, présentée le 3 mars 2010[55] dans le cadre du "paquet législatif Lisbonne" (voir chapitre I), visait à apporter au RF les changements nécessaires suite à l'entrée en vigueur du nouveau traité[56] (le "*Fast track* Lisbonne") ;

- la deuxième proposition, présentée le 24 mars 2010[57], visait à inclure dans le RF les changements nécessaires pour permettre au nouveau service européen pour l'action extérieure de fonctionner (voir *infra*, point 5) ;

- la troisième proposition, présentée le 28 mai 2010[58], était la proposition de modification "triennale" du RF, conformément à son article 184 (la "2ème révision triennale (refonte) du RF"), et

- la quatrième proposition, présentée le 22 décembre 2010[59] suite à une demande du Parlement européen (voir troisième partie, page 239), reprend aussi bien la proposition de modification "*Fast track*" que la proposition de deuxième révision triennale (refonte) du RF.

Seule la deuxième proposition a abouti à une modification du RF en 2010[60] (voir *infra*, point 5), le Parlement européen et le Conseil n'ayant qu'entamé au cours du premier semestre 2011 leurs travaux sur la quatrième proposition de la Commission[61].

Il convient de relever que suite à l'entrée en vigueur du traité de Lisbonne, le règlement financier est devenu, conformément à l'article 322, paragraphe 1 du TFUE, un acte adopté selon la procédure législative ordinaire (c'est-à-dire adopté selon l'ancienne procédure de "co-décision").

4. Les modalités d'exécution du règlement financier

Suite à l'entrée en vigueur du traité de Lisbonne, les modalités d'exécution du règlement financier (les "ME") deviendront un acte délégué de la Commission, comme l'article 290 du TFUE le permet.

Pour tenir compte des différents changements proposés au règlement financier (voir *supra*, point 3), les services de la Commission ont présenté en 2010 deux documents de travail retraçant les modifications envisagées :

- le 24 mars 2010, suite à la proposition de modification du règlement financier liée à la création du SEAE[62] (voir *infra*, point 5), et

- le 28 mai 2010, suite à la proposition de modification "triennale" du règlement financier[63] (voir *supra*, point 3).

---

[55] Doc. *COM(2010) 71 final.*

[56] Et notamment les changements liés à l'introduction du cadre financier pluriannuel et de son lien avec la procédure budgétaire annuelle dans le traité (nouvel article 312 du TFUE), à la disparition de la distinction entre dépenses obligatoires et dépenses non obligatoires, à l'introduction de la nouvelle procédure budgétaire (conformément à l'article 314 du TFUE) et à la création du Conseil européen comme nouvelle institution de l'UE. La proposition de la Commission prend également en compte la déclaration commune du 30 novembre 2009 sur les mesures transitoires applicables à la procédure budgétaire après l'entrée en vigueur du traité de Lisbonne en ce qui concerne le calendrier pragmatique, les budgets rectificatifs et les virements de crédits (voir chapitre III).

[57] Doc. *COM(2010) 85 final.*

[58] Doc. *COM(2010) 260 final.*

[59] Doc. *COM(2010) 815 final.*

[60] Il convient néanmoins de relever que le Conseil européen a été intégré en tant qu'institution dans le règlement financier lors de sa modification dans le cadre de la création du SEAE (voir *infra*, point 5) et que les autres mesures nécessaires (notamment concernant les virements de crédits et les budgets rectificatifs) sont traitées dans la déclaration commune du 30 novembre 2009 sur les mesures transitoires applicables à la procédure budgétaire après l'entrée en vigueur du traité de Lisbonne (voir chapitre III et pages 293-296).

[61] Il convient de relever dans ce contexte les conclusions du Conseil européen du 4 février 2011, selon lesquelles la révision du règlement financier "*devrait être adoptée d'ici la fin de l'année* [2011] *afin d'assurer l'efficacité des mécanismes de mise en œuvre des politiques de l'UE*" (doc. *Conseil européen 2/11 CO EUR 2 CONCL 1* du 4 février 2011, point 25).

[62] Doc. *SEC(2010) 257.*

[63] Doc. *SEC(2010) 639.*

La Commission devrait adopter les ME (qui contiennent des dispositions plus détaillées complétant le RF) une fois que la modification du règlement financier en cours (voir *supra*, point 4) fera l'objet d'un accord entre le Parlement européen et le Conseil.

5. Le nouveau service européen pour l'action extérieure

Après plusieurs mois d'intenses négociations interinstitutionnelles, le Conseil a adopté le 26 juillet 2010, sur base d'une proposition de la haute représentante de l'Union pour les affaires étrangères et la politique de sécurité soumis conformément à l'article 27, paragraphe 3 du traité sur l'Union européenne, une décision fixant l'organisation et le fonctionnement du service européen pour l'action extérieure[64].

Cette décision est accompagnée[65] d'une modification du règlement financier[66] (voir *supra*, point 3), ainsi que d'une modification du statut des fonctionnaires et du régime applicable aux autres agents de l'Union européenne[67] (RAA).

La structure d'accueil budgétaire et le tableau des effectifs du SEAE ont été introduits dans le budget pour 2010 par le biais du budget rectificatif nº 6/2010, adopté le 20 octobre 2010[68]. La section X ne contient des montants qu'à partir du budget de l'Union européenne pour 2011 (voir troisième partie, pages 234-235).

V. – Conclusion

L'entrée en vigueur du traité de Lisbonne change fondamentalement les règles de la procédure budgétaire annuelle de l'Union européenne. Ainsi, avant tout, le budget de l'Union *devient dans sa totalité "co-decidé" par les deux branches de l'autorité budgétaire*, avec toutes les conséquences que cela implique[69].

Il convient de relever que suite à l'échec de la procédure de conciliation en novembre 2010, la procédure budgétaire pour 2011 n'a pas permis de démontrer (ou de "tester") un fonctionnement "réussi" de la procédure de conciliation, et les institutions devront en tirer les conséquences pour les années à venir, que ce soit au niveau de la préparation de leurs positions respectives ou de l'organisation des travaux du comité de conciliation, afin d'essayer de parvenir à un résultat conforme aux souhaits des auteurs du traité (voir troisième partie, page 246).

En dépit du fait que la procédure budgétaire pour 2011 ait été une procédure de transition (voir troisième partie, pages 165-274) et qu'il faudra attendre quelques années afin de voir sur quelles bases[70] les procédures budgétaires de l'Union européenne se dérouleront dans le futur, une fois la nouvelle procédure de l'Union entrée dans les mœurs, il convient néanmoins de mentionner ici certains aspects *procéduraux*[71] qui l'ont marquée ou qui restent à définir ou à clarifier.

---

[64] JO L 201 du 3.8.2010, pp. 30/40. Une déclaration de la haute représentante sur sa responsabilité politique est publiée au JO C 210 du 3.8.2010, pp. 1/2, avec un rectificatif au JO C 217 du 11.8.2010, p. 12.

[65] En effet, si selon l'article 13, paragraphe 4 de la décision fixant l'organisation et le fonctionnement du SEAE la décision entre en vigueur à la date de son adoption, les "*dispositions sur la gestion financière et le recrutement ne prennent effet qu'une fois adoptés le budget rectificatif et les nécessaires modifications du statut, du RAA et du règlement financier*" (JO L 201 du 3.8.2010, p. 38).

[66] JO L 311 du 26.11.2010, pp. 9/14. La Commission a fait dans le contexte de l'adoption de la modification du règlement financier la déclaration suivante : "*La Commission se penchera sur la question de l'instrument du Fonds de développement européen en vue de l'intégrer dans le budget de l'Union dans le cadre de ses propositions relatives au prochain cadre financier pluriannuel* ".

[67] *Ibid.*, pp. 1/8.

[68] JO L 20 du 22.1.2011, pp. 1/175.

[69] Il en va de même pour les *virements de crédits*, où la déclaration commune du 30 novembre 2009 sur les mesures transitoires suite à l'entrée en vigueur du traité de Lisbonne retient, dans ses points 19 et 20, le principe de l'ancien système des "virements mixtes" pour tous les virements de crédits soumis à l'approbation des deux branches de l'autorité budgétaire (voir chapitre III), le Parlement européenne et le Conseil étant désormais sur pied d'égalité concernant *tous* les virements.

[70] La stabilité de ces bases dépendra non seulement de l'adoption des bases légales en discussions (y inclus le nouveau cadre financier pluriannuel *post-2013*), mais également des aléas économiques, politiques et institutionnels éventuels.

[71] Les principaux aspects politiques, financiers et institutionnels de la procédure budgétaire pour 2011 sont

Premièrement, la procédure budgétaire de l'Union est devenue une procédure *législative* spéciale, avec toutes les conséquences que cela implique, telles que l'introduction de *délibérations publiques* au Conseil quand celui-ci statue sur le budget de l'Union, l'obligation de *publier* le projet de budget[72] ou l'*applicabilité du protocole n° 1 sur le rôle des parlements nationaux*, annexé au traité de Lisbonne[73].

L'article 4 du protocole n° 1, qui octroi un délai de *huit semaines*[74] – sauf en cas d'urgence – aux parlements nationaux entre la proposition de la Commission et la position du Conseil, a conduit le Conseil à devoir adopter sa position sur le projet de budget pour 2011 par procédure écrite au mois d'août 2010, en retard avec la date reprise dans la déclaration commune du 30 novembre 2009 sur les mesures transitoires suite à l'entrée en vigueur du traité de Lisbonne (fin juillet au plus tard ; voir chapitre III). Ceci devra conduire soit à *avancer* (par rapport à la procédure budgétaire pour 2011) la date de présentation formelle dans toutes les langues de l'Union du projet de budget par la Commission, soit à *retarder* (au mois de septembre) l'adoption de la position du Conseil sur le projet de budget (la première option semblant la plus probable).

Deuxièmement, la question de la *forme de l'acte* établissant le budget de l'Union ou les budgets rectificatifs et leur *signature* et, indirectement, du rôle du président du Parlement européen dans la clôture des procédures, devra être tranchée par la Cour de justice de l'Union européenne, le Conseil ayant déposé en février 2011 un recours en annulation concernant le budget pour 2011[75]. Il convient de relever que les deux branches de l'autorité budgétaire ont voulu "dépolitiser" cette affaire, souhaitant la traiter avant tout comme une question d'"éclaircissement" du nouveau traité sur des points précis.

Troisièmement, la question de la *date du début des 21 jours* réservés au comité de conciliation (conformément à l'article 314, paragraphe 5 du TFUE) devra également être clarifiée, la déclaration commune du 30 juin 2010 sur les dates et modalités de fonctionnement du comité de conciliation en 2010 n'ayant pas vraiment apporté de réponse définitive sur ce point (voir chapitre III). Il en va de même concernant la *date du début des 14 jours* réservés aux deux branches de l'autorité budgétaire par l'article 314, paragraphe 6 du TFUE pour l'approbation du texte du projet commun de budget, qui n'a pas été clarifiée de façon suffisante en 2010 suite à l'échec de la procédure de conciliation[76].

Enfin, il convient de relever que les deux branches de l'autorité budgétaire ont continué à appliquer en 2010 (comme elles l'ont fait depuis la procédure budgétaire pour 1971) le "*Gentlemen's agreement*" en ce qui concerne leurs sections respectives du budget, et ceci malgré certaines demandes pour abandonner cette pratique dans le contexte de la nouvelle procédure budgétaire de l'Union européenne suite à l'entrée en vigueur du traité de Lisbonne. Il est en outre loin d'être certain que ces demandes aboutiront dans les années à venir.

---

traités dans la troisième partie (pages 165-247).

[72] Devant la difficulté pratique de publier au JO l'ensemble de sa position, le Conseil, pour sa part, s'est résolu à ne publier que la décision arrêtant sa position, qui inclut un renvoi aux autres parties rendues publiques sur le site web de l'institution.

[73] Le fait que le projet de budget (à la différence de l'avant-projet de budget) soit devenu une *proposition* (législative) de la Commission a également conduit à un changement dans le mode de vote au Conseil, la condition de devoir recueillir les 2/3 des États membres *n'étant plus d'application* (voir page 314 vs page 325). En d'autres termes, en plus de la *majorité qualifiée des voix* (au moins 73,9 % du total), la *majorité des États membres* (soit *14 États* dans le cas d'une Union européenne à *27*) est désormais suffisante également dans le domaine budgétaire.

[74] Ce point nécessite néanmoins une clarification, le Parlement européen n'ayant pas partagé en 2010 l'analyse du Conseil sur l'applicabilité du délai de huit semaines aux budgets et aux budgets rectificatifs de l'Union européenne.

[75] Affaire *C-77/11* (*Conseil contre Parlement européen*).

[76] Ces dates, et le calcul des délais qui s'y rattachent, ne devraient pas *a priori* poser de problèmes, si ce n'est que l'on peut constater, dans le domaine budgétaire, une tendance à "déplacer" certaines dates, y inclus pour des raisons "pratiques". Vu les conséquences que le traité attache à ces deux délais, un potentiel de contentieux pourrait ainsi exister. En même temps, la question des dates et du calcul des délais est liée à celle du rôle du président du Parlement européen dans le cadre de la nouvelle procédure budgétaire de l'Union européenne (voir *supra*).

ANNEXES CONCERNANT LA MISE EN ŒUVRE DE CERTAINES DISPOSITIONS FINANCIÈRES DU TRAITÉ DE LISBONNE

DÉCLARATION COMMUNE DU 30 NOVEMBRE 2009 SUR LES MESURES TRANSITOIRES APPLICABLES À LA PROCÉDURE BUDGÉTAIRE APRÈS L'ENTRÉE EN VIGUEUR DU TRAITÉ DE LISBONNE[1]

"Le Parlement européen, le Conseil et la Commission, ci-après dénommés collectivement "les institutions", sont convenus de ce qui suit :

1. La présente déclaration vise à arrêter les mesures transitoires nécessaires pour assurer la continuité de l'action de l'UE et une transition sans heurts vers le nouveau cadre juridique applicable à la procédure budgétaire et découlant de l'entrée en vigueur du traité de Lisbonne.

2. Ces mesures transitoires s'appliqueront jusqu'à ce que les règles correspondantes soient établies dans le cadre législatif approprié.

3. La présente déclaration ne modifie pas les compétences budgétaires respectives des institutions prévues par le traité ni le droit dérivé.

I. Calendrier de la procédure budgétaire

4. Les institutions confirment leur intention d'organiser le trilogue sur les priorités budgétaires de l'année, en temps opportun, avant l'adoption du projet de budget par la Commission et, au plus tard, en avril.

5. Les institutions sont convenues que le calendrier ci-après, qui s'inspire de l'actuel calendrier pragmatique et qui est dicté par les exigences de la nouvelle procédure, sera applicable à la procédure budgétaire 2011 :

- la Commission adopte le projet de budget dans la semaine 17 (fin avril) ou, au plus tard, au cours de la semaine 18 (début mai) ;

- le Conseil achève sa lecture avant la fin de la semaine 30 (fin juillet) au plus tard.

Les institutions se réunissent pour un échange de vues, en temps utile, avant la lecture du projet par le Conseil ;

- dans le cadre de la lecture du projet, la commission des budgets (BUDG) du Parlement européen vote avant la fin de la semaine 39 (fin septembre/début octobre) ;

- dans le cadre de la lecture du projet, le Parlement européen vote en séance plénière pendant la semaine 42 (mi-octobre).

Jusqu'à ce que le comité de conciliation soit convoqué, la Commission peut, si nécessaire, modifier le projet de budget conformément à l'article 314, paragraphe 2, du TFUE y compris l'état prévisionnel actualisé des dépenses dans le domaine de l'agriculture. La Commission soumettra pour examen les informations concernant ces actualisations aux deux branches de l'autorité budgétaire dès qu'elles seront disponibles.

---

[1] Doc. *Conseil 16792/09 FIN 543 PE 367 INST 193* du 1er décembre 2009, pp. 2/7 et *PE A7-0083/2009/err01* du 9 décembre 2009, pp. 1/4.

Dès que le Parlement européen a voté dans le cadre de sa lecture en adoptant des amendements, comme le prévoit l'article 314, paragraphe 4, point c), du TFUE, le président du Parlement européen, en accord avec le président du Conseil, convoque sans délai le comité de conciliation. À cette fin :

- les institutions coopèrent étroitement afin que les travaux du comité de conciliation soient achevés dans un délai de vingt et un jours avant la fin de la semaine 45 (mi-novembre) ;

- en vue de préparer un accord sur un projet commun au sein du comité de conciliation, les institutions échangent, dès que possible, la documentation nécessaire.

Lorsque le comité de conciliation a abouti à un accord sur un projet commun, le Parlement européen et le Conseil s'efforcent d'approuver les résultats des travaux du comité, dès que possible, dans le cadre de l'article 314, paragraphe 6, du TFUE, conformément à leurs règlements intérieurs respectifs.

6. Sauf si les institutions conviennent d'un calendrier différent, les futures procédures budgétaires se dérouleront selon un calendrier similaire.

7. Les institutions confirment qu'elles ont l'intention d'approuver, avant adoption par la Commission du projet de budget pour 2011, les principes et modalités de collaboration dans le cadre de la procédure budgétaire, y compris l'organisation du comité de conciliation.

II. Coopération interinstitutionnelle relative aux budgets rectificatifs

Principes généraux

8. Eu égard au fait que les budgets rectificatifs sont fréquemment consacrés à des questions précises et parfois urgentes, les institutions approuvent les principes ci-après pour qu'une coopération interinstitutionnelle appropriée puisse s'instaurer afin d'adopter sans difficulté et rapidement les budgets rectificatifs tout en évitant, autant que possible, de devoir convoquer une réunion de conciliation pour les budgets rectificatifs.

9. Dans la mesure du possible, les institutions s'efforceront de limiter le nombre de budgets rectificatifs.

Calendrier

10. La Commission informera à l'avance les deux branches de l'autorité budgétaire des dates envisagées pour l'adoption de projets de budgets rectificatifs sans préjudice de la date définitive d'adoption.

11. Conformément à son règlement intérieur, chaque branche de l'autorité budgétaire s'efforcera d'examiner le projet de budget rectificatif proposé par la Commission dans les meilleurs délais après l'adoption.

12. Afin d'accélérer la procédure, les deux branches de l'autorité budgétaire veilleront à ce que leurs calendriers de travail respectifs soient, autant que possible, coordonnés pour que les travaux puissent être menés de manière cohérente et convergente. Elles s'attacheront donc à établir dès que possible un calendrier indicatif des différentes étapes conduisant à l'adoption définitive du budget rectificatif.

Les deux branches de l'autorité budgétaire tiendront compte de l'urgence relative du budget rectificatif et de la nécessité de l'adopter en temps utile pour qu'il produise ses effets durant l'année concernée.

Coopération de chaque branche de l'autorité budgétaire au cours de la lecture du projet

13. Les institutions coopéreront de bonne foi tout au long de la procédure pour permettre, autant que possible, l'adoption des budgets rectificatifs à un stade précoce de la procédure.

Le cas échéant et lorsqu'il existe un risque de divergence, chaque branche de l'autorité budgétaire, avant d'adopter sa position finale sur le budget rectificatif, ou la Commission peut proposer de convoquer un trilogue spécifique pour discuter des divergences et tenter de parvenir à un compromis.

14. Tous les projets de budgets rectificatifs proposés par la Commission qui n'ont pas encore été définitivement approuvés seront systématiquement inscrits à l'ordre du jour des trilogues prévus dans le cadre de la procédure budgétaire annuelle. La Commission présentera les projets de budgets rectificatifs et les deux branches de l'autorité budgétaire notifieront, dans la mesure du possible, leurs positions respectives avant le trilogue.

15. Si un compromis est dégagé au cours du trilogue, chaque branche de l'autorité budgétaire s'engage à tenir compte des résultats des travaux du trilogue lorsqu'elle statuera sur le budget rectificatif conformément au traité et à son règlement intérieur.

Coopération de chaque branche de l'autorité budgétaire après la lecture du projet

16. Si le Parlement européen approuve sans amendements la position du Conseil, le budget rectificatif est adopté.

17. Si le Parlement européen adopte, à la majorité des membres qui le composent, des amendements, l'article 314, paragraphe 4, point c), du TFUE s'applique. Cependant, un trilogue sera convoqué avant que le comité de conciliation ne se réunisse.

- si un accord est dégagé au cours du trilogue et sous réserve de l'accord de chaque branche de l'autorité budgétaire sur les résultats du trilogue, la conciliation sera close par un échange de lettres sans réunion du comité de conciliation.

- si aucun accord n'est dégagé au cours du trilogue, le comité de conciliation se réunira et organisera ses travaux en fonction des circonstances dans le but d'achever, autant que possible, le processus de décision avant l'expiration du délai de vingt et un jours prévu à l'article 314, paragraphe 6, du TFUE. Le comité de conciliation peut conclure ses travaux par un échange de lettres.

III. Virements

18. Si l'entrée en vigueur du traité de Lisbonne n'a pas d'incidence sur les dispositions relatives aux virements décidés par la Commission et d'autres institutions (notamment les articles 22 et 23 du règlement financier), les institutions reconnaissent que les dispositions de l'article 24 du règlement financier, fondées sur la distinction entre les dépenses obligatoires et les dépenses non obligatoires, sont rendues caduques par l'entrée en vigueur du traité de Lisbonne en raison de la suppression d'une telle distinction dans le TFUE.

19. Jusqu'à ce que les dispositions de l'article 24 du règlement financier aient été modifiées, les institutions conviennent qu'il est nécessaire de définir des procédures opérationnelles pour garantir le bon déroulement des virements. À cette fin, elles acceptent d'appliquer, à titre provisoire, l'actuel article 24, paragraphe 4, du règlement financier dont elles reconnaissent la compatibilité avec les compétences conférées aux deux branches de l'autorité budgétaire par le TFUE.

20. En pratique, la procédure de virements se déroule comme suit :

a) la Commission soumet sa proposition simultanément aux deux branches de l'autorité budgétaire ;

b) l'autorité budgétaire arrête des décisions sur les virements de crédits selon les modalités énoncées au point c), sauf dispositions contraires prévues au titre I de la deuxième partie du règlement financier ;

c) sauf cas d'urgence, le Conseil, à la majorité qualifiée, et le Parlement européen statuent sur la proposition de la Commission dans les six semaines qui suivent la date à laquelle ils reçoivent la proposition pour chaque virement qui leur est soumis ;

d) la proposition de virement est approuvée si dans le délai de six semaines :

- les deux branches de l'autorité budgétaire l'ont approuvée ;

- une des deux branches de l'autorité budgétaire l'a approuvée et l'autre s'abstient de statuer ;

- les deux branches de l'autorité budgétaire s'abstiennent de statuer ou n'ont pas pris de décision contraire à la proposition de la Commission ;

e) le délai de six semaines visé au point d) sera ramené à trois semaines, sauf demande contraire d'une des branches de l'autorité budgétaire, dans le cas où :

i) le virement représente moins de 10 % des crédits de la ligne à partir de laquelle le virement est opéré et ne dépasse pas 5 millions d'euros ;

ou

ii) le virement concerne uniquement des crédits de paiement et le montant total du virement ne dépasse pas 100 millions d'euros ;

f) si l'une des deux branches de l'autorité budgétaire a modifié le virement alors que l'autre l'a approuvé ou s'est abstenue de statuer, ou si les deux branches de l'autorité budgétaire ont modifié le virement, le plus petit montant approuvé soit par le Parlement européen soit par le Conseil est réputé approuvé, à moins que la Commission ne retire sa proposition."

DÉCLARATION COMMUNE DU 30 JUIN 2010 SUR LES DATES ET MODALITÉS DE FONCTIONNEMENT DU COMITÉ DE CONCILIATION EN 2010[1]

"Le Parlement européen, le Conseil et la Commission rappellent leur déclaration commune du 30 novembre 2009 sur les mesures transitoires et notamment son point 7, dans lequel ils convenaient de définir les principes et modalités de l'organisation du comité de conciliation.

À cet égard, ils fixent les dates clés ci-après pour 2010 :

1. convocation d'un trilogue le 11 octobre, avant la lecture du Parlement européen ;

2. en accord avec les dispositions de l'article 314, paragraphe 4, point c), du TFUE, convocation du comité de conciliation, si nécessaire, le 26 octobre 2010, le délai de 21 jours prévu à l'article 314 expirant le 15 novembre 2010 à minuit, conformément au calendrier pragmatique approuvé dans la déclaration commune susmentionnée ;

3. réunion du comité de conciliation le 27 octobre après-midi dans les locaux du Parlement européen et le 11 novembre dans ceux du Conseil ; les sessions du comité de conciliation seront préparées par des trilogues organisés le 27 octobre matin et les 4 et 8 novembre, d'autres trilogues pouvant être convoqués pendant les trois semaines que dure la période de conciliation.

Ils fixent également les modalités du fonctionnement du comité de conciliation (voir annexe).

Annexe relative aux modalités de fonctionnement du comité de conciliation en 2010

1. Si le Parlement européen vote des amendements à la position du Conseil, le président du Conseil prendra note des différences entre les deux institutions lors de la session plénière, après le vote. Ensuite, le président du Parlement européen enverra, en accord avec le président du Conseil, une lettre de convocation du comité de conciliation avant la fin de la semaine 42. Si le Conseil ne peut accepter tous les amendements votés par le Parlement européen, il le confirmera par lettre, le 25 octobre 2010.

2. Une série commune de documents (documents de départ) comparant les différentes étapes de la procédure budgétaire sera mise à la disposition du comité de conciliation[2]. Elle comprendrait des montants "ligne par ligne", des totaux par rubrique du cadre financier et un document consolidé contenant les montants et les commentaires relatifs à toutes les lignes budgétaires réputées techniquement "ouvertes". Sans préjudice de la décision finale du comité de conciliation, toutes les lignes budgétaires réputées techniquement closes seront reprises dans un document distinct[3]. Ces documents seront classés selon la nomenclature budgétaire.

D'autres documents seront également annexés aux documents de départ destinés au comité de conciliation[4].

---

[1] Doc. *Conseil 11793/10 FIN 301 INST 246* du 2 juillet 2010, pp. 2/5.

[2] Ces étapes sont les suivantes : le budget 2010 (y compris les budgets rectificatifs adoptés) ; le projet de budget initial ; la position du Conseil sur le projet de budget ; les amendements du Parlement européen à la position du Conseil et les lettres rectificatives présentées par la Commission (si elles n'ont pas encore été pleinement approuvées par toutes les institutions).

[3] On entend par "ligne budgétaire techniquement close" une ligne pour laquelle il n'existe aucun désaccord entre le Conseil et le Parlement européen et qui n'a fait l'objet d'aucune lettre rectificative.

[4] À savoir : une lettre sur les possibilités d'exécution établie par la Commission concernant la position du

3. La première réunion du comité de conciliation pourrait définir la portée des négociations et les questions à aborder au cours des trilogues. Elle pourrait également approuver la liste des lignes budgétaires réputées techniquement closes, quoique l'accord soit subordonné à un accord sur chaque point.

Les questions recensées lors de la première réunion du comité de conciliation et d'autres points restés en suspens seront abordés au cours des trilogues en vue de parvenir à d'éventuels accords lors de la réunion finale du comité de conciliation.

Les trilogues pourraient être organisés autour de questions thématiques, telles que les rubriques du cadre financier pluriannuel. Des conclusions provisoires seront établies conjointement au cours de chaque trilogue ou immédiatement après, en même temps que l'ordre du jour de la réunion suivante. Le projet de conclusions sera mis au point par l'institution accueillant la réunion et sera censé avoir été approuvé au bout de 24 heures, sans préjudice de la décision finale du comité de conciliation.

La deuxième réunion du comité de conciliation disposera des conclusions des trilogues et d'un document indiquant les lignes budgétaires pour lesquelles un accord sera provisoirement intervenu lors des trilogues pour une éventuelle approbation.

4. Le comité de conciliation peut approuver des conclusions et d'éventuelles déclarations communes. Il sera également appelé à approuver le projet commun contenant un acte juridique introductif et ses annexes[5].

Le projet commun sera traduit dans toutes les langues (par les services du Parlement européen) et sera soumis dans les 14 jours à l'approbation des deux branches de l'autorité budgétaire.

Le budget sera mis au point, après l'adoption du projet commun par les deux branches de l'autorité budgétaire, en intégrant les annexes du projet commun et les lignes budgétaires n'ayant pas été modifiées au cours du processus de conciliation.

5. L'institution accueillant la réunion (de trilogue ou de conciliation) fournira l'interprétation avec un régime linguistique intégral pour les réunions du comité de conciliation et un régime linguistique approprié pour les trilogues.

L'institution accueillant la réunion assurera la reproduction et la diffusion des documents de séance.

Les services des trois institutions coopéreront pour la transcription des résultats des négociations en vue de la mise au point des documents communs."

Conseil et les amendements du Parlement européen ; une lettre rectificative pour l'agriculture (et peut-être aussi pour d'autres domaines) ; éventuellement, la note d'alerte pour les prévisions budgétaires établie en automne par la Commission et une ou plusieurs lettres éventuelles émanant d'autres institutions concernant la position du Conseil et les amendements du Parlement européen.

[5] Les annexes au projet commun contiendront les montants ligne par ligne pour tous les postes du budget, des montants récapitulatifs par rubrique du cadre financier, un document consolidé (montants et texte final de toutes les lignes qui auront été modifiées au cours de la conciliation) et la liste des lignes n'ayant pas été modifiées par rapport au projet de budget ou à la position du Conseil.

RÉSUMÉ

Après plusieurs années d'incertitudes, le traité de Lisbonne a finalement remplacé le traité de Nice le 1er décembre 2009. Pour la première fois depuis quarante ans un nouveau traité change fondamentalement les règles applicables à la procédure budgétaire annuelle de l'Union européenne.

Le nouveau traité sur le fonctionnement de l'Union européenne (TFUE) abroge notamment la distinction entre les dépenses obligatoires et les dépenses non obligatoires[1], le taux maximal d'augmentation des DNO et les deux lectures des deux branches de l'autorité budgétaire (Parlement européen et Conseil) introduits dans les années 1970, le budget de l'UE devenant dans son intégralité "co-décidé" par le Parlement européen et le Conseil, dans le cadre d'une nouvelle "procédure de conciliation".

La première procédure budgétaire à se dérouler dans son intégralité conformément aux nouvelles dispositions du TFUE, celle pour le budget 2011, n'a pourtant pas permis à la procédure de conciliation budgétaire d'aboutir à un accord entre les deux branches de l'autorité budgétaire selon les échéances prévues, ceci avant tout pour des raisons non directement liées au budget pour 2011. En même temps, l'autorité législative n'est pas parvenue à adopter en 2010 un cadre législatif modifié[2] pour prendre en compte tous les changements découlant de l'entrée en vigueur du nouveau traité.

Il faudra ainsi attendre les futures procédures budgétaires de l'Union avant de pouvoir évaluer avec précision les conséquences des différents changements apportés par le nouveau traité aussi bien sur le déroulement des procédures budgétaires que sur le contenu des budgets annuels de l'Union. Il convient néanmoins de rappeler que les changements de fond affectant les priorités financières et budgétaires de l'Union européenne continueront à être décidés avant tout dans le contexte des négociations sur les cadres financiers pluriannuels de l'Union. Ces négociations, qui seront désormais menées sur la base de l'article 312 du TFUE et qui porteront dans un premier temps sur le cadre financier *post-2013*, débuteront formellement en juillet 2011.

A. Le cadre général

1. Une entrée en vigueur du traité de Lisbonne dans un contexte de crise économique

Pendant la période sous examen, le montant du budget de l'Union européenne (hors budgets rectificatifs) a augmenté, en crédits pour engagements, de 133,8 milliards d'euros à 141,9 milliards d'euros (+6,1 %), soit de 1,03 % du revenu national brut estimé en 2009 à 1,13 % en 2011.

En crédits pour paiements, le budget est passé de 116,1 milliards d'euros en 2009 à 126,5 milliards d'euros en 2011 (+9 %), ou de 0,89 % à 1,01 % du RNB.

Cette évolution[3] reflète notamment la sévérité de la crise économique qu'ont dû affronter les États membres de l'Union européenne, qui a non seulement eu un effet avant tout sur les crédits pour paiements inscrits

---

[1] Dans le budget pour 2009 (budgets rectificatifs inclus), dernier budget de l'UE comprenant une distinction entre dépenses obligatoires (DO) et dépenses non obligatoires (DNO), ces derniers représentaient 68,8 % des crédits pour engagements et 62,3 % des crédits pour paiements. Dans le budget pour 1975, les DNO représentaient environ 16 %.

[2] Dans le contexte de ce qu'il est désormais convenu d'appeler le "paquet (législatif) Lisbonne", présenté par la Commission en mars 2010 (voir *infra*).

[3] En dépit du "budget de relance" pour 2010, l'évolution du total des dépenses des budgets de l'Union européenne sur la période 2009-2011 est en dessous de ce qui était prévu dans la programmation financière

dans les budgets de l'Union européenne, mais également sur la part que les crédits retenus représentent par rapport au RNB de l'Union.

Il convient également de tenir compte de la "décision SIFIM"[4], adoptée par le Conseil le 16 mars 2010[5], et qui modifie le calcul du RNB à partir du 1er janvier 2010[6].

2. L'accord interinstitutionnel du 17 mai 2006 et le cadre financier pour 2007-2013 comme cadres de référence

Comme pour les procédures budgétaires de 2004 à 2008 (voir Tome I), l'accord interinstitutionnel du 17 mai 2006 sur la discipline budgétaire et la bonne gestion financière (l'"AII de 2006") et le cadre financier pour 2007-2013 (le "CF") sont restés les éléments de référence par excellence des procédures budgétaires de l'Union européenne de 2009 à 2011.

Entre janvier 2008 et mai 2011, le Parlement européen, le Conseil et la Commission, dans le contexte du financement de la facilité de réponse rapide à la flambée des prix alimentaires dans les pays en développement[7] (la "facilité alimentaire"), ont exceptionnellement *modifié* le 18 décembre 2008 l'AII de 2006[8]. Cette modification très limitée a servi à augmenter le montant de la réserve pour aides d'urgences de 240 millions d'euros en crédits d'engagement en 2008, contribuant en partie à financer la facilité alimentaire.

En même temps, les deux branches de l'autorité budgétaire ont *révisé* le cadre financier pour 2007-2013 le 6 mai 2009 et le 17 décembre 2009, c'est-à-dire exceptionnellement *deux fois* au cours d'une année, et ceci afin de financer le plan européen pour la relance économique en 2009 et 2010[9].

Elles ont également *adapté* le CF le 29 avril 2008[10], afin de tenir compte, conformément au point 48 de l'AII de 2006, des retards dans l'adoption de la nouvelle réglementation et de plusieurs programmes relevant des Fonds structurels, du Fonds de cohésion, du développement rural et du Fonds européen pour la pêche pour la période 2007-2013.

La Commission, pour sa part, a *ajusté* le cadre financier pour 2007-2013 en avril 2010 concernant les montants alloués au titre des Fonds soutenant la politique de cohésion, conformément au point 17 de l'AII de 2006[11].

Le fait que la procédure budgétaire pour 2010 ait été à "mi-parcours" du cadre financier pour la période 2007-2013 et que le budget pour 2011 ait été négocié "à la veille" de la présentation par la Commission de ses propositions concernant le cadre financier pluriannuel *post-2013* a eu des conséquences incontestables sur le déroulement et les résultats de ces procédures, ne serait-ce que du point de vue du montant des crédits

---

(indicative) initiale ou dans les propositions de la Commission (avant-projet de budget pour 2010 exclu), tout en étant en deçà des taux d'augmentation moyens "historiques".

[4] SIFIM pour Services d'Intermédiation Financière Indirectement Mesurés.

[5] JO L 87 du 7.4.2010, pp. 31/32.

[6] La "décision SIFIM" fixe le nouveau plafond des crédits pour engagements à 1,29 % (contre 1,31 %) et le nouveau plafond des "ressources propres" (et des crédits pour paiements) à 1,23 % du RNB (contre 1,24 %).

[7] JO L 354 du 31.12.2008, pp. 62/69.

[8] JO C 326 du 20.12.2008, p. 3.

[9] JO L 132 du 29.5.2009, pp. 8/9 et L 347 du 24.12.2009, pp. 26/27. La proposition de révision du CF pour un financement additionnel du projet ITER en 2012 et 2013, présentée par la Commission le 20 juillet 2010, n'a, quant à elle, pas abouti.

[10] JO L 128 du 16.5.2008, pp. 8/9.

[11] Toutes ces différentes révisions et adaptations du CF effectuées entre 2008 et 2010 sont récapitulées pages 340-341.

pour engagements (et du montant de la mobilisation de l'instrument de flexibilité) et des crédits pour paiements retenu dans ces deux budgets (voir *infra*).

3. Un nouveau cadre législatif en préparation

L'autorité législative a entrepris pendant la période sous examen un important travail d'adaptation du cadre législatif de l'Union européenne suite à l'entrée en vigueur du traité de Lisbonne.

Dans ce contexte, le Conseil a adopté, le 26 juillet 2010, une décision créant le service européen pour l'action extérieure[12] et le Parlement européen et le Conseil ont modifié, le 24 novembre 2010, le règlement financier, ainsi que le statut des fonctionnaires et le régime applicable aux autres agents de l'Union européenne[13], afin de permettre à ce nouveau service de fonctionner.

La modification du règlement financier a également permis d'introduire dans le RF les changements nécessaires pour prendre en compte le Conseil européen en tant que nouvelle institution de l'Union européenne.

Par contre, le Parlement européen et le Conseil ne sont pas parvenus à un accord en 2010 sur le "paquet législatif Lisbonne", présenté par la Commission le 3 mars 2010[14]. Les négociations se poursuivront ainsi en 2011. À cet effet, la Commission a présenté une proposition révisée de modification du RF le 22 décembre 2010[15].

S'agissant enfin des recettes du budget de l'Union européenne, il convient de relever que la sixième décision "ressources propres", adoptée le 7 juin 2007 dans le contexte de l'AII de 2006 et du nouveau CF[16], est finalement entrée en vigueur, après ratification par tous les États membres, le 1er mars 2009, avec effet rétroactif au 1er janvier 2007. Dans ce cadre, le Conseil a modifié, le 26 janvier 2009, le règlement portant application de la décision "ressources propres"[17].

4. Publication du rapport sur le fonctionnement de l'AII de 2006 et du "réexamen" du budget de l'Union

Après de nombreux délais liés notamment aux retards dans l'entrée en vigueur du traité de Lisbonne, la Commission a finalement présenté son rapport sur le fonctionnement de l'AII de 2006 le 27 avril 2010, et sa communication sur le réexamen du cadre financier pour 2007-2013 le 19 octobre 2010. Ces deux documents serviront à préparer les propositions de la Commission concernant le prochain cadre financier pluriannuel, qu'elle soumettra à l'autorité législative et budgétaire fin juin 2011. À ce titre, ce rapport et cette communication n'ont fait l'objet pendant la période sous examen que de travaux d'analyse préparatoires au sein des institutions de l'UE, surtout au Parlement européen dans la commission spéciale sur les défis politiques et les ressources budgétaires pour une Union européenne durable après 2013, instaurée en juillet 2010.

---

[12] JO L 201 du 3.8.2010, pp. 30/40.
[13] JO L 311 du 26.11.2010, pp. 1/14.
[14] Le "paquet législatif Lisbonne" est composé :
- d'une proposition de règlement du Conseil fixant le cadre financier pluriannuel pour 2007-2013 ;
- d'un projet pour un nouvel accord interinstitutionnel entre le Parlement européen, le Conseil et la Commission sur la coopération en matière budgétaire, et
- d'une proposition de modification du règlement financier.

[15] Cette proposition révisée inclut aussi bien des éléments liés à l'entrée en vigueur du traité de Lisbonne que la révision "triennale" du RF (voir page 351). S'agissant des négociations sur les deux autres composantes du "paquet législatif Lisbonne", les discussions s'éternisent.
[16] JO L 163 du 23.6.2007, pp. 17/21 (voir Tome I, pp. 172/173).
[17] JO L 36 du 5.2.2009, pp. 1/5.

B. Les procédures budgétaires annuelles

Il convient de souligner le fait que le Parlement européen et le Conseil, avec l'aide de la Commission, sont arrivés tous les ans pendant la période sous examen à un accord sur le budget de l'Union européenne avant la fin de l'année *n-1*. Ceci est également vrai pour la procédure budgétaire pour 2011, qui s'est avérée particulièrement difficile (voir *infra*).

Les trois institutions sont restées dans le cadre de l'AII de 2006 et ont respecté les différents accords conclus pendant les différentes phases des procédures budgétaires, et notamment lors des trilogues et des réunions de concertation et de conciliation. Ces accords incluent un nombre important de recours à différents éléments de flexibilité prévus dans l'AII de 2006 ou de déclarations communes ou conjointes primordiales pour le bon déroulement de la procédure budgétaire ou pour l'obtention des accords budgétaires annuels (voir *infra*).

1. Un contenu de la procédure budgétaire annuelle à redéfinir

S'agissant des *procédures budgétaires pour 2009 et pour 2010*, menées conformément aux dispositions du traité de Nice, les réunions de concertation qui ont précédé la deuxième lecture du Conseil sont restées les "moments clefs" des procédures. C'est lors de ces réunions, organisées le 21 novembre 2008 et le 18 novembre 2009 respectivement, que se sont jouées les négociations budgétaires interinstitutionnelles sur le budget de l'année à venir.

Les accords obtenus à l'issu de ces réunions de concertation ont notamment fixé – comme lors des procédures budgétaires de 2004 à 2008 (voir Tome I) – le montant du recours à l'instrument de flexibilité[18], le montant des crédits pour paiements[19] et le montant du budget pour la politique étrangère et de sécurité commune[20].

Ils ont également comporté annuellement l'acceptation par l'autorité budgétaire de deux lettres rectificatives à l'avant-projet de budget (dont la lettre rectificative "*ad hoc*" agricole d'octobre ; voir *infra*), d'un budget rectificatif pour l'excédent possible de l'année en cours, réduisant les crédits de paiement non utilisés du budget de l'année (voir page 336) et de plusieurs déclarations communes[21].

---

[18] L'instrument de flexibilité a été mobilisé (en crédits d'engagement) :
- au cours de la procédure budgétaire pour 2009 pour un montant de 420 millions d'euros afin de financer la facilité alimentaire, et
- au cours de la procédure budgétaire pour 2010 pour un montant de 195 millions d'euros afin de financer le plan européen pour la relance économique et le démantèlement de la centrale de Kozloduy).

Au cours de la procédure budgétaire pour 2011, l'instrument de flexibilité a été mobilisé pour un montant de 105 millions d'euros afin de financer la Palestine, le programme "Éducation et formation tout au long de la vie" et le programme-cadre pour l'innovation et la compétitivité (voir page 342).

[19] La question du montant des crédits pour paiements retenu dans le budget de l'Union européenne est primordiale pour les États membres, car il conditionne le montant de leurs versements au budget de l'Union européenne au titre des "ressources propres".

[20] Chapitre *19 03* du budget de l'Union européenne. La PESC est la seule politique de l'UE qui ait fait l'objet de modalités *sui generis* spécifiques dans l'AII de 2006 (il s'agit des points 42 et 43 de la Partie II).

Il convient néanmoins de relever que lors de la procédure budgétaire pour 2009, le Parlement européen exceptionnellement n'a pas amendé le montant pour le "budget PESC" proposé par la Commission dans son avant-projet de budget.

Il convient également de noter que suite à l'entrée en vigueur du traité de Lisbonne, le "budget PESC" a perdu sa spécificité d'être le seul chapitre "co-décidé" selon les modalités *sui generis*.

[21] Le Parlement européen, le Conseil et la Commission ont adopté lors des réunions de concertation de novembre 2008 et 2009 au total *dix* déclarations communes portant sur une grande variété de sujets (voir pages 75-80 et 155-158).

En même temps, les premières lectures des deux branches de l'autorité budgétaire ont conservé, jusqu'à la fin des procédures budgétaires menées conformément aux dispositions du traité de Nice, un caractère "technique", "tactique" ou "préparatoire"[22], en vue de la réunion de concertation de novembre, alors qu'une part importante des deuxièmes lectures a de nouveau été consacrée, comme lors des procédures budgétaires de 2004 à 2008, à la mise en œuvre au niveau de chaque ligne budgétaire du budget de l'Union européenne des accords intervenus (voir Tome I, pp. 49/141).

Par ailleurs, il convient de relever que les avant-projets de budgets proposés par la Commission tels que modifiés par les lettres rectificatives présentées au cours de la procédure budgétaire[23] sont restés le "point d'équilibre" des négociations budgétaires, ni les lectures des deux branches de l'autorité budgétaire, ni les résultats obtenus lors des réunions de concertation[24] n'ayant altéré radicalement les montants proposés par la Commission (voir page 332).

La *procédure budgétaire pour 2011*, la première procédure menée conformément aux nouvelles dispositions budgétaires du traité de Lisbonne, a certainement été une procédure de "rodage" et de "transition", les institutions cherchant encore leurs marques dans le nouveau cadre politique, juridique et institutionnel, et il faudra attendre le résultat des procédures budgétaires futures afin de pouvoir évaluer d'une manière fiable dans quelle mesure les procédures budgétaires annuelles de l'Union européenne auront fondamentalement changé de nature et de contenu. Il faudra également attendre les résultats des négociations sur le futur cadre financier pluriannuel, y inclus la problématique plus générale de la flexibilité de ce cadre et des budgets[25], ainsi que les règles et modalités pour la mobilisation des différents moyens et instruments de flexibilité retenus.

Il n'en demeure pas moins (qu'en plus que la procédure budgétaire soit devenue une procédure législative spéciale avec tous les changements que cela implique ; voir pages 275-289), le fait que le budget de l'Union européenne soit devenu dans son entièreté co-décidé par les deux branches de l'autorité budgétaire (Parlement européen *et* Conseil) a changé la portée des négociations budgétaires annuelles, les possibilités de blocage augmentant du fait qu'un accord est en principe nécessaire sur *toutes* les lignes budgétaires où une différence subsiste dans les positions des deux branches de l'autorité budgétaire. À ce titre, les enseignements de la procédure budgétaire pour 2011 tendent à souligner l'importance de la possibilité de maintenir,

---

[22] Ainsi, le Conseil, notamment dans un esprit de discipline budgétaire et afin de pouvoir faire face à des dépenses imprévues au cours de l'année budgétaire, a continué à accroître substantiellement le montant des marges sous les plafonds des différentes rubriques et sous-rubriques du cadre financier et à opérer des réductions des crédits de paiement par rapport aux propositions de la Commission (voir pages 332-333). Le Parlement européen, quant à lui, a continué à adopter un nombre important d'amendements et de propositions de modifications (voir page 346) visant avant tout à financer ses différentes priorités ou à rétablir les montants proposés par la Commission et réduits par le Conseil, y compris des "amendements astérisques" dépassant les plafonds du cadre financier, afin d'entamer des discussions avec le Conseil sur le recours aux différents éléments de flexibilité prévus dans l'AII de 2006.

[23] La Commission a présenté au cours des procédures budgétaires pour 2009 et 2010 *six* lettres rectificatives, soit trois lettres rectificatives par an. Il convient avant tout de rappeler l'importance de la lettre rectificative agricole (présentée par la Commission en octobre *n-1*, après la clôture de l'"année agricole", le 15 octobre), qui influence fortement le montant des dépenses de la rubrique *2* (*Conservation et gestion des ressources naturelles*) retenu dans le budget de l'Union européenne. Ainsi, la question du montant des dépenses agricoles a-t-elle de nouveau été résolue, comme lors des procédures budgétaires pour 2004-2008 (voir Tome I, pp. 22/190), avant tout par le biais de l'adoption de cette lettre rectificative agricole "*ad hoc*" d'octobre, telle que proposée par la Commission.

Lors de la procédure budgétaire pour 2011, le contenu de la "lettre rectificative agricole" a été inclus dans le nouveau projet de budget présenté par la Commission en décembre 2010.

[24] Il convient également de relever qu'à la différence des procédures budgétaires pour 2006 et pour 2007 (voir Tome I, pp. 84/135), il n'a pas été nécessaire de poursuivre la réunion de concertation sous forme de trilogue, afin d'aboutir à un accord complet entre les deux branches de l'autorité budgétaire.

[25] Ces discussions devront également porter sur le financement des activités de l'Union européenne, comme le démontrent la procédure budgétaire pour 2011 et la proposition de révision du règlement financier présentée par la Commission, et qui inclut notamment un certain nombre de "nouveaux instruments financiers".

sur les points en discussion, le vote à la majorité qualifiée au Conseil, en restant autant que possible, lors des points abordés lors des procédures budgétaires annuelles, dans le cadre de l'article 314 du TFUE (voir pages 270 et 323-325). En même temps, il convient de rappeler l'importance pour que le Parlement européen puisse dégager une majorité nécessaire pour l'acceptation des accords (voir pages 323-324).

Il convient finalement de relever que le Parlement européen et le Conseil ont continué à respecter de 2008 à 2010 le "*Gentlemen's agreement*" du 22 avril 1970, en s'abstenant d'intervenir lors des procédures budgétaires dans l'examen des prévisions budgétaires concernant leurs budgets administratifs respectifs[26].

2. Des marges de manœuvre de plus en plus limitées

La marge de manœuvre de l'autorité budgétaire ou de la Commission pour faire de grands changements lors des procédures budgétaires annuelles de l'Union européenne, ou d'un budget à l'autre, a toujours été très limitée au cours de la période d'application d'un cadre financier pluriannuel. Ceci est dû non seulement au cadre financier lui-même avec ses différents plafonds, mais également aux accords budgétaires globaux entre les deux branches de l'autorité budgétaire lors des procédures budgétaires annuelles, à la programmation financière ou à l'importance des montants des enveloppes financières de référence, suite à l'augmentation du nombre de programmes pluriannuels adoptés en co-décision[27].

Tous ces différents éléments laissent peu de marge à l'autorité budgétaire (ou à la Commission) et contribuent à l'importante "stabilité" des montants des budgets de l'Union européenne non seulement au cours des différentes phases de la procédure budgétaire, mais également d'une année sur l'autre.

Il est néanmoins incontestable que cette marge de manœuvre a encore été affectée pendant la période sous examen par la crise financière et économique qu'a connue l'Europe à partir de 2008, et ceci non seulement suite à l'évolution du contexte et des données économiques, mais également suite au durcissement de la position de plusieurs États membres, confrontés à de nouvelles contraintes économiques et budgétaires au niveau national[28]. Cet état de fait n'a été en rien modifié par l'entrée en vigueur du traité de Lisbonne, le Conseil étendant même son pouvoir de co-décision sur tout le budget de l'Union (voir *supra*).

3. Des problèmes budgétaires récurrents

Sans préjudice des problèmes spécifiques à chaque année[29] et du changement dans la portée juridique des discussions (voir *supra*), les négociations lors des procédures budgétaires aussi bien sous le traité de Nice que de Lisbonne ont continué à porter – comme lors des procédures budgétaires précédentes (voir Tome I) – avant tout sur les rubriques *4*[30] (*L'UE acteur mondial*) et *5* (*Administration*) du cadre financier, le montant des mar-

[26] C'est-à-dire concernant les sections I et II du budget de l'Union européenne.

[27] La "procédure de co-décision" est devenue la "procédure législative ordinaire" suite à l'entrée en vigueur du traité de Lisbonne.

[28] Un tel "durcissement" étant susceptible de changer la donne concernant la création des majorités qualifiées ou encore de "minorités de blocage" au sein du Conseil.

[29] Pendant la procédure budgétaire pour 2009 : les questions liées au financement de la facilité alimentaire ;
- pendant la procédure budgétaire pour 2010 : les questions liées au financement du plan européen pour la relance économique (il s'agit d'une rare tentative ces dernières années de la Commission d'augmenter d'une manière importante, en période de crise économique, certaines dépenses du budget de l'Union), à l'aide au secteur du lait et au démantèlement de la centrale nucléaire de Kozloduy en Bulgarie ;
- pendant la procédure budgétaire pour 2011 : les questions liées à la nouvelle procédure budgétaire de l'UE suite à l'entrée en vigueur du traité de Lisbonne (et avant tout les questions "politiques", "juridiques" et "institutionnelles" soulevées par le Parlement européen), ainsi que les questions liées au financement additionnel du projet ITER en 2012 et 2013 et des mesures d'accompagnement dans le secteur de la banane.

[30] Il convient néanmoins de noter que le montant du "budget PESC" n'a été une des questions clefs des procédures budgétaires annuelles sous examen que lors de la procédure pour 2010.

ges sous les plafonds des différentes rubriques et sous-rubriques du CF, le recours à différents éléments de flexibilité prévus dans l'AII de 2006 (et surtout à l'instrument de flexibilité), les différentes agences (au sens large du terme) de l'Union européenne et le montant des crédits pour paiements à retenir dans le budget.

Suite notamment à la crise économique que traversent tous les États membres de l'Union européenne mais également en préparation des négociations sur le prochain cadre financier pluriannuel (voir *supra*), la question du montant des *crédits pour paiements* à retenir dans le budget a pris une importance capitale lors des négociations budgétaires annuelles, comme le démontre la procédure budgétaire pour 2011. En même temps, la question du montant des *crédits pour engagements* a repris ces deux dernières années de l'importance aux yeux du Conseil, non seulement par le biais des discussions sur le RAL (qui est en constante augmentation ; voir page 334), mais également dans l'optique des négociations à venir sur le nouveau cadre financier pluriannuel *post-2013*.

4. Un développement limité de la nomenclature du budget de l'Union européenne

Après les grands changements introduits dans la nomenclature de la section III – Commission – du budget de l'Union européenne pour 2004 liés à l'introduction de l'établissement du budget par activités (ABB) et après les différentes modifications effectuées suite à l'adoption de l'AII de 2006 et du cadre financier pour 2007-2013 (voir Tome I, pp. 23/26 et 148/150), la nomenclature du budget de l'Union européenne est restée relativement stable de 2009 à 2011, à l'exception notable de la séparation, dans le budget de l'Union pour 2011, de l'ancien domaine politique (et titre) *06* (intitulé "*Énergie et transports*"), d'une part en "*Mobilité et transports*" (nouvel intitulé du titre *06*) et, d'autre part, en "*Énergie*" (nouveau titre *32*), ainsi que du nouvel intitulé du titre *07* "*Environnement* et action pour le climat" visant à mieux refléter certains des nouveaux défis et certaines des nouvelles priorités de l'Union européenne.

S'agissant de la structure horizontale du budget, il convient avant tout de retenir l'ajout (conformément à l'article 316, troisième paragraphe du TFUE) des recettes et des dépenses du Conseil européen (suite à sa formalisation en tant que nouvelle institution de l'UE par le traité de Lisbonne) aux cotés de ceux du Conseil dans la section II du budget de l'Union européenne pour 2010[31], et la création la même année d'une nouvelle section X[32] pour accueillir les recettes et les dépenses du nouveau service européen pour l'action extérieure.

C. L'exécution du budget de l'Union européenne

1. Un nouveau record de budgets rectificatifs

Le Parlement européen et le Conseil ont adopté de 2008 à 2010 en tout 28 budgets rectificatifs (BR), soit en moyenne plus de neuf BRs par an, ce qui est un nouveau record (voir page 337), et en 2008 et 2009, l'autorité budgétaire a égalé le record[33] de *dix* budgets rectificatifs adoptés en un an (soit, en moyenne, un BR adopté pour chaque mois ouvrable).

Cette constante augmentation du nombre de budgets rectificatifs adoptés (en dépit des souhaits exprimés à de nombreuses reprises aussi bien par le Parlement européen et le Conseil que par la Cour des comptes

---

[31] Cela sera fait pas le biais de la lettre rectificative n° 3/2010 (voir page 137).

[32] La section X a été introduite dans le budget pour 2010 par le biais du budget rectificatif n° 6/2010 (voir page 169).

[33] Le seul et unique précédant remonte à 2004 (voir Tome I, pp. 41/43). Il convient également de relever que la Commission a présenté en 2010 dix projets de budgets rectificatifs, l'autorité budgétaire n'adoptant finalement que *huit* BRs.

européenne pour limiter le nombre de BRs) peut en partie être expliquée par le règlement financier du 25 juin 2002, qui a introduit par exemple des budgets rectificatifs spécifiques pour l'inscription des soldes définitifs des exercices budgétaires, par la volonté de l'autorité budgétaire d'avoir recours depuis 2008 à des BRs spécifiques pour les mobilisations du Fonds de solidarité de l'Union européenne ou par des "événements exceptionnels", comme l'entrée en vigueur du traité de Lisbonne fin 2009.

Pris dans leur ensemble, les budgets rectificatifs adoptés ont augmenté les crédits d'engagement inscrits dans les budgets de l'Union européenne de 2008 à 2010 de quelque 4,2 milliards d'euros (soit environ 1 % du montant des budgets initiaux), tout en réduisant les crédits de paiement d'environ 7,6 milliards d'euros (soit quelque 2 % du montant des budgets initiaux). Il convient également de relever l'impact de la crise économique sur le montant total très limité des huit BRs adoptés en 2010 (voir page 339).

2. D'importants appels à des réserves et à des Fonds

Entre 2008 et 2010, la réserve pour aides d'urgence a été mobilisée treize fois (soit plus de quatre fois par an en moyenne) pour faire face à des situations d'urgence ou de crise dans le monde et le Fonds de solidarité de l'Union européenne neuf fois (soit trois fois par an en moyenne), pour faire face à diverses catastrophes naturelles.

Il convient avant tout de relever l'augmentation du montant de la réserve pour aides d'urgence en 2008, afin de financer la facilité alimentaire, et l'engagement de tous les crédits inscrits au titre de la réserve en 2010 (voir page 343). En même temps, le Fonds de solidarité de l'UE a octroyé en octobre 2009 à l'Italie, suite au tremblement de terre dans les Abruzzes, le montant le plus important jamais mobilisé (soit 494 millions d'euros ; voir page 344).

Le Fonds européen d'ajustement à la mondialisation, quant à lui, a été mobilisé entre 2008 et 2010 trente-neuf fois. Le record en nombre de mobilisations et en montants mobilisés en 2010 (trente-et-une fois, pour un montant total de 82 millions d'euros ; voir page 345) est dû à une demande du Parlement européen, selon laquelle chaque mobilisation doit faire l'objet d'une décision séparée, ainsi qu'aux effets de la crise économique et à l'élargissement des critères pour l'octroi de l'aide du Fonds, suite à une modification en juin 2009 du règlement l'établissant.

3. Des excédents en augmentation depuis 2008

Après une très nette diminution des excédents des exercices budgétaires depuis 2000, les excédents ont de nouveau augmenté à partir de 2007[34], pour atteindre 1,8 milliard d'euros en 2008, 2,3 milliards d'euros en 2009 et 4,5 milliards d'euros en 2010. Le montant important de l'excédent pour 2010 est en partie dû à la non-adoption en 2010 du projet de budget rectificatif nº 10/2010 proposé par la Commission[35], et qui avait notamment pour objet de réduire cet excédent.

---

[34] Il convient de rappeler le montant des excédents pour 2000 (11,6 milliards d'euros), pour 2001 (15,0 milliards d'euros) ou pour 2002 (7,4 milliards d'euros). L'excédent pour 2007 s'élevait à 1,5 milliard d'euros (voir page 336).

[35] Mais également à l'important montant des amendes et des intérêts de retard perçus en 2010 (et dont le montant exact est forcément difficile à prévoir lors de l'élaboration et de l'adoption des budgets de l'Union européenne).

ANNEXES

ANNEXES CONCERNANT L'ARTICLE 272 DU TRAITÉ CE
(TRAITÉ DE NICE)

L'ARTICLE 272 DU TRAITÉ CE

I. – Préparation de l'avant-projet de budget (APB) par la Commission

- Chacune des institutions de la Communauté doit dresser, avant le 1er juillet *n-1*, un *état prévisionnel de ses dépenses* (paragraphe 2, premier alinéa)

- La Commission groupe ces états prévisionnels dans un *avant-projet de budget*. La Commission peut y joindre un avis qui peut comporter des prévisions divergentes (paragraphe 2, premier alinéa)

- L'APB comprend une prévision des recettes et une prévision des dépenses (paragraphe 2, deuxième alinéa)

II. – Première lecture du Conseil (*établissement du projet de budget* – PB)

- Le Conseil doit être saisi par la Commission de l'APB au plus tard le 1er septembre *n-1* (paragraphe 3, premier alinéa)

- Le Conseil doit consulter la Commission (et le cas échéant les autres institutions) s'il entend s'écarter de l'APB (paragraphe 3, deuxième alinéa)

- Le Conseil établit le *projet de budget* en statuant à la majorité qualifiée "budgétaire" définie à l'article 205, paragraphe 2, troisième alinéa du traité CE[1] (paragraphe 3, troisième alinéa)

- Le Conseil transmet le PB au Parlement européen (paragraphe 3, troisième alinéa), qui doit être saisi au plus tard le 5 octobre *n-1* (paragraphe 4, premier alinéa)

III. – Première lecture du Parlement européen

- Le Parlement européen dispose de *45 jours*, à compter de la date de communication par le Conseil du PB, pour effectuer sa première lecture (paragraphe 4, troisième alinéa)

a) Dépenses obligatoires (DO) – propositions de modification (PdM) :

Le PE peut *proposer des modifications* au Conseil au PB à la majorité absolue des suffrages exprimés (paragraphe 4, deuxième alinéa)

b) Dépenses non obligatoires[2] (DNO) – amendements (AM) :

Le PE a le droit d'*amender* le PB à la majorité de ses membres (paragraphe 4, deuxième alinéa)

- Si dans ce délai de 45 jours :

a) le PE a donné son approbation, le budget est *définitivement arrêté* (paragraphe 4, troisième alinéa) ;

---

[1] Voir page 314.

[2] Le traité CE n'utilise pas le terme "*dépenses non obligatoires*", mais la formule "*dépenses autres que celles découlant obligatoirement du traité ou des actes arrêtés en vertu de celui-ci*" (paragraphe 9, premier alinéa).

b) le PE n'a pas amendé le projet de budget ni proposé de modification à celui-ci, le budget est réputé *définitivement arrêté* (paragraphe 4, troisième alinéa) ;

c) le PE a adopté des amendements ou proposé des modifications, le PB ainsi amendé ou assorti de propositions de modification *est transmis au Conseil* (paragraphe 4, quatrième alinéa)

IV. – Deuxième lecture du Conseil (*fixation des dépenses obligatoires*)

- Le Conseil dispose de *15 jours*, à compter de la date de transmission par le Parlement européen de sa première lecture, pour effectuer sa deuxième lecture (paragraphe 5, troisième alinéa)

- Le Conseil doit délibérer du PB avec la Commission (et le cas échéant avec les autres institutions concernées) avant de statuer (paragraphe 5, premier alinéa)

a) Dépenses obligatoires (DO) – propositions de modification du PE (PdM) :

- Propositions de modification qui n'ont *pas* pour effet d'augmenter le montant global des dépenses : le Conseil, statuant à la majorité qualifiée "budgétaire"[3], peut *rejeter* ces PdM :

1) PdM rejetées totalement : ne passent pas ;
2) PdM rejetées partiellement : passent pour leur partie non rejetée par le Conseil ;
3) PdM non rejetées : passent telles que votées par le PE (paragraphe 5, premier alinéa, b), premier et troisième tiret et troisième alinéa)

- Propositions de modification qui *ont* pour effet d'augmenter le montant global des dépenses : le Conseil, statuant à la majorité qualifiée "budgétaire", peut *accepter* ces PdM :

4) PdM acceptées totalement : passent telles que votées par le PE ;
5) PdM acceptées partiellement : passent dans la mesure où elles sont acceptées par le Conseil ;
6) PdM non acceptées : sont rejetées (paragraphe 5, premier alinéa, b), deuxième et troisième tiret et troisième alinéa)

b) Dépenses non obligatoires (DNO) – amendements du PE (AM) :

Le Conseil, statuant à la majorité qualifiée "budgétaire"[3], peut *modifier* chacun des amendements votés par le Parlement européen :

7) AM non modifiés : passent tels que votés par le PE ;
8) AM modifiés partiellement : passent sous réserve des modifications apportées par le Conseil ;
9) AM modifiés totalement ("rejetés") : ne passent pas (paragraphe 5, premier alinéa, a) et troisième alinéa)

Les cas *8) et 9)* font l'objet d'une deuxième lecture du Parlement européen (paragraphe 5, quatrième alinéa)

Le Conseil doit informer le PE du résultat de ses délibérations (paragraphe 5, troisième et quatrième alinéa)

---

[3] Majorité qualifiée budgétaire dite "renversée".

V. – Deuxième lecture du Parlement européen (*fixation des dépenses non obligatoires*)

- Le Parlement européen dispose de *15 jours*, à compter de la date de transmission des résultats de la deuxième lecture du Conseil, pour effectuer sa deuxième lecture (paragraphe 6)

- Le PE, statuant à la *majorité des membres* qui le composent et des *trois cinquièmes des suffrages exprimés*, peut *amender ou rejeter les modifications apportées par le Conseil à ses amendements* et arrêter en conséquence le budget (paragraphe 6)

- Si le PE n'a pas statué dans ce délai de 15 jours, le budget est réputé *définitivement arrêté* (paragraphe 6)

VI. – Constatation de l'arrêt définitif du budget

Lorsque la procédure prévue à l'article 272 du traité CE est achevée, le *président du Parlement européen* constate que le budget est *définitivement arrêté* (paragraphe 7)

VII. – Rejet du projet de budget[4]

Le Parlement européen, statuant à la *majorité des membres qui le composent* et des *2/3 des suffrages exprimés*, peut, pour des *motifs importants*, rejeter le PB et demander qu'un nouveau projet lui soit soumis (paragraphe 8)

---

[4] Cas exceptionnel.

PONDÉRATION DES VOIX AU CONSEIL DU 1[ER] JANVIER 2007 AU 30 NOVEMBRE 2009

(Article 205, paragraphe 2, troisième alinéa du traité CE)	
Allemagne, France, Italie, Royaumi-Uni	29
Espagne, Pologne	27
Roumanie	14
Pays-Bas	13
Belgique, République tchèque, Grèce, Hongrie, Portugal	12
Bulgarie, Autriche, Suède	10
Danemark, Irlande, Lituanie, Slovaquie, Finlande	7
Estonie, Chypre, Lettonie, Luxembourg, Slovénie	4
Malte	3
Total	**345**

La *majorité qualifiée* dans le domaine budgétaire est acquise quand :
- *255* voix expriment un vote favorable (73,9 % du total) *et*
- ces voix représentent au moins *18* États membres

Un État membre peut demander qu'il soit vérifié que les États membres constituant cette majorité qualifiée représentent au moins 62 % de la population totale de l'UE

Le seuil de 62 % de la population totale de l'Union européenne a été fixé à :
- 306,9644 millions en 2008 (JO L 346 du 29.12.2007, pp. 17/18)
- 308,4457 millions en 2009 (JO L 337 du 16.12.2008, pp. 92/93)

"Minorité de blocage" : *91* voix *ou* *10* États membres contre

LES PRÉSIDENCES DU CONSEIL DE L'UNION EUROPÉENNE DE 2003 À 2011

Année	Premier semestre	Deuxième semestre
2003	Grèce	Italie
2004	Irlande	Pays-Bas
2005	Luxembourg	Royaume-Uni
2006	Autriche	Finlande
2007	Allemagne	Portugal
2008	Slovénie	France
2009	République tchèque	Suède
2010	Espagne	Belgique
2011	Hongrie	Pologne

Conformément aux conclusions du Conseil européen de Séville des 21 et 22 juin 2002, "*dans le cas particulier de l'examen du budget pour un exercice donné, les réunions des instances préparatoires du Conseil, autres que le Coreper, sont présidées par un délégué de l'État membre qui exercera la présidence au cours du deuxième semestre de l'année précédant l'exercice en cause. Il en va de même, moyennant l'accord de l'autre présidence, pour l'exercice de la présidence des sessions du Conseil au moment où les points en question sont examinés* " (doc. *Conseil 13463/02 POLGEN 52* du 24 octobre 2002, Annexe II, point 7, deuxième paragraphe)

LES ÉTAPES PRINCIPALES DES PROCÉDURES BUDGÉTAIRES COMMUNAUTAIRES DE 2004 À 2009

(Article 272 du traité CE, Annexe II de l'AII de 2006 et calendrier pragmatique)

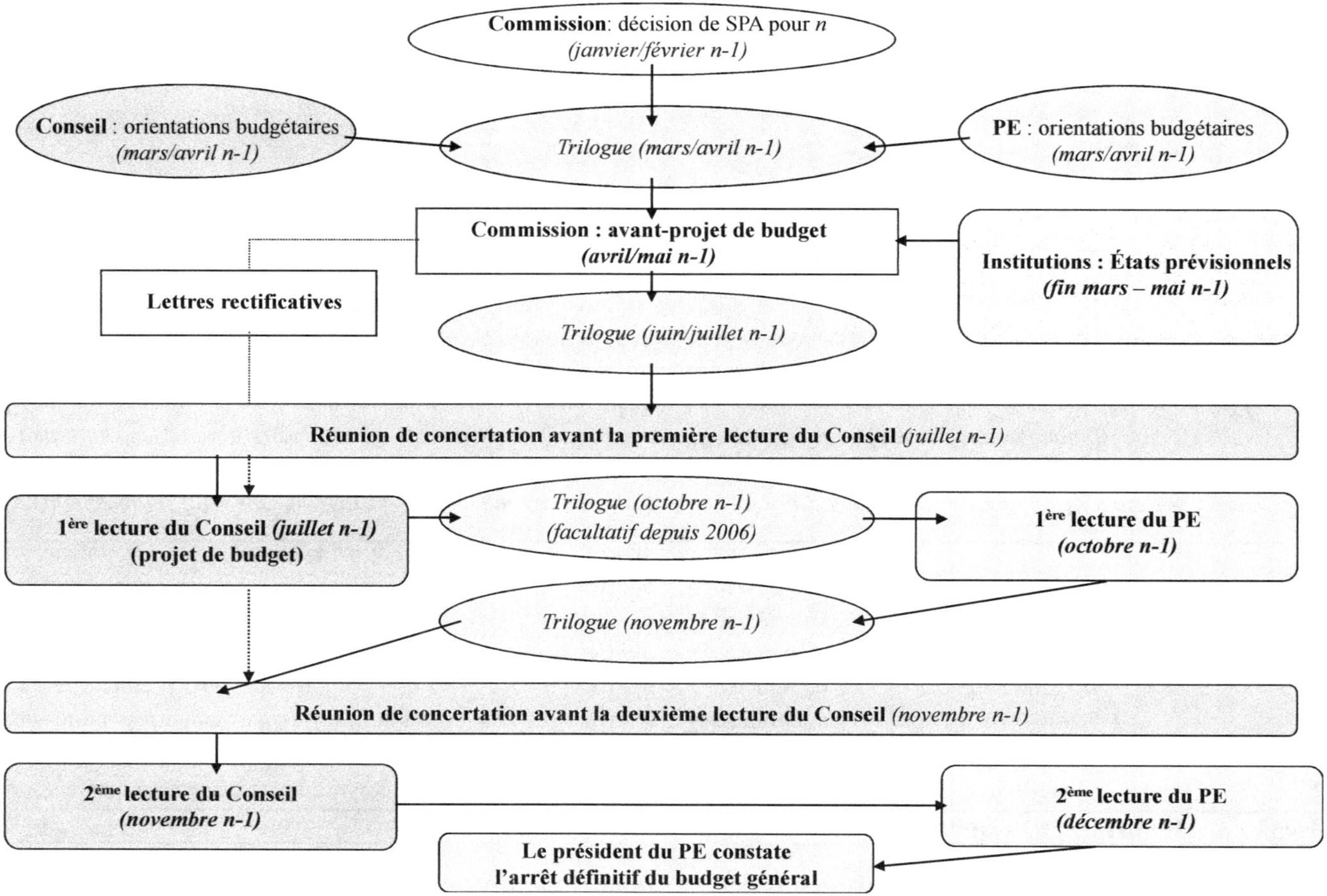

LE CALENDRIER PRAGMATIQUE S'APPLIQUANT AUX PROCÉDURES BUDGÉTAIRES DE 1977 À 2010[1]

Étape	Traité CE	Date limite fixée par le traité	Calendrier pragmatique
Communication du TMA (Commission)	Article 272, paragraphe 9	1er mai *n-1*	1er mars *n-1*
États prévisionnels des institutions	Article 272, paragraphe 2	1er juillet *n-1*	1er mai *n-1*
Avant-projet de budget (APB) (Commission)	Article 272, paragraphe 3	1er septembre *n-1*	15 juin *n-1*
Projet de budget (PB) (Conseil)	Article 272, paragraphe 4	5 octobre *n-1*	31 juillet *n-1**
Première lecture du PE	Article 272, paragraphe 4	45 jours (19 novembre *n-1*)	25 octobre *n-1***
Deuxième lecture du Conseil	Article 272, paragraphe 5	15 jours (4 décembre *n-1*)	22 novembre *n-1****
Deuxième lecture du PE	Article 272, paragraphe 6	15 jours (19 décembre *n-1*)	19 décembre *n-1*
Constatation de l'arrêt du budget par le président du PE	Article 272, paragraphe 7		

[1] *Ce calendrier est basé sur une lettre de la Commission aux présidents du Parlement et du Conseil, du 19 mars 1975 (doc. 75/ 23 114, Recueil des principales dispositions financières et budgétaires, Textes de portée générale, Septième édition, Communautés européennes, Commission européenne, Direction générale des budgets, janvier 1991, pp. 276/278 (document non publié))*

* *Envoi officieux du PB au Parlement européen le 10 septembre* n-1 *et, conformément au traité CE, envoi officiel du PB le 5 octobre* n-1 *au plus tard*

** *Conformément au traité CE, envoi officiel des résultats de la deuxième lecture du PE au Conseil le 19 novembre* n-1 *au plus tard*

*** *Conformément au traité CE, envoi officiel des résultats de la deuxième lecture du Conseil au PE le 4 décembre* n-1 *au plus tard*

APPLICATION DU TAUX MAXIMAL D'AUGMENTATION (TMA) PRÉVU À L'ARTICLE 272 DU TRAITÉ CE (PRINCIPES GÉNÉRAUX)

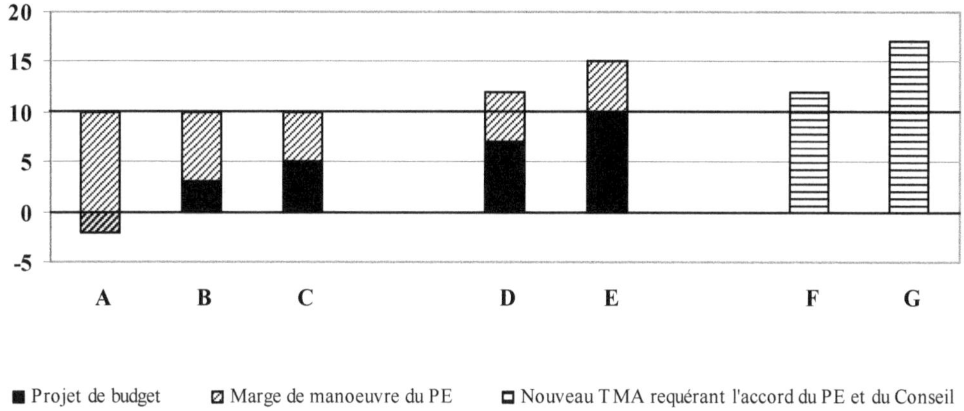

Hypothèse : *TMA* = 10 %
1/2 TMA = 5 %
TMA + 1/2 TMA = 15 %

Aux termes de l'article 272, paragraphe 9 du traité CE :

A : au cas où le Conseil, en établissant le projet de budget[1], diminue le montant des dépenses non obligatoires (DNO) par rapport à l'année précédente, le PE peut non seulement "compenser" la coupe effectuée par le Conseil, mais peut également porter le montant total des DNO jusqu'au niveau du taux maximal (*troisième* alinéa).

B et C : au cas où le taux d'augmentation qui résulte du projet de budget établi par le Conseil est inférieur ou égal à la moitié du TMA (soit, en l'espèce, ≤ 5 %), le PE peut porter le montant total des DNO jusqu'au niveau du taux maximal (soit, en l'espèce, 10 % ; *troisième* alinéa).

D et E : au cas où le taux d'augmentation qui résulte du projet de budget établi par le Conseil est supérieur à la moitié du taux maximal (soit, en l'espèce, > 5 %) mais inférieur ou égal au TMA (soit, en l'espèce, ≤ 10 %), le PE peut augmenter le montant total des DNO dans la limite de la moitié du taux maximal (soit, en l'espèce, 5 % ; *troisième* alinéa).

F et G : au cas où le Conseil entend dépasser le TMA (c'est-à-dire > 10 %), il est tenu de faire au PE une offre de *nouveau taux*. En ce cas, le PE peut :

- soit décider de marquer son accord[2] sur un nouveau taux (*cinquième* alinéa) ou
- soit refuser l'offre du Conseil en préférant exercer sa "marge de manœuvre" (dans la pratique, hypothèse **E** ; *quatrième* alinéa).

---

[1] Le Conseil statue dans tous les cas à la majorité qualifiée "budgétaire" (voir page 314).
[2] À la majorité de ses membres et des trois cinquièmes des suffrages exprimés. Le PE et le Conseil peuvent naturellement après négociations convenir d'un *nouveau* TMA *différent* de celui proposé par le Conseil.

Au cas où le PE entend, dans les hypothèses **A, B ou C**, dépasser le TMA ou, dans les hypothèses **D ou E**, dépasser le taux fixé par le Conseil plus sa "marge de manœuvre", il est tenu de faire au Conseil une offre de *nouveau taux* et, en ce cas, le Conseil peut :

- soit marquer son accord sur un nouveau taux en vertu de l'article 272, paragraphe 9, *cinquième* alinéa,

- soit refuser l'offre du PE, auquel cas celui-ci a le choix entre[3] :

  a) délibérer à nouveau pour arrêter un budget respectant le TMA (sous réserve du jeu de la "marge de manœuvre") ou

  b) demander à poursuivre la négociation avec le Conseil[4].

Le Parlement européen, le Conseil et la Commission ont clarifié certains aspects concernant notamment les bases de calcul dans la *déclaration commune de juin 1982*[5].

Il convient de relever que suite au système des *accords interinstitutionnels*, le mécanisme du TMA est devenu avant tout une "formalité", bien qu'il soit resté une des références à la base de la stratégie de négociation suivie par les deux branches de l'autorité budgétaire[6].

Ainsi, selon le point 15 de la Partie IV (intitulée "*La discipline budgétaire des dépenses non obligatoires et l'amélioration de la procédure budgétaire*") de l'accord interinstitutionnel du 29 juin 1988 sur la discipline budgétaire et l'amélioration de la procédure budgétaire[7] :

"*Les deux branches de l'autorité budgétaire conviennent d'accepter pour les exercices budgétaires 1988-1992, les taux maximaux d'augmentation des dépenses non obligatoires qui procéderont des budgets établis dans la limite des plafonds des perspectives financières*".

Le texte, adapté pour la période 1993-1999, est repris sous le point 17 de la Partie III de l'accord interinstitutionnel du 29 octobre 1993 entre le Parlement européen, le Conseil et la Commission sur la discipline budgétaire et l'amélioration de la procédure budgétaire[8] (l'"AII de 1993") et, adapté pour la période 2000-2006, sous le point 12, premier alinéa de la Partie I de l'accord interinstitutionnel du 6 mai 1999 sur la discipline budgétaire et l'amélioration de la procédure budgétaire[9] (l'"AII de 1999").

Dans la Partie II de l'AII de 1999 (intitulée "*Collaboration interinstitutionnelle en matière budgétaire*"), les parties signataires ont, en outre, ajouté un point D (intitulé "*Taux maximal d'augmentation des dépenses non obligatoires en l'absence de perspectives financières*" ; point 32), qui se lit comme suit :

---

[3] Le PE peut également *rejeter* le projet de budget (à la majorité de ses membres et des deux tiers des suffrages exprimés), conformément à l'article 272, paragraphe 8 du traité CE.

[4] Dans les deux cas il faudrait tenir compte, dans la mesure du possible, du délai de quinze jours prévu à l'article 272, paragraphe 6 du traité CE pour la deuxième lecture du PE.

[5] Déclaration commune du Parlement européen, du Conseil et de la Commission, du 30 juin 1982, relative à différentes mesures visant à assurer un meilleur déroulement de la procédure budgétaire (JO C 194 du 28.7.1982, pp. 1/38).

[6] Voir à ce sujet par exemple l'article de Auke BAAS : "*1982 – 2007 : 25 Ans d'Accords Interinstitutionnels Budgétaires*", European Business Law Review, vol. 18, no 6, décembre 2007, pp. 1283/1304.

[7] JO L 185 du 15.7.1988, pp. 33/37.

[8] JO L C 331 du 7.12.1993, pp. 1/10.

[9] JO C 172 du 18.6.1999, pp. 1/22 et rectificatif au JO C 322 du 10.11.1999, p. 8.

"Sans préjudice du point 12, premier alinéa[10]*, les institutions conviennent des dispositions suivantes :*

a) la "marge de manoeuvre" autonome du Parlement européen, aux fins de l'article 272, paragraphe 9, quatrième alinéa, du traité CE, dont le montant correspond à la moitié du taux maximal, s'applique à partir du projet de budget, établi par le Conseil en première lecture, en tenant compte d'éventuelles lettres rectificatives audit projet.

Le respect du taux maximal s'impose au budget annuel, y compris les budgets rectificatifs et/ou supplémentaires. Sans préjudice de la fixation d'un nouveau taux, la partie éventuellement demeurée inutilisée du taux maximal demeure disponible pour une utilisation éventuelle dans le cadre de l'examen d'un projet de budget rectificatif et/ou supplémentaire ;

b) sans préjudice du point a), lorsqu'il apparaît, au cours de la procédure budgétaire, que son achèvement pourrait nécessiter la fixation, d'un commun accord, pour l'augmentation des dépenses non obligatoires, d'un nouveau taux applicable aux crédits pour paiements et/ou d'un nouveau taux applicable aux crédits pour engagements – ce second taux pouvant être fixé à un niveau différent du premier – les institutions s'efforcent de dégager un accord entre les deux branches de l'autorité budgétaire à l'occasion de la concertation prévue à l'annexe III[11]*."*

Les changements apportés par l'accord interinstitutionnel du 17 mai 2006 entre le Parlement européen, le Conseil et la Commission sur la discipline budgétaire et la bonne gestion financière[12] (l'"AII de 2006") sont présentés dans le Tome I, p. 109.

Au moins depuis 1999, le PE a ajouté dans ses calculs l'option[13] selon laquelle il a *automatiquement* à sa disposition la moitié du TMA même si le Conseil a dépassé le taux maximal en première lecture[14], et ceci en dépit de l'article 272, paragraphe 9, *cinquième* alinéa du traité CE et du point 32, b) de l'AII de 1999[15] (voir *supra*).

Le TMA calculé par la Commission pour 2000-2010 s'établit comme suit (en %) :

2000 : 3,0 (UE-15)
2001 : 3,2 – " –
2002 : 3,5 – " –
2003 : 3,8 – " –
2004 : 2,7 (UE-15) et 8,0 (UE-25)
2005 : 3,4 (UE-25)
2006 : 3,6 (UE-25)
2007 : 3,4 (UE-25) et 4,2 (UE-27)
2008 : 4,7 (UE-27)
2009 : 5,0 – " –
2010 : 4,6 – " –

Tout comme la distinction entre dépenses obligatoires et dépenses non obligatoires, le TMA disparaît suite à l'entrée en vigueur du traité de Lisbonne le 1er décembre 2009 (voir pages 275-278).

---

[10] Voir *supra*.
[11] Voir JO C 172, 18.6.1999, pp. 16/17.
[12] JO C 139 du 14.6.2006, pp. 1/17.
[13] Voir, par exemple : Jean-Louis BOURLANGES : Document de travail nº 13 sur l'application de l'article 272 du traité CE au budget 2000 : options possibles, Parlement européen, Commission des budgets, doc. *PE 231.607*, Bruxelles, 29 octobre 1999.
[14] Le Conseil n'a plus depuis l'existence de perspectives financières en 1988 observé la règle qu'il s'était imposé auparavant selon laquelle il n'augmente pas le montant des dépenses non obligatoires de plus de la moitié du TMA, les deux branches de l'autorité budgétaire ayant "accepté d'accepter" les taux d'augmentation des dépenses non obligatoires qui découlent de budgets établis dans le respect des plafonds pendant la durée des perspectives financières (voir *supra*).
[15] Point 36 de la Partie II de l'AII de 2006.

ANNEXES CONCERNANT L'ARTICLE 314 DU TRAITÉ SUR LE FONCTIONNEMENT DE L'UNION EUROPÉENNE (TRAITÉ DE LISBONNE)

L'ARTICLE 314 DU TRAITÉ SUR LE FONCTIONNEMENT DE L'UE

I. – Préparation du projet de budget (PB) par la Commission

- Chaque institution[1] doit dresser, avant le 1er juillet *n-1*, un *état prévisionnel de ses dépenses* (paragraphe 1, premier alinéa)

- La Commission groupe ces états dans un *projet de budget*, qui peut comporter des prévisions divergentes (paragraphe 1, premier alinéa)

- Le PB comprend une prévision des recettes et une prévision des dépenses (paragraphe 1, deuxième alinéa)

- La Commission doit présenter la proposition contenant le PB au Parlement européen et au Conseil au plus tard le 1er septembre *n-1* (paragraphe 2, premier alinéa)

- La Commission peut modifier le PB jusqu'à la convocation du comité de conciliation[2] (paragraphe 2, deuxième alinéa)

II. – Position du Conseil sur le projet de budget

- Le Conseil adopte[3] sa *position* sur le PB et la transmet au Parlement européen au plus tard le 1er octobre *n-1* (paragraphe 3, première phrase)

- Le Conseil doit informer pleinement le PE des raisons qui l'ont conduit à adopter sa position (paragraphe 3, deuxième phrase)

III. – Amendements du Parlement européen

- Le Parlement européen dispose de *42 jours*, à compter de la date de transmission par le Conseil de sa position, pour :

1) *approuver*[4] la position du Conseil. Dans ce cas le budget est *adopté* (paragraphe 4, premier alinéa, a)), ou

2) *adopter*, à la majorité des membres qui le composent, des *amendements* (paragraphe 4, premier alinéa, c)) :

- Le projet ainsi amendé par le PE est transmis au Conseil et à la Commission
- Le président du PE, en accord avec le président du Conseil, convoque sans délai le *comité de conciliation*[2]
- Toutefois, le comité de conciliation ne se réunit pas si, dans un délai de *dix jours* après cette transmission, le Conseil informe le PE qu'il *approuve tous ses amendements*

3) Si le Parlement européen n'a *pas statué* dans ce délai de 42 jours, le budget est réputé *adopté* (paragraphe 4, premier alinéa, b))

---

[1] À l'exception de la Banque centrale européenne (paragraphe 1, premier alinéa).
[2] Voir *infra*, point IV.
[3] Conformément à l'article 16, paragraphe 3 du traité sur l'Union européenne, le Conseil statue au cours de la procédure budgétaire annuelle à la *majorité qualifiée* de ses membres.
[4] Sauf indication contraire, le PE statue, conformément à l'article 231, premier paragraphe du TFUE, à la *majorité des suffrages exprimés*.

IV. – Le comité de conciliation

- Le comité de conciliation dispose de *vingt et un jours* à partir de sa convocation pour aboutir, sur la base des positions du Parlement européen et du Conseil, à un accord[5] sur un *projet commun* (paragraphe 5, premier alinéa)

- La Commission participe aux travaux du comité de conciliation et doit prendre toutes les initiatives nécessaires en vue de promouvoir un rapprochement des positions du Parlement européen et du Conseil

A) Si le comité de conciliation *parvient à un accord* sur un projet commun, le Parlement européen et le Conseil disposent chacun d'un délai de *quatorze jours* à compter de la date de cet accord pour *approuver* le *projet commun* (paragraphe 6) :

1) Si le PE et le Conseil *approuvent* tous deux le projet commun ou ne *parviennent pas à statuer*, ou si l'*une* de ces institutions *approuve* le projet commun tandis que l'*autre ne parvient pas à statuer*, le budget est réputé *définitivement adopté* conformément au *projet commun* (paragraphe 7, premier alinéa, a))

2) Si le PE et le Conseil *rejettent*[6] tous deux le projet commun, ou si l'*une* de ces institutions *rejette* le projet commun tandis que l'*autre* ne *parvient pas à statuer*, un *nouveau projet de budget* doit être présenté par la Commission (paragraphe 7, premier alinéa, b))

3) Si le PE *rejette*[6] le projet commun tandis que le Conseil l'*approuve*, un *nouveau projet de budget* doit être présenté par la Commission (paragraphe 7, premier alinéa, c))

4) Si le PE *approuve* le projet commun tandis que le Conseil le *rejette*, le PE peut, dans un délai de *quatorze jours à compter* de la date du rejet par le Conseil et statuant à la *majorité des membres qui le composent et des trois cinquièmes des suffrages exprimés*, décider de confirmer l'ensemble ou une partie de ses amendements[7]

   Si l'un des amendements du Parlement européen n'est *pas confirmé*, la *position agréée au sein du comité de conciliation* concernant la ligne budgétaire qui fait l'objet de cet amendement *est retenue*

   Le budget est réputé *définitivement adopté* sur cette base (paragraphe 7, premier alinéa, d))

B) Si le comité de conciliation *ne parvient pas à un accord* sur un projet commun, un nouveau *projet de budget* doit être présenté par la Commission (paragraphe 8)

V. – Constatation de l'adoption définitive du budget

Lorsque la procédure prévue à l'article 314 du traité sur le fonctionnement de l'UE est achevée, le *président du Parlement européen* constate que le budget est *définitivement adopté* (paragraphe 9)

---

[5] Le PE à la *majorité des membres qui le représentent* et le Conseil à la *majorité qualifiée* des *membres du Conseil ou de leurs représentants* (paragraphe 5, premier alinéa).
[6] Le PE statuant à la *majorité des membres qui le composent* (paragraphe 7, paragraphes b) et c)).
[7] Voir *supra*, point III, 2).

PONDÉRATION DES VOIX AU CONSEIL À PARTIR DU 1ER DÉCEMBRE 2009

(Article 16, paragraphe 5 du TUE et article 3, paragraphe 3 du prototocole n° 36 sur les mesures transitoires)

Allemagne, France, Italie, Royaumi-Uni	29
Espagne, Pologne	27
Roumanie	14
Pays-Bas	13
Belgique, République tchèque, Grèce, Hongrie, Portugal	12
Bulgarie, Autriche, Suède	10
Danemark, Irlande, Lituanie, Slovaquie, Finlande	7
Estonie, Chypre, Lettonie, Luxembourg, Slovénie	4
Malte	3
Total	**345**

La *majorité qualifiée* dans le domaine budgétaire est acquise quand :
- *255* voix expriment un vote favorable (73,9 % du total) *et*
- ces voix expriment la majorité des États membres (*14* États membres dans le cas de UE-27)

Un État membre peut demander qu'il soit vérifié que les États membres constituant cette majorité qualifiée représentent au moins 62 % de la population totale de l'UE

Le seuil de 62 % de la population totale de l'Union européenne a été fixé à :
- 309,7924 millions du 1er décembre 2009 au 31 décembre 2010 (JO L 325 du 11.12.2009, pp. 55/56)
- 310,6761 millions du 1er janvier 2011 au 31 décembre 2011 (JO L 338 du 22.12.2010, pp. 47/48)

"Minorité de blocage" : *91* voix *ou 14* États membres contre

LA PROCÉDURE BUDGÉTAIRE DE L'UNION EUROPÉENNE *(ARTICLE 314 DU TFUE)*

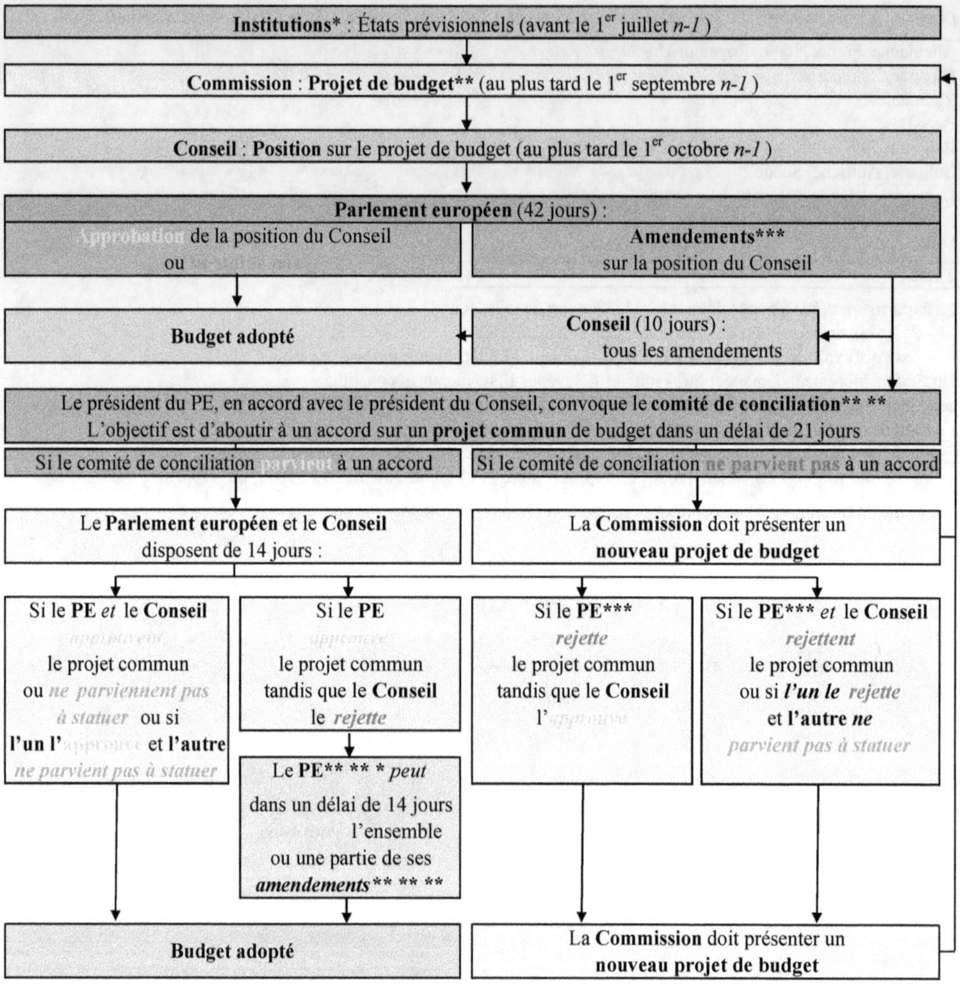

** À l'exception de la Banque centrale européenne*

*** La Commission peut présenter des lettres rectificatives au projet de budget jusqu'à la convocation du comité de conciliation*

**** Statuant à la majorité des membres qui le composent*

*** ** Le comité de conciliation réunit les membres du Conseil et autant de membres du PE. La Commission participe aux travaux*

*** ** * Statuant à la majorité des membres qui le composent et des 3/5 des suffrages exprimés*

*** ** ** Si l'un des amendements n'est pas confirmé, la position agréée au sein du comité de conciliation est retenue*

LA PROCÉDURE BUDGÉTAIRE POUR 2011

(Article 314 du TFUE et déclarations communes du 30 novembre 2009 et du 30 juin 2010)

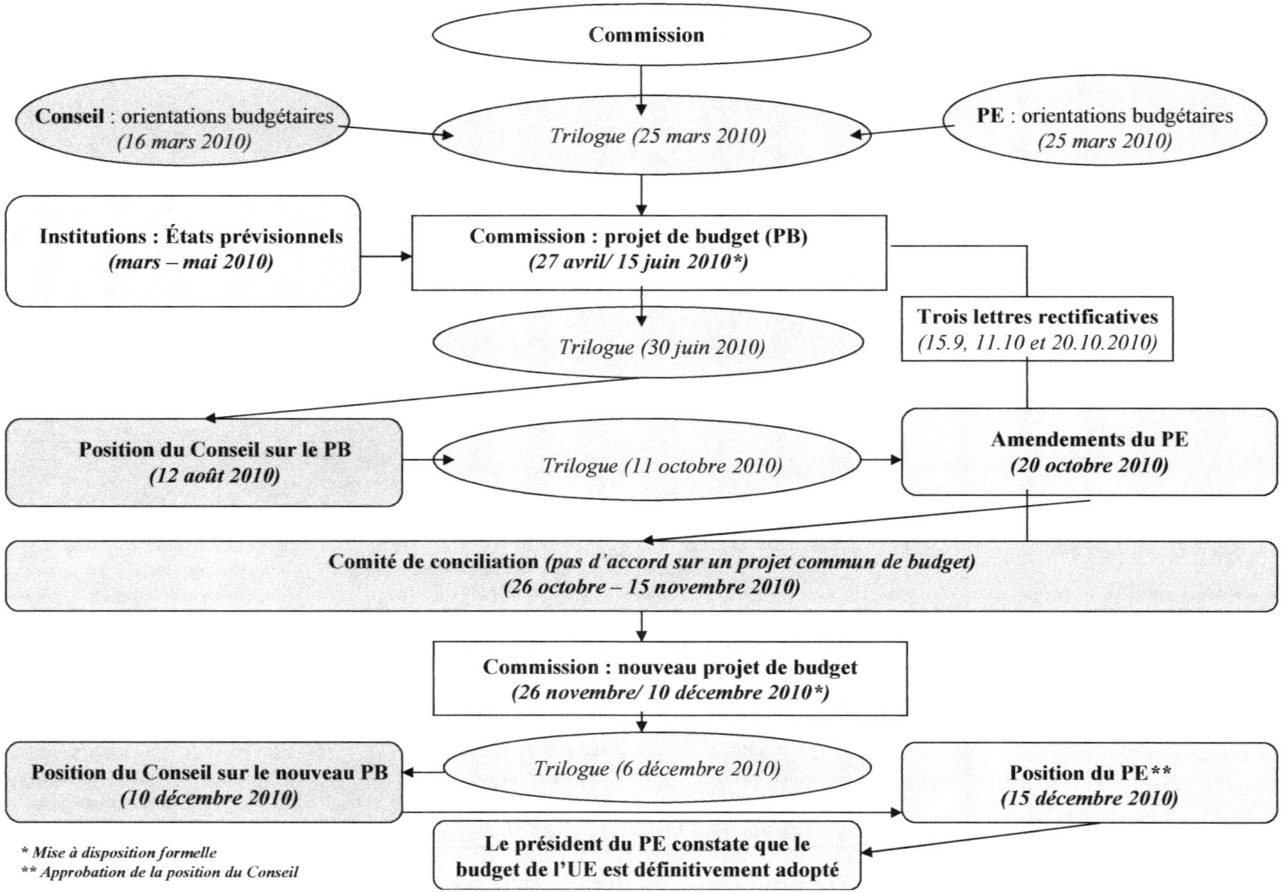

** Mise à disposition formelle*

*** Approbation de la position du Conseil*

LE CALENDRIER PRAGMATIQUE S'APPLIQUANT À LA PROCÉDURE BUDGÉTAIRE POUR 2011

Étape	TFUE	Date limite fixée par le traité	Calendrier pragmatique[1]
États prévisionnels des institutions	Article 314, paragraphe 1	1er juillet *n-1*	
Projet de budget (PB) (Commission)	Article 314, paragraphe 2	1er septembre *n-1*	Début mai *n-1* au plus tard (semaine 18)**
Position du Conseil sur le PB	Article 314, paragraphe 3	1er octobre *n-1*	Fin juillet *n-1* au plus tard (semaine 30)***
Amendements du PE	Article 314, paragraphe 4	42 jours (12 novembre *n-1*)	Mi-octobre *n-1* (semaine 42)
Comité de conciliation	Article 314, paragraphe 5	21 jours (3 décembre *n-1*)	Mi-novembre *n-1* au plus tard (semaine 45)** **
Approbation du projet commun (PE et Conseil)	Article 314, paragraphe 6	14 jours (17 décembre *n-1*)	
[PE : confirmation d'amendements]*	*Art. 314, paragraphe 7, d)*	*14 jours (31 décembre n-1)*	
Constation de l'adoption du budget par le président du PE	Article 314, paragraphe 9		

[1] *Point 5 de la déclaration commune sur les mesures transitoires applicables à la procédure budgétaire à la suite de l'entrée en vigueur du traité de Lisbonne, adoptée le 30 novembre 2009 (voir page 293)*

* *Seulement en cas d'* approbation *par le PE du projet commun et de son* rejet *par le Conseil*

** *La Commission a formellement adopté le PB et l'a mis à la disposition des institutions et des États membres dans toutes les langues officielles de l'UE le* 15 juin 2010 *(voir troisième partie, page 182)*

*** *Dans la pratique, le Conseil a adopté sa position le* 12 août 2010 *(voir troisième partie, page 193)*

** ** *Conformément au point 2 de la déclaration commune, du 30 juin 2010, sur les dates et modalités de fonctionnement du comité de conciliation en 2010* du 26 octobre au 15 novembre 2010 *(voir page 297)*

ANNEXES CONCERNANT LES PROCÉDURES BUDGÉTAIRES DE L'UNION EUROPÉENNE, LES BUDGETS ET LEUR MISE EN ŒUVRE

LES BUDGETS GÉNÉRAUX ET DE L'UNION EUROPÉENNE DE 1968 À 2011

Année	N:o	JO L	Nb de pages	Adoption	Rectificatif au JO L	Total *(en c/p)*	Observations
1968	*68/211*	109 du 10.5.1968	220	25.3.1968		2.176.917.671	Première année du budget général (CE-6)
1969	*69/53*	36 du 12.2.1969	230	10.12.1968		2.701.456.707	
1970	*70/183*	60 du 16.3.1970	244	19.12.1969		3.255.553.838	
1971	*71/109*	62 du 15.3.1971	301	14.12.1970		3.709.162.939	Entrée en vigueur du traité de Luxembourg du 22 avril 1970 et de la première décision "ressources propres" (RP) le 1er janvier 1971
1972	*72/249*	202 du 4.9.1972	459	20.12.1971		4.104.634.863	Incorporation du budget de recherches et d'investissement d'Euratom, renforcement du FSE
1973	*72/505*	307 du 31.12.1972	409	6.12.1972		4.245.282.241	Adhésion du Danemark, de l'Irlande et du Royaume-Uni (CE-9)
1974	*74/144*	115 du 29.4.1974	523	6.12.1973		5.079.465.923	
1975	*75/136*	54 du 28.2.1975	591	12.12.1974		5.825.283.360	Création du Fonds européen de développement régional
1976	*76/262*	66 du 15.3.1976	617	18.12.1975		7.576.859.148	
1977	*77/224*	79 du 28.3.1977	603	16.12.1976		8.800.026.869	Entrée en vigueur du traité de Bruxelles du 22 juillet 1975 le 1er juin 1977
1978	*78/67*	36 du 6.2.1978	565	21.12.1977	121 du 8.5.1978	12.362.004.592	
1979	*79/81*	23 du 31.1.1979	657	15.12.1978		13.494.353.875	
1980	*80/782*	242 du 15.9.1980	737	9.07.1980	269 du 14.10.1980 et 324 du 29.11.1980	15.683.097.261	Pleine application de la première décision RP
1981	*80/1310*	378 du 31.12.1980	787	23.12.1980	67 du 12.3.1981	19.327.630.620	Adhésion de la Grèce (CE-10)
1982	*82/49*	31 du 8.2.1982	917	21.12.1981	67 du 11.3.1982	21.984.441.540	
1983	*83/4*	19 du 24.1.1983	981	21.12.1982		21.558.552.185	
1984	*84/2*	12 du 16.1.1984	1.129	20.12.1983	17 du 20.1.1984	25.361.461.363	
1985	*85/363*	206 du 5.8.1985	1.247	13.06.1985		28.433.192.974	
1986	*85/554*	358 du 31.12.1985	1.343	18.12.1985		35.174.125.003	Adhésion de l'Espagne et du Portugal (CE-12), entrée en vigueur de la deuxième décision RP
	86/353	214 du 4.8.1986	339	10.7.1986**			
1987	*87/186*	86 du 30.3.1987	1.235	19.02.1987		36.313.424.475	Entrée en vigueur de l'Acte unique européen le 1er juillet 1987
1988	*88/421*	226 du 16.8.1988	1.357	1.06.1988		43.778.845.330	AII de 1988, réforme des Fonds structurels etc. (Paquet "Delors I")
1989	*89/40*	26 du 30.1.1989	1.375	15.12.1988	97 du 11.4.1989	44.837.799.585	Entrée en vigueur de la troisième décision RP (avec effet rétroactif au 1er janvier 1988)
1990	*90/26*	24 du 29.1.1990	1.177	13.12.1989	62 du 12.3.1990, 67 du 15.3.1990 et 104 du 24.4.1990	46.716.818.505	Réunification de l'Allemagne
1991	*91/34*	30 du 4.2.1991	1.523	13.12.1990	179 du 8.7.1991	55.556.138.640	
1992	*92/41*	26 du 3.2.1992	1.575	18.12.1991	142 du 25.5.1992	62.827.602.349	
1993	*93/62*	31 du 8.2.1993	1.701	17.12.1992	167 du 9.7.1993	65.522.639.052	Entrée en vigueur du traité de Maastricht le 1er novembre 1993** **, AII de 1993 (Paquet "Delors II")
1994	*94/56*	34 du 7.2.1994	1.757	16.12.1993	169 du 4.7.1994	70.013.524.706	
1995	*94/943*	369 du 31.12.1994	1.913	15.12.1994		76.527.080.173	Adhésion de l'Autriche, de la Finlande et de la Suède (UE-15)
	96/200	67 du 18.3.1996	8	31.1.1996***			
1996	*96/96*	22 du 29.1.1996	1.983	21.12.1995		81.888.440.991	Entrée en vigueur de la quatrième décision RP (avec effet rétroactif au 1er janvier 1995)
1997	*97/105*	44 du 14.2.1997	1.573	18.12.1996		82.365.587.317	
1998	*98/132*	44 du 16.2.1998	1.597	18.12.1997	98 du 31.3.1998, 161 du 4.6.1998 et 231 du 18.8.1998	83.529.167.286	
1999	*1999/105*	39 du 12.2.1999	1.567	17.12.1998	81 du 26.3.1999	85.557.738.703	Entrée en vigueur du traité d'Amsterdam le 1er mai 1999
2000	*2000/81*	40 du 14.2.2000	1.801	16.12.1999	88 du 10.4.2000 et 247 du 2.10.2000	89.386.951.293	AII de 1999 ("Agenda 2000")
2001	*2001/110*	56 du 26.2.2001	1.778	14.12.2000		92.569.368.837	
2002	*2002/50*	29 du 31.1.2002	1.767	13.12.2001		95.654.759.342	Entrée en vigueur de la cinquième décision RP (avec effet rétroactif au 1er janvier 2000)
2003	*2003/94*	54 du 28.2.2003	595+1.226*	19.12.2002	100 du 22.4.2003	97.502.937.098	Entrée en vigueur du traité de Nice le 1er février 2003
2004	*2004/132*	C 105 du 30.4.2004	593+1.587*	18.12.2003		99.724.386.671	UE-25 (élargissement le 1er mai 2004)
2005	*2005/144*	60 du 8.3.2005	621+1.599*	16.12.2004	80 du 29.3.2005	106.300.000.000	
2006	*2006/179*	78 du 15.3.2006	590+1.547*	15.12.2005		111.969.607.449	
2007	*2007/143*	77 du 16.3.2007	533+1.565*	14.12.2006	203 du 3.8.2007	115.497.218.621	Adhésion de la Bulgarie et de la Roumanie (UE-27), AII de 2006
2008	*2008/165*	71 du 14.3.2008	519+1.179*	18.12.2007		120.346.758.612	
2009	*2009/165*	69 du 13.3.2009	524+1.195*	18.12.2008	157 du 19.6.2009	116.096.062.329	Entrée en vigueur de la sixième décision RP (avec effet rétroactif au 1er janvier 2007) et du traité de Lisbonne (le 1er décembre 2009)
2010	*2010/117*	64 du 12.3.2010	1.718	17.12.2009	78 du 24.3.2010 et 206 du 6.8.2010	122.937.000.000	
2011	*2011/125*	68 du 15.3.2011	549+1.277*	15.12.2010	172 du 30.6.2011	126.527.133.762	

** Le budget est publié au Journal officiel de l'Union européenne en deux tomes*
*** Modification après l'arrêt de la Cour de justice dans l'affaire 34/86 (31 juillet 1986)*
**** Modification après l'arrêt de la Cour de justice dans l'affaire C-41/95 (7 décembre 1995)*
*** ** Fonds de cohésion, Instrument financier d'orientation de la pêche (IFOP), II et III pilier*

LES PROCÉDURES BUDGÉTAIRES DE 2004 À 2011

En crédits pour paiements et en euros

Procédure budgétaire	APB*** (1)	APB avec LRs** ** (2)	1ère lecture CNS (3)	1ère lecture PE (4)	2ème lecture CNS (5)	Budget adopté (6)	*Différence (%) (6/2)*
2004*	100 649 895 551	99 660 395 551	100 122 861 126	103 562 625 628	99 307 161 126	99 724 386 671	*0,06*
2005*	109 568 205 451	109 371 754 451	105 221 196 496	111 499 179 135	105 267 545 496	106 300 000 000	*-2,89*
2006*	112 567 049 625	111 969 649 625	111 421 358 527	116 223 227 286	111 164 884 229	111 969 607 449	*0,00*
2007**	116 370 055 410	115 531 193 280	114 612 819 366	122 015 951 966	114 326 533 538	115 497 218 621	*-0,03*
2008**	121 533 058 612	120 346 758 612	119 410 254 634	124 196 365 143	118 561 617 979	120 346 758 612	*0,00*
2009**	116 743 762 329	116 546 062 329	114 972 328 243	124 488 105 323	114 364 223 474	116 096 062 329	*-0,39*[a]
2010**	122 315 806 412	123 060 788 412	120 520 906 320	127 526 440 309	121 511 509 829	122 937 000 000	*-0,10*
	PB ** ***	**PB avec LRs** ** ****	**Position du CNS**	**AMs du PE**	**Nouveau PB**	**Budget adopté**	***Différence (%)***
2011**	130 135 942 102	129 825 979 498	126 527 133 769	130 558 913 699	126 527 133 769	126 527 133 762	*-2,61*

** UE-25 ** UE-27 *** Avant-projet de budget rectifié ** ** Lettres rectificatives telles que proposées par la Commission*

*** ** * Projet de budget rectifié*

[a] *0,00 % financement de la facilité alimentaire exclu (voir première partie, pages 44-47)*

L'ÉVOLUTION DES CRÉDITS POUR PAIEMENTS DE 2000 À 2010

En millions d'euros

Année	APB[a] (1)	APB et LRs[b] (2)	1ère lecture CNS	1ère lecture PE (3)	Budget adopté (4)	Budget et BRs (5)	Exécution[c] (6)	*Variation (7) (= 5-6)*	*Variation (%) (8) (= 7/5)*
2000*	89 663	89 870	87 945	91 288	89 387	89 441	83 224	*6 217*	*6,95*
2001*	93 896	93 007	92 533	94 722	92 569	93 780	79 772	*14 008*	*14,94*
2002*	97 807	95 794	95 600	98 737	95 655	95 656	85 003	*10 653*	*11,14*
2003*	98 207	97 880	96 992	99 933	97 503	92 525	90 177	*2 348*	*2,54*
2004**	100 650	99 660	100 123	103 563	99 724	101 807	99 403	*2 404*	*2,36*
2005**	109 568	109 372	105 221	111 499	106 300	105 684	103 908	*1 776*	*1,68*
2006**	112 567	111 970	111 421	116 223	111 970	107 378	105 654	*1 724*	*1,61*
2007***	116 370	115 531	114 613	122 016	115 497	113 846	112 377	*1 469*	*1,29*
2008***	121 533	120 347	119 410	124 196	120 347	115 771	113 070	*2 701*	*2,33*
2009***	116 744	116 546	114 972	124 488	116 096	113 035	112 107	*928*	*0,82*
2010***	122 316	123 061	120 521	127 526	122 937	122 956	120 649[d]	*2 307*[d]	*1,88*[d]

[a] *Avant-projet de budget rectifié* [b] *Lettres rectificatives telles que proposées par la Commission*

[c] *Crédits de l'exercice* n *et reports de crédits* n-1 *(Source : Commission)* [d] *Chiffre provisoire*

** UE-15 ** UE-25 *** UE-27*

L'ÉVOLUTION DES CRÉDITS POUR PAIEMENTS DE 2000 À 2010

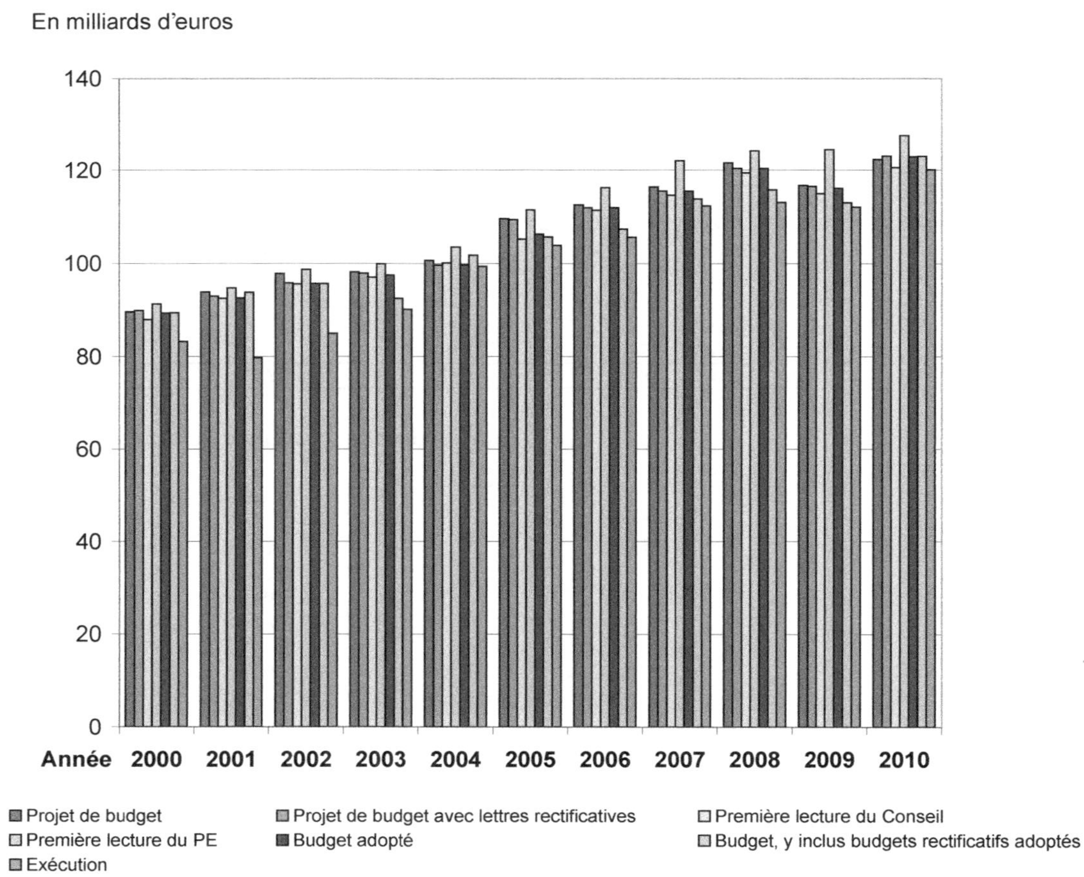

LES CRÉDITS POUR ENGAGEMENTS ET POUR PAIEMENTS DE 2000 À 2011 ET L'ÉVOLUTION DU RAL

Budgets adoptés, en millions d'euros

Budget pour	Crédits pour engagements	Crédits pour paiements
2000*	93 280	89 387
2001*	96 239	92 569
2002*	98 635	95 655
2003*	99 686	97 503
2004**	111 300	99 724
2005**	116 554	106 300
2006**	121 191	111 970
2007***	126 551	115 497
2008***	129 150	120 347
2009***	133 846	116 096
2010***	141 453	122 937
2011***	141 909	126 527

* *UE-15* ** *UE-25* *** *UE-27*

En millions d'euros

Année	RAL* à la fin de l'année
2000	66 061
2001	87 826
2002	99 818
2003	104 791
2004	110 147
2005	119 080
2006	131 781
2007	138 740
2008	155 045
2009	177 272
2010	194 395
2011	n.d.

* *Reste à liquider total*

RAL PAR ANNÉE D'ORIGINE ET PAR RUBRIQUE OU SOUS-RUBRIQUE DU CF[1]

Engagements individuels, en millions d'euros

Rubrique ou sous-rubrique du CF	<2005	2005	2006	2007	2008	2009	2010	Total	RAL Total**
1a (Compétitivité pour la croissance et l'emploi)	292	307	645	565	2 173	4 744	10 033	18 758	**22 478**
1b (Cohésion pour la croissance et l'emploi)	928	1 068	12 661	1 422	20 555	42 515	48 754	127 903	**127 989**
2 (Conservation et gestion des ressources naturelles)	55	45	1 518	39	617	6 591	13 788	22 653	**22 963**
3a (Liberté, sécurité et justice)	0	6	13	9	211	347	418	1 004	**1 277**
3b (Citoyenneté)	12	10	16	31	49	119	324	561	**634**
4 (L'UE acteur mondial)	630	348	820	493	1 590	3 004	4 594	11 479	**18 332**
*5 (Administration)***	0	0	0	0	2	32	689	723	**723**
Total	**1 919**	**1 783**	**15 673**	**2 558**	**25 196**	**57 351**	**78 617**	**183 081**	**194 395**

* *Engagements globaux inclus* ** *Cas spécial (toutes institutions)*

Environ 82 % du RAL provient d'engagements effectués pendant les trois dernières années et concerne ainsi les engagements effectués au titre des programmes et des actions relevant du cadre financier pour 2007-2013

[1] Source : doc. *COM(2011) 300* de mai 2011, p. 125

L'ÉVOLUTION DU RAL DE 2000 À 2010

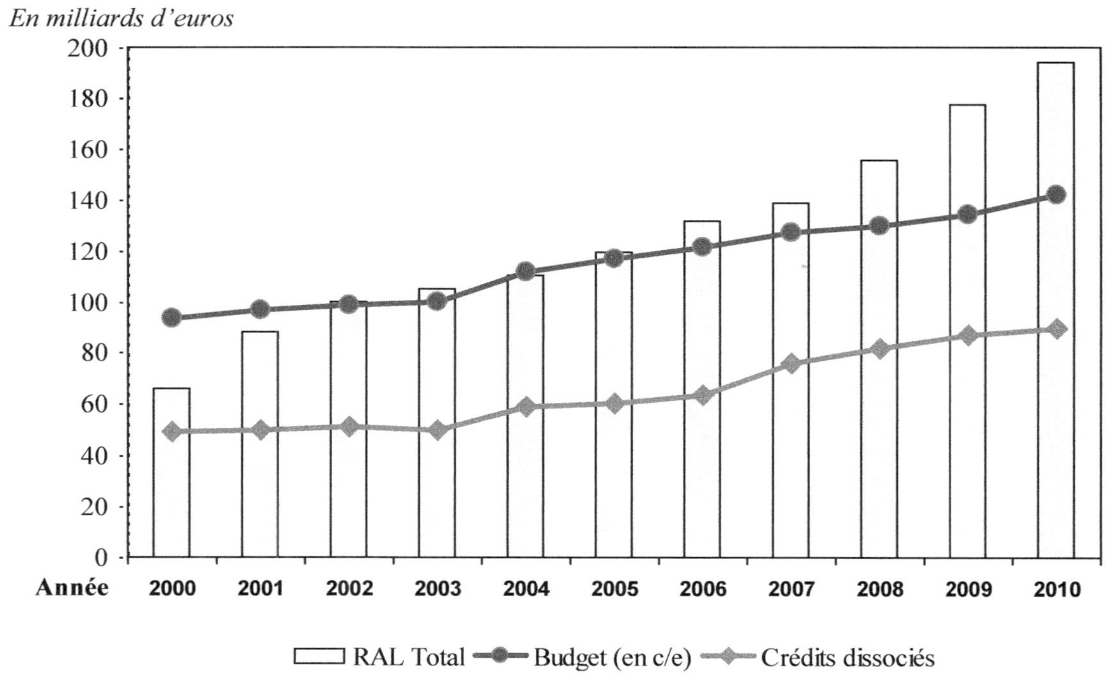

L'"*OUTTURN*"* DE 2000 À 2009
(Source : Commission)

En millions d'euros, budgets rectificatifs inclus

Année	Solde de l'exécution des dépenses (1)	Solde de la perception des recettes (2)	Solde des échanges monétaires (3)	Total (4) (=1+2+3)
2000	8 868	2 935	-191	11 613
2001	15 337	-408	74	15 003
2002	8 954	-1 287	-253	7 413
2003	9 729	850	-109	10 470
2004	-810	3 097	-50	2 237
2005	1 727	4 511	41	6 279
2006	5 656	3 582	-17	9 221
2007	3 231	4 398	-124	7 505
2008	1 571	7 659	-498	8 732
2009	1 318	4 238	186	5 741

** L'"outturn" s'entend comme la somme :*
1) de la différence entre les crédits de paiement autorisés et l'exécution,
2) de la différence entre les recettes prévues dans un budget et les recettes effectivement perçues, et
3) du résultat des différences entre les taux de change pour l'exercice considéré

LES EXCÉDENTS DES EXERCICES BUDGÉTAIRES DE 2000 À 2010

En milliards d'euros

Année	BR "réduction de c/p"*			BR "solde"**		Excédent
	N:o	Date	Montant	N:o	Date	
2000	–	–	–	–	–	**11,6**
2001	–	–	–	–	–	**15,0**
2002	–	–	–	*2/03*	3.9.2003	**7,4**
2003	–	–	–	*7/04*	14.9.2004	**5,5**
2004	–	–	–	*4/05*	7.9.2005	**2,7**
2005	*8/05*	13.12.2005	-0,7	*2/06*	18.5.2006	**2,4**
2006	*6/06*	13.12.2006	-4,7	*3/07*	7.6.2007	**1,9**
2007	*7/07*	11.12.2007	-1,7	*4/08*	5.6.2008	**1,5**
2008	*9/08*	18.12.2008	-4,9	*5/09*	6.5.2009	**1,8**
2009	*10/09*	16.12.2009	-3,2	*2/10*	16.6.2010	**2,3**
2010	–	***	–	** **		**4,5**

** Budget rectificatif "surplus" ou "excédent"*

*** Présenté et adopté conformément à l'article 15, paragraphe 3 du règlement financier*

**** Le Parlement européen n'a pas adopté le projet de BR n° 10/2010 présenté par la Commission (voir troisième partie, pages 170-171)*

*** ** Projet de BR n° 3/2011, présenté par la Commission le 15 avril 2011*

LE NOMBRE DE BUDGETS RECTIFICATIFS* ADOPTÉS DE 1968 À 2010

1968 : 1
1969 : 1
1970 : 3
1971 : 3
1972 : 2
1973 : 4
1974 : 1
1975 : 3
1976 : 3
1977 : 2
1978 : 3
1979 : 3
1980 : 2
1981 : 2
1982 : 0
1983 : 2
1984 : 1
1985 : 0
1986 : 0
1987 : 1
1988 : 1
1989 : 1
1990 : 3
1991 : 3
1992 : 3
1993 : 1
1994 : 2
1995 : 1
1996 : 1
1997 : 1
1998 : 1
1999 : 5
2000 : 2
2001 : 4
2002 : 6
2003 : 7
2004** : 10
2005 : 8
2006 : 6
2007 : 7
2008*** : 10
2009 : 10
2010 : 8

Total : 138 budgets rectificatifs en 43 ans soit, en moyenne, environ trois budgets rectificatifs par an

** Budgets rectificatifs et/ou supplémentaires jusqu'à fin 2002 ** Introduction de budgets rectificatifs "solde" spécifiques (voir Tome I, p. 38) *** Introduction de budgets rectificatifs spécifiques pour la mobilisation du Fonds de solidarité de l'Union européenne (voir première partie, page 18)*

LES BUDGETS RECTIFICATIFS ET/OU SUPPLÉMENTAIRES ADOPTÉS DE 1968 À 2002[1]

Année	N:o	Date d'adoption	JO L	Rectificatif JO L
1968	1/68	20.7.1968	189 du 1.8.1968	
1969	1/69	30.6.1969	175 du 16.7.1969	
1970	1/70	29.9.1970	218 du 3.10.1970	
	2/70	14.12.1970	8 du 11.1.1971	
	3/70	14.12.1970	8 du 11.1.1971	
1971	1/71	1.3.1971	62 du 15.3.1971	98 du 1.5.1971
	2/71	8.11.1971	256 du 19.11.1971	
	3/71	16.11.1971	263 du 29.11.1971	
1972	1/72	20.7.1972	240 du 23.10.1972	
	2/72	6.12.1972	287 du 26.12.1972	
1973	1/73	21.5.1973	172 du 28.6.1973	
	2/73	21.9.1973	318 du 19.11.1973	
	3/73	21.9.1973	366 du 31.12.1973	74 du 19.3.1974
	4/73	21.9.1973	367 du 31.12.1973	
1974	1/74	26.11.1974	347 du 27.12.1974	
1975	1/75	29.4.1975	175 du 7.7.1975	
	2/75	29.4.1975	175 du 7.7.1975	
	3/75	3.12.1975	40 du 16.2.1976	
1976	1/76	18.6.1976	205 du 30.7.1976	
	2/76	16.9.1976	322 du 22.11.1976	
	3/76	16.12.1976	47 du 18.2.1977	
1977	1/77	7.7.1977	233 du 12.9.1977	
	2/77	27.11.1977	110 du 24.4.1978	
1978	1/78	15.2.1978	71 du 13.3.1978	
	2/78	15.3.1978	121 du 8.5.1978	
	3/78	11.5.1978	162 du 19.6.1978	
1979	1/79	25.4.1979	124 du 21.5.1979	
	2/79	11.5.1979	157 du 25.6.1979	
	3/79	13.12.1979	41 du 18.2.1980	
1980	1/80	20.11.1980	364 du 31.12.1980	
	2/80	23.12.1980	373 du 31.12.1980	
1981	1/81	17.9.1981	305 du 26.10.1981	
	2/81	21.12.1981	371 du 28.12.1981	
1982	-			
1983	1/83	10.2.1983	60 du 7.3.1983	
	2/83	24.10.1983	331 du 28.11.1983	
1984	1/84	25.10.1984	329 du 17.12.1984	
1985	-			
1986	-			
1987	1/87	17.7.1987	211 du 3.8.1987	
1988	1/88	6.7.1988	265 du 26.9.1988	
1989	1/89	13.4.1989	132 du 16.5.1989	
1990	1/90	16.2.1990	62 du 12.3.1990	
	2/90	11.7.1990	239 du 3.9.1990	
	3/90	12.12.1990	381 du 31.12.1990	
1991	1/91	15.5.1991	179 du 8.7.1991	
	2/91	20.11.1991	353 du 23.12.1991	
	3/91	20.11.1991	353 du 23.12.1991	
1992	1/92	1.4.1992	142 du 25.5.1992	
	2/92	13.5.1992	174 du 29.6.1992	
	3/92	25.9.1992	349 du 30.11.1992	
1993	1/93	2.12.1993	345 du 31.12.1993	
1994	1/94	6.5.1994	169 du 4.7.1994	
	2/94	15.11.1994	362 du 31.12.1994	276 du 20.11.1995
1995	1/95	26.4.1995	276 du 20.11.1995	93 du 15.4.1996
1996	1/96	29.7.1996	301 du 25.11.1996	
1997	1/97	12.11.1997	-	
1998	1/98	14.12.1998	81 du 26.3.1999	
1999	1/99	16.9.1999	339 du 30.12.1999	
	2/99	23.7.1999	339 du 30.12.1999	
	3/99	16.9.1999	339 du 30.12.1999	
	4/99	16.9.1999	339 du 30.12.1999	
	5/99	18.11.1999	88 du 10.4.2000	247 du 2.10.2000
2000	1/00	2.8.2000	105 du 17.4.2001	
	2/00	6.7.2000	247 du 2.10.2000	
2001	1/01	1.3.2001	218 du 13.8.2001	
	2/01	17.5.2001	218 du 13.8.2001	
	3/01	5.7.2001	336 du 19.12.2001	
	4/01	11.12.2001	14 du 16.1.2002	
2002	1/02	28.2.2002	81 du 25.3.2002	
	2/02	30.5.2002	199 du 29.7.2002	
	3/02	3.7.2002	226 du 22.8.2002	
	4/02	26.9.2002	303 du 6.11.2002	
	5/02	21.11.2002	339 du 16.12.2002	
	6/02	5.12.2002	21 du 24.1.2003	100 du 22.4.2003

[1] *Source :* Ilkka SAARILAHTI : The Development of the European Union and the Uncertainty of the Future, European University Institute, Robert Schuman Centre for Advanced Studies, Badia Fiesolana, San Domenico di Fiesole, 2008, pp. 203/204 et 210.

LES BUDGETS RECTIFICATIFS ADOPTÉS DE 2003 À 2010

Année	N:o	Date d'adoption	JO L
2003	1/03	1.7.2003	182 du 21.7.2003, pp. 1/8
	2/03	3.9.2003	242 du 26.9.2003, pp. 1/19
	3/03	22.9.2003	279 du 29.10.2003, pp. 1/10
	4/03	23.9.2003	279 du 29.10.2003, pp. 11/45
	5/03	9.10.2003	310 du 26.11.2003, pp. 1/13
	6/03	4.12.2003	22 du 28.1.2004, pp. 1/46
	7/03	4.12.2003	22 du 28.1.2004, pp. 47/73
2004	1/04	9.3.2004	128 du 29.4.2004, pp. 1/44
	2/04	9.3.2004	128 du 29.4.2004, pp. 45/74
	3/04	30.3.2004	128 du 29.4.2004, pp. 75/80
	4/04	1.4.2004	347 du 23.11.2004, pp. 3/126
	5/04	21.4.2004	148 du 30.4.2004, pp. 1/162
	6/04	22.4.2004	148 du 30.4.2004, pp. 163/169
	7/04	14.9.2004	383 du 28.12.2004, pp. 1/19
	8/04	14.9.2004	383 du 28.12.2004, pp. 21/49
	9/04	14.10.2004	383 du 28.12.2004, pp. 51/104
	10/04	2.12.2004	80 du 29.3.2005, pp. 1/94
2005	1/05	10.3.2005	113 du 3.5.2005, pp. 1/59
	2/05	13.7.2005	248 du 23.9.2005, pp. 1/360
	3/05	7.9.2005	270 du 14.10.2005, pp. 1/16
	4/05	7.9.2005	270 du 14.10.2005, pp. 17/36
	5/05	7.9.2005	270 du 14.10.2005, pp. 37/84
	6/05	17.11.2005	9 du 13.1.2006, pp. 1/26
	7/05	1.12.2005	9 du 13.1.2006, pp. 27/71
	8/05	13.12.2005	9 du 13.1.2006, pp. 73/144
2006	1/06	27.4.2006	155 du 8.6.2006, pp. 1/23
	2/06	18.5.2006	193 du 13.7.2006, pp. 1/20
	3/06	27.9.2006	323 du 22.11.2006, pp. 1/41
	4/06	24.10.2006	356 du 15.12.2006, pp. 1/46
	5/06	24.10.2006	356 du 15.12.2006, pp. 47/70
	6/06	13.12.2006	402 du 30.12.2006, pp. 1/88
2007	1/07	1.2.2007	124 du 15.5.2007, pp. 1/154
	2/07	7.6.2007	203 du 3.8.2007, pp. 1/36
	3/07	7.6.2007	203 du 3.8.2007, pp. 37/55
	4/07	10.7.2007	203 du 3.8.2007, pp. 57/91
	5/07	5.9.2007	302 du 20.11.2007, pp. 1/51
	6/07	24.10.2007	338 du 21.12.2007, pp. 1/45
	7/07	11.12.2007	21 du 24.1.2008, pp. 1/106
2008	1/08	9.4.2008	175 du 4.7.2008, pp. 1/52
	2/08	22.5.2008	184 du 11.7.2008, pp. 1/25
	3/08	5.6.2008	208 du 5.8.2008, pp. 1/150
	4/08	5.6.2008	208 du 5.8.2008, pp. 151/169
	5/08	2.9.2008	305 du 14.11.2008, pp. 1/32
	6/08	23.9.2008	305 du 14.11.2008, pp. 33/65
	7/08	21.10.2008	315 du 25.11.2008, pp. 1/9
	8/08	20.11.2008	12 du 16.1.2009, pp. 12/39
	9/08	18.12.2008	27 du 30.1.2009, pp. 1/90
	10/08	18.12.2008	27 du 30.1.2009, pp. 91/100
2009	1/09	11.3.2009	99 du 17.4.2009, pp. 1/13
	2/09	22.4.2009	157 du 19.6.2009, pp. 1/20
	3/09	22.4.2009	157 du 19.6.2009, pp. 21/66
	4/09	6.5.2009	174 du 3.7.2009, pp. 1/41
	5/09	6.5.2009	174 du 3.7.2009, pp. 43/64
	6/09	15.9.2009	293 du 10.11.2009, pp. 1/34
	7/09	15.9.2009	293 du 10.11.2009, pp. 35/60
	8/09	15.9.2009	293 du 10.11.2009, pp. 61/83
	9/09	20.10.2009	326 du 11.12.2009, pp. 1/42
	10/09	16.12.2009	78 du 24.3.2010, pp. 1/288
2010	1/10	19.5.2010	183 du 16.7.2010, pp. 1/42
	2/10	16.6.2010	206 du 6.8.2010, pp. 1/20
	3/10	7.9.2010	289 du 5.11.2010, pp. 1/5
	4/10	21.9.2010	337 du 21.12.2010, pp. 1/37
	5/10	22.9.2010	337 du 21.12.2010, pp. 38/57
	6/10	20.10.2010	20 du 22.1.2011, pp. 1/175
	7/10	24.11.2010	50 du 24.2.2011, pp. 1/14
	8/10	14.12.2010	50 du 24.2.2011, pp. 15/28

LE MONTANT TOTAL DES BUDGETS RECTIFICATIFS ADOPTÉS DE 2003 À 2010

En millions d'euros

Année	c/e	c/p
2003	126,7	-4 978,1
2004	-1 599,9	2 082,2
2005	-598,5	-616,0
2006	-621,1	-4 591,1
2007	-167,9	-1 651,4
2008	1 420,0	-4 575,5
2009	2 730,1	-3 060,6
2010	98,8	18,9

LES MODIFICATIONS DES ACCORDS INTERINSTITUTIONNELS ET LES RÉVISIONS ET ADAPTATIONS DES CADRES FINANCIERS PLURIANNUELS DE 2000 À 2011[1]

(Situation au 1er mai 2011)

Modifications des accords interinstitutionnels

AII du 6 mai 1999

Année	Date	Contenu	Point de l'AII	JO
-	-	–	–	–

AII du 17 mai 2006

Année	Date	Contenu	Point de l'AII	JO C
2008	18.12.2008	Montant de la réserve pour aides d'urgence en 2008 *(+240 millions d'euros)*	25	326 du 20.12.2008, p. 3

Révisions des cadres financiers pluriannuels

Perspectives financières 2000-2006

Année	Date	Contenu	Rubrique(s)	JO L
2003	19.5.2003	Révision liée à l'élargissement du 1er mai 2004 ("UE-10")	*3*	147 du 14.6.2003, pp. 31/37
2005	7.9.2005	Modulation agricole	*1a* et *1b*	269 du 14.10.2005, pp. 24/29

Cadre financier 2007-2013

Année	Date	Contenu	Rubriques	JO L
2007	18.12.2007	Financement des programmes de GNSS "Egnos" et "Galileo"	*1a* et *2*	6 du 10.1.2008, pp. 7/8
2009	6.5.2009	Financement du plan européen pour la relance économique en 2009	*1a* et *2*	132 du 29.5.2009, pp. 8/9
	17.12.2009	Financement du plan européen pour la relance économique en 2010	*1a*, *1b*, *2*, *3a* et *5*	347 du 24.12.2009, pp. 26/27

Adaptations des cadres financiers pluriannuels en fonction d'élargissements

Perspectives financières 2000-2006

Année	Date	Élargissement	JO L
2003	19.5.2003	"UE-10" (1er mai 2004)	147 du 14.6.2003, pp. 25/30

Cadre financier 2007-2013

Année	Date	Élargissement	JO
–	–	–	–

Adaptations des cadres financiers pluriannuels liées aux conditions d'exécution

Perspectives financières 2000-2006

Année	Date	Contenu	Rubrique	JO L
2001	3.5.2001	Adaptation liée aux programmes relatifs aux actions structurelles (point 17 de l'AII de 1999)	*2a*	246 du 15.9.2001, pp. 28/32

Cadre financier 2007-2013

Année	Date	Contenu	Rubriques	JO L
2008	29.4.2008	Adaptation liée aux programmes relatifs aux actions structurelles etc. (point 48 de l'AII de 2006)	*1b* et *2*	128 du 16.5.2008, pp. 8/9

Ajustement des montants du cadre financier alloués au titre des Fonds soutenant la cohésion

Cadre financier 2007-2013

Année	Date	Contenu	Rubrique	JO
2010	16.4.2010	Ajustement des montants alloués au titre des Fonds soutenant la cohésion (point 17 de l'AII de 2006)	*1b*	–

[1] *Source 2000-2003* : Ilkka SAARILAHTI : The Development of the European Union and the Uncertainty of the Future, European University Institute, Robert Schuman Centre for Advanced Studies, Badia Fiesolana, San Domenico di Fiesole, 2008, p. 302.
Source 2004-2008 : Voir Tome I

Les révisions des cadres financiers pluriannuels de 2000 à 2010

Perspectives financières 2000-2006

Année	Date	Contenu	Montant*	Source	Destination
2003	19.5.2003	Révision liée à l'élargissement du 1er mai 2004 ("UE-10")	545	***	Rubrique *3* en 2004-2006
2005	7.9.2005	Modulation agricole	655	Sous-rubrique *1a* en 2006	Sous-rubrique *1b* en 2006

Cadre financier 2007-2013**

Année	Date	Contenu	Montant*	Source	Destination
2007	18.12.2007	Financement des programmes "Egnos" et "Galileo"	1 600	Rubrique *2* en 2007	Sous-rubrique *1a* en 2008-2013
2009	6.5.2009	Financement du plan européen de relance en 2009	2 000	Rubrique *2* en 2009	Sous-rubrique *1a* en 2009
	17.12.2009	Financement du plan européen de relance en 2010	1 779	En 2009 *(-1 489)* : Sous-rubrique *1a (-3)* Sous-rubrique *1b (-1)* Rubrique *2 (-1 306)* Sous-rubrique *3a (-5)* Rubrique *5 (-174)* En 2010 *(-290)* : Sous-rubrique *1b (-6)* Rubrique *2 (-158)* Rubrique *5 (-126)*	Sous-rubrique *1a* en 2010

Les adaptations des cadres financiers pluriannuels liées aux conditions d'exécution

Perspectives financières 2000-2006

Année	Date	Contenu	Montant*	Source	Destination
2001	3.5.2001	Application du point 17 de l'AII de 1999	6 153	Rubrique *2* en 2000	Rubrique *2* en 2001-2006

Cadre financier 2007-2013

Année	Date	Contenu	Montant*	Source	Destination
2008	29.4.2008	Application du point 48 de l'AII de 2006	2 034	Sous-rubrique *1b (-426)* en 2007 Rubrique *2 (-1 608)* en 2007	Sous-rubrique *1b* et rubrique *2* en 2008-2013

L'ajustement des montants du cadre financier alloués au titre des Fonds soutenant la cohésion

Cadre financier 2007-2013

Année	Date	Contenu	Montant*	Source	Destination
2010	16.4.2010	Application du point 17 de l'AII de 2006	1 008	***	Sous-rubrique *1b* en 2011-2013

** En crédits d'engagement et en millions d'euros ** Situation au 1 er mai 2011 *** Pas de compensation*

LES RECOURS À L'INSTRUMENT DE FLEXIBILITÉ DE 2000 À 2011

En crédits d'engagement et en millions d'euros

Procédure budgétaire	Date	Montant	Utilisation	Rubrique ou sous-rubrique	JO
2000	16.12.1999	200	Reconstruction du Kosovo	*4*	C 41 du 14.2.2000, pp. 1/3
2001	14.12.2000	200	Reconstruction de la Serbie	*4*	L 246 du 15.9.2001, p. 27
2002	13.12.2001	200	Reconversion de navires et de pêcheurs : 170 Régions frontalières aux États candidats : 30	*2* *2*	L 53 du 23.2.2002, pp. 28/29
2003	19.12.2002	12	Reconversion de navires et de pêcheurs	*2*	L 53 du 28.2.2003, pp. 43/44
2004	18.12.2003	95	Reconstruction de l'Irak	*4*	L 54 du 23.2.2004, pp. 1/2
2005	16.12.2004	200	Reconstruction de l'Irak : 100 Programme "Peace II" : 45 Agences décentralisées de l'UE : 40	*4* *2* *3*	–
	7.9.2005		Tremblement de terre/ tsunami : 15*	*4*	L 269 du 14.10.2005, p. 23
2006	15.12.2005	275	Réhabilitation et reconstruction de l'Irak : 100 Tremblement de terre/ tsunami : 95 PESC : 40 Réforme du protocole sur le sucre : 40	*4* *4* *4* *4*	–
Total 2000-2006 :		***1 182***			
2007	–	–	–	–	–
2008	18.12.2007	270	Programmes "Egnos" et "Galileo" : 200 PESC : 70	*1a* *4*	–
2009	18.12.2008	420	Facilité alimentaire	*4*	L 19 du 23.1.2009, p. 49
2010	17.12.2009	195	Plan européen pour la relance économique : 120 Démantèlement de la centrale de Kozloduy : 75	*1a* *1a*	L 347 du 24.12.2009, p. 29
2011**	15.12.2010	105	Palestine : 71 Éducation et formation tout au long de la vie : 18 Programme-cadre pour l'innovation et la compétitivité : 16	*4* *1a* *1a*	L 14 du 19.1.2011, p. 20
Total 2007-2011** :		***990***			

** Par le biais du budget rectificatif n° 3/2005 (JO L 270 du 14.10.2005, pp. 1/16)* *** Situation au 1er mai 2011*

En crédits d'engagement et en millions d'euros

Année	2000	2001	2002	2003	2004	2005	2006	Total
Montant reportable *n-2*	–	–	0	0	0	93	93	
Montant reportable *n-1*	–	0	0	0	188	200	200	
Plafond annuel	*200*	*200*	*200*	*200*	*200*	*200*	*200*	*1 400*
Montants maxima disponibles	200	200	200	200	388	493	493	
Montant mobilisé	**200**	**200**	**200**	**12**	**95**	**200**	**275**	**1 182**

Année	2007	2008	2009	2010	2011*	2012*	2013*	Total*
Montant reportable *n-2*	18	200	130	0	0	0	*n.d.*	
Montant reportable *n-1*	200	200	200	110	115	210	*n.d.*	
Plafond annuel	*200*	*200*	*200*	*200*	*200*	*200*	*200*	*1 400*
Montants maxima disponibles	418	600	530	310	315	410	*n.d.*	
Montant mobilisé	**0**	**270**	**420**	**195**	**105**	***n.d.***	***n.d.***	**990**

** Situation au 1er mai 2011*

LES MOBILISATIONS DE LA RÉSERVE POUR AIDES D'URGENCE DE 1993 À 2010[1]

En millions d'euros

Année	Montant budgétisé*	Crédits d'engagement *Mobilisé*	*%*	*Non mobilisé*	*%*	Crédits de paiement *Mobilisé*	*%*	*Non mobilisé*	*%*	Destination principale
1993	209	209	*100,0*			209	*100,0*			n.d.
1994	212	212	*100,0*			212	*100,0*			n.d.
1995	323	236	*72,9*	87	*27,1*	150	*46,4*	173	*53,6*	n.d.
1996	326	326	*100,0*			155	*47,5*	171	*52,5*	n.d.
1997	329	0		329	*100,0*	0		329	*100,0*	n.d.
1998	338	150	*44,4*	188	*55,6*	100	*29,6*	238	*70,4*	Afrique, Afghanistan, Kosovo ; dégâts causés par *El Niño*
1999	346	346	*100,0*			346	*100,0*			Kosovo, Albanie, Monténégro, FYROM
2000	203	180	*88,7*	23	*11,3*	180	*88,7*	23	*11,3*	Yougoslavie
2001	208	50	*24,0*	158	*76,0*	40	*19,2*	168	*80,8*	Afghanistan, Afrique, Caucase, Moyen-Orient
2002	213	174	*81,7*	39	*18,3*	33	*15,5*	180	*84,5*	Afghanistan, Pakistan, Iran, Afrique australe, Moyen-Orient
2003	217	115	*53,0*	102	*47,0*	79	*36,4*	138	*63,6*	Irak, Afrique australe, Éthiopie
2004	221	0		221	*100,0*	0		221	*100,0*	-
2005	223	210	*94,2*	13	*5,8*	100	*44,8*	123	*55,2*	Kashmir ; pays affectés par le tsunami dans l'océan Indien
2006	229	180	*78,6*	49	*21,4*	72	*31,4*	157	*68,6*	Darfour, Palestine, Liban
2007	235	49	*20,9*	185	*78,7*	0		235	*100,0*	Palestine
2008	479**	479	*99,8*	1	*0,2*	68	*28,5*	171	*71,5*	Afrique, Géorgie ; financement de la facilité alimentaire
2009	244	188	*77,0*	56	*23,0*	15	*6,1*	229	*93,9*	Pakistan, Somalie, Asie du Sud-Est, corne de l'Afrique ; financement de la facilité alimentaire
2010	249	249	*100,0*			56	*22,5*	193	*77,5*	Haïti, Palestine, région du Sahel, Soudan, Pakistan

* *En crédits d'engagement et en crédits de paiement, sauf en 2008* ** *En crédits d'engagement et 239 millions d'euros en crédits de paiement*

[1] *Source (1993-2002) :* Ilkka SAARILAHTI : The Development of the European Union and the Uncertainty of the Future, European University Institute, Robert Schuman Centre for Advanced Studies, Badia Fiesolana, San Domenico di Fiesole, 2008, pp. 171 et 233.

LES MOBILISATIONS DU FONDS DE SOLIDARITÉ DE L'UNION EUROPÉENNE DE 2002 À 2010

En crédits d'engagement et en euros

Année	Date	Montant	Destination et fait générateur	Trilogue	BR n°	JO L
2002	21.11.2002	728 000 000	Allemagne (444 millions), Autriche (134 millions), France (21 millions) et République tchèque* (129 millions) (inondations)	15.11.2002	5/02	358 du 31.12.2002, pp. 142/143
Total :	***1***	***728 000 000***				
2003	9.10.2003	56 250 000	France (8 626 000 ; naufrage du *Prestige*) et Italie (47 624 000 ; tremblement de terre et volcan *Etna*)	23.9.2003	5/03	290 du 8.11.2003, p. 40
	9.10.2003	48 539 000	Portugal (feux de forêt)	23.9.2003	5/03	290 du 8.11.2003, p. 41
Total :	***2***	***104 789 000***				
2004	30.3.2004	21 916 995	Espagne (1 331 000 ; feux de forêt), France (19 625 000 ; inondations) et Malte (961 000 ; tempête et inondations)	**	3/04	104 du 8.4.2004, p. 112
Total :	***1***	***21 916 995***				
2005	7.9.2005	5 667 578	Slovaquie (tempête)	22.6.2005	5/05	269 du 14.10.2005, pp. 21/22
	17.11.2005	92 880 830	Estonie (1 289 765), Lettonie (9 487 180), Lituanie (378 910) et Suède (81 724 975) (tempêtes)	18.10.2005	6/05	8 du 13.1.2006, pp. 44/45
Total :	***2***	***98 548 408***				
2006	27.4.2006	106 357 627	Autriche (14 799 000), Bulgarie* (20 354 000) et Roumanie* (71 198 000) (inondations)	**	1/06	154 du 8.6.2006, pp. 20/21
Total :	***1***	***106 357 627***				
2007	7.6.2007	24 370 114	Grèce (9 306 527) et Hongrie (15 063 587) (inondations)	18.4.2007	2/07	202 du 3.8.2007, p. 18
	24.10.2007	172 195 985	Allemagne (166 905 985 ; tempête *Kyrill*) et France (5 290 000 ; cyclone tropical *Gamède*)	16.10.2007	6/07	337 du 21.12.2007, p. 1
Total :	***2***	***196 566 099***				
2008	11.3.2008	162 387 985	Royaume-Uni (inondations)	**	1/08	85 du 27.3.2008, p. 7
	5.6.2008	98 023 212	Grèce (89 769 009 ; feux de forêt) et Slovénie (8 254 203 ; inondations)	16.4.2008	3/08	162 du 21.6.2008, p. 30
	22.10.2008	12 780 000	France (ouragan *Dean*)	**	7/08	314 du 25.11.2008, p. 13
	18.12.2008	7 605 445	Chypre (sécheresse)	13.11.2008	10/08	26 du 30.1.2009, p. 3
Total :	***4***	***280 796 642***				
2009	11.3.2009	11 785 377	Roumanie (inondations)	**	1/09	98 du 17.4.2009, p. 38
	16.9.2009	109 377 165	France (tempête *Klaus*)	7.7.2009	7/09	273 du 17.10.2009, p. 14
	21.10.2009	493 771 159	Italie (tremblement de terre dans les Abruzzes)	**	9/09	304 du 19.11.2009, p. 5
Total :	***3***	***614 933 701***				
2010	24.11.2010	13 022 500	Irlande (inondations)	11.10.2010	7/10	318 du 4.12.2010, p. 42
	15.12.2010	66 891 540	France (35 635 750 ; tempête *Xynthia*) et Portugal (31 255 790 ; inondations sur l'île de Madère)	27.11.2010	8/10	342 du 28.12.2010, p. 16
Total :	***2***	***79 914 040***				

** Pays dont l'adhésion est en cours de négociation* *** Sous forme simplifiée*

LES MOBILISATIONS DU FONDS EUROPÉEN D'AJUSTEMENT À LA MONDIALISATION DE 2007 À 2010

En crédits d'engagement et de paiement et en euros

Année	Date	Montant	Destination et secteur	Trilogue	JO L
2007	23.10.2007	3 816 280	France (automobile)	6 et 13.7.2007	294 du 13.11.2007, pp. 21/22
	18.12.2007	14 794 688	Allemagne (12 766 150 ; téléphonie mobile) et Finlande (2 028 538 ; téléphonie mobile)	16.10.2007	6 du 10.1.2008, p. 9
Total :	***2***	***18 610 968***			
2008	10.4.2008	3 106 882	Malte (681 207 ; textile) et Portugal (2 425 675 ; automobile)	** **	128 du 16.5.2008, pp. 6/7
	22.10.2008	10 770 772	Espagne (10 471 778 ; automobile) et Lituanie (298 994 ; textile)	** **	285 du 29.10.2008, pp. 13/14
	19.11.2008	35 158 075	Italie (textile)	** **	330 du 9.12.2008, pp. 16/17
Total :	***3***	***49 035 729***			
2009	6.5.2009	3 384 300	Espagne (2 694 300 ; automobile) et Commission (690 000 ; assistance technique***)	** **	132 du 29.5.2009, p. 10
	16.9.2009	4 139 550	Espagne (3 306 750 ; textile) et Portugal (832 800 ; textile)	** **	274 du 20.10.2009, pp. 28/29
	21.10.2009	5 553 850	Allemagne (téléphonie mobile)	** **	304 du 19.11.2009, p. 4
	25.11.2009*	24 029 924	Belgique (9 198 874 ; textile) et Irlande (14 831 050 ; informatique)	** **	325 du 11.12.2009, pp. 1/2
	17.12.2009	15 931 423	Autriche (5 705 635 ; automobile), Pays-Bas (386 114 ; construction) et Suède (9 839 674 ; automobile)	** **	347 du 24.12.2009, p. 28
Total :	***5***	***53 039 047***			
2010**	9.3.2010	1 118 893	Lituanie (construction)	** **	88 du 8.4.2010, p. 13
	9.3.2010	6 199 341	Allemagne (automobile)	** **	88 du 8.4.2010, p. 14
	9.3.2010	258 163	Lituanie (électroménager)	** **	88 du 8.4.2010, p. 15
	25.3.2010	662 088	Lituanie (fabrication de meubles)	** **	88 du 8.4.2010, p. 16
	25.3.2010	523 481	Lituanie (habillement)	** **	88 du 8.4.2010, p. 17
	16.6.2010	6 598 735	Espagne (produits céramiques)	** **	154 du 19.6.2010, p. 24
	16.6.2010	1 950 000	Espagne (fabrication de portes et d'encadrements de portes)	** **	154 du 19.6.2010, p. 25
	16.6.2010	2 570 853	Irlande (verrerie)	** **	154 du 19.6.2010, p. 26
	16.6.2010	1 110 000	Commission (assistance technique***)	** **	154 du 19.6.2010, p. 27
	20.10.2010	8 893 336	Danemark (fabrication de machines et d'équipements)	** **	286 du 4.11.2010, p. 15
	20.10.2010	2 405 671	Portugal (semis-conducteurs)	** **	286 du 4.11.2010, p. 16
	20.10.2010	1 213 508	Danemark (fabrication de machines et d'équipements)	** **	286 du 4.11.2010, p. 17
	20.10.2010	7 521 359	Danemark (fabrication de machines et d'équipements)	** **	286 du 4.11.2010, p. 18
	20.10.2010	2 752 935	Espagne (automobile)	** **	286 du 4.11.2010, p. 19
	20.10.2010	1 844 700	Espagne (habillement)	** **	286 du 4.11.2010, p. 20
	20.10.2010	1 809 434	Pays-Bas (semis-conducteurs)	** **	286 du 4.11.2010, p. 21
	24.11.2010	7 445 863	Irlande (services aux compagnies aériennes)	** **	318 du 4.12.2010, p. 36
	24.11.2010	2 326 459	Pays-Bas (imprimerie et reproduction)	** **	318 du 4.12.2010, p. 37
	24.11.2010	2 890 027	Pays-Bas (imprimerie et reproduction)	** **	318 du 4.12.2010, p. 38
	24.11.2010	549 946	Pays-Bas (imprimerie et reproduction)	** **	318 du 4.12.2010, p. 39
	24.11.2010	2 013 619	Pays-Bas (imprimerie et reproduction)	** **	318 du 4.12.2010, p. 40
	24.11.2010	2 266 625	Pays-Bas (imprimerie et reproduction)	** **	318 du 4.12.2010, p. 41
	24.11.2010	453 632	Pays-Bas (imprimerie et reproduction)	** **	318 du 4.12.2010, p. 43
	15.12.2010	633 077	Pologne (automobile)	** **	342 du 28.12.2010, p. 17
	15.12.2010	1 422 850	Espagne (construction)	** **	342 du 28.12.2010, p. 18
	15.12.2010	114 250	Pologne (fabrication de moteurs)	** **	342 du 28.12.2010, p. 19
	15.12.2010	2 059 466	Espagne (textile)	** **	342 du 28.12.2010, p. 20
	15.12.2010	2 247 940	Slovénie (fabrication textile)	** **	342 du 28.12.2010, p. 21
	15.12.2010	1 560 000	Espagne (distribution)	** **	342 du 28.12.2010, p. 22
	15.12.2010	8 308 555	Allemagne (fabrication d'équipements d'impression)	** **	342 du 28.12.2010, p. 23
	15.12.2010	382 200	Espagne (automobile)	** **	342 du 28.12.2010, p. 24
Total :	***31***	***82 107 006***			

** Première mobilisation conformément aux nouvelles règles suite à la modification, le 18 juin 2009, du règlement établissant le FEM (voir deuxième partie, page 94)*

*** Proposition et décision séparée pour chaque mobilisation du FEM (voir troisième partie, page 173)*

**** Conformément à l'article 8 du règlement établissant le FEM (voir note 52, page 21 et note 41, page 94)*

** ** *Sous forme simplifiée*

LE NOMBRE DE LIGNES BUDGÉTAIRES MODIFIÉES PAR LE CONSEIL LORS DES PROCÉDURES BUDGÉTAIRES DE 2004 À 2011

Section III – Commission, crédits opérationnels et crédits pour la gestion administrative

Budget pour	Lignes budgétaires*** modifiées en première lecture
2004*	61
2005*	79
2006*	225
2007**	176
2008**	208
2009**	284
2010**	213
	Lignes budgétaires* modifiées lors de l'établissement de la position du Conseil**
2011**	239

** UE-25 ** UE-27 *** Articles ou postes*

LE NOMBRE D'AMENDEMENTS ET DE PROPOSITIONS DE MODIFICATIONS ADOPTÉS PAR LE PARLEMENT EUROPÉEN LORS DES PROCÉDURES BUDGÉTAIRES DE 2004 À 2011[1]

Budget pour	Première lecture** ** Nombre	Première lecture** ** Lignes budgétaires	Deuxième lecture** ** * Nombre	Deuxième lecture** ** * Lignes budgétaires
2004*	364	n.d.	n.d.	n.d.
2005*	325	715	192	298
2006*	225	609	171	448
2007**	360	500	237	338
2008**	426	587	312	436
2009**	526	n.d.	325	n.d.
2010**	473	n.d.	345	n.d.
	Amendements		–	
2011***	600 env.	n.d.	–	–

** UE-25 ** UE-27 *** UE-27. Les nombre des amendements adoptés n'est pas directement comparable avec celui des années précédentes suite au changement du mode de calcul ** ** Amendements et propositions de modifications ** ** * Amendements*

[1] *Source (2005-2008) :* The Interinstitutional Agreement of 17 May 2006 and 2005-2009 budgetary procedures, Study, European Parliament, Directorate-General for Internal Policies, Policy Department D – Budgetary Affairs, Brussels 30 July 2009, p. 74.

LES EFFECTIFS AUTORISÉS DE 2000 À 2011[1]

Postes permanents et temporaires

Institution	2000	2001	2002	2003	2004[a]	2005	2006	2007	2008	2009	2010[b]	2011
Parlement européen*	4 144	4 173	4 259	4 881	5 320	5 597	5 801	5 933	5 940	6 081	6 285	6 537
Conseil européen** et Conseil	2 648	2 652	2 701	2 919	3 184	3 280	3 440	3 497	3 497	3 512	3 572	3 173
Commission***	21 537	21 613	22 282	22 363	23 141	23 841	24 396	25 235	26 020	26 209	26 179	25 061
Agences exécutives					*12*	*100*	*123*	*167*	*327*	*368*	*390*	*401*
Total "Commission"	**21 537**	**21 613**	**22 282**	**22 363**	**23 153**	**23 941**	**24 519**	**25 402**	**26 347**	**26 577**	**26 569**	**25 462**
Cour de justice	1 006	1 050	1 077	1 140	1 641	1 717	1 757	1 882	1 893	1 931	1 927	1 954
Cour des comptes	552	552	575	605	736	777	791	836	858	880	889	887
CESE	742	753	514	525	618	636	671	695	700	704	710	721
Comité des régions			250	252	408	428	459	466	491	502	506	524
Médiateur européen			27	31	38	51	57	57	57	63	63	64
CEPD					15	19	24	29	33	37	39	41
SEAE											100	1 643
Total "autres institutions"	**9 092**	**9 180**	**9 403**	**10 353**	**11 960**	**12 505**	**13 000**	**13 395**	**13 469**	**13 710**	**14 091**	**15 544**
Total "institutions"	**30 629**	**30 793**	**31 685**	**32 716**	**35 113**	**36 446**	**37 519**	**38 797**	**39 816**	**40 287**	**40 660**	**41 006**
*Agences et organes** ***	*n.d.*	*n.d.*	*1 046*	*1 329*	*1 565*	*1 997*	*2 400*	*3 059*	*3 417*	*3 839*	*4 700*	*5 027*
Total général	**n.d.**	**n.d.**	**32 731**	**34 045**	**36 678**	**38 443**	**39 919**	**41 856**	**43 233**	**44 126**	**45 360**	**46 033**

[1] *Selon les tableaux des effectifs publiés au JO (budgets adoptés sauf indication contraire)* (Source : Commission)

[a] *BR n° 2/2004 inclus (voir Tome I, p. 42)* [b] *BR n° 2/2010 inclus (voir tableau 44, page 170)*

* *Avec les postes pour le Médiateur européen en 2000 et 2001*

** *À partir de 2010*

*** *Y inclus les postes pour les offices européens : OPOCE/OP, OLAF, EPSO (depuis 2003 et depuis 2007 avec l'EEA), PMO, OIB et OIL (ces trois derniers depuis 2003)*

** ** *Agences décentralisées et organes de l'Union européenne recevant une subvention du budget de l'Union*

PART DES DÉPENSES DES INSTITUTIONS DU TOTAL DE LA RUBRIQUE ***5 (ADMINISTRATION)*** **DU CF DE 2004 À 2011**

Budgets adoptés, hors budgets rectificatifs

Institution(s)	Budget 2004	Budget 2005	Budget 2006	Budget 2007	Budget 2008	Budget 2009	Budget 2010	Budget 2011
Parlement européen	19,99%	20,00%	19,70%	19,85%	19,68%	19,87%	20,39%	20,03%
Conseil européen et Conseil	–	–	–	–	–	–	8,04%	6,69%
Conseil	8,52%	8,94%	8,82%	8,43%	8,06%	7,83%	–	–
Commission*	46,57%	47,21%	47,18%	46,51%	46,19%	46,36%	45,73%	39,41%
Cour de justice	3,76%	3,65%	3,73%	3,87%	3,98%	4,09%	4,18%	4,05%
Cour des comptes	1,55%	1,71%	1,69%	1,72%	1,80%	2,44%	1,88%	1,71%
CESE	1,65%	1,63%	1,61%	1,60%	1,55%	1,57%	1,56%	1,53%
Comité des régions	0,96%	0,95%	0,94%	0,95%	0,96%	0,99%	1,01%	1,00%
Médiateur européen	0,09%	0,11%	0,11%	0,12%	0,12%	0,12%	0,12%	0,11%
CEPD	p.m.	0,05%	0,05%	0,07%	0,07%	0,09%	0,09%	0,09%
SEAE	–	–	–	–	–	–	–	5,51%
Total**	**83,10%**	**84,25%**	**83,85%**	**83,12%**	**82,42%**	**83,35%**	**83,00%**	**80,14%**

** Hors Écoles européennes et pensions*

*** Le total n'atteint pas 100 % à cause des montants alloués notamment au financement des Écoles européennes et des pensions, ainsi que de la marge laissée sous le plafond de la rubrique 5*

LE DÉVELOPPEMENT DE LA NOMENCLATURE DU BUDGET DE L'UNION EUROPÉENNE DE 2003 À 2011

Année*	2003	2004	2007	2008	2009	2010	2011		2003	2004	2007	2008	2009	2010	2011
Section I – Parlement européen :								**Section VII – Comité des régions :**							
Titres	4	4	5	5	5	5	5		3	3	3	3	3	3	3
Chapitres	25	25	17	18	19	19	19		21	21	12	12	12	12	12
Articles	76	72	47	44	43	41	43		60	58	29	26	26	26	26
Postes	98	97	62	63	65	62	65		81	82	44	44	44	44	45
Imputations**	135	134	94	97	99	93	97		115	116	60	60	60	60	61
Section II – Conseil européen et Conseil* :**								**Section VIII A** ** **/ VIII** ** ** * – Médiateur :**							
Titres	4	4	4	4	5	5	5		4	4	4	4	4	4	4
Chapitres	25	26	12	12	14	15	15		19	19	13	13	13	13	13
Articles	78	76	30	28	33	36	36		39	38	28	26	26	26	26
Postes	91	96	92	92	103	113	113		6	6	25	25	25	25	26
Imputations**	138	143	100	100	111	120	120		43	44	41	41	41	41	42
Section III – Commission ** :**								**Section VIII B** ** **/ IX** ** ** * – CEPD :**							
Titres	58	31	32	32	32	32	33		3	3	3	3	3	3	3
Chapitres	173	175	191	166	163	159	159		18	18	18	5	5	5	5
Articles	583	593	*n.d.*	623	646	674	692		38	36	40	7	7	7	7
Postes	479	690	*n.d.*	631	628	632	658		6	6	10	27	29	29	28
Imputations**	927	1.091	1.033	1.061	1.082	1.114	1.140		42	42	46	30	32	32	32
Annexes de la section III ** * :**								**Section X – Service européen pour l'action extérieure** ** ** ** :**							
Titres	19	6	6	6	6	6	6		–	–	–	–	–	4	4
Chapitres	87	13	17	17	17	17	17		–	–	–	–	–	11	11
Articles	258	22	72	72	72	60	58		–	–	–	–	–	17	16
Postes	242	61	24	24	24	24	18		–	–	–	–	–	66	67
Imputations**	423	67	82	82	82	70	68		–	–	–	–	–	70	71
Section IV – Cour de justice :								***Total hors section III :***							
Titres	4	4	4	4	4	4	4		*28*	*28*	*29*	*29*	*30*	*34*	*34*
Chapitres	20	20	12	12	12	12	12		*168*	*169*	*107*	*95*	*98*	*110*	*110*
Articles	65	65	35	34	34	34	34		*479*	*466*	*273*	*223*	*227*	*245*	*246*
Postes	96	98	35	36	36	36	36		*542*	*550*	*353*	*366*	*381*	*455*	*460*
Imputations**	131	134	59	60	60	60	60		*839*	*849*	*522*	*506*	*521*	*595*	*602*
Section V – Cour des comptes :								**Total général :**							
Titres	3	3	3	3	3	3	3		**105**	**65**	**67**	**67**	**68**	**72**	**73**
Chapitres	19	19	11	11	11	11	11		**428**	**357**	**315**	**278**	**278**	**286**	**286**
Articles	62	62	36	33	33	33	33		**1.320**	**1.081**	*n.d.*	**918**	**945**	**979**	**996**
Postes	83	84	40	34	34	34	34		**1.263**	**1.301**	*n.d.*	**1.021**	**1.033**	**1.111**	**1.136**
Imputations**	119	120	62	58	58	58	58		**2.189**	**2.007**	**1.637**	**1.649**	**1.685**	**1.779**	**1.810**
Section VI – Comité économique et social européen :															
Titres	3	3	3	3	3	3	3								
Chapitres	21	21	12	12	12	12	12								
Articles	61	59	28	25	25	25	25								
Postes	81	81	45	45	45	46	46								
Imputations**	116	116	60	60	60	61	61								

** 2003 : UE-15 ; 2004 : UE-25 ; 2007-2011 : UE-27 ** Articles ou postes *** Conseil jusqu'en 2009 ** ** Depuis 2004 nomenclature "ABB". Les chiffres n'incluent pas le titre "XX" ** ** * OPOCE/ OP, OLAF, EPSO (depuis 2007 avec l'EEA), PMO, OIB et OIL ** ** ** Jusqu'en 2007 ** ** ** * Depuis 2008 ** ** ** ** Créée dans le budget général pour 2010 par le biais du BR n° 6/2010*

LE MONTANT DES CRÉDITS INSCRITS EN RÉSERVE DANS LES BUDGETS DE L'UNION EUROPÉENNE DE 2004 À 2011

En euros, réserve pour aides d'urgence, réserve pour garanties de prêts et réserve pour le Fonds européen d'ajustement à la mondialisation exclues

Budget pour	Total des crédits inscrits en réserve dans le budget adopté (section III – Commission***)		Crédits inscrits en réserve par le Parlement européen en première lecture[1]			Crédits inscrits en réserve par le Parlement européen en deuxième lecture[1]		
	c/e	*c/p*	*c/e*	*c/p*	*Nb de lignes*	*c/e*	*c/p*	*Nb de lignes*
2004*	387.583.845	234.980.765	n.d.	n.d.	n.d.	n.d.	n.d.	n.d.
2005*	334.192.789	102.722.789	249.782.036	237.721.169	72	19.917.518	16.878.058	63
2006*	424.390.634	299.574.134	452.466.321	431.137.206	93	201.338.714	114.088.531	74
2007**	3.708.472.763	1.558.173.373	4.442.662.528	3.458.476.236	132	3.530.456.370	1.420.276.700	73
2008**	1.085.775.050	328.540.950	632.766.456	479.281.256	65	1.039.883.050	286.980.590	41
2009**	189.398.460	80.495.210	515.301.075	304.117.535	69	155.184.460	47.481.210	53
2010**	537.163.995	409.813.995	n.d.	n.d.	n.d.	n.d.	n.d.	n.d.
2011**	223.269.000	159.909.297	n.d.	n.d.	n.d.	–	–	–

** UE-25 ** UE-27 *** Titre 31 en 2004-2006 et titre 40 en 2007-2011*

[1] *Source (2005-2009) :* The Interinstitutional Agreement of 17 May 2006 and 2005-2009 budgetary procedures, Study, European Parliament, Directorate-General for Internal Policies, Policy Department D – Budgetary Affairs, Brussels 30 July 2009, p. 74.

LE RÈGLEMENT FINANCIER DU 25 JUIN 2002 ET SES MODIFICATIONS

(Situation au 1er mai 2011)

Adoption	Règlement n°	JO L	Objet principal
25.6.2002	*1605/2002*	*248 du 16.9.2002, pp. 1/48**	*Règlement financier du 25 juin 2002*
13.12.2006	1995/2006	390 du 30.12.2006, pp. 1/26**	Modification du RF conformément à son article 184 (1ère révision triennale)
17.12.2007	1525/2007	343 du 27.12.2007, pp. 9/10	Partis politiques au niveau européen et règles concernant leur financement
24.11.2010	1081/2010	311 du 26.11.2010, pp. 9/14	Service européen pour l'action extérieure
En cours :			*Modification du RF conformément à son article 184 (2ème révision triennale)****

** Rectificatif au JO L 25 du 30.1.2003, p. 43 ** Rectificatif au JO L 48 du 22.2.2008, p. 88 *** Proposition de la Commission du 22 décembre 2010 (doc. COM(2010) 815 final). Cette proposition remplace la proposition de la Commission du 3 mars 2010 (modification "Fast track" visant à introduire dans le RF les conséquences de l'entrée en vigueur du traité de Lisbonne ; doc. COM(2010) 71 final) et la proposition de la Commission du 28 mai 2010 (2ème révision triennale – refonte ; doc. COM(2010) 260 final)*

LES MODIFICATIONS DES MODALITÉS D'EXÉCUTION DU RÈGLEMENT FINANCIER DU 25 JUIN 2002

(Situation au 1er mai 2011)

Adoption	Règlement n°	JO L	Objet principal
23.12.2002	*2342/2002*	*357 du 31.12.2002, pp. 1/71**	*Modalités d'exécution du règlement financier du 25 juin 2002*
20.7.2005	1261/2005	201 du 2.8.2005, pp. 3/22	Prise en compte de la directives sur les marchés publics, nouvelles formes des actes de base etc.
7.8.2006	1248/2006	227 du 19.8.2006, pp. 3/21	Modification "*Fast track*" (mise en œuvre des principes budgétaires, rôle et responsabilité des acteurs financiers etc.)
23.4.2007	478/2007	111 du 28.4.2007, pp. 13/45	Modification liée à la 1ère révision triennale du RF
En cours :			*Modification liée à la 2ème révision triennale du RF***

** Rectificatif au JO L 345 du 28.12.2005, pp. 35/36 ** Suite à l'entrée en vigueur du traité de Lisbonne, les modalités d'exécution du RF deviendront des actes délégués de la Commission, comme l'article 290 du TFUE le permet*

BUDGETARY PROCEDURES OF THE EUROPEAN UNION FROM 2009 TO 2011

From the Treaty of Nice to the Treaty of Lisbon

The *total of the budget of the European Union* (amending budgets excluded) rose between 2009 and 2011 from 133,8 billion euros to 141,9 billion euros in appropriations for commitments (+6,1 %) and from 116,1 billion euros to 126,5 billion euros in appropriations for payments (+9 %). This represented (in appropriations for commitments) some 1,03 % of the estimated GNI in 2009 and 1,13 % of the estimated GNI in 2011. For appropriations for payments, the percentages were 0,89 and 1,01 respectively.

The *budgetary procedure for 2009* took place against a background of rising world food prices and financial and economic crisis. The former led to the setting up, in December 2008, of a Facility for rapid response to soaring food prices in developing countries[1] (the "Food Facility"), and the latter prompted the Commission to propose in November 2008 an European Economic Recovery Plan (EERP)[2].

In order to ensure the financing of the Food Facility in 2008 under Heading *4* (*EU as a global player*) of the Multiannual Financial Framework (MFF) for 2007-2013, the European Parliament, the Council and the Commission modified – in a "one-off change" and in a very limited manner – the Interinstitutional Agreement on budgetary discipline and sound financial management of 17 May 2006 (the "IIA of 2006"), which is rare enough to be emphasised.

Regarding 2009, the Food Facility was financed inter alia by the use of the Flexibility Instrument, for an amount of 420 million euros. This is the highest amount yet to be disbursed for a sole purpose since the creation of the Flexibility Instrument in the context of the negotiations leading to the Interinstitutional Agrement of 6 May 1999 and the Financial Framework for 2000-2006 (the "Agenda 2000" Package).

Other key points of the budget procedure were the issues related to other aspects of Heading *4*, more specifically those related to the financing of Afghanistan, Georgia, Kosovo and Palestine, as well as the issue of the amount of payment appropriations to be entered in the 2009 budget. However, the "CFSP Budget"[3] did not undergo the customary "*sui generis*" negotiation process during the 2009 budgetary procedure.

Lastly, it should be noted that following the negative result of the Irish referendum on the Lisbon Treaty, held on 12 June 2008, the 2009 budget did not contain any amount directly linked to the implementation of the Treaty of Lisbon.

The *budgetary procedure for 2010,* the fourth and middle one of the MFF for 2007-2013, was strongly marked by the economic crisis that all Member States of the European Union had to face since 2008. This crisis led the EU to finally adopt – amongst other measures destined to alleviate the crisis – a specific European Economic Recovery Plan. The financing of this 5 billion euros Plan was at the core of interinstitutional budgetary negotiations during the 2010 budget procedure.

In order to finance the EERP, the Budgetary Authority (European Parliament and Council) revised twice in 2009 the MFF for 2007-2013, on 6 May 2009, to finance the "First part" of the Plan in 2009[4], and on 17 December 2009, for the full financing of its "Second part" in 2010[5]. Such a double revision of a Multiannual Financial Framework during a single year is very rare. At the same time, the Budgetary Authority used the

---

[1] OJ L 354 of 31.12.2008, pp. 62-69.
[2] The financing of the EERP was discussed within the context of the 2010 budgetary procedure.
[3] Chapter *19 03* of the budget of the European Union.
[4] OJ L 132 of 29.5.2009, pp. 8-9.

margins of Sub-Heading *1a* (*Competitiveness for growth and employment*) and Heading *2* (*Preservation and management of natural resources*) of the MFF, and mobilised the Flexibility Instrument, for an amount of 120 million euros in 2010, in order to cope with the financing needs of the EERP in 2009 and 2010.

Other topics discussed at length during the budget procedure were the questions of the financing of the milk sector in 2010, due to the problems that the sector had to face in 2009, of the amount of the "CFSP Budget", of the decommissioning of the Kozloduy nuclear power plant in Bulgaria (for which the Flexibility Instrument was mobilised for an amount of 75 million euros), and of the amount of appropriations for payments to be entered in the 2010 budget. It is also noteworthy that the budget procedure for 2010 took place in the context of the elections for a new European Parliament, which first convened on 14 July 2009.

The budgetary procedure for 2010 was the last procedure to take place – until Council's second reading in November 2009 – according to the financial provisions of the Treaty of Nice, as the budget procedure for 2011 was entirely governed by the new rules of the Treaty of Lisbon, which came into force on 1 December 2009.

During these *2009 and 2010 budgetary procedures* under the provisions of the *Treaty of Nice*, the conciliation meetings that preceded in November 2008 and 2009 the second reading of the draft budget by the Council remained the "key moments" of the annual budgetary negotiations. Agreements reached during these meetings set above all the amount of the mobilisation of the Flexibility Instrument, the amount of appropriations for payments, and the amount of the "Common Foreign and Security Policy (CFSP) Budget"[6]. At the same time, the preliminary draft budgets, as modified by the letters of amendment presented by the Commission during the budgetary procedure, remained the "reference point" during the budgetary procedures, since neither the readings of the two branches of the Budgetary Authority, nor the agreements reached during the conciliation meetings markedly altered the figures proposed by the Commission. This, in turn, is strongly due to the specificities of the budgetary system of the EU, with the Multiannual Financial Framework with its various ceilings, to the global agreements between the two branches of the Budgetary Authority during annual budgetary procedures, to the system of financial programming, and to the importance of the financial envelopes of multiannual programmes adopted under the co-decision procedure[7].

The *entry into force of the Treaty of Lisbon* brought important changes to the annual budgetary procedures of the European Union. Among these changes, one can underline the following[8]:

Firstly, the budgetary procedure became a special *legislative* procedure, with all the changes that this entails, like the draft budget presented by the Commission (which replaces the former "preliminary draft budget") becoming a formal legislative proposal, the introduction of public debates when the Council decides on the budget, or the need to respect the deadlines set out in Article 4 of Protocol No 1 on the Role of National Parliaments in the EU (especially the eight-week period reserved for information of National Parliaments that shall elapse – save in urgent cases duly justified – between the adoption of the Commission's proposal and Council's position).

---

[5] OJ L 347 of 24.12.2009, pp. 26-27.

[6] The latter was, however, a key topic only during the 2010 budgetary procedure. Following the entry into force of the Treaty of Lisbon, the "CFSP Budget" lost its former specificity – enshrined in the IIA of 2006 – of being the sole sector to be subject to a "*sui generis*" co-decision procedure.

[7] Which became the "ordinary legislative procedure" following the entry into force of the Treaty of Lisbon.

[8] The new Treaty also had an impact as from 2010 on the *nomenclature* of the budget: it is worth mentioning the creation of a new Section X for the revenues and expenditure of the new European External Action Service. At the same time, Section II (until then destined for the revenue and expenditure of the Council) incorporates nowadays also the revenue and expenditure of the European Council, the European Council becoming, following the entry into force of the Treaty of Lisbon, an institution of the European Union.

Secondly, the budget procedure was "streamlined" with the disappearance of the two readings of the European Parliament and the Council. The Treaty of Lisbon thus introduces only one reading by each arm of the Budgetary Authority, leading to the adoption of Council's position on the draft budget and of EP's amendments on Council's position. This is followed by a Conciliation Committee in case of diverging views, with a view to reaching an agreement on a joint text within 21 days.

Thirdly, the Treaty of Lisbon abolishes the distinction between "compulsory expenditure" (CE) and "non-compulsory expenditure" (NCE), introduced in the 1970s. As a result the so-called "Maximum rate of increase of NCE" ("TMA"/ "MRI") disappeared, as did the two sets of procedural rules governing the two types of expenditure. The new Treaty introduces only "one kind" of expenditure – and this is the most important change – "co-decided" as a *whole* by the two arms of the Budgetary Authority.

The Treaty of Lisbon didn't, however, change the importance of the Multiannual Financial Framework for the annual budgetary procedures of the EU. On the contrary, the new Treaty reinforces the status of the MFF, giving it a legal framework (new Article 312 of the Treaty on the Functioning of the EU), making it mandatory, and stating unambiguously that "*the annual budget of the Union shall comply with the multiannual financial framework*".

The *budgetary procedure for 2011*, the first procedure to take place entirely under the new provisions of the Treaty of Lisbon, turned out to be very difficult, and only the strong commitment of the two arms of the Budgetary Authority to avoid a major budgetary crisis in the European Union made it possible for the budget for 2011 to be finally adopted on 15 December 2010, thus avoiding the system of "provisional twelfths" as provided for by Article 315 of the Treaty.

The Conciliation Committee (provided for in Article 314, paragraph 5) was not able to reach an agreement on a joint text during its final meeting on 15 November 2010, notably because of the "issue linkage" EP made between, on the one hand, the 2011 budget and, on the other hand, flexibility to be incorporated in the pending Council Regulation laying down the MFF for 2007-2013, the additional financing, for an amount of 1,3 billion euros, for the International Thermonuclear Experimental Reactor (ITER) project in 2012 and 2013, and Parliament's involvement in the future decision making-processes concerning the Multiannual Financial Framework *post-2013* and the new "Own Resources" decision (to be taken pursuant to Article 311).

The Conciliation Committee was, however, able to reach a "strong convergence of views" on the content of the 2011 budget, including limiting the growth of appropriations for payments to 2,91 % compared to 2010 (i.e. to a total of 126,5 billion euros). This convergence of views greatly helped to reach an agreement on the 2011 budget in December 2010.

The 2011 budgetary procedure was still a "transition procedure" from the system of the Treaty of Nice to the new system under the Treaty of Lisbon, and one has to wait for future budgetary procedures in order to gain a more complete picture of the changes that the new article 314 (combined with Article 312 dealing with the MFF) will bring to the annual budgetary negotiations of the European Union.

EPAP International Politics publications

Antonio De Chiara	*Multinational Corporations*
Roberto di Quirico (Ed.)	*Europeanisation and Democratisation*
Virgil Hawkins	*The Silence of the UN Security Council*
Jan van der Harst	*The Atlantic Priority*
S. Baroncelli G. Varvesi	*Europe in Progress*
Xiaojie Xu	*Petro Dragon' s Rise*
Minoru Nakano	*New Japanese Political Economy and Political Reform*
Ryuji Mukae	*Japan' s Refugee Policy: To be of the World*
Hugo Fazio Vengoa	*El arco latino de la Unión Europea*
Aldo Olano	*El Peru del Siglo XX*
Ilkka Saarilahti	*Les procédures budgétaires de l'Union européenne de 2004 à 2008*
Ilkka Saarilahti	*40 Years of EU Budgeting -The Development of the General Budget from 1968 to 2008*
Elena Baracani	*Democratization and Hybrid Regimes.International Anchoring and Domestic Dynamics in European post-Soviet States*
Silvia Niccolai Ilenia Ruggiu	*Dignity in Change Exploring the Constitutional Potential of EU Gender and Anti-Discrimination Law*

European Press Academic Publishing (EPAP)
http://www.e-p-a-p.com
http://www.europeanpress.eu
orders@e-p-a-p.com

www.ingramcontent.com/pod-product-compliance
Lightning Source LLC
LaVergne TN
LVHW080636011026
849160LV00014B/1238